A FRONTEIRA

A fronteira
Uma viagem em torno da Rússia
pela Coreia do Norte, China, Mongólia, Cazaquistão, Azerbaijão, Geórgia,
Ucrânia, Belarus, Lituânia, Polônia, Letônia, Estônia, Finlândia, Noruega e
Passagem do Nordeste

Grensen
En reise rundt Russland
gjennom Nord-Korea, Kina, Mongolia, Kasakhstan, Aserbajdsjan, Georgia, Ukraina,
Hviterussland, Litauen, Polen, Latvia, Estland, Finland og Norge samt Nordøstpassagen

Erika Fatland
© Editora Âyiné, 2023
© Erika Fatland, 2017

Publicado em acordo com Copenhagen Literary Agency ApS, Copenhagen.
Esta tradução conta com o apoio financeiro da NORLA.

Tradução do norueguês: Leonardo Pinto Silva
Preparação: Tamara Sender
Revisão: Andrea Stahel
Projeto gráfico: Luísa Rabello
Produção gráfica: Daniella Domingues

ISBN 978-65-5998-095-6

Âyiné

Direção editorial: Pedro Fonseca
Coordenação editorial: Luísa Rabello
Direção de arte: Daniella Domingues
Coordenação de comunicação: Clara Dias
Comunicação: Ana Carolina Romero, Carolina Cassese
Assistente de design: Lila Bittencourt
Conselho editorial: Simone Cristoforetti, Zuane Fabbris, Lucas Mendes

Praça Carlos Chagas, 49. 2º andar. Belo Horizonte 30170-140
+55 31 3291-4164
www.ayine.com.br | info@ayine.com.br

A FRONTEIRA

Uma viagem em
torno da Rússia

pela Coreia do Norte, China, Mongólia,
Cazaquistão, Azerbaijão, Geórgia, Ucrânia,
Belarus, Lituânia, Polônia, Letônia, Estônia,
Finlândia, Noruega e Passagem do Nordeste

Erika Fatland

Âyiné

TRADUÇÃO DO NORUEGUÊS
Leonardo Pinto Silva

Para mamãe,
que me deu asas.

Sumário

9   Nota introdutória
11   Prefácio à edição brasileira

13   O MAR
17   Verão ártico

61   ÁSIA
65   A arte de se curvar sem sucumbir
85   Grandes líderes
97   Uma pergunta delicada
113   Capitalismo *light*
125   A enferrujada ponte da amizade
131   Colina 203
145   A Moscou do Oriente
157   Restaurante Putin
167   Disneylândia na fronteira
171   Um deus vivo, um barão louco e um herói vermelho
183   Os donos do mundo
197   Nas ruínas dos mil tesouros
205   Os eremitas da taiga
219   Caçadores de fortuna
229   Proibido o acesso de estrangeiros
247   *Back in the U.S.S.R.*
257   No reino do urso
271   A cidade do futuro
283   Boliche em Baikonur

295	CÁUCASO
299	Rumo ao Reino da Fantasia
315	Senhor presidente e senhora vice-presidente
325	O jardim da montanha negra
339	Cantando na fronteira
355	O homem que não existe
369	O paraíso de Stálin
385	EUROPA
387	O mar inóspito
401	Excelente chá sueco
409	A verruga no nariz da Rússia
429	A mais jovem república separatista do mundo
447	Expresso para Kiev
465	Excursão em grupo a Tchernóbyl
477	Na terra da fronteira
489	O povo que desapareceu
509	A viagem à datcha que mudou o mundo
523	Linhas na areia
539	A raça superior
551	Rebelião
559	Uma lição de libertação
567	A guerra dos monumentos
579	O posto avançado
587	O marechal de campo
609	Uma valiosa lição de manutenção
621	Lapônia
631	A fronteira
669	Agradecimentos
675	Breve panorama da história russa
685	Citações
687	Bibliografia

Nota introdutória

Muitos dos topônimos neste livro são transcritos de outros alfabetos. Em geral, procurei me ater a nomes e grafias mais comuns no contexto norueguês. No Cazaquistão, por exemplo, uso Semipalatinsk e Ust-Kamenogorsk, e não os nomes cazaques Semey e Oskemen, uma vez que a terminologia russa é mais comum entre nós. Da mesma forma, escrevo Odessa e Kiev, em detrimento da grafia ucraniana Odesa e Kyiv. Assim faço unicamente em favor da legibilidade, sem nenhuma conotação política. No final do livro há um breve panorama da história russa.

Prefácio à edição brasileira

A ideia para este livro surgiu num sonho. No sonho eu vagava por um grande mapa, perambulando de canto em canto, mas a linha vermelha a norte e a leste era sempre o mesmo país: a Rússia. Quando acordei, decidi tornar essa jornada uma realidade. Pois o que significa ter o maior país do mundo como vizinho, afinal? Ao longo da história, a fronteira russa tem sido uma fronteira ativa, para dizer o mínimo. Ela se moveu aqui e ali, engolindo vizinho após vizinho, e às vezes regurgitando-os novamente. Apenas algumas semanas depois de eu ter vagado pelo grande mapa no meu sonho, a linha vermelha, a fronteira da Rússia, começou a se mover novamente. Soldados em uniformes sem divisas identificáveis apareceram na Crimeia e, em 18 de março de 2014, após um referendo apressado e altamente questionável, a península foi incorporada à Federação Russa. Semanas depois, a guerra eclodiu no leste da Ucrânia e as repúblicas separatistas de Donetsk e Luhansk viram a luz do dia.

A guerra no leste da Ucrânia desapareceu surpreendentemente rápido das manchetes dos noticiários, embora nunca tenha se tornado um conflito congelado, como muitos previram. Quase todas as semanas havia escaramuças, e o número de mortos aumentava constantemente. Quando cruzei a fronteira da República Popular de Donetsk em 2016, enquanto pesquisava para escrever este livro, ouvi tiros à distância. A fronteira russo-ucraniana se transformou numa zona de guerra.

Em 24 de fevereiro de 2022, a Europa moderna transformou-se para sempre. A Rússia tentou tomar Kiev numa *blitzkrieg*, mas os ucranianos, que já contavam com oito anos de experiência de guerra, os repeliram com força. No momento em que escrevo, a luta está novamente centrada no leste da Ucrânia, porém mais feroz do que nunca.

Sempre foi perigoso ser vizinho da Rússia. Acima de tudo, ser vizinho da Rússia sempre teve um componente de imprevisibilidade, e agora a situação é mais imprevisível do que nunca.

Mais a leste, também, tanto as fronteiras quanto a política mudaram desde que escrevi este livro. Após a guerra em 2020, o território da república separatista de Nagorno-Karabakh, controlado pelos armênios, foi bastante reduzido. O eterno presidente do Cazaquistão, Nursultan Nazarbayev, surpreendentemente renunciou em 2019, depois de trinta anos no poder. O novo presidente, Kassym-Jomart Tokayev, mudou o nome da capital de Astana para Nur-Sultan e, mais recentemente, de volta para Astana. A China desempenha um papel cada vez mais importante em muitos dos países vizinhos da Rússia, e também em relação à própria Rússia.

Este livro é um instantâneo de como era a fronteira russa em 2015-2017. Desde então, ela mudou, e mudará novamente. Nada é mais certo do que isso.

Londres, 3 de outubro de 2022.
Erika Fatland

O MAR

O ser humano manifesta um desejo irrefreável de explorar todos os confins do nosso mundo.

Fridtjof Nansen

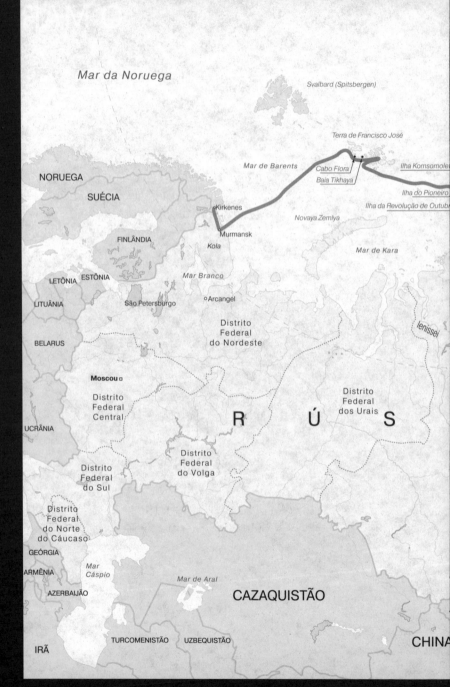

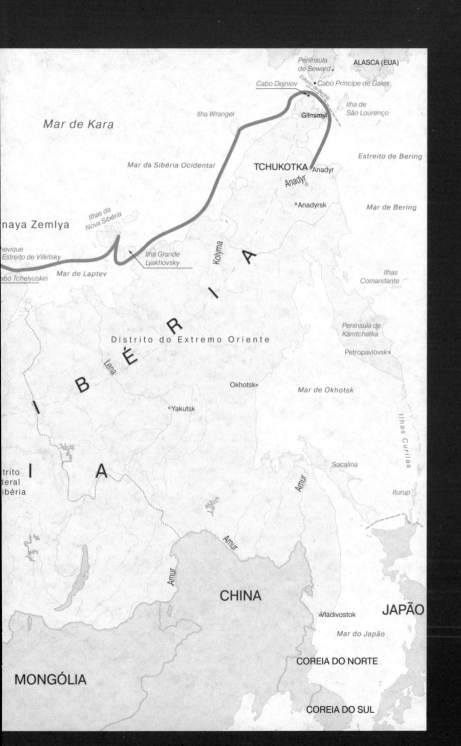

Verão ártico

O cabo Djeniov é o ponto mais oriental do continente euroasiático. Daqui, são mais de 8.500 quilômetros até Moscou, mais de 6.500 quilômetros até Nova York e menos de 90 quilômetros até o cabo Príncipe de Gales, no Alasca, do outro lado do estreito de Bering. Subi no alto do pequeno farol sobre o rochedo estranhamente ermo, rodeado por colinas tão verdejantes quanto íngremes e penhascos verticais. Lancei um olhar sobre o mar cinzento. Aqui, exatamente aqui, termina a Ásia, aqui chega ao fim a poderosa Rússia. Na fachada do farol, defronte ao estreito, avistei a placa de bronze em honra a Sêmion Dejniov. Coletor de impostos, o cossaco Dejniov cruzou o estreito de Bering em 1648, oitenta anos antes de o oficial naval dinamarquês Vitus Bering repetir a façanha, em 1728. A essa altura, todos já haviam se esquecido de Dejniov, e seu diário de viagem acumulava poeira num arquivo em Yakutsk, mais de 5 mil quilômetros a leste de Moscou. O império havia se tornado tão grande que o tsar não tinha certeza de até onde se estendiam seus limites, assim como ninguém tinha uma noção exata das proezas dos desbravadores.

Logo abaixo do farol havia umas poucas construçoes de toras de madeira cinzentas castigadas pelas intempéries: o antigo posto de fronteira soviético. Do outro lado do estreito, os americanos mantinham seu assentamento, e dessa forma, ano após ano, cada um montava guarda em lados opostos da invisível Cortina de Ferro, observando-se com binóculos e radares do tamanho de arranha-céus.

A pouca distância do farol havia os vestígios de uma aldeia iúpique. Os iúpiques são um povo autóctone intimamente relacionado aos inuítes do Alasca e da Groenlândia, e deles existem apenas cerca de 1.700 em toda a Rússia. Dezenas de fundações arredondadas e em ruínas se espalhavam pela encosta. No meio das casas, ossadas compridas e pontiagudas de baleia estavam fincadas no chão para pendurar os tradicionais barcos de pele de morsa. Não fossem uma ou outra frigideira ou as garrafas de plástico abandonadas ao redor, não seria difícil crer que as ruínas tivessem séculos de idade, mas os habitantes da aldeia, chamada Naukan, foram transferidos daqui pelas autoridades soviéticas somente em 1958. A justificativa oficial para realocá-los foi a complexidade de prover suprimentos a uma vila isolada e fustigada pelo clima hostil, mas é possível que a localização na margem externa do estreito de Bering, a menos de 90 quilômetros da costa oeste do Alasca, também tenha contribuído para essa decisão.

Os habitantes de Diomedes Maior (também chamada de Ratmanov), ilha no meio do estreito de Bering que marca o extremo oriental da Rússia, foram evacuados ainda durante a Segunda Guerra Mundial, pouco antes de a Cortina de Ferro cair entre os dois países vizinhos. Os inuítes que viviam na ilha nunca receberam autorização para voltar. Entre Diomedes Maior, russa, e Diomedes Menor, que pertence aos EUA, há um estreito de pouco menos de 5 quilômetros, e no meio dele passa a Linha de Data. No inverno, quando o estreito está congelado, em tese é possível, embora terminantemente proibido, caminhar dos Estados Unidos à Rússia, atravessando o dia de ontem e ingressando no amanhã. Uma fronteira invisível, mas muito real, rasga o oceano separando essas duas ilhas gêmeas que na natureza estão tão intimamente ligadas e próximas uma da outra, embora no universo humano pertençam a dois mundos muito diferentes, apartados pela mesma fina linha do mapa que distingue leste de oeste, sistema de sistema, data de data.

A fronteira da Rússia não é apenas extensa, é também a mais extensa do mundo: ao todo, são 60.932 quilômetros. A circunferência terrestre, para efeito de comparação, mede 40.075 quilômetros. Quase dois terços da fronteira da Rússia percorrem a costa, de Vladivostok, no leste, a Murmansk, no oeste, uma área colossal, virtualmente desabitada, que passa boa parte do ano encoberta por gelo e neve. Esse território costeiro foi um dos últimos a serem explorados e mapeados. Severnaya Zemlya, último grande arquipélago da Terra, só foi descoberto em 1913 e cartografado vinte anos depois.

Mais de três quartos da vasta massa de terra da Rússia estão localizados a leste, na Ásia. A maior parte dessa imensa área não foi conquistada pelas forças tsaristas, mas por caçadores de peles ávidos por dinheiro. Em meados do século XVI, um rico e poderoso comerciante chamado Stroganov ganhou as bênçãos do tsar para colonizar as regiões a leste dos montes Urais e estabelecer um comércio de peles. Stroganov não apenas contou com isenção de impostos, mas também foi autorizado a dispor de seu próprio exército privado durante a conquista. Tanto na Europa quanto na Ásia, a demanda por peles era enorme, e, graças à colonização da Sibéria pela família Stroganov, a Rússia foi por muito tempo a maior exportadora de peles do mundo. A procura por peles empurrou os Stroganov cada vez mais para o leste; a Rússia literalmente se expandia a cada dia que passava. Com o tempo, as conquistas dos caçadores de peles foram encampadas pelo Estado e assumiram um caráter oficial, e castelos e fortalezas foram erguidos. Os cossacos, um grupo de caçadores, guerreiros e aventureiros livres, receberam do tsar a missão de coletar *yasak*, tributo, dos novos súditos, que em larga medida eram nômades. O tributo consistia sobretudo em peles, o principal motor dessa expansão.

Sêmion Dejniov era um dos cossacos coletores de impostos de povos nômades do leste. Ele nasceu em 1605 numa vila perto do lago Branco, não muito longe da atual Arcangel, e começou ainda jovem a trabalhar cobrando impostos em nome do tsar na Sibéria, uma atividade tanto exigente quanto perigosa. Muitos dos nômades nem sequer sabiam que agora eram súditos do tsar russo e, por conseguinte, ignoravam que lhe deviam algo. Nem sempre era fácil fazê-los compreender que estavam obrigados a abastecer de peles um soberano estrangeiro que vivia tão distante dali.

As fontes históricas sobre a trajetória de Dejniov são escassas e contraditórias. Sabidamente ele foi um diplomata talentoso, e em várias ocasiões conseguiu mediar a paz entre tribos em guerra. Graças a esse talento, Dejniov foi enviado ao extremo leste a fim de descobrir novas fontes de tributos para o tsar. Acompanhado por um pequeno séquito de mercadores, caçadores de peles e cossacos, ele avançou pelo nordeste. Quando alcançaram o rio Kolyma, no nordeste da Sibéria, ouviram os nativos comentarem de outro rio, o Anadyr, onde haveria uma abundância de morsas e animais de pele cobiçada, e decidiram partir para encontrá-lo. A primeira tentativa de desbravar o extremo leste falhou devido às condições do gelo, mas no ano seguinte, no verão[1] de 1648, eles tentariam novamente. Uma comitiva de cerca de noventa pessoas, divididas em sete *kochs*, veleiros especialmente adaptados às difíceis condições do mar congelado, partiu rumo ao desconhecido. Dois dos barcos foram imediatamente tragados por uma tempestade e jamais

---

1 Optou-se por manter as estações do ano conforme o original, isto é, correspondendo ao hemisfério norte. [N. T.]

encontrados; dois outros desapareceram pelo caminho, e nunca se soube o que aconteceu a eles. Em 20 de setembro, a tripulação do último barco avistou uma formação rochosa que mais tarde descreveu como «um grande promontório de rocha negra» — o cabo que leva o nome de Dejniov —, onde desembarcaram e travaram contato com inuítes que ali habitavam. É possível também que tenham posto os pés em Diomedes Maior. Sem se dar conta, Dejniov demonstrou que América e Ásia são dois continentes separados.

Ao sul do estreito hoje chamado de Bering, que devia se chamar Dejniov, a expedição foi atingida por uma forte tempestade e as três embarcações restantes se perderam de vista. O barco de Dejniov, com mais de vinte tripulantes a bordo, naufragou a certa distância ao sul da foz do rio Anadyr, destino final da expedição. Não se sabe o que sucedeu aos outros dois barcos; talvez tenham naufragado com homens e ratos a bordo, talvez os sobreviventes tenham sido atacados pelos guerreiros Tchuktchi, o único povo do Extremo Oriente que de fato ofereceu resistência aos russos. Uma hipótese duvidosa, mas persistente, afirma que os sobreviventes desembarcaram no Alasca, onde fundaram uma pequena colônia.

Após dez semanas de extenuante peregrinação pela natureza selvagem, Dejniov e sua tripulação exausta chegaram ao estuário, onde invernaram. Apenas treze deles ainda estavam vivos quando a primavera chegou. Mais tarde naquele ano, Dejniov estabeleceu o posto avançado de Anadyr, cerca de 600 quilômetros rio acima. Dejniov deve ter gostado bastante do lugar, pois lá permaneceu por doze anos. Somente vinte anos depois de partir de Yakutsk rumo a leste, a fim de descobrir novos povos dos quais coletar tributos, ele retornou com uma quantidade incomensurável de dentes de morsa.

Nesse ínterim, porém, a memória da jornada de Dejniov se perdeu, para ser reencontrada quase noventa anos depois, em

1736, dispersa nos arquivos de Yakutsk, pelo historiador alemão Gerhard Friedrich Müller. Somente em 1898, 250 anos depois da expedição de Dejniov, a Sociedade Geográfica Russa decidiu que o ponto mais oriental do continente eurasiano deveria mudar de nome, de cabo Oriente para cabo Dejniov. O mais correto teria sido nomeá-lo em homenagem aos iúpiques que já estavam ali quando Dejniov e sua comitiva passaram, mas assim é o mundo: os mapas estão repletos de sobrenomes de destemidos europeus que zarparam em embarcações precárias para descobrir o que já estava descoberto muito antes.

* * *

O derradeiro trecho da minha longa jornada em torno da Rússia havia começado em Anadyr, alguns dias antes. Não na Anadyr de Dejniov, mas na cidade fundada na foz do rio em 1889, a 600 quilômetros do singelo assentamento de onde Dejniov e seus homens passaram mais de uma década dizimando morsas suficientes para construir uma torre de marfim.

O atracadouro era sujo e deserto. Um grupo de pescadores se aventurava pela vazante, e mais além consegui divisar a fachada colorida de um conjunto de apartamentos. A água estava coalhada de focas curiosas, e de vez em quando a corcunda reluzente de uma beluga despontava na superfície.

Ao longo das quatro semanas seguintes eu cruzaria a Passagem do Nordeste de leste a oeste a bordo de um antigo barco de pesquisas soviético, o *Akademik Shokalskiy*, assim chamado em homenagem ao oceanógrafo russo Yuri Shokalsky. Na companhia de outros 47 passageiros, eu percorreria 5.650 milhas náuticas, mais de 10 mil quilômetros, margeando toda a costa norte russa, até Murmansk.

A viagem foi planejada com um ano de antecedência, e quase não consegui garantir um dos últimos lugares. Passei um bom tempo imaginando quem seriam meus companheiros de aventura. Quem mais em sã consciência investiria 20 mil dólares para passar quatro semanas num barco relativamente pequeno, com cabine dupla, banheiro e chuveiro no corredor, e cujo único entretenimento consistia em desembarcar em ilhas desertas de clima hostil?

Um grupo de mulheres e homens encurvados e enrugados perfilava-se no cais, vestindo coloridas jaquetas impermeáveis e carregando no pescoço binóculos caros e câmeras caríssimas. Não me surpreendi pelo fato de a maioria dos viajantes ser de aposentados; o que realmente me chamou atenção foi sua faixa etária. Muitos eram tão idosos que seus frágeis esqueletos chacoalhavam sem parar, e precisavam de ajuda para subir a bordo da embarcação. Alguns viajavam com o cônjuge, mas muitos já eram viúvos ou estavam desacompanhados.

À mesa, durante o jantar, o assunto eram as aventuras. Para quem procurasse dicas de viagem não haveria lugar melhor. Não havia ilha mais obscura ou território autônomo em que um punhado daqueles aposentados já não tivesse fincado os pés. Somalilândia? Claro, já estive lá várias vezes. Butão? Destino interessante, sobretudo a porção oriental, menos turística. Iêmen? Cultura fascinante, uma pena que seja tão turbulento. Logo ficou claro que eu era a única dos 48 a nunca ter feito uma expedição pela Antártida. A maioria já estivera lá em mais de uma ocasião; alguns eram velhos conhecidos de viagens anteriores.

No dia seguinte, durante o desjejum, o assunto dos velhos aventureiros era o mesmo. No almoço, depois das amenidades iniciais, a conversa enveredou por questões práticas, como travessia de fronteiras, vistos e rotas alternativas. Em seguida chegou a hora da primeira atividade da viagem: um passeio pelos penhascos habitados por aves marinhas em Zodiacs, isto é, barcos infláveis de borracha pretos.

VERÃO ÁRTICO   23

— Deve ser emocionante! — comentei entusiasmada com Elie, a holandesa de 85 anos com quem eu dividia a cabine. A caprichosa mala que ela mesma fez continha, além das roupas, adaptadores de tomadas elétricas e adesivos de várias expedições a regiões polares do globo.

— Emocionante? — Ela me olhou intrigada. — Como assim?

— Nunca passeei de Zodiac antes — expliquei.

Elie arregalou os olhos, genuinamente espantada:

— Já fiz centenas de passeios de Zodiac. *Centenas!*

O mar estava revolto e os Zodiacs balançavam muito ao sabor das ondas. Para não correr o risco de cair na água, é preciso saltar dentro do barquinho antes que ele desapareça atrás da crista das ondas. Um a um, os aposentados tomavam impulso e escorregavam no convés com um olhar de desdém pela morte e um discreto sorriso.

— Acho que não me resta muito mais tempo — explicou Alyson, um esbelto americano com seus setenta e tantos anos e uma gargalhada rouca e contagiante. — Só nos últimos cinco anos já perdi cinco amigos.

Milhares de gaivotas e araus voejavam sobre nossa cabeça à medida que nos aproximávamos das escarpas altas e íngremes. Os guinchos das aves eram acompanhados pelos cliques das teleobjetivas; os veteranos exploradores se equilibravam sobre a borda dos barcos em posições acrobáticas para capturar o melhor ângulo das fotos. Ninguém além de mim, que venho de gerações de pescadores e navegantes, parecia dar a mínima para as ondas agitadas. A bile ácida abria caminho pela minha garganta, meus olhos ardiam e começaram a marejar. Por fim, deixei o orgulho de lado e engatinhei até a popa do barco, na direção do motor, onde o balanço era menos intenso.

Vinte e sete dias para o fim da viagem. A última perna.

***

Certa noite, três anos e meio antes, sonhei que vagueava por um enorme mapa. Percorria uma linha vermelha e arqueada: a fronteira russa. Viajando de um país a outro, o tempo inteiro cercada pela enorme Rússia ao norte e a leste. Quando acordei, me dei conta de que esse seria meu próximo livro, uma jornada ao longo da fronteira russa, da Coreia do Norte à Noruega. Imediatamente, me dediquei a planejar o roteiro. Começaria em Pyongyang e lentamente rumaria para o oeste, na direção da Europa, para minha casa na Noruega. A Noruega democrática e pluralista e a totalitária e fechada Coreia do Norte não têm muito em comum, exceto o fato de que ambas têm fronteiras com a Rússia. O mesmo vale para China, Mongólia, Cazaquistão, Azerbaijão, Geórgia, Ucrânia, Belarus, Lituânia, Polônia, Letônia, Estônia e Finlândia. Somente a China é tão rodeada por países como a Rússia, catorze ao todo. Agora, a bordo do *Akademik Shokalskiy*, cercada pelas águas do mar do Norte, a maior parte dessa jornada era passado. Em oito meses, venci os limites sul e oeste da Rússia, desde Pyongyang até Grense Jakobselv, uma localidade no extremo norte da Noruega, na foz do rio Jakob, com uma única pergunta na mente: o que significa ter o maior país do mundo como vizinho?

Nessa jornada, descobri que não existe uma só resposta para essa questão, mas pelo menos catorze, uma para cada país fronteiriço. Claro que, na realidade, existem provavelmente milhões de respostas, uma para cada indivíduo que vive ao longo da fronteira, cada um com sua própria e peculiar história.

Pouco depois do colapso da União Soviética, a Rússia caiu de joelhos, tanto economicamente como militar ou politicamente. O beberrão Boris Iéltsin tinha o leme do país na mão e a ingrata missão de resolver décadas de dirigismo econômico insano. Nos caóticos anos 1990, centenas de empresários enriqueceram enormemente comprando títulos do governo a preço vil enquanto a maioria da população se esfalfava tentando esticar

VERÃO ÁRTICO

o orçamento até o fim do mês. A inflação estava fora de controle, a anarquia e a criminalidade grassavam. Os EUA celebravam a vitória diante do comunismo, enquanto na Rússia as pessoas lamentavam aquilo que haviam perdido: uma sociedade relativamente estável e previsível e um Estado de bem-estar funcional, que se foi junto com uma utopia, um sonho.

E a perda de um império. Em poucos meses, a população foi reduzida de 300 milhões para 140 milhões. Um quinto do território desapareceu, resultando em catorze nações independentes. Entre elas, Cazaquistão, Azerbaijão, Geórgia, Ucrânia, Belarus, Lituânia, Letônia e Estônia, Estados que faziam parte primeiro do Império Russo e depois da União Soviética, mas agora eram os novos vizinhos da Rússia. Até os países-satélites do Leste Europeu já não estavam sob o controle de Moscou. Durante séculos, os russos estiveram acostumados a ter incontáveis povos e nações dançando conforme a música que tocavam. Agora a melodia era outra, que não lembrava em nada o esplendor do passado.

Em seu discurso anual ao Parlamento, em 2005, o presidente Vladimir Putin chamou o colapso da União Soviética de «maior catástrofe geopolítica do século XX». Ele se referia, naturalmente, à dissolução territorial, mas também aos 25 milhões de russos e falantes de russo como língua materna que, de repente, já não se encontravam em território russo. Muitos deles vivem hoje em dia nos países vizinhos, além-fronteiras.

A Rússia ainda é grande. E, lentamente, se expande. Com Putin no poder, a Rússia foi assumindo aos poucos um lugar de destaque na arena mundial. Sua economia está novamente nos trilhos e seu poderio militar foi reforçado. Seus vizinhos já não podem dormir tranquilos. Em alguns lugares, nem chegam a dormir, mas passam as noites em porões frios e escuros, escutando o estrondo das bombas que explodem clareando ameaçadoramente o céu.

Nunca foi *simples* ser vizinho da Rússia. Dos catorze países fronteiriços, apenas a Noruega não foi invadida ou esteve em conflito armado com a Rússia nos últimos quinhentos anos. Enquanto potências europeias como França e Grã-Bretanha possuíam colônias de ultramar, apenas a Rússia continuava a crescer num território contínuo. Povo após povo, nação após nação, todos eram subjugados pelo tsar e anexados ao império, e sempre havia espaço para mais. Hoje em dia, quase duzentos grupos étnicos vivem na Federação Russa, de pastores nômades de renas em Tuva, no permafrost siberiano, até gregos pônticos na fértil costa do mar Negro. Ao contrário da França e da Grã-Bretanha, a Rússia tem poucas fronteiras naturais; o relevo é em boa parte plano, aberto e infinito, e assim o império pôde se expandir para todos os lados. Já no século XVII, na época do cossaco Dejniov, ele se espraiava desde Moscou a oeste, na direção dos Urais, até o Pacífico a leste.

Extensas áreas de terra da Rússia são cobertas por tundra, taiga e florestas; difíceis de defender, fáceis de invadir. Foi a própria vastidão, as enormes distâncias, que melhor serviram de defesa para a Rússia ao longo dos séculos. Embora o relevo a oeste de Moscou seja plano, sem maiores cadeias montanhosas ou outros obstáculos físicos, nenhum estrangeiro conseguiu conquistar Moscou a partir do oeste. Nem bem se aproximam de Moscou, os soldados estão exaustos e os suprimentos já estão no fim; as vias de acesso são por demais longas e a temperatura é muito baixa. Mesmo assim, não faltou quem se aventurasse: tanto poloneses como suecos e franceses bem que tentaram, para não mencionar os alemães, tanto em 1914 como em 1941, com resultados catastróficos ambas as vezes.

A expansão fabulosa da Rússia começou mesmo no século XVI, com a conquista do canato muçulmano de Kazan, a leste de Moscou, e, posteriormente, com a colonização da Sibéria e do Extremo Oriente, com as levas iniciais de caçadores de peles. Em 1613, quando o primeiro Romanov, Miguel Fiodoróvski, foi coroado tsar aos 22 anos, o império já era tão vasto que ninguém sabia ao certo seus limites, nem quantas pessoas e povos abrigava.

Cem anos e seis tsares mais tarde, não se tinha certeza de até onde ia a Rússia. Ligando América e Ásia, por exemplo? Pedro I, mais conhecido como Pedro, o Grande, talvez o tsar mais enérgico, ocidentalizado e propenso a reformas de todos os tempos, era apaixonado pelo mar e pela navegação. Um de seus derradeiros feitos foi enviar uma expedição aos confins mais remotos da Rússia a fim de mapear a costa. O navegador dinamarquês Vitus Bering, que, a exemplo de vários marinheiros dinamarqueses e noruegueses, serviu na marinha russa, foi nomeado capitão da expedição.

Bering zarpou rumo ao Pacífico em 1725, mesmo ano da morte de Pedro, o Grande. A expedição de quase 10 mil quilômetros para o leste era, para dizer o mínimo, extenuante. Grande parte do percurso jamais havia sido feita antes, e os viajantes tiveram que construir pontes e barcos no decorrer da viagem a fim de vencer os tormentosos cursos d'água com os quais deparavam. Muitos também eram os trechos de áreas pantanosas em que pereceram tanto cavalos quanto membros da expedição, vítimas das infecções e dos enxames de mosquitos. Aqueles que sobreviveram ao verão infernal tiveram que enfrentar as temperaturas glaciais do inverno. Somente após dois anos os homens alcançaram Okhotsk, no Pacífico. Dali, navegaram até a península de Kamtchatka, conquistada algumas décadas antes, mas ainda um território desconhecido, selvagem, habitado por tribos hostis. Bering e sua tripulação levaram um inverno inteiro para atravessar Kamtchatka, primeiro usando barcos e em seguida trenós. Somente em março de 1728, três anos depois de terem deixado São Petersburgo, chegaram ao pequeno assentamento cossaco no extremo sul da península de Kamtchatka.

A expedição poderia enfim começar, mas antes era preciso construir um navio. Somente quando chegou o verão foi que Bering e seus homens estavam prontos para zarpar rumo ao norte, por mares nunca navegados. Em 16 de agosto, após cerca de um mês no mar, Bering cruzou o estreito que leva seu nome. O nevoeiro era espesso, a visão era quase nenhuma. Bering avistou uma das Diomedes, mas não a outra, oculta pela névoa, assim como o continente mais além. O plano era, na verdade, seguir mais para o leste, a caminho do Novo Mundo, mas as condições climáticas eram péssimas, e o barco construído artesanalmente não era à prova de mares bravios, muito menos tormentas. Bering ordenou que retornassem.

Em 1730, cinco anos depois de deixar a capital russa, Bering regressou a São Petersburgo. Lá, começou imediatamente a preparar uma empreitada maior e mais ambiciosa, justamente a Grande Expedição Nórdica, a maior e mais custosa viagem jamais realizada por um ser humano, exceto talvez pelo pouso na Lua. O objetivo era cartografar as costas ártica e siberiana, desbravar a América do Norte e o Japão, jamais contatados pela Rússia até então, e realizar pesquisas etnográficas, zoológicas, botânicas, astronômicas e geográficas na Sibéria. Historiadores estimam que mais de 3 mil pessoas estiveram de algum modo envolvidas na expedição, que em valores atuais pode ter chegado a 34 bilhões de euros, um sétimo do orçamento estatal russo de então. A viagem foi dividida em três grupos e outros tantos subgrupos, que ao todo mapearam uma grande parte da costa norte do país.

O próprio Bering, responsável maior pela expedição, partiu rumo a leste novamente. Devido a uma série de problemas logísticos, levou mais cinco anos para, saindo de São Petersburgo, chegar a Okhotsk. Somente no início de junho de 1741, oito anos depois de deixar São Petersburgo, Bering e sua tripulação de setenta homens estavam prontos para zarpar da península de Kamtchatka. O objetivo era descobrir a rota ocidental para a América.

Em meados de julho eles avistaram terra a leste: picos nevados e um vulcão íngreme, muito provavelmente o monte Santo Elias, localizado na divisa entre o Alasca e o Canadá. A missão estava cumprida. No dia seguinte, Bering ordenou que regressassem à Rússia. Georg Steller, médico e naturalista alemão membro da expedição, implorou em vão para permanecerem ali por mais tempo. Um único dia em terra firme foi o que lhe restou do Novo Mundo. Nesse breve período, ele teve tempo para descrever em detalhes uma série de espécies vegetais e animais, um feito e tanto que, sozinho, já teria inscrito seu nome na história. Um só dia, porém, não era o bastante para investigar aquelas plagas desconhecidas, onde nenhum europeu jamais havia posto os pés. Em seu diário, Steller observou laconicamente: «Dez anos de preparação consumiu esta empreitada, que todavia rendeu apenas dez horas de trabalho».[2]

Os suprimentos a bordo rareavam, e muitos tripulantes já tinham sintomas de escorbuto, inclusive o próprio Bering, algo que talvez explique por que ele parecia tão pouco interessado, aparentando quase indiferença, em explorar o novo continente.

O escorbuto era o pavor de qualquer marinheiro. Hoje se sabe que a doença decorre da falta de vitamina C, uma vitamina que o ser humano não é capaz de produzir e precisa obter por meio do alimento. Os sintomas iniciais do escorbuto são cansaço e apatia, falta de ar e dores nos ossos, além de alterações na personalidade. Com o passar do tempo, as gengivas começam

---

2   A citação é reproduzida no livro de Corey Ford, *Where the Sea Breaks Its Back. The Epic Story of Early Naturalist Georg Steller and the Russian Exploration of Alaska*. Portland: Alaska Northwest Books, 1992 [1966].

a sangrar e os dentes a cair. Hemorragias internas também são comuns e o doente morre em decorrência dos sangramentos ou, simplesmente, de fome. Caso obtenha a vitamina c ingerindo alimentos ou bebidas, os sintomas desaparecerão depois de uma ou duas semanas e o doente recuperará a saúde plena. A enfermidade foi inicialmente descrita por Hipócrates, mas se tornou um problema de saúde sério a partir das Cruzadas e durante as demoradas viagens dos descobrimentos, no século XV. Em muitas expedições, era comum perder metade da tripulação para o escorbuto, e, no século XVIII, mais marinheiros britânicos foram vitimados pela doença do que pelos combates.[3]

Em fins de agosto, não muito distante da costa do Alasca, a temida mazela ceifou a vida do primeiro tripulante da expedição de Bering. Na viagem de volta, a embarcação enfrentou tormentas demoradas e intensas, e apenas uma fração dos tripulantes estava em condições de se firmar de pé e trabalhar. Chegou outubro, com uma tempestade seguindo-se a outra; morriam marinheiros todos os dias. As reservas de água potável também estavam chegando ao fim. Somente no início de novembro, mais de dois meses depois de terem zarpado do Alasca, conseguiram avistar terra firme. «Impossível descrever a alegria extraordinária de todos por essa mirada», anotou Steller em seu diário. «Os corpos moribundos se arrastaram para ver, e todos agradeceram fervorosamente a Deus por Sua imensa misericórdia.»[4]

A felicidade, entretanto, foi fugaz. À medida que se aproximavam, ficou claro que não haviam chegado à costa russa, mas a uma ilha erma e desabitada, cercada de penhascos íngremes e

---

3 Navegantes noruegueses pareciam inexplicavelmente mais bem protegidos contra o escorbuto nessa época. Hoje se sabe que isso se deve ao fato de que as embarcações norueguesas eram bem abastecidas com arando e amora-ártica, bagas ricas em vitamina C.

4 Mesma fonte da citação da nota 2.

montanhas hostis. O navio encalhou quando tentavam desembarcar, e por isso foram forçados a invernar ali. Um grande contingente dos tripulantes estava tão abatido pelo escorbuto que mal conseguia comer; suas gengivas estavam tomadas por feridas abertas com a carne encobrindo os poucos dentes que lhes restavam. Dos cerca de 75 homens que partiram de Kamtchatka no início do verão, 28 estavam mortos ou moribundos. Os cerca de quarenta que restaram passaram o inverno tentando construir uma embarcação com os restos do naufrágio, e conseguiram retornar a Kamtchatka na primavera de 1742.

Para Bering, foi tarde demais. Seu estado era crítico; já sem poder ficar em pé, ele deitou no chão e se deixou cobrir pela areia soprada pelo vento. Georg Steller tentou remover a areia, mas Bering o deteve. «Deixe-me», murmurou. «Quanto mais enterrado, mais aquecido estarei; apenas as minhas carnes que estiverem sobre a terra serão afetadas pelo frio.»[5]

Duas horas antes da aurora do dia 19 de dezembro de 1741 falecia Vitor Bering, aos sessenta anos.[6] Hoje, a ilha em que morreu leva seu nome, assim como o mar que a cerca. Bering entrou para a história como um Colombo russo, o homem que descobriu a América partindo do oeste. Em 1776, seu nome foi imortalizado quando o capitão James Cook batizou em sua homenagem o estreito entre a Rússia e o Alasca.

5 Ibidem.
6 Em 1991, a sepultura de Bering foi descoberta por uma expedição dano-russa, e seus despojos foram trasladados para Moscou. As pesquisas revelaram que Bering não morreu de escorbuto, afinal. As condições dos restos mortais permitiram reconstruir sua aparência, e se chegou à conclusão de que o retrato de Bering mais conhecido não era do navegador dinamarquês, mas muito provavelmente de Vitus Pedersen Bering, seu bisneto, que viveu de 1617 a 1675. Em 1992, seus restos mortais foram devolvidos à ilha.

O nome de Steller também entrou para a história. A ilha aparentemente deserta onde encalharam mostrou-se extraordinariamente rica em vida animal, decerto porque era inacessível ao ser humano. Steller teve muito com que se ocupar. Uma série de espécies animais foram descobertas e descritas e receberam seu nome, entre elas o leão-marinho-de-steller, a águia-marinha-de-steller e certamente a mais famosa delas, o dugongo-de-steller. Os dugongos da ilha de Bering chegavam a 9 metros de comprimento e pesavam quase 9 toneladas, e eram uma das poucas espécies de mamíferos gigantes que sobreviveram à última glaciação.

A descoberta de uma rota marítima para o Alasca levou à fundação da estatal Companhia Russo-Americana. A empresa foi fundada em 1799, mais de cinquenta anos depois da expedição de Bering, e sua missão era colonizar o Alasca, negociar com os nativos e, o mais importante, obter peles. Os nativos, forçados a trabalhar para os russos, morriam às centenas, vítimas de doenças que os estranhos traziam, a exemplo dos milhões de índios ao sul que morreram de gripe, sarampo e coqueluche, dois séculos antes. O posto avançado mais meridional da companhia localizava-se de fato em Fort Ross, na Califórnia.

O Alasca foi uma anomalia na história da Rússia, uma exceção: o único território em terra firme sem uma ligação com o império. Nunca houve muitos russos vivendo no Alasca — em seu auge a colônia chegou a abrigar oitocentos cidadãos russos. Ao longo do século XIX, a quantidade de animais que forneciam peles foi declinando, à medida que os ianques conquistavam cada vez mais territórios na América do Norte. Em 1867, numa época em que a Companhia Russo-Americana estava relativamente bem administrada e avaliava expandir suas atividades para explorar madeira e minérios, o tsar Alexandre II vendeu o Alasca aos EUA por 7,2 milhões de dólares. O negociador da parte americana foi o secretário de Estado William H. Seward.

A pechincha, que hoje em dia pode sem exagero ser considerada a melhor transação imobiliária da história, foi desdenhada pela imprensa americana da época, que apelidou o Alasca de «loucura de Seward» e «geladeira de Seward». Apenas quando se descobriu ouro no Klondike, em 1868, e poucos anos depois em Nome, as críticas cessaram. Os russos, ao contrário, jamais perdoaram Alexandre II por vender a única colônia de ultramar da Rússia a preço tão baixo. Até hoje existem grupos de extrema direita na Rússia que sonham em reaver o Alasca, 150 anos depois de os americanos terem adquirido o território por 4 dólares o metro quadrado.

As detalhadas descrições do naturalista alemão Georg Steller da fauna na ilha de Bering levaram, paradoxalmente, à extinção de muitas das espécies locais. Não demorou muito para aventureiros desembarcarem ali atraídos pelos recursos naturais. Já em meados da década de 1750, a lontra-marinha, cujo contingente estimado por Steller na ilha era de cerca de 1 milhão, e o lobo-marinho-do-norte, do qual existiam 2 milhões de exemplares, estavam quase extintos. O último dugongo foi morto em 1768, meros 27 anos depois de Steller visitar o lugar.

O próprio Steller morreu a caminho de São Petersburgo, aos 37 anos de idade, desiludido e amargurado, sem saber que o manuscrito que enviara à capital russa alguns anos antes o tornaria tão célebre. Foi sepultado em Tyumen, a norte de onde hoje é o Cazaquistão. Como se tratava de um protestante, as autoridades locais lhe negaram o direito de descansar no cemitério ortodoxo, e por isso Steller foi enterrado numa cova rasa, num sítio remoto, às margens do rio Tura. A sepultura foi violada por ladrões de tumbas, seu cadáver foi mutilado por cães para depois ser arrastado por uma enxurrada e desaparecer da face da terra, tal como o dugongo que levava seu nome.

***

Um nevoeiro espesso encobriu o estreito de Bering. O cabo Dejniov desapareceu atrás de uma muralha cinza e impenetrável, e a vista do horizonte de repente se encurtou para uns poucos metros, como deve ter sido quando Bering navegou pelo estreito, quase trezentos anos antes. Tão abruptamente como quando surgiu, o nevoeiro desapareceu, e, sem mais problemas, contornamos o cabo. O mar era de um azul-metálico, quase sem ondas. Não se via um só cristal de gelo em volta.

À mesa de jantar, a conversa sobre destinos mais ou menos extremos continuou, seguida de um estudo aprofundado do atlas — o livro mais popular da biblioteca do navio — no bar. Peter, um advogado empresarial britânico aposentado, desconhecia limites. Depois de se aposentar, começou a viajar sem parar. Decidiu alugar a casa onde vivia, em Sydney, tão pouco era o tempo que passava nela.

— Sou um sem-teto, mas não um sem-dinheiro — disse ele.

Peter passava horas esmiuçando o atlas e planejando em detalhes as viagens. Em 2018 já não havia mais espaço na agenda. Ele visitaria Nebraska e Kansas, nos EUA, os dois únicos estados que não conhecia, depois México, Grã-Bretanha, Alemanha, Bélgica, Turquia, alguns estados da Índia e vários países da África Ocidental afetados pelo vírus Ebola. Além disso, cruzaria a Rússia pela ferrovia Transiberiana, na esperança de vislumbrar Birobidjan, o oblast judaico autônomo perto da fronteira chinesa. Na mesa à sua frente havia um bloco de anotações com os roteiros organizados cronologicamente de acordo com os meses do ano. O tempo inteiro ele fazia pequenas alterações e riscava uma cidade ou um país, antecipando uma viagem, adiando outra.

Era membro do *The Travelers' Century Club* e ocupava a 82ª posição do *World's Most Traveled People*. O clube dividia o mundo em 875 territórios; Peter esteve em 530 deles.

— Até o final do próximo ano, espero chegar a 570 — disse.

— Então vou subir para a posição 75, talvez. O problema é que os outros membros também viajam bastante, não se pode perder isso de vista.

Ele segurou o mapa dos territórios da Rússia e emendou:

— Sabia que é possível chegar à Ossétia do Sul a partir da Ossétia do Norte? E três semanas serão suficientes para visitar todas as repúblicas da parte europeia, ao sul de Moscou, ou devo dividir a viagem em dois? Na parte europeia, os territórios são próximos, então você pode pontuar facilmente, mas o problema é que meu visto é de apenas trinta dias. Isso complica as coisas, então preciso prestar muita atenção no roteiro. Você não acha que setembro é um bom mês para viajar pelo Cáucaso?

— Setembro é o ideal, o clima ainda deve estar ameno e agradável — cravei.

— Não, espere, eu tinha esquecido completamente, setembro não vai dar, vou fazer a Passagem do Nordeste! — Ele coçou a cabeça. — Acho que outubro ainda está livre. O que você acha de outubro?

— Também é um mês aceitável, a menos que você queira se bronzear.

— Eu nunca tomo sol — retrucou Peter, anotando «Cáucaso em outubro» no caderninho. — Estou ansioso por esta viagem — acrescentou com um pequeno suspiro. — É uma delícia poder relaxar uns dias no mesmo lugar. Quer dizer, relaxar não é bem a palavra. Mas pelo menos não vou precisar carregar uma mala!

O navio tinha uma rotina e um tempo inteiramente seus. A viagem atravessaria nove fusos horários, e o relógio tinha que ser atrasado em uma hora a intervalos regulares. A bordo não havia conexão com a internet nem telefônica; durante quatro semanas estaríamos sem contato com o exterior e navegaríamos em nosso próprio universo, um pequeno universo que logo adquiriu ritmos e rituais particulares. Havia dois refeitórios compridos a bordo, e depois de alguns dias os viajantes passaram a usar o mesmo salão, sentar-se à mesma mesa, conversar com as mesmas pessoas. Café da manhã às 7h30, almoço às 12h30, jantar às 19h. A bombordo, era possível avistar a costa leste da Rússia, uma faixa de terra plana e escura parcialmente oculta pela neblina cinzenta; a estibordo tínhamos o mar aberto. Ocasionalmente, podíamos vislumbrar uma faixa branca de gelo ou ilhas nuas e estéreis.

Se tivéssemos feito a rota mais rápida para Murmansk, sem desvios e sem paradas, a viagem levaria entre uma e duas semanas – o recorde é de seis dias e meio. Nós, por outro lado, desembarcávamos sempre que possível em ilhas inóspitas e fustigadas pelo vento, habitadas apenas por pássaros, lemingues e morsas bufando e grunhindo. A palavra «ártico» vem do grego ἀρκτικός, *arktikos*, que quer dizer «quase urso» e se refere à constelação da Ursa Maior, visível apenas no hemisfério norte. O nome também poderia muito bem ser uma alusão mais concreta ao reino animal. Em quase todas as ilhas onde desembarcamos, deparamos com ursos-polares ou vestígios deles. Assim, sempre nos deslocávamos juntos, sempre em grupos; aqui era a casa dos ursos-polares, e nós éramos apenas convidados. Num único dia, avistamos mais de duzentos ursos-polares, cerca de 1% da população restante desses animais. De longe, do convés do navio, pareciam até ovelhas.

Mesmo supondo que não teremos expectativas diante de um lugar tão desconhecido, numa aventura tão diferente de qualquer outra, inconscientemente ainda temos expectativas em relação ao que queremos ver e sentir, e, principalmente, ao que *não* queremos ver e sentir.

Eu, por exemplo, não esperava encontrar pela frente tanto lixo. Nunca vi tantos barris de petróleo enferrujados como no Ártico, milhares e milhares de barris velhos amontoados ou espalhados pela tundra; lembretes tangíveis da ambiciosa aposta da União Soviética no extremo norte do globo. Havia, na melhor das hipóteses, mais de uma centena de estações meteorológicas ao longo da costa norte da Rússia, geralmente ocupadas por três a quatro pessoas que resistiam isoladas a todos os tipos de clima, sobrevivendo ao verão longo e brilhante e à noite polar igualmente longa e sombria, em turnos que, não raro, poderiam se estender durante anos. As primeiras estações polares foram construídas logo após a criação da União Soviética, antes que qualquer navio conseguisse atravessar a Passagem do Nordeste sem ficar retido no gelo por um inverno inteiro, pelo menos.

Até 1920, apenas três expedições conseguiram atravessar a Passagem do Nordeste. Em 1878-79, o explorador sueco-finlandês Adolf Erik Nordenskiöld foi o primeiro a completar a viagem desde a costa norueguesa até o estreito de Bering. Passados 35 anos, em 1914, o oficial naval russo e hidrógrafo Boris Vilkitsky repetiu a façanha, mas dessa vez de leste a oeste. A propósito, foi Vilkitsky quem descobriu Severnaya Zemlya, localizada aproximadamente no meio da Passagem do Nordeste, a norte da península de Taymyr e do cabo Tchelyuskin. Vilkitsky nomeou a ilha, na verdade um arquipélago, de Terra de Nicolau II. Em 1926, as ilhas ganharam a denominação mais neutra de Severnaya Zemlya, «Terra do Norte», e, quando finalmente foram cartografadas, na década de 1930, receberam nomes edificantes como ilha da Revolução de Outubro, ilha Bolchevique e ilha Komsomolets, denominações que hoje parecem tão anacrônicas quanto Nicolau II deve ter parecido em 1926.

Último dos três exploradores, o norueguês Roald Amundsen partiu em 1918 e assim se tornou o primeiro a cruzar a Passagem do Nordeste e a Passagem do Noroeste. Nordenskiöld, assim como Vilkitsky e Amundsen, ficou preso no gelo e se viu forçado a invernar ali. O *Vega*, de Nordenskiöld, ficou retido a apenas 100 milhas náuticas do estreito de Bering durante dez meses, enquanto os dois navios de Vilkitsky estancaram cerca de 300 quilômetros a leste do cabo Tchelyuskin. Amundsen ficou retido duas vezes e só chegou ao Alasca em 1920, dois anos depois de partir da Noruega.

Não é à toa que a Passagem do Nordeste, ou Rota do Mar do Norte, como os russos a chamam, é considerada um dos trechos marítimos mais difíceis de navegar em todo o mundo. De Murmansk ao estreito de Bering são mais de 3 mil milhas náuticas [cerca de 5.500 quilômetros] divididas em cinco mares: o mar Barents, o mar de Kara, o mar de Laptev, o mar da Sibéria Oriental e o mar de Tchuktchi, todos integrantes do mar do Norte. No inverno, o trecho se cobre de uma grossa camada de gelo marinho, e as águas também costumam ser bastante rasas, chegando em alguns lugares a apenas 5 ou 6 metros de profundidade até o leito marinho. Somente em 1932, depois de muitas tentativas e tantos desastres e operações de resgate dramáticas, é que se conseguiu progredir. O cientista russo Otto Schmidt finalmente completou o percurso de Murmansk ao Pacífico em apenas dez semanas, sem invernar. A expedição bem-sucedida de Schmidt permitiu grandes avanços soviéticos no Ártico, e Schmidt foi nomeado diretor da recém-inaugurada Diretoria da Rota do Mar do Norte. Estações meteorológicas, bases de navegação e postos militares surgiram ao longo de toda a costa, e os burocratas começaram a pensar em explorar a rota norte para o transporte comercial, um sonho que resultou em ambiciosos planos quinquenais jamais concretizados.

Dos sonhos e ambições do passado restam hoje apenas as edificações: arruinadas, decadentes, com estantes carregadas de livros de Stálin e Lênin, e sapatos, cadeiras, camas e isolantes térmicos espalhados do lado de fora. Aqui e ali, uma máquina de escrever para produzir relatórios. A maioria das estações meteorológicas foi abandonada após o colapso da União Soviética e substituída por satélites, mas um punhado de pessoas ainda vivem e trabalham em algumas delas.

VERÃO ÁRTICO

Depois de quase uma semana no mar, desembarcamos na ilha Grande Lyakhovsky, integrante do arquipélago da Nova Sibéria. Ao lado das construções abandonadas da década de 1930, que ninguém se deu o trabalho de demolir, foram construídas duas novas casas para os meteorologistas que ali vivem e trabalham agora. Os moradores estavam a postos e nos aguardavam na praia quando desembarcamos. Três homens altos e esguios e uma jovem de rosto pálido e óculos redondos. Chamava-se Anya, tinha 22 anos e estava na ilha havia cinco meses.

— A pior coisa é o tédio — disse ela. — Não há nada para fazer. Não temos internet nem jornais, apenas uma TV, e nada acontece aqui.

Os quatro cães de guarda peludos se esconderam atrás das pernas de Anya e nos encararam com olhos brilhantes. Nunca tinham visto tantas pessoas juntas na vida.

— O que você faz quando termina seu dia de trabalho? — eu quis saber.

Anya deu de ombros.

— Assistimos à TV. No verão, pescamos. Às vezes, damos um passeio. — Ela riu brevemente. — Não que haja tantos lugares aonde ir.

A ilha não era muito grande, e por toda parte havia ferramentas velhas, destroços de carros e barcos, bem como restos da estrutura de madeira de banheiros ao ar livre, casas de barcos e prédios de observação. Espalhados entre os barris de óleo enferrujados estavam novos barris de óleo, de cor azul. Em vez de ter chegado ao fim, o ciclo do petróleo se estendeu pelo novo milênio.

— Será que não é muito solitário aqui? — eu disse em voz alta, e imediatamente me dei conta de como a pergunta soou ridícula.

— O salário é maior quanto menos pessoas há na estação — respondeu Anya e deu de ombros novamente. — Acabei de me formar e é quase impossível conseguir um emprego bom em Novosibirsk — acrescentou.

Anya tinha acabado de se formar como assistente de meteorologista, mas na verdade começou estudando uma disciplina completamente diferente, administração e marketing. Seu marido, Yuri, era superintendente na ilha e já estava lá havia dois anos e meio. No final, a distância ficou insuportável, e Anya abandonou seus estudos, inscreveu-se num curso intensivo de meteorologia de três meses e partiu.

— O mais difícil é o inverno — disse Yuri. Ele tinha 28 anos, mas aparentava ter pelo menos dez a mais. — Fica escuro o tempo todo, nunca vemos o sol.

— Deve ser bem frio também, não?

— Trinta e cinco negativos, talvez — disse ele. — Mas tudo bem. Faz frio em Novosibirsk também.

— Quanto tempo vocês ficarão aqui? — perguntei.

— Em tese, podemos pegar carona no quebra-gelo para casa uma vez por ano, em outubro, mas a empresa não tem ninguém para nos substituir, então vamos ficar aqui por mais dois anos, eu acho — respondeu Anya.

Do outro lado da ilha, a poucas horas de barco, havia outra estação meteorológica, inaugurada na década de 1920 e evacuada após o colapso da União Soviética. O que restou foram as ruínas de construções grandes e pequenas, um veículo sucateado e, como sempre, os barris de óleo enferrujados. Ao lado do banheiro externo havia uma camisinha usada, e numa casa encontramos restos de pão branco, uma embalagem de pasta de chocolate aberta, coberta de mofo, um pacote de macarrão aberto e uma coleção de DVDs. O pão não devia ter mais do que algumas semanas.

— Colecionadores de presas de mamute — disse Yevgeny, um dos nossos guias russos.

— Presas de mamute? — repeti sem entender.

— Sim, presas de mamute são um grande negócio! Quando o clima esquentou após a última era glacial, muitos mamutes buscaram refúgio nas ilhas da Nova Sibéria, então há presas de mamute por toda parte aqui. Agora que o permafrost está derretendo, a erosão aumentou e novos fósseis com presas são descobertos a todo instante. Há colecionadores que alugam até helicópteros e barcos para chegar aqui, há muito dinheiro em jogo, estamos falando de milhões. Este é provavelmente um dos lugares do Ártico onde há maior atividade humana. Os guardas de fronteira e os soldados são cúmplices, é claro, estamos falando de grandes quantias de dinheiro. Os chineses são insaciáveis! — Yevgeny riu. — Eles pintam as presas e as exibem como símbolo de status.

***

«Terra» é um nome tão enganoso quanto Groenlândia;[7] seria mais apropriado chamar nosso planeta de «Água». Às vezes o mar era turquesa, quase verde-esmeralda, outras vezes, amarronzado. Alguns dias luzia um tom azul intenso, quase preto, emoldurado por um céu branco-dourado. Ocasionalmente, era quase impossível distinguir entre ar e água; mar e céu se fundiam numa só paisagem. Os dias terminavam num crepúsculo roxo, e em seguida o sol renascia após um breve mergulho atrás do horizonte. Um casal francês idoso ocupava a ponte desde o início da manhã até tarde da noite, procurando dedicadamente aves marinhas, interrompendo a busca apenas para fazer as refeições. Cada vez que avistavam algumas dessas aves, registravam o fato num caderno quadriculado e relatavam durante as

---

7   *Grønland*, em dano-norueguês, quer dizer «terra verde». [N. T.]

reuniões do Clube dos Pássaros, que aconteciam no bar todas as noites. Além das gaivotas no encalço do barco, não havia muitas espécies a relatar; a maioria já havia migrado para o sul. Durante a manhã, veio a tempestade. O barco jogava forte de um lado para outro, e era difícil manter o equilíbrio; os aposentados eram arremessados de uma parede para a outra. A náusea me abatia comprimindo a barriga e as costelas como uma cinta, e apenas se eu me deitasse e ficasse completamente imóvel o enjoo me deixava em paz; encontrar o ponto de equilíbrio era algo tão delicado quanto a neblina matinal. Na hora do almoço, corri para a sala de jantar e para minha mesa habitual; as baixas eram palpáveis, todas as outras cadeiras estavam vazias. Do lado de fora do consultório médico do navio formou-se uma longa fila de rostos pálidos e extenuados.

— Isso não é nada se comparado com a Antártida —assegurou meu companheiro de viagem, um jovial australiano.

— Comparado com a Antártida, isso aqui é um passeio de domingo — concordou sua esposa.

— Você se lembra da noite em que demoramos meia hora apenas para subir as escadas e voltar para a cabine, querida?

— O barco balançava tanto que ficamos parados agarrados ao corrimão! — disse a esposa, rindo. — Durante dias até deixaram de servir comida! Ofereciam apenas sanduíches para quem conseguia comer algo, e tivemos que usar cinto de segurança para não cair do beliche.

— Parece uma viagem maravilhosa — murmurei.

— Ah, foi inesquecível! — retrucou o homem. — Uma experiência para a vida toda. Você definitivamente deve ir à Antártida se tiver a chance, mas evite as viagens mais curtas. Prefira uma mais longa para viver todas as experiências.

— As mais longas são as melhores! — concordou a esposa.

Só à noite o vento deu uma trégua. Em compensação, deparamos com gelo, muito gelo. Concentrado, o capitão conduzia

VERÃO ÁRTICO   43

o navio por entre blocos de gelo, que se rasgavam produzindo estrondos. Uma ursa-polar com dois filhotes agachada num iceberg derretido nos espreitava com olhos negros e vigilantes. Já havíamos percorrido mais da metade do caminho para Murmansk, e o trecho mais difícil estava à nossa frente: Vilkitsky, o estreito no extremo superior da Passagem do Nordeste. É um trecho de 55 quilômetros de largura, relativamente raso, mas as correntes são fortes, e a superfície da água geralmente fica coberta com uma camada espessa de gelo durante o ano inteiro. Ao longo da noite, o navio abriu caminho através do gelo; batendo e rasgando, estalando e ribombando enquanto nos aproximávamos lentamente do cabo Tchelyuskin, o ponto mais setentrional do continente eurasiano.

O cabo é temido pelos navegantes devido ao clima atroz. Se a camada de gelo não estiver espessa, então a tempestade será violenta, e, se não estiver ventando forte, a neblina densa e úmida esconderá a paisagem estéril. Quase 150 anos transcorreriam desde que Sêmion Tchelyuskin descobriu e mapeou o cabo por terra, em 1742, com a ajuda de trenós puxados por cães, até Nordenskiöld conseguir circum-navegar o marco boreal da Rússia. Muitos previram que o cabo Tchelyuskin selaria seu destino, e o ministro da Defesa da Suécia, Carl Gustaf von Otter, se opôs à expedição, que considerava arriscada demais. Em 1878, no entanto, Nordenskiöld partiu. O *Vega* foi abrindo caminho pela temida crosta de gelo sem maiores dramas, e Nordenskiöld já nem se impressionava com o entorno: «[...] foi a paisagem mais monótona e desolada com que já deparei no extremo norte».[8]

---

8   As citações são das pp. 325-6 do primeiro volume de *Vegas Reise omkring Asia og Europa*, de Adolf Erik Nordenskiöld. Cristiânia: P.T. Mallings Boghandels Forlag, 1881.

Não obtivemos permissão dos guardas de fronteira para desembarcar no cabo e, portanto, tivemos que nos contentar em navegar ao largo dos penhascos em botes de borracha. Quando nos aproximamos, foi fácil entender por que os russos não nos queriam por perto. O cabo Tchelyuskin era uma área de desastre ecológico, uma caricatura da decadência russa e da falta de manutenção dos equipamentos. Não eram centenas, mas *milhares* de barris de óleo enferrujados amontoados. De alguns deles, rios de combustível oleoso escorriam para o mar. Destroços de carros, restos de aviões e helicópteros, sucata de metal indistinta e blocos de apartamentos de concreto vazios, com vidraças quebradas e fachadas esburacadas e rachadas; o assentamento inteiro era um único e gigantesco entulho de lixo soviético. Não se via uma flor em volta, nem mesmo um tufo de grama, apenas tons de cinza, marrom-lamacento e laranja-ferrugem. Os únicos sinais de vida eram os três soldados que de repente se apressaram em consertar o radar num dos telhados enquanto fingiam ignorar nossos botes de borracha.

Pedras negras e pontiagudas formavam um escudo em volta do marco setentrional da Eurásia. Na extremidade do penhasco havia um pequeno cemitério. Um monte de pedras fora erguido na praia em memória de Roald Amundsen; em algum lugar deveria haver também um memorial a Nordenskiöld. Ao lado do pequeno cemitério havia um solitário posto fronteiriço russo pintado de vermelho e verde, tão sujo e decadente quanto o resto do assentamento.

***

A rotina no mar podia até se repetir, mas era totalmente diferente do dia a dia de nossa vida comum. A inquietação, que nos primeiros dias me fazia andar agitada pelos corredores, subir e descer as escadas, dar voltas e voltas no convés, aos poucos foi diminuindo e sendo substituída por uma espécie de calma, ou melhor, de resignação. O navio se movia; eu ficava parada. Os aposentados dormiam. Não o tempo inteiro, claro, mas à medida que avançávamos para oeste eles aparentavam cada vez mais cansaço. Dormindo depois do café da manhã, depois do almoço e do jantar, e às vezes tirando um cochilo adicional durante a palestra noturna sobre a história polar.

Anatoly, um dos passageiros russos a bordo, por sua vez, não perdia tempo com o sono. Horas a fio, ele caminhava energicamente dando voltas pelo convés inferior; num único dia, caminhava de seis a sete horas de cada vez. Estava na faixa dos cinquenta anos, tinha uma barriguinha saliente e se fazia presente em todas as ocasiões. Quando desembarcávamos em terra firme, sempre tinha em mãos seu iPad: «Queridos amigos, agora estou num local histórico, estou no local onde Nansen conheceu Jackson, e onde inúmeras outras expedições convergiram», recitou ele diante da câmera assim que pusemos os pés no cabo Flora. Em seguida, listou os nomes das outras expedições que haviam confluído para aquele exato local, o cabo Flora, Terra de Francisco José, um dos pontos de encontro mais movimentados do Ártico na época dos grandes descobrimentos polares.

À noite, de vez em quando, os passageiros russos irrompiam em coro espontaneamente em melodias que pareciam nunca ter fim, uma canção emendada na outra, que todos, absolutamente todos, entoavam a plenos pulmões. Os aposentados britânicos e australianos observavam o coral misto russo com sorrisos reservados e ansiosos do outro lado do bar, enquanto bebericavam seu chá com leite antes de se retirarem discretamente para suas cabines para mais uma soneca. Com os russos, o vinho corria solto, assim como, e em quantidades não inferiores, a vodca, e não tardava para que Yevgeny, o guia russo, sacasse o violão e tocasse canções melancólicas. À medida que o conteúdo da garrafa de vodca diminuía, ficava cada vez mais fácil convencê-lo a tocar só mais uma canção. Até Anatoly cantava enquanto Yevgeny interpretava canções tristes sobre a vida solitária da tundra. Konrad, o médico alemão do navio, deixou o clima ainda mais emotivo com canções românticas da Alemanha Oriental em tom menor.

Quando chegamos à ilha de Champ, parte da Terra de Francisco José, tivemos que fazer uma mudança de planos. Um quebra-gelo nuclear da empresa Rosatomflot, lotado de turistas que acabavam de chegar do Polo Norte, estava ancorado na baía, e tivemos que esperar pacientemente que os passageiros voltassem a bordo para admirar de perto as gigantescas esferas de pedra da ilha. Assim é a vida: se você tiver dinheiro suficiente, pode embarcar num cruzeiro pelo Polo Norte, beber champanhe e degustar caviar, tirar selfies sobre o gelo e depois voltar a embarcar no navio e tomar mais um drinque para comemorar a façanha.

Cem anos atrás, a situação era bem outra. A história polar é relativamente nova: a Terra de Francisco José, com suas quase duzentas ilhas e ilhotas, foi descoberta oficialmente apenas em 1873 por uma expedição austro-húngara liderada por Julius von Payer e Karl Weyprecht. A exemplo de várias outras expedições e exploradores, Payer e Weyprecht tinham como objetivo final o Polo Norte, que muitos na época imaginavam como uma grande rocha magnética cercada de mar aberto. Seu navio, o veleiro *Admiral Tegetthoff*, enroscou-se na calota de gelo e foi arrastado para o norte, na direção do arquipélago batizado com o nome do imperador austríaco. Diferentemente da Terra de Nicolau II, essas ilhas ainda carregam a alcunha imperial, embora a Áustria-Hungria e a monarquia austro-húngara há muito façam parte do passado.

A Terra de Francisco José rapidamente se tornou o ponto de partida de expedições internacionais cujo objetivo era alcançar o Polo Norte. Muitos eram chamados, nenhum era o escolhido. As operações de salvamento eram quase tantas quantas as próprias expedições. Por onde caminhávamos, avistávamos traços de heroísmo e tragédias. Havia túmulos solitários espalhados por toda parte.

Sob um rochedo em cabo Heller, na Terra de Wilczek, deparamos com a modesta sepultura do norueguês Bernt Bentsen, que aqui morreu em 1889, aos 38 anos de idade. Ele integrou a lendária tentativa de Nansen de chegar ao polo, a expedição Fram, que durou de 1893 a 1896, e depois de sossegar apenas um ano em casa, na Noruega, decidiu tomar parte numa nova expedição, dessa vez liderada pelo jornalista americano Walter Wellmann. Na beira da sepultura solitária estavam os restos da cabana de pedra e turfa em que Bentsen e seu compatriota Paul Bjørvig dormiram no inverno de 1898 para 1899. Sua tarefa era cuidar dos suprimentos para a expedição ao Polo Norte que seria realizada no verão seguinte, enquanto o restante dos membros invernava na base principal, mais ao sul:

«Sábado, 22 de outubro, viajaram Baldwin, Emil e Olaf para o cabo Tegetthoff», registra Paul Bjørvig em seu diário.[9]

De volta à toca estamos Bentsen e eu. Sabe Deus se voltaremos a vê-los. Seja feita a Sua vontade. [...] Não há como aquecer este lugar. A fim de poupar combustível, cozinhamos apenas duas vezes ao dia. À noite lemos uma revista. É a única que temos e precisamos ser previdentes até com a leitura. Enquanto um lê, o outro cuida da lamparina. Passaram-se oito dias desde que ficamos sós e até aqui tudo bem, exceto por nossos sacos de dormir, que ficaram ensopados desde que partimos do cabo Tegetthoff. Agora estão congelados. O culpado foi Baldwin, que nos trata

---

9 As citações do diário de Bjørvig são de Paul Bjørvig Hardhausen, *Dagbøkene 32 år etter. Frans Josefs land og Svalbard. Svalbard- minner nr. 1.* Skien: Vågemot, 1996. Ortografia de Bjørvig.

como se fôssemos cães. Quando pernoitamos, ficamos à mercê da neve e do vento, enquanto ele mesmo ocupava os locais melhores e mais secos. Deitado ali, comia chocolate e outras guloseimas enquanto nós nos havíamos com carne de morsa.

Depois de pouco tempo, Bentsen caiu doente. Começou com uma dor de garganta, mas os sintomas rapidamente pioraram. «Segunda-feira, 12 de novembro. Tempestade do leste, -28 graus. Bentsen está muito mal. Não parece que conseguirá sair do saco de dormir. Não está em condições de se levantar do catre. Seu estômago está ruim. Suas fezes consistem apenas em sangue.» Passam semanas e Bentsen só piora. Sozinho, Bjørvig precisa manter os ursos-polares afastados, cuidar dos cães e providenciar comida e bebida. A noite polar «é um breu tanto lá fora como aqui dentro», embora o clarão da aurora boreal às vezes ilumine o céu. Bjørvig tinha afazeres e aflições demais para perder tempo admirando o fenômeno: «Meu amigo começou a delirar», registra em dezembro. «Quer que voltemos para casa em Tromsø, é muito simples, ele diz. Além disso, vê aparições com as quais conversa, e se admira de que eu não as enxergue e lhes dirija palavra. [...] Tenho tanto com o que me ocupar aqui. Cuido dos cães, limpo a neve e além disso sirvo de enfermeiro, ainda que sem nenhum medicamento à mão. Pelo menos não preciso ter medo de ministrar o remédio errado.»

Na véspera de Natal, Bentsen ainda vivia, Bjørvig chegou a observar alguma melhora. Motivos para celebrar a data, contudo, não havia: «[...] há de ser o Natal mais solitário e desalentado que pode existir. Somos dois esquecidos no fim do mundo, num dos locais mais hostis possíveis, abrigados num buraco sob a neve».

VERÃO ÁRTICO

Na noite de 2 de janeiro, os dois noruegueses entretiveram um ao outro cantando. Bentsen chegou a acompanhar alguns versos do salmo natalino *Deilig er jorden* [Deliciosa é a terra]: «Melhor melodia não haverá ante tais circunstâncias», consola-se Bjørvig. Cai a noite e os dois adormecem. Quando Bjørvig despertou de madrugada, reparou no silêncio completo no catre vizinho:

Achei que ele estava dormindo e não quis acordá-lo. Acendi um fósforo e percebi que estava morto. Sabia havia muito tempo que as coisas terminariam assim, e estava de certa maneira conformado. Mas quando a realidade bate à porta é diferente. [...] Pus-me de pé e derreti um pouco de gelo, então lavei seu rosto e mãos e o deixei deitado ali no saco de dormir em que faleceu. No outono, quando nos abandonaram à nossa sorte, combinamos que se um de nós morresse o outro cuidaria da toca até que a expedição chegasse, para proteger o cadáver dos ursos e cães.

Bjørvig honrou a promessa:

«Era, claro, muito triste deitar ao lado de um morto», escreve ele candidamente. «Se já era frio dormir ao lado enquanto estava vivo, é muito pior agora, que morreu. No entanto, devo me resignar com essa situação.»

Somente depois de dois meses, em 27 de fevereiro, Wellmann e os demais membros acorreram para render o norueguês:

— Como você está? — indagou Wellmann. — E onde está Bentsen?

— Eu estou bem, mas meu colega morreu — respondeu Bjørvig.

— Onde enterrou seu colega?

— Não o enterrei, ele jaz ali — disse Bjørvig apontando para o saco de dormir que os dois dividiam.

Bjørvig relata que Wellmann ficou um bom tempo em silêncio. Mais tarde, depois de cavarem uma cova para Bentsen, Wellmann, Bjørvig e o restante da pequena expedição fizeram uma tentativa de avançar para o norte, como planejado. Após algumas semanas, tiveram que desistir e retornar à base, no cabo Tegetthoff.

Desde então, Bjørvig participou de muitas outras expedições polares, tanto em Spitsbergen quanto na Antártida. Ele atravessou o inverno de 1908-1909 vigiando a costa noroeste de Spitsbergen na companhia do experiente capitão ártico Knut Johnsen, novamente a serviço de Wellmann. Num dia de maio, Johnsen foi tragado pelo gelo e desapareceu. Dessa vez, Bjørvig ficou um mês sozinho antes de a ajuda chegar. Wellmann mais tarde tentou persuadir Bjørvig a retornar a Svalbard, mas Bjørvig tinha chegado ao limite:

«Já sofri bastante com o oceano Ártico», conclui ele no diário. «Mas quem tem tristezas também não tem alegrias.»

Ele morreu em 1932, aos 75 anos.

O meteorologista Evelyn Briggs Baldwin, que, de acordo com Bjørvig, degustava chocolate enquanto ele e Bentsen tinham que se contentar com carne de morsa, retornou ao Ártico já em 1901. Dessa vez, sob o patrocínio do milionário americano William Ziegler, que financiou nada menos que três expedições ao Polo Norte, cada uma mais pródiga que a outra, mas todas fracassadas. A expedição de Baldwin foi forçada a invernar em Alger, uma das ilhas setentrionais da Terra de Francisco José. Os restos da cabana de toras em que armazenou seus suprimentos permanecem no local, surpreendentemente em ótimo estado.

* * *

— Estamos trabalhando duro para salvar objetos históricos valiosos e documentar tudo antes que desapareça — disse

Yevgeny Yevmonov, o jovem historiador que liderou o trabalho para preservar a história polar na ilha Alger. — Há vinte anos eram 45 metros da cabana até a água. Agora, como você pode ver, são apenas 2 metros, e o mar avança cada vez mais rápido. O permafrost está derretendo e o litoral vem sendo engolido pela maré. Estamos trabalhando duro. Naquela época, em 1901, tudo era completamente diferente aqui. O navio de Baldwin estava mais ou menos onde o seu está agora, porém cercado pela calota de gelo.

O *Akademik Shokalskiy* estava ancorado a algumas centenas de metros da terra, num mar sereno e verde profundo. Não se via um só cristal de gelo em volta.

A história polar está literalmente se derretendo, desmoronando e sumindo da superfície da Terra. O Ártico é uma das áreas do planeta onde as mudanças climáticas provocadas pelo homem são mais dramáticas e visíveis: o aquecimento ocorre duas vezes mais rápido que a média global e está acelerando. Desde 1979, quando as medições começaram, a média anual no Ártico foi de 91 mil quilômetros quadrados a menos de gelo, e a calota marinha restante está se tornando cada vez mais fina e recente. Tudo é um círculo vicioso, pois o gelo espesso e branco reflete os raios do sol de volta à atmosfera, enquanto o gelo mais fresco e o oceano os absorvem. Em 1980, cerca de 4% do calor solar penetrou através do gelo no oceano. Em 2010, esse número foi de 11%. Pesquisadores climáticos acreditam que o Ártico não era tão quente assim há 44 mil anos, talvez mais.

Há alguns anos, seria impensável navegar pela Passagem do Nordeste no *Akademik Shokalskiy* sem a ajuda de um quebra-gelo. Os futuros passageiros talvez nem encontrem gelo marinho daqui a alguns anos. A paisagem que tanto admiramos estava prestes a desaparecer. O Ártico tal qual o conhecemos logo será história. As previsões indicam que em vinte anos, talvez menos, a Passagem do Nordeste estará inteiramente degelada no verão, e a temperatura média deverá subir 5 a 6 graus até 2080. Para a vida na terra e no mar, o aquecimento do Ártico acarretará consequências drásticas, afetando tanto as correntes eólicas como as oceânicas. Além disso, a água aquecida também tem menos capacidade de aprisionar o CO_2 do que a água fria, levando a um aumento drástico de CO_2 na atmosfera, o que, por sua vez, acelerará ainda mais o aquecimento. Um cenário ainda mais assustador, se é possível haver, é o derretimento do permafrost no Ártico e na Sibéria. O derretimento não contribui apenas para o aumento da erosão, mas também resulta em emissões maciças de gases de efeito estufa armazenados no permafrost milhares de anos atrás. Em 2016, um menino de doze anos e mais de 2.500 renas morreram após um surto de antraz na península de Yamal, na Sibéria. As bactérias haviam sido armazenadas no permafrost e despertaram para a vida novamente quando o gelo derreteu. Quais outros vírus e bactérias estarão à espreita no permafrost derretido, ninguém faz ideia.

Apenas a indústria naval, a indústria petrolífera e o Estado russo têm motivos para se alegrar com essas perspectivas sombrias. O Ártico detém aproximadamente um quinto das reservas mundiais de petróleo e gás, e estas ficam bem mais disponíveis quando o gelo derrete. Da China e do Japão ao norte da Europa, o atalho marítimo ao longo da costa norte da Rússia reduz em cerca de dois terços a rota atual pelo canal de Suez. Os chineses bem que investiram na construção de poderosos quebra-gelos — que em breve já não serão necessários. A suposição dos exploradores polares do século XIX, de que o Polo Norte seria uma enorme área de mar aberto, está prestes a se materializar. Para os russos, essa vertiginosa mudança climática tem o potencial de uma mina de ouro. Eles não apenas terão acesso mais fácil aos campos de petróleo e gás no leito marinho, mas também a um caminho mais curto ligando a Ásia ao norte da Europa. Mesmo que o futuro tráfego de navios pela Passagem do Nordeste venha a compor apenas uma pequena fração do tráfego total pelo canal de Suez, essa mudança trará um protagonismo inédito para o extremo norte do planeta e revolucionará a concepção geográfica vigente hoje. Os portos irremediavelmente remotos da Rússia, até agora desativados durante boa parte do inverno, podem em breve se tornar movimentados e lucrativos. À medida que o globo aquece, uma nova era boreal vai surgindo das massas de gelo.

***

Mal desembarcamos na nossa última parada, a baía de Tikhaya, na ilha Hooker, e um helicóptero surgiu no céu preparando-se para pousar, lotado de oficiais de fronteira russos. A manutenção daquele posto de controle de passaportes certamente é a mais dispendiosa do mundo.

Após a estagnação, o declínio e a decadência da década de 1990, a Rússia está agora rearmando o Ártico. Bases militares fechadas ganharam uma demão de pintura, e as estações de fronteira, os parques naturais e os postos meteorológicos estão sendo reequipados. Recentemente, a Rússia apresentou na ONU um pleito para anexar 1,2 milhão de quilômetros quadrados do leito marinho ártico, incluindo a cordilheira submarina Lomonosov, que divide a Rússia do Canadá e se estende até o próprio Polo Norte. Dinamarca e Canadá reivindicaram trechos da mesma área, e agora cabe à ONU decidir a quem o fundo do mar pertence de direito.

Ao contrário do que ocorreu no Cáucaso e na Ucrânia, a Rússia seguiu fielmente as regras internacionais do jogo no Ártico, uma estratégia que, diante de seu imenso território, deve render bons frutos. Comparado às áreas fronteiriças da Rússia em geral, o Ártico tem uma história surpreendentemente pacífica. Aqui, no gelo, as disputas foram resolvidas pela lei e não pelas armas, mesmo quando foi preciso esperar. Somente em 2010 a Noruega e a Rússia concordaram em estabelecer uma divisa na chamada «Zona Cinza» no mar de Barents. As negociações se arrastavam desde 1970 e terminaram com os dois países recebendo partes quase iguais da área marítima disputada. Três dias no mar nos separavam de Murmansk. O mar de Barents deu mostras do que era capaz e houve novas baixas na mesa do jantar. Peter estava macambúzio, não por causa do enjoo, mas porque as condições do gelo impossibilitavam uma visita a Novaya Zemlya, as ilhas gêmeas onde as autoridades soviéticas testaram bombas atômicas durante a Guerra Fria.

— Você acha que lá existe aeroporto? — ele finalmente me perguntou.

— Não faço ideia — respondi. — Que tal perguntar aos guardas-florestais russos?

Toda a extensão da Terra de Francisco José é protegida como reserva natural, e qualquer turista precisa estar acompanhado por guardas-florestais russos. Dois deles pegaram carona conosco de volta a Murmansk. Era fim de temporada e eles estavam voltando para casa.

Peter assentiu ansiosamente e quase me arrastou até a mesa dos guardas para que eu servisse de intérprete.

— O aeroporto é apenas para os militares — disse Nikolai, o mais velho dos dois. — Mas estão planejando construir um hotel na ponta norte, então em alguns anos provavelmente será possível chegar lá de uma forma ou de outra. Não vão construir um hotel sem ter como levar turistas para lá.

O rosto de Peter se iluminou e ele anotou diligentemente no bloquinho: «Novaya Zemlya 2020?».

Quatro semanas no Ártico chegaram ao fim. Quatro semanas sem cobertura telefônica, sem internet, sem contato com o mundo exterior. Sem responder a e-mails, sem se indignar com tuítes de Trump, alheia à campanha eleitoral norueguesa, impedida de acompanhar atualizações do Facebook ou discussões inúteis; o navio e seu pequeno mundo eram tudo o que existia. Deve ter sido assim que se viajava no passado: para quem partia, o lar era apenas uma memória, um universo paralelo além do alcance, ao contrário de hoje, quando se carrega tudo consigo no bolso.

A extensa jornada ao longo da fronteira da Rússia havia começado num vácuo paralelo de notícias dois anos antes, na Coreia do Norte, também numa excursão em grupo. Agora, dois anos e mais de 60 mil quilômetros depois, eu chegava ao fim da estrada. Desde que terminei o ensino médio, fui atraída pela Rússia: pela cultura, literatura, história e língua russas, e, não menos importante, pelo povo russo, pela *dusha*, a alma russa, e passei anos da minha vida tentando decifrar esse país monumental e seus habitantes. Desta vez, por meio de uma abordagem diferente: é possível compreender um povo a partir do exterior, do ponto de vista dos vizinhos, ou agora, desde o convés de um navio?

Uma fronteira é algo muito concreto e, ao mesmo tempo, extremamente abstrato. Durante as quatro semanas no mar, cruzamos repetidamente a fronteira marítima da Rússia; entramos e saímos de águas russas e internacionais, ziguezagueando sobre linhas pontilhadas visíveis apenas no mapa do capitão e no GPS. A cada linha invisível que atravessávamos, os guardas de fronteira russos precisavam ser notificados com pelo menos quatro horas de antecedência. A fronteira podia ser uma abstração, uma convenção que não existia materialmente, mas era uma realidade absoluta e incontornável.

Não é assim no caso das fronteiras que entrecruzam a terra. Elas costumam ser bastante palpáveis, vigiadas por câmeras, guarnecidas por cercas, terras de ninguém e zonas-tampão nas quais é estritamente proibido permanecer. O pai da antropologia social norueguesa, Fredrik Barth, enunciou a teoria, depois célebre, de que o homem primeiro se torna consciente de si mesmo e de seu grupo e cultura ao se contrapor ao *Outro*. É na fronteira e diante do estrangeiro que nascem identidades e diferenças culturais.

Os russos muitas vezes afirmam que não são europeus nem asiáticos, nem nada entre uma coisa e outra: são *russos*. O argumento é frequentemente apresentado com uma naturalidade quase autocomplacente, como se a Rússia fosse um mundo em si. Mas a Rússia, é claro, não existe no vácuo. Por todos os lados, exceto aqui no norte, o gigantesco país é cercado por vizinhos, alguns grandes e poderosos, como a China, outros pequenos e renitentes, como Coreia do Norte e Geórgia. A Rússia, de ontem e de hoje, teria sido criada e plasmada por essa vizinhança?

Se a resposta for sim, o mesmo deve ser verdade para os vizinhos: como grandes porções da Rússia moderna passaram a existir por causa de suas fronteiras, os países ao redor foram, ao longo dos séculos, moldados e conformados pela proximidade geográfica com o grande país a norte e leste.

No globo, os países estão bem distintos uns dos outros, muitas vezes em cores diferentes, como peças de um quebra-cabeça. Na realidade, é claro, a massa de terra é um contínuo; na natureza não há fronteiras, apenas transições. São as pessoas que dividem o mundo em cores diferentes, delimitadas por linhas no mapa. Algumas dessas linhas são tão novas que os tratados de fronteira ainda não foram negociados — a fronteira entre a Estônia e a Rússia, por exemplo, ainda não foi ratificada. Outras podem ter sido ratificadas, mas estão em dissolução, como no leste da Ucrânia, onde ninguém mais sabe onde termina a Rússia e começa a Ucrânia independente.

A história da fronteira da Rússia é a história da Rússia moderna, com todos os seus novos vizinhos, e ao mesmo tempo é também a história de como a Rússia surgiu e, portanto, daquilo que a Rússia é. Resta saber se essa é também a história da Rússia do futuro. Quando sonhei, três meses e meio atrás, que percorria a fronteira da Rússia, Putin ainda era uma figura popular no Ocidente, a guerra de 2008 da Geórgia havia sido perdoada, se não esquecida, e as Olimpíadas de Inverno em Sótchi eram o próximo grande evento do calendário. Poucas semanas depois, a Rússia anexou a península da Crimeia e, em seguida, a guerra eclodiu no leste da Ucrânia. A fronteira russa começou a se mover novamente.

Também no norte, a fronteira está potencialmente em movimento, sujeita a acordos negociados pelos burocratas da ONU. Ao contrário dos separatistas na Ucrânia, eles se preocupam apenas com que a situação legal seja interpretada corretamente. Aqui, pelo menos por enquanto, as plataformas continentais e as condições submarinas contêm a agitação política e o nacionalismo insano.

Nos últimos dias a bordo do *Akademik Shokalskiy*, os aposentados dormiam ainda mais do que o habitual. Ao mesmo tempo, as noites de cantoria russa atingiam novos patamares. Certa tarde, tivemos companhia. De repente nos vimos cercados por centenas de focas-da-groenlândia e um imenso bando de baleias minke. Com a ponta dos dedos congelada, fiz centenas de fotos, todas imprestáveis. Por fim, pus a câmera de lado e simplesmente admirei a visão das focas brincalhonas e as barbatanas das baleias estapeando a água.

Mar e céu eram tudo o que existia. A luz do verão ártico alternava entre o branco, o cinza e o dourado; à noite, tingia--se de um rosa-lilás em padrões esgarçados e rosáceos pelo céu. Cada dia ainda se parecia com o anterior, embora nunca estivéssemos no mesmo lugar. No entanto, era como se estivéssemos parados, permanecêssemos na mesma cabine, na mesma mesa, na mesma cadeira, e assim os dias sucediam um ao outro.

O tempo parou e ao mesmo tempo passou rápido demais, e de repente chegamos ao fim da nossa jornada.

Na última noite, Anatoly sentou-se curvado sobre a calculadora do iPhone com uma expressão concentrada no semblante.

— Quatrocentos e cinquenta mil passos! — proclamou ele, triunfante. — Alguém fez mais que isso?

A cor desapareceu de seu rosto quando, em seguida, ele descobriu que se esquecera de ativar o microfone da câmera e, portanto, ficou com horas de gravações mudas da travessia da Passagem do Nordeste.

Como sempre, Peter estava imerso em planos de viagem, já bem avançado no ano de 2019 quando Murmansk surgiu ao longe. Medonhos blocos de apartamentos cinzentos e sujos despontando no horizonte. Depois de quatro semanas de estações meteorológicas abandonadas como único testemunho de civilização, avistar todos aqueles edifícios era quase asfixiante.

O celular começou a vibrar irritado. Chegamos.

ÁSIA

Agora vivemos em países diferentes, falamos línguas diferentes, e mesmo assim somos facilmente identificáveis. Você imediatamente nos reconhece! Todos nós, que viemos do socialismo, por mais parecidos que sejamos com outras pessoas, temos um vocabulário próprio, e nossa própria concepção de bem e de mal, de heróis e de mártires.

Svetlana Aleksiévitch

S

Arkhangelsk

U R A I S

R Ú

Perm

Omsk

Samara

Astana

Ust-Kamenogorsk

Volgogrado

CAZAQUISTÃO

Balkash

Donetsk

Mariupol

Töretam

MAR CÁSPIO

MAR CÁSPIO

Aktau

Almaty

Bisqueque

Yinin

Gagra

GEÓRGIA

Stepanatsminda

UZBEQUISTÃO

QUIRGUISTÃO

Sukhumi

Tbilisi

Batumi

Shaki

Tashkent

XINJI

ARMÊNIA

Baku

TURCOMENISTÃO

TADJIQUISTÃO

Jerevan

ASER.

Stepanakert

Asgabate

Duchambé

AZERBAIJÃO

TURQUIA

SÍRIA

IRAQUE

AFEGANISTÃO

JORDÂNIA

I R Ã

KUWAIT

PAQUISTÃO

ARÁBIA

SAUDITA

ÍNDIA

NEPA

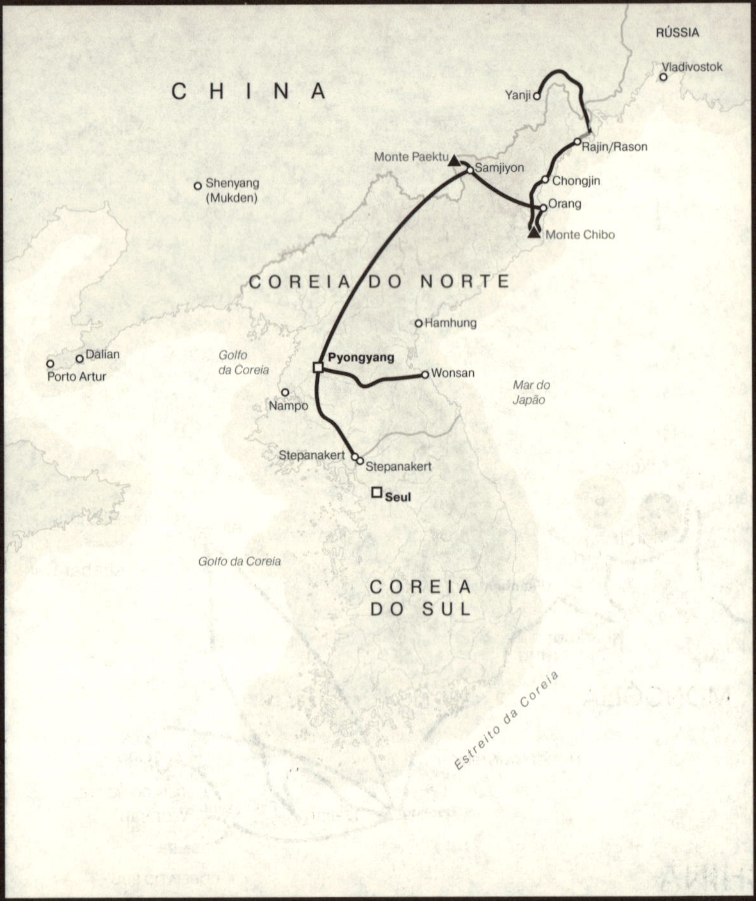

A arte de se curvar sem sucumbir

Da plataforma de observação, tinha-se uma visão clara da China e da Rússia. Do lado russo, não havia nada. Nem mesmo uma cerca, uma torre de vigia, casas ou lavouras, nada exceto uma ponte ferroviária enferrujada e uma paisagem plana e nebulosa. O Tumen, rio que delimita a fronteira entre a Coreia do Norte e a Rússia, não é exatamente profundo nem largo. Dava a impressão de que era possível vadeá-lo até o outro lado.

A fronteira da Coreia do Norte com a Rússia é a mais curta de todas, com apenas 19 quilômetros de extensão, mas poucos países foram mais influenciados pela Rússia nos anos recentes do que a Coreia do Norte. Kim Jong-un não seria um ditador se não fosse por Stálin. Até a Segunda Guerra Mundial, a Coreia esteve sob domínio japonês. Em 1945, a península foi dividida entre os vencedores da guerra: Estados Unidos e União Soviética. Stálin precisava da lealdade de um líder local no novo Estado vassalo, e a escolha recaiu sobre Kim Il-sung, que passara os anos da guerra num acampamento militar soviético. O aspirante a ditador logo mostrou ser tudo menos um títere de Moscou. Em vez de acompanhar a política da União Soviética, ele e seus descendentes trilharam um caminho próprio. A família Kim evoluiu para uma dinastia de autocratas brutais, cercando-se de um culto personalíssimo sem precedentes nos tempos modernos. Os Kim se transformaram em reis divinos, isolados na bolha em que consiste essa nação retrógrada e exótica.

O motorista do ônibus partiu em direção à fronteira chinesa; duas semanas de excursão em grupo até a pior ditadura do mundo chegavam ao fim. Fui admitida no país disfarçada de turista; declarei como profissão ser atendente no açougue da família. Obter um visto de jornalista na Coreia do Norte é um processo dispendioso e exaustivo, e, como regra, jornalistas só podem visitar Pyongyang. Eu queria conhecer tudo que fosse possível.

Graças ao compacto e bem cronometrado programa organizado pela Korean Tourist Company, a agência de viagens estatal, até consegui conhecer bastante. Percorri o país de um lado a outro, de norte a sul, pude ver museus da revolução, estátuas colossais e dezenas de apresentações escolares, mas também lugares e cidades só recentemente abertos ao turismo. Embora tudo o que víamos fosse extremamente coreografado, sempre com os guias a poucos metros de distância, muitas vezes era possível perceber outra realidade nas entrelinhas. E, quanto mais distante de Pyongyang seguíamos, mais a farsa saltava aos olhos.

Mas agora tudo o que nos restava era reaver nossos passaportes que a senhorita Ri recolhera duas semanas antes e sair da bolha.

***

— Primeiramente, deixem-me desejar boas-vindas à Coreia — anunciou a jovem perfilada na dianteira do ônibus. — Meu nome é senhorita Ri e serei sua guia em Pyongyang. O senhor Kim — ela meneou o rosto na direção de um carrancudo homem de meia-idade —, meu colega, estará conosco nesse trabalho. Se tiverem alguma dúvida, podem perguntar a mim ou ao senhor Kim.

Sem deixar de sorrir por um segundo sequer, a senhorita Ri foi anunciando como deveríamos nos comportar:

— Vocês nunca podem fazer fotos das pessoas sem pedir permissão, e jamais, em nenhuma circunstância, podem fotografar soldados. Se forem registrar imagens de estátuas de Kim Il-sung ou Kim Jong-il, certifiquem-se de enquadrar a estátua inteira, não apenas partes dela. Se dissermos que é proibido fotografar algo, então não devem fotografar, está entendido? Por questões de segurança, é sempre recomendável nos perguntar antes. O senhor Kim e eu sempre estaremos por perto. Por gentileza tenham à mão seus passaportes, que eu logo passarei para recolhê-los.

Ela desatou a rir quando percebeu a expressão assustada no rosto de alguns turistas, embora já devesse ter deparado com aquela mesma reação centenas de vezes antes:

— Podem ficar tranquilos, vocês os receberão de volta quando forem embora! Mas, enquanto estiverem na Coreia, é melhor deixá-los aos meus cuidados. Vocês poderiam perdê--los, e nesse caso teríamos problemas sérios. — Alguns turistas fizeram menção de reclamar, mas a senhorita Ri os ignorou e, sempre sorridente, confiscou os passaportes.

As ruas por onde passamos desde o aeroporto até Pyongyang estavam escuras e desertas. A intervalos regulares, cruzamos com retratos gigantescos de Kim Il-sung e seu filho, Kim Jong-il, primeiros líderes da Coreia do Norte. Os dois déspotas reluziam no escuro da noite. Exceto por isso, o breu era completo, mas o lugar não era tão deserto quanto achei a princípio. As pessoas pedalavam e caminhavam no escuro, carregando lanternas que projetavam débeis fachos de luz nas calçadas. Havia gente por toda parte, era só prestar atenção.

— Vocês não devem sair sozinhos — prosseguiu a senhorita Ri. — Os coreanos não estão habituados ao convívio com estrangeiros, e não falam inglês; caso resolvam sair por aí por conta própria, vocês podem arrumar problemas. Se tiverem vontade de tomar um ar fresco depois do programa diário, podem

A ARTE DE SE CURVAR SEM SUCUMBIR   67

dar uma volta pelo estacionamento do hotel. Não se preocupem, vocês não vão se entediar, há muita coisa a fazer no hotel!

Devido às avenidas largas e aos prédios altos, todos com janelas escuras, concluí que já devíamos ter chegado ao centro. À nossa direita havia um largo enorme. No chão, sentadas em linhas perfeitamente simétricas, havia uma multidão de crianças, milhares delas. Todas vestiam camisas brancas e calças ou saias azul-escuras e estavam em completo silêncio na escuridão.

— Estão ensaiando uma apresentação para o 10 de Outubro — explicou a senhorita Ri.

— Podemos fotografar? — quis saber Heinrich, um dos alemães do grupo. A senhorita Ri fez que sim. As câmeras e celulares estalaram de cliques.

— Aliás, vocês precisam atrasar o relógio — disse a senhorita Ri. — Em agosto, poucas semanas atrás, recuperamos nosso próprio tempo, e agora não estamos mais no mesmo fuso horário dos imperialistas japoneses. São 20h55 na hora da Coreia, meia hora mais tarde que na China.

Nosso hotel ficava praticamente numa península, no meio do rio Taedong, que divide Pyongyang em dois. Caso alguém decidisse burlar as regras e se aventurar sozinho pela cidade, precisaria primeiro se esgueirar incógnito pela ponte larga, mas pouco movimentada, que terminava no centro da cidade.

— O hotel tem quatro estrelas, 47 andares e mil quartos, e na cobertura há um restaurante que gira e gira assim! — esclareceu uma senhorita Ri radiante assim que entramos no estacionamento lotado de ônibus turísticos. Fomos escoltados até a recepção e de lá adentramos um enorme refeitório, onde nos servimos de peixe, arroz morno e cerveja norte-coreana. Comi aos bocados e cambaleei até o elevador, exausta após quase 48 horas de viagem.

O quarto era decorado em tons de marrom e cheirava a mofo e concreto úmido. Apenas uma lâmpada funcionava, um abajur de cúpula torta. Uma legião de mosquitos e mariposas voava em círculos sob o teto. Fiquei parada um instante admirando a cidade. Além de um ou outro monumento aceso, a metrópole de milhões de habitantes estava completamente às escuras. Senti como se estivesse numa zona de guerra durante um blecaute. Num reflexo, conferi o celular, mas obviamente não havia cobertura. Em tese, era possível adquirir um cartão SIM local, que custava 120 dólares, incluía apenas vinte SMS e era bloqueado para chamar números norte-coreanos. Por 90 dólares, era possível comprar 50 megabytes para navegar na internet.

Pus o celular em modo avião e o larguei na mesa de cabeceira.

* * *

Na manhã seguinte, fui despertada exatamente às 6h pela *wake-up call* da senhorita Ri. O roteiro do dia era de tirar o fôlego, uma estratégia adotada de propósito pelas autoridades turísticas: uma vez que os visitantes não têm liberdade de ir e vir, é importante mantê-los entretidos desde a manhãzinha até tarde da noite. Nenhum horário vago. Nada de tempo livre. Nada de pausas. Uma verdadeira maratona.

— Peço desculpas pelas más condições da via — disse a senhorita Ri de seu assento na primeira fila do ônibus. — Querem que eu cante uma canção tradicional coreana?

Ela tinha uma voz linda, limpa e clara, mas os alto-falantes do ônibus não lhe faziam jus.

Já bem longe do centro, a estrada esburacada e larga era só nossa. A via cruzava arrozais e milharais, e de quando em quando se avistavam um ou outro casario. As poucas pessoas que vimos transitavam de bicicleta ou a pé, ou estavam de cócoras imóveis no acostamento, munidas de tesouras e pás. A via era ladeada por pequenos canteiros de flores rosa, lilás e brancas.

Meia hora e 170 quilômetros depois, passamos por uma paisagem verdejante e bem cuidada.

— Não é por acaso que os museus estão aqui — disse a senhorita Ri. — Kim Jong-il escolheu justamente este lugar por causa dos arredores belíssimos.

Uma visita ao Museu dos Presentes, ou à Mostra Internacional da Amizade, o nome oficial, é parte obrigatória do pacote; nenhum turista consegue escapar. Mais de 200 mil presentes de dentro e fora do país estão em exibição, divididos em mais de 150 salas. Originalmente, havia apenas um museu, mas com o passar do tempo os presentes foram aumentando a tal ponto que foi preciso ampliar o local construindo uma cópia fiel do primeiro prédio, a fim de abrigar todo o acervo.

Duas pesadas portas de bronze levavam a um escuro corredor de mármore. Uma bela jovem em trajes típicos de seda nos conduziu por um corredor comprido. Nas paredes pendiam fotos emolduradas de todas as flores e animais que Kim Il-sung havia recebido de presente ao longo dos anos. Em parte por educação, em parte por curiosidade, parávamos para admirar cada imagem, irritando a jovem, que por fim fez uma demorada preleção para nós em coreano.

— *Hurry, hurry!* — traduziu a senhorita Ri.

A toque de caixa fomos sendo conduzidos de sala em sala, cada uma maior e mais suntuosa que a outra. Os presentes, que variavam de relógios e câmeras a conjuntos de churrasco, xícaras de café com a efígie de Karl Marx e livros empoeirados, eram todos expostos em caixas de vidro, minuciosamente identificados com o nome do doador e classificados por país de origem. Cada vez que entrávamos num novo salão, a senhorita Ri anunciava um país que julgava ser relevante para o grupo: *Switzerland! Belgium! Sweden! Italy! Great Britain!*. Parecia uma Copa do Mundo. A Noruega também estava representada; o Partido Comunista do condado de Østfold se revelou um doador generoso. Em geral, eram esses partidos comunistas irrelevantes e associações beneficentes os doadores das peças à mostra no museu dos presentes, quase nunca governos e chefes de Estado. Presumi que a exposição era destinada principalmente ao público doméstico, uma suposição reforçada pelos vários grupos de norte-coreanos que regularmente passavam por nós. Enquanto prosseguíamos para a ala seguinte, a guia do museu aproveitou a oportunidade para dirigir algumas perguntas a Heinrich, o único alemão do grupo. Esgueirei-me para trás deles e escutei a conversa:

— O que acha do nosso museu? — traduziu a senhorita Ri.

— Muito grande e muito impressionante — respondeu Heinrich diplomaticamente. A senhorita Ri traduziu, e a guia do museu assentiu com satisfação.

— Vocês têm museus assim na Alemanha? — ela quis saber.

— Não, assim como esse, não — respondeu Heinrich. A jovem sorriu.

— Vocês têm museus históricos na Alemanha, por acaso? — ela perguntou.

— Esses nós temos — confirmou Heinrich.

— Ah. — A guia parecia desapontada. — Não achei que existissem museus históricos na Alemanha — murmurou ela.

Um dos destaques da nova ala foi o avião que Kim Il-sung recebeu do Partido Comunista Soviético em 1958. O presente magnífico simbolizava a relação amistosa, mas desconfiada, entre a União Soviética e a Coreia do Norte. Nenhum país forneceu à Coreia do Norte mais apoio econômico e tecnológico durante a Guerra Fria do que a URSS. Durante quatro décadas, os especialistas soviéticos foram responsáveis por erguer cerca de setenta grandes indústrias no país, e, em 1990, as usinas elétricas construídas pelos soviéticos representavam 70% do fornecimento de energia da Coreia do Norte. Embora o país quisesse parecer independente, durante aqueles anos a Coreia do Norte foi, de fato, um Estado-satélite soviético.

Em fila ordeira, tivemos que subir uma escada estreita para espiar os sofás estofados de verde da cabine. O ponto alto, entretanto, estava reservado para o final.

— Dividam-se em duas filas — ordenou a senhorita Ri. Obedecemos. Um silencioso mas atento senhor Kim nos inspecionou dos pés à cabeça, e não parecia satisfeito com o que viu.

— Você não pode cruzar os braços — disse a senhorita Ri. — É desrespeitoso.

O senhor Kim apontou irritado para um dos turistas belgas.

— É proibido amarrar os suéteres na cintura — explicou a senhorita Ri. — É desrespeitoso. Tire o suéter. E não podem usar os óculos de sol na cabeça — acrescentou ela. — Devem ser guardados no bolso. Alguém está mascando chicletes?

Um espanhol ergueu a mão discretamente. A senhorita Ri sacou um guardanapo de papel da bolsa e coletou a desrespeitosa substância. Finalmente, quando todos aparentávamos a compostura necessária, fomos levados a um salão apenumbrado. Lá dentro, sobre um leito de flores artificiais, havia uma figura de cera em tamanho real de um sorridente Kim Il-sung. Uma música solene irrompeu dos alto-falantes. Fomos instruídos a seguir em fila e inclinar o corpo. Eu não quis me curvar diante de um ditador e me mantive ereta, assim como os franceses que estavam no grupo. O senhor Kim nos lançou um olhar desaprovador, mas não disse nada. Em seguida, fomos para a sala contígua, onde fomos recepcionados por um Kim Jong-il igualmente sorridente, também em tamanho natural. Ele estava no monte Paektu, a montanha mais sagrada da Coreia do Norte; o famoso lago azul brilhava ao fundo. Finalmente, fomos conduzidos à sala que abrigava Kim Jong-suk, esposa de Kim Il-sung e mãe de Kim Jong-il, a equivalente norte-coreana da Virgem Maria.

As figuras de cera no museu de presentes eram só o aquecimento. No dia seguinte, a data nacional, estaríamos diante do Todo-Poderoso em pessoa.

* * *

A esteira rolante avançava lentamente pelo corredor de mármore do Kumsusan, o Palácio do Sol, em Pyongyang. Era proibido caminhar, e a demora ali era proposital. As paredes eram decoradas com fotografias da movimentada vida do sempre sorridente Kim Il-sung. Do lado oposto, norte-coreanos vinham sendo transportados em nossa direção em longas filas duplas; os homens em uniformes justos, as mulheres em coloridos vestidos longos de seda. Nenhum deles parecia prestar atenção ao grupo heterogêneo de turistas europeus e americanos em trajes casuais. Assim que os coreanos passaram, percebi que discretamente nos espiavam com o canto do olho, ainda que sem girar um milímetro da cabeça.

Depois de percorrer uma distância interminável, chegamos a uma escada rolante que se arrastava lentamente para um salão gigante. Duas enormes estátuas de cera de Kim Il-sung e Kim Jong-il imperavam no meio da sala. Mais uma vez, fomos instruídos a nos perfilar ordenadamente e nos curvar diante das estátuas. Em seguida, passamos por uma espécie de aspirador de pó que removeu de nós todas as células mortas e pelos soltos para que, limpos e purificados, pudéssemos prosseguir num corredor iluminado por uma luz vermelha. Os alto-falantes tocavam uma melodia solene. No centro, estava o Eterno Presidente em exibição numa caixa de vidro, rígido, com uma expressão plastificada. O corpo estava envolto num pano vermelho, apenas os ombros cobertos pelas espáduas do terno e a cabeça eram visíveis. Mesmo banhado pela forte luz escarlate, a pele do Eterno Presidente tinha um tom amarelo e parecia emaciada.

A fila para ver o defunto era longa e tivemos que acelerar o passo contornando a caixa de vidro. Havíamos sido instruídos a nos curvar três vezes, dos lados e atrás da cabeça, mas jamais diante das pernas. Os coreanos que vieram atrás de nós se curvavam tanto que a cabeça quase tocava os joelhos. Fomos então conduzidos a um salão onde pudemos admirar as 144 comendas de Kim Il-sung; surpreendentemente, muitas delas eram de países árabes ou africanos. Depois disso, descemos por uma escada rolante e prosseguimos para outra esteira rolante, igualmente lenta, dessa vez ladeados por fotografias de Kim Jong-il sorrindo candidamente. Por fim, passamos por outro aspirador e entramos em mais uma sala iluminada de vermelho. Kim Jong-il jazia ao centro, mas, ao contrário de seu pai, parecia assustadoramente vivo; o semblante era corado e saudável, e de certa forma o ditador, coxo e diabético, tinha um aspecto melhor agora do que em vida. A arte do embalsamamento progrediu bastante entre 1994, quando Kim Il-sung morreu, e 2011, quando seu filho partiu deste mundo.

A forte luz do sol nos ofuscou quando saímos do prédio. Fazia quase 30 graus à sombra, e as roupas estavam emplastradas na pele.

— Meninas e meninos, precisamos ir — avisou a senhorita Ri batendo palmas animadamente. — Não podemos nos atrasar para a apresentação de dança tradicional!

Na praça Kim Il-sung, centenas de estudantes universitários em trajes de festa estavam prontos para executar uma coreografia em grupo, uma especialidade norte-coreana. Os homens envergavam calças de terno, camisa branca e gravata vermelha, enquanto as mulheres usavam vestidos tradicionais de seda. Os belos trajes femininos coreanos têm formato de cone, parecem roupas de boneca e surgem em todas as cores possíveis: amarelo-vivo, rosa-pastel, verde-menta, azul-celeste. Noutras palavras, o lugar era a própria visão do arco-íris.

— Encontrem um lugar vago e fiquem à vontade para tomar parte na dança, se quiserem! — disse a sorridente senhorita Ri. Outros grupos de turistas já lotavam a arquibancada. Os estudantes dançaram animadamente durante uma hora, em várias formações circulares. Revendo as centenas de fotos que fiz da apresentação, descobri que em nenhuma delas os dançarinos sorriam. Todos tinham o olhar fixo no horizonte e gotas de suor escorrendo pelo rosto.

***

Pyongyang significa «terra plana» ou «terra pacífica», e pelo menos a primeira acepção é adequada: a capital norte-coreana está localizada numa planície dividida ao meio pelo rio Taedong. A maioria dos blocos de apartamentos data dos anos 1960, quando o país foi reconstruído em velocidade expressa após a guerra contra a Coreia do Sul, na década de 1950. Milhões de pessoas precisavam de um lugar para morar. O resultado foram prédios de apartamentos baratos, mas funcionais, muitos deles contendo de vinte a trinta andares. A maioria dos edifícios têm elevadores, mas estes raramente funcionam. Mesmo que funcionassem, as chances de usá-los seriam poucas devido às frequentes quedas de energia. A competição por apartamentos nos andares inferiores é, portanto, acirrada e, na prática, boa parte dos idosos de Pyongyang vivem presos em seus apartamentos. Nos andares superiores também não chega água, de modo que quase sempre estão vazios.

No meio da cidade fica o edifício mais alto da Coreia do Norte, o hotel futurista Ryugyong, que parece uma espécie de foguete em forma de pirâmide. Foi inaugurado em 1987 e deveria ter 105 andares e 3 mil quartos. As obras deveriam durar dois anos. Em 1992, a economia da Coreia do Norte afundou junto com o colapso da União Soviética, e a construção foi interrompida.

Por dezesseis anos, o hotel, com apenas os andares completos, despontou como uma concha oca no centro da capital. Só em 2008 a obra voltou a ganhar ritmo, e em 2011 completou-se a fachada, majoritariamente constituída por lâminas de vidro azulado. A intenção era que o hotel fosse inaugurado em 2012, centenário do nascimento de Kim Il-sung, mas isso nunca aconteceu. Anunciou-se então que partes do edifício seriam inauguradas em 2013. Por um tempo, especulou-se que a cadeia de hotéis de luxo Kempinski assumiria a administração do hotel, mas nem a inauguração parcial nem a gestão da Kempinski se materializaram. Com seus 330 metros, o Ryugyong é hoje o hotel desabitado mais alto do mundo.

Uma nuvem cinzenta de poluição pairava sobre Pyongyang na curta semana em que estive lá; era como se a névoa da manhã nunca se dissipasse completamente. Embora muitos dos blocos de concreto fossem pintados em alegres tons pastéis, as cores se afogavam na neblina cinzenta. Em vários lugares havia novas construções em andamento, mas a maioria das pessoas dava a impressão de passar a maior parte do tempo em aglomerações ensaiadas. Das janelas do ônibus, todos os dias víamos multidões; quase todos os espaços abertos da cidade estavam sempre lotados de pessoas de camisa branca em formações cuidadosamente planejadas, ora agitando bandeiras ou pompons nas mãos, ora sentadas impotentes no chão à espera de algo. Alunos, estudantes, operários. Quando perguntava à senhorita Ri o que faziam todas aquelas pessoas ali, eu sempre recebia a mesma resposta: «Estão ensaiando para o aniversário de fundação do partido no dia 10 de outubro».

Havia também os homens em uniformes marrons. Estavam por toda parte, sempre homens. Pedalando, marchando, comandando desfiles ou sentados nos bancos traseiros de Mercedes reluzentes. Quem seriam? Burocratas do partido? Militares de alta patente? As roupas pareciam ter estacionado em algum momento da década de 1950. Os homens que não estavam de uniforme geralmente usavam calças escuras e camisas de algodão claras. As mulheres usavam principalmente saias na altura do joelho, blusas claras, talvez com um cardigã ou blazer combinando, e sapatos de salto médio. No busto, todos usavam um broche vermelho com a efígie de Kim Il-sung ou Kim Jong--il, ou de ambos.

Pyongyang é a face externa do país, e o acesso à cidade é estritamente regulamentado. Embora o igualitarismo seja a pedra de toque do comunismo, as autoridades norte-coreanas nunca se preocuparam tanto assim com a igualdade. Ao contrário. No final da década de 1950, Kim Il-sung instituiu o *songbun*, uma engenhosa hierarquia que preconiza uma espécie de sistema de castas e divide a população inteira do país em três categorias principais: pertencem ao «núcleo», ou classe leal, aqueles que o apoiaram ativamente nos anos de libertação, participaram da luta contra os imperialistas japoneses ou se destacaram durante a Guerra da Coreia; os «oscilantes», a maioria da população, precisam ser vigiados de perto; e, por fim, há os «inimigos». Essas três categorias principais foram então divididas em mais de cinquenta subcategorias. Sete mil burocratas e membros do partido foram encarregados de examinar os antecedentes familiares de cada cidadão para determinar seu *songbun*. Em 1965, o trabalho foi concluído, e, desde então, o *songbun* de cada pessoa é herdado do lado paterno. O *songbun* de um indivíduo determina, entre outras coisas, a que tipo de moradia e refeições tem direito, a quais escolas e empregos tem acesso, assim como assistência médica e até mesmo as lojas e mercados que pode frequentar. Pyongyang, por exemplo, é uma cidade reservada principalmente para pessoas do «núcleo», mas também para alguns «oscilantes», todos empregados a serviço do «núcleo». Caso alguém fuja do país ou descumpra algum dos regulamentos inflexíveis, a violação não penalizará apenas o infrator e afetará seu próprio *songbun*, mas será estendida a todos os seus descendentes, inclusive as gerações futuras.

Em nossos passeios por Pyongyang, chegamos tão perto dos habitantes da cidade que poderíamos estender a mão e tocá--los. De vez em quando, jovens sorridentes acenavam para nós das janelas dos ônibus, mas em geral éramos observados apenas por um discreto movimento de olhos em nossa direção. O que aquelas pessoas pensavam sobre seu país, sobre seus líderes? O que realmente conheciam do mundo exterior? Nunca estive num lugar tão difícil de penetrar além da superfície. Caminhávamos pela mesma cidade que eles, percorrendo as mesmas ruas, respirando o mesmo ar poluído, mas era como se estivéssemos visitando um zoológico. Veja, mas não toque. Não passe desse ponto. Um dos maiores absurdos da viagem foi, portanto, a visita ao metrô. O metrô de Pyongyang foi inaugurado em 1973 e consiste em duas linhas e dezesseis estações. É um dos mais profundos do mundo, 110 metros abaixo da terra, e também serve como um refúgio seguro contra bombas nucleares. Até recentemente, os turistas podiam visitar apenas duas estações. Visitamos seis.

Eram todas imaculadamente limpas e suntuosas. Candelabros enormes pendiam do teto, e as paredes eram decoradas com pinturas coloridas de operários felizes e retratos gigantes do sempre sorridente Kim Il-sung. Mesmo quando faltou energia, seu retrato permaneceu iluminado. Nas plataformas, o jornal do dia estava exposto em vitrines. Vários passageiros aproveitavam o tempo de espera atualizando-se sobre as últimas façanhas de Kim Jong-un.

Os vagões verdes e vermelhos, com bancos de couro ladeando a carroceria, evocavam memórias de Berlim, o que não é de estranhar, porque é de lá que vieram. O grafite foi removido e substituído por fotografias dos dois líderes falecidos.

Quatro guardas em uniformes justos se certificavam de que o tráfego corria como planejado e sinalizavam quando os trens podiam prosseguir. Dentro dos vagões, o espaço era apertado. Pela primeira vez na viagem, eu estava perto de pessoas comuns. Alguns me encaravam, mas a maioria olhava para o chão. Os outros turistas do grupo estavam a certa distância e, por um momento, fingi estar sozinha.

É até possível visitar a Coreia do Norte na chamada excursão individual, mas mesmo aqueles que se propõem a viajar sozinhos são escoltados por dois guias da manhã à noite e estão sujeitos aproximadamente ao mesmo regime diário que os demais turistas. Esse controle extremo sobre o turismo significa que os diários de viagem da Coreia do Norte costumam ser muito semelhantes, porque todos experimentam mais ou menos a mesma coisa e são orientados por guias que repetem as mesmas frases. Não sou a primeira nem serei a última escritora a viajar incógnita para a Coreia do Norte, mas a maioria dos turistas do grupo eram apenas isto: turistas.

Quem seriam então essas pessoas que de bom grado saem em férias para visitar a pior ditadura do mundo? Nenhuma das cerca de vinte pessoas do grupo era turista típico que veraneia no sul da Europa, mas a maioria esmagadora delas escolheu vir para a Coreia do Norte justamente porque se tratava de uma excursão organizada. Preferiam viagens em grupo, em geral a lugares «exóticos». Muitas delas viviam e viajavam desacompanhadas, mas no grupo nunca estavam sozinhas. Cerca de metade, calculo, escolheu a Coreia do Norte como destino porque se sentia atraída pela estética da ditadura; elas estavam simplesmente fascinadas pela disciplina férrea, pela propaganda descarada e pelo mundo de faz de conta que se descortinava diante de nós.

Pois tudo o que vimos, incluindo as pessoas, não passava de ilusão. Mesmo no metrô, cercada de corpos por todos os lados, eu era uma espectadora, enquanto os coreanos eram figurantes involuntários num jogo meticulosamente controlado.

Então chegamos à estação final. Subimos a escada rolante na névoa cinzenta; a fuligem do carvão ardia no nariz e na garganta a cada respiração. Do outro lado da rua, havia uma aglomeração incomum de pessoas, crianças e adultos, todos com camisa branca, assumindo diferentes formações e gritando slogans enquanto se moviam rígidos e disciplinados. Deveriam ser milhares.

— O que estão fazendo? — perguntei.

— Estão ensaiando para o aniversário da fundação do partido, no dia 10 de outubro — respondeu a senhorita Ri.

Anos antes, quando viajei pelo Turcomenistão, às vezes chamado de Coreia do Norte da Ásia Central, fiquei impressionada com a franqueza de alguns guias. Vários deles tinham opiniões fortes sobre o regime e só demonstravam desprezo pelo Turkmenbashi, que governou o país como um despótico rei-sol desde a dissolução da União Soviética até sua morte, em 2006. A senhorita Ri, por outro lado, nunca se deixou trair, nem mesmo se contradizer. Quando não queria responder a alguma pergunta, sorria, levava a mão à boca e dizia: «*I don't know*».

— Quanto ganha por mês um norte-coreano comum? — perguntei enquanto caminhávamos pelo bulevar largo.

A senhorita Ri sorriu e encobriu a boca:

— *I don't know.*

— Qual é o salário médio, então? — insisti.

— Não sei — disse ela, rindo. — Não sei mesmo. Deve variar, suponho.

— Existe um salário mínimo?

— Não sei. — Ela voltou a dar risada. — Não faço ideia de quanto as pessoas ganham.

Não entreguei os pontos:

— Quanto ganham os guias turísticos, por exemplo?

A senhorita Ri fungou e respondeu a meia-voz:

— Não sei mesmo.

— Você não sabe quanto ganha?

— Não faço ideia, senhorita Erika! Não mesmo! Mas a maioria das pessoas não ganha muito, porque tudo de que precisamos recebemos do Estado — acrescentou. — Trabalho, moradia, até mesmo roupas.

— E quanto a celulares, o Estado é quem dá? — perguntei.

Havia reparado que várias pessoas, inclusive a senhorita Ri e o senhor Kim, ostentavam vistosos celulares chineses. A Coreia do Norte se abriu para o mercado de telefonia móvel em 2008 e já contava com mais de 3 milhões de usuários.

A senhora Ri abanou a cabeça:

— Celulares temos que adquirir por nossa conta.

— Quanto custa um celular?

— Não sei, senhorita Erika. Não sei mesmo.

A Coreia do Norte não é apenas o regime mais autoritário do mundo, é também o mais corrupto: nos últimos vinte anos, o país está na lanterna do ranking de corrupção da Transparência Internacional, e há décadas é governado de acordo com princípios puramente socialistas, se é que algum dia os houve.

O colapso da União Soviética em 1991 resultou, como mencionado antes, numa crise devastadora para a economia norte-coreana. Na década de 1990, os governantes russos tinham mais com o que se preocupar dentro de casa — a Coreia do Norte estava bem abaixo na lista de prioridades. As generosas injeções de dinheiro camufladas de empréstimos cessaram abruptamente. Em 1994, quando morreu o déspota Kim Il-sung, o regime já não dava conta de alimentar a população. Tampouco conseguiu impedir a catástrofe. Segundo as autoridades norte-coreanas, a epidemia de fome ceifou 220 mil vidas humanas, um número absurdo, mas pesquisadores estrangeiros afirmam que as cifras reais seriam ainda mais altas; é possível que 3 milhões de norte-coreanos tenham morrido de inanição. A catástrofe do final da década de 1990 transformou a Coreia do Norte para sempre. As pessoas aprenderam que não poderiam confiar no Estado e começaram a tomar as rédeas da própria vida. Em paralelo ao sistema socialista, desenvolveu-se uma economia voltada para o consumo interno, liderada por mulheres, que não eram obrigadas a trabalhar para o regime da mesma forma que os homens. Avós e donas de casa venderam tudo o que possuíam para conseguir pôr comida na mesa. Quando a fase mais aguda da epidemia de fome passou, muitas dessas mulheres continuaram a comprar e vender no mercado negro para complementar a renda familiar — num fenômeno muito parecido ao que ocorreu na União Soviética após a morte de Stálin.

Em 2009, Kim Jong-il tomou uma medida drástica para quebrar a espinha dorsal da economia paralela. Em 30 de novembro, anunciou o corte de dois zeros da moeda, e, com uma só canetada, 10 mil wons se transformaram em 100 wons. O limite de câmbio foi estabelecido em 100 mil wons por pessoa (cerca de 30 a 40 dólares), em seguida elevado a 150 mil wons em espécie e 300 mil wons em depósitos bancários — uma quantia irrisória mesmo para padrões norte-coreanos. Muitos perderam toda a poupança do dia para a noite, e o país mergulhou num caos econômico. Para piorar as coisas, decidiu-se que os ordenados dos empregados das empresas estatais deveriam permanecer os mesmos: um trabalhador que antes recebesse 4 mil wons continuaria a receber 4 mil wons. Ao mesmo tempo, os gêneros alimentícios tiveram seus preços convertidos para a nova moeda. Um quilo de arroz, que antes custava cerca de 2 mil wons, agora custava 22 wons. Na prática, os funcionários públicos tiveram um aumento real de salário da ordem de 10.000%. O resultado foi uma inflação galopante, e em pouco tempo o novo won estava tão desvalorizado quanto o antigo. O regime não fez mais tentativas de desvalorizar a moeda desde então, e o mercado paralelo, embora ilegal, é tacitamente tolerado. É tão comum reforçar o orçamento doméstico com dinheiro oriundo do comércio paralelo que as autoridades chegam a suspeitar de famílias em que *ninguém* esteja envolvido nesse tipo de operação.

Fora de casa, o regime não poupou esforços para abastecer uma elite hedonista com dinheiro e artigos de luxo. Há décadas, as embaixadas norte-coreanas exercem atividades ilegais às escondidas, como venda de álcool em países muçulmanos e contrabando de marfim e de drogas. Antes de ser fechada, em 1994, a embaixada norte-coreana em Oslo estava envolvida no contrabando de tabaco e álcool em larga escala. Num relatório do Congresso dos EUA de 2008, pesquisadores sugeriram que um terço da renda das exportações norte-coreanas provém de atividades ilícitas. Depois da morte de Kim Jong-il, em 2011, a importação de artigos de luxo mais que duplicou, apesar das rígidas sanções da ONU impostas em 2006, na esteira do primeiro teste nuclear realizado pelo país.

Dinheiro e salário eram, obviamente, um assunto tabu para os guias turísticos. Se o tema passava a ser a vida em família, a senhorita Ri se dignava de dar respostas mais concisas:

— Com que idade as pessoas costumam se casar? — perguntei.

— Mulheres entre 26 e 28 anos, e homens entre 28 e 30 — respondeu a senhorita Ri. A resposta estava de acordo com as «instruções especiais» implementadas por Kim Il-sung em 1971, em que ele exortava os homens a esperar até os 30 anos e as mulheres até os 28 para contraírem matrimônio, a fim de que pudessem servir à pátria antes.

— Quantos filhos os casais costumam ter?

— Um ou dois

— É mais comum um casamento arranjado ou casar por amor?

— Antes os casamentos eram arranjados, mas agora o mais comum é que as pessoas se casem por amor — respondeu a senhorita Ri. — Os jovens decidem como será.

— Vocês podem se casar com quem quiserem, independentemente de classe social?

— Sim.

— É possível viver junto sem ser casado?

— Não.

— É fácil se divorciar?

— Não é comum aqui — respondeu a senhorita Ri. — Quando as pessoas se casam, a ideia é que o casamento dure a vida inteira. Para nós, coreanos, a família é importante.

— O que acontece se uma mulher tem um filho fora do casamento?

A senhorita Ri deixou escapar um sorriso.

— Não sei. Nunca ouvi dizer que tenha acontecido antes.

— Não?

Ela abanou a cabeça.

— O aborto é legal? — perguntei.

— Aborto? — A senhorita Ri me encarou com uma expressão de dúvida.

— Sim, isto é, a interrupção da gravidez?

— Sim, claro que é legal — respondeu ela. — As pessoas vão ao hospital e pronto. É muito comum. Como você soletra aborto?

Soletrei, ela memorizou e então abriu um sorriso:

— Hoje aprendi uma nova palavra. Obrigada!

Grandes líderes

— No dia 15 de abril de 1912, nosso grande líder, Kim Il-sung, nasceu nesta casa — anunciou a guia do museu com grande reverência, apontando para um dos casebres de barro e telhado de palha reformados havia pouco tempo. Podíamos espiar o interior dos casebres através das portas e janelas abertas. No piso de chão batido estavam expostos utensílios domésticos simples, supostamente originais. A estrada entre as casas era pavimentada e decorada com flores; tudo estava tão limpo e arrumado que era difícil imaginar que um dia alguém tivesse vivido ali.

No mesmo dia em que o *Titanic* afundou, e dois anos depois de os japoneses colonizarem a península coreana, Kim Il-sung veio ao mundo no vilarejo de Mangyongdae, nos arredores de Pyongyang. Os pais, que eram cristãos e frequentadores assíduos da igreja, nem particularmente ricos nem particularmente pobres, batizaram seu primogênito Kim Song-ju. O nome de guerra Il-sung, que significa «sol nascente», só foi adotado em 1935, durante a guerrilha contra os japoneses. Por volta de 1920, a família fugiu para a Manchúria, no norte da China. O regime japonês na Coreia foi brutal; a resistência foi reprimida, muitos foram alistados em trabalhos forçados, o idioma local foi banido e os coreanos foram forçados a adotar nomes japoneses. Assim, centenas de milhares de coreanos buscaram refúgio no norte da China naquele período; alguns apenas fugiam tentando encontrar comida, outros foram participar da luta armada contra o odiado poderio colonial japonês.

Na Manchúria, Kim Il-sung frequentou a escola chinesa e tornou-se fluente em mandarim. Em 1931, aos dezenove anos, ingressou no Partido Comunista Chinês e passou a atuar ativamente na guerrilha contra os japoneses no norte da China. Com o passar do tempo, ascendeu na hierarquia e ganhou a responsabilidade de liderar um batalhão de pouco menos de duzentos homens. Em junho de 1937, obteve seu maior triunfo militar quando o batalhão que liderou por algumas horas assumiu o controle de Pochonbo, uma pequena cidade controlada pelos japoneses na fronteira entre a China e a Coreia. Os japoneses fizeram de tudo para erradicar a resistência coreana e, nos anos seguintes, muitos dos guerrilheiros de Kim Il-sung foram perseguidos e mortos pelos japoneses. Em 1940, Kim fugiu com o que restava do seu batalhão pelo rio Amur para a União Soviética. Lá, os soldados coreanos foram encaminhados pelas autoridades soviéticas para uma base militar perto de Khabarovsk para receberem treinamento adicional.

Em 8 de agosto de 1945, a União Soviética declarou guerra ao Japão. Uma semana depois, no mesmo dia em que o Japão capitulou, o Exército Vermelho capturou Pyongyang quase sem encontrar resistência pela frente. Alunos norte-coreanos aprendem que Kim Il-sung e suas tropas expulsaram quase sozinhos os japoneses da Coreia, mas a verdade é que Kim Il-sung não participou de uma única operação de combate em seu país natal. Quando os russos libertaram Pyongyang, ele ainda se encontrava no campo militar da União Soviética. Mais de um mês após a capitulação do Japão, Kim Il-sung e os cerca de sessenta soldados que fugiram sob sua liderança foram levados para a cidade portuária de Wonsan a bordo do navio soviético *Pugatchev*. Em 19 de setembro, desembarcaram em solo coreano, ainda envergando uniformes do Exército Vermelho, e foram comer macarrão e beber cerveja num restaurante local. O destino da península coreana já estava selado. Logo após a capitulação do Japão, a península foi dividida em dois ao longo do paralelo 38. As forças soviéticas mantiveram o controle do norte, enquanto os americanos ficaram responsáveis pelo sul. Stálin precisava de um fantoche para controlar seu quinhão da partilha, e a escolha recaiu sobre Kim Il-sung, de 33 anos. Kim se destacou tanto porque falava bem o russo quanto porque, uma vez que vivera a maior parte da vida no exterior, não tinha vínculos com os comunistas nacionalistas da Coreia. Depois de tantos anos no exílio, entretanto, já não falava fluentemente a língua materna. Antes que Kim Il-sung fizesse seu primeiro discurso ao povo, em outubro de 1945, os enviados soviéticos tiveram que dar ao protegido um curso intensivo de coreano.

Três anos depois, em 9 de setembro de 1948, a República Popular Democrática da Coreia foi oficialmente estabelecida em Pyongyang, tendo Kim Il-sung como líder supremo. Kim Il-sung permaneceu no poder até sua morte em 1994, quase meio século depois. Não apenas sobreviveu a seis secretários-gerais soviéticos, mas também à própria União Soviética.

* * *

— E agora vocês podem beber água do poço de Kim Il-sung! — anunciou solenemente a guia do museu. — O próprio Kim Il-sung bebia água desta fonte — disse ela, erguendo com reverência um balde de água do fundo. Aqueles que quiseram beber da água lhe estenderam as mãos ou garrafas. Um casal fez como os nativos e bebeu direto da caneca que era passada de mão em mão. Depois que todos se saciaram da água milagrosa, fomos levados de volta ao ônibus. O próximo item do ambicioso programa do dia era o Museu da Guerra, e, como sempre, não tínhamos tempo a perder.

A guia do museu da guerra, uma jovem de uniforme militar justo, imediatamente nos levou pelas fileiras de tanques, aviões, jipes e helicópteros americanos — troféus dos tempos da Guerra da Coreia.

— Em 2012, Kim Jong-un decidiu construir um novo museu de guerra, e, depois de apenas dez meses, o prédio foi concluído — jactou-se a guia enquanto subíamos a escadaria larga que levava ao prédio do museu. O prédio era obviamente suntuoso, com colunas grossas e paredes de mármore brilhantes. Como tinha apenas três anos de existência, mal teve tempo de decair. A guia apontava para mapas e instalações e expunha rotineiramente a derrota americana e a vitória coreana, enfatizando as horas, datas e números. Noutras palavras, fatos concretos. Tudo que ela contava, porém, eram mentiras. Não foram os americanos que atacaram primeiro — Kim Il-sung estava ansioso para invadir a Coreia do Sul desde que foi colocado no comando do país, e repetidamente tentou persuadir Stálin a atacar. Stálin, no entanto, estava relutante em declarar guerra aos Estados Unidos, única potência nuclear do mundo e aliado próximo da Coreia do Sul. Somente quando a União Soviética também desenvolveu armas nucleares, em 1949, Kim Il-sung conseguiu convencer Stálin. Na primavera de 1950, o líder norte-coreano viajou a Moscou para discutir os detalhes. Permaneceu lá por semanas e voltou para casa com o seguinte acordo: se Mao Tsé--tung prometesse enviar tropas chinesas caso os americanos atacassem, o líder norte-coreano teria as bênçãos de Stálin.

Em 25 de junho de 1950, o ataque partiu da Coreia do Norte. Kim Il-sung havia assegurado tanto a Stálin quanto a Mao que tinha sólido apoio no sul e que, portanto, a vitória viria rapidamente, no máximo em três dias. Dois dias depois, o Conselho de Segurança da ONU decidiu enviar forças militares à Coreia do Sul, decisão apoiada e acompanhada pelos Estados Unidos, que também enviaram suas próprias tropas. Essa foi a primeira vez que a ONU entrou num conflito militar, e a decisão poderia facilmente ter sido derrubada se a União Soviética a tivesse vetado. No entanto, a URSS boicotava as Nações Unidas nesse momento em protesto porque a organização não reconhecera Mao Tsé-tung e os comunistas como líderes da China. O representante soviético, portanto, não estava presente à reunião do Conselho de Segurança.

Inicialmente, o apoio militar dos EUA e da ONU era relativamente modesto e, em agosto, as forças norte-coreanas controlavam 95% do território sul-coreano. Em meados de setembro, tropas lideradas pelos EUA e pela ONU lançaram uma grande ofensiva militar contra a cidade portuária de Incheon, nos arredores de Seul, forçando os norte-coreanos a recuar. Pouco depois, os norte-coreanos foram expulsos de Seul e as tropas americanas cruzaram o paralelo 38 e avançaram rumo ao norte. Os chineses advertiram explicitamente a ONU e os Estados Unidos contra a invasão da Coreia do Norte e, especialmente, contra a aproximação do conflito do território chinês. Douglas MacArthur, general americano e comandante das forças da ONU, interpretou o aviso como uma tentativa de chantagem e rejeitou categoricamente a possibilidade de uma intervenção militar chinesa, a despeito de o presidente Harry S. Truman ter pedido ao general para ser mais cauteloso. No intervalo de poucas semanas, as forças norte-coreanas foram virtualmente destruídas, e as tropas da ONU e os soldados americanos estavam tão avançados no interior da Coreia do Norte e tão perto da fronteira chinesa que se envolveram em escaramuças com soldados chineses. MacArthur queria cruzar a fronteira com a China para cortar as linhas de suprimentos do exército norte-coreano, mas, antes que pudesse ir tão longe, Mao levou as ameaças a sério: no final de novembro, centenas de milhares de soldados chineses se mobilizaram para a guerra no lado norte-coreano, e o equilíbrio de poder estava novamente alterado. A União Soviética também

GRANDES LÍDERES

intensificou o apoio militar, contentando-se em fornecer aviões — Stálin queria evitar um conflito direto com os EUA.

Após combates ferozes, as linhas de frente se estabilizaram na primavera de 1951 em torno do paralelo 38. Em abril daquele ano, o obstinado MacArthur foi destituído do posto de comandante em chefe pelo presidente Truman. O conflito continuou como uma guerra de trincheiras por mais dois anos, com bombardeios frequentes.

Em 27 de julho de 1953, as partes assinaram um acordo de cessar-fogo. Os três anos de guerra custaram mais de 3 milhões de vidas, em sua maioria civis. Entre os mortos estava o filho mais velho de Mao, Mao Anying. As perdas foram maiores no lado norte-coreano, mas também o sul estava em ruínas. A fronteira no paralelo 38 permaneceu a mesma, por assim dizer.

Na mitologia norte-coreana, a guerra contra a Coreia do Sul é descrita como um triunfo nacional. A contribuição crucial da União Soviética e da China raramente é mencionada. A guerra também é usada como um exemplo aterrador do que pode acontecer caso a Coreia do Norte abandone o programa nuclear que desenvolveu recentemente. Nesse caso, como muitos acreditam, os americanos marcharão direto para Pyongyang, tamanho é o ódio que os capitalistas nutrem pelo socialismo.

Antes de nos apressarmos para o próximo evento do programa, as estátuas gigantes na praça Kim Il-sung, entreouvi uma conversa entre uma americana e sua guia:

— Por que vocês gastam tanto dinheiro num museu enquanto seus fazendeiros cavam a terra com picaretas e pás? — a mulher perguntou, indignada.

— Cada país tem seus métodos de cultivo — respondeu calmamente a guia. — Além disso, o museu é uma importante instituição educacional.

***

A visita à fronteira com o vizinho ao sul foi uma experiência decepcionantemente pouco tensa. Demorou um pouco para eu perceber que o prédio retangular azulado era realmente o quartel erguido sobre a linha de fronteira. Não sei exatamente o que eu estava esperando. Cercas de arame farpado? Fanfarras marciais? Seis a sete soldados norte-coreanos montavam guarda em posição de sentido do lado de fora de seus respectivos quartéis. Do lado sul-coreano, não se via vivalma. À nossa esquerda, a bandeira sul-coreana tremulava suavemente na neblina; atrás do quartel, erguia-se o Prédio da Liberdade, o edifício fronteiriço da Coreia do Sul, com a forma de um pagode moderno. Fora isso, até onde a vista alcançava, só havia floresta.

Levamos três horas para percorrer os 168 quilômetros até a chamada zona desmilitarizada. O nome engana, pois a fronteira entre as Coreias é a zona mais militarizada do mundo. Tecnicamente, a Coreia do Norte e a Coreia do Sul ainda estão em guerra; os dois países nunca assinaram um acordo formal de paz. O armistício de 1953 ainda está em vigor, e a fronteira de fato corre ao longo das linhas de frente da guerra no paralelo 38. O cessar-fogo, por sua vez, foi quebrado várias vezes, e, nas últimas décadas, centenas de soldados foram mortos montando guarda na zona desmilitarizada.

— Normalmente, é possível entrar no quartel do meio e avistar a própria linha de fronteira — disse a senhorita Ri. — É o momento mais esperado do passeio. Mas hoje não. O quartel está fechado.

— Por quê? — perguntei.

A senhorita Ri deu de ombros.

— As chaves estão em poder da Coreia do Sul. A porta estava aberta ontem, mas hoje está fechada. Nunca sabemos por quê. Devem estar irritados por algum motivo novamente.

Como não havia internet, não consegui descobrir, com um toque de tecla, qual era a causa da irritação da Coreia do Sul. Era uma sensação um pouco claustrofóbica. Em casa, na Noruega, acompanho o noticiário sobre a Coreia do Norte quase diariamente, mas aqui, no centro do conflito, eu me encontrava num vácuo de informação.

Quando a Coreia foi retalhada entre a União Soviética e os EUA, uma das nações mais antigas e etnicamente homogêneas do mundo se viu dividida em dois, ao sabor das duas superpotências rivais. A Coreia foi unificada como país no ano de 668, e embora as dinastias tenham ido e vindo ao longo dos séculos, e, a despeito de as potências estrangeiras — geralmente China ou Japão — mais de uma vez terem invadido a península, a Coreia permaneceu uma só nação, um só grupo étnico e um só território até o final da Segunda Guerra Mundial. Quando a península foi dividida, em vários aspectos a União Soviética levou a melhor. Na década de 1920, os japoneses priorizaram a construção de indústrias pesadas no norte em detrimento do sul, mais populoso, considerado mais propício para a agricultura. Em 1945, cerca de 20 milhões de pessoas viviam no sul, contra cerca de 9 milhões ao norte. Mais de 1 milhão de coreanos fugiram do norte para o sul durante os primeiros anos do regime de Kim Il-sung, em sua maioria cristãos e oposicionistas.

A Coreia do Sul ainda é a mais populosa das duas, com mais de 50 milhões de habitantes, mais que o dobro do norte. Até meados da década de 1970, o PIB per capita de ambas era equivalente — agora é mais de treze vezes maior no sul. Hoje, os dois países são antípodas: a Coreia do Norte ainda se firma na economia planejada stalinista, no isolacionismo e no controle absoluto da população, enquanto a Coreia do Sul é uma das economias de mercado mais desenvolvidas do mundo. As duas nações são separadas por ideologias políticas e por uma faixa de floresta de 4 quilômetros de largura.

A fronteira entre as Coreias do Sul e do Norte tem 250 quilômetros e em ambos os lados é protegida por uma faixa de terra de 2 quilômetros, que constitui a zona desmilitarizada. O acesso a essa zona-tampão é restrito, e nela há poucos residentes fixos. A ausência de atividade humana tornou a região um paraíso para uma série de animais ameaçados. Várias espécies de aves habitam ali, entre elas o extremamente raro grou-da-manchúria; além dele, o leopardo-de-amur, o urso-negro-asiático e o quase extinto tigre-da-sibéria fizeram da área seu refúgio. Há quem diga que existam na estreita faixa de terra exemplares de tigres-coreanos, uma das espécies mais raras do planeta. Há tempos vem se tentando transformar a área numa reserva natural, mas a iniciativa sul-coreana vem sendo sistematicamente boicotada pelas autoridades de Pyongyang.

***

A torre Juche é o edifício mais alto de Pyongyang. Tem 170 metros de altura e foi construída em 1982, para comemorar os setenta anos de Kim Il-sung. Kim Jong-il é apontado como idealizador do projeto. A estrutura consiste em 25.550 pedras de granito, cada uma representando cada dia de vida do longevo líder, não incluindo os anos bissextos. No alto da torre, acima da plataforma panorâmica, ergue-se uma chama de metal que pesa 45 toneladas e tem 20 metros de altura.

Juche é a ideologia estatal da Coreia do Norte e foi desenvolvida por Kim Il-sung depois da Guerra da Coreia. Pode ser traduzida como «autoconfiança» e é uma espécie de marxismo-leninismo, stalinismo, maoismo, confucionismo e sistemas sociais coreanos tradicionais. A ideologia facilitou o distanciamento de Kim Il-sung da União Soviética depois da morte de Stálin. O líder norte-coreano era um opositor aguerrido das reformas liberalizantes de Khrushtchev e tinha uma inclinação pessoal pelo estilo de liderança menos comprometedor de Mao. Com base na ideologia Juche, a Coreia do Norte recusou-se a fazer parte do Comecon, o Conselho para Assistência Econômica Mútua, sediado em Moscou, cujo objetivo era intensificar a cooperação entre países comunistas. A Juche prega como fundamento doutrinário a autonomia econômica, militar e política sem a ajuda ou interferência exterior, mas a Coreia do Norte continuou sendo inteiramente dependente do apoio econômico da União Soviética. Os preceitos da Juche continuam longe de serem alcançados pelo regime norte-coreano: o país dependeu de ajuda externa desde o nascedouro, e continua a depender dela ainda hoje.

A Juche foi lançada como uma «terceira via» do comunismo. Ao contrário do marxismo-leninismo, a Juche considera o povo a força motriz da história. No entanto, o povo carece de um grande líder, e é aqui que Kim Il-sung entra em cena. Na década de 1980, o herdeiro Kim Jong-il eliminou da teoria Juche toda e qualquer referência ao marxismo-leninismo. No lugar, introduziu o «kimilsungismo». Depois da morte do pai, o conceito foi ampliado para incluir também a si mesmo: «kimilsungismo-kimjongilismo». No tumultuoso ano de 1991, graças à ideologia Juche, o governo central em Pyongyang tinha na ponta da língua a resposta para o colapso da União Soviética: o país ruiu porque não adaptou o marxismo-leninismo à realidade local, tal como foi feito com a Juche.

A Juche permeia a sociedade local em todos os aspectos, até mesmo no calendário, que começa em 1912, ano de nascimento de Kim Il-sung, ou Juche 1, como é conhecido pelos norte-coreanos. As crianças aprendem Juche desde o primeiro dia de aula, independentemente da disciplina, que precisa dedicar pelo menos um quinto das atividades letivas à Juche.

***

Um elevador nos levou ao alto da torre, à plataforma panorâmica bem abaixo da chama de metal vermelha. Daqui de cima, a 150 metros do chão, Pyongyang parecia uma cidade asiática qualquer, triste e entediante com seus edifícios de concreto.

— Não façam fotos do rio! — disse a senhorita Ri, elevando o tom de voz. — É terminantemente proibido!

Olhei para o leito de água amarronzada. Tudo que vi foi um punhado de barcos fluviais decadentes.

Nossos cinco dias perfeitamente cronometrados na capital-modelo chegavam ao fim. A população de Pyongyang parecia saudável e representativa; não havia carências à primeira vista, mas o controle era absoluto. O sorriso largo e austero dos líderes sempre estava à espreita. Tudo era marcado pela rotina e pela disciplina; cerca de 6 mil turistas ocidentais visitam a Coreia do Norte a cada ano, e a maioria fica apenas em Pyongyang. Nossa cuidadora, a senhorita Ri, não cometeu um só deslize nem jamais se deixou cair em contradição; sempre bem-disposta, atendo-se ao roteiro, ela nos conduziu de um lugar a outro sob o olhar silencioso do senhor Kim. Certa manhã, um casal de turistas da excursão arriscou dar um passeio além dos limites determinados; assim que saíram do estacionamento, foram interpelados pelos vigilantes funcionários do hotel. Éramos prisioneiros dos passeios do programa, num ritmo alucinante éramos transportados de ônibus de uma atração para a outra, nunca sobrava tempo, sempre precisávamos nos apressar; quando a noite caía, estávamos exaustos. Uma ou outra vez tive a impressão de que alguém remexeu minha bagagem enquanto estive ausente, mas não tenho como ter certeza; aparentemente, tudo estava como havia sido deixado. Se minha suspeita se confirmasse, o que estariam procurando? Será que desconfiavam de que eu afinal não era uma funcionária do açougue da família? Seria simples descobrir — uma rápida pesquisa no Google e pronto. Até as camareiras trabalhavam em duplas, assim como os guias. Uma vigiava a outra.

Uma pergunta delicada

Chegamos ao aeroporto na hora da troca de turnos da manhã. Os funcionários marchavam numa longa fila, prontos para a jornada diária. No começo da fila, um homem seguia empunhando uma bandeira vermelha. Do teto caía uma chuva incandescente de fagulhas de solda. Operários vestindo macacão azul já estavam com as mãos à obra. O novo terminal principal, construído no mastodôntico estilo ditatorial, era tão novo que ainda estava para ser inaugurado. Tudo era extraordinariamente limpo, mas o persistente odor de mofo, umidade e solventes traía a péssima qualidade do material utilizado.

Haveria seis partidas naquele dia: três para Pequim, uma para Zhengzhou, uma para Vladivostok e uma para Samjiyŏn, nosso voo charter. Além de nós no aeroporto, havia apenas norte-coreanos da classe alta, os poucos que tinham documentos e dinheiro necessários para deixar o país. Um globo gigante dominava o saguão de embarque, como que para nos lembrar que o mundo é grande, apesar de tudo.

O pequeno avião a hélice da Air Koryo era uma relíquia do passado, com cortina e compartimentos de bagagem sem portas. Podíamos nos sentar onde quiséssemos, e não fomos importunados com instruções sobre cintos de segurança, saídas de emergência e máscaras de oxigênio. Da janela, tínhamos uma vista da mata verde-escura. Uma hora e meia e 384 quilômetros depois, aterrissamos na pista de concreto de Samjiyŏn.

O ar ao norte era decididamente mais frio. Dois ônibus em péssimo estado nos transportaram pela paisagem árida para o monte Paektu, ponto culminante e mais sagrado da Coreia do Norte. Estávamos bem além da linha das árvores, e a paisagem era erma, pedregosa e lunar. No sopé da mítica montanha havia uma multidão de soldados, todos vestindo jaqueta grossa com um grande quepe sobre a cabeça. A senhorita Ri saiu do ônibus carregando nossos passaportes e documentos e retornou com um largo sorriso no rosto:

— Vocês têm muita sorte — anunciou. — Kim Jong-un esteve aqui mais cedo! Ele acabou de partir.

Uma vez que o bondinho não estava funcionando, tivemos permissão especial para subir quase até o topo. Kim Jong-un escalou o monte inteiro sozinho, fomos informados. Nós, ao contrário, teríamos pela frente apenas o último trecho, do contrário poderíamos nos atrasar. Um bando de turistas norte-coreanos vinha correndo atrás de nós, eufóricos por visitar a montanha sagrada, gritando e sorrindo.

Do alto, pudemos avistar um lago verde e circular. Nossos celulares despertaram da hibernação e começaram a vibrar freneticamente. Metade do lado ficava na China; estávamos tão próximos da fronteira que tínhamos cobertura. Estávamos absortos respondendo mensagens e fazendo fotos de todos os ângulos possíveis quando a senhorita Ri surgiu esbaforida:

— Podem se apressar, por favor? Eu disse que deveriam estar de volta em vinte minutos e já se passou meia hora. Temos muito o que fazer hoje, precisamos ir!

O próximo ponto do programa era o suposto local de nascimento de Kim Jong-il, uma cabana de toras de madeira na floresta a cerca de uma hora de ônibus do monte Paektu. Aqui, reza a lenda que o *Querido Líder* teria nascido abençoado sob um duplo arco-íris em 16 de fevereiro de 1942. Uma nova estrela luziu no céu para marcar a efeméride. «Até a neve branca de fevereiro celebrou sua chegada», registrou o biógrafo de *Kim Jong Il — The Great Man*, que comprei numa loja de produtos turísticos em Pyongyang.

Na verdade, Kim Jong-il nasceu no leste da União Soviética, na aldeia de Vyatskoye, a poucos quilômetros de Khabarovsk, e recebeu o nome de Yuri Irsenovitch Kim.

A guia que nos acompanhou, novamente uma bela jovem, descreveu com grande empatia a árdua vida de Kim Jong-suk, mãe de Kim Jong-il. Durante a guerra contra os japoneses, ela precisou se esconder. A cabana onde se abrigou só foi descoberta na década de 1960, após Kim Il-sung revelar sua localização. Quando a encontraram, restavam poucas toras de madeira da construção original. Na década de 1980, a cabana foi reerguida e declarada monumento nacional. Ao lado do esconderijo de Kim Jong-suk, havia duas outras construções de toras de madeira, ambas também produto do faz de conta. Teriam servido de base para os guerrilheiros liderados por Kim Il-sung, segundo a guia.

Havia certo movimento em torno das três cabanas de madeira. Levas e levas de soldados coreanos chegavam em ônibus para testemunhar o local fictício da história de libertação do país. Que Kim Jong-suk teve uma vida difícil, não restam dúvidas. A exemplo de Kim Il-sung, ela fugiu com os pais para a Manchúria, no início da década de 1920, mal tendo completado cinco anos de vida. Ainda adolescente, perdeu os pais num curto intervalo de tempo e terminou ingressando na guerrilha contra os japoneses. Em 1940, casou-se com o líder da guerrilha, Kim Il-sung, com quem teve dois filhos e uma filha: Kim Jong-il, que oficialmente veio ao mundo em 16 de fevereiro de 1942, três décadas depois de seu famoso pai (segundo historiadores ocidentais e soviéticos, entretanto, o ano correto é 1941); Kim Pyong-il, nascido em 1944; e Kim Kyong-hui, nascida em 1946. Kim Pyong-il afogou-se numa piscina em Pyongyang em 1947, quando tinha apenas três anos de idade. Dois anos após a tragédia, a mãe de Kim Jong-il, Kim Jong-suk, morreu no trabalho de parto. Durante a Guerra da Coreia, Kim Il-sung casou-se com sua secretária, Kim Song-ae, e teve com ela mais dois filhos e uma filha. O mais velho recebeu o nome de Kim Pyong-il, o mesmo do garoto que morrera afogado, e hoje ocupa o cargo de embaixador norte-coreano na Tchéquia.

***

Na manhã seguinte tomamos o rumo leste, na direção da costa, no mesmo envelhecido avião do dia anterior. As rodovias no norte estavam em condições tão precárias que dirigir não era uma alternativa.

— Não fotografem da janela do ônibus — ordenou a senhorita Ri quando já estávamos sãos e salvos no chão novamente. — Podem fotografar apenas a paisagem, mas não as pessoas, está entendido?

As pessoas aqui pareciam mais pobres do que no sul. Vestiam roupas mais simples; várias usavam uniformes marrons ou azuis. Quase não se viam carros particulares; a maioria se locomovia em bicicletas ou viajava abarrotada na caçamba de caminhões. Muitos caminhavam a pé, em geral carregando bastante peso nos ombros. Atrás dos canteiros de flores brancas, rosas e lilases no acostamento da estrada, era possível avistar valas cheias de lixo. As casas eram ainda mais simples do que em Pyongyang. Os muros pintados com as cores vivas do socialismo descascavam e deixavam o reboco à mostra.

Para sair da rotina, não ficaríamos hospedados num hotel, mas numa certa aldeia de *homestay*. Localizava-se numa orla idílica, e todas as casas eram novas e bem conservadas, uma idêntica à outra. Ao me recepcionar, minha anfitriã, uma jovem que sabia dizer um punhado de frases feitas em inglês, me entregou um pacote de boas-vindas composto de um rolo de papel higiênico e uma pasta de dentes. Nunca mais voltei a vê-la.

Antes do almoço, servido num salão amplo «idêntico ao das nossas famílias», pudemos fazer uma caminhada pela praia. O sol estava quase se pondo; tanto o céu quanto o mar cintilavam. Enfiei o pé na água azul cristalina. Não estava de modo algum fria. O que mais me impressionou sobre a Coreia do Norte foi a beleza do país. Não as cidades, tão sinistras quanto eu imaginava que fossem, mas a natureza. Na minha fantasia de como seria a Coreia do Norte, imaginei um filme em preto e branco, como se o regime houvesse se apropriado até da clorofila e do colorido dos pores do sol. Na verdade, as praias aqui não ficavam a dever às do Vietnã em beleza, e no caminho passamos por paisagens montanhosas verdejantes que pareciam se estender infinitamente, interrompidas apenas pelos slogans comunistas inscritos em vermelho nas encostas. Nem mesmo as montanhas escapavam da ubíqua máquina de propaganda.

Quando retornei ao quarto, percebi que havia perdido meu iPhone, e voltei à praia para tentar achá-lo. Uma única vez, fomos autorizados a sair sozinhos, desde que não fôssemos além das pontes. Cruzar pontes era expressamente proibido.

Estava quase escuro quando voltei à praia. Num barco a remo arrastado sobre a areia havia uma mulher e dois garotos. Eles me observavam em silêncio. Cinco ou seis cachorros andavam em círculos ao redor do barco. Os cães rosnaram baixinho quando me viram, mas me deixaram em paz. Fiz o mesmo percurso de antes sem conseguir avistar o celular perdido. Por fim, abordei a mulher e os garotos no barco:

— *Phone?* — disse eu, levando a mão à orelha, como se falasse ao telefone. Em seguida, abri os braços num gesto interrogativo. Eles nada disseram e continuaram a me encarar em silêncio. Dei as costas e, depois que me afastei alguns metros, a mulher gritou e apontou para um dos garotos. Contrariado, ele tirou o iPhone de baixo da camiseta. Assim que o peguei, senti uma pontada na perna. A mulher arregalou os olhos, claramente assustada, e tentou afugentar os cachorros para longe. Eles recuaram, mas continuaram a rosnar para mim. A mulher disse algo em coreano e fez sinal para eu ir embora. Dei meia--volta o mais tranquilamente que pude, para não atiçar os cães, que continuaram a rosnar ameaçadoramente, mas não vieram atrás de mim. Mesmo quando já estava longe o bastante para não mais escutar os cachorros, fiquei com a impressão de que continuavam a rosnar e latir. Somente quando já estava de volta ao quarto parei de tremer. Minha pequena desventura sozinha na Coreia do Norte terminou com uma marca de dentes na perna da calça. A perna ficou com uma mancha roxa, mas intacta; foi só o susto.

***

Somente uns poucos duros na queda decidiram prosseguir a viagem mais ao norte: Linda, uma britânica solitária; um casal de meia-idade dinamarquês; Marcel, um piloto suíço aposentado; e Dmitri, um russo obeso natural de Moscou. Dmitri havia feito a viagem para vivenciar os últimos vestígios do comunismo na prática: «Estão cometendo os mesmos erros que cometemos», murmurava ele de vez em quando. «Exatamente os mesmos erros...»

A senhorita Ri e o senhor Kim voltaram para Pyongyang acompanhando os demais membros do grupo. Nós que restamos fomos apresentados aos novos guias: o senhor Nam, um sujeito jovial e espadaúdo que não sabia falar uma palavra de inglês, apenas francês, e o senhor Gong, recém-saído da escola de turismo. O senhor Gong era um varapau de tão magro, e assim que assumiu seu posto no ônibus começou a suar de nervosismo.

Como teve apenas quatro meses de aulas de inglês, custamos a nos acostumar com seu sotaque. No assento vizinho ao motorista, na dianteira do ônibus, sentava-se um senhor idoso em uniforme escuro. Não nos disseram qual era seu nome, e ele permaneceu o tempo inteiro em silêncio.

Quando estávamos prestes a partir, um homem surgiu correndo. Numa mão ele trazia um grosso livro de bolso, um romance histórico de Ken Follett. Ele entregou o livro ao senhor Gong, disse algumas palavras em coreano e fez um meneio na direção de Linda.

— Você esqueceu isso — disse o senhor Gong a Linda.

— Que nada, deixei lá de propósito — retrucou ela. — Já terminei de ler e não preciso mais dele.

— Melhor você levar — insistiu o senhor Gong.

— Mas não preciso mais dele — disse Linda. — Não podem apenas descartá-lo?

— Melhor você levar — repetiu o senhor Gong, colocando o livro em seu colo.

O senhor Gong passou a maior parte da viagem debruçado sobre o manual turístico. De vez em quando, enxugava o suor da testa com o dorso da mão. Depois de umas poucas horas, estacionamos para conhecer um monumento da revolução. O local era belíssimo; os picos brancos não fariam feio diante da paisagem da Córsega ou da costa amalfitana. Exceto por uns poucos pescadores, estávamos sozinhos no lugar.

— Kim Il-sung esteve nesta aldeia em 1947 — explicou o senhor Gong em seu inglês peculiar, apontando para uma pedra branca com inscrições em vermelho. — As pessoas aqui eram tão pobres que não tinham dinheiro sequer para comprar sal. Kim Il-sung os ensinou a trabalhar em conjunto para extrair sal da água. Depois disso, nunca mais faltou sal! O memorial foi erguido para lembrar esse acontecimento.

A orla estava coalhada de memoriais parecidos.

— Aqui, Kim Il-sung foi fotografado ao lado da esposa — explicou o senhor Gong diante de outra pedra branca. E da próxima: — Aqui, Kim Il-sung fez sua refeição matinal. — Ele olhou em volta, aflito. Ninguém prestava atenção ao que dizia. Alguns conversavam, outros faziam fotos da paisagem de cartão-postal; o casal dinamarquês havia descalçado os sapatos e experimentado a sensação de mergulhar os pés na água do mar do Japão, ou da Coreia, como querem os coreanos. O senhor Gong continuou indo de pedra em pedra, inabalável, apertando o manual contra o peito.

O senhor Nam tinha uma personalidade diferente, era social e tagarela. Como apenas eu e Marcel, o piloto suíço aposentado, falávamos francês, a opção de parceiros para entabular uma conversa era bastante limitada. Marcel estava sentado na última fileira do ônibus e reclamava irritado dos solavancos da estrada. O senhor Nam sentou-se a meu lado. Para minha surpresa, fez menção de querer discutir política:

— A situação está um pouco difícil agora — disse ele. — Isso porque a Coreia do Norte e a Coreia do Sul ainda não foram reunificadas. Quando isso acontecer, tudo ficará melhor.

— Você acha mesmo a reunificação possível? —perguntei.

— Naturalmente — respondeu ele convicto. — Teremos dois sistemas e seremos um Estado federado com Pyongyang como capital. Mas agora mesmo a situação é difícil, como eu disse. As sanções complicam nosso progresso.

— Se o governo abandonasse o programa nuclear, as sanções seriam revogadas imediatamente — observei.

— Infelizmente, isso é impossível — disse um desalentado senhor Nam. — Se não tivéssemos armas atômicas, os Estados Unidos nos atacariam. Já fizeram isso antes.

Paramos diante de mais uma pedra com dizeres em vermelho, mais um memorial das inúmeras conquistas de Kim

Il-sung; já não lembro qual exatamente, embora o senhor Gong não tenha deixado de nos relatar.

— O que dizem da Coreia do Norte lá de onde você vem, na Europa Ocidental? — indagou o senhor Nam quando retornamos ao ônibus.

— Quer saber a verdade?

Ele assentiu com a cabeça.

— Dizemos que é a pior ditadura do mundo.

— Oh. — Ele ficou calado por um breve instante. — O que dizem do nosso líder, então, o que dizem de Kim Jong-un?

— Quer mesmo saber a verdade?

Ele voltou a assentir com um movimento de cabeça.

— Dizem... — Tentei encontrar a palavra adequada, mas não consegui. — Bem, como posso dizer?

— É uma pergunta delicada? — indagou um solícito senhor Nam.

— É, pode-se dizer que sim.

— Sonho em poder encontrá-lo pessoalmente um dia — disse o senhor Nam. — Só uma vez.

Pela aglomeração de casas, compreendi que nos aproximávamos de Chongjin, a terceira maior cidade da Coreia do Norte. A viagem de ônibus demorou mais que o previsto por causa das estradas ruins, e avançávamos pelo meio da tarde quando finalmente chegamos. Comparadas às estreitas e esburacadas estradas do norte, as ruas asfaltadas do sul eram rodovias de luxo.

— À direita podemos ver a siderúrgica! — avisou o senhor Gong, apontando para uma imensa fábrica. Das chaminés escapava uma grossa coluna de fumaça escura.

Como em Pyongyang, as casas em Chongjin eram pintadas em tons pastéis alegres, mas mesmo assim a cidade parecia ainda mais cinza que a capital. Mal havia tráfego de veículos aqui; as pessoas caminhavam ou pedalavam. Do mesmo modo que nas aldeias, levando pesadas cargas de lenha nos ombros, enquanto outros empurravam carrinhos de mão. Chongjin foi uma das cidades mais afetadas pela epidemia de fome dos anos 1990, uma vez que o governo reduziu a cota de rações aqui antes do que no sul, onde morava a elite. Quase um quinto da população morreu de fome, o dobro da média nacional. Tentei decifrar a expressão no rosto dos transeuntes. O que teriam visto e vivido? Como conseguiram sobreviver? Ainda acreditavam nas mentiras do regime ou já teriam perdido a crença havia muito tempo?

— *Hurry, hurry!* — apressou-nos o senhor Gong assim que o motorista estacionou o ônibus diante de um horrendo prédio de concreto.

— O que vamos fazer aqui? — perguntou Marcel, irritado.

— Comprar guloseimas para as crianças. — O senhor Gong caminhava impaciente pela calçada enquanto desembarcávamos pela estreita porta do ônibus. — Não podemos chegar de mãos vazias!

— Quais crianças? — quis saber Marcel.

— As crianças do jardim de infância, ora — respondeu o senhor Gong. — Elas ensaiaram uma apresentação para nós. Estão nos esperando, precisamos nos apressar!

Fomos levados a uma espécie de loja de suvenires e doceria. As prateleiras atrás do balcão estavam cheias de sacos de bombons e caramelos. Obedientemente, compramos as guloseimas para as crianças que nos esperavam impacientes.

— Não, não comprem as pequenas, comprem as grandes! — ordenou o senhor Gong. — São muitas crianças e todas vão querer!

De volta ao ônibus, o corredor ficou abarrotado de sacos de guloseimas. A epidemia de fome nunca pareceu tão distante. Minutos depois, estacionamos num amplo descampado.

— Deixem as mochilas no ônibus! — disse o senhor Gong, resoluto.

— Nada de óculos de sol, nada de chicletes, nada de jaquetas amarradas na cintura, está entendido? Assentimos obedientemente. Todos intuíram o que nos aguardava. O senhor Gong nos levou pelo descampado até duas gigantescas estátuas de bronze de Kim Il-sung e Kim Jong-il. Eram exatamente iguais às estátuas de Pyongyang, o que não chega a surpreender, pois é a mesma fundição que as fabrica. Recebemos instruções de nos perfilar um atrás do outro e nos curvar respeitosamente. Uma guia local, uma bela mulher num longo de seda rosa, nos deu uma breve explicação da importância dos dois líderes para a cidade:

— Kim Il-sung visitou Chongjin cinquenta vezes! — A guia estalou as mãos, maravilhada. — Kim Jong-il também se preocupava muito com Chongjin. Esteve na cidade vinte vezes!

Em seguida, fomos ao próximo programa do itinerário. O senhor Gong seguia acelerado na nossa frente, agitando os braços:

— *Hurry, hurry!* As criancinhas estão esperando!

— Não podemos ir logo aonde estão as crianças? — perguntou Linda.

O senhor Gong olhou incrédulo para ela:

— Não, não é possível. Precisamos ir ao Museu da Revolução primeiro!

Nas paredes do museu havia cartazes enormes detalhando supostas vitórias decisivas da guerrilha de Kim Il-sung sobre as forças japonesas. Quando a visita acabou, o senhor Gong correu para a porta de saída.

— *Hurry, hurry*, precisamos nos apressar para a biblioteca — disse aflito. — As crianças esperam!

— Mas não podemos ir direto encontrá-las? — sugeriu Linda novamente. — Já visitamos a biblioteca em Pyongyang, não precisamos ver mais uma.

— A biblioteca primeiro! — O senhor Gong atravessou a praça, passou pelas estátuas gigantes de Kim Il-sung e Kim Jong-il e foi até a biblioteca, localizada do outro lado da praça, em frente ao Museu da Revolução. Lá dentro havia duas longas fileiras de computadores. Diante de cada máquina, uma criança de uniforme escolar jogando jogos rudimentares ou escrevendo.

— Nas outras salas temos ainda mais computadores, muito mais do que os que você vê aqui — gabou-se o bibliotecário.

— Por que vocês não tiram fotos? — perguntou o senhor Gong, impaciente. — Tirem fotos dos computadores, vamos lá!

Obedientemente, começamos a fotografar. As crianças fingiam que não estávamos lá e continuavam com seus afazeres.

Finalmente estávamos prontos para ir ao jardim de infância.

Não sei precisar quantos programas infantis desse tipo vimos durante as duas semanas em que estivemos na Coreia do Norte. Em cada cidade que visitamos, novas crianças esperavam realizando atividades idênticas às anteriores. Na minha mente, essas lembranças se confundem umas com as outras; uma infinidade de criancinhas perfeitamente treinadas, maquiadas e vestidas com fantasias coloridas, brincando com sorrisos rígidos e movimentos ensaiados, dançando e cantando as maravilhas da vida no paraíso socialista. Elas nunca cometiam um deslize, nunca acontecia uma falha. Se perguntávamos aos professores desde quando as crianças ensaiavam aquilo, eles em geral davam de ombros: «Não faz tanto tempo. Duas semanas, talvez». Até a resposta dos professores era parecida.

**

A volta para o hotel foi desoladora. Não havia água quente nos quartos; muitos nem sequer tinham água. Em vários banheiros os ralos haviam sido tapados com concreto. Confuso, o senhor

Gong corria de um lado para outro, o rosto lívido. Marcel estava ainda mais rabugento que de costume:

— Não quero chá verde, quero chá preto! — vociferou.

— Será que é tão difícil assim? Chá preto é comum em todo o mundo, não há nada de extraordinário nisso. Por que não bebem chá preto neste país idiota?

Percebi que até eu estava mais alterada. Cá estávamos nós, em Chongjin, uma cidade recém-aberta ao turismo que, por isso mesmo, quase nenhum estrangeiro havia sido autorizado a visitar antes, e tudo o que vimos foram duas estátuas, um museu revolucionário, uma biblioteca e um jardim de infância.

— Podemos dar um passeio depois do jantar? — perguntei ao senhor Nam. — Passamos o dia inteiro no ônibus. Seria ótimo exercitar as pernas, tomar um pouco de ar fresco.

O senhor Nam abanou a cabeça decidido.

— Não, não consta no programa.

— Só uma voltinha — implorei.

— Impossível.

— Por favor?

O senhor Nam suspirou.

— Vou ver o que posso fazer, mas não prometo nada, ok? — Ele se levantou da mesa e foi falar com o misterioso homem de terno que nunca estava longe. No mesmo instante, o senhor Gong surgiu esbaforido:

— Vocês agora têm água quente! Agora podem tomar banho! Mas você deve se apressar, porque pode não durar muito! Quem quer tomar banho? Por que vocês ficam aí sentados, por que não vão tomar um banho?

— Existem dois tipos de pessoas: as que tomam banho de manhã e as que tomam banho à noite — disse Marcel sarcasticamente. — Poucos tomam banho de manhã e à noite. Eu pertenço ao primeiro grupo. Noutras palavras, já tomei banho hoje e não pretendo tomar mais um.

O senhor Gong olhou para ele, confuso.

— Não quer tomar banho? Mas agora temos água quente no quarto, eu providenciei!

Marcel resmungou algo e foi embora, deixando sobre a mesa uma xícara de chá intocada. Quinze minutos depois, o senhor Nam reapareceu:

— Tenho boas notícias, senhorita Erika! Vocês podem dar um passeio depois do jantar. Não foi fácil, tive que vencer alguma resistência porque, como sabemos, não está no programa, mas não posso dizer não a uma moça tão bonita...

Éramos quatro os participantes desse extraordinário passeio noturno. As ruas estavam completamente escuras, mas não eram mais de 20h, e ainda havia muita gente a pé.

— Cuidado com pedras e buracos — advertiu o senhor Gong. — Cuidado para não caírem e se machucarem!

Passamos por um pequeno quiosque, depois atravessamos a rua. No final do quarteirão seguinte, o senhor Nam nos levou a uma espécie de quadra de basquete. A área mal tinha 50 por 50 metros e era cercada por todos os lados; em cada extremidade havia uma cesta de basquete. Éramos os únicos ali.

— Aqui é perfeito para fazerem um passeio — afirmou o senhor Nam com satisfação.

— Não podemos caminhar um pouco pela rua também? — perguntei.

— Impossível — respondeu o senhor Nam. — Até aqui, sim, mas não além, está entendido?

— Mas por...?

— Porque, se-nho-ri-ta E-ri-ka, é im-pos-sí-vel!

Depois de dez minutos rodeando o alambrado, voltamos para o hotel.

— Podemos caminhar um pouco mais longe na outra direção? — insisti. Eu me sentia como uma criança de quatro anos testando os limites da vida adulta.

— Podem dar uma volta pelo estacionamento, se quiserem — suspirou o senhor Nam. Ele abriu os braços. — Lamento, mas são as normas. Já fizemos o máximo que podíamos.

— Nunca passei por nada assim — eu disse irritada. — Até no Turcomenistão eu podia andar à vontade.

— Aqui não é o Turcomenistão, senhorita Erika — disse o senhor Nam.

— Eu sei — murmurei.

— Nós, coreanos, somos um povo disciplinado — disse o senhor Nam. — Mas talvez — acrescentou ele —, talvez os turistas possam se movimentar livremente quando a Coreia enfim estiver reunificada.

Capitalismo *light*

Cerimoniosamente, a senhorita Pan e o senhor Kang, nossos novos guias, nos conduziram pela escadaria do The Golden Trial Bank, o único banco na Coreia do Norte em que estrangeiros podem trocar dinheiro. Dentro da agência de pé-direito alto havia muitos caixas e filas curtas.

— Vocês não devem trocar muito dinheiro — exortou a senhorita Pan. — Lembrem-se de que é proibido levar wons para fora da Coreia do Norte. Devem gastar tudo aqui.

Entreguei 100 yuans chineses e recebi de volta 125 mil wons em notas novas de 5 mil. O senhor Kang ergueu as sobrancelhas ao ver quanto eu havia trocado.

— Um salário mensal normal é de 100 mil wons — ele comentou depois de ter a certeza de que a senhorita Pan não poderia ouvi-lo. A senhorita Pan foi a guia mais rigorosa que nos acompanhou. Sempre impecavelmente vestida, estava na casa dos quarenta e falava inglês com sotaque britânico. Se percebesse que alguém fotografou algo que ela não havia aprovado antes, imediatamente se certificava de que a foto fosse excluída. O senhor Kang também estava na casa dos quarenta, mas era calmo e relaxado e não escondia a curiosidade sobre a vida no Ocidente. Em particular, os salários e os preços dos produtos atiçavam sua curiosidade: quanto custa um pão onde vocês vivem?, ele perguntava quando a senhorita Pan não estava à espreita. Quanto custa um apartamento? Quanto ganha um professor?

Saímos do banco e fomos surpreendidos por uma música de fanfarras ecoando pelos alto-falantes instalados por toda a cidade. A marcha foi diminuindo de volume e uma predicante voz feminina ressoou. A mulher falou demoradamente, com perceptível empatia e igual empolgação.

— O que ela está dizendo? — perguntei.

— Nada — disse a senhorita Pan com um esgar no rosto, como costumava fazer quando não queria responder.

— Ela está apenas lendo as notícias de hoje — explicou o senhor Kang enquanto a senhorita Pan caminhava mais adiante.

Depois fomos para o bar. As novas cédulas rapidamente foram desaparecendo: uma caneca de cerveja tcheca importada custava 25 mil wons. Além de um pequeno grupo de turistas americanos, éramos os únicos no bar.

Tínhamos chegado ao derradeiro e mais setentrional destino da viagem à Coreia do Norte, Rason, uma zona econômica livre na fronteira com a China e a Rússia. Há pouco menos de 200 mil habitantes na região. Norte-coreanos comuns não têm acesso ao local, pelo menos não sem subornar ninguém. A zona foi criada por Kim Jong-il e serve tanto como um lugar para que as autoridades norte-coreanas testem o capitalismo e o livre mercado quanto como uma área restrita e controlada para o regime atrair o tão necessário capital externo.

Após a visita ao bar, a senhorita Pan nos levou a uma indústria têxtil onde pudemos ver com nossos próprios olhos o esforço dos operários norte-coreanos. Mulheres jovens em uniformes azuis sentavam-se em longas fileiras costurando coletes salva-vidas amarelos. Cada uma era responsável por um pedaço do colete e fazia o mesmo movimento mecânico repetidamente.

— As operárias trabalham das 8h da manhã às 6h da tarde e têm intervalos — explicou o presidente da empresa. — Elas trabalham meio período e ganham 100 dólares por mês.

Era mais de dez vezes o valor do salário médio que tinha dito o senhor Kang.

— Tudo bem se tirarmos fotos? — perguntou Linda.

— Tire quantas quiser — disse a senhorita Pan graciosamente.

— Quem compra esses coletes? — perguntei.

— Principalmente chineses — respondeu o presidente.

— Por causa das sanções, não é permitido vender produtos da Coreia do Norte na China, não é? — questionou Marcel.

— Isso mesmo, é por isso que as roupas não têm etiquetas indicando *Made in* RPDC, mas *Made in China* — explicou o presidente com satisfação.

Do lado de fora da fábrica, havia uma grande quantidade de roupas penduradas para secar.

— Todo mundo está ajudando as vítimas da enchente — disse a senhorita Pan. — É assim que nós, norte-coreanos, somos. Nós nos ajudamos.

— Tudo bem se eu tirar uma foto das roupas penduradas para secar? — perguntei.

— Neste caso não há nada para fotografar — disse a senhorita Pan, fazendo uma careta.

Algumas semanas antes, a região havia sido atingida por fortes chuvas e inundações. Mais de quinhentas pessoas perderam a vida e mais de 30 mil casas foram destruídas ou danificadas em decorrência da enchente. Aldeias inteiras foram varridas pela enxurrada. De acordo com o jornal on-line de oposição *Daily* NK, com sede na Coreia do Sul, muitas das vítimas foram encontradas com retratos de Kim Il-sung e Kim Jong-il apertados junto ao peito.

O próximo item do itinerário foi uma visita a uma escola para crianças superdotadas. Assim que entramos na sala de aula, os alunos se levantaram e nos cumprimentaram educadamente. Nós nos apresentamos e dissemos em poucas palavras o que fazíamos e de onde vínhamos. A turma ouviu atenta. Em seguida, nos convidaram para sentar ao lado de cada aluno e ter uma conversa mais reservada. Fui alocada para um bate-papo com um circunspecto garoto de doze anos.

— Como você se chama? — ele perguntou. Respondi, e ele prosseguiu com uma longa lista de perguntas triviais: — Quantos anos você tem? Você mora em casa ou apartamento? Seu apartamento tem quantos quartos? Seu apartamento possui uma sala de estar? Cozinha? Quais são seus hobbies?

Contei um pouco sobre meu apartamento e sobre meus hobbies.

— Também gosto de assistir a filmes — disse o menino. — Filmes coreanos. Especialmente filmes sobre a história e a cultura do meu país.

— O que mais você faz no seu tempo livre? — perguntei.

— No meu tempo livre eu gosto de jogar futebol — respondeu o menino num inglês correto. — A que horas você costuma ir para a cama dormir? — ele perguntou então.

— Por volta da meia-noite — respondi. — A que horas você costuma ir para a cama?

— Eu vou para a cama às 10 horas — respondeu o menino. — A que horas você costuma acordar?

— Por volta das 8h — respondi. — E você, a que horas costuma levantar da cama?

— Acordo às 4h para fazer os exercícios matinais e depois faço o dever de casa.

— O que você pretende fazer quando terminar a escola? — eu quis saber, imaginando que ele dissesse que queria ser professor, talvez médico.

— Quero prestar serviço militar e ser um soldado.

— Quanto tempo você pretende ficar nas forças armadas? — perguntei, tentando disfarçar minha surpresa.

— Dez anos — respondeu ele sem titubear.

Em 1994, tendo em vista a propalada autonomia do país, Kim Jong-il lançou a doutrina *Militares Primeiro*. A Coreia do Norte tem hoje o maior exército do mundo, com mais de 1,3 milhão de soldados. Dez anos é a duração aproximada do tempo de serviço, e muitos soldados são, na prática, operários sem ônus para o Estado.

— Por que você quer ser um soldado? — perguntei.

O garoto hesitou.

— Espere um minuto, por favor, só um momento. — Ele se levantou e foi até o professor. Quando voltou, trouxe a resposta na ponta da língua: — Quero ser um soldado para defender nosso país!

O professor, que sempre esteve por perto, agora circulava ao nosso redor.

— Qual é sua cor preferida? — perguntou o menino.

— Vermelho — respondi.

— A minha também — disse o menino, apontando para o lenço de pioneiro que usava no pescoço. Pela primeira vez, ele esboçou um sorriso. — Qual é sua comida favorita? — perguntou então.

— Gosto muito de comida italiana, como pizza — respondi.

— O que é pizza? — O menino me olhou admirado.

Fiz menção de explicar, mas a professora se adiantou:

— É uma espécie de panqueca.

— Minha comida favorita é macarrão frio — disse o menino. — É a melhor comida que existe!

— Você não gostaria de viajar, ver o mundo? — perguntei quando o professor já estava suficientemente distante.

— Não. — Mais uma vez, a resposta estava na ponta da língua.

— Por que não? Afinal, você estuda idiomas.

— Nosso país é o melhor do mundo! — declarou o menino. — Por que eu iria querer visitar outro lugar?

A conversa estancou. O menino segurou o caderno e me mostrou os diálogos que havia copiado cuidadosamente do livro. Todas as conversas se passavam na Austrália e versavam principalmente sobre a vida das espécies e as condições meteorológicas de lá. Para fazer o tempo passar, peguei meu celular e mostrei a ele fotos da minha família e da natureza norueguesa. Ele observou atentamente. As cachoeiras, em particular, o impressionaram:

— *Magnificent!* — exclamou impressionado quando lhe mostrei a foto da cachoeira de Langfoss, de 612 metros de comprimento, localizada próximo do vilarejo onde nasci. Fui passando as fotos e lhe mostrando imagens das viagens que fiz a Roma, Paris, Istambul.

— É um prédio muito bonito — disse o menino, apontando para a Mesquita Azul.

— Sim, é uma mesquita muito famosa — eu disse. Ele me olhou inquisitivo.

— É lá que os muçulmanos vão rezar — expliquei. O menino ficou tenso e parecia assustado. Tínhamos sido expressamente instruídos a não falar de política ou religião. Felizmente, o professor estava do outro lado da sala. Passei para a próxima foto.

No final da sessão, alguns alunos nos apresentaram uma seleção dos diálogos australianos do livro didático. Eles os sabiam de cor e os executavam com perfeição, mas sem um pingo de empatia:

— *How are you doing today, my friend?*

— *Jolly good, thank you. The weather is very nice today, isn't it? Yes, the weather is very nice today, indeed, my friend.*

***

A caminho do porto no dia seguinte, a senhorita Pan parecia estranhamente animada. Não demorou muito para descobrirmos o motivo:

— Durante o café da manhã, li no jornal que Kim Jong-un estava visitando as áreas atingidas pelas enchentes ontem — disse ela enquanto o ônibus deixava o estacionamento do hotel. A voz tremeu com o movimento. — Foi a primeira vez que nosso líder esteve em Rason. Fiquei tão emocionada quando li que quase comecei a chorar!

Ela olhou para baixo e enxugou uma lágrima do canto do olho.

— Acho tão estranho que você saiba tão pouco sobre seus líderes — comentou Mette, uma dinamarquesa. — Por exemplo, você sabe quantos anos ele tem?

A senhorita Pan balançou a cabeça.

— Não sabemos nada da vida privada dele — disse ela. — Sei que ele é casado, mas não sei se tem filhos. Alguns turistas me contaram uma vez que ele frequentou uma escola famosa na Suécia. A Suécia fica perto da Dinamarca, não é? Você já ouviu falar dessa escola?

— Não é na Suécia, mas na Suíça — eu disse. — Um amigo meu frequentou a mesma escola.

— Verdade? — O rosto da senhorita Pan se iluminou. — Um amigo seu? — Ela se mudou para o assento do lado e passou a me fuzilar com perguntas: — O que seu amigo faz hoje? Quantos anos ele tem? Kim Jong-un era bom aluno? Era, não era? A Suíça é linda, não é? É uma escola muito famosa, certo?

Respondi dizendo o que estava a meu alcance. Sim, Kim Jong-un foi certamente um excelente aluno. Claro. Sim, a Suíça é belíssima. Muito bonita. Sim, é uma escola famosa. Muito famosa.

Kim Jong-un nasceu no dia 8 de janeiro de 1984 e é o caçula de Kim Jong-il. Durante muito tempo acreditou-se que Kim

Jong-nam, filho mais velho de Kim Jong-il e meio-irmão de Kim Jong-un, assumiria o poder, mas na década de 1990 ele rompeu com o pai. Em 2001, foi detido no aeroporto de Tóquio com um passaporte dominicano falso e extraditado de volta à China. Kim Jong-nam nunca retornou à Coreia do Norte, mas desde então divide seu tempo entre a China e Macau, mantendo um perfil discreto.

O filho do meio, Kim Jong-chul, também não teve sucesso como herdeiro, alegadamente porque o pai o achava efeminado. Assim, a escolha do sucessor recaiu sobre o mais novo, Kim Jong-un. Apesar de ter apenas 26 anos quando seu pai morreu, Kim Jong-un aprendeu rapidamente a dominar o jogo brutal de poder do topo da hierarquia. Depois de um breve interregno como espectador passivo, ele fez questão de mandar executar vários dos generais mais poderosos do partido. Ninguém estava a salvo sob o novo líder, nem mesmo familiares próximos. Em 2013, o tio de Kim Jong-un, Chang Song-thaek, considerado por muitos o segundo homem mais poderoso da Coreia do Norte, foi executado.

Não se sabe ao certo se Kim Kyong-hui, esposa de Chang Song-thaek e irmã de Kim Jong-il, ainda está viva ou se também foi morta.

Em fevereiro de 2017, a ovelha negra da família, o anteriormente citado Kim Jong-nam, foi envenenado com a neurotoxina vx no aeroporto internacional de Kuala Lumpur. A vx é uma das substâncias mais tóxicas já produzidas, e o ex-herdeiro morreu no hospital pouco depois. O ataque foi realizado por duas jovens da Indonésia e do Vietnã, respectivamente, mas acredita-se que Kim Jong-un tenha sido o mentor do atentado.

— Você sabe quais notas Kim Jong-un tirou? — perguntou a senhorita Pan enquanto nos dirigíamos para a área do porto.

— Não, infelizmente não sei — respondi. — Creio que meu amigo não conheceu Kim Jong-un pessoalmente.

— Ele deve ter tirado notas muito boas — afirmou a senhorita Pan.

— Provavelmente — concordei.

A senhorita Pan sorriu satisfeita. Seu rosto corou. Ela estava sentada ao lado de alguém que conhecia alguém que tinha frequentado a escola com o *Querido Líder*.

No porto, havia vestígios de grandes obras sendo executadas, embora não houvesse sinais de atividade nesse dia em particular. Em 2008, a Rússia celebrou um contrato de arrendamento com o governo norte-coreano e garantiu o acesso ao porto pelos cinquenta anos seguintes. As autoridades russas planejam transportar mercadorias por via férrea desde Vladivostok e depois transferir a carga para navios em Rason, cujas águas, ao contrário de Vladivostok, passam o ano inteiro sem congelar. Embora mais de dois terços da fronteira da Rússia sejam marítimos, o país dispõe de poucos portos de águas profundas livres de gelo. A avidez por portos sem gelo foi a origem de várias guerras fatais na história da Rússia; tanto Pedro, o Grande, quanto Catarina, a Grande, como Nicolau I, para não mencionar Nicolau II, passaram por cima de cadáveres para transformar o gigantesco país numa superpotência marítima. Um contrato de aluguel com a pior ditadura do mundo foi uma das medidas menos drásticas que os líderes russos tomaram para assegurar ao país um porto sem gelo durante os doze meses do ano.

A área em volta do porto estava deserta e silenciosa. Não se via um único navio, nem russo nem coreano. Do outro lado do complexo portuário havia uma refinaria de petróleo. Lá também não havia sinal de atividade.

— Ela não funciona desde a década de 1990 — disse o senhor Kang. — Os americanos estão fazendo o que podem para nos prejudicar. Eles odeiam comunistas.

— A Coreia do Norte também não é responsável pela situação atual? — perguntou Marcel, o piloto suíço.

— Tudo o que queremos é nos reunificar com a Coreia do Sul para que a Coreia esteja inteira novamente — disse o senhor Kang.

— Então a Coreia do Norte não tem culpa alguma? — repetiu Marcel.

— Desde o início, os imperialistas japoneses e ianques tentaram nos destruir — reclamou o senhor Kang. — As sanções dificultam muito as coisas para nós.

Por fim, perdi a paciência e me intrometi na conversa:

— As sanções existem porque vocês têm armas nucleares, não porque são comunistas — eu disse. — Se não tivessem armas nucleares, não haveria sanções!

— Hum, agora estamos falando de política... — murmurou o senhor Kang, consultando o relógio. — Eu realmente acho que é hora de seguir em frente! — disse ele em voz alta, girando nos calcanhares e se encaminhando para o ônibus.

Antes do nosso último jantar na Coreia do Norte, fizemos uma visita ao mercado noturno em Rason, o único que os estrangeiros podem visitar no país.

— Cuidado com os batedores de carteira — advertiu a senhorita Pan assim que entramos no galpão.

— Existem batedores de carteira na Coreia do Norte? — perguntei incrédula.

A senhorita Pan fez uma careta e não respondeu. Junto com o senhor Kang, ela nos escoltou até o bastião do capitalismo. Era como se estivéssemos entrando noutro mundo. O galpão podia ser enorme, mas estava abarrotado de gente. Nas bancas vendiam-se sapatos, chapéus, roupas, cuecas e toda sorte de quinquilharias chinesas que fazem a festa de qualquer consumista. As pessoas se acotovelavam e pechinchavam apaixonadamente. O barulho era ensurdecedor e lá dentro estava quente e úmido. Uma mulher tentou desesperadamente nos vender sapatilhas de tecido marrom, outra tentou nos encher de chapéus de feltro com apliques de estrelas comunistas. Não demorou para gastarmos todos os wons que tínhamos, ainda que as mercadorias aqui custassem uma fração do que custam nas lojas de turismo.

Por um instante, foi como se estivéssemos num país como qualquer outro.

A enferrujada ponte da amizade

A estrada até a fronteira chinesa era esburacada e estreita. A senhorita Pan aproveitou para conferir todas as fotos que havíamos tirado em Rason, câmera por câmera, e tomou a liberdade de apagar aquelas que não achava apropriadas. A maioria das minhas fotos passou pelo seu olhar crítico, mas a imagem de um marinheiro em roupas sujas e esfarrapadas a fez franzir o cenho:

— Só coisas bonitas, eu disse — ela gritou, e apertou o botão de apagar a foto sem hesitar.

O último item do extenso programa turístico foi uma visita à Casa da Amizade russo-coreana. A casa ficava ao lado da enferrujada ponte ferroviária, chamada Ponte da Amizade, que levava à Rússia. Grandes fotografias de Kim I, II e III, ladeadas por emissários russos, adornavam as paredes.

Após a anexação da Crimeia e as subsequentes sanções dos países ocidentais, o governo russo passou a enxergar novos interesses em seus vizinhos asiáticos. Meses após a anexação, as autoridades russas decidiram amortizar 90% da dívida do governo da Coreia do Norte, contraída principalmente durante a era soviética. Uma conexão de balsa entre Vladivostok e Rason foi inaugurada recentemente. A estatal ferroviária russa está realizando uma ampla modernização da rede ferroviária norte-coreana e já investiu 300 milhões de dólares na reparação da infraestrutura do país vizinho. A contrapartida é o acesso exclusivo às jazidas de minério norte-coreanas. Isto, assim como o porto russo de Rason e o consequente incremento do tráfego naval, pode ajudar a fortalecer os laços econômicos entre Moscou e Pyongyang nos próximos anos. Até o momento, a China ainda é de longe o parceiro comercial mais importante da Coreia do Norte: as transações com os chineses representam mais de 60% do comércio exterior do país. Em comparação, o comércio com a Rússia em 2013 representou apenas 1% do total de importações e exportações da Coreia do Norte.

Em 2015 comemorou-se oficialmente o «Ano de Amizade entre Rússia e Coreia do Norte». De acordo com um comunicado do Ministério das Relações Exteriores russo, o objetivo era levar essa amizade «a novos patamares». Em fevereiro de 2016, a Rússia assinou um acordo se comprometendo a extraditar os cidadãos norte-coreanos que entraram no país ilegalmente, desde que não corressem o risco de prisão ou tortura em seu país de origem. Este último ponto significa que, em tese, a Rússia não poderá enviar para casa um único refugiado norte-coreano, mas a chance de que venham a obter residência legal é pequena. Entre 2011 e 2015, 68 cidadãos norte-coreanos buscaram asilo na Rússia. Apenas dois deles receberam o status de refugiados. Muitos norte-coreanos ainda vivem na Rússia; nos anos mais recentes, cerca de 50 mil norte-coreanos receberam vistos de trabalho russos. Estes são responsáveis por conduzir uma série de trabalhos manuais sob a supervisão de guardas norte-coreanos importados. A maior parte de seus salários é confiscada pelas autoridades norte-coreanas, que obtêm somas significativas alugando mão de obra barata também para países asiáticos e africanos.

No momento em que escrevo, a amizade entre a Rússia e a Coreia do Norte esfriou. Em 2016, o regime norte-coreano realizou dois testes nucleares, que resultaram em sanções ainda mais severas da ONU, incluindo a proibição total da importação de carvão e minerais da Coreia do Norte. Em 2017, a frequência de lançamentos e explosões de testes aumentou ainda mais, ao mesmo tempo que os mísseis se tornaram mais poderosos e as bombas atômicas, maiores e mais perigosas. O presidente Putin criticou os testes atômicos e os lançamentos de mísseis, e tem sido fiel às sanções cada vez mais rigorosas da ONU. Ao mesmo tempo, alertou contra a retórica dura do presidente Donald Trump, bem como contra uma hipotética intervenção militar ou sanções ainda mais rígidas, que, segundo argumenta, não terão efeito algum sobre o regime norte-coreano. As autoridades russas naturalmente não estão interessadas em dar ao pequeno e imprevisível país vizinho do leste a oportunidade de desenvolver armas mais precisas de destruição em massa, ao mesmo tempo que desejam evitar uma guerra brutal e destrutiva em seu próprio quintal. Além disso, como mencionado, o governo russo acabou de investir grandes somas na infraestrutura do país, e agora precisa zelar por um precioso porto de águas que não congelam.

Poucas pessoas acreditavam que o regime norte-coreano sobreviveria aos turbulentos anos 1990. Um após o outro, os países comunistas foram vacilando e desmoronando. Quando a União Soviética se desintegrou, muitos esperavam que a Coreia do Norte fosse arrastada junto. No entanto, Kim Jong-il deixou centenas de milhares morrerem de fome em vez de abrir o país.

Quanto tempo mais a ditadura pode se manter? Ao contrário da China e da União Soviética, a Coreia do Norte tornou-se uma ditadura hereditária. O neto de Kim Il-sung, Kim Jong-un, bem que construiu parques de diversões, resorts de esqui e um novo aeroporto, mas no fundo pouca coisa mudou: a Coreia do Norte continua isolada, concentrando-se em testes nucleares em vez de diplomacia mais convencional. A vigilância e o controle exercidos sobre a população não têm paralelo na história da humanidade. Ao mesmo tempo, as diferenças estão crescendo no último Estado comunista do mundo: enquanto a família Kim desfruta de conhaque francês e uma classe média cada vez maior vive uma vida relativamente confortável na capital, um quinto de todas as crianças menores de cinco anos estão desnutridas, segundo a ONU, e entre 80 mil e 120 mil pessoas são forçadas a viver em campos de trabalho em condições subumanas. Muitas vezes, o único crime que cometeram foi tentar fugir do país.

A Coreia do Sul tem um ministério dedicado apenas a questões da reunificação, mas a proporção de sul-coreanos que desejam a reunificação está diminuindo a cada ano. A conta da reunificação da Alemanha Oriental e da Alemanha Ocidental foi bem mais alta do que o previsto — estima-se que custou uma fábula entre 1,5 milhão e 2 trilhões de euros. A Alemanha esteve dividida por 44 anos, e a Alemanha Oriental nunca foi tão fechada quanto a Coreia do Norte. A península coreana está separada pelo paralelo 38 desde 1953. Uma possível reunificação entre os dois países não fará vergonha ao custo da *Wiedervereinigung* alemã.

O aspecto econômico de uma possível reunificação conta muito, mas o lado psicológico também importa. Embora cada vez mais norte-coreanos tenham sentido um gostinho do mundo exterior por meio de DVDs e cartões de memória contrabandeados, o choque cultural provou ser esmagador para os poucos milhares que conseguiram escapar para a Coreia do Sul. Muitos deles simplesmente não conseguem se adaptar à vida no sul capitalista, embora a grande maioria dos refugiados nunca chegue tão longe. Mais de 200 mil norte-coreanos residem ilegalmente na China, onde vivem sob o constante temor de serem extraditados de volta. Para dificultar a fuga, as autoridades chinesas ergueram recentemente cercas de arame farpado e instalaram câmeras de vigilância ao longo da fronteira. A chave para o futuro de Pyongyang já não está em Moscou, mas em Pequim. Enquanto for do interesse da China evitar a imigração em massa de norte-coreanos pobres, é provável que o regime sobreviva durante muito tempo.

***

O guarda de fronteira norte-coreano era ainda mais rigoroso do que a senhorita Pan, e examinou pacientemente todas as fotos da minha câmera, mais de seiscentas, apagando todas as imagens de pessoas que aparentavam pobreza, assim como de homens em uniformes militares — uma significativa parte delas. Por sorte fui previdente e providenciei um backup.

A julgar pela pressa com que examinou as câmeras das outras pessoas depois da minha, o guarda devia estar um tanto entediado. Nem se deu ao trabalho de conferir os telefones celulares. Por outro lado, vasculhou todas as carteiras e confiscou as notas de won que Marcel não teve tempo de usar.

Atrás de nós, na fila, havia um grupo de chineses obesos e tagarelas, carregando sacolas plásticas abarrotadas de ervas medicinais norte-coreanas. Dos cerca de 200 mil turistas que visitam a Coreia do Norte a cada ano, a maioria é de chineses em viagens de compras. Na Coreia do Norte, eles têm a oportunidade de comprar pele de cobra seca e chás indicados para praticamente qualquer enfermidade, de câncer abdominal a impotência, tudo por uma fração do que custam na China.

Um pequeno ônibus nos levou ao posto de fronteira chinês. Nenhum dos guardas de fronteira dominava o inglês, mas depois de uma interminável discussão eles finalmente concordaram em carimbar nossos passaportes e nos deixar entrar na China.

As estradas chinesas não tinham um único buraco, eram largas e confortáveis, com mão-inglesa e iluminação no acostamento.

Néons de propaganda brilhavam diante dos nossos olhos.

Colina 203

Uma selva de aço e vidro e lojas de departamentos exclusivas desfilavam por nós: Bulgari, Prada, Chanel, Gucci... A Coreia do Norte ficava a uma curta viagem de trem, mas eu já estava noutro mundo, bem distante da ditadura familiar, no sentido mais literal da palavra. Eu estava em Dalian. O nome provém do russo — Дальний, *Dalny* — e significa «distante», um resquício dos poucos anos em que a cidade esteve sob domínio da Rússia, no final do século XVIII. Hoje, Dalian, com uma população de cerca de 7 milhões, é uma das cidades que mais crescem na China e foi recentemente escolhida pelo *China Daily* a melhor cidade chinesa para viver.

Meu destino era a vizinha Lüshun, ou Porto Arthur, como ainda é mais conhecida no Ocidente. A história de como Porto Arthur foi parar nas mãos dos russos, em 1898, para sete anos mais tarde voltar ao domínio chinês é complexa, mas crucial para entender a lenta derrocada do tsar Nicolau II e do Império Russo. Aqui, nesta insignificante cidade portuária chinesa, o avanço imperial da Rússia rumo ao leste chegou ao fim após quase três séculos de expansão desmedida. Desde quando os Romanov ascenderam ao poder, em 1613, o Império Russo cresceu em média mais de 100 quilômetros quadrados a cada dia. Dito de outra forma, o tsar Nicolau II fez o mesmo que seus antecessores haviam feito: tentou fazer a Rússia ainda maior. Porém o jovem e inexperiente tsar começou a perder o contato com a realidade ao tentar subjugar a Manchúria, a Coreia, o Tibete e, quem sabe, até a Pérsia.

De início, as ambições asiáticas de Nicolau correram muito bem, principalmente graças à fragilidade do imperador chinês. Em meados do século XVII, o clã Aisin Gioro da Manchúria, no atual nordeste da China, derrubou a dinastia Ming do trono e estabeleceu a dinastia Qing. Os manchus governaram o país por mais de 250 anos, até 1912, e introduziram um sistema estritamente hierárquico baseado em divisões étnicas por meio do qual sujeitavam os chineses han.

A dinastia Qing logo experimentou um progresso decisivo conquistando uma extensa faixa de território da Mongólia, ao norte, do Turquestão, a oeste, do Tibete e de Mianmar, ao sul. Os avanços tecnológicos também foram significativos, e a população aumentou rapidamente. Ao longo do século XIX, esses avanços retroagiram e questões de política interna e externa afloraram. A produção de alimentos não acompanhou o crescimento demográfico, e em todo o império eclodiram movimentos nacionalistas rebeldes. Ao mesmo tempo, cresciam as tensões com potências estrangeiras. A Grã-Bretanha exigiu mais portos chineses abertos ao comércio, o que o imperador chinês recusou. Uma das exportações mais importantes e lucrativas da Grã-Bretanha era o ópio produzido na Índia, mas o comércio da droga era estritamente proibido na China devido a seus efeitos nocivos. Em 1839, os chineses apreenderam um enorme carregamento de ópio contrabandeado, e os britânicos responderam militarmente. O conflito entrou para a história como a Primeira Guerra do Ópio. Os chineses capitularam e foram obrigados a ceder Hong Kong e abrir cinco portos para o comércio. No entanto, os britânicos não se deram por satisfeitos ainda — queriam a legalização do ópio e o acesso aos mercados da China inteira. Em 1856, uma nova guerra do ópio irrompeu e dessa vez quem tomou o partido da Grã-Bretanha foi a França, também de olho numa fatia maior do lucrativo mercado chinês.

Os russos então aproveitaram a oportunidade. Em 1858, enquanto o imperador Xianfeng estava ocupado demais tentando rechaçar os franceses e ingleses no sul, a Rússia agrupou suas tropas na fronteira norte da China e conseguiu, contra a vontade dos chineses, estabelecer um acordo de fronteira muito favorável para si, o chamado Tratado de Aigun. De uma hora para outra, a Rússia assegurou as áreas ao norte do rio Amur e anexou 600 mil quilômetros quadrados ao seu território.

O Tratado de Aigun revogou o Tratado de Nertchinsk, de 1689, o primeiro acordo fronteiriço firmado entre China e Rússia. No século XVII, a Rússia conquistara grandes porções da Sibéria, pela primeira vez encostando no Império Chinês. No entanto, os limites entre os dois países não haviam sido formalmente estabelecidos, e o imperador manchu não apreciou o fato de que os colonos russos haviam começado a ocupar as margens do rio Amur, considerado por ele território chinês. Rixas armadas entre os dois impérios ocorriam aqui e ali, à medida que as negociações diplomáticas se demoravam. Podia levar anos para uma correspondência enviada do Palácio Imperial em Pequim chegar ao Palácio Tsarista, em São Petersburgo. Uma vez recebida, nem sempre havia intérpretes disponíveis para traduzir o conteúdo. Em princípio de 1689, emissários dos dois impérios finalmente se reuniram no vilarejo de Nertchinsk, ao norte da fronteira atual entre a Mongólia e a China, hoje território russo. Os russos esperavam manter a área ao norte do rio Amur e, acima de tudo, queriam garantir o acesso ao mar do Japão. Nesse ínterim, o enviado do imperador manchu se fez acompanhar por um contingente de mais de 10 mil soldados, cinco vezes mais do que seu homólogo russo, rapidamente demovendo os russos de suas ambições territoriais.

Pelo Tratado de Aigun, em 1858, os russos finalmente passaram a controlar a margem norte do rio Amur. O acesso ao mar do Japão foi assegurado dois anos depois, logo após as tropas britânicas e francesas terem capturado Pequim e incendiado o Palácio Imperial de Verão. Os russos então forçaram o imperador chinês, severamente enfraquecido, a assinar outro acordo de fronteira, a chamada Convenção de Pequim. Dessa vez, os chineses também tiveram que ceder à Rússia a margem leste do rio Ussuri. Com isso, a Rússia não apenas se assenhorou da área costeira da China com o mar do Japão, como também de outros 400 mil quilômetros quadrados de território chinês. Nikolay Muravyov, que liderou as negociações para a Rússia, não havia planejado originalmente anexar a costa da China até a Coreia, mas justificou a decisão da seguinte forma: «Permanecendo a região em mãos chinesas, os britânicos irão tomá-la».[10] No mesmo ano, os russos fundaram a cidade portuária Vladivostok, que significa «Regente do Leste». A etimologia não deixava dúvidas sobre as intenções russas.

Na China, os acordos de fronteira feitos na sequência das guerras do ópio são conhecidos como «Tratados Desiguais». Até hoje, os chineses acreditam que as potências ocidentais se aproveitaram de suas debilidades e expropriaram seus recursos, e desde então esperavam que esses acordos fossem renegociados tão logo a China se restabelecesse como potência. A Grã-Bretanha e a França há muito se retiraram do território chinês, mas a fronteira sino-russa ainda é quase idêntica àquela estabelecida após as negociações de 1858 e 1860.

Em 1894, o Japão também interveio no jogo. Após séculos de isolacionismo, o exército e a sociedade do Império Japonês

---

10 A citação é da p. 27 de *Grensekonflikten Kina-Sovjet*, de Albert Henrik Mohn. Oslo: Gyldendal Norsk Forlag, 1970.

se modernizaram numa velocidade vertiginosa. Depois disso, os japoneses voltaram seus olhos para o Ocidente, preocupando-se em geral com a rápida expansão russa no Pacífico, e em particular com a construção da ferrovia Transiberiana, iniciada em 1892. Quando concluída, a ferrovia se estenderia de Moscou, a oeste, até Vladivostok, a leste, com seus mais de 9 mil quilômetros de extensão. O imperador japonês temia que as ambições expansionistas do tsar russo incluíssem o Japão, e se apressou em pedir a criação de uma zona-tampão entre os países. Em 1º de agosto do mesmo ano, depois de ter despachado 8 mil soldados para a Coreia, o Japão declarou guerra à China. O objetivo dos japoneses era ganhar o controle da península da Coreia, estado vassalo da China desde o século XVII.

A guerra terminou em vitória para o imperador japonês: Taiwan e a península de Liaodong, onde está localizada Porto Arthur, caíram em poder do Japão. O Reino da Coreia, obrigado por séculos a pagar tributos à dinastia chinesa Qing, conquistou uma independência provisória.

No entanto, o triunfo japonês durou pouco. A Rússia e as potências coloniais europeias não viam com bons olhos o fortalecimento de uma potência asiática numa região que consideravam uma espécie de propriedade cativa. Seis dias depois do fim da guerra, França, Alemanha e Rússia forçaram os japoneses a abrir mão da península de Liaodong. Em 1896, a Rússia tratou de urdir em segredo uma aliança militar e econômica com a China contra os japoneses. O acordo garantiu aos russos o direito de expandir a ferrovia Transmanchuriana. Conectada à Transiberiana, ela encurtaria consideravelmente a viagem até Vladivostok. O Império Russo tornara-se tão vasto que qualquer atalho viria a calhar.

Com Vladivostok, os russos finalmente fincavam um pé no mar do Japão. Como passava boa parte do ano congelado, porém, o porto estava longe de ser o ideal. Localizada no extremo da península de Liaodong, Porto Arthur, assim chamada em homenagem a um tenente da marinha britânica da Segunda Guerra do Ópio, estava isenta de gelo durante todo o ano. Em 1897, os russos ocuparam o porto e, no ano seguinte, forçaram os chineses a concordar em arrendar a cidade pelos 25 anos subsequentes. Engenheiros russos imediatamente começaram a construir uma linha férrea que ligaria Porto Arthur às ferrovias Transmanchuriana e Transiberiana.

O ministro das Finanças, Sergei Witte, um dos poucos conselheiros sensatos da corte de Nicolau II, estava preocupado com o que na prática era uma ocupação de Porto Arthur e com o impacto que teria nas relações com os japoneses: «Este passo fatal terá consequências catastróficas», alertou ele. O tsar Nicolau II, por seu lado, parecia muito satisfeito com a situação: «Finalmente, temos um porto adequado que não congela. Estou grato pelo fato de a ocupação ter ocorrido de forma ordeira. Sinto uma genuína felicidade! Agora estaremos seguros por muito tempo», escreveu ele numa carta para a mãe em março de 1898.[11]

No ano seguinte, em 1899, os russos fundaram a cidade portuária de Dalny, atual Dalian. Ao mesmo tempo, estourava a Revolta dos Boxeadores, uma rebelião chinesa iniciada por boxeadores da «Sociedade dos Punhos Justos e Harmoniosos». O levante era dirigido contra missionários cristãos chineses e estrangeiros, mas também acabaria tendo como alvo a influência imperialista ocidental em geral. Os boxeadores receberam apoio das autoridades locais e atacaram embaixadas e empresas estrangeiras, incluindo a ferrovia Transmanchuriana.

---

11 As citações de Nicolau II e Witte são da p. 504 de *The Romanovs: 1613-1918*, de Simon Sebag Montefiore. Londres: Penguin Random House, 2016.

O tsar despachou 170 mil soldados para defender o investimento russo na Manchúria. Além disso, Japão, Grã-Bretanha, França, Estados Unidos, Alemanha, Itália e Áustria-Hungria enviaram forças militares para reprimir a revolta, que custou a vida de milhares de boxeadores, soldados do governo chinês e civis. No outono de 1901, a China foi coagida a assinar o Protocolo dos Boxeadores, pelo qual concordou em pagar mais de 300 milhões de dólares de indenização de guerra e permitiu que tropas estrangeiras fossem estacionadas no país. Mais da metade dos soldados russos permaneceu na Manchúria e, na prática, Nicolau II forçou os chineses a lhe entregarem essa região. Isso provocou os japoneses, que mesmo assim fizeram uma oferta: a Rússia poderia manter a Manchúria em troca da cessão da Coreia ao Japão. O tsar, entretanto, não estava disposto a fazer concessões, ainda que as visse com bons olhos: «Não quero a Coreia para mim, mas também não desejo que os japoneses ponham seus pés ali. Caso tentem, estaremos diante de um *casus belli*». Witte objetou, embora falasse para ouvidos moucos. Para ele, aventuras assim eram «uma brincadeira de criança que terminaria em desastre».[12]

O Japão reiterou várias vezes a oferta de um acordo, mas Nicolau não se deu sequer o trabalho de responder. Por fim, a paciência dos japoneses se esgotou. Na noite de 9 de fevereiro de 1904, enquanto o tsar assistia a uma ópera sobre a ninfa aquática Rusalka no elegante teatro Mariinsky, em São Petersburgo, os torpedeiros japoneses fizeram um ataque surpresa[13] à frota russa em Porto Arthur. No dia seguinte, Nicolau declarou guerra

---

12 Ibid., p. 506.

13 Em 1941, aliás, os japoneses repetiram a receita, só que em maior escala, no ataque a Pearl Harbor. Somente depois de o ataque se tornar público, o Japão declarou guerra aos Estados Unidos. É possível que em 1941 eles esperassem repetir o êxito de 1904.

ao Japão. Somente em 11 de fevereiro, dois dias depois do ataque inicial, o Japão declarou oficialmente guerra à Rússia.

O ataque surpresa foi cuidadosamente planejado — os japoneses sabiam muito bem que os russos precisariam de muito tempo para mobilizar forças suplementares. A essa altura, a ferrovia Transiberiana estava quase terminada, exceto por uma questão fundamental: o trecho nas proximidades do lago Baikal ainda não estava terminado. Uma ferrovia temporária foi construída sobre o gelo, mas só poderia suportar o peso de um único vagão por vez, puxado por cavalos. Os soldados tiveram que marchar sobre gelo carregando todo o equipamento necessário, o que atrasou consideravelmente o deslocamento das tropas. Além disso, a ferrovia era de mão única e havia poucos trechos para a passagem de trens em sentido contrário. As locomotivas também não conseguiam acelerar tanto. Os trilhos haviam sido assentados muito rapidamente, uma média de 2 quilômetros por dia, ao menor custo possível, recorrendo-se à mão de obra de soldados e prisioneiros. Em longos trechos, a velocidade média era inferior a 10 quilômetros por hora. Transportar um regimento inteiro a Porto Arthur levaria, portanto, cinquenta dias. O império era agora tão imenso que já não era capaz de se defender efetivamente.

O tsar Nicolau II fora apanhado de calças curtas.

***

O trajeto de ônibus de Dalian para Lüshun levou uma hora. Quando dobramos no que parecia ser uma rua principal, dei pulinhos de felicidade por ter conseguido pegar o ônibus sozinha num país em que na prática eu era analfabeta, surda e muda. Tentei aprender um pouco de chinês de sobrevivência antes de começar a viagem, mas nunca avancei além das noções de pronúncia tonal. Em vez disso, tive que me haver com as anotações de endereços que as recepcionistas do hotel me deram, se é que compreendiam mesmo o inglês, ou confiar minimamente no aplicativo de dicionário inglês-chinês que instalei no celular. Chamei um táxi e mostrei ao motorista o bilhete com o endereço que a recepcionista havia anotado para mim. O motorista, um sujeito velho e desdentado, rapidamente desistiu de falar comigo. Afastamo-nos do centro e chegamos a um estacionamento grande e vazio; havíamos chegado ao destino. Adquiri um ingresso para a colina, chamada agora de *Scenic View Point* pelo birô turístico, que, justamente por causa da vista privilegiada, foi palco de alguns dos combates mais violentos durante a Guerra Russo-Japonesa.

Os embates se estenderam em Porto Arthur e nas redondezas durante todo o ano de 1904. Quando o verão chegou, os japoneses conseguiram bloquear o porto, ainda sem deter o controle total em terra firme. Os russos aproveitaram a oportunidade para erguer barricadas e fortificações em locais estratégicos, e mantiveram suas posições. Um dos principais problemas dos japoneses era a falta de visão do porto, algo que os russos souberam explorar bem ao posicionar suas belonaves. Ao longo do verão e do outono, os japoneses foram conquistando as colinas ao redor, mas os russos ainda detinham a principal, a Colina 203, que tem esse nome por estar exatos 203 metros acima do nível do mar. Em setembro, os japoneses tentaram tomá-la, mas fracassaram.

No fim de novembro, fizeram novo assalto. Em poucos dias, mais de 80 mil soldados do lado japonês e de 6 mil do lado russo perderam a vida. O cheiro de sangue, excrementos e pólvora deve ter infestado a colina e se espalhado pelo porto inteiro.

Escalei a colina sob um sol brilhante. Estava tudo calmo, eu era a única visitante a pisar num terreno verdejante e sereno. Quando cheguei ao topo, compreendi por que ela foi tão importante cem anos atrás. Lá do alto tinha-se uma vista panorâmica do porto. Um canhão continuava apontado na direção dos navios lá embaixo. Ao lado dele, os japoneses erigiram um monumento de gosto duvidoso para celebrar a vitória na batalha pela 203: um enorme cartucho de munição feito de restos de metais utilizados durante as batalhas. Uma placa do governo chinês informa que o marco é hoje considerado um «monumento à vergonha».

Em 2 de janeiro de 1905, poucas semanas depois de o Japão se apossar da Colina 203, Porto Arthur capitulou. A guerra propriamente dita se estendeu por mais seis meses. No fim de fevereiro, mais de meio milhão de soldados russos e japoneses se enfrentaram em Mukden, hoje Shenyang, cerca de 500 quilômetros ao norte de Porto Arthur. O confronto, considerado por vários historiadores o maior da história até então, custou a vida de 15 mil japoneses e 8 mil russos.

Mesmo assim a guerra prosseguia. No ano anterior, em 15 de outubro de 1904, o Segundo Esquadrão do Pacífico russo zarpara do Báltico com 20 mil soldados a bordo de várias embarcações. A viagem começara mal. Em 21 de outubro, envoltos pelo nevoeiro próximo ao Banco Dogger, os russos acharam que estavam sendo atacados por torpedeiros japoneses. Abriram fogo e terminaram matando dois pescadores britânicos. No começo de maio de 1905, sete meses depois de terem zarpado do cais no Báltico, a frota russa alcançava o Índico. Em 27 de maio, cruzou com a frota japonesa no estreito de Tsushima, entre a Coreia e o Japão, resultando na maior batalha naval desde Trafalgar. Os russos foram massacrados. Cerca de 100 mil russos pereceram e estima-se que outros 6 mil tenham sido feitos prisioneiros. Vinte navios russos foram a pique. Os japoneses perderam apenas 117 homens e três lanchas-torpedeiras.

Com isso, a guerra estava terminada na prática e a derrota humilhante da Rússia era um fato consumado. Pela primeira vez na história, uma nação europeia perdia uma guerra para um país asiático. Sergei Witte representou a Rússia nas negociações do armistício, que foram formalmente conduzidas pelo presidente americano Theodore Roosevelt, em Portsmouth. Witte deve ter feito um trabalho e tanto, dado que a Rússia se safou sem amargar maiores prejuízos: os russos tiveram, sim, que renunciar a Porto Arthur, à península de Liaodong e à metade sul da ilha Sacalina em favor dos japoneses, e também foram obrigados a abandonar a Manchúria, mas foram isentados de pagar indenizações de guerra e mantiveram a metade boreal de Sacalina. Embora não estivesse presente durante as negociações, Roosevelt recebeu o Nobel da Paz pela iniciativa, tornando-se assim o primeiro (mas de forma alguma o último) presidente americano a ser distinguido com a honraria.

O ano de 1905 foi frenético tanto para o tsar Nicolau II como para Sergei Witte. A guerra começava a cobrar seu preço também na política interna. Além dos milhares de soldados que tiveram que dar a vida por um conflito cujo propósito pouca gente compreendia, a guerra levou ao desabastecimento de várias cidades importantes. Em 22 de janeiro, centenas de manifestantes marcharam pacificamente diante do Palácio de Inverno exigindo reformas, melhores condições de trabalho e o fim da guerra contra o Japão. Nas mãos, carregavam estatuetas e imagens de Nicolau II. O tsar não estava no local, mas seu tio, o grão-duque Vladimir, comandante supremo da região militar de São Petersburgo, ordenou que abrissem fogo contra os manifestantes. Mais de 130 pessoas foram mortas no incidente que passou a ser conhecido como «Domingo Sangrento», resultando numa onda de greves, protestos e rebeliões por todo o império. No inverno seguinte, quando a acachapante derrota era um fato consumado, todas as grandes cidades foram paralisadas por uma greve geral. O tsar foi forçado a agir e indicou Witte ao cargo de primeiro-ministro com poderes ampliados. Naquele que depois seria conhecido como Manifesto de Outubro, Witte prometeu que todos os homens teriam direito a voto e todos os cidadãos do império gozariam de direitos civis fundamentais, entre eles a liberdade de expressão. Instituiu-se uma assembleia legislativa, a Duma, que se encarregaria de cerca de metade do orçamento estatal. Homens de todas as classes sociais poderiam, em princípio, ser eleitos para a Duma. O caminho para uma Rússia mais democrática estava pavimentado, mas o regente absolutista do império relutava em aceitar essas mudanças e dissolveu a primeira e a segunda dumas, que considerava demasiado radicalizadas. A inabilidade de Nicolau II em aceitar que os tempos estavam mudando e os dias da autocracia estavam contados ainda lhe cobraria um preço muito alto.

***

Nas cercanias de Lüshun fica o Cemitério dos Mártires, o maior cemitério de estrangeiros na China. Dois mil russos estão sepultados aqui. Muitas das covas datam da Guerra Russo-Japonesa, nos anos de 1904 e 1905, mas algumas delas são mais recentes, da libertação da Manchúria depois da Segunda Guerra Mundial. Embora bem organizadas, os jazigos estão malconservados; muitos são decorados com estrelas vermelhas e o dístico «Herói da União Soviética». A Segunda Guerra não terminou com o suicídio de Hitler em de abril de 1945. Em 9 de agosto, três dias depois da bomba atômica sobre Hiroshima, cerca de 1,5 milhão de soldados soviéticos marcharam sobre a China para expulsar os japoneses, que ocupavam a Manchúria desde 1931.

Os japoneses terminaram perdendo tudo que haviam conquistado em 1905, inclusive a metade sul de Sacalina e as Curilas, que passaram ao domínio da Rússia após a Conferência de Ialta. Além disso, perderam o controle sobre a península coreana, que foi dividida entre a União Soviética e os EUA. Até hoje, Rússia e Japão disputam a soberania das três ilhotas, Iturup, Kunashir e Shikotan, além do pequeno arquipélago de Habomai. O Japão sustenta que são parte das Curilas, enquanto a Rússia afirma que estavam incluídas nos espólios de guerra que legalmente lhe couberam após o fim da hostilidades. O impasse sobre essas pequenas ilhas, que ao todo abrigam cerca de 10 mil pessoas, é a razão pela qual Japão e Rússia ainda não assinaram um armistício formal depois da Segunda Guerra Mundial.

O exército soviético permaneceu em Porto Arthur por dez anos. Em 1955, os soviéticos pacificamente se retiraram, como rezava o Pacto de Amizade assinado por Mao e Stálin dez anos antes. (Deve-se notar que a retirada só aconteceu após a morte de Stálin e a ascensão ao poder de Nikita Khrushtchev, seu sucessor.) Tudo que resta dos sonhos das grandes potências em Porto Arthur são algumas casas dilapidadas e monumentos dos tempos de guerra, um cemitério, uma prisão e uma singela estação ferroviária de madeira pintada de azul-turquesa. Os russos nunca conseguiram estender a Transmanchuriana até aqui, conforme o plano original. A pequena estação está operando normalmente sob administração das Linhas de Ferro Chinesas.

A época em que os chineses precisavam de ajuda dos russos para construir sua rede ferroviária faz parte de um passado remoto. A estatal ferroviária chinesa experimentou um crescimento estrondoso nos últimos anos. Na década passada, a quantidade de passageiros quase duplicou, a malha de trilhos da China é agora a segunda maior do mundo, atrás apenas da americana. Anualmente, os trens chineses transportam 2,5 bilhões de passageiros, número ainda mais impressionante quando se leva em conta que a viagem média é de mais de 500 quilômetros de distância. A ampliação, sobretudo com trens-bala interligando as metrópoles, é um exemplo do vigoroso crescimento econômico do país nos últimos anos. Um crescimento que se pode chamar de expresso.

A Moscou do Oriente

Em poucas horas, o trem de alta velocidade me levou de Dalian a Harbin, mais de 800 quilômetros ao norte. Centenas de aglomerados de arranha-céus modernos e anódinos passavam rapidamente pela janela do trem expresso e desapareciam. Ocasionalmente, uma ou outra lavoura, um milharal. E então mais arranha-céus.

Antes de partir, fui alertada de que a China era como a Índia, menos os problemas estomacais. Por isso mesmo vim bem preparada, mas as pessoas que me advertiram provavelmente nunca puseram os pés na Índia. É certo que qualquer lugar na China estava abarrotado de gente, perdia-se muito tempo nas mínimas coisas, e qualquer deslocamento demorava uma eternidade — a menos que se tome o trem expresso, quase tão caro quanto voar de avião. Mas, descontando o ar poluído, que pairava como um véu cinza sobre as metrópoles, as cidades chinesas eram, em geral, limpas e ordenadas. As filas eram de fato muito longas, mas disciplinadas. Quase ninguém tentava furá-las. Tudo parecia ser organizado de forma eficiente. Não se pode dizer o mesmo das metrópoles indianas.

No entanto, essas cidades bem organizadas e arrumadas eram estéreis, constituídas por casas quadradas e desgastadas de concreto ou prédios de vidros luzidios e sem graça, além de oceanos de luzes de néon. Era difícil distinguir uma cidade da outra, todas se pareciam — com uma notória exceção: Harbin, uma raridade, uma cidade chinesa com personalidade. Harbin foi fundada pelos russos em 1898 como cidade administrativa da ferrovia Transmanchuriana. O nome da cidade provém do idioma manchu e significa «lugar de secar as redes». Originalmente, Harbin era uma vila pobre de pescadores. Os russos não vieram a passeio: em pouco tempo, ruas comerciais e igrejas surgiram margeando o rio. Poucos anos depois, a cidade passou a abrigar 30 mil habitantes. A igreja de São Nicolau só foi concluída em 1900, apenas para ser demolida sob a Revolução Cultural chinesa. Construída na década de 1930, a igreja de Santa Sofia ainda permanece de pé, a despeito de estar localizada numa área central.

Cercada por todos os lados de placas em ideogramas, a cúpula esverdeada em formato de cebola parece não pertencer àquele lugar. Durante muitos anos, a igreja foi utilizada como depósito de um armazém das redondezas, um destino comum a boa parte dos templos na Rússia durante o comunismo. Há cerca de vinte anos, foi inteiramente restaurada com o propósito de atrair turistas à cidade, e hoje funciona como museu municipal. Nas paredes gastas, com pedaços de reboco à mostra, há fotografias de como Harbin era antes de os russos chegarem. Parte dessas fotos são de fazendeiros paupérrimos em roupas puídas debruçados sobre redes de pesca; outras mostram europeus vestidos a rigor.

Na década de 1920, Harbin era chamada de Paris do Extremo Oriente, e era a capital incontestável da moda na China. Mas aqui os russos tinham mais o que fazer do que frequentar igrejas e butiques. Em 1903, havia nada menos que oito destilarias na cidade, que juntas produziam 10 mil litros diários de kirsch para saciar a sede dos habitantes. Os ferroviários não tinham um pendor apenas por destilado russo ordinário, mas também por mulheres do mesmo tipo. Nos primeiros anos, as doenças venéreas se alastraram rapidamente pela Paris do Extremo Oriente. Dizia-se que as meninas chinesas temiam lavar as mãos pois acreditavam que, se o fizessem, teriam uma vida de infortúnios. A companhia ferroviária tentou elevar o padrão de higiene importando prostitutas japonesas, mas, como estas cobravam tanto quanto as prostitutas de Vladivostok, não tinham a menor chance contra a mão de obra local.

Após a derrota contra o Japão, em 1905, os russos perderam o controle da Transmanchuriana. A maior parte dos russos deixou Harbin, mas a cidade continuou um polo de estrangeiros. Nos anos seguintes, 160 mil pessoas de dezenas de países foram atraídas para a cidade, e Harbin se tornou uma metrópole internacional. Durante a Revolução Russa e a sangrenta guerra civil que se seguiu, Harbin tornou-se um dos principais alvos dos refugiados políticos da Rússia, ao longo do século foram cerca de 100 mil, e assim Harbin tornou-se mais uma vez uma cidade acima de tudo russa. Muitos dos russos que buscaram refúgio em Harbin eram judeus. Na década de 1920, Harbin era a cidade do Extremo Oriente de maior população judaica, mais de 20 mil pessoas ao todo. Os judeus tinham seu próprio banco, biblioteca, hospital, escola, asilo para idosos, refeitório e cerca de vinte jornais, a maioria deles de língua russa, e contribuíram decisivamente para a prosperidade do lugar.

Hoje já não há judeus em Harbin, tampouco algum dos russos originais retornou à cidade. O início do fim da Paris chinesa, ou Moscou do Oriente, como a cidade também era chamada, começou com a invasão japonesa da Manchúria e a criação do estado fantoche de Manchukuo, em 1932. A poucos quilômetros de Harbin, num complexo conhecido como Unidade 731, ocorreram alguns dos piores crimes de guerra do século passado. Um museu foi construído no local para que ninguém se esqueça dos crimes ali cometidos. O edifício negro e sombrio lembra o Museu do Holocausto em Berlim.

Os japoneses perceberam desde cedo que não seriam capazes de vencer uma guerra contra as potências ocidentais com armas convencionais. No final da década de 1930, portanto, começaram a fazer pesquisas intensivas sobre armas biológicas. Na Unidade 731, maior instalação de armas biológicas de Manchukuo, pesquisava-se tudo, de salmonela a disenteria, de antraz a tuberculose. Usavam-se ratos, hâmsteres e cavalos para cultivar colônias bacterianas diversas, que eram então testadas em prisioneiros de guerra e habitantes locais. Entre outras atrocidades, os japoneses envenenaram os poços artesianos da Mongólia com cólera e tifo, e depois monitoraram de perto as consequências nas populações nômades. No total, a pesquisa englobava cinquenta bactérias e vírus diferentes, e, durante os anos em que esteve em operação, toneladas de colônias bacterianas foram produzidas na Unidade 731. Os médicos faziam rotineiramente vivissecções para estudar em que medida as vítimas haviam sido infectadas. Para que os experimentos fossem o mais realistas possível, às vezes prisioneiros de guerra eram amarrados a postes no chão enquanto bombas bacterianas eram detonadas nas proximidades; os prisioneiros eram protegidos por armaduras de ferro para que não morressem em decorrência da própria explosão. Experimentos também foram conduzidos para investigar os efeitos do frio extremo no corpo humano.

As armas biológicas produzidas na Unidade 731 provavelmente nunca foram empregadas na guerra, nem mesmo durante a dramática, mas pouco conhecida, guerra de fronteira entre União Soviética, Mongólia e Japão, no verão de 1939. Em 11 de maio, os japoneses atacaram um grupo de cavaleiros mongóis alegando que tinham cruzado a fronteira para Manchukuo ilegalmente. O conflito escalou depressa e evoluiu para uma guerra não declarada entre a União Soviética e o Japão. Centenas de milhares de soldados travaram combates durante os quatro meses de conflito. Mais de 15 mil soldados perderam a vida na fronteira sino-mongólica naquele verão. Os japoneses, em particular, sofreram pesadas perdas e tiveram que se retirar da Mongólia de mãos abanando. O conflito foi crucial para o pacto de não agressão celebrado por Stálin e Hitler em agosto do mesmo ano: Stálin queria a todo custo abrir duas frentes de guerra contra Alemanha e Japão, que eram aliados, e com o pacto assegurou uma margem de manobra tanto no Ocidente quanto no Oriente. O Japão nunca mais tentou atacar a União Soviética.

Os experimentos na Unidade 731 prosseguiram até o verão de 1945. Dezenas de milhares de pessoas perderam a vida como resultado das atrocidades, tanto dentro quanto fora dos muros da temida unidade. Antes de se retirar da Manchúria no final do verão de 1945, os japoneses destruíram os prédios onde conduziram os experimentos. Em vez de matar os ratos infectados pela peste, eles os libertaram. Mais de 20 mil chineses morreram nas epidemias de peste que se seguiram.

Em agosto de 1945, o Exército Vermelho entrou em Harbin e o ciclo se fechou. A exemplo da maioria da população, os russos locais também padeceram sob o domínio japonês. Com a entrada do Exército Vermelho, porém, para muitos deles a situação foi de mal a pior: milhares de russos de Harbin foram acusados de serem anticomunistas ou colaboradores dos japoneses e despachados para campos de trabalho forçado na União Soviética.

Já na primavera de 1946, a União Soviética entregou Harbin às forças de Mao, o Exército de Libertação Popular. Harbin tornou-se assim a primeira grande cidade a cair nas mãos dos comunistas chineses. Os russos restantes foram perseguidos pelo regime comunista chinês, e, em 1960, a maioria dos russos e judeus havia abandonado a cidade para tentar a sorte em algum outro lugar.

Suas casas, contudo, continuam de pé. Os edifícios de cores discretas na rua pedonal da cidade velha são uma reminiscência de ruas semelhantes em São Petersburgo, embora a maioria deles tenha sido reconstruída ou inteiramente reformada bem depois de os russos terem saído dali. A «rua pedonal russa» é descrita pelas autoridades turísticas como um «museu gratuito ao ar livre». Era uma sensação algo absurda passear diante de casas tipicamente russas cercadas de placas com ideogramas chineses por todos os lados. Não havia um só russo nas imediações, mas as lojas tentavam os turistas com chocolate e café russos, gorros de pele, vodca e matrioscas, as típicas bonequinhas russas de tamanhos decrescentes. Não apenas a arquitetura, mas também os hábitos alimentares deixaram uma marca indelével em Harbin, única cidade da China onde é comum comer pão diariamente. Além disso, os chineses de Harbin são grandes consumidores de sorvete e *kvas*, um refrigerante levemente alcoólico feito de pão de centeio fermentado.

Tentando me desvencilhar dos aguerridos vendedores de suvenires do museu a céu aberto, desci uma das muitas escadas que levavam ao submundo de Harbin. Um emaranhado de ruas subterrâneas permite percorrer todo o centro da cidade, em qualquer direção, sem ver a luz do dia ou respirar ar fresco.

A rede de ruas subterrâneas é um legado da Guerra Fria. Na década de 1950, as relações entre a China e a União Soviética deterioraram-se acentuadamente, em parte devido a divergências sobre ideologia e sobre qual dos países deveria assumir a supremacia do mundo comunista. Khrushtchev acreditava que a coexistência pacífica com o mundo capitalista era possível, algo que Mao considerava puro revisionismo. Após o famoso discurso de Khrushtchev em 1956, marcando uma ruptura com Stálin, a tensão aumentou e, nos anos que se seguiram, os dois países estiveram à beira da guerra várias vezes.

O confronto mais grave ocorreu em 1969 em Damansky, uma ilha fronteiriça desabitada no rio Ussuri. Em chinês, é conhecida como ilha Zhenbao. O nome, que pode ser traduzido como «Ilha do Tesouro Raro», é assaz enganador: trata-se de apenas 0,74 quilômetro quadrado de terra sem o mínimo interesse econômico que, quando sobe o nível do rio, fica inteiramente submersa. É, portanto, muito mais um banco de areia do que propriamente uma ilha. Em março de 1969, tropas chinesas invadiram Damansky e abriram fogo contra os guardas de fronteira soviéticos. Centenas de soldados e guardas de fronteira chineses e soviéticos morreram nos confrontos subsequentes. Em 1991, Damansky foi formalmente transferida para a China, sob protestos veementes de alguns russos. Naturalmente, quem protestava entendia que a ilha não era economicamente importante para a Rússia, mas essa não era a questão, e sim o fato de que não era correto ceder nada aos chineses depois do que fizeram aos russos em 1969.

Durante semanas tentei fazer uma visita à ilha disputada, mas as agências de viagens que contatei nem sequer se dignaram de me responder.

Na década de 1960, muitos temiam que o conflito entre a União Soviética e a China degenerasse numa guerra em grande escala. Os chineses temiam que os russos recorressem às armas nucleares. As passagens subterrâneas sob Harbin foram construídas para esse fim — a população precisava de um lugar para se refugiar. Como Harbin estava em posição vulnerável, relativamente perto da fronteira soviética, Mao tratou de transferir indústrias importantes mais para o sul. Noutras palavras, a chance de uma guerra nuclear era vista como muito real, e se chegou a calcular quantas vidas seriam perdidas no caso de um ataque da União Soviética. O alto comando chinês não descartava a possibilidade de 300 milhões de chineses morrerem na fase inicial da guerra. Segundo as estimativas mais otimistas, ainda restariam cerca de 500 milhões de chineses quando as nuvens atômicas em forma de cogumelo se dissipassem. Estes estariam prontos para um longo embate contra o inimigo. Infelizmente, algumas centenas de milhões de pessoas perderiam a vida instantaneamente, mas a longo prazo a China venceria, e, para Mao e seus generais, isso era a única coisa que realmente importava.

A guerra nuclear não veio, e hoje os abrigos foram transformados num enorme shopping subterrâneo, um dos maiores do gênero no mundo. Nos vãos baixos e estreitos com quilômetros de extensão, é possível encontrar de tudo, desde assentos sanitários até roupas. Os corredores labirínticos são uma cidade abaixo da cidade, com placas e mapas de orientação, restaurantes e várias ruas comerciais. Sem dúvida deve ser algo muito conveniente no inverno, quando a temperatura pode cair para 30 graus negativos. Harbin é a cidade mais fria da China.

Pessoalmente, não suportei mais do que alguns minutos naquele confinamento e precisei voltar à superfície para respirar ar fresco.

***

— Os russos estão muito atrás de nós — disse Tom, um jovem chinês que estudou russo em Vladivostok no início dos anos 2000, a quem fui apresentada por um amigo norueguês que estudou em Vladivostok durante o mesmo período. A exemplo de tantos chineses, ele também adotou um nome ocidental.

— Quando morei em Vladivostok, sentia que eles estavam trinta anos atrás de Harbin — disse Tom. — A Rússia tem terras agricultáveis e energia. A China precisa das duas coisas, e é por isso que nossos líderes têm um bom relacionamento com os russos. Simples assim. Mas eu mesmo nunca voltarei à Rússia.

Antes de viajar, Tom foi alertado sobre como os russos poderiam se comportar, mas quis ir mesmo assim. As coisas até correram bem. Uma ou outra vez, estranhos o abordaram dizendo que ele deveria voltar para a China, mas nada de grave aconteceu. Pelo menos até o Festival da Lua chinês, que celebra a colheita, em meados de setembro:

— Eu e cinco outros estudantes chineses havíamos saído para comemorar — disse Tom. — Eram 11h30 da noite e caminhávamos juntos pela rua, dois a dois; eu vinha mais atrás. Estávamos perto da universidade e, como não havia iluminação pública, estava completamente escuro. Sem aviso, começaram a atirar pedras e garrafas em nós. Tudo aconteceu em silêncio, na calada da noite. Não disseram nada, apenas jogaram objetos em nós. E então fomos agredidos fisicamente. Havia mulheres conosco, do contrário não teríamos fugido. Como podem atacar mulheres? Uma delas disparou em sentido oposto ao nosso, achando que não escaparia se viesse conosco. Os sujeitos conseguiram alcançá-la e a chutaram no rosto e na barriga. Ela ficou coberta de hematomas e, no dia seguinte, urinava sangue. Eu mesmo fui espancado na altura do ombro, por trás. Se queriam nos agredir, deveriam nos atacar pela frente, eu acho. Não por trás, no escuro, sem avisar.

— Conseguiram ver quem os atacou? — perguntei.

— Não. Só tive tempo de correr. Corri o mais rápido que pude.

Tom me fez prometer não escrever seu nome chinês ou o local onde trabalha hoje. Ele fugiu. Deveria tê-los enfrentado.

— Depois dessa experiência, deixei de sair à noite — contou. — Foi o fim da minha vida noturna em Vladivostok. Conheço muitos outros que também foram agredidos, não foi um caso isolado. Então não, eu não gosto muito de russos.

Ele sorriu e deu de ombros:

— A Rússia está decadente agora, enquanto a China está crescendo.

* * *

Antes de partir de Harbin, visitei a «Aldeia Russa». O anúncio num inglês sofrível prometia danças e fantasias exóticas: *Russian Style Town has many European villas and chalets. The dancing of the blond girls, the romantic love songs of the blue-eyed boys and the foreign charm placed people in exotic fantasy.* [Cidade ao estilo russo com muitas mansões e chalés europeus. Dançarinas louras, canções de amor de garotos de olhos azuis e charme estrangeiro proporcionando às pessoas fantasias exóticas.]

Os chineses são mestres em recriar cidades europeias. Recentemente foi inaugurada em Dalian uma réplica fiel de Veneza, com direito a canais e gôndolas. Também é possível encontrar clones realistas de vilarejos alpinos austríacos e suíços, bem como versões em miniatura de Londres e Paris, decoradas com réplicas da Tower Bridge e da torre Eiffel. A aldeia russa de Harbin estava localizada na ilha do Sol, uma área recreativa situada no meio do rio que divide a cidade em dois. Na entrada, fui recebida por uma matriosca com o rosto de Putin e uma escultura de uma camponesa russa. Mal tive tempo de comprar meu ingresso e uma sorridente garota chinesa surgiu perguntando se poderia fazer uma selfie comigo. Concordei de bom grado.

Dentro das cercas, havia uma idílica vila russa do século XIX edificada em toras de madeira, com padaria, loja de chocolates, gansos e loja de bebidas. A maioria das casas dava lugar a lojas de suvenires, mas algumas eram museus da vida russa típica do século XIX que nunca existiu. Entrei numa delas e fui efusivamente cumprimentada por uma senhora de rosto enrugado, olhos gentis e um xale fotogênico sobre os ombros:

— *Zdravstvuyte!*

Retribuí a saudação e ela logo percebeu que eu não era russa, mas ficou ainda mais entusiasmada ao saber que eu falava o idioma.

— Meu nome é Tanya! — A velha me deu um longo abraço seguido de tapinhas nas bochechas. — É incrível — balbuciou ela, mais para si mesma. — Uma estrangeira que fala russo! — Fascinada, ela bateu palmas.

Tanya era de Vladivostok e se mudara para Harbin havia três anos, depois de enviuvar.

— Não é possível viver de aposentadoria na Rússia — explicou. — Não quando se é sozinha. A mixaria que recebemos não pode nem ser chamada de aposentadoria! Aqui recebo 2 mil yuans por mês e tenho alimentação e moradia grátis. Durante a alta temporada, posso ganhar mais 150 yuans por dia apenas posando para fotos.

Agradeci a oportunidade e estava prestes a ir embora quando Tanya irrompeu na sala ao lado, trazendo nas mãos uma pilha de fotos. A nora, a neta, o falecido marido.

— A vida aqui na ilha é monótona — disse. — Não sei falar chinês, então convivo apenas com os outros russos aqui da aldeia. Felizmente, somos várias idosas de Vladivostok. Fazemos companhia umas às outras.

Enquanto conversávamos, ela não deixava de se maravilhar por eu falar russo. Quando contei que era escritora, seus olhos marejaram. Antes de eu ir, ela me deu mais um abraço apertado e beijos molhados nas bochechas.

— Prometa que vai me escrever, prometa! — Ela me entregou um papelzinho amassado com seu e-mail. — Não temos internet aqui, então só poderei ler e-mails na primavera, mas já estou ansiosa para ouvir notícias suas.

Para ingressar no show das louras interpretando canções românticas sobre homens de olhos azuis, precisei desembolsar uns yuans extras. O cartaz exibia russas bem torneadas usando meias arrastão e saltos agulha em poses provocantes, mas a realidade não condizia com a propaganda. Num palco improvisado, ao relento, cinco jovens russas cantavam e dançavam diante de uma dúzia ou menos de chineses. Nenhuma delas sabia cantar e tampouco eram exatamente hábeis dançarinas. A impressão que davam era a de estarem morrendo de tédio. Suas roupas surradas, mas decentes, pouco lembravam as roupas sensuais do outdoor. Os chineses aplaudiam entusiasticamente a cada número. Quando tudo terminou, os homens saltaram sobre o palco para serem fotografados com as mulheres. Para cada foto pagavam 5 yuans.

Ao sair da *Russian Style Town*, sentei-me num banco para descansar um pouco. A brisa outonal soprava forte e os arbustos do gramado estavam podados na forma de matrioscas. Nos dez minutos que fiquei sentada, três chineses vieram me abordar para tirar selfies comigo. Expliquei a eles que não era russa, mas não adiantou. Para eles, uma loura de olhos azuis e aparência exótica era o que bastava.

Voltando ao hotel, passei por uma alameda de grandes árvores verdes. Uma placa dizia que eu me encontrava no parque Stálin. Tudo o que resta da Moscou do Oriente é um parque temático com russos contratados, uma rua comercial com lojas de suvenires, templos que hoje servem como museus e um parque estreito e alongado que leva o nome de um dos mais cruéis déspotas do século passado.

Além de pão, *kvas* e sorvete.

Restaurante Putin

O voo de Harbin para Heihe levou pouco mais de uma hora, mas, quando o pequeno avião a hélice pousou, adentrei outro mundo. O vento boreal da Sibéria ardeu no rosto assim que saí pela porta do avião. Os caracteres chineses no terminal do aeroporto pareciam deslocados nessa típica paisagem que consistia em quilômetros e quilômetros de florestas de bétulas alaranjadas e coníferas perenes.

Heihe significa «rio negro». A pequena cidade provincial com cerca de 200 mil habitantes está localizada às margens do rio Amur, no norte, perto da fronteira com a Rússia. Na outra margem do rio, como uma imagem espelhada da cidade chinesa, fica a russa Blagoveshtchensk. Tem quase tantos habitantes quanto Heihe e, considerando essa região da Rússia, é uma cidade grande. Heihe, por outro lado, dificilmente poderia ser chamada de cidade pelos padrões chineses, mas mesmo assim tem mais ruas comerciais, shoppings e parques bem cuidados do que as cidades chinesas com três vezes mais habitantes. Os russos de Blagoveshtchensk podem visitar Heihe sem visto. De acordo com os artigos que li, milhares de russos cruzavam a fronteira todos os dias, carregando sacolas de compras e yuans, para comprar produtos chineses baratos. Depois de algumas semanas na China, onde pedir uma simples xícara de café costuma impor sérios desafios linguísticos, eu estava animada para encontrar os russos.

Mas primeiro era preciso me deslocar do aeroporto ao centro da cidade. No aplicativo de reservas constavam apenas o nome em inglês e o endereço do hotel. O taxista me levou a cinco hotéis diferentes sem conseguirmos encontrar o Hanting Express. Por fim, com um olhar desconsolado, ele me deixou no meio de um cruzamento. As placas acima das vitrines eram todas em chinês e russo. Levantei-me e procurei russos familiarizados com o local, mas não conseguia localizar uma única pessoa de cabelos claros, assim como não cruzei com nenhuma no trajeto de táxi. Pelo que me constava, eu era a única estrangeira em Heihe, mas ninguém me dirigia o olhar, ninguém queria tirar uma selfie comigo. Louras não eram uma raridade aqui, a cidade vivia do dinheiro que traziam. Mas onde estariam essas hordas de sacoleiras russas que todos os dias atravessavam o rio Amur?

Fiz sinal para alguns táxis, mas, como não compreendiam aonde me levar, os motoristas seguiam em frente sem mim. Aqui, tão próximo do rio, fazia ainda mais frio. Bafejei na palma das mãos e dei mais uma espiada no celular. Por fim, consegui encontrar o endereço do hotel em chinês. O taxista me olhou desconfiado, mas deixou que eu embarcasse, acionou o taxímetro e partiu. O Hanting Express ficava a 200 metros do cruzamento em que eu tinha sido deixada.

Fiz o check-in, vesti as roupas mais quentes que encontrei na mala e voltei para a margem do rio. Do outro lado, enxerguei blocos de apartamentos vermelhos e azuis, casas baixas de concreto, coruchéus de igrejas. As folhas da floresta outonal. Nuvens brancas e céu azul-claro compunham a maior parte do panorama na paisagem achatada.

Há alguns anos, na tentativa de agradar os turistas russos, as autoridades de Heihe instalaram lixeiras em forma de matrioscas. A iniciativa saiu pela culatra. Os russos ficaram furiosos. Como os chineses ousaram tratar sua cultura como lixo? As novas latas de lixo foram parar no lixo, e, em seu lugar, estátuas de ursos dançantes agora adornam a avenida ao longo do rio.

Aigun, o forte onde os russos obrigaram os chineses a desistir da área ao norte do rio Amur em 1858, ficava a apenas 30 quilômetros de distância. Por mais de 150 anos, a Rússia governou as florestas e estepes açoitadas pelo vento a norte de Heilong Jiang, o rio do Dragão Negro, como o Amur é conhecido em chinês. Em toda a região do Extremo Oriente russo, a vasta área a leste da Sibéria na fronteira com a China, o Pacífico e o mar do Norte, habitam hoje mais de 6 milhões de pessoas, cerca de um terço da população total de Moscou. Essa região escassamente povoada representa mais de um terço de todo o território russo. O distrito de Heilongjiang, no lado chinês da fronteira, dez vezes menor que a área do Extremo Oriente russo, abriga cerca de 40 milhões de pessoas. Assim tem sido a tônica desde o século XVII: os russos têm mais terras; os chineses, mais gente.

Como grandes porções das terras agrícolas na metade oriental da Rússia estão atualmente em pousio, Putin decidiu que a região do Extremo Oriente será uma área prioritária no futuro, e, como parte desse esforço, todos os russos que se mudarem para lá receberão do Estado um hectare de terreno. Até agora, cerca de 50 mil pessoas foram atraídas pelo quinhão de terra. Os chineses também são tentados pelo solo russo. Nos últimos anos, empresas e agricultores chineses arrendaram mais de 600 mil hectares de terra na Sibéria e na região do Extremo Oriente, e, se as autoridades russas lhes tivessem dado rédea solta, teriam pagado de bom grado pelo acesso a mais terras aráveis. Os russos locais são ambivalentes: da forma como a situação está agora, extensas áreas de terras agrícolas estão em pousio porque não há mão de obra suficiente para cultivá-las. Os imigrantes trazem consigo crescimento e progresso. Por outro lado, os russos temem se transformar em minoria, cercados de chineses por todos os lados. O governo russo, ciente do problema, tenta assim equilibrar os investimentos chineses na região com o aumento do influxo de russos étnicos.

Meros 700, talvez 800, metros de água e bancos de areia separam Heihe de Blagoveshtchensk. Nenhuma outra cidade chinesa está mais próxima da Rússia. Durante a Revolução Cultural, potentes alto-falantes foram instalados ao longo da costa. Dia e noite, os cidadãos soviéticos do outro lado eram bombardeados com propaganda maoista em alto e bom som. Em 1900, durante a Revolta dos Boxeadores, a chuva de bombas sobre Blagoveshtchensk foi bem mais literal. Reza a lenda que a cidade foi salva da destruição total pela imagem de Nossa Senhora de Albazin, que valeu aos habitantes recorreram dia e noite durante as quase duas semanas de bombardeio. Numa vingança contra o ataque, o chefe de polícia de Blagoveshtchensk determinou a expulsão da população chinesa da cidade, que então somava cerca de 4 mil pessoas. Os chineses foram transportados para o local onde o rio era mais estreito e forçados a deixar o território russo. Aqueles que se recusaram foram perseguidos na água com golpes de machado ou tiros de pistola. Como poucos chineses sabiam nadar, poucos chegaram vivos ao outro lado.

A animosidade continuou, mesmo após a dissolução da União Soviética. Somente em 2008 as autoridades russas e chinesas assinaram um acordo sobre a fronteira comum de 4.300 quilômetros, encerrando formalmente as hostilidades. Mais uma vez, algumas pequenas ilhas estiveram no centro dos desentendimentos: as ilhas Tabarov e Grande Ussurisky, ambas localizadas na confluência dos rios Ussuri e Amur. Em 2008, os russos concordaram em entregar a ilha de Tabarov aos chineses, enquanto a China concordou em ficar apenas com metade de Grande Ussurisky, abrindo mão de sua totalidade, como havia exigido inicialmente.

Hoje, Blagoveshtchensk é uma das cidades com o maior contingente de população chinesa na Rússia. Blagoveshtchensk e Heihe desfrutam de um comércio isento de impostos desde 1994, e as obras na ponte que unirá as duas cidades, facilitando ainda mais o comércio transfronteiriço, estão bem avançadas.[14] Por causa das sanções decorrentes da anexação da Crimeia, as transações comerciais entre China e Rússia diminuíram consideravelmente nos últimos anos. Ao lado da Holanda, a China é agora o parceiro comercial mais importante da Rússia. A Rússia é o maior fornecedor de petróleo bruto para a China, e, em 2015, começaram as obras de um gasoduto de 4 mil quilômetros de extensão que vai ligar a Sibéria a Xangai via Heihe.[15] No entanto, o equilíbrio entre os dois países vizinhos é desigual: a China é muito mais importante para a Rússia do que a Rússia para a China. O comércio da China com a União Europeia e os EUA ainda é dez vezes maior do que as transações com a Rússia.

Tiritando de frio, me aproximei da ponte que leva à ilha que os chineses de Heihe chamam de Tamozhnya, palavra russa para «alfândega». A balsa para Blagoveshtchensk zarpa do final da ilha, daí o nome. Há alguns anos, os chineses construíram dois grandes shopping centers ali, em território chinês, para dar conta da demanda consumista dos russos. Agora, eles podem tomar a balsa para Tamozhnya, fazer suas compras e voltar para casa sem precisar passar pelo território continental chinês.

Alguns táxis vazios passaram por mim. Exceto por eles, eu caminhava sozinha pela ponte. Vestia todas as roupas de baixo de lã e casacos de inverno que trouxera na mala, mas nada era páreo para o vento siberiano. Era outubro, e eu ainda teria pela frente Mongólia e Cazaquistão. Literalmente, comecei a me sentir com o pé frio.

---

14 As obras foram concluídas em 2019, mas a ponte só foi aberta ao tráfego em 10 de junho de 2022. [N. T.]
15 Inaugurado em fins de 2019. [N. T.]

No final da ponte, uma bandeira russa desbotada tremulava no telhado de um bar havia muito fechado. O estacionamento enorme e quase vazio estava cercado por dois grandes shoppings de cor cinza. Fui cambaleando na direção do mais novo deles, o vetusto Yuan Dun Center. As vitrines exibiam peles e jaquetas de couro, mas o prédio estava escuro e a porta da frente, trancada.

O outro shopping, menor e bem mais modesto, estava aberto. Atravessei a porta de vidro e entrei num corredor com portas descerradas. Apenas algumas lojas estavam funcionando; a maior parte das mercadorias e vitrines estavam cobertas por tecidos coloridos, temporariamente inacessíveis, à espera de tempos melhores. A maioria das lojas vendia chá, artigos farmacêuticos, chapéus de pele, bolsas e casacos de pele — mercadorias populares entre os russos. Três ou quatro chineses perambulavam pelo local, mas não se avistava um só russo ao redor. Os vendedores ficaram radiantes quando me viram:

— *Dyevushka* [Senhorita], muito barato! — gritaram para mim em russo, com forte sotaque chinês. — Superpromoção! Não quer uma bolsa? Que tal um pouco de chá chinês?

— Onde estão os russos? — perguntei a uma mulher que vendia fitoterápicos chineses.

— O rublo... — respondeu ela com tristeza —, o rublo despencou!

— Antes, 1 yuan valia 5 rublos — contou o homem ao lado, especializado em bolsas baratas. — Agora, vale 10. Quase nenhum russo vem mais aqui, basta olhar em volta.

O piso superior estava ainda mais deserto. Com exceção de uma loja de casacos de pele, que ainda se mantinha de pé, todas as outras estavam fechadas.

— Quantos anos você tem? — perguntou a vendedora da loja de peles num péssimo russo.

Aparentemente, tínhamos a mesma idade.

— É casada? — ela quis saber.

Fiz que sim.

— Onde mora?

Contei onde morava. As perguntas nunca tinham fim: vive em apartamento ou em casa? Qual é o tamanho do seu apartamento? Quantos aposentos? É próprio ou alugado? O que você faz? Quanto ganha por mês? Até quando ficará em Heihe? Eu mal tinha tempo de responder antes que ela passasse à próxima pergunta. É assim, pensei, que deve ser viajar pela China para quem sabe falar chinês.

— Tem filhos? — ela finalmente perguntou.

Abanei a cabeça.

— Tenho um bebê de seis meses. É muito bom, você deveria experimentar — recomendou. — Dê uma chance!

Prometi pensar no assunto e fui embora do shopping semiabandonado. Vendedores desesperados gritaram atrás mim enquanto as portas de vidro se fechavam:

— *Dyevushka*, muito barato! Superbarato! Só 10 yuans! Que tal um pouco de chá chinês?

Atrás do shopping havia um grande parque de diversões, com carrosséis, carrinhos bate-bate, quiosques de guloseimas e tudo o mais. A julgar pela quantidade de folhas secas acumuladas na roda-gigante, fazia um bom tempo desde a última vez que ela havia sido acionada.

***

À noite, fui ao Restaurante Putin, considerado o melhor de Heihe. Além de ter traduzido o cardápio para o russo, o proprietário não fez nenhum outro esforço para criar algum vínculo entre o nome e o local. O nome, aparentemente, dava conta do recado, pois numa mesa no canto quatro idosos russos bebiam e comiam. Finalmente! Sentei-me na mesa ao lado e não demorou muito para eu ficar íntima de Viktor, Oleg, Lyudmila e Natasha.

— Antes vínhamos aqui sempre, mas agora fazia três anos que não vínhamos — disse Viktor. — Tudo dobrou de preço por causa da crise.

— Costumávamos vir aqui para mudar de ares um pouco — interveio Lyudmila. — Vivemos muito bem na Rússia, não sentimos falta de nada. Lá temos nossos apartamentos e nossas datchas. Nosso padrão de vida é mais alto.

— Parece que o padrão de vida é muito alto aqui também, não? — provoquei.

— Antes, faz poucos anos, todos os chineses andavam de bicicleta — disse Oleg. — Agora todos têm carros. Mas os apartamentos são pequenos. Os nossos são grandes.

— E também temos um presidente muito bom! — acrescentou Lyudmila. — O nome dele é Putin. Ele não bebe. Mantém-se em forma e se exercita, mesmo tendo mais de sessenta anos.

A garçonete surgiu como um presságio, servindo mais uma rodada de vodca. Eles ergueram as taças e brindaram à amizade entre os povos.

— Putin visitou nossa região há pouco — disse Viktor. — Foi quando ele matou três tigres com as próprias mãos! — Com um gesto, ele demonstrou como o presidente deu cabo dos felinos. — Por que você não vem nos visitar? Temos ursos e tigres e...

— Não vá assustar a moça! — interrompeu Lyudmila.

— Conheço bem Moscou e São Petersburgo — eu disse.

— Moscou e São Petersburgo! — resmungou Viktor. — Não é a Rússia, é a Europa!

— Já estive no Cáucaso — continuei.

— Não é a Rússia — protestou Viktor.

— Definitivamente, não! — concordou Oleg.

Prometi a eles fazer uma viagem à Rússia de verdade assim que fosse possível.

— Venha logo! — disse Oleg e ergueu a taça de vodca para um novo brinde. — Vamos lhe mostrar tudo, os ursos, os tigres e...

— Cala a boca, Oleg! — interrompeu Lyudmila. — Assim você vai assustar a moça! — Ela se virou para mim, ergueu a taça de vodca e abriu um sorriso: — Na Rússia temos uma vida boa. É muito melhor lá do que aqui.

Disneylândia na fronteira

— *Number twenty-one.* — A condutora nem se deu o trabalho de conferir meu bilhete, apenas me fez sinal para entrar no vagão. Seu assistente me acompanhou pelo corredor estreito até a única porta de cabine aberta, e apontou para a cama à direita.

— *Number twenty-one.*

Minutos depois, o trem partiu da Estação Central de Pequim. Pelo visto, eu teria não apenas a cabine à minha disposição, mas todo o vagão-dormitório. A única tarefa da condutora e de seu assistente era cuidar de mim. Encarei a solidão como um aperitivo do que estava por vir: estava indo do país mais populoso do mundo para o menos populoso. Apenas cerca de 3 milhões de pessoas vivem na Mongólia, que em área é o 18º maior país do mundo, com o dobro da extensão da Turquia.

A maneira mais fácil de ir da China à Mongólia por terra é pelo expresso de Pequim, então viajei novamente para o sul, para a capital chinesa. Tive o cuidado de reservar uma passagem num trem chinês com destino a Ulaanbaatar, e não num dos muitos trens russos que seguem rumo a Moscou. Se aprendi algo em minhas viagens pela antiga União Soviética, foi evitar trens russos a qualquer custo. O trem chinês era excelente: pintado num tom azul pastel, era bonito, limpo, novo e moderno. Assim que saímos da poluição cinzenta de Pequim, avistamos colinas verdes e pontiagudas. Gradualmente, as colinas foram se tornando mais baixas e a paisagem, mais plana. As horas passavam. Eu tinha feito planos megalomaníacos para ler e escrever bastante durante a viagem, mas em vez disso sentei e fiquei admirando a paisagem enevoada. Em duas ocasiões fui até o vagão-restaurante e pedi uma refeição frugal.

Quando chegamos à fronteira da Mongólia, o idílio terminou abruptamente. Quatro chineses uniformizados bateram na porta e levaram meu passaporte. Pouco depois, a condutora e seu ajudante me mandaram sair do trem. Na plataforma vazia e quase deserta ouvia-se uma relaxante trilha sonora estilo Disneylândia — flautas assobiando e tocando em repetição. Enquanto eu caminhava em direção ao prédio, o trem deu marcha a ré e sumiu de vista. A bitola dos trilhos chineses acompanha o padrão internacional de 1,435 metro de largura, enquanto os trilhos da Mongólia são construídos de acordo com a bitola russa de 1,520 metro. Antes que pudéssemos continuar nossa jornada para a Mongólia, os vagões do trem tinham que ser adaptados à nova largura da ferrovia. Não havia nada a fazer além de passar o tempo na espartana sala de espera. Os minutos viraram horas. Já passava da meia-noite quando o trem finalmente voltou para a plataforma e pude me reacomodar em minha solitária cabine.

Toc, toc.

A delegação uniformizada me entregou o passaporte e marchou para o próximo vagão.

Toc, toc.

Um funcionário da alfândega mongol espiou pela porta.

— *Customs declaration, please!*

— Declaração alfandegária? — repeti confusa. — Qual declaração alfandegária?

O funcionário da alfândega suspirou profundamente e seguiu adiante.

Toc, toc.

Uma simpática mongol apareceu na fresta da porta.

— *Passport, please!*

Meia hora depois ela estava de volta. Sorrindo, me entregou meu passaporte, me desejou boa noite e delicadamente fechou a porta. Pouco depois, o trem voltou a se movimentar. Deitei e escutei os sons relaxantes do trem. *Ta-tam-tatam-ta--tam-tatam.* Por fim devo ter adormecido. De madrugada, acordei e achei que devia olhar pela janela para admirar o deserto de Gobi, mas minha mente estava confusa, meu corpo anestesiado pelos barulhos do trem. Quando acordei de novo, a paisagem havia mudado completamente. Cordilheiras baixas e onduladas, como um mar de areia prensada, preenchiam o horizonte. Aqui e ali uma pequena manada de cavalos; ocasionalmente, um camelo. Uma casa pequena e quadrada, uma tenda solitária. Fora isso, o vazio.

À tarde, os arredores tornaram-se mais montanhosos, intercalados com manchas de neve. Exatamente 27 horas após a partida de Pequim, o trem chegou à Estação Central de Ulaanbaatar. O ar frio do inverno me envolveu assim que desci na plataforma. Fui logo abordada por um punhado de mulheres brandindo folhetos nas mãos. Eu já teria algum lugar para ficar? Precisava de uma empresa de turismo? Peguei os folhetos e saí para a rua para pegar um táxi. Uma motorista de quarenta e poucos anos, bastante tagarela, parou e me apanhou. Ela sabia um pouco de russo e um pouco de inglês e falava uma mistura confusa de ambos, intercalada com algumas frases em mongol. Quando não estava falando, ela cantava músicas mongóis para mim. O apartamento que eu havia reservado ficava a apenas 2 quilômetros da estação de trem, mas levamos meia hora para chegar lá. Os engarrafamentos em Ulaanbaatar eram piores do que em Pequim.

O trânsito estava simplesmente parado.

Um deus vivo, um barão louco e um herói vermelho

— Ei, você! — Virei-me e dei com o olhar de um europeu na casa dos trinta anos, trajes esportivos, cabelo ruivo, barba hipster. — Você deveria cuidar melhor de seus pertences — disse ele em inglês, apontando para a câmera que eu havia pendurado atrás das costas. — As coisas somem por essas bandas. Tome cuidado!

Agradeci e segurei a câmera com mais firmeza.

Mais tarde naquela noite, eu o encontrei novamente na loja de departamentos estatal, um dos marcos de Ulaanbaatar:

— Desculpe se eu a assustei — disse ele —, mas vinham dois homens atrás de você, e um deles estava de olho na sua câmera. Depois que eu a avisei, eles me seguiram por uns quinze minutos. Já ouvi tantas histórias. É preciso ter cuidado, principalmente nas ruas aqui perto.

Embora o guia alertasse que Ulaanbaatar é notória por batedores de carteira, eu ainda me encontrava numa bolha mental depois de ter passado semanas na Coreia do Norte e na China, onde o crime contra turistas ocidentais é praticamente inexistente. Entre os cafés e lojas de esportes no centro da cidade, era fácil esquecer que a Mongólia ainda é um país pobre. Embora seja um dos antigos Estados comunistas que melhor fizeram a transição para uma democracia funcional, e quase tudo pareça estar caminhando na direção certa — a pobreza diminui, e a expectativa de vida e os níveis de alfabetização aumentam —, mais de um quinto da população ainda vive na miséria. Parte desse enorme contingente de miseráveis habita os subúrbios de Ulaanbaatar.

Nas últimas décadas, a capital da Mongólia cresceu sem nenhum tipo de planejamento e sem modernizar sua infraestrutura. Após a queda do regime comunista em 1990, a população de Ulaanbaatar triplicou, de meio milhão para 1,5 milhão de pessoas. A maioria dos recém-chegados são nômades que abandonaram a vida errante e buscaram refúgio na cidade grande. Muitos deles não tiveram escolha. A cada cinco anos, a Mongólia é afetada pelo que os mongóis chamam de *dzud*, um inverno incomumente rigoroso ao qual sucumbe boa parte do gado. Os nômades distinguem cinco maneiras de esse desastre ocorrer: *tsagaan dzud* (dzud branco), causado por fortes nevascas que dificultam a alimentação dos animais; *khar dzud* (dzud preto), ocasionado pela falta de neve, que, por sua vez, resulta em desabastecimento de água potável; *khuiten dzud* (dzud frio), quando as temperaturas se mantêm abaixo de zero por vários dias seguidos, e os animais não conseguem comer porque precisam usar toda a energia que lhes restou para se manterem aquecidos; e finalmente *tumer dzud* (dzud de ferro), quando a temperatura esquenta no meio do inverno, de modo que a neve primeiro derrete e depois congela novamente e cobre o solo com uma camada impenetrável de gelo. Se um *dzud* não vem sozinho, é chamado de *khavarsan dzud* e significa uma combinação de pelo menos dois dos *dzuds* mencionados num mesmo inverno. A catástrofe pode ser violenta e ocorre com relativa frequência. Em 2010, a Mongólia foi atingida pelo *dzud* mais grave de que se tem memória. Oito milhões de animais pereceram, quase um quinto do rebanho nacional.

Como o Estado não tem capacidade para oferecer esquemas de compensação, as vítimas de *dzud* são forçadas a ganhar a vida de outras maneiras. A maioria das pessoas migra para a capital na esperança de encontrar um ganha-pão. Somente em casos excepcionais os ex-nômades podem custear um apartamento, então a maioria dos colonos se instala em iurtes nas colinas e montanhas que cercam o centro da cidade. Ali eles armam suas iurtes, ou *ger*, como a tenda de couro arredondada é chamada em mongol. Mais da metade dos habitantes de Ulaanbaatar vive em barracas rudimentares nos arredores da cidade.

Reservei uma tarde para sair do centro da cidade e subir uma das encostas cobertas de iurtes brancas. Ir até lá não foi fácil. A estrada era tão precária que o taxista se recusou a continuar a viagem. Entre as fileiras de iurtes corria apenas uma trilha de terra batida. O ar ardia na garganta e nos olhos, embora fosse apenas outubro e as fogueiras ainda não tivessem sido acesas. A única maneira de manter uma iurte aquecida no inverno é deixar o fogo intenso aceso 24 horas por dia. Enquanto os nômades nas estepes geralmente acendem fogueiras com esterco animal seco, a maioria das pessoas nos subúrbios de iurtes recorre ao carvão. No inverno, quando a temperatura despenca a 40 graus negativos, Ulaanbaatar não é apenas a capital mais fria do mundo, mas também a mais poluída. Os pesquisadores estimam que pelo menos 10% de todas as mortes na cidade decorrem diretamente da poluição atmosférica.

Meus passos eram acompanhados por latidos de uma matilha de cães, cada um guardando seu território por trás de cercas altas e improvisadas. Ao contrário do que ocorre nas estepes, os moradores ali faziam o possível para delimitar o pequeno pedaço de terra da família. Ao lado das iurtes, pequenas casas haviam sido erguidas, pintadas em cores vivas e alegres, um indício de que aquele assentamento de tendas não é provisório. Apesar de concentrarem cerca de 1 milhão de habitantes, um terço da população da Mongólia, os subúrbios carecem de infraestrutura básica. A maioria das iurtes tem eletricidade, mas muito poucas dispõem de água corrente, e não há nenhuma rede de esgoto nas encostas. Quando chove, o perigo de deslizamentos de terra é iminente. Cada um que tente se safar.

Apesar da poluição do ar, das condições de saneamento e dos deslizamentos de terra, os subúrbios de iurtes nos arredores de Ulaanbaatar aumentam em cerca de 40 mil habitantes a cada ano. A maioria das pessoas que se instalam aqui permanece pelo resto da vida.

Desde o início, Ulaanbaatar foi uma cidade com mais tendas do que casas, povoada por nômades em trânsito. Sim, originalmente a própria cidade estava em movimento constante. Ulaanbaatar, ou Ikh Khüree, o Grande Acampamento, como era então conhecida, foi fundada em 1639 como um mosteiro móvel de iurtes pelo Jebtsundamba Khutuktu, líder religioso mongol. À medida que se expandia, o acampamento tornava-se cada vez mais fixo e permanente, e desde 1778 a capital mongol ocupa a localização atual. Os mongóis continuaram a viver em iurtes, enquanto os chineses, que governaram a Mongólia até 1911, construíram prédios administrativos e lojas. Na segunda metade do século XIX, depois que a China foi forçada a se abrir ao comércio com nações e mercadores estrangeiros, a cidade passou a abrigar também uma crescente população russa.

A mistura de influências chinesas e russas foi descrita pelo naturalista americano Roy Chapman Andrews, que visitou a Mongólia no final da Primeira Guerra Mundial. Naquela época, a cidade era conhecida no Ocidente como Urga: «Três grandes povos se encontram em Urga, e neste canto remoto da Mongólia todos os três conservam seus modos e costumes próprios», observou Andrews.

> A iurte mongol não mudou; a loja chinesa, com seu balcão de madeira e interior azulado, é puramente chinesa, e as cabanas com seus galpões de madeira dão a impressão de ser autenticamente russas. [...] Nunca nos cansávamos de caminhar pelas

ruas estreitas com as pequenas lojas locais, ou de observar as multidões em constante mudança. Mongóis em meia dúzia de trajes tribais diferentes, peregrinos tibetanos, tártaros da Manchúria ou condutores de camelos do distante Turquestão bebiam, comiam e jogavam com chineses da civilizada Pequim. O esplendor bárbaro dos trajes dos nativos é de tirar o fôlego.[16]

Andrews sentia tanto atração como repulsa pelos mongóis: «Na liberdade despreocupada que se evidencia em suas impressionantes artes equestres, o mongol desponta como uma criatura indomável na estepe como a águia que paira sobre sua iurte», escreveu ele com entusiasmo. No entanto, não apreciava particularmente os padrões de higiene: «Quando uma refeição é consumida, a tigela de madeira é lambida com a língua; raramente é lavada. Todo homem e mulher costumam carregar consigo a sujeira corporal acumulada desde a infância, a menos que tenha sido acidentalmente removida ou desgastada pelo efeito do tempo. Certo é que nunca terá sido lavado de propósito ou banhado em água». Aterrorizado, ele descreveu como os cadáveres eram atirados além dos limites da cidade para serem devorados por águias e cães selvagens. A moralidade sexual também não era tão elevada, de acordo com Andrews: «A um homem só é permitido ter uma esposa por lei, mas ele pode ter quantas concubinas quiser, todas coabitando com os demais membros da família no único aposento da iurte. A infidelidade é cometida abertamente, aparentemente sem prejuízo a nenhuma das partes». Andrews concluiu que o mongol «vive como um filho inculto da natureza».

---

16 As citações de Roy Chapman Andrews são de *Across Mongolian Plains. A Naturalist's Account of China's 'Great Northwest'*. Hard-Press, 2015. Publicado pela primeira vez em 1921 por D. Appleton and Company.

Quando Andrews visitou a Mongólia em 1918, o país atravessava uma fase intermediária, com um pé na liberdade e independência, mas ainda espremido entre a vizinha Rússia e a China, da qual ainda fazia parte formalmente. A Mongólia esteve sob domínio chinês desde 1368, quando a dinastia Ming expulsou os mongóis do território chinês e destruiu a então capital, Karakorum. Nos séculos anteriores, os mongóis haviam governado um império que se estendia desde o mar do Japão, no leste, até Kiev, no oeste, incluindo a atual China. No século XIII, Kublai Khan, neto de Gengis Khan, unificou a China num império e fundou a dinastia Yuan. Ao serem expulsos em 1368, os mongóis haviam governado a China por mais de cem anos. Agora, estavam de volta a seu território histórico, as estepes inóspitas e áreas desérticas ao norte da Grande Muralha. Os séculos que se seguiram foram pontuados por conflitos internos entre as várias tribos mongóis. No final do século XVII, a Mongólia foi invadida pela dinastia manchu Qing e se integrou formalmente à China. Os manchus dividiram a Mongólia em duas unidades administrativas: Mongólia Exterior, no norte, e Mongólia Interior, no sul. A rebelião contra o domínio externo foi brutalmente esmagada, sobretudo na Mongólia Interior.

Em 1911, enquanto a dinastia Qing vacilava durante a revolução Xinhai em curso (que posteriormente viria a derrubá-la), a Mongólia Exterior aproveitou a oportunidade para declarar independência da China. Uma delegação foi a São Petersburgo implorar ao tsar por socorro. Escaldado após a guerra contra os japoneses seis anos antes, Nicolau II não queria se envolver num novo conflito militar na Ásia, mas concordou de bom grado em apoiar a Mongólia diplomaticamente e, se preciso fosse, também com empréstimos e armas. Apesar da recusa do governo chinês em reconhecer a Mongólia Exterior como um país independente, o líder religioso mongol, a oitava encarnação do Jebtsundamba Khutuktu, mais conhecido como Bogd Khan, foi instaurado como monarca. Bogd Khan nasceu numa família pobre no Tibete em 1869, um ano após o falecimento de seu predecessor, a sétima encarnação. O Dalai Lama e o Panchen Lama, únicos na hierarquia do budismo tibetano acima do Jebtsundamba Khutuktu, identificaram a criança como a oitava encarnação do Jebtsundamba Khutuktu, e, aos cinco anos de idade, ele foi enviado à Mongólia para liderar a população local, altamente religiosa. Bogd Khan estava quase cego ao ser coroado regente, mas isso não o impediu de se tornar um grande líder dos mongóis, que o adoravam como um deus encarnado.

Em 1919, enquanto a guerra civil grassava na Rússia, os chineses aproveitaram a oportunidade para restaurar a supremacia sobre a Mongólia Exterior. Cerca de 14 mil soldados chineses invadiram o país e rapidamente dominaram a capital. Bogd Khan foi deposto, mas apenas dois anos depois, em março de 1921, foi reconduzido ao cargo pelo barão Roman von Ungern-Sternberg, um excêntrico alemão do Báltico que, durante a Guerra Civil Russa, jurou fidelidade aos Romanov e, por iniciativa própria, liderou uma campanha contra os bolcheviques no Extremo Oriente da Rússia e, mais tarde, contra os chineses na Mongólia Exterior. O barão Ungern nutria um fascínio profundo pelo misticismo oriental e pela monarquia como instituição, e sonhava em recriar o grande império asiático dos mongóis. Por alguns meses, ele governou a Mongólia Exterior junto com o cã cego e, na mesma toada, deixou-se proclamar cã e semideus.

Na Mongólia Exterior também havia forças lutando por uma revolução comunista. Em 1920, um ano antes de o barão Ungern tomar o poder, os líderes dos comunistas mongóis, Damdin Sükhbaatar e Khorloogiin Choibalsan, viajaram à Rússia para pedir socorro. Dessa vez, eram os bolcheviques que teriam que fornecer apoio militar e material na luta contra os chineses. A Mongólia Exterior não era, a princípio, uma prioridade para os bolcheviques, mas, quando o barão Ungern assumiu o controle da capital, as coisas mudaram de figura. No verão de 1921, as tropas apoiadas pelos soviéticos de Sükhbaatar derrotaram o excêntrico barão e as forças chinesas remanescentes, e, no dia 11 de julho, a Mongólia Exterior mais uma vez declarou independência. O barão Ungern foi executado em 15 de setembro após um julgamento sumário.

Bogd Khan permaneceu formalmente no trono até sua morte, em 1924. Após a morte do sagrado Lama, o governo revolucionário da Mongólia anunciou que não aceitaria mais encarnações do Jebtsundamba Khutuktu, estabelecendo a República Popular da Mongólia. A capital Urga foi renomeada Ulaanbaatar, que significa «herói vermelho», em homenagem ao recém-falecido Sükhbaatar, o pai revolucionário da jovem nação.

Embora na prática a Mongólia Exterior fosse agora independente, tanto ela quanto a Mongólia Interior continuaram oficialmente subordinadas à China. O fato de a Mongólia Exterior ser hoje um país independente deve-se à astúcia de Stálin. Em fevereiro de 1945, durante a Conferência de Ialta, o líder da União Soviética persuadiu os Aliados a concordar com o seguinte texto: «O status quo na Mongólia Exterior (a República Popular da Mongólia) deve ser mantido». O governo chinês, que não foi convidado a Ialta, percebeu a manobra como um reconhecimento formal da soberania chinesa sobre a Mongólia Exterior. Presumivelmente, esse também foi o entendimento de Franklin D. Roosevelt e Winston Churchill. Stálin, por outro lado, não quis dizer exatamente isso. Em seu encontro com Chiang Kai-shek, líder do Kuomintang, partido que governou a China de 1928 até a ascensão dos comunistas ao poder em 1949, Stálin chamou a atenção para a expressão «República Popular da Mongólia» — *ela*, sim, deveria ser mantida. As negociações com os chineses foram difíceis, mas Stálin não cedeu e apresentou um mapa para mostrar a importância estratégica da Mongólia Exterior para a União Soviética. Na realidade, Chiang Kai-shek não tinha escolha: o Exército Vermelho estava de prontidão para avançar sobre a Manchúria com 1,5 milhão de soldados para expulsar os japoneses. Os chineses estavam encurralados. Tentando manter as aparências, Chiang Kai-shek insistiu na realização de um referendo. Stálin aquiesceu, e, no dia 20 de outubro de 1945, os mongóis foram às urnas para votar se a Mongólia Exterior deveria continuar sujeita à China ou não. De acordo com as autoridades mongóis, 487.285 pessoas compareceram para votar, o equivalente a 98,6% do universo de eleitores aptos, muitos vestindo roupas de festa e empunhando bandeiras com o rosto de Stálin. Todos votaram pela independência da China.

A China reconheceu a independência da Mongólia Exterior em janeiro de 1946. Nas décadas que se seguiram, a Mongólia Exterior, doravante conhecida apenas como Mongólia, continuou a ser incluída como parte da China em mapas chineses recém-impressos. Cada vez que surgia a questão da possível adesão da Mongólia à ONU, Taiwan, em nome da China, exercia o poder de veto. Somente em 1961 a Mongólia ingressou nas Nações Unidas como um Estado-membro independente. Na prática, porém, o país continuou a ser um satélite soviético até o regime comunista ser deposto por protestos populares em 1990.

Em 1921, quando a Mongólia conquistou sua independência de fato, o país figurava entre os mais pobres da Ásia. A população era de pouco mais de 600 mil habitantes, com uma mortalidade infantil tão alta que o crescimento populacional era negativo. Não havia indústria, cerca de 80% do gado pertencia a senhores feudais e 98% da população era analfabeta. Desde o início, o segundo Estado comunista do mundo dependia completamente das benesses de seu irmão mais velho do norte para existir.

O regime soviético investiu pesadamente na construção da República Popular da Mongólia, construindo estradas, prédios de apartamentos, hospitais e escolas, e enviando equipes médicas e engenheiros qualificados para as cidades da Mongólia. Na década de 1980, o crescimento populacional na Mongólia foi o mais alto da Ásia, a população triplicou e o analfabetismo quase foi erradicado — o alfabeto mongol tradicional foi substituído pelo cirílico.

É claro que as autoridades soviéticas não eram movidas pelo mais puro altruísmo. Como afirmou Stálin durante a reunião com Chiang Kai-shek em 1945, a localização da Mongólia era de grande importância estratégica para a URSS. Na prática isso ficou claro durante as disputas territoriais com a China na década de 1960 — no auge, a União Soviética teve mais de 70 mil soldados estacionados em território mongol. Além disso, a Mongólia é excepcionalmente rica em ferro e minerais. A União Soviética ajudou as autoridades mongóis a explorar a riqueza que cobiçavam cobrando uma grande porcentagem dos lucros.

***

Hoje pouco resta da cidade suja, fedorenta e profundamente religiosa que Andrews visitou há cem anos. Já não se veem condutores de camelos do Turquestão, e ninguém mais anda com trajes tribais. A moda de rua de hoje é confusamente semelhante à que se encontra em Minsk ou Pequim. Os homens geralmente estão vestidos com jeans e jaqueta de couro, enquanto as mulheres se equilibram sobre saltos altos, usam minissaias e camisetas justas. (Os turistas, por outro lado, são vistos em trajes de aventura carregando modernos equipamentos de montanhismo, prontos para escalar o K2 sempre que surgir uma oportunidade.) Os bares estão cheios de grupos de amigos rindo e conversando, com drinques decorados com guarda-chuvas e telas de celular acesas; em todos os lugares há internet de alta velocidade e a maioria das pessoas fala inglês. As mesmas vozes ecoam das caixas de som, como em qualquer outro lugar. Adele, U2, Lady Gaga.

À medida que a escuridão descia sobre os engarrafamentos, sobre os prédios de concreto cinza e os coloridos subúrbios de iurtes, apenas a figura de um homem me lembrava que eu estava na capital da Mongólia e não em outra cidade asiática qualquer.

Ele era onipresente.

Os donos do mundo

Qualquer turista que visite a Mongólia logo saberá que chegou à terra de Gengis Khan, ou Chinggis Khaan, como os mongóis soletram seu nome. Os visitantes que chegam de avião pousam no aeroporto Chinggis Khaan. Os turistas podem então fazer o check-in no Chinggis Khaan Hotel, o primeiro hotel quatro estrelas do país. Quando anoitece, é possível tomar uma cerveja Chinggis Khaan no bar Chinggis Khaan no centro, onde você pode facilmente encontrar estudantes da universidade Chinggis Khaan. Quem preferir algo mais forte pode se contentar com uma dose de vodca Chinggis Khaan, que se aprecia melhor com algumas baforadas de um cigarro Chinggis Khaan. O pagamento é feito em tugrik, a moeda local. Como a inflação está alta, é fácil encontrar notas de 20 mil ilustradas com a efígie austera de Gengis Khan, embora não haja registros históricos de como ele realmente aparentava ser. No caminho de volta ao hotel, recomenda-se fazer um passeio pelo Parlamento, onde o comandante militar repousa solitário e majestático num nicho especialmente construído, cercado por colunas imponentes, com vista para a praça Chinggis Khaan.

No entanto, a estátua equestre no meio da praça Chinggis Khaan, defronte ao Parlamento, não representa Gengis Khan, mas o já mencionado herói revolucionário Damdin Sükhbaatar, o equivalente mongol de Lênin. Somente em 2008 a população de Ulaanbaatar foi presenteada com uma estátua equestre de

Gengis Khan. Está localizada a pouco mais de 50 quilômetros do centro da cidade, mas em contrapartida é a maior estátua do gênero no mundo, uma monstruosidade em aço inoxidável medindo 40 metros de altura e pesando 250 toneladas. A estátua foi financiada pelo recém-eleito presidente da Mongólia, o empresário e mestre de judô Khaltmaagiin Battulga.

— Esta é uma atração muito popular — disse o jovem guia no centro de visitantes, construído sob a própria estátua equestre. — Durante o comunismo, não era permitido sentir orgulho de Gengis Khan, então preferíamos não falar sobre ele. Os mongóis conquistaram a Rússia, certo? Agora, finalmente, podemos nos orgulhar outra vez. Graças a Gengis Khan, todo mundo já ouviu falar da Mongólia!

— Por que a estátua foi erguida aqui, tão afastada da cidade? — perguntei.

— Aos dezessete anos, quando Gengis Khan enfrentou a tribo Merkit, que havia raptado sua esposa, foi aqui que ele encontrou um chicote de cavalo — explicou avidamente o guia. — Encontrar um chicote de cavalo é considerado um sinal muito auspicioso na cultura mongol. Então foi exatamente aqui, há mais de oitocentos anos, que Gengis Khan decidiu reunir todas as tribos mongóis num só reino.

Uma escada rolante subia pela barriga do cavalo até a plataforma de observação localizada na crina do animal, entre as roliças coxas de Gengis Khan. Dali pude admirar o rosto largo e quadrado do comandante militar. O rosto severo e concentrado mirava o lugar onde ele nasceu, cerca de 200 quilômetros mais a leste. No horizonte, a paisagem se expandia por todas as direções; marrom, estéril e desolada. O aço inoxidável refulgia ao sol.

Nesta paisagem, no século XIII, floresceu um exército tão poderoso, eficiente e bem organizado que logrou subjugar um sétimo da superfície terrestre. No lombo de cavalos.

***

Em algum momento em meados do século XII, uma pequena comitiva cruzou as estepes da Mongólia. Estava a caminho do norte, rumo à terra natal da tribo Merkit. Um cavaleiro chamava-se Chiledu, irmão do chefe tribal Merkit. Numa pequena carruagem puxada por um camelo seguia uma mulher chamada Hoelun. Ela pertencia à tribo Olkunut e havia acabado de se casar com Chiledu. Agora, estava indo conhecer seu novo lar. Yesügei, líder da tribo Kijat, caçava com seus falcões quando o pequeno séquito se aproximou. Casualmente, ele reconheceu a mulher na carruagem. Esse rápido vislumbre mudaria o mundo: Yesügei ficou tão fascinado com a beleza da jovem que decidiu raptá-la. Apressou-se em buscar seus irmãos, afugentou o restante da comitiva e levou Hoelun para casa. Em 1162, Hoelun deu à luz um filho. Ele recebeu o nome de Temüjin, Homem de Ferro, mas entrou para a história pelo título honorário que recebeu quando adulto: Gengis Khan.[17]

Quando Temüjin tinha de oito para nove anos, seu pai o prometeu a Börte, uma menina de apenas um ano, da tribo Olkunut. De acordo com o costume local, ficou estabelecido que o menino deveria viver com os sogros por alguns anos e ajudá-los com os afazeres domésticos. A caminho da casa da nova família de Temüjin, Yesügei, seu pai, foi envenenado por uma tribo hostil e morreu dias depois. Antes de morrer, conseguiu pedir socorro a Temüjin. Após a morte de Yesügei, suas duas esposas e sete filhos pequenos foram expulsos da tribo e deixados à própria sorte, o que na prática representava uma sentença de morte. Contra todas as probabilidades, as duas mulheres ainda

---

17 Paira uma grande incerteza sobre o ano exato de nascimento de Gengis Khan. Alguns estudiosos acreditam que ele teria nascido em 1167.

conseguiram criar todos os sete filhos caçando, pescando e colhendo bagas e raízes.

Fontes originais descrevendo os anos de juventude de Gengis Khan são, para dizer o mínimo, escassas. Pouco depois de sua morte, foi escrita uma crônica de sua trajetória, conhecida como *História secreta dos mongóis*. O original há muito se perdeu mas, graças a coincidências, a obra sobreviveu aos séculos. No final do século XIV, os chineses transcreveram a história em ideogramas chineses e a utilizaram para aprender mongol. Quatrocentos anos depois, uma das poucas cópias remanescentes da transcrição chinesa foi encontrada numa propriedade privada e transcrita de volta para o mongol. Esse manuscrito é a única fonte escrita que narra a infância de Gengis Khan. O autor da obra é desconhecido, mas provavelmente era alguém próximo a Gengis Khan e sua família. Como fonte histórica, o livro é, por assim dizer, deficiente e deve, a exemplo de qualquer hagiografia, ser lido com um pé atrás. No entanto, a *História secreta dos mongóis* contém não apenas episódios lisonjeiros, mas também passagens do que podemos chamar de «desvios juvenis». Quando Temüjin tinha treze anos, dois de seus meios-irmãos roubaram um peixe pequeno e um pássaro que ele e seu irmão Khasar haviam capturado. Como punição, Temüjin e Khasar mataram um meio-irmão. A mãe, naturalmente, perdeu o juízo, e seu longo sermão é inteiramente recontado na *História secreta dos mongóis*.

A sociedade nômade em que Temüjin cresceu era caracterizada por violentas disputas tribais. As alianças se alternavam, e as diferenças eram resolvidas olho por olho. Quando adolescente, Temüjin foi capturado por membros da tribo Taichiyud, velhos inimigos de seu pai. A morte certa o esperava, mas, depois de uma ou duas semanas no cativeiro, Temüjin conseguiu nocautear o guarda da prisão e escapar. Os anos que se passaram serviram-lhe para sedimentar alianças. Aos dezesseis anos, Temüjin se casou com Börte, a garota que lhe fora prometida muitos anos antes. Pouco depois do casamento, Börte foi sequestrada pela tribo Merkit, presumivelmente em retaliação ao rapto anterior de Hoelun pelo pai de Temüjin. Se quisesse ter alguma chance de se tornar um líder dos nômades, Temüjin precisava reaver Börte. Ele conseguiu reunir um exército de mais de 10 mil homens integrado por pastores e nômades, e com a ajuda deles a libertou.

A reputação de Temüjin como líder cresceu, e muitas das tribos mongóis e túrquicas vizinhas se juntaram a ele; aquelas que não se subjugavam voluntariamente eram derrotadas à força. Temüjin, o outrora fora da lei, o menino proscrito, agora era um homem com um objetivo claro: reunir e governar todas as tribos nômades das estepes mongóis.

Em 1206, após décadas de alianças, intrigas e guerras, Temüjin, então com 44 anos, alcançou seu objetivo. Durante uma cerimônia em que os representantes de todas as tribos estavam presentes, ele foi proclamado líder de todos os mongóis e recebeu o título honorário de Gengis Khan. Khan significa «líder» ou «soberano», enquanto Gengis provavelmente quer dizer «mar» ou «grande lago». O título é geralmente traduzido como «soberano universal» ou «supremo governante».

Tendo passado a maior parte de sua vida unificando tribos nômades em guerra, Gengis Khan consolidou um formidável contingente militar. Agora que todas as tribos estavam reunidas sob sua liderança, ele podia aperfeiçoar a estrutura desse exército. O serviço militar obrigatório foi introduzido para todos os homens sãos. Em vez de parentesco, méritos pessoais eram cruciais para ocupar as posições de liderança. O exército foi organizado em sistemas decimais: unidades de dez eram subordinadas a unidades maiores de cem, que por sua vez eram organizadas em unidades de mil e, finalmente, 10 mil. Para facilitar a comunicação, Gengis Khan adaptou o alfabeto dos vizinhos de língua túrquica, os uigures, para o mongol. Ele mesmo jamais aprendeu a ler.

Um exército tão grande precisava se ocupar com algo. Como os mongóis não pagavam impostos, os soldados viviam de espólios de guerra. Era natural, portanto, voltar a atenção para os reinos vizinhos e prósperos na região compreendida hoje pelo norte da China. Os mongóis nunca haviam conquistado cidades antes, mas aprenderam rapidamente. Quando deparava com uma cidade, o exército de cavalaria disciplinado e experiente marchava sobre ela a pé, matando todos os habitantes e saqueando tudo que encontrava pela frente. Não demorou para as mulheres nas estepes da Mongólia se pavonearem com elegantes roupas de seda e joias preciosas. Os soldados não pilhavam apenas roupas e joias, mas também armas como catapultas e pólvora, e assim o enorme exército de Gengis Khan tornava-se cada vez mais invencível. Em 1215, Pequim capitulou. Em menos de dez anos, os mongóis conquistaram dois terços da China atual.

Se o sultão que governava a Corásmia, Maomé II, tivesse sido mais hábil, a história do mundo teria tomado outro rumo. Seu império se estendia por grandes porções dos atuais Afeganistão, Irã, Uzbequistão e Turcomenistão, bem como pela metade sul do Cazaquistão. Gengis Khan queria negociar um acordo comercial com Maomé II para ter acesso, entre outros produtos, à fina vidraçaria dos artesãos islâmicos. Em 1218, ele enviou a seguinte mensagem ao seu colega no Ocidente:

«Meu maior desejo é viver em paz convosco. Quero cuidar de vós como se fôsseis meu filho. Estais ciente, por certo, de que conquistei a China e subjuguei todas as tribos do norte. Sabeis que minha terra possui guerreiros em abundância e uma mina de prata, e não careço de mais territórios para conquistar. Temos um mútuo interesse em fazer prosperar o comércio entre nossos povos».

Gengis Khan acompanhou suas gentis palavras de uma cáfila de quinhentos camelos carregados com artigos de luxo, como ouro, seda chinesa, peles de camelo branco e jade para Otrar, localizada na parte sul do atual Cazaquistão. Naquela época, Otrar era uma próspera cidade comercial, com casas de banho tão bonitas quanto Roma e uma das maiores e melhores bibliotecas do mundo muçulmano. Em Otrar, a caravana foi atacada e saqueada, e apenas um dos 450 mercadores sobreviveu ao ataque. Não está claro se foi o próprio Maomé II quem ordenou o saque, segundo afirmam alguns historiadores, ou se foi o governador de Otrar quem tomou a iniciativa.

Em benefício da dúvida, Gengis Khan deu crédito ao sultão e enviou uma pequena delegação à Corásmia para pedir que os responsáveis pelo ataque fossem punidos. Maomé respondeu matando os três enviados.[18] Gengis Khan ficou tão furioso que mobilizou um exército de mais de 100 mil homens e marchou para o Ocidente. Três anos depois, a Ásia Central estava em ruínas.

É difícil calcular exatamente quantas pessoas foram mortas durante essas campanhas brutais. Nas cidades que não se rendiam voluntariamente, pelo menos metade dos habitantes, às vezes mais, eram rotineiramente assassinados. Em Merv, que no século XIII era uma das cidades mais ricas e desenvolvidas do mundo islâmico, *todos* os habitantes, com exceção de cerca de quatrocentos artesãos, foram massacrados pelos mongóis. Ninguém era poupado: nem crianças, nem velhos. Enquanto cidades como Samarcanda e Bukhara voltaram a florescer com o passar dos anos, Merv jamais voltou ao que um dia havia sido. Tudo o que restou da grandeza do passado são fragmentos de paredes

---

18 De acordo com um relato, ele matou somente o líder e devolveu os outros dois com os rostos desfigurados.

e muros. De palácios e bibliotecas outrora suntuosos, apenas as ruínas sobreviveram aos nossos dias.

Nada podia deter os mongóis agora. Enquanto Gengis Khan continuava sua campanha para o sul, em direção ao Himalaia e à Índia, os generais Jebe e Subotai lideraram cerca de 20 mil soldados avançando ainda mais rumo ao oeste. Depois de saquear e matar no Cáucaso, eles se dirigiram para o sul, para as planícies ao sul de Kyiv-Rus, o território precursor da Rússia moderna. Os exércitos mongol e eslavo se confrontaram em 1223 no rio Kalka, hoje leste da Ucrânia. A batalha se transformou em puro massacre em favor dos mongóis, embora os eslavos fossem maioria. O grão-duque de Kyiv-Rus, Mistislau III, acabou se rendendo aos mongóis, com a garantia de que ninguém mais seria passado na espada. Os mongóis cumpriram sua promessa: Mistislau foi amarrado e colocado sob uma pesada placa de madeira junto com os outros grão-duques capturados durante a batalha. Enquanto Jebe, Subotai e os outros oficiais comiam, bebiam e dançavam sobre a tábua, os soberanos eslavos eram lentamente esmagados.

Em 1227, quatro anos depois, Gengis Khan morreu. Seu filho Ögedei assumiu como grande cã, e sob ele o Império Mongol continuou se expandindo.

Mas qual era mesmo o objetivo dos mongóis? Não havia limites para o que pretendiam conquistar? Aparentemente, não. Em 1236, um exército de mais de 100 mil cavaleiros recapturou o Cáucaso e a Europa, sob a liderança do neto de Gengis Khan, Batu. Efetiva e impiedosamente, foram subjugando cidade após cidade: Moscou, Vladimir, Tuéria, Iaroslávia... Por onde quer que passassem, deixavam um rastro de cidades escorchadas e rios de sangue. Em 1240, o temido exército mongol estava diante dos portões de Kiev, e logo a cidade também ardia em labaredas de fogo. A destruição de Kiev pelos mongóis foi o golpe de misericórdia em Kyiv-Rus, ou Reino de Kiev, como também era chamado. Enquanto Moscou e os outros grão-ducados lentamente se soergueram, Kiev nunca conseguiu retornar ao antigo patamar de grandeza.

Os mongóis continuaram avançando rumo a oeste, invencíveis. Lublin, Cracóvia e Liegnitz caíram; Viena seria a próxima. A Europa estremecia. Então, na primavera de 1242, como que por milagre, os mongóis recuaram. Ögedei, o grande cã, estava morto.

A eleição de um novo cã ocorreu em Karakorum, escolhida por Gengis Khan para ser a capital dos mongóis. Ele mesmo nunca chegou a ver a capital concluída. Foi somente em 1235, oito anos após sua morte, que os mongóis ergueram uma cidade nas estepes do rio Orkhon, aproximadamente no centro da atual Mongólia. Como não tinham experiência com planejamento urbano, a cidade foi projetada e construída por arquitetos e operários chineses. Herdeiros e líderes de todo o vasto Império Mongol, da Coreia, a leste, à Hungria, a oeste, reuniram-se nas estepes mongóis para eleger um novo grande cã. Duas mil barracas foram montadas ao redor do centro da cidade, e houve festas, danças e bebedeira.

O filho de Ögedei, Güyuk, foi proclamado novo cã dos mongóis. Batu retornou às planícies russas para governar os territórios e grão-ducados que conquistara nos anos recentes. Em seu auge, o Império Mongol se estendia da Coreia, a leste, e do Vietnã, ao sul, até a Polônia, a oeste. Esse vasto território estava agora dividido em quatro canatos, todos subordinados a Karakorum e ao grande cã. A relação entre os canatos e Karakorum foi se enfraquecendo progressivamente, e os canatos eram abalados por conflitos internos cada vez mais constantes. Batus, o mais longevo de todos, é hoje mais conhecido como Canato da Horda Dourada. Por 240 anos, exerceu sua supremacia sobre os diversos grão-ducados russos. Na história russa, esse período é conhecido como «jugo tártaro».

Qual foi a verdadeira influência dos mongóis sobre os principados russos? Todos eles pagavam tributos aos mongóis, e os novos príncipes precisavam ser aprovados pelo cã, que tinha a palavra final em praticamente todos os assuntos importantes. Mas a situação não era preto no branco. Culturalmente, a influência foi bastante modesta, como em todos os outros lugares do Império Mongol. Os mongóis eram acima de tudo pragmáticos: além do forte desejo de governar outros povos, saquear suas cidades para depois cobrar-lhes impostos, pouco interferiam na maneira como os súditos viviam. Os mongóis eram guerreiros habilidosos e, eventualmente, também coletavam tributos, mas nunca ambicionaram que os súditos copiassem seu modo de viver ou cultuassem os mesmos deuses em que acreditavam. Ao contrário, eram tolerantes com culturas e religiões diferentes, e muitas vezes acabavam assimilando as culturas que eles governavam.

A relação entre russos e mongóis era, portanto, marcada pelo distanciamento. A maioria dos mongóis continuou a viver em tendas nas estepes russas, conservando o mesmo estilo de vida nômade durante séculos. O irmão e sucessor de Batu, Berke, converteu-se ao islã, e a Horda o seguiu. Alguns se converteram ao cristianismo ortodoxo, mas a maioria optou pela submissão estrita do islamismo ante a ênfase do cristianismo no sofrimento e no perdão. A capital da Horda Dourada, Sarai, localizada ao norte das montanhas do Cáucaso, não muito longe da atual Astracã, acabou se tornando uma típica cidade muçulmana, adquirindo aspectos das demais cidades do mundo islâmico. No entanto, a liberdade religiosa, característica típica do Império Mongol, prevaleceu. Enquanto os russos pagassem tributos e reconhecessem a supremacia mongol, eram livres para viver como bem entendessem.

Em 1476, o Grão-Ducado de Moscou parou de pagar impostos aos mongóis. Sob a regência do grão-duque Ivã III, Moscou se fortaleceu e começou a conquistar os outros grão-ducados russos. A Horda Dourada já estava bastante enfraquecida por conflitos internos. Somente em 1480, quatro anos depois de os moscovitas cessarem o pagamento de impostos, Akhmat Khan, então líder da Horda Dourada, encontrou tempo e disposição para enfrentar os súditos desobedientes. Aliou-se a Casimiro IV Jagelão, grão-duque da Lituânia e rei da Polônia, e lançou uma campanha contra Moscou. Próximo ao rio Ugra, ao sul de Moscou, os mongóis foram rechaçados pelo exército de Ivã III. Os reforços prometidos pela Polônia não chegaram. Na outra margem do rio, o exército russo aumentava e se fortalecia a cada dia. O frio era congelante, e, conforme os dias passavam, os soldados mongóis começaram a sucumbir à hipotermia e às epidemias. Em 11 de novembro, depois de mais de um mês esperando em vão por reforços, os mongóis se retiraram para suas tendas em Sarai.

Em 6 de janeiro do ano posterior, 1481, Akhmat Khan foi morto num confronto com o canato da Sibéria. Nos anos seguintes, a Horda Dourada se desfez e foi absorvida pelo grão-ducado de Moscou, que, sob Ivã III, também conquistou a república de Novgorod e os grão-ducados da Iaroslávia e da Tuéria.

O jugo tártaro chegava ao fim. Nascia a Rússia moderna.

***

A algumas horas de carro a sudoeste de Ulaanbaatar jazem os restos de Karakorum, a antiga capital mongol. O museu local exibe as poucas peças que restaram da capital do império: cacos de cerâmica, alguns pratos colados, moedas, o selo de Gengis Khan (encontrado em Roma por acaso), uma mesa de madeira, um forno semienterrado. A peça mais interessante do acervo é uma maquete de Karakorum tal como concebida pelos arqueólogos. Os setores da cidade eram separados por ruas largas e retas, circundados por muros quadrados de barro batido. Na periferia, mas ainda dentro das muralhas, viviam os mongóis em suas iurtes. A maquete é baseada nos desenhos do monge franciscano flamengo Willem van Ruysbroeck, que visitou Karakorum em 1254. O monge não se deixou impressionar pelo que viu: «Sobre Karakorum deveis saber que, com exceção do palácio do cã, não é tão imponente quanto a aldeia de Saint-Denis, e o mosteiro de Saint-Denis é dez vezes maior que o palácio».[19]

Tal como observou o geólogo Andrews sete séculos depois, a falta de higiene dos mongóis também chamou a atenção de Ruysbroeck: «Jamais lavam suas vestes, pois creem que se o fizerem atrairão a ira divina... Quando desejam lavar as mãos ou a cabeça, enchem a boca da água que deixam escorrer nas mãos e assim umedecem também os cabelos e limpa-se a cabeça». Mais impressionado ficou ele diante da tolerância religiosa dos mongóis. Segundo Ruysbroeck, achavam-se em Karakorum ao todo doze templos para as diversas etnias, além de duas mesquitas e uma igreja. O projeto pessoal do monge flamengo de converter ao catolicismo Möngke Khan, o grande cã mongol de 1251 a 1259, fracassou ao fim de uma série de audiências: «Se estivesse ao meu alcance operar milagres, a exemplo de Moisés, talvez ele se deixasse persuadir», anotou laconicamente.

Antes de despachar Ruysbroeck para casa sem ter cumprido sua missão, Möngke Khan ditou-lhe uma extensa e ameaçadora correspondência endereçada ao rei Luís IX:

> [...] o Deus eterno comanda: que haja no céu apenas um único e eterno Deus, e que na Terra haja um único senhor, Gengis Khan.

---

19 As citações são de *The Journal of William de Rubruck. Account of the Mongols.* BookRix GmbH & Co, digitalizado em 2002. A edição é baseada na tradução de W. W. Rockhill do latim, datada de 1900, atualizada e cotejada com a tradução de Peter Jackson, de 1990 (Hakluyt Society).

Assim são proferidas as palavras do Filho Divino, Temüjin, «o clangor do ferro». [...] Eis aqui o que Möngke Khan tem a dizer ao senhor dos francos, rei Luís, e a todos os soberanos e sacerdotes em toda a França; que bem compreendais nossas palavras. Pois a palavra do Deus Eterno para Gengis Khan ainda não vos alcançou, nem pela pessoa de Gengis Khan nem pelos seus sucedâneos. [...]

Os ditames de Deus vos enviamos. E, quando tomardes conhecimento e depositardes nestes mandamentos vossa fé, enviai embaixadores até Nós, caso desejeis nos dar ouvidos. Dessa maneira saberemos se vossa intenção para Conosco é de haver paz ou guerra. Uma vez deverá o mundo inteiro, desde onde nasce o sol até o lugar onde se recolhe, viver em perfeita paz e harmonia sob a graça de Deus, e então estará manifesto quem estamos destinados a ser. Pois, se acaso ouvirdes o eterno mandamento de Deus, e o compreenderdes mas não obedecerdes de acordo nem nele crerdes, e repetirdes convosco: «Nossa terra é tão longínqua, nossas montanhas são tão imponentes, nossos mares tão vastos», e por isso julgais que não ireis guerrear Conosco, em breve sabereis do que somos capazes. Pois o Deus eterno está ciente disto, Ele que torna o difícil, fácil, e o longe, perto.

Na carta a Luís IX, que Ruysbroeck nunca entregou pessoalmente, fica evidente que os mongóis se julgavam designados pelo Deus eterno para governar o mundo inteiro, assim como acreditavam que Gengis Khan era o próprio filho de Deus. Talvez tenha sido essa convicção que fez com que a sede de mais conquistas nunca fosse saciada. Eles acreditavam firmemente que eram o povo escolhido de Deus e sua tarefa era subjugar todos os outros povos da terra, «desde onde nasce o sol até o lugar onde se recolhe». Nesse caso, as sucessivas vitórias devem ter fortalecido sua fé e lhes dado ainda mais certeza de que o Deus eterno estava a seu lado.

Tudo é transitório, incluindo impérios. Alianças são desfeitas, Deus troca de lado, novos guerreiros emergem, as bordas externas se enfraquecem e cisões corroem os impérios por dentro. Em 1388, as forças chinesas Ming, lideradas pelo general Xu Da, atacaram Karakorum e deixaram a cidade em ruínas. Apenas algumas esculturas de pedra em forma de tartaruga sobreviveram até nosso tempo. Hoje, vacas e cabras pastam pelas planícies que durante algum tempo sediaram a capital do mundo.

Nas ruínas dos mil tesouros

— Meu avô também era monge neste templo — disse Batbayar em voz baixa, quase num sussurro. Ele tinha a cabeça raspada e estava vestido com um manto monástico amarelo coberto com outro manto vermelho por cima, como manda a tradição dos monges mongóis. — Quando vovô atingiu a maioridade, ele, como todos os outros jovens, teve que cumprir o serviço militar. Quando voltou, quase todos os templos estavam destruídos e os monges haviam partido. Só o mais novo escapou.

Na outra extremidade da iurte, quatro monges oscilavam de um lado para o outro enquanto recitavam mantras. Suas vozes subiam e desciam. A fumaça do incenso deixava o ar cinzento.

— Como não podia mais ser monge, meu avô se casou e viveu uma vida completamente normal — disse Batbayar. — Para que ninguém soubesse de seu passado como monge, ele conseguiu um emprego como segurança de lojas e escritórios. Ninguém suspeitaria que um homem carregando uma arma fora um monge!

O jovem monge sorriu timidamente e olhou para baixo. Quando sorriu, foi como se todo o seu rosto se iluminasse.

— Meu avô sempre escondia o colar de contas sob as mangas da roupa — continuou ele. — Quando vovô meditava, recitava mantras ou cantava, sempre fechava as portas e janelas de casa. Embora a matança tenha terminado depois que Stálin morreu, os budistas corriam o risco de ser presos, ou de não conseguir encontrar trabalho pelo resto da vida. As estátuas de Buda do meu avô estavam sempre bem escondidas dentro de caixas. Para ele, era perigoso falar do passado, mas às vezes ele mencionava mestres e amigos que havia perdido. Meu avô passou a vida inteira lamentando por eles.

O próprio Batbayar cresceu na casa dos avós, o que é comum na Mongólia. Muitas vezes, os pais são jovens e ocupados com estudos e trabalho, enquanto os avós têm todo o tempo do mundo.

— Desde que me lembro, sempre quis ser monge, como meu avô — disse Batbayar. — Em 1992, quando legalizaram o budismo novamente, e assim que completei a idade mínima para ser monge, fui para um mosteiro.

Olhei para seu rosto luzidio e franco. Ele não teria como ser muito mais velho do que eu.

— Quantos anos você tinha? — perguntei.

— Trinta. Nunca me arrependi.

— Seu avô deve ter ficado muito orgulhoso de você. — Batbayar sorriu timidamente e olhou para baixo.

— Muito. Faz apenas alguns anos que meu avô morreu. Ele tinha cem anos. Nos últimos anos, viveu aqui comigo. — Ele acenou com a cabeça na direção de um monge idoso, sentado numa cadeira envolta em seda amarela a poucos metros de distância. — Melhor seria se você conversasse com ele. Ele conhece a história do mosteiro muito melhor do que eu.

O monge ancião revelou-se falante e curioso. Tinha um rosto cheio de cicatrizes e um bigode fino e comprido. Esqueci-me de perguntar seu nome.

— Erdene Zuu, como o mosteiro se chama, significa «mil tesouros», como você já deve saber, e foi fundado em 1586, quando o budismo tibetano foi introduzido como religião estatal na Mongólia, e é hoje nosso mosteiro mais antigo — explicou o monge. — No apogeu houve quase cem templos e mais de mil monges aqui, e destes pelo menos trezentos eram aprendizes. Erdene Zuu foi um importante centro de aprendizado, especialmente em filosofia budista e astronomia. Claro, também abrigava monges médicos. Naquela época não havia médicos na Mongólia, apenas monges, mas você sabia disso? Agora há apenas cinquenta monges aqui, quase tudo se foi. Muitos de nós tivemos que viajar para o Tibete para aprender sobre nossa própria religião! A única coisa que conseguimos preservar foi a nossa tradição de récitas. Todos os dias, durante cinco horas, recitamos e entoamos mantras. Erdene Zuu sempre foi conhecido por isso.

Enquanto conversávamos, as fileiras de bancos atrás de mim iam se enchendo de fiéis com as mãos em prece. O monge não se deixou afetar pela multidão e continuou falando placidamente:

— O declínio veio antes mesmo de 1937, quando o horror começou. O budismo subsistiu em condições precárias durante todo o regime comunista; foram tempos deploráveis. Muitos monges deixaram o mosteiro e se tornaram pastores. A ideia de matar os monges partiu de Stálin. Os mais instruídos, os mais velhos, os que mais sabiam, foram mortos sumariamente, sem direito a julgamento. Aqueles que não eram tão velhos e eruditos tiveram que cumprir entre dez e vinte anos de prisão. Os mais novos tinham a chance de viver uma vida normal, mas eram forçados a abandonar o mosteiro. Depois desse horror, restaram talvez uns cem monges em toda a Mongólia.

Um jovem monge, com pouco mais de quinze ou dezesseis anos, serviu uma tigela de leite de égua fermentado para cada um de nós. O leite cheirava a fermento e tinha um gosto azedo. O velho monge tomou um gole da bebida morna e continuou:

— O nono Jebtsundamba Khutuktu, a reencarnação de Bogd Khan, morreu em 2012. Ele havia nascido em 1933, no Tibete, mas tivemos notícia dele pela primeira vez em 1993. Ele passou a maior parte de sua existência exilado na Índia. No final da vida, seu maior desejo era morrer na Mongólia. Ele veio para cá em 2011 e morreu em março do ano seguinte, como cidadão mongol. Pouco antes de morrer, ele anunciou que o próximo Jebtsundamba Khutuktu nasceria na Mongólia. Agora estamos esperando que ele venha ao mundo. O budismo na Mongólia foi afetado por diversas crises ao longo da história. A de 1937 foi a pior, mas também a última, na minha opinião. Agora já não há crises. De agora em diante, tudo correrá bem.

— Como se tornou monge? — perguntei. — Foi algo que sempre quis ser na vida, como Batbayar?

— Não, meu objetivo era me tornar um grande comunista! — o velho monge riu. — Meu pai se tornou monge quando criança. Já adulto, sempre usava o colar de contas bem escondido sob a roupa. Se alguém o tivesse descoberto, ele teria perdido o emprego. Meu pai teve seis filhos, e eu sou o único que se tornou monge. Em 1990, meu pai e eu viemos juntos para cá. Meu pai queria voltar a ser monge, e eu consegui um emprego como responsável financeiro pelo mosteiro. Foi triste para o meu pai retornar, porque ele se lembrava de como eram as coisas aqui no passado. Eu, por outro lado, não tinha nenhuma relação com o lugar e nunca tive planos de virar monge. Na década de 1970, as pessoas falavam sobre o budismo voltar a crescer, mas nunca acreditei nisso. Que bobagem, pensei. Mas em 1990, quando recuperamos a liberdade religiosa e me mudei para cá com meu pai, descobri para minha surpresa que acreditava profundamente no budismo. Então me tornei monge também.

Terminei de beber o leite de égua fermentado. Os bancos atrás de mim estavam agora completamente cheios, pessoas sentadas juntas, obviamente impacientes. Agradeci a conversa e saí do templo de iurte mergulhado na penumbra e recendendo a incenso. Atrás de mim, ouvi as vozes murmurantes dos monges subindo e descendo.

Um muro baixo com 108 estupas caiadas de branco, em forma de torres pontiagudas, circundava a área deserta do templo. Cem anos atrás, havia centenas de templos e ainda mais iurtes no interior do muro. Erdene Zuu já foi erguido sobre as ruínas do palácio do grande cã em Karakorum e construído com pedras retiradas dele, talvez como símbolo da vitória da religião sobre o mundano, ou talvez apenas porque praticamente todo o material de construção já se encontrasse no local. Agora, o próprio mosteiro era uma ruína, mal conseguindo respirar após a destruição comunista. Dos templos originais, apenas três permanecem; esses três teriam sobrevivido porque Stálin os queria assim para exibir a visitantes estrangeiros. Após a queda do regime comunista em 1990, algumas construções pequenas e térreas foram erguidas para abrigar os novos monges. O resto era vazio. Grama. Deserto.

Antes da tomada comunista na década de 1920, a Mongólia, como o Tibete, era uma sociedade profundamente religiosa, quase uma teocracia. Os monges eram os únicos instruídos, os únicos que sabiam ler e escrever, e os únicos que tinham conhecimentos de medicina, literatura e astronomia. Estima-se que pelo menos um terço dos homens eram monges, o que explica, pelo menos em parte, o crescimento negativo da população no país. Os mosteiros possuíam tudo: terra, animais, conhecimento.

Nos primeiros anos, os comunistas e os monges tinham uma convivência relativamente pacífica, embora sempre sujeita a alguns atritos. Na década de 1930, o regime comunista, liderado pelo herói revolucionário Khorloogiin Choibalsan, mas na verdade instrumentalizado por Moscou, começou a se firmar. Centenas de mosteiros foram fechados e, num rápido processo de coletivização, mais de um terço dos nômades foi obrigado a entregar ao Estado o gado que possuía. Em protesto, os nômades sacrificaram milhões de reses para não entregá-las aos comunistas. O caos reinava, a fome espreitava e os tanques soviéticos invadiram o país para reprimir a revolta anticomunista.

A situação foi de mal a pior. Em meados da década de 1930, Stálin ordenou um grande expurgo na Mongólia, semelhante ao realizado durante o mesmo período na União Soviética, a pretexto de eliminar espiões e simpatizantes japoneses. Choibalsan foi convocado a Moscou para um treinamento. No outono de 1937, começaram as prisões e execuções. Mais de 10 mil lamas foram assassinados durante os dezoito meses subsequentes. Além disso, intelectuais e altos membros das forças armadas e do Comitê Central, bem como cazaques e buriates étnicos, foram considerados «inimigos da revolução» e perseguidos. Milhares foram presos ou mortos, todos sob a liderança de Choibalsan, mas a mando de Moscou. Na área rural foram criados gulags ao estilo soviético para abrigar os «inimigos da revolução». As execuções eram realizadas no mais absoluto segredo. A despeito da abertura de 1990, não se conhece exatamente o que se passou durante o terror stalinista de Choibalsan, e não há dados exatos sobre o número de mortos. As autoridades estimam cerca de 30 mil, mas alguns historiadores acreditam que pode ter sido muito mais. Mesmo a estimativa mais modesta significa que pelo menos 3% da população mongol foi dizimada em apenas seis meses.

No final da década de 1940, Choibalsan se deu conta de que a União Soviética jamais apoiaria uma reunificação da República Popular da Mongólia e da Mongólia Interior (que ainda pertence à China hoje), e rompeu com Stálin. Recusou-se a participar das comemorações do septuagésimo aniversário do líder russo, em 1949, e resistiu obstinadamente à pressão para seguir o exemplo da República de Tuva e ingressar formalmente na União Soviética. Em 1952, aos 56 anos, Choibalsan morreu num hospital de Moscou, onde estava internado para tratamento de um câncer renal. O corpo foi embalsamado pelos médicos russos encarregados do corpo de Lênin, e um mausoléu semelhante ao do pai da Revolução Russa foi construído para ele em frente ao Parlamento em Ulaanbaatar. Concomitantemente, os restos mortais do patriarca Sükhbaatar, morto em 1923, foram exumados e transferidos para o mausoléu.

A forte influência exercida pela União Soviética sobre a economia e a política interna da Mongólia continuou. Somente em 1990, pouco antes da queda do regime comunista, a estátua de Stálin diante da Biblioteca Nacional de Ulaanbaatar foi removida. A estátua de Choibalsan ainda está defronte à universidade, e a quarta maior cidade do país ainda leva seu nome, mas seu corpo já não está exposto em câmara-ardente na capital. Em 2005, o mausoléu foi fechado e os dois heróis da revolução literalmente viraram fumaça.

Hoje, cerca de metade dos mongóis se consideram budistas, e os mosteiros lentamente vêm sendo revitalizados. Um mês depois do meu encontro com os monges de Erdene Zuu, o Dalai Lama visitou a Mongólia. Em entrevista coletiva, ele revelou que a décima encarnação do Jebtsundamba Khutuktu provavelmente já nasceu — na Mongólia, como previsto.

Os eremitas da taiga

Após passar vários dias no banco de trás da van russa, comecei a odiá-la. A UAZ-452 foi originalmente projetada para ser uma ambulância, mas se provou tão durável e útil, especialmente nas regiões do Ártico, que ainda não deixou de ser produzida passados cinquenta anos desde que o primeiro modelo saiu da fábrica. Para dirigir uma UAZ-452, no entanto, é preciso ser um mecânico experiente, pois ela quebra com frequência e requer manutenção diária. Consome combustível como uma alcoólatra desiludida e recende fortemente a gasolina, tanto por fora quanto por dentro.

Além disso, estava imunda e deixava passar uma corrente de ar polar. Mesmo que eu estivesse usando um gorro, três suéteres de lã e uma jaqueta grossa, o frio era tanto que meu queixo tremia. Enkh-Oyun, a guia, tinha problemas nas costas e ocupou o banco da frente. Ela e o motorista não paravam de conversar e rir, enquanto eu fazia o que estava ao meu alcance para não terminar a viagem, eu também, com problemas nas costas. A van ia aos solavancos; eu precisava segurar firme para não bater a cabeça no teto. Cintos de segurança não existiam. O motorista se orientava por marcas de pneus deixadas na grama, atravessando rios semicongelados com e sem pontes — não sei dizer o que era pior. A paisagem era até bonita, mas entediante: planícies e colinas douradas e, ao longe, como espinhos no horizonte, montanhas marrons e áridas. Ocasionalmente, passávamos por rebanhos de iaques peludos e resistentes. O pelo sob suas barrigas era tão grande que quase se arrastava no chão. Aqui e ali, iurtes, rebanhos de cavalos e cabras.

À tarde, cruzamos com uma família tão envolta em roupas que mal conseguia se mexer. Assim como nós, dirigiam uma van russa, mas aparentemente não tinham o conhecimento mecânico necessário e estavam enguiçados ali desde o dia anterior. Meu motorista saiu e examinou o motor caprichoso. Depois de dez minutos, lá estava ele funcionando novamente. Aliviados, eles embarcaram na cafuringa e seguiram em frente — temiam que levasse dias para alguém dar as caras por ali.

O céu estava arroxeado quando chegamos ao quartel militar. Como estávamos muito perto da fronteira russa, era preciso preencher documentos e apresentar nossas autorizações para podermos seguir adiante.

— Os soldados acham que é muito perigoso continuar no escuro — disse Enkh-Oyun ao voltar para o carro. — Perguntaram se não gostaríamos de pernoitar aqui. O que você acha, devemos aceitar? — Ela olhou para mim como se fizesse uma prece.

Acomodamo-nos num alojamento simples com uma cozinha suja e quatro camas vazias, e nos enfiamos exaustos nos sacos de dormir. Quarenta segundos depois, o ronco ritmado ecoava da boca escancarada do motorista. Durante a noite, algumas vezes despertei com um dos soldados entrando para colocar mais lenha na lareira. E então voltei a cair num sono agitado e irregular.

Na manhã seguinte, os soldados entravam um após o outro para mexer na lareira, fazer chá, beber chá, beber mais chá ou apenas conversar.

— Não é monótono servir aqui no deserto? — perguntei a um recruta. — Não parece muito movimentado por aqui.

— Monótono? — Ele me olhou surpreso. — De jeito nenhum, chega a ser movimentado até demais! No verão passado tivemos grandes problemas com o povo Tuva da Rússia. Eles atravessam a fronteira, quatro ou cinco de cada vez, e roubam rebanhos de cavalos que levam de volta para a Rússia. Se avistam soldados, eles atiram. Este verão, um desses caubóis de Tuva foi baleado e ferido por nossos soldados, que abriram fogo. Acontece de eles sequestrarem mongóis e os obrigarem a participar desses roubos. Como você pode perceber, aqui é o mais puro faroeste.

Da janela ele apontou para um aglomerado de casinhas ao lado do quartel.

— Na década de 1960, o governo da Mongólia bem que tentou acomodar os refugiados de Tuva que vieram da Rússia para cá nos anos 1940 e 1950. Permitiram que eles ocupassem aquelas casas ali, mas não deu muito certo. Eram pessoas que passaram a vida pastoreando renas e nunca haviam morado numa casa antes. Eles deixavam portas e janelas abertas, arrancavam o assoalho e acendiam fogueiras lá dentro. No final, o governo desistiu e deixou que voltassem a viver em barracas.

Enrolamos nossos sacos de dormir e voltamos para o carro, que havia esfriado ainda mais durante a noite. Um dos soldados nos acompanhou.

— Tenham cuidado — disse ele olhando para mim e Enkh-Oyun. — Não aceitem nada que não saibam o que é, e não comam nada que pareça suspeito. O povo das renas mexe com bruxaria e tem seus próprios métodos para fazer as mulheres se apaixonarem por eles. Não acreditam? É verdade, já vi com meus próprios olhos! Num verão apareceu aqui uma garota de Ulaanbaatar. Ela voltou uma vez, depois outra, e acabou ficando. Agora é casada com um nômade e tem dois filhos. A família veio de Ulaanbaatar em duas ocasiões para resgatá-la, mas ela se recusa. Uma japonesa esteve aqui três vezes tentando convencer um pastor a ir com ela para o Japão. A última vez foi no verão passado.

— Se elas não retornarem dentro de três dias, eu mesmo vou cavalgar essa taiga inteira atrás delas — prometeu o motorista. — E vou trazê-las à força, se for preciso — acrescentou determinado.

E então fomos. Chacoalhando. Tentei me segurar como pude. Uma hora, duas horas, três. A paisagem se espraiava ao nosso redor, e uma cadeia de montanhas com picos nevados e azulados surgiu no campo de visão. A floresta decídua alaranjada havia tomado o lugar das estepes abertas. No último trecho, as árvores estavam tão próximas que tivemos que deixar o carro e recorrer aos cavalos como meio de transporte. A pequena e enérgica mulher encarregada do aluguel de cavalos examinou minha roupa com um olhar cético.

— Não é bom — constatou ela e foi buscar um casaco longo e tradicional da Mongólia, que me mandou vestir por cima de tudo. Eu mal conseguia me mover dentro de tantas camadas de roupa. Além disso, não fazia tanto frio, então tirei um dos suéteres.

— Por que fez isso? — ralhou a mulher. — Vai congelar!

— Não, sou norueguesa, estou acostumada ao frio — assegurei.

Nunca senti tanto frio na vida. A primeira parte, subindo a encosta, foi até amena, mas, assim que chegamos ao topo, o vento siberiano nos castigou. Implacavelmente penetrou sob todas as camadas de lã, e no final eu já nem conseguia mais sentir as pernas. Mas a vista era maravilhosa. A taiga ocidental vestida de outono se descortinava à nossa frente, quilômetro após quilômetro de floresta e colinas suaves. No horizonte, a paisagem mongol misturava-se imperceptivelmente à russa; se continuássemos cavalgando noite adentro, cruzaríamos a divisa russa antes do amanhecer.

Um cavaleiro jovem e magro se juntou a nós para mostrar o caminho e cuidar dos cavalos. Ele seguia na frente e cantarolava baixinho uma espécie de acalanto. Depois de um tempo, atravessamos um rio congelado e adentramos a floresta de lariços. A cada vez que esbarrávamos num galho, éramos salpicados de agulhas amarelas. Escutamos o aboio antes de avistar as reses. Um som atraente, fascinante. Somente quando já estávamos no coração da floresta vislumbramos o rebanho de renas. Pelos brancos como giz, chifres longos e curvos. No meio delas um homem pequenino corria a passos leves. Ele veio em nossa direção, explicou rapidamente o caminho para o acampamento e continuou a chamar os animais. Seguimos suas instruções e, alguns minutos depois, chegamos ao acampamento do homenzinho.

O acampamento consistia em duas barracas tipo *lavvu* e um pequeno recinto de madeira. Entre duas árvores pendia um poste onde ele havia amarrado seus pertences para que estivessem sempre disponíveis para a próxima mudança. Enkh-Oyun e eu nos instalamos na *lavvu* maior, nos servimos de chá salgado de uma garrafa térmica e nos sentamos para esperar o anfitrião. Diferentemente dos nômades mongóis, o povo das renas vive em pequenas *lavvus*, assim como os Sámi do norte da Escandinávia. As *lavvus* são mais fáceis de mover que as iurtes, e leves o suficiente para serem transportadas no lombo de renas.

O interior era espartano, mesmo para uma *lavvu*. Numa extremidade havia uma cama de solteiro, no meio um fogão a lenha, o chão era forrado com um tapete de pele, e de uns fios amarrados pelo vão pendiam utensílios de cozinha e alguns víveres. Assim que terminamos o chá, o homenzinho voltou acompanhado de suas renas. Seu rosto enrugado pelo tempo e pelo clima me fez supor que tivesse pelo menos setenta anos. Era atarracado, mais de uma cabeça menor do que eu, tinha mais ou menos a mesma altura das renas. Bebemos mais chá e fomos conduzidas à *lavvu* dos hóspedes, que era ainda mais simples, escura e apertada, sem lareira e tapete. Depois de terminar a lida das renas, ele nos convidou para mais chá. Concentrado, despejou a água numa grande chaleira sobre o forno. Com uma pequena peneira, removeu galhos e impurezas, acrescentou o sal e quatro saquinhos de chá. Era delicioso.

Seu nome era Araganal Tsagaach e ele nasceu em 1964, conforme disse a Enkh-Oyun. Ou seja, tinha pouco mais de cinquenta anos. Embora tivesse morado a vida inteira na Mongólia, falava mongol com sotaque tão forte que Enkh-Oyun não conseguia entender o que dizia. Nosso cavaleiro precisava traduzir para ela.

— Lamento, não sei falar mongol tão bem — desculpava-se ele com frequência. — Quando comecei na escola, não sabia uma palavra em mongol, só em tuviniano. Como não conseguia compreender nada, saí da escola depois do primeiro ano. Só fui aprender mongol no serviço militar. — Ele riu. — Mesmo tendo casado com uma mongol, com filhos que só falam mongol, não consigo me fazer entender direito nessa língua.

Araganal pertencia ao povo Tuva, ou tsaatan, como são chamados na Mongólia — *tsaatan* significa «rena» em mongol. Em 1944, quando a República de Tuva foi anexada à União Soviética, centenas de pastores de rena nômades cruzaram a fronteira da Mongólia. Em 1956, os refugiados de Tuva obtiveram do governo da Mongólia a autorização de residência permanente. Hoje, restam apenas cerca de trezentos indivíduos dessa etnia na Mongólia. No lado russo, em Tuva, são cerca de 250 mil. A exemplo de tantos habitantes originários que encontrei em antigos países comunistas, Araganal não se considerava pertencente a uma minoria exótica.

— Nasci na Mongólia — disse ele, dando de ombros. — Minha mulher é mongol, meus filhos são mongóis. A única coisa que me separa dos demais mongóis é que vivo numa *lavvu* e lido com renas, além de não dominar o idioma mongol tão bem.

— Não é ruim viver uma vida assim tão solitária? — perguntei.

— Não, já vivo assim há muito tempo, desde quando era criança. Estou acostumado a viver sozinho. — Ele me encarou, pronto para a próxima pergunta.

— Não sente saudades da sua família?

— Quando nascerem os filhotes, na primavera, meus filhos virão aqui acompanhados das famílias. Ficarão comigo até quando aguentarem o frio. — Ele riu, revelando as gengivas sem dentes. — Às vezes é até mais difícil com tanta gente por perto. Eu quase enlouqueço. Quando me perguntam se quero um vizinho durante o inverno, sempre digo que não. Quero estar sozinho e livre. — Ele começou a se revirar incomodado. — Mais perguntas?

— Costuma visitar a esposa em Tsagaanuur? — Nosso cavaleiro nos contou que a esposa dele havia se mudado para a aldeia havia alguns anos, depois de ter problemas de hipertensão.

— Não, não gosto da cidade — respondeu Araganal. — Carros demais, motocicletas e crianças, é muito para mim. — Ele bebericou o chá quente. — Quer saber mais alguma coisa?

— Como é um dia normal para você?

— Levanto de manhã, solto as renas e caminho com elas. À tarde volto e corto lenha. Depois vejo as renas novamente. À noite volto para a tenda e faço comida. Tudo sozinho, só não costuro roupas, mas homens da minha geração fazem tudo sozinhos — disse ele orgulhoso. — Só como uma vez ao dia — acrescentou. — Sempre foi assim. Não consigo comer mais do que isso. Mais perguntas?

— Não é frio demais aqui no inverno? — Lá fora a temperatura já era negativa em dois dígitos. O cavaleiro remexia as achas de lenha para nos manter aquecidos.

— Não, é ameno. Só sinto frio quando vou para a aldeia, para Tsagaanuur. Às vezes a viagem pela neve pode levar cinco dias. Quando vamos para a cidade, montamos no lombo das renas. São mais rápidas do que os cavalos na neve, nunca escorregam, nunca tropeçam.

— O que gosta nas renas? — Ele me olhou sem compreender.

— O que eu gosto nas renas? Não sei dizer. É a maneira como vivo. Cresci com elas.

— Dá nomes a elas?

— A algumas. — Ele ficou mudo um instante e continuou: — Não a todas. Não preciso marcá-las, conheço bem as minhas. Os mais jovens hoje marcam as suas com números nas orelhas. Não são espertos o bastante para reconhecê-las.

— Era diferente ser um pastor de renas na época do comunismo?

— Durante o comunismo as renas pertenciam ao Estado, agora são minhas; exceto por isso, é a mesma coisa. — Ele encolheu os ombros. — Não faz diferença se pertencem a mim ou ao Estado, não era algo que me afetasse ou preocupasse. O trabalho era e continua sendo o mesmo. Acompanho as renas o ano inteiro, vou aonde elas vão, mudo conforme seja preciso. Só no outono me mudei três vezes.

— Tem alguma religião? — eu quis saber.

— Não, não preciso. Minha filha é xamã, mas não me importo com essas coisas. Mais perguntas?

— Não, acho que já perguntei tudo que eu queria saber — respondi. Araganal saltou de pé, visivelmente aliviado.

— Que bom, porque acho que já falei tudo que sabia — disse ele. Afastou a porta de lado, saiu da *lavvu* e foi até o curral inspecionar as renas. Lá fora já estava escuro. As renas estavam amontoadas e roncavam quando entrei na *lavvu* de hóspedes. Ao longo da noite a temperatura despencou para 20 graus negativos. O cavaleiro acordou algumas vezes para manter a chama acesa. Assim que ela se apagava, o frio que fazia na *lavvu* era congelante. Congelei tanto que meus músculos doíam. Quando nos levantamos, ainda de madrugada, até a água e meus lenços umedecidos estavam congelados. As árvores e o chão estavam cobertos de escarchas. Araganal e as renas já haviam partido.

***

— Eu sabia que estavam a caminho — disse Khalzan com um sorriso largo no rosto. Sua *lavvu* era bem mais aconchegante que a de Araganal. Do lado de fora havia um pequeno painel solar instalado, e logo na entrada chamava atenção um grande e antiquado telefone celular, que começou a tocar logo que chegamos. Ao lado do fogão a lenha, dois pães fermentavam.

— Quando estava voltando para casa com as renas, avistei dois pássaros — revelou Khalzan. — Eles começaram a conversar, e, pelo que disseram, compreendi que receberia a visita de duas pessoas bem falantes. Os pássaros nunca me avisariam de visitas do sexo masculino, então eu já sabia que vocês eram mulheres. Hoje é um bom dia! — Ele sorriu, revelando seus dentes manchados de marrom. — Adoro mulheres!

Khalzan era mais educado do que os outros jovens que encontramos na taiga. Tinha 43 anos, feições bonitas e regulares e pele lisa, mas seu olhar era baço e triste.

— Eu sei falar com renas também — disse ele. — Elas se comunicam comigo pelo olhar. As renas contam tudo com os olhos. No meio de cada mês faço uma cerimônia à noite e renovo minha conexão com a terra. Fora isso, acompanho minhas renas, caço, penso no passado e no futuro, e nas coisas que meu avô e meu pai me ensinaram. Tenho muito tempo para pensar, mas nunca me sinto só. Mas, me digam, o que traz duas garotas aqui neste frio? Quer dizer, frio para vocês, eu mesmo não acho que esteja tão frio assim. Só quando faz -40 graus podemos dizer que está frio, na minha opinião. No inverno, a propósito, não moro aqui, mas vou para mais perto da fronteira russa, que fica a apenas 50 quilômetros daqui. — Ele riu. — Às vezes as renas cruzam a fronteira. Então não tenho escolha a não ser cruzar a fronteira ilegalmente e trazê-las de volta. O que mais eu poderia fazer? Entregá-las de mão beijada aos russos?

Como Araganal, Khalzan era nascido na Mongólia. Sua família fugiu para o lado mongol da fronteira na década de 1950, logo após a morte de Stálin, quando a opressão sobre o povo Tuva se atenuou.

— Os russos estavam tentando forçar o povo Tuva a se fixar na terra e abandonar o nomadismo, como eles próprios faziam — explicou Khalzan. — Durante a Segunda Guerra Mundial, todos os jovens tuvinianos foram convocados para a guerra, na maioria das vezes para o front. Quando a guerra terminou, eles geralmente eram convocados para a marinha, e detestavam. Após a morte de Stálin, cerca de vinte famílias fugiram da nossa aldeia pela fronteira com a Mongólia. Meu pai ainda era criança, mas se lembrava muito bem e sempre nos contava como tinha sido traumática a fuga. Ao longo do caminho, eles tiveram que atravessar um rio em plena inundação, e tiveram que nadar e boiar agarrados a blocos de gelo. Eles queriam escapar da União Soviética, mesmo que isso lhes custasse a vida. A taiga aqui na Mongólia é desde sempre a terra ancestral do povo Tuva, sempre moramos nessa região. Como eles estavam sendo perseguidos por soldados russos, só podiam se movimentar à noite. Cerca de metade deles foram capturados e enviados de volta para a União Soviética. — Pela abertura da *lavvu*, avistamos as renas brancas que passavam à espreita. Algumas nos olhavam com curiosidade.

— Eu cresci com as renas — disse Khalzan. — Meu pai começou a pastorear renas logo depois do serviço militar. Eu gosto desta vida. Não consigo imaginar uma vida sem as renas.

Um grande tambor estava encostado na parede da tenda. Exceto por isso, nada indicava que Khalzan era um xamã célebre além das fronteiras da Mongólia.

— O inverno é calmo, mas no verão aqui vem muita gente, principalmente estrangeiros — contou. — As pessoas me perguntam sobre tudo. Os jovens querem saber onde vão morar. Eles se perguntam se deveriam viver na Europa ou na Ásia, ou talvez na Austrália? — Ele riu e balançou a cabeça. — Pelo visto, o país de onde vêm não é bom o suficiente para eles. Por que não podem simplesmente viver onde nasceram? As pessoas hoje em dia fazem muitas mudanças. Em vez de se mudar, melhor seria viver no lugar de onde vêm seus pais e avós. *Lá* é sua terra. É a *ela* que pertencem.

O avô materno de Khalzan também era xamã.

— O xamanismo segue o sangue — explicou. — Quando criança, eu ficava muito doente. Para salvar minha vida, minha mãe me mandou para a taiga, para a casa do meu avô materno. O xamã me salvou. Me curei, ganhei um novo nome e fiquei morando com meu avô e os outros xamãs da taiga. Era uma vida boa. Mas, quando eu tinha sete ou oito anos, os soldados apareceram aqui. Queimaram todos os utensílios xamãs que encontraram. As mulheres choravam. Uma cultura centenária virou fumaça em questão de minutos. No tempo dos soviéticos, todos deveriam ser iguais, ninguém deveria estar acima dos outros. Não deveria haver xamãs. Meu avô foi levado e encarcerado por quatro anos, de 1981 a 1984, por praticar xamanismo. Ele já era um ancião com mais de sessenta anos. Os outros prisioneiros logo souberam que ele era xamã e se achegaram para pedir conselhos e ajuda, então seus dias na prisão foram agitados. O vovô costumava brincar que ele tinha ido para a cadeia porque precisavam de sua ajuda lá.

O aroma de pão saído do forno tomou conta da *lavvu*. Com movimentos precisos, Khalzan desenformou o pão e o fatiou para nós.

— O pão não está gostoso? — Ele sorriu. — Em 1990, quando os comunistas perderam o poder, vovô disse que os bons tempos estavam para chegar. Foi quando me tornei xamã. Só faço coisas boas; por exemplo, ajudo pessoas que têm problemas de saúde. Estou no lado da luz, no lado pacífico, cultivo a conexão com a terra e com as vidas passadas. Como xamã, você deve amar a terra. Hoje as pessoas passam fome porque tratamos mal a terra, as pessoas estão cegas pelo dinheiro. Tudo muda. Se continuarmos a cavar a terra para extrair carvão e ouro, o que restará para nós? Se destruirmos a terra, onde vamos viver?

O sol estava alto no céu quando selamos os cavalos e saímos da tenda do xamã. Khalzan acenou gentilmente para nós.

— Espero que você escreva minha história no livro! — gritou ele quando já estávamos bem longe.

Quinze minutos depois, cruzamos com três turistas: uma jovem colombiana, uma belga de quarenta e poucos anos e um rapaz alto, de barba comprida, também belga. Eles estavam envoltos em roupas tradicionais da Mongólia, como nós. A colombiana olhava fixamente para frente debaixo das camadas de roupa, o rosto pálido. Eles vinham de longe para passar uma noite com Khalzan, o famoso xamã da Taiga Ocidental.

— Demorou muito? — perguntou o jovem belga.

— Não está mais tão longe — assegurei. — Uns quinze minutos, talvez.

— Não, não, quanto tempo levou? — Olhei para ele sem compreender.

— A *cerimônia*, quanto tempo demorou?

— Ah, nós não pedimos uma cerimônia — respondi. Ele me olhou frustrado.

— Por que não?

Dei de ombros.

— Só viemos conversar.

— Sim, mas você não quis saber *nada*?

No caminho de volta para Araganal, pensei sobre o que deveria ter aproveitado para perguntar a Khalzan. Quantos filhos terei? Se vou me separar? Quanto tempo vou viver? Se grandes tragédias me aguardam?

Cheguei à conclusão de que não queria mesmo saber a resposta para nada disso.

* * *

Quando retornamos à tenda de Araganal, Enkh-Oyun, a guia, insistiu que fizéssemos as malas e voltássemos logo para a aldeia. Queria dormir numa cama quentinha à noite, explicou, e não suportava a ideia de mais um pernoite numa *lavvu* da taiga, a uma temperatura de 20 graus abaixo de zero. O cavaleiro achou que não havia por que voltarmos tão tarde. Estaria escuro antes de chegarmos ao nosso destino.

Pernoitamos ali mais uma vez. A escuridão veio trazendo junto a neve. Araganal ainda não tinha voltado para casa, mas um amigo dele, Duujii, veio visitá-lo. Duujii tinha ido ver a família em Tsagaanuur, onde estudavam seus filhos, e estava a caminho de sua tenda na taiga. Assim como Araganal, tinha pouco mais de cinquenta anos, mas também aparentava uns setenta.

— As renas são especiais, não são como cabras ou ovelhas, requerem técnicas completamente diferentes — disse Duujii.

Ele também apreciava a vida de eremita na taiga.

— Não consigo pensar em nada que eu não goste nesta vida — disse ele. — O que posso um dia ter desgostado hoje virou um hábito e já não é algo em que penso.

Lá fora nevava intensamente. O chão já estava coberto por um manto espesso e branco.

— O único problema são essas novas áreas demarcadas onde as renas não podem mais pastar e onde ninguém pode viver — disse Duujii. — Devem ter encontrado ouro e pedras preciosas lá, então as áreas são protegidas por soldados 24 horas por dia. Se piorar de agora em diante, serei obrigado a voltar para a Rússia.

— É só atravessar a fronteira e pronto? — perguntei.

— Foi assim que viemos para cá, então por que não? — Ele consultou ansioso o relógio. — Por que ainda não chegou? Espero que nada tenha acontecido com ele. Já devia estar aqui.

Preparamos o jantar, comemos e só então Araganal finalmente voltou com as renas. Ele sorriu de orelha a orelha e nos cobriu de agradecimentos:

— Vocês trouxeram a neve, finalmente ela chegou! Muito obrigado por trazerem a neve com vocês, eu lhes devo um grande agradecimento! — Na manhã seguinte, acordamos com uma paisagem branca como giz. Antes de partirmos, demos a Araganal algumas cédulas de dinheiro em retribuição à hospitalidade. Ele as enrolou e enfiou numa bolsinha costurada à mão que estava pendurada na *lavvu*.

— Enfio aqui várias coisas que são boas: alguns cigarros, dinheiro, um pouco de comida, uns retalhos de pano — explicou. — São oferendas aos espíritos. Ajudam a trazer sorte e bênçãos.

— Achei que não era religioso — eu disse.

— Não sou mesmo — respondeu ele, saltitando na direção das renas que o esperavam.

Caçadores de fortuna

As pedras estreitas e ovaladas estavam empilhadas sem nenhum ordenamento aparente. Algumas delas tinham entre 2 e 3 metros de altura, outras não mais que meio metro. Embora os desenhos estivessem desgastados pelo clima, pelo vento e pelo passar dos séculos, alguns ainda eram surpreendentemente nítidos. Quase todos eram representações de cervos ou renas, bastante estilizados, a caminho do céu. Num ou noutro podiam-se até perceber vestígios dos pigmentos.

— Antigamente, os mongóis acreditavam que os mortos eram transportados para o céu no lombo de um cervo — explicou Esee, que me conduziria pela Mongólia até a fronteira chinesa. Esee tinha trinta e poucos anos e aprendera inglês com a ajuda de um curso em fita cassete. Se não tivesse me contado, eu presumiria que ele havia estudado em alguma universidade inglesa ou morado nos Estados Unidos.

Essas pedras ovaladas com desenhos de cervos podem ser encontradas em toda a Mongólia, mas são mais comuns no norte. As pedras têm cerca de 3 mil anos, ou seja, datam da Idade do Bronze. Ninguém sabe por que elas foram erguidas.

— Está vendo esta? — Esee perguntou, apontando para uma das mais altas e estreitas. Um rosto havia sido esculpido no topo. — Esta é a única pedra que traz uma face humana, o rosto de uma mulher. Segundo a lenda, o chefe de uma das tribos daqui caiu de amores por uma mulher da tribo vizinha e quis se casar com ela. Devia ser extraordinariamente bela. O chefe da tribo da mulher, porém, rejeitou a proposta, e assim uma guerra irrompeu entre as duas tribos. A bela mulher vestiu-se de guerreira e participou dos combates. Ninguém a reconheceu, e ela foi morta. Todos ficaram muito tristes quando descobriram que ela havia morrido, e esse obelisco foi erguido em seu túmulo, é o que se diz.

Seja como for, não foram encontrados vestígios de restos humanos nas rochas dos cervos, apenas esqueletos de animais. No vale circundante, por outro lado, foram encontradas mais de 1.400 sepulturas, grandes e pequenas. Muitas delas estão indicadas com pilhas de pedra, outras são visíveis apenas como elevações no terreno. Havia uma conexão entre os túmulos e as pedras? Seria este um lugar de sacrifício, onde eram realizados rituais xamânicos? Sabe-se muito pouco sobre os humanos da pré-história. Quem eram? No que acreditavam? Não importa quanto pesquisemos, estaremos sempre à mercê de suposições com base nos poucos vestígios concretos que deixaram para trás. Como essas rochas estreitas e oblongas com cervos alados e um solitário rosto humano.

O carro de Esee, um Land Cruiser, era um paraíso comparado à van russa. Quando penso na Mongólia, são essas paisagens desoladas, cheias de céu e cores, que me vêm à lembrança. A vista além do para-brisa só se estendia, nunca acabava. A paisagem era monótona, mas mesmo assim em permanente mudança. A grama variava do esverdeado ao amarelo, as montanhas ao longe podiam ser marrons, azuis, vermelhas ou verdes. Num instante ladeávamos uma paisagem lunar e prateada, as colinas se propagando como ondas suaves, em todas as direções; no outro, estávamos perto de um rio azul cor de aço, diante do qual uma cáfila de camelos estacionou para saciar a sede. Nesta região da Mongólia quase não existem estradas. Mantivemos um curso constante para o sudoeste e navegamos na direção do sol atravessando um mar de sulcos e buracos. Ocasionalmente cruzávamos com uma família nômade em trânsito, com camelos carregados, rebanhos de ovelhas, cabras, vacas e cavalos a reboque.

Na tarde do segundo dia, encontramos outro carro enguiçado. Uma mulher e quatro homens não tiveram escolha a não ser acampar ao lado do carro; estavam ali desde o dia anterior. Pareciam com frio. Esee deu-lhes um pouco de comida, depois seguimos viagem.

— Na Mongólia, você sempre tem que parar quando vê alguém em necessidade — disse ele. — Pode demorar muito até alguém aparecer da próxima vez. Mas aqueles ali precisam da ajuda de um mecânico, não havia nada que pudéssemos fazer por eles.

Quando paramos um pouco mais tarde para um almoço tardio, tivemos a companhia de cinco homens numa UAZ-452 russa. Esee lhes ofereceu chá e comida, que eles não hesitaram em aceitar. O mais novo tinha vinte e poucos anos e um rosto pequeno e redondo, mas era grande e espadaúdo; o mais velho estava na casa dos cinquenta. Era hidrogeólogo, segundo disse, e esteve envolvido na escavação de muitos poços naquela região.

— E agora vai cavar mais poços? — indaguei.

— Não, estamos procurando ouro. — Ele riu quando viu a expressão no meu rosto. — Há muito ouro nessas áreas — explicou. — Todos os pastores da região têm detectores de metal. Quando saem com os animais, aproveitam para procurar ouro. Eu mesmo procuro ouro no meu tempo livre há dez anos.

— E já encontrou alguma coisa?

— Ah, sim, uma vez encontrei uma quantidade equivalente a 20 mil dólares num só dia. Foi um dia e tanto!

Enquanto Esee e eu servíamos mais chá e conversávamos com os outros membros da comitiva, o geólogo caminhava em volta estudando as rochas. Ele pareceu identificar algo e quebrou algumas delas em metades.

— Nada de valor aqui — sentenciou. — Mas logo ali corre um veio dourado de 80 quilômetros de extensão. Da última vez que estivemos aqui, encontramos 500 dólares de ouro cada. Venham conosco, vamos mostrar a vocês.

Dirigimos atrás deles por um instante. Depois de alguns quilômetros, eles desviaram dos rastros de pneus e seguiram rumo a uma montanha baixa e marrom. Chegando lá, os garimpeiros estavam a todo vapor preparando o detector de metais. A pequena montanha estava toda perfurada de buracos, a maioria deles com apenas 1 metro de profundidade e cerca de 2 a 3 metros de diâmetro. Em alguns lugares os buracos estavam mais próximos e eram mais profundos, talvez com 5 a 6 metros, com canais interligando uns aos outros. Os homens se revezavam examinando os buracos, montes e pedras. O mais novo varreu a área com o detector de metais. Ele examinou minuciosamente todos os buracos escavados, às vezes parando e prestando muita atenção antes de seguir em frente.

Ficamos lá aproximadamente meia hora. Ventava muito e fazia frio, mas eles não se deixavam afetar. Estavam concentrados demais para isso. Trabalhando. A febre do ouro os mantinha aquecidos.

— Este costumava ser o melhor lugar — explicou o geólogo. — Pelo visto, agora não é mais. Ficou muito conhecido.

Esee e eu fomos embora e os garimpeiros fizeram o mesmo. Eles seguiram na direção da montanha seguinte, enquanto nós continuamos indo para o sudoeste, perseguindo o poente, rumo à fronteira chinesa.

Cerca de 100 mil mongóis ganham a vida, no todo ou em parte, como *ninja miners*, garimpeiros ilegais. De acordo com o governo mongol, esses garimpeiros não autorizados extraem até 5 toneladas de ouro por ano. Milhares de mongóis também trabalham na extração ilegal de carvão em túneis de mineração fechados ou escavados artesanalmente, bem mais perigosos.

Ninguém sabe quantas pessoas morrem a cada ano na caça ao ouro negro.

A Mongólia é excepcionalmente rica em minerais. Durante o comunismo, os russos expandiram Erdenet, a capital do cobre, ao norte. Na década de 1980, essa única mina, da qual os russos ainda possuem metade, representava 80% do PIB da Mongólia. Hoje, a mina Erdenet está sendo suplantada pela mina Oyu Tolgoi, no deserto de Gobi, cujo tamanho estimado é dez vezes maior. Em alguns anos, quando estiver totalmente operacional, Oyu Tolgoi estará entre as maiores minas de cobre e ouro do mundo, devendo aumentar o produto interno bruto da Mongólia em pelo menos 30%, apesar de a notória multinacional Rio Tinto e a canadense Ivanhoe Mines juntas possuírem dois terços da mina. Embora a Mongólia tenha sido dominada pelos vizinhos no passado — primeiro China, depois União Soviética —, as estepes mongóis são governadas hoje pelo cinismo das corporações multinacionais. A Mongólia deu um passo importante do comunismo para o capitalismo e o neoliberalismo, atraída pelas forças do livre mercado.

Prosseguimos a viagem para o oeste. Grandes aves de rapina planavam preguiçosas nas correntes de ar, vez ou outra um bando de gazelas cruzava em disparada as marcas de rodas bem à nossa frente; algumas vezes avistamos toupeiras e pequenas raposas prateadas. Esee passava o tempo ensaiando canto gutural, deixando escapar tons graves e semitons agudos pela boca entreaberta. Ele tossiu e trouxe as mãos ao pescoço.

— O que achou? Sou bom nisso? — perguntou enquanto massageava a garganta. Fiz que sim. Ele sorriu orgulhoso e emitiu mais sons guturais. Naquela noite, chegamos a uma vila pobre e castigada pelo vento, famosa por seus cantores guturais. Esperávamos conhecer Dashdorj Tserendavaa, o mais célebre deles. Ele estava na aldeia, nos disseram, e queria nos conhecer, mas no momento estava ocupado jogando cartas. Enquanto esperávamos que Tserendavaa terminasse seu carteado, nos instalamos na única hospedaria da aldeia, um pequeno galpão com três camas vazias.

Estávamos a ponto de perder a esperança de conhecer Tserendavaa quando nos avisaram, quase à meia-noite, que ele estava pronto para nos receber. Ele veio pessoalmente nos buscar; era um homem gigante, alto e largo, de rosto inchado. A pança enorme era contida por um cinto largo e apertado. Sua voz era profunda, absolutamente grave, e rouca depois de anos e anos fumando. A mulher, que nos serviu macarrão e chá com leite, era quase tão larga quanto o marido.

— Meu pai, que era pastor de cabras, me ensinou o canto gutural quando eu tinha cinco anos — contou Tserendavaa. Ele enxugou o suor do rosto com um lenço e acendeu um cigarro. — É muito difícil. Você deve praticar bastante para não tossir, e sua garganta deve estar completamente relaxada para que o ar possa passar livremente pelas cordas vocais. Com a língua e a cavidade oral, produzimos os sobretons. Fiz minha primeira apresentação aos dezesseis anos. Demorou mais de uma década para eu me aperfeiçoar e poder subir ao palco. Você tem que ser paciente e exercitar os pulmões. Um cantor gutural deve ter bons pulmões, deve ser capaz de prender a respiração por muito tempo.

A esposa despejou mais chá com leite em nossas tigelas. Tserendavaa sumiu por um bom tempo e voltou trazendo uma pasta com várias reportagens e entrevistas que havia concedido. Ele esperou pacientemente enquanto eu folheava. Então nos convidou para entrar em sua iurte.

— As fotos saem melhores aqui do que na casa — disse ele, sentando-se sobre uma das camas. Esee e eu nos acomodamos em dois banquinhos.

— A tradição remonta aos hunos — explicou o mestre enquanto vestia suas roupas de palco: um largo manto azul com grandes mangas de pele marrons, decorado com dragões de ouro, um grande chapéu azul e sapatos de couro pontiagudos. Sua esposa veio ajudá-lo a calçar os sapatos.

— O canto gutural é a verdadeira expressão dos mongóis, são nossos sentimentos e nosso sacrifício à natureza — explicou Tserendavaa quando terminou de se vestir. — O canto gutural dá sentido à minha vida, e me faz sentir bem quando canto. Ganhei minha primeira medalha de ouro no festival de música de Ulaanbaatar de 1981. Apareci na TV e nos jornais. Meu pai ficou orgulhoso de mim. Pessoalmente, o que me dá mais orgulho é que consegui ensinar o canto gutural a todos que queriam aprendê-lo, independentemente de idade ou gênero. Ensinei a mulheres e homens, crianças e adultos, mongóis e estrangeiros. Ao longo desses anos os grandes teatros musicais de Ulaanbaatar me ofereceram emprego, mas eu pertenço a este lugar, esta pequena aldeia. Embora viva aqui, minha voz é famosa em toda a Mongólia e até no exterior. Por que ir para outro lugar?

Ele acendeu outro cigarro, o quinto ou sexto.

Esee contou que sabia um pouco do canto. Tserendavaa assentiu.

— Quase todos os mongóis sabem os sons básicos — disse ele. — É parte da nossa cultura. Vamos ouvir.

Esee limpou o pigarro e começou. O mestre escutou atento.

— Dez dias de aula comigo e você aprenderá a cantar — foi o veredito. Ele acendeu mais um cigarro e apanhou um velho e tradicional instrumento de cordas, um *morin khuur*, «rabeca de cabeça de cavalo». — Meu pai comprou para mim quando eu tinha cinco anos — disse Tserendavaa. — Custou 75 tugriks, uma fortuna na época.

Então começou a tocar. O arco corria sobre as cordas, os dedos corriam de cima para baixo na escala de madeira. Depois de concluir a primeira música, decerto um clássico, ele tocou outra sobre as diferentes andaduras do cavalo. A melodia era tão vivaz que podíamos ver os animais na nossa frente, galopando, trotando, caminhando e voltando a galopar mais uma vez. Tserendavaa nos encarava nos olhos enquanto tocava e observava nossas reações com atenção. Seu carisma era imenso, ainda que não estivesse sobre um palco, mas sentado num banquinho, e ainda que fôssemos apenas dois na plateia.

— Existem dois estilos principais de canto gutural — explicou Tserendavaa. — O profundo, chamado *kharkhiraa khöömii*, e o mais delicado, que por sua vez é dividido em sete subtipos. — Ele listou os sete subtipos enquanto eu tentava em vão escrever os complicados nomes mongóis. Depois tivemos uma demonstração de um dos sete subtipos, acompanhado do instrumento de cordas.

Os agudos que escapavam através de seus lábios salientes sobre a voz grave profunda subjacente formavam uma ressonância curiosa, mas estranhamente bela. Quando terminou, exalou profundamente, acendeu mais um cigarro e enxugou o suor do rosto.

— Gostariam de assistir a um vídeo do primeiro festival de música do qual participei, em 1983? — ele então perguntou, depois de ter deixado a postos uma pequena TV sobre um banquinho. A gravação era em preto e branco e de qualidade bastante ruim. Tserendavaa era o caçula dos músicos do pequeno grupo. Na gravação do DVD, devia ter uns vinte e tantos anos, era charmoso e bonito, com um olhar radiante. Esee ficou surpreso com o fato de o jovem no DVD ser o mesmo que o velho e gordo sentado na nossa frente, e não se conteve. Até tentei impedi-lo de dizer isso em voz alta, mas Tserendavaa apenas riu. Antes de nos levar de volta ao nosso galpão, ele nos vendeu um CD e cobrou um preço exorbitante pelo show particular. Show business é show business em qualquer lugar.

***

No final da manhã seguinte, chegamos a uma estrada nova e pavimentada. Tínhamos a estrada larga apenas para nós; era como dirigir sobre um tapete de veludo. Havia uma quantidade excessiva de placas de sinalização no acostamento. Informavam os limites de velocidade, que, na melhor das hipóteses, são vistos como indicativos na Mongólia, e havia outras alertando que as ultrapassagens eram proibidas, embora ninguém estivesse passando por ali. Qualquer curva, mesmo que suave, era sinalizada como «curva perigosa». A estrada pavimentada levava à fronteira chinesa. A Mongólia está completamente cercada por seus dois poderosos vizinhos; no norte faz fronteira com a Rússia, enquanto a China envolve o país no sul, no leste e no oeste. Para chegar ao Cazaquistão, tive que atravessar Xinjiang, a região mais ocidental e conturbada da China.

Durante a era comunista, mais de 95% do comércio ocorria com a União Soviética. Depois que a Mongólia se tornou uma democracia, em 1990, o pêndulo balançou para o outro lado. Hoje, a China, a antiga inimiga da Mongólia, é de longe seu maior parceiro comercial. Mais de 80% do total exportado agora vai para os chineses, fato que era materializado pelo impecável pavimento da estrada no último trecho em direção à fronteira. A nova estrada asfaltada foi − não surpreendentemente − financiada pelo governo chinês.

O cd de Tserendavaa tocava no *repeat*. Esee ensaiou diligentemente as canções do Mestre, e, na manhã seguinte, quando enfim chegamos à fronteira chinesa, ele já estava cantando bem melhor.

Proibido o acesso de estrangeiros

Só um pequeno grupo de turistas era autorizado a sair da Mongólia a cada vez. O resto de nós tinha que esperar em pé defronte ao portão da fronteira até o guarda achar que era hora de deixar passar outros três ou quatro. O vento da manhã era gelado e eu fiquei saltitando de um lado a outro para me manter aquecida. Um homem de quarenta e poucos anos perdeu a paciência e começou a sacudir a cerca gritando para o guarda de fronteira. O guarda ficou tão irritado que destrancou o portão e agarrou pelo pescoço o homem furioso, que só não ficou ainda mais furioso porque não conseguia mais respirar. Dentro do prédio da estação de fronteira reinava o mais puro caos. Um jovem soldado tentava de qualquer maneira administrar as filas que levavam ao controle de passaportes. Em tese, todas as bagagens deveriam ser vasculhadas, mas apenas um ou outro turista atirava as malas na esteira de raios x. Eram tantas pessoas tentando atravessar ao mesmo tempo o detector de metais que os painéis de plástico racharam. Foi nesse cenário que os dois controladores de passaporte sumiram pela porta dos fundos para tomar chá. Quando finalmente chegou a minha vez, a inspetora de passaportes recebeu a visita da filha pequena e se esqueceu da fila. Só quando a filha se foi, ela pegou meu passaporte e o folheou lentamente, como se estivesse entretida num romance.

— *Do you know Chinese?* [Você sabe chinês?] — ela finalmente perguntou.

— *Not a single word* [Nem uma só palavra] — respondi.

Ela me lançou um olhar solidário e carimbou meu passaporte me autorizando a deixar a Mongólia.

O lado chinês da fronteira, por outro lado, era um sonho burocrático. Os guardas de fronteira eram sorridentes e solícitos, e as filas sumiram como num passe da mágica.

— Quais lugares você vai visitar? — perguntou a jovem do controle de passaportes.

— Ürümqi e outro lugar cujo nome não lembro agora — respondi.

— Não se lembra do nome? — ela perguntou espantada e começou a rir. — Qual é o seu propósito em visitar a China?

— Turismo — menti.

Seguiu-se o som tranquilizante dos carimbos.

Quem acaba de cruzar uma fronteira se transforma numa presa fácil. O viajante está confuso, sobrecarregado, e não sabe direito como as coisas funcionam. Claro, não é preciso pensar muito para evitar ceder aos apelos do motorista de táxi mais ansioso e atrevido, mas muitas vezes é como as coisas se desenrolam. Assim que deixei o limite seguro e acolhedor do posto de fronteira chinês, fui atacada por um bando de homens sobressaltados: «Ürümqi? Ürümqi?». Eles gritavam e se acotovelavam, e, antes que eu pudesse protestar, um deles se apoderou da minha mala. Os outros educadamente se afastaram. Eu tinha sido capturada.

O homem que agarrou minha mala se chamava Sultan. Ele era cazaque, como vim a descobrir depois, e sabia um pouco de russo:

— Espera mais duas pessoas e parte — prometeu. — Viagem oito horas Ürümqi. Primeira parada, pequeno descanso, comer almoço. Destino oito da noite, cem por cento garantido.

As últimas quatro palavras me deixaram ressabiada, mas os outros motoristas haviam evaporado. Quinze minutos depois, felizmente, todos os passageiros estavam em seus lugares e podíamos partir. Após cinco minutos de viagem, o motorista parou e um sexto passageiro subiu a bordo e se sentou no colo do homem ao meu lado. Eram coxas e cotovelos por toda parte. As perspectivas para as próximas oito horas não pareciam boas, mas descobri que não precisava me preocupar, porque já depois de alguns quilômetros paramos novamente. Os outros passageiros saíram do carro e sumiram de vista. Sultan apontou para uma humilde estalagem.

— Almoço — disse ele. — Estou loja ao lado. Pego você quatro horas.

— Quatro horas? Mas serão quatro horas de pausa! —protestei. Ele assentiu e deu de ombros.

— Me dê minha bagagem — exigi. — Vou pegar outro táxi. Ou um ônibus. Deve haver um ônibus.

Sultan abanou a cabeça:

— Sem ônibus. Sem táxis. Não aqui, não hoje.

Atravessei a estrada e abordei um grupinho de homens que reconheci da travessia da fronteira.

— Passa algum ônibus aqui para Ürümqi? — perguntei.

Um deles, um jovem com migalhas de pão no bigode, falava um pouco de russo:

— Há ônibus saindo de lá — disse ele, apontando para a direita.

Sultan havia me seguido e interveio na conversa num idioma que eu não compreendia.

— Mas não há ônibus agora — acrescentou o homem de bigode sujo. — Também não há táxis. Você precisa esperar dar quatro horas.

Desisti e fui almoçar. De vez em quando, eu saía até a calçada para verificar se o carro de Sultan ainda estava lá, se ele não tinha fugido com todos os meus pertences.

PROIBIDO O ACESSO DE ESTRANGEIROS

Sultan não fugiu. Depois que comi o macarrão e saí do salão do restaurante esfumaçado, ele surgiu pela calçada e fez um gesto para que eu viesse até a loja vizinha. Do teto pendiam candelabros vistosos e lâmpadas em forma de ursinhos de pelúcia e aviões. As paredes estavam cobertas com um emaranhado de abajures de diferentes cores e formas, além de espelhos de banheiro. Os demais produtos eram um sortimento de esfregões de chão, plugues para tomadas, teclados dobráveis, latas de lixo e vasos sanitários. A balconista, uma jovem de minissaia e *hijab* floral, usava um destes como cadeira. Ofereceram-me um banquinho e uma xícara de chá de manteiga salgado e gorduroso.

— Achei outro passageiro, agora só mais dois — disse Sultan com entusiasmo. — Vejo você quatro horas! — Então ele sumiu pela porta e foi embora carregando minha mala.

Fiquei sozinha sob os abajures. A jovem balconista nos serviu mais chá de manteiga. Um cliente entrou e trocou algumas palavras com ela. Quando retornou, ela me serviu mais chá. Bebemos em silêncio, sem um idioma comum em que pudéssemos nos comunicar. Em dado momento precisei ir ao banheiro. Procurei o caractere chinês para banheiro no aplicativo de dicionário e mostrei a tela do celular à jovem. Ela se levantou, trancou a loja e me seguiu pela rua até um galpão atrás de uma casa grande. O lugar era tão rústico que me aconselharam a fazer minhas necessidades no gramado logo atrás, como muitos já haviam feito antes de mim.

As horas demoravam a passar. Eram quase cinco quando o motorista reapareceu.

— Rápido, vamos sair agora! — anunciou ele e saiu em disparada de volta para o carro. Larguei o chá de manteiga e corri atrás dele. Um menino já estava sentado no banco de trás. Sultan acelerou e, numa velocidade absurdamente alta, abrimos caminho por estradas rurais esburacadas, passando por aldeias pequenas e pobres. Era bem mais sujo do que na Mongólia.

O acostamento transbordava de garrafas, sacos plásticos e outros resíduos. Cada vez que o motorista queria se desfazer de algo, seja uma garrafa de refrigerante vazia ou um cigarro, simplesmente baixava o vidro da janela e pronto. Numa dessas aldeias pequenas e sujas, apanhamos outra mulher, e só então seguimos rumo a Ürümqi.

O percurso foi um pesadelo que durou oito horas. Sultan agarrou o volante e pelo visto não sentia necessidade de pisar no pedal do freio, mesmo nas curvas mais fechadas. O velocímetro nunca marcava menos de 120 quilômetros por hora. O trajeto era sinuoso, às vezes cortando caminho por estradas carroçais. Já estava escuro quando Sultan entrou na rodovia principal. A uma velocidade vertiginosa ultrapassamos ônibus, caminhões, motocicletas, carros e ciclistas. No escuro, faróis surgiam em nossa direção e desapareciam. Sultan não parava de falar no celular e acendia um cigarro atrás do outro, sem jamais diminuir a velocidade. Um CD com música folclórica cazaque tocou em moto perpétuo durante a viagem inteira. A mulher e o menino roncavam inocentemente no banco de trás. Eu sentava com o corpo rijo e os olhos transfixados na estrada. O único momento em que as coisas quase desandaram de vez, é preciso dizer, não foi culpa de Sultan. Outro motorista fez uma ultrapassagem arriscada e veio em nossa direção a toda a velocidade, na contramão. Sultan reagiu rápido, freou bruscamente e desviou para o lado. Escapamos por um triz.

Passava da meia-noite quando chegamos a Ürümqi. Depois de semanas na solidão da Mongólia, o encontro com a capital de Xinjiang foi avassalador. Há mais pessoas vivendo em Ürümqi do que em toda a Mongólia. Arranha-céus negros se erguem à nossa frente como um distópico filme de Batman. Em todos os lugares havia carros, asfalto e arranha-céus quadrados e sombrios.

Fiquei três dias sem pôr o pé fora do hotel. Só no quarto dia consegui me recompor e rastejei para fora da clausura das séries de TV ocidentais às quais, assoberbada de tantas impressões, com uma paciência de Jó eu tentava assistir pela precária rede sem fio do hotel. *The Bridge, Fargo*; quinze segundos aqui, três minutos ali. *Reload* e mais três segundos de imagens pixeladas para me ajudar a escapar da realidade.

O mundo fora do hotel era barulhento, hostil e sujo; todas as superfícies estavam cobertas com uma espessa camada de pó de carvão. Ürümqi significa «belo pasto», mas o nome não poderia ser menos adequado. No inverno, Ürümqi encabeça a lista das cidades com a pior qualidade do ar na China. Embora ainda fosse final de outubro, o ar ardia nas narinas. Os carros ficavam presos em engarrafamentos que mal se moviam, e deixavam escapar um gás azulado e fétido de combustível barato. Lá no alto, além do véu de *smog* cinzento, quase invisível entre os arranha-céus e andaimes, vislumbrei um céu pálido.

Nenhuma outra cidade está mais longe do mar do que Ürümqi. São mais de 2 mil quilômetros até a costa mais próxima.

* * *

Durante a Revolução Russa, tantos refugiados acorreram para Ürümqi que um bairro improvisado surgiu na área ao redor do consulado russo. De acordo com o aventureiro sueco Sven Hedin, que visitou Ürümqi em 1920, as ruas infestadas de lixo no distrito de refugiados eram cheias de buracos de lama tão grandes e profundos que ele mesmo teria visto dois cavalos afogados ali dentro. Ainda existe uma igreja ortodoxa russa em Ürümqi, mas, exceto por isso, os vestígios dos refugiados e a outrora significativa influência russa foram engolidos pelo crescimento anômalo e pelo forte nacionalismo chinês das últimas décadas. Em 1949, os chineses han representavam apenas 6% da população de Xinjiang. Hoje, correspondem a 40%.

A despeito da maior influência han, Xinjiang ainda é uma das regiões mais multiétnicas da China. Não é de admirar, dado que Xinjiang também é de longe a maior região da China e faz fronteira com oito países: Mongólia, Rússia, Cazaquistão, Quirguistão, Tajiquistão, Afeganistão, Paquistão e Índia. Em vários aspectos, a província de Xinjiang é como um continente em si. Com 1,66 milhão de quilômetros quadrados, é maior que Espanha, França, Alemanha e Reino Unido juntos. A única coisa pequena em Xinjiang é a população: a província tem apenas cerca de 23 milhões de habitantes. Xinjiang é certamente grande, mas a paisagem é inóspita. Vastas áreas, como as montanhas Tian Shan e o deserto de Taklamakan, o segundo maior deserto de areia do mundo, são inabitáveis.

Dez anos atrás, o museu regional de Ürümqi reabriu após uma abrangente reforma que o deixou com outro aspecto, renovado e suntuoso, com uma moderna fachada de vidro e espaços de exposição adequados. Na mostra etnográfica, os diversos grupos que compõem a colcha de retalhos de Xinjiang tiveram seu espaço garantido. Iurtes cazaques, quirguizes e mongóis, todas em tamanho real, estão em exibição. Um espaço foi decorado como uma típica sala de estar russa do século XIX. Lia-se no texto informativo que os russos gostam de decorar suas casas e que as mesas redondas são mais comuns, mas também ocorrem mesas quadradas. Os manequins representando russos estavam vestidos com roupas da segunda metade do século XIX, com mantas, rendas, cachecóis, chapéus e tudo o mais a que tinham direito. Os manequins alemães na sala ao lado também exibiam a moda camponesa alemã do final do século XIX. Só depois da visita aos departamentos russo e alemão foi que me dei conta de que as exposições sobre os outros povos provavelmente datavam de épocas

PROIBIDO O ACESSO DE ESTRANGEIROS   235

diferentes — tártaros ou cazaques não costumam mais andar por aí com trajes folclóricos como esses no dia a dia. Para as autoridades chinesas, essa talvez seja a melhor maneira de lidar com «culturas», como objetos de museus folclóricos, acessórios coloridos que se usam em celebrações. Na prática, a relação das autoridades com vários dos mais de cinquenta grupos minoritários do país é tensa, especialmente com os muçulmanos, que predominam em Xinjiang.

Pouco menos da metade da população de Xinjiang é de uigures, um povo túrquico oriundo da Mongólia e da margem sul do lago Baikal, na Rússia. A exemplo de tantos povos da Ásia Central, os uigures têm uma história longa e complicada. Como o próprio nome indica, a Ásia Central, área compreendida entre a Rússia ao norte e o Irã e o Paquistão ao sul, está estrategicamente localizada no coração da Ásia, entre Oriente e Ocidente, e há séculos está vulnerável a exércitos invasores vindos de todas as direções. Os uigures tiveram seu apogeu em meados do século VIII, quando governaram um império que cobria toda a atual Mongólia. Após um século no topo da hierarquia do poder, os uigures foram expulsos pelos quirguizes ienisseis, outro povo túrquico. Muitos uigures fugiram para o oeste e se estabeleceram no reino então conhecido como Dzungaria, que corresponde aproximadamente à atual Xinjiang. Aqui, fundaram, entre outros, o canato Qocho, também conhecido como Uiguristão. Em 1209, os uigures se subjugaram voluntariamente aos mongóis, evitando assim o destino sangrento que se abateu sobre muitos dos povos vizinhos. Uma exceção foram os uigures, que gozavam de grande liberdade sob os mongóis por possuir algo que faltava a eles: a língua escrita. Gengis Khan, que cedo percebeu as vantagens da comunicação escrita, adaptou o alfabeto uigur ao mongol e recrutou uigures alfabetizados para cargos importantes na administração. Em 1390, grandes porções do Uiguristão caíram sob o canato Chagatai, fundado pelo segundo filho mais velho de Gengis Khan, Chagatai. Nessa época, como mencionado anteriormente, os vários canatos mongóis digladiaram-se, e o vasto império estava prestes a implodir. O canato Chagatai foi dividido em Leste e Oeste e sucedido, a partir do século XVII, pelo império Dzungar, o último reino nômade das estepes. Sob os vários senhores mongóis, os uigures, que originalmente eram maniqueus e budistas, foram forçados a se converter ao islamismo.

A província de Xinjiang foi incorporada à China em 1757; «Xinjiang» significa simplesmente «terra nova». Durante os séculos que se seguiram, os uigures preservaram a língua túrquica e a afiliação com o islã, mas tanto a língua escrita quanto a denominação «uigur» deixaram de ser empregadas. Entre os chineses, eram conhecidos como «muçulmanos de turbante», e eles próprios começaram a adotar os topônimos: os muçulmanos de Kashgar se chamavam kashgaris, os de Turpan se chamavam turpanis, e assim por diante. Somente no século XX, quando os soviéticos começaram a fatiar seus vizinhos em nações, e repúblicas soviéticas como o Cazaquistão e o Uzbequistão vieram à luz do dia, foi que os muçulmanos de língua túrquica de Xinjiang novamente começaram a se referir a si mesmos como uigures, herdeiros do reino do Uiguristão. Foram realizadas conferências sobre o idioma uigur, seguidas de uma extensa discussão sobre o alfabeto e as normas ortográficas a serem adotadas.

Um povo antigo havia ressuscitado em Xinjiang. Com o tempo, a emergente autodeterminação dos uigures se tornou uma verdadeira dor de cabeça para os chineses. Nos últimos anos, as autoridades impuseram restrições severas à prática do islã, na esperança de controlar a ascensão do nacionalismo uigur e do islamismo radical. Funcionários públicos, por exemplo, são proibidos de jejuar durante o Ramadã, e em

Xinjiang foi introduzido um limite de dezoito anos para rezar nas mesquitas.[20]

Hoje, três quartos da população de Ürümqi são chineses han, e a cidade parece uma metrópole chinesa comum, poluída e superpovoada, com exceção da área ao redor do grande bazar. Depois de visitar o museu regional, tomei o ônibus para mergulhar numa autêntica experiência centro-asiática. O bazar em si era organizado e estéril, com guardas armados em cada entrada, mas nas ruas circundantes a atmosfera era outra, com mulheres com lenços coloridos e homens usando chapéus redondos e achatados. Grelhava-se carne em cada esquina, e o pão grande, redondo e perfumado era vendido em todos os lugares. Comprei um para saciar minha fome; estava bem seco.

De volta ao casulo seguro de lençóis de algodão branco e à internet sem fio do hotel, me acomodei para assistir aos últimos dez minutos de *The Bridge*. A conexão estava ainda mais lenta que o habitual, e a cada trinta segundos eu era obrigada a fechar todas as telas e começar a recarregar o filme. Por fim, desisti e, em vez disso, sentei na poltrona para assistir à *China Today*, a emissora de TV chinesa para estrangeiros, que exibia noites temáticas sobre o rico passado da província de Xinjiang, sua colorida comunidade cultural e suas brilhantes perspectivas de futuro. Os uigures que tinham acabado de receber do governo casas novas e funcionais orgulhosamente exibiam à equipe de TV o ambiente novinho em folha e moderno, e eram só agradecimentos e elogios. Depois, um engenheiro de capacete e macacão explicou como funcionavam os novos trens de alta velocidade.

---

20 Desde que este livro foi lançado, além da restrição ao direito de ir e vir e da vigilância maciça, o governo chinês deteve mais de 1 milhão de uigures e de outras minorias muçulmanas em «campos de reeducação política», como são chamados.

Em breve, gabou-se ele, a nova Rota da Seda se tornaria uma realidade, e o Oriente e o Ocidente seriam reconectados via Xinjiang. Até agora, o governo chinês investiu 1 trilhão de dólares no projeto de infraestrutura que conectará Ásia a Europa com trens modernos e eficientes. A Rota da Seda está prestes a ressurgir, mas com trens de alta velocidade em vez de caravanas de camelos, e com vagões carregados de roupas baratas de algodão e eletrônicos em vez de seda, papel e porcelana.

Não apenas as ferrovias, mas toda a província de Xinjiang estão no limiar de uma grande mudança. No dia seguinte, visitei Tuyoq, uma vila de peregrinação uigur a algumas horas de carro ao sul de Ürümqi. Nas ruas desertas só se viam trabalhadores chineses pavimentando as vias com diligência e energia e construindo casas de adobe. Assim, pedra por pedra, casa por casa, estavam dando forma a uma tradicional aldeia uigur nova em folha, numa espécie de linha de produção de um museu a céu aberto com moradores escolhidos a dedo, perfeito para receber levas de peregrinos e turistas ávidos para conhecer a «autêntica» cultura uigur.

* * *

Depois de seis dias, chegou a hora de deixar Ürümqi para sempre e continuar a viagem a oeste, em direção ao mar, e rumar para o Cazaquistão.

Tahir, o jovem motorista que me levaria até a estação de trem, consultou aflito o relógio. O trânsito simplesmente não fluía.

— Acho que vai dar — disse ele.

— Temos mais de uma hora até o trem partir — eu disse. — É mais que suficiente.

— Talvez — disse Tahir. — A menos que a fila no controle de segurança esteja muito longa.

Nunca vi tantos policiais, soldados e guardas armados como em Xinjiang. A exemplo da Coreia do Norte, havia controle policial na entrada de todas as cidades, mas, ao contrário de seus vizinhos do leste, os chineses tinham à mão escâneres de identidade e outros equipamentos de alta tecnologia. Cada carro e cada passageiro eram cuidadosamente verificados.

— Não entendo o que esses terroristas pretendem — suspirou Tahir, que também era uigur. — Depois dos ataques mais recentes, a coisa ficou ainda pior.

Desde a década de 1990, a China vem sendo chacoalhada por ataques terroristas realizados por nacionalistas uigures. Nos últimos anos, o número de ataques aumentou em escopo e frequência, talvez como resultado do crescente controle do governo chinês sobre a província de Xinjiang. A coisa toda se tornou um círculo vicioso — a cada novo ato de terror, o governo aperta ainda mais o cerco. Os ataques são tão numerosos que seria impossível listar todos eles. Entre os mais espetaculares está o de outubro de 2013, quando um carro atropelou uma multidão na praça Tiananmen, em Pequim, a mais bem guardada da China, matando dois turistas e ferindo quase quarenta. Além disso, morreram o motorista uigur, sua esposa e sua mãe, que também estavam no veículo. Em março de 2014, um grupo de mulheres e homens vestidos de preto e armados com facas atacou passageiros na estação ferroviária de Kunming, na província de Yunnan. Cerca de trinta pessoas morreram e mais de 160 ficaram feridas. Um mês depois, três terroristas armados com explosivos e facas atacaram passageiros aleatórios na estação de trem em Ürümqi. Além dos dois agressores, mais uma pessoa foi morta e quase oitenta ficaram feridas. Em setembro de 2015, mais de cinquenta pessoas foram mortas num ataque a faca numa mina de carvão em Aksu, no oeste de Xinjiang.

— Eu realmente não consigo entender o que eles querem com isso — repetiu Tahir. — Os chineses são muitos para matarmos todos eles. Além disso, é bom que eles estejam aqui, essa é a minha opinião agora. Temos petróleo e gás. Se não fosse pelos chineses, seriam outros estrangeiros que estariam aqui. Tahir era muçulmano, mas não tão rigoroso:

— Eu só rezo toda sexta-feira. — Ele fez uma careta. — E bebo álcool. Não sou fanático!

Ao contrário de muitos uigures, Tahir também falava chinês fluente e tinha muitos amigos chineses. No entanto, quando lhe perguntei se gostaria de se casar com uma chinesa, desde que fosse a mulher certa, ele foi categórico:

— Não, isso é impensável!

— Por que é impensável? — eu quis saber.

— Isso... simplesmente não funciona! — Ele tentou encontrar uma palavra, um argumento, mas não conseguiu. — Está simplesmente fora de questão — repetiu. — Uigures não podem se casar com chineses!

Do lado de fora da estação ferroviária, os policiais estavam perfilados ao lado de um tanque. Protegidos por capacetes e coletes à prova de balas, apontavam o cano preto das metralhadoras para a multidão. Apenas passageiros com bilhetes válidos eram autorizados a entrar no saguão. Minha mala foi retida no controle de segurança, mas nenhum dos dois inspetores sabia inglês. Nervosos, eles apontaram para a imagem de uma tesoura. Como eu não tinha a menor vontade de me desfazer da minha tesoura de primeiros socorros, fingi não entender. Abri a mala, abri os braços e tentei parecer estúpida e ignorante. Deve ter funcionado, porque os inspetores acabaram desistindo e me deixaram passar.

Escolhi tomar o trem diurno para poder apreciar a paisagem, sobre a qual havia lido muitos elogios. Infelizmente, naquele dia as Tian Shan, as Montanhas Celestiais, estavam ocultas atrás de nuvens pesadas e neblina espessa e cinzenta. Tudo o que puder ver foram campos planos e nus entre

PROIBIDO O ACESSO DE ESTRANGEIROS   241

algodoais dispersos. Meus companheiros de viagem tinham tempo de sobra para ir para a cama, com alguns momentos de vigília apenas. O sujeito a meu lado passava as horas acordado assistindo a longas-metragens em seu iPhone, sem fones de ouvido. Ninguém parecia dar a mínima para o barulho, e além disso ele não era o único a passar o tempo assistindo a filmes a todo o volume. Quando o filme terminou, ele começou a testar os diferentes sons de chamada do celular.

Apesar disso, em algum momento devo ter caído no sono. Quando despertei, estava cercada pelas Montanhas Celestiais. A neblina havia cedido e através das imundas janelas do trem pude admirar os cumes negros e as imensas massas de gelo cinza-azulado. Um punhado de passageiros apressados desembarcou na plataforma e desapareceu sob a nevasca intensa.

Então devo ter adormecido novamente, pois quando acordei o trem já estava estacionando na estação de Yining. Rapidamente apanhei minhas coisas e desci na plataforma. Tomei um táxi e mostrei ao motorista o endereço do hotel que eu havia reservado. Quando cheguei à recepção, deu-se um enorme caos, e, antes que eu me desse conta, lá estava eu na rua novamente. Com a ajuda do aplicativo de tradução no celular, o jovem recepcionista que me acompanhou até lá fora esclareceu que, infelizmente, o hotel não podia receber estrangeiros. Ele chamou outro táxi para mim, disse algo ao motorista e voltou apressado para detrás do balcão. O táxi parou diante de outro hotel, e aqui também eu provoquei um pequeno tumulto. Nenhum dos três recepcionistas sabia falar inglês, mas depois de meia hora gesticulando e apontando me deram a chave eletrônica do quarto. Como estava cansada demais para procurar algo para comer, preferi tomar o elevador para o restaurante do hotel. As garçonetes iam se alternando para fazer selfies comigo e desapareciam cozinha adentro.

***

Yining é uma das poucas cidades chinesas que estiveram sob domínio russo e também soviético. Em 1851, Yining, então mais conhecida como Kuldja, abriu-se ao comércio com a Rússia. Os negócios foram de vento em popa, e a influência russa na região cresceu na mesma medida. Ao mesmo tempo, o império da China vacilava, e, em 1864, os muçulmanos de Xinjiang rebelaram-se contra os chineses. A rebelião atraiu mercenários das áreas vizinhas, entre eles o guerreiro Yaqub Beg, procedente do canato vizinho de Kokand, no atual Uzbequistão. Em fins da década de 1860, Yaqub Beg assumiu o controle de Xinjiang, de Kashgar a Ürümqi, submetendo todos os chineses aos rígidos costumes islâmicos e cobrando impostos escorchantes. Em 1877, ele foi deposto à força pelo exército chinês.

Nesse ínterim, a Rússia havia ocupado o canato de Kokand, terra natal de Yaqub Beg, além de Yining e de todo o vizinho vale do Ili, uma região que hoje está espremida entre a Mongólia e o Cazaquistão. Em 1881, depois de uma década de ocupação, a China reclamou o controle sobre o vale do Ili. Os russos cederam à pressão chinesa, mas exigiram uma compensação de 9 milhões de rublos de prata para pagar os custos da ocupação, além de isenção de impostos no comércio com Xinjiang e com a Mongólia. Nos anos seguintes, o comércio entre Xinjiang e a Rússia aumentou exponencialmente, assim como o tráfico pela fronteira.

Em 1911, após a dissolução da dinastia Qing, a longínqua província de Xinjiang foi abandonada à própria sorte e ao capricho de vários senhores da guerra. Durante esse período, cresceu ainda mais a influência econômica exercida pela Rússia, e depois pela União Soviética. Em 1926, após a morte de seu antecessor, o senhor da guerra chinês Jin Shuren foi alçado ao poder, graças sobretudo a um acordo secreto com o governo soviético para o fornecimento de armas. Shuren confiscou todas as terras que achou apropriado e introduziu restrições de locomoção para a população muçulmana; vários fiéis foram executados sob suspeita de espionagem, sem um julgamento legal. A impopularidade crescente de Shuren resultou numa série de rebeliões no início da década de 1930. Em 1933, depois que o governo da China soube do acordo com a União Soviética, Shuren foi expulso de Xinjiang e forçado a pedir asilo aos soviéticos.

Na subsequente luta pelo poder, um novo senhor da guerra assumiu o comando, com a ajuda de tropas e bombardeiros soviéticos: o chinês Sheng Shicai. Em contrapartida, Shicai estabeleceu tantos acordos comerciais e militares com a União Soviética que, na prática, Xinjiang agora não passava de uma colônia soviética. Logo os russos assumiram o controle de tudo, desde poços de petróleo até minas de estanho, além da cultura; o russo tornou-se o idioma estrangeiro mais utilizado em escolas e universidades, e o espírito do comunismo transformou uma série de mesquitas em clubes sociais e teatros. Shicai não podia tomar uma só decisão relevante sem antes receber o aval do consulado russo em Ürümqi.

Tal como seu titereiro no Kremlin, Shicai tinha um pendor pela brutalidade. Sob seu comando, dezenas de «inimigos do povo» foram executados; em muitas cidades, fuzilamentos em massa eram eventos diários. Em 1937, diversas etnias passaram a se rebelar contra o tirano e Moscou foi obrigada a intervir. Cinco mil soldados soviéticos ocuparam Xinjiang. Pouco tempo depois, a revolta foi contida e Shicai continuou dando as cartas.

Em 1942, durante a Segunda Guerra Mundial, o pérfido Shicai trocou de lado e pediu ajuda ao regime do Kuomintang, que então controlava quase todo o território chinês. A fronteira com a União Soviética foi fechada e os conselheiros soviéticos, deportados. Além disso, Shicai assegurou-se de mandar executar uma série de comunistas chineses, entre eles Mao Zemin, irmão de Mao Tsé-tung. Após a batalha de Stalingrado, no ano seguinte, quando ficou claro para Shicai que a Alemanha perderia a guerra, ele voltou a pedir a ajuda de Stálin, bajulando-o numa carta cheia de elogios. Stálin reencaminhou a correspondência para o líder do Kuomintang, Chiang Kai-shek. Pouco tempo depois, o Kuomintang tomou o poder em Xinjiang e depôs Shicai. Sua mudança teria requerido cinquenta caminhões para transportar os bens que acumulou no período.

Na esteira da tomada de poder pelo Kuomintang, novos protestos eclodiram, em especial ao norte, no vale do Ili. A União Soviética aproveitou o caos para estabelecer a República do Turquestão do Leste em Yining e no vale do Ili. Já na Conferência de Ialta, um ano depois, a União Soviética abriu mão do controle do vale do Ili em favor de uma influência maior na Mongólia Exterior, mas na prática pouca coisa mudou. A República do Turquestão do Leste permaneceu um Estado independente pró-soviético, com moeda e exército próprios. Só em 1949, quando Mao assumiu o poder, a União Soviética se retirou de Xinjiang definitivamente.

Hoje, Yining é mais conhecida pela condenação em massa de 55 uigures suspeitos de terrorismo no estádio municipal em 2014. Os 55 foram acusados de planejar os ataques ao mercado de abastecimento de Ürümqi, que matou mais de trinta pessoas no mesmo ano. Todos foram culpados de terrorismo ou coparticipação em atos de terrorismo, e ao menos três foram condenados à morte. Mais de 7 mil pessoas compareceram para acompanhar o drama do julgamento.

Tanto por motivos históricos como pela proximidade de Yining com a fronteira do Cazaquistão, acreditei que muitos aqui falassem russo, mas ninguém que encontrei dominava o idioma, nem o inglês, aliás. Depois do desjejum, chamei um táxi para ir à cidade velha. O motorista não compreendeu o destino, mas ficou

PROIBIDO O ACESSO DE ESTRANGEIROS

tão surpreso por ter uma estrangeira a bordo que ligou para um colega para lhe contar a novidade. Num dado momento, percebi que a cada minuto estávamos nos distanciando cada vez mais da cidade velha, e decidi desembarcar do táxi. Estávamos então próximo ao rio Ili. O vento boreal ardia no meu rosto. Puxei o gorro abaixo das orelhas e comecei a caminhar na direção do que parecia ser o centro. Yining tem por volta de meio milhão de habitantes e, para os padrões chineses, não passa de uma cidade grande, mas mesmo assim o ar era surpreendentemente poluído. Carvão e gases de escapamento ardiam na garganta, num contraste cruel com os picos nevados que cercavam a cidade. Os motoristas eram particularmente agressivos, e cruzar qualquer via era mais complicado que o habitual.

Finalmente, encontrei a cidade velha. Saltava aos olhos a reforma recente que o governo havia feito na área, pois todas as lojas tinham placas uniformes em chinês, uigur e inglês anunciando o que vendiam. Dessa forma era possível saber que as lojas com sapatos de couro nas vitrines vendiam sapatos feitos à mão, assim como as de tapetes vendiam tapetes. Por fim fui parar no que devia ser a rua das frutas secas. Em cada uma das lojas era possível encontrar tâmaras, ameixas e passas de cores variadas. A rua estava abarrotada de gente, o aroma das frutas perfumava o ambiente, e todas as pessoas, absolutamente todas, olhavam para mim. Eu devia ser a única ocidental em toda a cidade. Um grupo de jovens riu de maneira pouco amistosa quando passei, e por onde eu ia escutava pessoas cochichando: *rusik, rusik*, russa, russa. Poucas vezes na vida me senti tão solitária, excluída e diferente.

Back in the U.S.S.R.

Transpor uma fronteira é uma das coisas mais fascinantes que existem. Geograficamente falando, o deslocamento é mínimo, quase microscópico. São só uns poucos metros e de repente se está noutro universo. Às vezes, absolutamente tudo é diferente, desde o alfabeto e a moeda até os rostos, as cores, as preferências, as datas que importam e os nomes que fazem as pessoas assentirem com a cabeça.

A terra de ninguém entre a China e o Cazaquistão era tão grande que micro-ônibus se encarregavam de fazer a passagem da fronteira. Fiquei espremida na parte de trás, imprensada entre sacolas, malas e mulheres. Pelo menos consegui sentar; poucos tiveram tanta sorte. Fui imediatamente adotada pela mulher ao lado, uma jovem e esbelta empresária de Almaty que estava fazendo compras em Ürümqi. Ela me fez as perguntas de praxe sobre idade, nacionalidade, casamento e filhos. Era bem mais nova do que eu e tinha três filhos, de um, dois e quatro anos.

— Como você se mantém em tão boa forma?! — deixei escapulir. — Deve ser muito trabalhoso cuidar de tantas crianças!

Ela me olhou sem compreender.

— Claro que eu tenho uma babá — explicou.

Com um solavanco o micro-ônibus entrou em movimento, e nós avançamos na direção da fronteira, ou *granitsa*, como se diz em russo. É interessante analisar a etimologia da palavra norueguesa para fronteira — *grense*. A origem é dinamarquesa. Os dinamarqueses a herdaram do alemão *Grenze*, que por sua vez foi tomado emprestado das línguas eslavas. *Granitsa* é derivado do radical protoeslavo *gran'*, que vem do termo protoindo-europeu para designar «canto afiado» ou «borda». Na maioria dos casos, não é uma boa descrição das fronteiras terrestres modernas de hoje, linhas invisíveis no mapa que riscam sobretudo a terra, mas serve de boa metáfora para o que significa cruzar uma fronteira terrestre. Abandona-se uma realidade e mergulha-se noutra.

Minha nova amiga garantiu que eu chegasse a Almaty com segurança e que não fosse enganada pelos taxistas:

— Quatro mil tenges, Erika — ela advertiu ao se despedir. — Em nenhuma circunstância você deve pagar mais, está entendido? Em hipótese alguma!

Voltar para Almaty foi como voltar para casa. Os prédios cinzentos da época de Khrushtchev pareciam familiares e queridos, até quase caseiros. No começo até fiquei observando as pessoas louras nas ruas, mas ninguém me olhava de volta; eu desaparecia na multidão, talvez até achassem que eu era russa. Tanto que me abordaram perguntando como chegar à farmácia ou ao supermercado mais próximo. Claro que eu não pude ajudar, mas fiquei tão lisonjeada com a pergunta que tentei responder de qualquer maneira. O russo era falado em todos os lugares. De repente eu era capaz de compreender o que se dizia e me peguei espreitando as conversas ao meu redor.

À noite, fui jantar no restaurante georgiano onde havia feito minha última refeição no Cazaquistão dois anos e meio antes, na pesquisa para meu livro anterior, *Sovietistão*. Na época, jurei nunca mais pôr os pés no Cazaquistão. Ou em quaisquer outros dos Istãos, a menos que fosse absolutamente necessário, porém *jamais* no Cazaquistão. Fui embora com a impressão de que os cazaques eram mais frios e distantes que os demais povos da Ásia Central, os absurdos perpetrados pelo governo não faziam vergonha à ditadura do Turcomenistão, e os poucos vestígios históricos que sobreviveram aos nossos dias não eram nada comparados às belíssimas cidades da Rota da Seda no Uzbequistão. Além disso, a beleza natural do país não fazia jus às lindas montanhas do Quirguistão e do Tadjiquistão. Com poucas exceções, a paisagem cazaque é plana como uma folha de papel; a igualmente plana Dinamarca parece um país alpino em comparação. Os únicos pontos em que o Cazaquistão parecia se destacar eram a extensão territorial — trata-se do nono maior país do mundo em área — e o sombrio passado soviético.

Nenhum dos outros Istãos teve que suportar tanto sofrimento e desastres durante o regime comunista que perdurou por setenta anos. Na década de 1930, mais de 1 milhão de cazaques, um quarto da população, morreu de fome como resultado da coletivização forçada da agricultura pelos comunistas. Em Karaganda, ao sul da capital Astana, ficava o segundo maior complexo de campos de prisioneiros da União Soviética, KarLag. De 1929 até a morte de Stálin em 1953, mais de 800 mil pessoas de toda a União Soviética, principalmente prisioneiros políticos, passaram pelo campo de prisioneiros do Cazaquistão. Na periferia de Semipalatinsk, no nordeste, fica o Polygon, o campo de testes onde o regime soviético realizou a maioria de seus testes nucleares durante a Guerra Fria, 456 ao todo. O campo de detonações em si é tão grande quanto o Kuwait. A precipitação radiativa se espalhou por uma área muito maior e, ao todo, mais de 2 milhões de pessoas foram afetadas.

Não, eu não tinha planos de voltar ao Cazaquistão, mas agora estava aqui de novo e adorei! A comida georgiana estava tão deliciosa quanto da última vez, mas eu não me lembrava do serviço tão amigável e atencioso. Assim que terminei a taça de vinho, um garçom gentil se aproximou e perguntou se eu queria mais. Se quisesse algo, era só olhar em volta e alguém vinha imediatamente: «Como posso ajudá-la?». Enchi a boca com um suculento pão de queijo georgiano recheado com nozes, e uma jovem e simpática garçonete veio à minha mesa: «A comida está do seu gosto? Está tudo em ordem aqui?». Depois de dois meses na Coreia do Norte, na China e na Mongólia, aquele excesso de atenção e cortesia era quase um incômodo.

Saciada e ligeiramente ébria, cambaleei pelas portas e corredores dos Banhos Arasan, o maior e melhor spa da Ásia Central. Os banhos ocupam um quarteirão inteiro de Almaty e são a raríssima e bem-sucedida combinação das arquiteturas soviética e turca. Ficaram prontos em 1982 e eram parte dos planos ambiciosos de Dinmukhamed Kunaev, primeiro-secretário do Partido Comunista do Cazaquistão, de transformar Almaty numa cidade soviética modelo. Kunaev foi deposto por Gorbatchev em 1986, sob a acusação de corrupção. Gorbatchev bem que tentou fazer uma faxina pouco antes de tudo desmoronar, mas não foi sensato o bastante para substituir Kunaev por um cazaque, e sim por um russo, Gennady Kolbin. Milhares de manifestantes furiosos saíram às ruas de Almaty para protestar contra a decisão: exigiam um líder étnico cazaque do Partido Comunista do Cazaquistão! Ninguém sabe quantos ficaram feridos ou foram mortos durante os dois dias gelados dos protestos de dezembro; a estimativa de mortos varia de dois (o número oficial) a mil, mas provavelmente está entre 150 e 200. A revolta foi esmagada e mais de mil manifestantes foram presos em seguida. Três anos depois, em 1989, os manifestantes conseguiram o que queriam, e o cazaque Nursultan Nazarbayev foi nomeado primeiro-secretário. Em 16 de dezembro de 1991, o Cazaquistão foi a última das quinze repúblicas a declarar independência da URSS, e Nazarbayev tornou-se o primeiro presidente do país.

Desde que assumiu o poder, Nazarbayev, que é engenheiro por formação, governou como um autocrata. O Cazaquistão ainda está entre os países da Ásia Central que melhor administraram a transição de república soviética para Estado independente, o que diz mais sobre seus vizinhos do que sobre si mesmo. Graças à riqueza natural em petróleo, gás e minerais valiosos, o Cazaquistão cresceu entre 5% e 10% ao ano desde os anos 2000. Nazarbayev nunca escondeu que a democracia e os direitos humanos deveriam vir em segundo lugar, atrás do crescimento econômico. De preferência muito atrás. Nos anos recentes, à medida que a economia se estabilizava devido aos baixos preços do petróleo, o estilo de governo de Nazarbayev tomava um rumo cada vez mais autoritário. Em 2007, o Parlamento o excluiu da lei que previa a reeleição por apenas dois mandatos e, três anos depois, os deputados decidiram outorgar-lhe o título honorário de Elbasy, «Líder da Nação», o que na prática permite que Nazarbayev mande na política do país mesmo depois de renunciar ao poder — se decidir renunciar.[21] Até então, pouco indicava que fosse. Nas eleições presidenciais de 2015, com 74 anos, o presidente foi reeleito com confortáveis 97,7% dos votos.

— Se eu fosse o único a disputar uma corrida de 100 metros, venceria mesmo que passasse uma hora correndo esses 100 metros — comentou o sociólogo Aidos Sarym secamente quando o encontrei no início do dia. — Seria obrigatoriamente o primeiro colocado porque não havia nenhum número dois. É o caso de Nazarbayev. Sua popularidade não é real porque ele não permite concorrência. Nosso principal problema é que nunca tivemos uma descolonização, nunca tivemos uma dessovietização. Simplesmente nos conformamos com nosso passado. Pelo contrário, a cultura da corrupção da era soviética ficou ainda mais abrangente e sistemática. Quando pergunto aos meus alunos o que eles querem ser, todos respondem que querem um

---

21 Em 19 de março de 2019, depois de 29 anos no poder, Narzabayev renunciou ao cargo em favor de Kassym-Jomart Tokayev. [N. T.]

emprego no aparato estatal, porque é ali que está o dinheiro...
Mas agora o Cazaquistão também foi afetado pela crise econômica — acrescentou o sociólogo. — Num só ano, o tenge perdeu
quase 40% do valor. Em vez de abrir o país e transmitir confiança
ao povo, o governo respondeu endurecendo o controle. Recentemente, eles fecharam vários sites e jornais. Nazarbayev não
ouve conselhos, ele prefere encontrar todas as soluções sozinho.

Naquela noite em particular, eu estava na verdade mais
preocupada em relaxar a tensão dos músculos. Afundei despreo-
cupadamente na piscina de água aquecida. Ao redor, mulheres
nuas de todos os formatos e tamanhos iam imperturbáveis de
sauna em sauna com chapéu de feltro pontudo na cabeça. Nos
Banhos Arasan, as alas masculinas e femininas eram estritamente separadas, e tudo era duplicado — dois *hammams*, dois
restaurantes, dois corredores de sauna, duas piscinas. Decidida
a me dar um mimo, reservei uma hora para massagem corporal.
Assim que me sentei na bancada, me arrependi. A massagista
parecia pequena e magra, mas eu que não me deixasse enganar.
«Problemas, grandes problemas», avaliou ela depois de terminar o serviço. Ela me ordenou que terminasse o tratamento com
uma passagem pela sauna russa. Obedientemente, fui até a área
da sauna e me sentei no banco inferior, cercada por chapéus de
feltro, barrigas melindrosas e seios exuberantes por todos os
lados. Estava tão quente lá dentro que minha pele ardia. Aguen-
tei firme durante alguns minutos e dei no pé.

***

O ativista de direitos humanos Galym Ageleuov continuava tão
magro e enérgico como da última vez que nos encontramos.
A cabeleira espessa e rebelde estava igualmente desgrenhada e,
como antes, ele vestia uma calça jeans e uma folgada camiseta
preta. Assim como da última vez, nos encontramos na «Praça

Velha», como era popularmente conhecido o local onde os manifestantes protestaram contra a nomeação de Kolbin em 1986. Era primavera quando nos encontramos pela última vez, as folhas das árvores decíduas estavam carregadas de clorofila. Agora os troncos das árvores estavam nus, e a cidade estava cinza e sem cor em novembro, mas Galym dava a impressão de estar mais feliz do que dois anos antes. Rindo com mais frequência e com o semblante menos carregado. Talvez o bom humor se devesse ao fato de que ele seria pai novamente em mais algumas semanas.

Como no encontro anterior, Galym logo desatou a falar sobre a situação do país, sobre o desenvolvimento econômico e sobre a corrupção, que segundo ele estava pior do que nunca: — Nazarbayev não conseguiu controlar as elites — explicou enquanto caminhávamos pelos passadiços largos e desertos do parque, rodeados por estátuas de heróis soviéticos. — O problema é que o próprio Nazarbayev é corrupto, tanto ele quanto a família inteira. Pessoalmente, acho que sua filha, Dariga Nazarbayeva, é candidata a assumir a presidência. Tudo indica que um dia irá. No início deste outono, ela foi nomeada vice-primeira-ministra. A economia está indo mal como era previsto — emendou ele. — O Cazaquistão ainda depende fortemente de petróleo e gás, e é por isso que a economia é vulnerável às flutuações nos preços dessas commodities. Quando caem, a economia despenca. Na prática, foi isso que aconteceu agora. Para reparar as perdas, o Estado desvalorizou a moeda e injetou dinheiro da previdência nos bancos. Muitos perderam tanto as suas poupanças como a sua futura aposentadoria.

Ele fez uma pequena pausa para respirar, e aproveitei para interromper:

— *Sovietistão* vai ser traduzido para o russo — eu disse. — Quer que eu peça para omitirem seu nome na edição russa? Você fez críticas bastante duras ao regime na entrevista, e não quero que acabe em apuros por minha causa.

— Não, de jeito nenhum, deixe meu nome como está, não mude uma só vírgula, eu reafirmo tudo o que disse! — Ele sorriu com o canto da boca. — Sou um ativista dos direitos humanos, afinal.

Galym deve estar entre os homens mais corajosos e francos do Cazaquistão. Isso tem um preço. Em 2012, ele foi preso e condenado a quinze dias de prisão por participar de uma manifestação. Foi jogado numa cela de 18 metros quadrados junto com catorze outros detentos, e não pôde sequer telefonar para um advogado. Como era verão, a cela ficava insuportavelmente quente e os prisioneiros só podiam se lavar uma vez por semana. Com exceção do banho de sol diário, passavam o resto do tempo confinados na cela superlotada. Ainda assim, Galym teve sorte: quirguizes e uzbeques não tinham sequer direito a uma cela e precisavam dormir no chão frio de concreto do corredor, ao relento, sem um teto sobre a cabeça. Além disso, ele foi libertado da prisão após os quinze dias.

Depois da prisão, Galym tem sido mais cauteloso ao falar em público. Em vez disso, vem preferindo publicar discursos e apelos no YouTube. Embora ele ocupe um espaço menor do que antes, sua esposa, que leciona na universidade, recebeu recentemente uma advertência verbal do reitor: o que o marido estava fazendo não era bom, informaram-lhe, nem mesmo para ela.

— O governo está apertando o cerco em todos os lugares, inclusive na internet — disse Galym. — A situação piorou ainda mais desde a última vez que conversamos. Recentemente, dois ativistas foram presos por criar um partido no Facebook; pegaram dois meses de cadeia. Uma nova lei diz que agora até os perfis de internet podem ser processados. Antes da eleição presidencial, o governo fechou vários sites e jornais. No ano que vem haverá eleições parlamentares, e eles certamente fecharão muitos outros, em breve já não haverá mídia independente. De qualquer forma, calculo que 70% das pessoas assistem apenas aos canais de TV estatais e engolem a versão oficial, como a que disse que agentes americanos estavam por trás do levante na praça Maidan, em Kiev.

— Em quem você votou na eleição presidencial no início deste ano? — perguntei.

Galym sorriu brevemente.

— Não voto mais. Antes, eu distribuía folhetos de candidatos, mas, depois que proibiram até isso, parei de votar. Não sou o único. Quase não conheço mais quem se disponha a votar. Funcionários públicos votam, é claro. É o que se espera deles.

Oficialmente, o comparecimento às urnas na eleição presidencial em abril de 2015 foi de impressionantes 95% do universo de eleitores aptos a votar.

No reino do urso

— Está com medo? — perguntou o motorista. Não me lembro de como se chamava. Devo ter me esquecido de perguntar. Ele tinha uma barba marrom comprida, aparentava cerca de quarenta anos, talvez um pouco mais velho, e era forte. Cazaque.

— Não, não estou com medo — menti. — Por que eu deveria ter medo? — Minha garganta estava seca, minha voz estava rouca e soava estranha.

— Estamos sozinhos aqui, já reparou? Não há outros carros na estrada.

Pouco depois, passamos por um carro que estava com o motor desligado e havia estacionado ao lado de um monte de neve. Aqui no alto, o inverno chegara mais cedo. Um homem com roupas de verão estava com a cabeça enfiada sob o capô. Passamos sem reduzir a marcha. Já estava escurecendo e os pneus quase não conseguiam se agarrar à neve solta. A estrada estreita era cercada por abetos cobertos de neve. Atravessamos um desfiladeiro tão alto que meus ouvidos entupiram; em seguida começamos a descer novamente.

Ninguém sabia que eu estava neste carro, com este motorista em particular, a 40 quilômetros da fronteira com a Rússia, no alto da cordilheira de Altai, sozinha e sem cobertura de celular.

— Não deve faltar muito agora — eu disse com um sorriso forçado.

— Não faço ideia, não conheço o caminho! — O motorista riu. — Só estive em Poperechnoye uma vez, mas foi no verão. — Ele se virou e me encarou: — Você é casada?

— Sim — eu disse de bate-pronto. — Casada e feliz. Muito feliz. E você? — Ele não respondeu.

— Tem filhos? — ele insistiu no tema.

— Não, sem filhos ainda. E você, tem filhos?

De novo ele não respondeu. Em vez disso deu uma risada crua e desagradável:

— O que diabos vocês fazem à noite então?

Fingi não entender, mas ele estava determinado:

— O que fazem à noite, você e seu marido? Falta química? Vocês não conseguem? — Para não deixar dúvidas daquilo a que estava se referindo, ele fazia gestos com a mão.

Fixei o olhar na estrada. A escuridão era quase total agora. Um arco de lua fino e pálido se erguia acima das copas das árvores sombrias.

— E você, não tem filhos? — perguntei de novo. Ele suspirou profundamente.

— Três. Duas meninas e um menino. Cinco, oito e doze anos.

Na curva seguinte, Poperechnoye despontou no horizonte. Restavam 3 quilômetros. O motorista deu um sorriso largo:

— Até que enfim encontrei!

A pequena aldeia de Poperechnoye ficava numa planície, cercada por um maciço de montanhas cobertas de neve e por três rios estreitos. Parecia um cenário de cartão de Natal. Embora ali morassem algo como duzentos habitantes, a cidadela tinha duas ruas principais, Central e Nova, ambas indicadas com grandes placas. Sem muita dificuldade, o motorista encontrou o endereço, e, antes que eu pudesse abrir a porta, um homem de chinelos veio correndo em direção ao carro:

— Erika, você chegou finalmente, bem-vinda! Você deve estar com fome, sim, *tomara* que esteja faminta, porque fiz muita comida! — Ele pegou minha bagagem e correu para dentro da casa. Assim que entrou, percebeu que havia se esquecido de se apresentar: — Sou Roman Fyodorov, mas me chamam apenas de Roma. Bem-vinda ao nosso lar! Sim, não é tão grande aqui, e não é tão moderno, e além disso só temos um banheiro ao ar livre, infelizmente, e por isso lamento muito, *I apologize*, peço mil desculpas! Não temos água encanada aqui em Poperechnoye, mas esperamos que você goste mesmo assim! Está com fome? *Are you hungry?* Como eu disse, fiz muita comida, aqui conosco você não passará necessidades!

Roma falava com todo o seu ser, com as mãos, com o rosto, com a parte superior do corpo, alto e claro e sempre sorridente, amigável, avidamente acolhedor. O cabelo claro era um pouco grisalho, mas ainda grosso e espesso, num corte com uma franja infantil. Seu rosto brilhava enquanto falava, e ele não parava de falar. Ele me pegou pelo braço e me mostrou o quarto onde eu ficaria hospedada:

— Espero que goste, acabamos de reformar! — O quarto era simples, mas limpo e bom o suficiente: duas camas de solteiro, um armário, um pequeno espelho.

— Quer comer agora? — gritou Roma da cozinha. A mesa já estava posta. Sentei junto à janela e fiquei esperando.

— Fiz um curso de cozinheiro, então aqui você não vai passar fome — assegurou Roma enquanto trazia manteiga e geleia.

— Mamãe! — ele gritou alto. — Venha comer com a gente!

Uma mulher surgiu cambaleando da sala de estar. Tinha um busto grande e pesado, cabelos curtos e tingidos coloridos, e usava um vestido floral até o tornozelo. Um pequeno e neurótico cão vinha latindo atrás.

— Bem-vinda a nós — disse ela gentilmente e sentou-se na cadeira vazia. — Temos bastante comida. Agora coma, garota, coma!

As opções eram panquecas, três variedades de compotas caseiras, torradas, manteiga fresca, maçã e chocolate. A mesinha estava abarrotada de comida.

— Não gostaria de um pouco mais de café? *Some more coffee?* — Roma sorriu satisfeito. — Estou aprendendo inglês com o programa Rosetta Stone. Estou ficando cada vez melhor. Essa é minha mãe, aliás. — Ele se curvou galantemente na direção da mulher. — *My mother.* Nina é o nome dela. *Her name is Nina.* — Ele sorriu novamente e me serviu mais uma xícara de café. — É café instantâneo Jacob, isto é, café de qualidade, alemão — esclareceu. — A lata é russa, está só guardado aqui. Mas, como eu disse, na verdade o café é alemão. *German coffee!* A propósito, também estudo psicologia. *Psychology!* E, apesar de não nos conhecermos há tanto tempo, já posso ver que você, com esses olhos arregalados, é um boa observadora. Você enxerga as pessoas como elas são. Você retém 95% do que acontece ao seu redor. Você deveria escrever livros infantis.

Depois que comi mais do que deveria, Roma me mostrou seu quarto. Era uma espécie de mistura de escritório, oficina, sala de bordado, sala e quarto, cheio de papéis, livros e plantas. As paredes eram decoradas de cima a baixo com ícones.

— Eu mesmo os fiz — disse ele. — É o meu passatempo. *My hobby!* Pintei todos os ícones aqui da casa, menos o antigo, que fica na cozinha. Nós o doaremos para a nova igreja quando ela ficar pronta.

Após a suntuosa refeição de boas-vindas, Roma me levou para um passeio pela vila. Uma camada de neve de 1 metro de espessura havia se depositado sobre Poperechnoye, e os flocos ainda não tinham parado de cair. O solado das botas rangia a cada passo que dávamos. Felizmente, a rua principal estava recém-reformada e bem iluminada. As casas eram construídas em toras de madeira marrons, no estilo russo antigo, emprestando um charme rústico ao lugar. A fumaça vinha de umas poucas chaminés, e apenas algumas das janelas tinham luz.

— Nos tempos soviéticos, havia 4 mil habitantes — disse Roma. — Ninguém sabe exatamente quantos são hoje. Algo entre cem e duzentos, eu diria. A maioria das pessoas se mudou para a cidade e usa a residência de Poperechnoye como cabana de férias.

As montanhas estavam envoltas num crepúsculo azulado, e as primeiras estrelas já eram visíveis no céu. O ar estava limpo, claro e fresco. Roma não parava de tagarelar. Ao chegarmos ao final da rua Central, eu já conhecia a história da aldeia inteira.

— Em meados do século XVII, o patriarca Nikon realizou uma série de reformas da Igreja Ortodoxa — disse Roma. — Ele adotou o sinal da cruz com três dedos e não dois, entre outras mudanças. Quem se recusava a obedecer às novas regras era proscrito. Alguns russos fugiram para a Polônia para continuar professando a fé da maneira antiga; hoje nós os chamamos de crentes do Rito Antigo. Sob Catarina, a Grande, os crentes do Rito Antigo poloneses foram autorizados a vir para cá, para as Altai, ou talvez tenham sido forçados a vir para cá, não sei, mas muitos vieram, enfim. As Altai eram parte do Império Russo na época, não do Cazaquistão. Poperechnoye foi fundada por crentes do Rito Antigo; no auge havia quatro igrejas deles aqui. Hoje só resta uma fiel do Rito Antigo, uma anciã.

— Posso encontrá-la? — perguntei. Roma abanou a cabeça.

— *Very bad idea!* Ela detesta falar, especialmente com estrangeiros. Vive reclusa. — Ele apontou para uma grande e escura casa de toras. As venezianas estavam fechadas, mas da chaminé subia uma fina faixa de fumaça. — Ela quase nunca sai — cochichou Roma.

Quando voltamos, Nina tinha posto o jantar. A mesinha estava tão cheia de comida que ela teve que recorrer ao parapeito da janela.

— Agora você precisa comer, menina — disse ela. — Nesta casa ninguém vai para a cama com fome.

Às 21 horas Nina e Roma começaram a bocejar, e logo depois se recolheram. Não demorou para eu ouvir o ressoar ecoando em seus aposentos.

* * *

Roma já estava preparando o desjejum quando me levantei. Sobre a mesa havia dois tipos de mingau, ovos fritos, duas variedades de salada, geleia caseira, leite de cabra fresco e café instantâneo alemão de qualidade.

— *Bon appétit!* — cantarolou ele gentilmente. — *One more egg?* — Abanei a cabeça com a boca cheia de comida.

— Você não perde por esperar pelo almoço — anunciou Roma. — Hoje vou me superar!

Quando terminei de comer, Roma me convidou para ir ao celeiro. Ele e sua mãe administravam uma pequena chácara à moda antiga. Todos os prédios eram de madeira nua; as ferramentas e utensílios poderiam ter saído de um museu folclórico.

— Temos dois bois, três vacas e seis ovelhas — disse Roma. — Não precisamos de mais. Há dois dias nasceu um bezerro. Venha dizer oi para ele!

O bezerro lambeu minhas mãos com a língua áspera. Um cachorrinho cinza correu entre minhas pernas, latindo provocantemente.

— Será nosso novo cão de guarda — disse Roma. — Todo mundo aqui tem um cão de guarda. Vivemos no alto das montanhas, há lobos e ursos por aqui.

— Você já topou com ursos?

— *Many times!* No início deste ano, quase fui devorado por um! Estava passando pelos arredores da vila quando de repente avistei um enorme urso uns 20 metros adiante. Ele já estava de pé nas duas patas traseiras me encarando. *O que será de mim agora?*, pensei apavorado. Fiz uma prece silenciosa, ergui os braços e rugi o mais alto que pude. Então ele se virou e foi embora correndo. Eu mal conseguia parar de chorar.

Com uma pá, Roma removeu o esterco da palha e jogou-o de lado.

— Por que você não é casado? — perguntei. Fazia tanto tempo que eu estava viajando pela Ásia que a pergunta saiu espontaneamente.

— A versão curta — disse Roma — é que eu nunca quis. — Ele removeu mais um monte de esterco com pá. — Nunca senti falta de mulheres. Amo meus gatos, amo fazer carinho neles, mas não sinto falta do contato da pele de uma mulher. Esse desejo nunca existiu. Para mim, você é como uma irmã. Você me acha muito estranho por isso?

— Não, não, de jeito nenhum — assegurei.

— A versão longa — emendou ele, assumindo um tom mais sério — é que no meu 21º aniversário, em 2004, fiquei muito doente. Passei três meses doente, tão doente que quase morri. Tive uma febre altíssima e fui hospitalizado. Antes de ficar doente, eu pensava muito sobre o que deveria fazer nesta vida. Tudo parecia sem futuro. Então um dia um amigo veio ao hospital trazendo alguns remédios. Depois fiquei desconfiando se não foi LSD que ele me deu, porque de repente passei a enxergar tudo tão claro: minha missão na vida era estar aqui nesta aldeia. Eu deveria me contentar com o que eu tinha, me abrir para a vida, me interessar pela vida novamente, e, se assim fizesse, visitantes de todo o mundo viriam até mim. — Ele deu tapinhas para limpar as mãos. — E agora gente do mundo inteiro vem aqui! Recebemos dinheiro da UE para construir a hospedaria e investir em ecoturismo. No verão passado chegaram os primeiros hóspedes, eram da Eslováquia. Tanto minha mãe quanto eu choramos quando eles foram embora.

Começou a nevar novamente. Roma se preparou para levar as vacas para beber água no rio.

— Quando minha mãe morrer, vou virar monge — disse ele, amarrando a corda no pescoço da vaquinha. — Já pensei em tudo. Na verdade, já vivo como um monge. Eu me esforço para levar a vida mais piedosa e correta possível. Infelizmente, ainda não consegui parar de fumar, mas estou trabalhando nisso! Minhas irmãs são casadas e vivem em Ridder. Coube a mim cuidar da mãe. Quando ela morrer, irei para o mosteiro. Existem vários mosteiros perto de Ust-Kamenogorsk, mas queria mesmo que os monges viessem até aqui, porque não quero me mudar de Poperechnoye. Poderíamos ter um pequeno mosteiro aqui. O mundo virá até mim.

Cantarolando, ele partiu para o rio com as três vacas a reboque. O cachorrinho seguiu atrás latindo.

O almoço foi suntuoso, como prometido. Depois que Roma terminou a lida vespertina no celeiro, fomos visitar o vizinho, Boris.

— Na verdade, não gosto do Boris — confidenciou-me ele pelo caminho. — Não sei por quê. Nunca tive uma boa impressão dele. Mas agora tenho assuntos financeiros que preciso discutir com ele de qualquer maneira, e já que você está disposta a conhecer pessoas...

Boris era um homem alto e espadaúdo, de tronco grande e mãos enormes; parecia um urso. Seu rosto, por outro lado, era de menino, redondo e infantil, e ele já tinha um pouco de barriga, embora estivesse apenas em seus vinte e tantos anos. O amigo Sasha, um homem de quarenta e poucos anos com olhos estreitos e um rosto feio e desfigurado por cicatrizes, veio da cidade vizinha fazer uma visita e iria pernoitar ali.

— Mamãe está em Almaty, então não tenho muito a oferecer, infelizmente — desculpou-se Boris. — Aceitam um chá, talvez? Acho que chá eu consigo fazer. É só ferver água e colocar saquinhos de chá, não é? — Ele apanhou a chaleira. Roma foi prevenido e trouxe consigo torta de maçã caseira. Boris e Sasha se atiraram sobre ela.

— A que distância estamos da fronteira russa? — perguntei.

— Trinta e oito quilômetros! — disse Boris.

— Você gostaria que Poperechnoye fizesse parte da Rússia? — prossegui.

— É claro! — respondeu Boris, com entusiasmo. — Somos russos, é claro que gostaríamos que nossa aldeia fizesse parte da Rússia! Até a revolução, esta área era parte administrativa da Rússia. Cazaque nenhum vivia aqui antes da chegada dos russos, historicamente este nunca foi um território cazaque!

— Sim, sim, ela sabe de tudo isso — disse Roma, demonstrando certo desconforto. — Já conversamos sobre isso. Erika, você vai acabar em apuros se andar por aí fazendo essas perguntas para qualquer um!

— Acalme-se, não temos nem telefone aqui — disse Sasha. — Ninguém está nos espionando. Podemos falar à vontade!

— Vocês vão à Rússia com frequência? — perguntei.

— Sempre que posso! — respondeu Boris. — Me sinto mais em casa na Rússia do que aqui. Lá a polícia não olha para mim desconfiada, todas as placas de rua estão em russo e todos ao meu redor são russos. Quando vejo um cazaque lá, penso comigo: «Por que você não vai para casa?». — Ele riu alto. — Aqui as placas estão em russo e cazaque, e o cazaque sempre vem primeiro! Precisamos aprender cazaque na escola, e, se queremos um emprego público, é preciso ser fluente em cazaque. Mas por que eu deveria aprender cazaque? Aqui só vivem russos!

Embora a República do Cazaquistão exista apenas desde 1991, o Cazaquistão celebrou seu 550º aniversário em 2015. Em 1465, enquanto a Horda Dourada começava a ruir, um canato cazaque via a luz do dia na área equivalente ao atual Cazaquistão. É certo que as Altai não pertenciam ao canato cazaque, mas estiveram sob o domínio de vários outros canatos, como Naiman e Dzungar. No auge do seu poder, os cazaques dominaram quase todo o Uzbequistão de hoje, bem como áreas localizadas no atual Irã. No início do século XVIII, o canato cazaque chegou ao fim após uma guerra prolongada e sangrenta com os dzungares mongóis. Em decorrência da guerra, e também devido a conflitos internos, os cazaques foram divididos em três tribos menores. Ao mesmo tempo, a expansão tsarista começou a cobiçar as estepes do Cazaquistão e, no século seguinte, a Rússia foi anexando áreas cada vez maiores do território, em grande parte sem derramamento de sangue.

No século XIX, quando a colonização russa do Cazaquistão estava completa, centenas de milhares de russos migraram para as cidades-guarnição nas estepes cazaques. No entanto, esse influxo migratório só foi aumentar na década de 1950, quando Nikita Khrushtchev lançou uma campanha em larga escala para cultivar as chamadas «terras virgens» no norte do Cazaquistão. No final da década de 1950, russos já eram maioria, perfazendo mais de 40% da população local. A proporção de cazaques era de apenas 30%. A campanha das terras virgens foi bem-sucedida a princípio, mas logo ficou claro para os recém-chegados que o solo seco e salino das estepes não era adequado para o cultivo intensivo de grãos.

Hoje, os cazaques são novamente a maioria no Cazaquistão e representam mais de dois terços da população total, de cerca de 18 milhões de pessoas. O número de russos caiu para cerca de 20%. Todos os anos, a proporção de russos diminui em cerca de 1,5%. A idade média dos russos no Cazaquistão é de quase cinquenta anos, enquanto a idade média dos cazaques é de cerca de 25. Além disso, os cazaques têm, em média, mais filhos do que os russos. A composição étnica do Cazaquistão está, portanto, mudando rapidamente: os ucranianos já foram rebaixados do terceiro para o quarto lugar pelos uzbeques, que predomínam no sul e cujo número está em franco crescimento. Em ritmo acelerado, o Cazaquistão está se tornando um Estado de certo modo etnicamente homogêneo, dominado por povos muçulmanos túrquicos. Como para marcar a mudança no equilíbrio étnico e numa indicação clara da direção que o Cazaquistão moderno deseja seguir, o presidente Nazarbayev decidiu que até 2025 o idioma cazaque abandonará o alfabeto cirílico em favor do latino.

A geografia, por outro lado, continua a mesma. Nenhum outro país possui uma fronteira tão longa com a Rússia como o Cazaquistão: a divisa territorial russo-cazaque tem 6.467 quilômetros de extensão e é, depois da demarcação que divide os Estados Unidos do Canadá, a fronteira binacional mais longa do mundo. Nos últimos anos, o governo cazaque atuou ativamente promovendo assentamentos nas áreas fronteiriças à Rússia, mas as regiões do norte ainda são as mais escassamente povoadas. Mais da metade dos habitantes vivem nos três municípios mais ao sul; os condados mais setentrionais abrigam apenas 1 milhão de pessoas, e os russos étnicos ainda predominam.

— Vocês não temem que a Rússia faça com o Cazaquistão o mesmo que fez com a Ucrânia? — perguntei.

— E por que deveríamos temer algo assim? — perguntou Boris.

— O que aconteceu na Ucrânia é culpa dos americanos. Eles enviaram agitadores e provocadores para Kiev e para a Crimeia. Não vejo como a Rússia poderia ter agido de forma diferente.

— Muita gente no Ocidente está preocupada com o que Putin pode aprontar da próxima vez — eu disse. — Os letões e estonianos, por exemplo, devem estar bem assustados agora.

— É mesmo? — Boris endireitou as costas na cadeira e sorriu de orelha a orelha. — Eles estão com medo de verdade, é mesmo? Nós não estamos com medo. Putin foi esperto. Todo mundo sabe que ele está envolvido em corrupção e embolsou um bom dinheiro, mas também investiu bastante para formar o melhor exército do mundo! E agora estamos arrumando aquela bagunça na Síria! Mas essas sanções — acrescentou com um olhar sombrio — não são boas. Elas desgastam as boas relações entre nossos países.

— As sanções são dirigidas contra a Rússia — observou Roma. — O Cazaquistão tem um bom relacionamento com a Europa.

— Que tipo de noticiário vocês costumam acompanhar? — perguntei.

— Russo! — disse Boris, elevando a voz. — Pela internet, na maior parte.

— Mas vocês não têm internet aqui, não é?

— Não, é verdade, aqui nós apenas descansamos a cabeça. Acompanho as notícias quando estou na cidade. Aliás, quando queremos relaxar mesmo, vamos para ainda mais perto da fronteira, onde só há florestas e ursos. É lá que nos divertimos de verdade!

A partir de então, eles só falaram de ursos. Roma voltou a dizer que esteve a apenas 20 metros de um urso ameaçador. Boris e Sasha também tinham suas próprias histórias. Além disso, havia os relatos mais antigos sobre ursos que tinham sido avistados. As ocasiões em que os ursos invadiram a aldeia, ou quando as pessoas foram surpreendidas por ursos a caminho do banheiro ao ar livre, caçadores astutos que abateram ursos a centenas de metros de distância com um único tiro, outros que mataram ursos com os próprios punhos e assim por diante.

Uma calma desceu sobre o ambiente. Os homens ouviam atentamente os causos envolvendo ursos enquanto abocanhavam pedaços da torta de maçã recém-assada, de vez em quando grunhindo de satisfação.

***

— O fim está próximo — disse Roma enquanto nos encaminhávamos de volta para a fazenda no crepúsculo. — A Terra está ardendo. A natureza está se vingando dos homens. Estava tão frio que até respirar doía.

— Tudo ainda pode mudar, é claro, nada está inscrito em pedra — continuou Roma implacavelmente. — Mas, da maneira como as coisas estão agora, só há um caminho.

O percurso da casa de Boris à de Roma não levou mais de cinco minutos, mas quando entramos pelo corredor eu estava congelada, chacoalhando de frio. Nina estava a postos na cozinha, com chá quente fumegante.

— Acabei de dizer a Erika que o fim dos tempos está próximo — contou Roma à mãe.

A mãe assentiu seriamente.

— A Terra castigará os homens — disse ela, servindo o chá que acabara de fazer. — Estes tempos em que vivemos são terríveis. — Ela abanou a cabeça desconsoladamente.

— As Altai são o único lugar do mundo que não será afetado por desastres naturais e pela vingança da Terra — disse Roma enquanto bebericava o chá quente.

— Sim — concordou Nina, de olho no velho ícone na parede. — Este é um lugar muito especial. Altai é o paraíso na Terra.

A cidade do futuro

No avião, matei o tempo lendo *The Astana Times*. Segundo uma reportagem, o Cazaquistão acabara de conquistar o 59º lugar entre 64 países na preferência de expatriados. Equador, México e Malta lideravam, enquanto Nigéria, Grécia e Kuwait eram ainda menos populares que o Cazaquistão. A autora da matéria celebrou o feito: afinal, era positivo constar na lista, ela dizia, e da próxima vez era só torcer para o país se sair ainda melhor! Algumas folhas depois, encontrei um artigo sobre o padrão de atendimento nos restaurantes de Astana. Havia um amplo consenso de que o serviço era ruim, pouco profissional e às vezes até mesmo rude. Também nesse caso, o tom da matéria era positivo: «Como os donos de restaurantes de Astana estão tentando melhorar o serviço», dizia a manchete.

Visitantes de primeira viagem podem até se deslumbrar com a arquitetura moderna e ambiciosa e a aparente prosperidade de Astana, mas, quando lá estive da última vez, só consegui me irritar. Tive uma impressão negativa da arquitetura fria e do clima de negócios impessoal e movimentado da cidade. As distâncias em Astana são grandes, as ruas são largas, as quadras são quase intermináveis, a malha de bondes ou metrô não existe e quase não há ciclovias, apenas engarrafamentos quilométricos. Embora haja apenas 800 mil habitantes em Astana, as filas de carros são comparáveis às de Pequim ou Ulaanbaatar. Aliás, Ulaanbaatar é a única capital do mundo cujo clima é mais frio que o de Astana. No táxi a caminho do único hotel econômico que consegui encontrar, notei que os engarrafamentos haviam piorado desde minha visita anterior. Nos últimos dois anos, a população da capital, de acordo com o plano do governo, cresceu quase 100 mil habitantes, sem que a expansão viária tenha acompanhado esse ritmo.

Ainda assim, uma visita a Astana é indispensável para quem procura compreender o Cazaquistão moderno. Originalmente a cidade se chamava Tselinogrado, uma pequena e insignificante cidade provinciana. Após a dissolução da União Soviética, o presidente Nazarbayev decidiu transferir a nova capital para cá. Almaty, a antiga, localiza-se quase mil quilômetros a sudeste. A mudança foi feita em 1997, e no ano seguinte a cidade foi renomeada Astana, que significa simplesmente «capital». Espera-se que em algum momento a cidade receba o nome de Nazarbayev, ex-líder da nação e artífice da capital, mas por enquanto ele precisa se contentar apenas com a universidade e o aeroporto que levam seu nome.[22]

Por que Nazarbayev escolheu mudar a capital da aprazível Almaty, no sul, para a fria e inóspita Astana, no norte? A explicação oficial é que Almaty ficou muito pequena. A cidade estava totalmente desenvolvida e não havia espaço para crescimento ou construções monumentais. Além disso, Almaty está geograficamente localizada na periferia, perto das fronteiras do Quirguistão e da China. Nazarbayev achava que a capital deveria ter uma localização mais central. Embora isso nunca tenha sido admitido em caráter oficial, as autoridades provavelmente queriam consolidar a presença e o poder no norte pouco habitado e dominado pelos russos. Geograficamente, o Cazaquistão

---

22 Em 2019, a capital foi renomeada Nur-Sultan, em homenagem a Nursultan Narzabayev, que renunciou à presidência em março do mesmo ano.

é grande, mas a população é pequena, as forças armadas são incipientes, a fronteira com a Rússia é extensa e, além disso, um quinto da população é de russos étnicos. Ou seja, o governo cazaque depende totalmente de um bom relacionamento com seu vizinho do norte, ao mesmo tempo que procura evitar a todo custo mostrar fraqueza, e equilibrar-se entre uma posição e outra costuma ser delicado.

Em 1994, Nazarbayev tomou a frente da União Econômica Eurasiática, também conhecida como União Aduaneira — apelidada pelos críticos de «União Antieuropeia». A União entrou formalmente em vigor em 1º de janeiro de 2015 e, em tese, está aberta a todas as antigas ex-repúblicas soviéticas. Além do Cazaquistão e da Rússia, Belarus, Armênia e Quirguistão se juntaram ao clube até aqui, e espera-se que o Tadjiquistão também se junte em breve. Ainda não está totalmente claro quais serão a forma e o alcance de uma cooperação que é primariamente econômica. Falou-se de uma moeda comum entre os países-membros, mas até agora a união tem resultado sobretudo em acordos de livre-comércio e livre circulação de mão de obra. Durante o Natal de 2013, divergências quanto à Ucrânia dever se aproximar da UE ou forjar laços mais estreitos com a Rússia por meio da União Eurasiática levaram a grandes manifestações em Kiev. Em decorrência dos protestos, o presidente Yanukovytch foi obrigado a renunciar e, na agitação que se seguiu, a Rússia anexou a península da Crimeia e despachou agitadores, armas e soldados para o leste da Ucrânia.

Para o governo do Cazaquistão, os desdobramentos da crise na Ucrânia são um cenário do mais puro horror. Como seria possível reagir? Inicialmente, o Cazaquistão se absteve de votar sobre o destino da península da Crimeia na ONU, mas, em 2016, votou contra a resolução que considerava a Rússia uma nação ocupante da Crimeia. Ao mesmo tempo, após os protestos na Ucrânia no ano anterior, o governo cazaque teve que retirar de circulação milhares de livros didáticos do ensino médio porque a península da Crimeia estava listada num dos mapas como território russo.

A realocação da capital cazaque também pode ser vista como uma materialização do complexo de Pedro, o Grande: um desejo obsessivo de um governante de erguer uma metrópole magnífica e grandiloquente a partir do zero. O centro de Astana é composto quase exclusivamente de edifícios assinados por arquitetos famosos, vários deles a cargo do britânico Norman Foster, como o shopping Khan Shatyr, que tem o formato de uma tenda de vidro — a maior do mundo —, e o Palácio da Paz e da Reconciliação, uma pirâmide vítrea de 77 metros de altura que abriga, entre outras, uma sala de ópera com 1.500 lugares. Em 2013, a Ópera de Astana abriu suas portas. É considerada a terceira maior casa de ópera do mundo, e teria sido parcialmente projetada por Nazarbayev em pessoa.

Consegui um ingresso para *La Traviata* e me vesti com as roupas mais finas que encontrei na mala. Em comparação com as demais mulheres na plateia, que se equilibravam sobre saltos altíssimos, maquiadas e paramentadas como se fossem subir ao palco, em vestidos de noite extravagantes e belíssimos, com direito até a cauda longa, eu parecia pronta para fazer uma excursão pelas montanhas.

Nem mesmo o arquiteto poupou despesas aqui. Do teto do saguão pendia um lustre chamativo que, segundo o site da ópera, pesa 1,6 tonelada. Tudo era novo, reluzente e sofisticado, mas, ao contrário da tenda do shopping, da biblioteca nacional futurista e do arquivo nacional ainda mais futurista, a Ópera de Astana foi construída em estilo clássico e é surpreendentemente semelhante ao Teatro Bolshoi, em Moscou — embora um pouco maior.

A apresentação não foi tão grandiosa. A pronúncia italiana dos cantores parecia deslocada, e a cenografia, em que um espelho e um grande tapete eram os principais componentes, evidenciava as restrições orçamentárias da produção. O antigo diretor da ópera fora demitido recentemente após ter gastado todo o orçamento anual numa única montagem.

Quando voltei para o hotel, o telefone tocou:

— Boa noite, Erika, a senhora está em Astana agora?

— Hum, sim — respondi, intrigada.

— Quanto tempo a senhora permanecerá em Astana?

— Hum, meu voo de volta para Almaty é na quarta-feira — respondi, ainda intrigada.

— A que horas na quarta-feira é o voo da senhora?

— Hum, de manhã cedinho.

— Cedinho que horas?

— Por volta das 8h, acho.

— Que pena! Então só temos dois dias. Quer dizer, temos pouco tempo. Farei uma pesquisa rápida e voltarei a entrar em contato com a senhora em breve.

A mulher que ligou era a diretora do Conselho dos Povos do Cazaquistão de Astana, como descobri mais tarde. Ela foi contatada por Aidos Sarym, o analista que eu havia entrevistado em Almaty. Eu havia mencionado a ele de passagem que talvez precisasse de contatos em Astana. Agora, de repente, eu tinha minha própria assistente de pesquisa. Meia hora depois, ela ligou de volta:

— Erika, a senhora tem uma reunião com o deputado Akhmet Muradov amanhã às 9h. Ele é tchetcheno e pode falar sobre a situação dos tchetchenos e sobre tudo o mais que a senhora queira saber. Em seguida a senhora tem uma reunião com o diretor da Associação Ucraniana. Também falei com a diretora do museu KarLag, em Karaganda. Ela pode encontrá-la amanhã às 15h. A senhora precisa de motorista e intérprete?

No início da manhã seguinte, a mulher ligou novamente, com mais entrevistas agendadas para mim. Da noite para o dia eu ganhei uma agenda cheia de compromissos e tinha que me apressar. Não tive coragem de dizer que na verdade não precisava de muito material sobre a situação dos ucranianos no Cazaquistão, e que já tinha estado em Karaganda, e compareci obedientemente a todas as entrevistas que essa desconhecida tivera a gentileza de providenciar. A maioria abordou tópicos que, infelizmente, não tinham muito a ver com a proximidade com a Rússia, ou eram entrevistas com pessoas que ocupavam cargos tão proeminentes e oficiais que falavam apenas platitudes, mas, graças ao encontro com Akhmet Muradov, o deputado tchetcheno, cheguei a Salman Saidarovitch Geroyev.

***

Salman Saidarovitch Geroyev me recebeu no Centro Vainakh em Astana, o centro para tchetchenos e inguches, do qual ele era presidente. Vestia um terno escuro, camisa branca e gravata, era educado, cortês e sofisticado, e parecia muito mais jovem do que aparentavam seus cerca de setenta anos. A idade exata, porém, ele não sabia dizer qual era:

— Acho que tenho 76. Ou talvez 73. Durante a guerra, menti minha idade para ganhar um pedaço de pão. Oficialmente, a data do meu nascimento é 20 de fevereiro de 1939, mas não é meu aniversário de verdade, disso tenho certeza.

De acordo com a data oficial de nascimento, Salman tinha acabado de completar cinco anos quando sua família foi deportada da Inguchétia, no norte do Cáucaso:

— Os policiais chegaram no início da manhã do dia 23 de fevereiro de 1944. Levaram todos. A questão era a nacionalidade; não queriam saber se eram bons comunistas. Nem mesmo pertencer ao partido adiantava. Tudo o que importava era se a pessoa era inguche ou tchetchena. As pessoas tinham de trinta minutos a uma hora e meia para recolher seus pertences. Como todos os homens aptos estavam na frente de batalha, ficaram ali principalmente mulheres, crianças e idosos. Na nossa cultura, em geral são os homens que tomam decisões importantes, por isso não era fácil para as mulheres saber o que levar com elas. Quem se recusava a sair era fuzilado ali mesmo, sumariamente. Cães e gatos eram abatidos no local. Lá fora ainda estava escuro quando eles chegaram. Quando o sol raiou, a polícia nos obrigou a embarcar em trens de carga superlotados.

Enquanto os soldados soviéticos morriam como moscas no front e as pessoas passavam fome e sofriam, Stálin investiu somas consideráveis para despejar de casa mulheres, crianças e idosos inguches e tchetchenos no norte do Cáucaso.

— Stálin inventou a mentira de que apoiávamos os alemães — disse Salman. — Mas nenhum alemão pôs os pés na Tchetchênia ou na Inguchétia! Nossos homens estavam combatendo no front como todos os outros!

Ele tirou um papel do bolso e anotou números, datas e nomes relevantes dos diversos batalhões, e os leu em voz alta:

— Os tchetchenos e inguches tinham sua própria infantaria e suas próprias brigadas e batalhões; cerca de 60 mil tchetchenos e inguches serviram no front!

As condições no trem eram indescritíveis. Não havia banheiros ou qualquer lugar para se lavar, e as pessoas não tinham como tomar banho ou se limpar. Muitos morreram no caminho. Os corpos eram atirados pelas janelas do trem em alta velocidade para evitar o mau cheiro e as infecções. A viagem de trem para o leste levou dezoito dias.

— Minha avó cuidou do meu irmão e de mim, porque nossa mãe já estava morta. Nosso pai desapareceu no caminho. Não sabemos o que aconteceu com ele e nunca descobrimos. — Salman enxugou o canto do olho. — Ainda fico com olhos marejados quando falo sobre isso — disse ele.

A CIDADE DO FUTURO

Quase meio milhão de pessoas, principalmente mulheres e crianças, foram deportadas da Tchetchênia e da Inguchétia. Além disso, vários povos túrquicos do Cáucaso, tártaros da Crimeia, alemães das colônias do mar Negro e do Volga, calmucos, bálticos e poloneses receberam a pecha de «inimigos do povo» e foram deportados para o leste. Nas décadas de 1930 e 1940, mais de 6 milhões de pessoas ao todo foram deslocadas à força sob o regime cada vez mais paranoico de Stálin. Mais de um quarto delas, às vezes até a metade, morreu durante o percurso ou ao longo do primeiro período de exílio. Os deportados foram abandonados na taiga no Extremo Oriente, na Sibéria ou no Cazaquistão, onde antes sobrava espaço e faltava gente. Em geral não tinham nada além das roupas do corpo e dos poucos objetos que conseguiram reunir antes de serem expulsos de suas casas. Do nada, tiveram que construir uma vida nova.

— Chegamos ao Cazaquistão no dia 6 ou 7 de março — contou Salman. — Eles nos deixaram em Akkol, que fica a 180 quilômetros daqui. Nosso tio assumiu a responsabilidade por mim e por meu irmão, e fomos morar com ele. A família do tio era muito extensa, vivíamos num cubículo. A cada duas semanas tínhamos que nos reportar ao comandante, um homem educado, porém rude. A memória que tenho do primeiro ano é puro pesadelo. Fazia calor no Cáucaso, então não tínhamos sapatos nem roupas apropriadas para o frio. Passávamos o tempo inteiro congelando. Os cazaques foram gentis conosco e nos davam leite e *kurt*, uma espécie de queijo duro e salgado. Lembro-me de que os cazaques tinham um cheiro diferente do nosso e que eu me sentia sujo aqui. O primeiro inverno foi duríssimo. Até a primavera chegar, quase não tínhamos comida. Não sei de onde trouxeram, mas quando a primavera chegou conseguimos algumas batatas para comer. Os cazaques nos ensinaram a fazer roupas quentes, mas no começo não tínhamos com o que fazê-las. Lembro-me de andar por aí com uma calça feita de uma lona de caminhão roubada. No primeiro ano houve muitos funerais As pessoas morriam de doença, de fome. Havia enterros todos os dias.

Salman foi matriculado numa escola russa, mas não sabia falar russo:

— A única coisa que eu sabia dizer em russo era «venha aqui!». Lembro-me de ter encontrado um garoto russo e dizer isso a ele. Ele se aproximou e me disse algo, que não entendi o que era, então arremessei neve nele. — Salman riu. — Eu era um bom aluno e aprendi russo depressa, mas moralmente era muito difícil ser um «inimigo do povo». Outras crianças nos acusavam de simpatizar com os alemães, mas eu reagia. Sempre. Se não bastasse, partia para agressão. Antes de sermos reabilitados, não podíamos nos tornar membros do partido. Jamais éramos mencionados no jornal, porque era proibido usar as palavras «inguches» e «tchetchenos». Não importava quão competente você fosse, ninguém conseguia um emprego se constasse a nacionalidade «inguche» ou «tchetchena» no passaporte. Quando os adultos se reuniam, sempre falavam do Cáucaso. Sentiam falta do clima, dos vegetais, das frutas, das cores e dos cheiros. Como era perigoso demais criticar Stálin, se referiam a ele apenas como «Bigode». «Quando o Bigode morrer, vamos poder voltar», diziam.

Somente em 1956, três anos após a morte de Stálin, os inguches e tchetchenos foram reabilitados. Muitos retornaram ao Cáucaso, mas Salman permaneceu no Cazaquistão. Ele se tornou o primeiro secretário do Komsomol local, a organização juvenil do Partido Comunista, e se casou com uma mulher que também era originária da Inguchétia, como ele.

— Apesar de termos sido reabilitados, não tínhamos o direito de nos reunir e discutir as deportações — contou Salman. — Somente em 1991, quando o Cazaquistão se tornou independente, foi que pudemos nos encontrar e conversar abertamente sobre nossa história, cultura e idioma. Este centro, Vainakh, foi fundado em 1990. Eu o presido há 25 anos. Após a dissolução da União Soviética, muitos dos meus amigos voltaram para a Inguchétia, mas eu sou de Prigorodny e não tenho para onde voltar. Após as deportações, Prigorodny foi ocupada por nossos vizinhos, os ossetas, e nunca a recuperamos. Se Prigorodny voltasse a ser um território inguche, eu provavelmente voltaria. Lá faz calor e estou velho. Mas, dito isso, estamos bem aqui no Cazaquistão. Já não passamos necessidades.

Embora a maioria tenha retornado ao Cáucaso após a morte de Stálin, ainda há cerca de 50 mil inguches e tchetchenos vivendo no Cazaquistão. Além disso, o país abriga milhares de alemães, tártaros, coreanos, poloneses, armênios, gregos e búlgaros, bem como várias outras nacionalidades e etnias – um legado duradouro do brutal regime stalinista.

— Só mesmo Stálin para ter planejado e iniciado as deportações de nações inteiras – disse Salman. – Li e pesquisei sobre o assunto, mas não encontrei nenhum outro exemplo de algo assim, nem antes nem depois.

***

Após a última rodada de entrevistas, Gulnur me convidou para almoçar. Gulnur se encarregara de organizar tudo que era possível para as entrevistas: reservou salas, serviu água, frutas e chá e cuidou dos horários. Ela tinha vinte e poucos anos e trabalhava como intérprete e assistente no serviço público.

Fomos a um shopping próximo. Com exceção dos prédios administrativos e dos impressionantes edifícios de grife, o centro de Astana consiste principalmente em shopping centers, provavelmente devido ao frio extremo que no inverno faz aqui. As pessoas não suportam ir de loja em loja a 40 graus abaixo de zero; querem encontrar tudo reunido num só lugar. Apesar dos meus protestos persistentes, Gulnur pagou a conta, de acordo com as regras tácitas de hospitalidade da Ásia Central. Como tantos jovens com formação acadêmica nas cidades do Cazaquistão, ela ansiava pela vida e pelo futuro:

— Sou muito feliz por viver no Cazaquistão — disse ela num inglês quase sem sotaque, embora nunca tivesse saído da Ásia. — Ainda somos uma nação jovem e não somos perfeitos, mas alcançamos muita coisa em pouquíssimo tempo. Aprecio especialmente nossa comunidade multiétnica. Tenho amigos que são tchetchenos, russos, cazaques, tártaros e aprendo muito com eles.

— Não é um país democrático se há uma lei que proíbe insultar o presidente — objetei a certa altura.

— Nunca ouvi falar dessa lei — respondeu Gulnur gentilmente. — Como nunca ouvi falar dessa lei antes, para mim é difícil fazer qualquer comentário sobre ela.

— Muitas pessoas que encontrei estão preocupadas com o que acontecerá quando Nazarbayev se for — eu disse. — Quem você acha que assumirá o cargo de presidente depois dele?

— Tenho certeza de que encontraremos um bom ocupante quando chegar a hora — disse Gulnur. — Os idosos, em particular, estão ansiosos, porque se acostumaram a tê-lo como líder e têm receio de mudanças, mas tudo vai correr bem. Precisamos construir juntos um país tolerante, inclusivo e moderno. Já progredimos bastante, como você pode ver.

* * *

A vantagem de viajar para Astana é que, por menor que tenha sido o intervalo desde a visita anterior, algo novo certamente surgiu nesse meio-tempo. Desde minha última passagem por aqui, foi inaugurado o Museu Nacional, um imponente edifício de vidro com exposições bem elaboradas e abrigadas em 74 mil metros quadrados de área. Depois de aprender tudo que vale a pena saber sobre a rica história do Cazaquistão, bem como sobre os feitos de Nazarbayev como presidente e as recentes conquistas esportivas do Cazaquistão moderno, visitei o Palácio da Independência. O palácio abriu as portas em 2008, mas pensei anteriormente que a estrutura retangular de vidro fosse algum tipo de estádio, e deixei de conhecer o prédio por dentro. Hoje, o edifício é usado principalmente para conferências e reuniões, mas ainda vale a visita devido à maquete de Astana localizada no andar superior. A capital cazaque foi projetada pelo renomado arquiteto japonês Kisho Kurokawa, e o crescimento da cidade pretende ser um projeto abrangente e de longo prazo. Somente em 2030 a capital estará completamente concluída.

— Apenas 35% estão prontos até agora, principalmente os projetos mais centrais, ao redor do palácio presidencial — disse o guia. — Os bairros residenciais planejados ainda não foram construídos. No final da década de 1990, Astana tinha cerca de 300 mil habitantes. Agora, tem 800 mil. A meta é que a capital tenha 2 milhões até 2030, então vamos precisar de muitas residências.

E estradas, pensei. E pontes. E túneis. E ciclovias. E metrô! Mas a maquete japonesa parecia desconsiderar aspectos tão mundanos.

— Aqui, atrás do shopping Khan Shatyr, vamos construir a Cidade Verde — disse o guia, apertando um botão. Uma área imensa, hoje maioritariamente ocupada por tratores e guindastes, se iluminou. — Essa área residencial será autossuficiente em energia e água. Também estamos planejando construir uma Veneza artificial, mas ainda não foi decidido onde estará localizada. Temos muitos planos, e estão em constante evolução. Astana deve ser uma cidade do futuro, polifônica e moderna, adaptada ao século XXI.

Boliche em Baikonur

Quase um dia depois de partir de Almaty, o trem chegou pontualmente à plataforma de Töretam. Os outros passageiros rapidamente desapareceram nos veículos que os esperavam, e o trem seguiu seu caminho. Logo fiquei sozinha na plataforma. Baikonur está fora dos roteiros mais conhecidos, mesmo para os padrões do Cazaquistão: nas estepes, cerca de 200 quilômetros a leste do mar de Aral, que encolhe a cada ano, e 320 quilômetros a sudoeste da cidade mineira de Baikonur. Para confundir os americanos, os soviéticos deram à base de lançamento de foguetes o mesmo nome da cidade mineira a 30 quilômetros de distância. A base de lançamento de foguetes e a cidade vizinha foram construídas às pressas no final da década de 1950 para abrigar o ambicioso programa espacial da União Soviética.[23] Durante a era soviética, Baikonur era altamente secreta e não constava em nenhum mapa. Visitar a cidade espacial, que hoje está sob jurisdição russa, ainda é um processo bastante complicado — por 115 milhões de dólares por ano, a Rússia arrendou do Cazaquistão tanto a base de lançamentos como a cidade até

---

23 O cosmódromo, termo que os russos usam para designar as bases de lançamento de foguetes, sempre foi chamado de Baikonur. A cidade vizinha se chamava Leninsk nos tempos soviéticos. Em 1995, também mudou seu nome para Baikonur, portanto agora a cidade e o cosmódromo têm o mesmo nome.

o ano de 2050. Estrangeiros interessados em visitar Baikonur devem antes pedir autorização à Roscosmos, a agência espacial federal da Rússia, correspondente à americana Nasa. A Roscosmos também estabelece os preços, que estão muito acima de todos os outros pontos turísticos da região. Um simples pernoite em Baikonur pode chegar a mais de mil dólares, sem incluir as despesas com transporte.

— Desculpe a demora, sinto muito! — Um cazaque obeso, com seus vinte e tantos anos, vestido com um terno e um sobretudo de lã preto até o tornozelo, veio correndo me receber na plataforma.

— Não tem problema! — disse eu gentil e inocentemente, sem imaginar que era só o começo.

Um vigia armado guardava o portão da cidade. Marat, como meu guia se chamava, exibiu uma carteira e passamos sem ser vistoriados. Uma vez dentro da cidade espacial russa, deparamos com um lugar decadente. Nos edifícios malconservados dos anos 1950, a pintura descascava e deixava o reboco aparente, as vidraças estavam quebradas, algumas até haviam sido emparedadas com tijolos. As ruas estavam sujas e desertas.

Marat estacionou diante de um prédio de apartamentos e explicou que precisava entrar para pegar minha autorização.

— Não saia do carro sob nenhuma circunstância — advertiu ele severamente. — Se você sair, pode ser presa por estar desacompanhada, sem guia. Entendido?

Fiz que sim. Marat se ausentou por mais de meia hora, então tive tempo de sobra para admirar o prédio em que ele havia entrado. Parecia um bloco de apartamentos comum, com pequenas lojas no térreo.

Quando finalmente voltou, Marat parecia estressado.

— Houve problemas — explicou. — A cidade está sem eletricidade, gás e água devido a um acidente, portanto não podemos levá-la ao hotel como planejado. Mas não se preocupe

— acrescentou ele. — Consegui autorização para levá-la a um apartamento onde você pode descansar um pouco.

— Eu não preciso descansar — protestei. — Acabei de ficar 24 horas dentro de um trem, não fiz outra coisa a não ser descansar. Temos muito para ver e só vou ficar aqui um dia.

— Primeiro preciso levá-la ao apartamento para que você possa descansar — disse um irredutível Marat.

— Mas eu...

— Depois vamos tomar um café da manhã. Depois visitaremos o museu. Em seguida almoçaremos e daremos uma volta pela cidade. Depois, pensei em visitarmos o monumento a um famoso músico folclórico cazaque localizado a 60 quilômetros da cidade. Assim você também consegue ver os arredores!

Eu não conseguia me lembrar de ter lido algo sobre músicos folclóricos no folheto que recebi da agência de viagens em Almaty.

— Não vamos ao cosmódromo? — perguntei.

— Claro que sim — Marat engasgou-se. — Claro que vamos. Está no programa, não está?

Ele me levou para um surrado prédio de apartamentos próximo do centro da cidade. A fachada era triste como só as fachadas soviéticas conseguem ser. O portão estava coberto de ferrugem, o lugar recendia a mofo e podridão. Um grupo matava o tempo no pátio em frente, mas ninguém se dignou sequer de nos dirigir um olhar.

— A energia deve retornar em breve — disse Marat, otimista, enquanto destrancava a porta de um apartamento do primeiro andar. Ele deixou minha mala no corredor e fez sinal de que estava indo embora.

— O que diabos eu vou fazer aqui? — perguntei exasperada.

— Que tal desfazer sua mala? — sugeriu Marat. — E descansar.

— Mas eu não deveria ficar num hotel?

BOLICHE EM BAIKONUR 285

— Claro que sim — respondeu Marat num só fôlego. — Claro que vai ficar num hotel. Não é o que está no programa?

— Então por que...?

— Que tal ver um pouco de TV? — Marat me interrompeu.

— Volto em quarenta minutos.

— Mas não tem eletricidade aqui, como eu vou...?

— Já deve estar voltando.

— Mas por que diabos eu tenho que ficar aqui?!

— Estarei de volta em quarenta minutos, já disse! — gritou Marat. A porta se fechou e eu fiquei sozinha. Não havia papel higiênico no banheiro, e a cozinha parecia não ser limpa havia semanas. Na bancada havia uma lata de cerveja aberta e um pacote de biscoitos pela metade. Sentei no sofá da sala e fiquei admirando a tela preta da TV. Por fim, decidi ligar para a agência de viagens em Almaty. Era inaceitável isso! Tirei o celular da bolsa apenas para constatar que estava sem cobertura. O cartão SIM cazaque aparentemente não funcionava em Baikonur.

Fui até a porta e experimentei a maçaneta. Estava trancada pelo lado de fora. Quarenta e cinco minutos depois, Marat me destrancou daquele apartamento escuro e me levou para tomar um café no centro. Lá, a impressão que tive foi que tanto a eletricidade quanto a água não haviam sido cortadas.

— A cidade está despertando — disse Marat.

— Já são mais de 11h — observei.

— Baikonur acorda tarde — disse Marat. — Quando você chegou não havia ninguém pelas ruas, não reparou? Todos estavam dormindo. Tudo estava fechado.

Espiei pela janela. Ainda não havia ninguém nas ruas. Na década de 1960, em seu apogeu, Baikonur chegou a ter mais de 100 mil habitantes. Após a dissolução da União Soviética, a cidade tornou-se um lugar perigoso e sem lei, à mercê de gangues de criminosos. Para o novo Estado cazaque, os problemas surgiam aos borbotões, e a antiga base de lançamento de foguetes não estava no topo da lista de prioridades. Os residentes fixos migraram em massa, e muitos dos russos voltaram para casa. Em 1995, Boris Iéltsin renovou o contrato de arrendamento com o governo cazaque, e desde então os russos vêm injetando milhões na cidade espacial, aparentemente sem retorno algum. A população atual é de cerca de 70 mil habitantes.

— Não quero visitar o monumento que fica a 60 quilômetros da cidade — eu disse.

— Você não se interessa pela música folclórica cazaque? — Marat perguntou espantado.

— Prefiro passar meu tempo aqui em Baikonur. Já é quase meio-dia!

Marat conferiu o relógio e balbuciou que o museu provavelmente já estava aberto.

— Sim, veja você, nós não sabíamos que você viria hoje — ele confessou no carro a caminho do museu. — Como o lançamento do foguete foi adiado de 21 de novembro para 15 de dezembro, achamos que você preferisse vir nessa data. Por isso, você está na lista de visitantes de dezembro.

— Eu avisei há semanas que viria a Baikonur conforme planejado inicialmente — observei.

— Você não pode voltar para cá em dezembro também? — sugeriu Marat. — Pode vir aqui e assistir ao lançamento de graça, se quiser, não precisa pagar a licença novamente, pode só assistir ao lançamento e voltar sem o pernoite!

— Não posso. Em dezembro estarei na Noruega.

— Deve haver voos daqui para a Noruega, não?

— Este deve ser um dos lugares mais inacessíveis do planeta — enfatizei. — Não é possível voltar aqui. Estou aqui *agora*! Fiquei 27 horas num trem e paguei mil dólares para chegar aqui, e agora quero ver o cosmódromo, como me foi prometido!

BOLICHE EM BAIKONUR 287

— Não ficou ninguém aqui — disse Marat, engolindo em seco. — Todo o Roscosmos está participando de um seminário em Moscou. Sou o único aqui.

***

Natasha, uma enérgica russa na casa dos quarenta, me mostrou o museu espacial no centro cultural da cidade. O museu quase não mudou desde que foi inaugurado, na década de 1970.

— O cosmódromo de Baikonur é a primeira e ainda a maior base de lançamento de foguetes em funcionamento do mundo e tem sido de grande importância para a história espacial global — explicou Natasha. — O primeiro satélite feito pelo homem, o Sputnik 1, foi lançado ao espaço daqui em outubro de 1957. Em novembro do mesmo ano, lançamos o Sputnik 2 com a cadela Laika a bordo, o primeiro mamífero a ser enviado ao espaço. Em janeiro de 1959, lançamos a Luna 1, a primeira espaçonave a se aproximar da Lua, e, em 12 de abril de 1961, Yuri Gagarin foi o primeiro ser humano a orbitar o planeta, um grande triunfo para a União Soviética. Dois anos depois, Valentina Tereshkova, a primeira astronauta mulher do mundo, foi enviada para o espaço daqui. Mais um grande triunfo da União Soviética.

A visita terminou por volta das 13h. Natasha se ofereceu para me acompanhar no passeio pela cidade, o item seguinte do programa, mas Marat insistiu que ela tinha que almoçar primeiro. Essas eram as regras, disse ele.

— Vamos almoçar também? — ele perguntou.

— Acabamos de tomar café da manhã — disse eu, furiosa.

Enquanto esperávamos que Natasha terminasse sua pausa obrigatória para o almoço, Marat e eu matamos o tempo dirigindo à toa por Baikonur. Marat não sabia bem o que me mostrar, pois tudo por onde passávamos voltaria a ser visto em seguida, durante o passeio pela cidade. Acabamos indo à periferia, ao rio.

— Aqui, do outro lado do rio, o governo cazaque vai construir um centro de veraneio — disse ele.

A paisagem árida e entediante da estepe se alargava rumo ao oeste, aparentemente sem fim. Até então, não havia sinal de obra à vista.

— Parece que eles não começaram ainda — comentei.

— Não, o financiamento ainda não está garantido. Da próxima vez que você vier aqui, provavelmente já estará funcionando!

— Não haverá próxima vez — eu disse.

Entramos no carro novamente e Marat me levou à igreja ortodoxa. Saí para fazer fotos. Como a porta da igreja estava aberta, quis olhar lá dentro, mas fui impedida por Marat:

— Pare e dê meia-volta já — disse ele, estressado. — A igreja está fechada, você não pode entrar!

— Mas a porta não está aberta?

— Eles estão no recesso agora.

Obedientemente, voltei para o carro. Rodamos em silêncio. Depois de algumas centenas de metros, passamos por uma casa que estava parcialmente destruída por uma explosão de gás. Alguns meninos jogavam futebol no campo de areia em frente.

— Posso tirar uma foto? — perguntei.

— Claro — disse Marat, estacionando o carro. Abri a porta para sair.

— Você não pode simplesmente fotografar de dentro do carro? — perguntou Marat. — Eu posso baixar a janela.

— Não, tenho que descer do carro.

— Por quê?

— Porque as fotos ficam melhores assim.

Marat suspirou.

— Está bem, mas seja breve. Alguém pode perceber e vir com perguntas.

— Mas eu não tenho permissão para estar aqui?

— Claro que tem — assegurou Marat. — Tudo está na mais perfeita ordem. Apenas seja breve!

Marat decidiu que o passeio pela cidade também deveria ser feito dentro do carro. Era mais prático assim, argumentou ele, pois não teríamos que caminhar. Enquanto ele dirigia lentamente, Natasha ia no banco do carona apontando para as ruas lamacentas e desertas, sempre com um comentário a fazer.

— Aqui temos uma área residencial típica da década de 1960 — disse ela, apontando para uma fileira de blocos cinzentos. — E aqui — acrescentou, indicando as casas da rua paralela —, aqui temos blocos de apartamentos típicos da década de 1950. Note que eles não são tão altos, são um pouco mais baixos. Consegue perceber?

No parque, ela apontou para o terreno onde ficava o cinema. Era feito de madeira e pegou fogo décadas antes. O prédio atrás da estátua de Lênin, originalmente um teatro, também foi completamente danificado pelo fogo e havia anos estava desocupado. Poucas semanas antes, o maior centro comercial da cidade também havia pegado fogo. Natasha conhecia a história por trás de todos incêndios da cidade.

— Aqui é a delegacia de polícia do Cazaquistão — disse Natasha, apontando para um prédio com uma bandeira azul-clara tremulando no telhado. — E ali do lado está a da Rússia. Aqui em Baikonur tudo é duplicado. Estamos metade na Rússia e metade no Cazaquistão, mas a moeda é o rublo; é preciso haver limites. No entanto, é possível fazer o câmbio em qualquer lugar, sem problemas. Pouco mais da metade dos habitantes são cazaques, o restante são russos, pelo menos até agora. Estamos construindo nossa própria base de lançamento de foguetes, o Vostochny Kosmodrom, Cosmódromo Oriental, no extremo leste da Rússia. Quando estiver concluído, Baikonur provavelmente deixará de fazer sentido.

***

— Quando vamos ver o cosmódromo? — perguntei depois de Natasha retornar ao museu. Já era fim de tarde, e tudo o que tínhamos visto até agora eram prédios de apartamentos, monumentos e escombros incendiados.

— Estamos esperando a confirmação da Roscosmos — disse Marat, nervoso. — Como todos estão em Moscou, não há ninguém no cosmódromo para nos receber. Não podemos simplesmente ir até lá, temos que esperar até nos darem autorização. — Ele olhou para o relógio. Eram 16h. — Devem estar almoçando agora.

De acordo com as estimativas de Marat, o almoço da Roscosmos terminaria às 18h, horário do Cazaquistão. Fomos almoçar, nós também. Deram 17h, depois 18h, e nada da autorização de Moscou. Finalmente, Marat decidiu telefonar para o chefe, prometendo que insistiria, que faria tudo o que estivesse a seu alcance. Uma hora depois, cabisbaixo, retornou sem ter conseguido contato com o chefe. O sol havia se posto. Sob a luz azulada dos postes, as avenidas largas e desertas pareciam ainda mais sombrias.

— E agora? — perguntou Marat. — Vamos jogar boliche?

— Eu não vim aqui para jogar boliche — reagi de bate--pronto. — Quero ver o cosmódromo. Agora.

— Só tenho vontade de chorar — disse Marat.

— Não vi o museu Kosmodrom, nem a plataforma Buran, nem a casa de Yuri Gagarin ou de Sergei Korolyov — disse eu secamente. — De acordo com o programa, deveríamos ter visto tudo isso hoje.

— Você viu pelo menos 70% de tudo que há para ver aqui.

— Eu vi no máximo 20%.

— Volte em dezembro! — disse Marat em desespero. — Eu pago sua viagem do meu bolso!

— Não seja tolo.

Para provar que realmente estava falando sério, Marat começou a ligar para amigos para saber o quanto custava uma passagem aérea de ida e volta para Moscou. Quando descobriu o valor, reduziu a oferta pela metade.

— Posso pagar sua passagem de volta, que tal? Ou você pode pegar o trem de Moscou, são só dois dias de viagem e é bem mais em conta! Vou buscá-la na estação, prometo!

Fomos jogar boliche. No caminho, Marat parou em frente a um bloco de apartamentos e apanhou uma garota de vinte e poucos anos. Ela tinha cabelos compridos e pretos como carvão, grandes olhos castanhos, e estava usando uma minissaia e uma bota de salto alto. Quando chegamos à pista de boliche, que ficava dentro de um shopping, Marat pediu uma garrafa de espumante russo barato para nós. Consumiu a maior parte e ficava mais vermelho nas bochechas e mais brilhante nos olhos a cada taça que entornava. Para a incomensurável felicidade de Marat, venci as duas partidas.

— Quero ter cinco filhos — disse a garota a sério enquanto bebericava o suco de laranja que havia pedido. — Devemos ajudar o Estado tendo muitos filhos. Somos uma nação jovem.

— Cinco é muito — opinei.

— Cinco não é nada! — intrometeu-se Marat. — Antes as pessoas tinham treze, quando não havia anticoncepcional.

Depois desse inusitado diálogo, Marat e a garota trocaram cutucadas cúmplices e caíram na gargalhada.

— Mas — suspirou Marat — tenho um problema sério. Um problema muito sério. Ela me odeia e nunca vai querer se casar comigo! Você me odeia, não é? — Ele voltou a cutucar a garota. Ela olhou para baixo, enrubescida, e não respondeu.

Quando a garrafa de espumante chegou ao fim, a garota desapareceu no supermercado levando o cartão de crédito de Marat. Ele me confidenciou que os dois estavam juntos havia apenas uma semana e queria saber minha opinião. Será que formavam um bom casal? Será que tinham futuro?

A garota reapareceu em seguida e os dois me levaram para um hotel nos arredores de Baikonur.

— É melhor ficar fora da cidade para poder pegar o trem de manhã cedo — explicou Marat. Não fazia o menor sentido, uma vez que ele, que morava em Baikonur, me levaria até a estação. Marat pegou o celular e digitou um número.

— Boa noite! — eu o ouvi dizer. — Tenho uma hóspede estrangeira comigo. Vocês têm quarto disponível?

Pouco depois, entramos num pátio e paramos em frente a um pequeno hotel. O cheiro de tinta e solvente era fortíssimo. Marat carregou minha bagagem até o quarto, que era grande e vazio.

— Se você bater na cama duas vezes à meia-noite, um homem sairá rastejando de baixo da cama — ele riu.

Pedi encarecidamente que ele não se atrasasse na manhã seguinte. O único trem do dia rumo a oeste partia exatamente às 5h04.

Marat jurou que era a pontualidade em pessoa e desapareceu escada abaixo.

**

No dia seguinte, Marat não deu as caras. Telefonei várias vezes, mas ele não atendeu. A recepcionista dormia num quarto ao lado; o pátio estava deserto. Escutei o ruído de carros passando ao longe. Comecei a caminhar na direção do barulho e por fim cheguei à estrada. Tive sorte, pois um carro passou quase ao mesmo tempo. Acenei, o motorista parou e eu o convenci a me levar para a estação de trem em troca de alguns rublos.

— Você queria mesmo ir para a estação sozinha a esta hora do dia? — ele perguntou, surpreso, assim que me acomodei no assento de trás.

Pelo menos o trem foi pontual. Embarquei e encontrei minha cabine, que estava quente como uma sauna. Trinta e oito horas depois, chegaria a Aktau, a última parada no Cazaquistão. Caí no sono e só fui despertar depois do meio-dia. Pela janela do trem a vista era de uma paisagem plana e árida.

Por um momento parecia que eu estava em outro planeta.

CÁUCASO

Cáucaso, ó Cáucaso! Não é por acaso que os maiores beletristas que o mundo conhece, os grandes russos, te visitam, a leste das tuas fontes...

Knut Hamsun

Rumo ao Reino da Fantasia

— Talvez o barco para Baku saia amanhã — informou a vendedora. A agência de viagens ficava escondida nos fundos de um prédio. O local era tão minúsculo que mal comportava a mulher atrás do balcão. — Ele costuma zarpar de manhã, por volta das 8h ou 9h, mas às vezes sai à noite — acrescentou ela. — Serão 120 dólares, obrigada.

— Como é que eu vou saber a que horas chegar ao porto? — perguntei depois de efetuar o pagamento.

— Alguém da tripulação vai telefonar para a senhora duas horas antes da partida.

— Duas horas? — repeti incrédula.

— Fique tranquila, vai dar tempo. Se não telefonarem, pode ligar para nós aqui a qualquer hora, por garantia. Eles não costumam se esquecer de telefonar, mas nunca se sabe.

Anotei o número do telefone, agradeci a ajuda e me levantei para ir embora.

— Também é possível que o barco não saia amanhã! — gritou a mulher assim que passei pela porta. — Nunca sabemos quando ele sai!

Eu desejava poder descansar um pouco em Aktau depois de três dias estressantes. Da última vez que estive em Aktau, fiquei encantada com o shopping da cidade, principalmente com o restaurante nipo-italiano do piso térreo. Naquela ocasião, depois de três semanas passadas no Turcomenistão, país com um dos regimes mais autoritários e isolados do mundo, Aktau me pareceu o bastião da liberdade, um templo moderno dedicado ao prazer e à abundância. Assim que consegui comprar os bilhetes da balsa para Baku, quis retornar ao shopping. Mas, comparado com as lojas de artigos de luxo de Astana e Almaty, ele agora parecia acanhado e provinciano. Assim que atravessei as portas de vidro, me dei conta de que nem mesmo gosto de shoppings; multidão e lojas é uma combinação que me deixa estressada. A comida estava embebida em gordura; o vinho branco estava morno e era doce demais; o serviço, lento e pouco atencioso. Saí o mais rápido que pude e tomei um táxi rumo à praia. Fiquei na orla apenas desfrutando a brisa marinha. Fazia meses que eu não sentia o cheiro da maresia. A rigor, o Cáspio nem é um mar, mas um lago salgado, ou mais precisamente uma bacia endorreica, ainda que a maior do gênero no mundo; de onde eu estava, o horizonte não passava de uma risca azul-cobalto distante.

Até que ponto podemos nos fiar nas próprias impressões e memórias? Não somos apenas criaturas subjetivas, somos também caprichosos e mutáveis. Tudo que vivenciamos está sujeito às expectativas que temos, ao nosso estado de ânimo, ao que ansiamos naquele exato momento. Visitar o parque de diversões que nos encantava na infância pode ser desconcertante. O que antes parecia fabuloso e imenso, um conto de fadas de cores e aromas estranhos, na realidade não passa de um amontoado de carrosséis e lojinhas sem graça. O que me leva à incômoda pergunta: é possível mesmo confiar em literatura de viagem, aliás, é possível confiar em qualquer tipo de literatura que se baseia na memória? O shopping que na minha lembrança era um palácio de sofisticação se mostrou reles e ordinário.

Mas a brisa amena e salgada do mar Cáspio era uma lembrança que ninguém jamais conseguirá arrancar de mim.

***

Meu telefone tocou no meio da noite. Um homem avexado me disse numa mistura de russo e inglês:

— Erika, você tem que chegar ao porto agora, *now*, porque em *two hours* haverá *passport control* e em *four hours* a balsa partirá!

Olhei para o relógio. Eram 2h30. Bêbada de sono, deslizei para fora da cama e me vesti. Então apanhei minhas coisas, fiz o check-out e peguei um táxi para o porto. Lá, fui conduzida a uma sala de espera apertada e incômoda. Um asiático, presumivelmente coreano, dormia encostado numa pequena mochila. Ao lado dele estava um jovem de cabelos compridos e olhar perdido com sua mochila cheia de equipamentos de malabarismo. Um homenzarrão roncava alto. A telinha informava que o registro de passageiros estava em andamento e que o horário previsto de embarque era 6h30. Além disso, não se via nenhuma atividade. A alfândega estava fechada, a bilheteria estava fechada, o controle de passaportes estava fechado.

Devo ter adormecido. Quando acordei, a tranquilidade imperava na pequena sala de espera. O homenzarrão estava com os olhos fixos em mim. Falava um russo macarrônico, mas consegui compreender que ele queria saber se eu era casada. Confirmei que era. Isso não o impediu de pedir meu número de telefone. Expliquei que meu número cazaque não funcionaria no Azerbaijão. Esperançoso, ele me empurrou um bilhete com seu próprio número de telefone e voltou para o banco de metal. Logo seus roncos ressoaram pela pequena sala novamente.

A previsão de partida também se provou um tanto otimista. Por muito tempo nada aconteceu. Só quando o dia já raiava surgiu um grupo de funcionários. Começou o entra e sai de caminhoneiros levando nas mãos uma pilha de documentos. Fiquei cochilando no banco de metal, mas captei trechos de conversas: *Viajar assim, sozinha, sem homem. É uma vergonha. Como o marido dela permite? Se fosse minha esposa...* Talvez eu tenha sonhado tudo, porque, quando voltei a acordar, os caminhoneiros estavam conversando sobre cotações de moedas. As horas se passaram, e da tripulação não chegavam informações, apenas vagas promessas:

— Em breve — responderam quando perguntamos quando a balsa partiria. — Provavelmente não falta muito agora. Meia hora, talvez, no máximo.

Só às 11h o controle de passaportes foi aberto. Uma hora depois, eu e os outros três passageiros fomos levados de ônibus para a balsa e liberados para embarcar. Duas fotos emolduradas de Heydar Aliyev, terceiro presidente do Azerbaijão, e seu filho, Ilham Aliyev, atual presidente do Azerbaijão, eram a única decoração no salão marrom ao estilo dos anos 1970 em que entramos. Uma antipática senhora de uniforme conferiu nossas passagens e passaportes.

— Estão viajando juntos? — Ela apontou para o sujeito de cabelos compridos com o equipamento de malabarismo. Receando ter que dividir uma cabine com o azerbaijano obeso, decidi arriscar. Foi assim que eu e Timur singramos juntos pelo mar Cáspio. Ele tinha vinte e poucos anos, trabalhava como programador em Almaty e nunca viajara ao exterior antes. Além do equipamento de malabarismo, ele trazia consigo uma espada de madeira japonesa. Não compreendi ao certo o que ele iria fazer com aquilo. A cabine era imunda, mas espaçosa, puro luxo em comparação com os compartimentos do trem cazaque. Em cada uma das camas havia um cobertor de lã azul-escuro, parcialmente roído pelas traças. Enrolei-me no cobertor sujo e peguei no sono instantaneamente. Horas depois, quando acordei, ainda estávamos parados no cais. Só à noite a balsa começou a se mover. Apesar da brisa fresca, o mar estava tão calmo que mal percebi que tínhamos deixado o cais. Tivemos sorte, porque o mar Cáspio em novembro não costuma estar para brincadeiras.

Até nos corredores tudo estava calmo. Éramos ao todo somente oito passageiros. O rotundo azerbaijano ocasionalmente enfiava o rosto pela porta da nossa cabine, primeiro para dizer que estava pensando em tirar um cochilo, depois para anunciar que estava indo jantar. Da terceira vez, surgiu com uma caixa de suco pela metade que queria nos oferecer.

O restaurante só abria em horários fixos, e o chef era uma verdadeira paródia de um cozinheiro de navio: suado, com a barba por fazer e sempre com um cigarro pendendo do canto da boca. O menu era simples: batatas cozidas, almôndegas, borscht. Chá e pão branco.

No jantar, tivemos a companhia de Chang, que era mesmo coreano. Supus que ele tivesse dezoito ou dezenove anos, mas descobri que tinha 28 e era oculista formado. Passara nove meses viajando pela Europa e pela Ásia Central e tinha alguns meses de viagem ainda pela frente até voltar para a ótica e para seus compromissos na Coreia do Sul. A pequena mochila sobre a qual estava dormindo na sala de espera era toda a bagagem que levava consigo.

— Não preciso de muito — disse ele. — Óculos escuros e protetor solar são as coisas mais importantes. — Ele riu. — Você carrega muita coisa — ele me disse.

Minha mala estava tão pesada que eu mal conseguia levantá-la. Começamos a conversar sobre nossas viagens e descobrimos que havíamos passado pelos mesmos lugares.

— A China não foi legal — disse Chang. — Muito crime. Ficam atrás de turistas como eu. Meu amigo foi assaltado lá. A Europa é ainda pior! Roubaram minha mochila na Itália. Foi quando decidi ir para a Ásia Central. Os países da Ásia Central são os mais seguros do mundo, quase não existe crime. O único problema é conseguir os vistos. — Ele deu um suspiro.

— É preciso um visto para cada país. Que tipo de visto você tem para o Cazaquistão?

— Viajei sem visto. Haviam acabado de afrouxar as regras.

— E para o Azerbaijão?

— Visto eletrônico — eu disse. — Pesquisei na internet e recebi a confirmação por e-mail.

— Quanto custou? — perguntou Chang, interessado.

— Não lembro. Faz muito tempo que fiz o pedido

— Não lembra? — Ele me olhou admirado. — Tenho um visto de trânsito, só posso ficar cinco dias no Azerbaijão. Planejei bem e acho que tenho tempo para ver o que for mais importante. Que tipo de visto você tinha para o Uzbequistão?

Depois de comer, fui para o convés admirar o pôr do sol. Eles podem ser espetaculares no mar Cáspio, mas nessa noite o horizonte estava coberto por uma densa camada de nuvens, então tudo que vi foi um discreto tom alaranjado no oeste. O vento soprava frio, mas a temperatura estava amena; e o mar, calmo. Por todos os lados estávamos cercados pela água azul--acinzentada. Olhei para baixo. A distância era grande. Se eu afundasse ali, ninguém daria pela minha falta, talvez eu jamais fosse encontrada.

À noite dormi como havia tempos não dormia. Fechei os olhos e mergulhei na escuridão.

***

No início da tarde do dia seguinte, avistamos os Rochedos de Petróleo a estibordo, uma cidadela inteira formada por plataformas de petróleo construídas nos tempos soviéticos. Chang, que nunca tinha visto uma plataforma de petróleo antes, corria extasiado de um lado para outro, tirando centenas de fotos.

Desde tempos imemoriais, a área que compreende o atual Azerbaijão é conhecida por suas reservas de gás e petróleo. Os persas chamavam o Azerbaijão de *Atropates*, que pode ser traduzido como «protegido pelo fogo», nome provavelmente inspirado nas fogueiras permanentemente acesas nos templos do lugar. Os sacerdotes zoroastristas usavam óleo de poços de petróleo natural para fazer arder a chama eterna dos templos. O nome «Azerbaijão», a variante moderna de Atropates, foi adotado no século XX, mas significa a mesma coisa — *azar* é o termo persa para «fogo». No passado, os azerbaijanos costumavam ser chamados de «xirvãs» em homenagem à dinastia persa que governou a área na Idade Média, ou «tártaros caucasianos», «turcos» ou simplesmente «muçulmanos». A exemplo dos iranianos, a maioria dos azerbaijanos são muçulmanos xiitas. Aliás, há mais azerbaijanos vivendo no Irã do que no próprio Azerbaijão. Quando o território que compõe o atual Azerbaijão caiu na mão dos russos após as vitórias nas guerras persas no início do século XIX, a população azerbaijana foi na prática dividida em dois.

Em meados do século XIX, descobriu-se petróleo nos arredores de Baku. Na década de 1870, quando o tsar abriu o território para investidores estrangeiros, os irmãos suecos Nobel aproveitaram a oportunidade e lançaram as bases tanto da enorme fortuna familiar quanto da aventura petrolífera em Baku. Na década de 1880, eles se juntaram à família Rothschild e à Standard Oil Company, dos Rockefellers. Assim nasceu a indústria petrolífera moderna. Baku cresceu vertiginosamente e em 1900 já era o maior exportador mundial de petróleo.

Após a Revolução de 1917, o Azerbaijão declarou independência da Rússia, mas a liberdade foi efêmera. Em 1920, o país foi brutalmente recapturado pelos bolcheviques, que não estavam dispostos a abrir mão dos ricos recursos petrolíferos. Os bolcheviques perseguiram os estrangeiros, que foram forçados a se exilar, saquearam suas propriedades, mataram aqueles que não fugiram a tempo e incendiaram as refinarias de petróleo. O período de Baku como metrópole petrolífera cosmopolita chegava ao fim.

O petróleo do Azerbaijão logo assumiu um papel fundamental na construção da utopia comunista. Quando a Segunda Guerra Mundial eclodiu, Baku foi responsável por até 80% da produção total de petróleo da União Soviética. A Alemanha, que precisava desesperadamente de novos suprimentos de petróleo bruto, empreendeu todos os esforços para tentar conquistar Baku. Lançada no verão de 1942, a operação recebeu o codinome *Plano Azul*.

A batalha de Stalingrado foi, *na verdade*, a batalha de Baku. Stalingrado, hoje Volgogrado, está localizada cerca de 160 quilômetros ao norte de Baku, do outro lado das montanhas do Cáucaso. Além de ser uma importante cidade industrial, estava estrategicamente situada na rota de transporte entre o mar Cáspio e o norte da União Soviética. Se os alemães tivessem capturado a cidade, a rota para o sul, para o Cáucaso e para Baku, estaria desimpedida. O próprio nome da cidade também emprestava à batalha uma aura de prestígio, tanto para Hitler quanto para Stálin. A batalha de Stalingrado foi a mais sangrenta de toda a guerra e não tem paralelo na história mundial: durou 199 dias e ceifou a vida de mais de 1,5 milhão de pessoas. As refinarias de petróleo em Baku foram evacuadas por motivos de segurança, mas, graças aos feitos sobre-humanos do Exército Vermelho em Stalingrado, os alemães nunca puderam atravessar para a face sul do Cáucaso. Se tivessem conseguido, a história do mundo talvez fosse outra.

Quando a guerra acabou, os geólogos soviéticos começaram a mapear a área costeira de Baku. Acreditava-se que enormes riquezas estavam escondidas aqui, e com razão: sob o leito marinho, grandes campos petrolíferos foram encontrados. Em 1949, foi exatamente aqui que o governo soviético começou a construir as primeiras plataformas de petróleo do mundo. O complexo, que ganhou o nome de Rochedos de Petróleo, consistia em até 2 mil plataformas de perfuração de petróleo e abrigava mais de 5 mil operários. Além de apartamentos e plataformas, o local dispunha de biblioteca, padaria, lavanderia, cinema, horta e até um parque recreativo com árvores e solo trazidos do continente. Trezentos quilômetros de estradas e pontes interligavam as estruturas. Os comunistas construíram uma cidade em alto-mar, uma sociedade funcional em que os trabalhadores podiam viver semanas a fio, a 55 quilômetros do continente. Hoje, os dias de glória há muito se foram. As plataformas ficaram expostas às intempéries, e a maioria agora está fora de operação. Apenas cerca de 45 dos 300 quilômetros de estradas e pontes ainda são razoavelmente seguros de percorrer. Houve até projetos exóticos, jamais concretizados, de transformar os Rochedos de Petróleo num resort de férias tropical. Enquanto isso, as operações continuam parcialmente. Mais de 2 mil pessoas ainda trabalham nas plataformas, embora campos de petróleo maiores e mais importantes tenham sido descobertos noutras áreas do Azerbaijão. Estima-se que as jazidas sob o mar estarão esgotadas em cerca de vinte anos. É provável que então as plataformas sejam abandonadas à própria sorte, e o que resta do feito de engenharia da União Soviética sobre o mar será deixado ao sabor das ondas.[24]

Poucas horas depois, atracamos e desembarcamos em terra firme. Chang estava nervoso. Já era tarde e o primeiro de seus cinco dias de trânsito já estava no fim. Seus planos estavam comprometidos. Como havia apenas oito passageiros a bordo, a passagem pelo controle de passaportes foi relativamente tranquila. Eu estava um tanto cética. Meu visto eletrônico, emitido

---

24 Dez dias depois que passamos pelos Rochedos de Petróleo, um incêndio consumiu uma das plataformas. Pelo menos trinta pessoas perderam a vida no acidente.

por uma empresa na internet, podia não ser válido, afinal. O oficial se deteve por um bom tempo, examinando minuciosamente o papel impresso. Por fim, advertiu:

— Você deve se registrar dentro de dez dias. — Prometi solenemente me registrar dentro de dez dias.

— Ótimo. — Ele me olhou com curiosidade. — Como é a vida na Noruega? Lá é frio, não é? A propósito, Thor Heyerdahl era norueguês, não era? Ele não tinha uma teoria de que os deuses noruegueses teriam vindo do Azerbaijão?

Assenti com a cabeça, concordando com tudo que o oficial do controle de passaportes disse. Ele sorriu de orelha a orelha e me entregou meus documentos:

— Espero que você goste do Azerbaijão!

A funcionária da alfândega não foi tão complacente. Tudo foi cuidadosamente revirado e inspecionado, desde os artigos de toalete até a minha caixa de óculos. Ela apontou desconfiada para a caixa de paracetamol:

— O que é isso? — perguntou ela num tom intimidador. — E isso, o que é? — Ela segurava meu estojo de lentes de contato.

Quem chega a um país de avião só precisa apanhar a mala na esteira e passar pelo sinal verde na alfândega. Não é comum ser parado para inspeção, nem encontrar funcionários alfandegários de plantão. Por outro lado, a bagagem de quem chega por via terrestre ou marítima está sujeita a uma inspeção sem limites.

— E o que é *isso*?! — Como se erguesse um troféu, a mulher exibia o guia *Lonely Planet* sobre Geórgia, Armênia e Azerbaijão.

— Este é o meu guia para o sul do Cáucaso — respondi.

— E a senhora precisa dele?

— Sim, como eu disse, este é o meu guia.

A mulher passou o livro para um colega, que o folheou, desconfiado.

– Isso é tudo, a senhora pode embarcar no ônibus – ela me disse rispidamente.

– Mas e o meu guia? – protestei. – Não vai me devolver?

– Mais tarde. Precisamos inspecioná-lo mais detalhadamente primeiro. Pode subir no ônibus já!

Fiz como ela ordenou. Os outros passageiros me olhavam curiosos.

– Por que demorou tanto? – perguntou um dos caminhoneiros. – Houve algum problema?

– Confiscaram meu guia de viagem – respondi.

– Por que fizeram isso?! – disse ele, indignado. – Este é um país livre e democrático!

Minutos depois, a sinistra funcionária da alfândega embarcou no ônibus e se sentou no banco da frente, segurando firme meu guia contra o peito. Chegamos à saída da área do porto e ela desapareceu num escritório com o material de leitura suspeito. Os outros passageiros embarcaram nos carros que esperavam.

– Por que está aqui esperando? – quis saber um inspetor de passaportes curioso. Expliquei que meu guia havia sido confiscado. Ele balançou a cabeça e entrou no prédio. Pouco depois, retornou.

– Examinaram e está tudo em ordem – informou ele, entregando-me o livro.

Felizmente, a equipe editorial da *Lonely Planet* foi previdente o bastante para incluir, no capítulo sobre o Azerbaijão, as informações da república separatista de Nagorno-Karabakh – que de acordo com o direito internacional pertence ao Azerbaijão, mas está na prática sob administração armênia –, e não sobre a Armênia, embora só seja possível chegar lá a partir desta última. Caso contrário, dificilmente eu teria o livro de volta.

No porto, quem me buscou foi Rena, uma mulher enérgica na casa dos quarenta anos, com cabelos compridos e crespos.

Minha carona foi providenciada mediante vários contatos, e a tarefa de Rena era simplesmente me trazer para o hotel, mas ela acabou me adotando.

— Fez boa viagem? — perguntou num inglês fluente. — Já esteve no Azerbaijão antes? Aliás, o que você gosta de comer e quanto tempo vai ficar aqui? Pode deixar que vou cuidar muito bem de você! — A estrada para o centro era larga e recém-pavimentada, cercada de muros brancos bem conservados. Ao longe, vislumbramos uma enorme bandeira verde, azul-clara e vermelha.

— O mastro de bandeira mais alto do mundo — apontou Rena com orgulho.

Quando foi inaugurado, em 2010, com seus 162 metros, era de fato o mastro mais alto do mundo — 29 metros a mais que o de Ashgabat, capital do Turcomenistão, que desde 2008 detinha o título. Mastros altos viraram moda entre ditadores, e já no ano seguinte, em 2011, Baku foi ultrapassada pelo mastro de 165 metros de altura de Duchambé, capital do Tadjiquistão. No momento, o mastro mais alto do mundo está em Jidá, na Arábia Saudita. Tem 171 metros. É improvável que o recorde se mantenha por muito tempo.

Quinze minutos depois estávamos no centro, cercadas por prédios elegantes que remetiam a Paris. As lojas de design fariam frente às de Milão. A avenida da praia e as árvores verdes lembravam o calçadão do porto de Nice.

— *Ali* foi realizado o *Eurovision* — disse Rena, apontando para uma grande sala de concertos recém-inaugurada. — E bem *ali* é o novo Museu do Tapete! Nós, azerbaijanos, amamos tapetes, você tem que ir lá.

O prédio do museu tinha a forma de um tapete parcialmente enrolado. Rena encontrou uma vaga de estacionamento gratuita e me acompanhou até o belo hotel-boutique que havia reservado para mim.

– Vou esperar aqui na recepção enquanto você fica pronta – disse ela. – E então iremos comer!

Ela me levou para um pequeno e aconchegante restaurante ao lado e pediu tudo no menu que não continha carne. Filha de diretor de matadouro que sou, tento ficar longe de produtos à base de carne vermelha. Os garçons vieram trazendo vários *gutabs* – uma espécie de panqueca – recheados com ervas, queijo e abóbora, além de suflês, queijos diversos, pão, salmão ao molho de romã, saladas e legumes frescos; a mesa era farta. Para beber, pedi água, e então Rena me olhou atravessado:

– Não vai beber álcool? – perguntou ela.

– Sim, posso aceitar uma taça de vinho tinto – consenti.

Rena sorriu e pediu imediatamente uma taça de tinto. Ela mesma bebeu apenas água e mal tocou na comida.

– É bastante comida! – disse eu, impressionada. – Além disso, você deve ter mais o que fazer, não precisava ter me acompanhado aqui!

– Não tem problema – Rena deu de ombros e lançou um olhar crítico para meu prato. – Não vai comer o salmão? Está muito bom! Pedi especialmente para você.

Avancei sobre o salmão.

– Delicioso! – elogiei. – Realmente maravilhoso!

Rena sorriu e abriu os braços:

– É tudo para você, fique à vontade – disse ela. – Tudo seu.

Comi até me fartar, e a comida era realmente boa, saborosa e fresca; havia meses que eu não fazia uma refeição tão boa. Enquanto eu comia, Rena me deu uma breve explicação da intrincada história do Azerbaijão, desde Alexandre, o Grande, até Gorbatchev, passando pelos cristãos albaneses, árabes, persas, seljúcidas, canato Ganja, mongóis, Timur Lenk, xirvan xás, otomanos, dinastia Qajar, Rússia tsarista e o breve interregno de independência depois da revolução. Tentei acompanhar o quanto pude, mas as últimas semanas tinham sido intensas, e me dei conta de que minhas pálpebras pesavam.

— Você precisa provar a salada também — insistiu Rena. Obedientemente, me servi da salada. Enquanto ela continuava falando dos russos e da era soviética, Stálin e Khrushtchev, olhei em volta do local. Os cazaques em geral parecem mongóis, com zigomas salientes e olhos estreitos. Aqui, as pessoas lembravam os turcos, com rosto mais delgado e pele mais escura. Alguns tinham cabelos escuros e encaracolados, como Rena. Quando conversavam, o idioma soava como uma canção de lamento.

— Deixamos que viessem, demos terras a eles, mas não se deram por satisfeitos, queriam mais! — A voz de Rena assumiu outro tom. — E em retribuição eles nos mataram e se apossaram do nosso país!

Compreendi que ela estava falando do povo vizinho, os armênios, que ocuparam Nagorno-Karabakh.

— Preferia ver Gorbatchev morto — disse Rena. — O banho de sangue foi culpa dele. Uma leva de refugiados de Nagorno-Karabakh invadiu Baku, e o que ele fez? Não moveu um dedo! Somente depois que os azerbaijanos começaram a matar os armênios foi que ele reagiu e mandou o exército soviético para cá. Para Baku, em 1990! Mais de 130 pessoas morreram, segundo os números oficiais, mas na realidade as baixas foram bem maiores. Gorbatchev recebeu dinheiro dos americanos, tenho certeza disso. Você viu como Hollywood comemorou o aniversário dele um dia desses? Eu disse a meus filhos que não tenho nada contra terem amigos armênios, mas já avisei a eles, porque são muito jovens para se lembrar: se pedirem a um armênio para matar vocês, ele vai obedecer, ainda que vocês achem que ele é seu amigo.

Mais uma vez eu mergulhava de cabeça numa nova realidade, e tudo era novo: a língua, as datas, o alfabeto, a história e as histórias. Os rostos, as vozes. As conversas nas mesas dos restaurantes. Mas a hospitalidade era a mesma. Rena insistiu para pagar a conta sozinha. Tentei impedi-la, mas ela foi irredutível: eu era a convidada e devia me comportar como tal. Antes de sairmos, ela fez questão de pedir para o garçom embrulhar as sobras numa marmita e me acompanhou de volta ao hotel.

— Não vejo a hora de convidar você para comer fora outra vez! — disse ela me dando beijos nas bochechas ao se despedir.

Senhor presidente e senhora vice-presidente

— A maioria foi presa ou teve que deixar o país — respondeu Ivar Dale, do Comitê Norueguês de Helsinque [organização de defesa dos direitos humanos sediada em Oslo], quando lhe perguntei se conhecia algum ativista ou jornalista crítico ao regime com quem eu pudesse conversar em Baku. Consegui encontrar uns poucos, mas as entrevistas que havia marcado foram sendo canceladas de última hora, uma atrás da outra. De repente, todos se deram conta de que estavam assoberbados de trabalho e infelizmente já não tinham tempo para mim. Nenhum deles sugeriu reagendar nosso compromisso.

O efeito colateral desses cancelamentos foi que me sobrou tempo para visitar não só o Museu do Tapete, mas também lojas de tapetes na bem conservada cidade velha, além de várias outras atrações, como o antigo palácio xirvanxá e o Museu do Chocolate. Fora da cidade, consegui ir a Yanar Dag, a montanha ardente, onde as chamas chegam a 3 metros de altura, faça chuva ou faça sol, graças a uma fonte de gás subterrânea. Também pude conhecer os vulcões de lama ao sul de Baku. As poças de lama cinzentas e borbulhantes podem parecer inocentes, mas às vezes espirram lama fervente a uma longa distância. Nenhum outro pais tem tantos vulcoes de lama como o Azerbaijão, a prova mais evidente das jazidas de petróleo e gás que existem ali, logo abaixo da superfície.

Ao lado dos vulcões de lama está o parque nacional do Gobustão, uma área com mais de 6 mil inscrições rupestres, a mais antiga datando de 40 mil anos atrás. Os penhascos e cavernas estão cobertos de arte da Idade da Pedra, do sopé ao cume. Alguns dos desenhos estão gastos demais e é difícil perceber o que são, enquanto outros representam claramente um barco, uma cabra ou homens dançando. Embora milhares de anos separem um do outro, estão representados exatamente do mesmo modo, com os mesmos traços e curvas. Na década de 1930, o local daria lugar a uma pedreira, mas um operário atento percebeu as cavernas cheias de desenhos e o processo foi interrompido. Cinquenta anos depois, o explorador norueguês Thor Heyerdahl veio ao Gobustão pela primeira vez. Ele dizia que os barcos ali desenhados eram idênticos aos que vira em Finnmark, no norte da Noruega, e elaborou uma controversa teoria, baseada na posição do sol segundo os desenhos, de que os humanos dali teriam migrado para o norte, em barcos e jegues de carga, com destino à Noruega. Dessa teoria surgiu a ideia de que Odin e os deuses do panteão nórdico seriam originalmente do Azerbaijão. Heyerdahl acreditava que os deuses, «œser» em norreno [nórdico antigo], vinham literalmente do *Aser*baijão!

Após mais um compromisso cancelado passei uma tarde no centro Heydar Aliyev, assim chamado em homenagem ao grande pai da pátria. A construção branca e de linhas elegantes abriu as portas em 2012 e não tem linhas retas ou ângulos. Pode-se dizer que a concepção do prédio em si era mais feliz do que a exposição sobre Heydar Aliyev, tão tecnológica que só funcionava parcialmente — os vídeos retratando a vida de Aliyev começavam a rodar automaticamente caso o visitante estivesse numa determinada posição, mas eram logo interrompidos caso se mexesse, voluntária ou involuntariamente.

Em 1967, Heydar Aliyev assumiu a frente da divisão azerbaijana da KGB e, dois anos depois, foi eleito líder do Partido Comunista do Azerbaijão, onde fez seu nome presenteando a cúpula do partido com mimos extravagantes. Leonid Brejnev, por exemplo, ganhou um anel com quinze diamantes menores, simbolizando as quinze repúblicas soviéticas, em torno de um enorme diamante central. Em 1982, Aliyev foi promovido a membro pleno do Politburo, assumindo a responsabilidade pelos transportes e serviços sociais. Nenhum outro azerbaijano ascendeu tanto no sistema soviético. Ele ocupou o cargo por cinco anos, até que em 1987, sob Gorbatchev, teve que renunciar devido a suspeitas de corrupção.

Em fevereiro do ano seguinte, chegava a chocante notícia do Cáucaso: o soviete local de Stepanakert, capital da Região Autônoma de Nagorno-Karabakh, decidira abandonar a República Soviética do Azerbaijão em favor da Armênia.

Nagorno-Karabakh foi incorporada ao Império Russo em 1813, após anos de guerra contra os persas. Quase cem anos depois, em 1905, enquanto a Rússia tsarista lambia as feridas após a derrota dos japoneses na Guerra Russo-Japonesa, violentas rebeliões eclodiram entre armênios e azerbaijanos em Nagorno-Karabakh e Baku. Durante a guerra civil que se seguiu à revolução, Nagorno-Karabakh e Baku voltaram a ser foco de distúrbios étnicos e massacres brutais, com milhares de mortos em ambos os lados.

Em 1923, os bolcheviques decidiram que Nagorno-Karabakh deveria ser uma região autônoma pertencente à República do Azerbaijão, embora a maioria da população residente na época fosse armênia. Durante a era soviética, o conflito fervilhava sob a superfície, mas só foi explodir realmente em 1988. No final do ano, trabalhadores de Stepanakert, a maior cidade de Nagorno-Karabakh, entraram em greve, e a porção armênia da população marchou pelas ruas em protesto contra o fato de Nagorno-Karabakh não fazer parte da República da União Armênia. As manifestações se espalharam para a Armênia, e no dia 25 de fevereiro 1 milhão de armênios na capital Ierevã protestaram contra os mandachuvas do Kremlin. Em função da economia planificada, a paralisação nas indústrias de eletrônicos de Stepanakert quebrou a linha de produção de 65 fábricas de rádio e TV de toda a União Soviética.

As tensões aumentaram, e dezenas de milhares de azerbaijanos fugiram da Armênia assim como igual quantidade de armênios fugiram do Azerbaijão. A violência foi escalando gradativamente. Em 13 de janeiro de 1989, mais de noventa armênios foram mortos em pogroms em Baku. Hordas de armênios aterrorizados escaparam em balsas pelo mar Cáspio. Em 20 de janeiro, tanques soviéticos entraram em Baku para interromper a espiral de violência, mas só a fizeram aumentar: mais de 130 civis foram mortos nos confrontos de rua que se seguiram, o incidente mais sangrento da era Gorbatchev. A forma como Gorbatchev lidou com a agitação de Baku aumentou a insatisfação com o regime soviético. Em 23 de agosto de 1991, a Armênia declarou independência da União Soviética, e em 30 de agosto foi seguida pelo Azerbaijão. Em 10 de dezembro, Nagorno-Karabakh realizou um referendo para decidir se a república se declararia independente. Noventa e nove por cento votaram a favor, porém os azerbaijanos boicotaram o referendo.

No início de 1992, a guerra em Nagorno-Karabakh era um fato. Os crimes de guerra foram numerosos em ambos os lados, mas o incidente mais sangrento foi de responsabilidade dos armênios. Na noite de 26 de fevereiro, tropas armênias capturaram a aldeia azerbaijana de Khojaly. Os cerca de 3 mil habitantes fugiram aterrorizados pela neve profunda para a aldeia vizinha, onde foram alvejados por soldados armênios. Centenas de pessoas foram mortas, em sua maioria civis.[25] O massacre forçou a renúncia do presidente do Azerbaijão, Ayaz Mutallibov, que governava o país desde 1990. Ele foi sucedido pelo dissidente soviético Abulfaz Elchibey. Com Elchibey, o Azerbaijão conseguiu recuperar o controle de metade de Nagorno-Karabakh, mas, em junho de 1993, o altamente impopular Elchibey foi derrubado por um golpe militar e forçado a se exilar após menos de um ano no poder. No vácuo de sua ausência, os azerbaijanos perderam a maioria dos territórios recapturados. O Parlamento do Azerbaijão pediu a Heydar Aliyev que voltasse a Baku, e em outubro ele foi eleito presidente. Aliyev lançou uma ofensiva sangrenta para reconquistar Nagorno-Karabakh, sem êxito.

Em maio de 1994, com a intermediação da Rússia, um frágil cessar-fogo foi negociado entre as partes. A guerra de dois anos ceifou entre 20 mil e 30 mil vidas, e mais de 1 milhão de pessoas perderam suas casas. Hoje, Nagorno-Karabakh tem cerca de 146 mil habitantes, e 99% deles são armênios. *De jure*, Nagorno-Karabakh ainda pertence ao Azerbaijão, mas *de facto* a região é parte da Armênia. Nenhum país até agora reconheceu a república separatista, nem mesmo a Armênia. O cessar-fogo é quebrado regularmente, e todos os anos soldados são mortos na fronteira.

Heydar Aliyev permaneceu no cargo até morrer, em 2003, aos oitenta anos. A cada ano que passava, tornava-se mais autoritário. Pouco antes de morrer, entregou a presidência ao filho, Ilham, de 42 anos, que, dando o melhor de si, manteve e aperfeiçoou o sistema de governo totalitário e antidemocrático do pai. Em seu mandato, Ilham, historiador por formação acadêmica, construiu o culto à personalidade do pai: em todas as cidades

---

25 As autoridades do Azerbaijão afirmam que o número de mortos é de 613. Segundo a Human Rights Watch, foram mais de duzentos.

SENHOR PRESIDENTE E SENHORA VICE-PRESIDENTE

há enormes retratos de Heydar Aliyev, ao longo das estradas há grandes pôsteres dele, e prédios de apartamentos inteiros são decorados com a efígie do finado presidente.

Aliyev II parece firme no cargo. Em 2013, foi reeleito para mais cinco anos de mandato com 85% dos votos, de acordo com o resultado oficial da eleição. O veto à reeleição presidencial foi derrubado; então, em tese, ele pode permanecer no cargo por décadas. A sensação de que uma dinastia ocupa o poder no Azerbaijão fica mais evidente dada a influência que a oftalmologista Mehriban Aliyeva, esposa do presidente, vem ganhando nos últimos anos. Em 2017, ela foi nomeada vice-presidente, cargo que não existia no Azerbaijão até então.

* * *

Meus dias em Baku passaram rápido. A cada noite eu me encontrava com Rena, que era uma fonte de hospitalidade e gentileza. Certa vez, ela me convidou para jantar em sua casa. Festejamos e comemos até tarde, e, mesmo estando entre desconhecidos, me senti cercada de amigos. Cada vez que nos encontrávamos, Rena discorria sobre os crimes dos armênios contra os azerbaijanos. Ela esperava que Ilham Aliyev — que considerava um presidente capaz, embora não tanto quanto o pai — levasse as ameaças a sério e declarasse guerra para reaver Nagorno-Karabakh. Como presente de despedida, ela me deu um livro ricamente ilustrado sobre o massacre de Khojaly.

Pouco antes de partir de Baku, conheci uma jovem que vivenciou de perto a guerra em Nagorno-Karabakh. Ela tinha a minha idade, longos cabelos negros e um rosto franco e amigável. Encontramo-nos num barulhento café no centro. Como todos os outros, também cogitou cancelar nosso compromisso — se alguém descobrisse que ela havia falado comigo, seu emprego no serviço público estaria em risco. Para sua segurança, concordamos que eu passaria a chamá-la de Selcen, que não é seu nome verdadeiro.

— Em maio de 1993, eles bombardearam nossa escola — disse Selcen. — Várias crianças morreram. Fiz como minha mãe me ensinou e corri direto para casa, sem nada nas mãos. Eles também atacaram o hospital onde minha mãe trabalhava. O hospital estava cheio de refugiados de outras regiões, onde os combates foram mais acirrados.

A família fugiu de Nagorno-Karabakh pouco depois. Selcen se lembra de ter posto a mão em todas as paredes para se despedir da casa. Ela tinha apenas dez anos, mas entendeu que nunca mais voltaria a ver a casa onde passou a infância.

— Fugimos no carro do meu tio — disse ela. — Éramos dez pessoas espremidas num carrinho. Primos e primas, minha mãe e avó, minha irmãzinha... Meus primos, que ainda eram pequenos, sentaram no meu colo; choraram durante todo o caminho até Baku. Não pudemos trazer quase nada, não havia espaço.

Ao todo, éramos 40 mil pessoas fugindo naquele dia de maio, e as estradas estavam lotadas de carros e ônibus. Minha avó não acreditava que a Armênia pudesse tomar nossa casa de verdade. Ela se recusava a pensar assim. Meu pai ficou para trás para lutar, ele também achava que a situação mudaria. Mas minha mãe entendeu que provavelmente nunca mais poderíamos voltar, e ficou muito deprimida.

No final da guerra, meio milhão de azerbaijanos fugiram de Nagorno-Karabakh e dos territórios vizinhos do Azerbaijão, igualmente ocupados pela Armênia como zonas-tampão. A maioria dos refugiados veio parar na região de Baku. Com uma população de cerca de 10 milhões de habitantes, o Azerbaijão figura entre os países do mundo com o maior número de refugiados internos. Até hoje, mais de vinte anos após a assinatura do armistício, muitos desses migrantes internos lutam para conseguir educação e emprego. O Estado implementou uma série de programas de moradia para refugiados, mas muitos ainda passam anos ocupando moradias temporárias em sanatórios e prédios escolares.

Selcen e sua família tiveram alguma sorte e ganharam um pequeno apartamento em Baku.

— Era difícil fazer amigos — lembrou Selcen. — Nos primeiros anos, nos mudamos quatro vezes, sempre para regiões diferentes da cidade. Eram as autoridades que decidiam que tínhamos que nos mudar. A cada vez eu tinha que fazer novos amigos.

Alguns anos após o fim da guerra, seus pais morreram.

— Eles morreram de estresse, de estresse pós-traumático — disse Selcen. — Meu pai pegou em armas e lutou contra os armênios. Certa vez, ele entrou na casa de uma mulher armênia em Nagorno-Karabakh. Ela tinha uma criança pequena nos braços e implorou pela vida. «Não vou machucar você, porque tenho mulher e filhos em casa», meu pai disse a ela. Mas outros ele matou. Ele disse que não era fácil, mas não tinha escolha. Eram nossos inimigos. Eu mesma não penso nos armênios como inimigos. Jamais disse para minha filha que eles são maus, porque não quero que ela cresça odiando os armênios. Com o tempo, acho que podemos viver juntos como amigos. Não podemos ficar brigando a vida inteira.

— Você gostaria de voltar para Nagorno-Karabakh? — perguntei.

— Ah, sim, eu gostaria muito de voltar! — a resposta foi imediata, sincera. — Todos nós que emigramos queremos voltar, mas infelizmente é impossível... Certo dia fiquei procurando minha aldeia no Google Earth. Acabei encontrando, mas não existe mais nada lá. Minha casa, o hospital, a escola; nada escapou. Nem é mais possível ver onde ficava nossa casa. Os armênios construíram novos prédios. Ainda que fosse possível voltar para lá, não acredito que eu tivesse condições de começar tudo de novo, do zero. Vivo em Baku há 23 anos, tenho um emprego aqui, minha filha nasceu aqui. Minha casa é aqui agora. Mas seria muito bom poder rever os lugares onde eu costumava brincar com meus primos e minha irmãzinha no verão. Tenho lembranças tão boas de lá. O primeiro dia de aula é sempre uma boa lembrança. Morávamos numa vila pequena e pitoresca. Galinhas e pintinhos ciscavam pelas ruas.

Ela sorriu melancolicamente.

— Para ser honesta, não acho que haverá uma solução para o conflito enquanto eu viver — disse ela. — As autoridades não estão interessadas em encontrar soluções. Um quarto de século já se passou.

Selcen é uma das pessoas que conseguiram dar a volta por cima. Tem um emprego bom e seguro no serviço público e tem uma família.

— O que você acha da situação atual no Azerbaijão? — perguntei.

Ela olhou ao redor para se certificar de que ninguém nos escutava:

— Temos muitos problemas — disse ela, hesitante, a meia-voz. — Temos problemas com a democracia, com os direitos humanos, com a corrupção... Muitos países pós-soviéticos sofrem com isso, mas nossos problemas são maiores do que na maioria dos outros lugares.

Ela se inclinou sobre a mesa para que só eu pudesse ouvi-la:

— A situação dos direitos humanos piorou nos últimos anos. As pessoas que trabalham para os governantes vêm do sistema soviético. Eles não entendem como a democracia funciona, não aceitam o contraditório. A raiz dos problemas é, na minha opinião, a corrupção generalizada. Temos muito petróleo aqui no Azerbaijão...

— Em quem você vota? — perguntei.

— Não voto — respondeu ela. — Não gosto dele e não quero votar nele. Eles me espionam, então não posso dizer o nome dele em voz alta, mas contanto que não mencionemos o nome dele e falemos inglês, tudo bem. — Ela insinuou um sorriso. — Quem está nos espionando não sabe nem falar inglês. Mas — acrescentou reticente — é melhor que você não escreva onde eu trabalho, ou meu nome verdadeiro.

— Não vou fazer isso — assegurei. — Vou chamar você de Selcen, como combinamos.

— Corro o risco de perder meu emprego, sabe como é? — Ela sorriu se desculpando. — Tenho vergonha de dizer isso, gostaria de ser mais corajosa, mas a realidade é essa.

Quando voltei ao hotel, Selcen já havia me enviado um e-mail. Só queria ter certeza, mais uma vez, de que eu não revelaria seu nome.

O jardim da montanha negra

— Eu quero morrer — disse o motorista. À nossa direita, as montanhas do Cáucaso se erguiam como um muro branco e íngreme. — Em três dias viajarei para a Síria para morrer lá.

— O que você está dizendo? — reagi indignada. — Por que você quer morrer? — Amir, como se chamava, deu de ombros.

— Meu irmão, que era viciado em drogas, morreu no Iraque. Uma bomba explodiu, as vísceras dele ficaram expostas.

— Lamento muito saber, mas você não é seu irmão, você está vivo — argumentei.

— Também sou viciado em drogas, assim como meu irmão — disse Amir. — Na União Soviética, eu era atleta. Eles me davam drogas para melhorar meu desempenho. Isso não é vida, irmã. — Ele se virou para mim e sorriu sem graça. Faltava-lhe metade dos dentes da frente. — Em três dias viajarei para a Síria para morrer. Em cinco dias você vai me ver no noticiário. Pode esperar, irmã.

Tentei demovê-lo da ideia. Disse que era uma estupidez ir para a Síria. Ou ele morreria lá ou acabaria preso aqui.

— Já estive na cadeia — disse ele. — Um ano inteiro.

Meu Deus, pensei.

— Por que você foi preso? — perguntei elevando a voz.

— Eu atirei em alguém.

— Então você matou alguém?

— Então... não, só atirei.

Procurei meu celular na bolsa, liguei os dados móveis, consultei o GPS e constatei para meu alívio que estávamos realmente rumando para a fronteira com a Geórgia. Já estávamos a meio caminho.

— Não tenha medo, irmã! — Amir se esbaldou de rir. — Já disse que você é como uma irmã para mim e, portanto, posso lhe contar coisas que não posso contar a todo mundo. Você é uma boa pessoa. Quer o meu bem. Vou levar você até a fronteira.

Deixei o telefone no colo, sem desligar o GPS.

— Você tem família? — perguntei.

— Uma esposa e um filho de dez anos. — Ele suspirou. — Mas eles não me entendem.

— E filhas? — perguntei.

— Sim, também tenho uma filha. Ela tem cinco anos. — Ele apontou para as montanhas cobertas de neve. — Do outro lado está o Daguestão, na Rússia. Um dia de percurso.

— Perdão?

— Conheço o caminho. Estive na Rússia muitas vezes.

— Mas não está cheio de guardas de fronteira lá?

— Eu sei onde os soldados estão. — Ele riu novamente.

— Eles não têm como me achar. Além disso, tenho cinco passaportes. Se me pegassem, nunca descobririam quem eu realmente sou.

— O que você faz no Daguestão, afinal? — eu quis saber. — Por que precisa ir para lá?

Ele encolheu os ombros. Não respondeu. Seguimos em silêncio, enquanto eu discretamente acompanhava o mapa. Amir mantinha o trajeto em direção à fronteira georgiana.

Conheci Amir no dia anterior, em Shaki, um dos lugares mais belos do Azerbaijão. Shaki foi uma das maiores cidades do Reino da Albânia, que não tem nada a ver com a Albânia moderna, mas foi um reino que ocupou a metade oriental do atual Azerbaijão de cerca de 300 a.C. até o século VIII. Mil anos mais tarde, a partir de meados do século XVIII e depois de centenas de anos de domínio árabe, mongol, persa e turco, o canato de Shaki gozou de um breve período de independência antes de ser incorporado ao Império Russo, em 1806, a pedido do próprio cã, que precisava de proteção contra os persas. No curto período de independência, os cãs Shaki construíram um palácio de verão singelo, mas ricamente decorado, com vitrais artísticos e salões coloridos, cobrindo cada centímetro com pinturas de flores e animais. O palácio de verão de Shaki é hoje um dos edifícios mais bonitos de todo o Azerbaijão.

Ao nos aproximarmos do destino, Amir começou a me perguntar sobre a Noruega.

— Você não pode me levar para a Noruega, irmã? — ele pediu. — Parece um bom país. Acha que eu consigo encontrar emprego lá?

— Você não ia para a Síria? — retruquei. Amir encolheu os ombros mais uma vez.

— Sim — ele disse. — Viajo em três dias. Em cinco dias estarei nas manchetes. Você promete que vai ler os jornais, irmã?

Poucas vezes fiquei tão feliz em chegar a uma fronteira. Até a travessia em si foi feita em tempo recorde. Em apenas dez minutos, eu havia saído do Azerbaijão e ingressado na Geórgia. Teria sido ainda mais rápido se não fosse pela curiosidade do funcionário da alfândega georgiana.

— Você gosta de comida georgiana? — ele quis saber.

— A comida georgiana é a melhor do mundo! — respondi com entusiasmo. Havia muito eu ansiava por me fartar com a deliciosa cozinha georgiana, sem dúvida a melhor de toda a antiga União Soviética.

O funcionário da alfândega não desistiu:

— De que tipo de comida georgiana você mais gosta?

Revirei a cabeça, mas não me lembrava de como se chamavam os pratos típicos da Geórgia. Com exceção de uns poucos

O JARDIM DA MONTANHA NEGRA   327

outros idiomas falados apenas na Geórgia, o georgiano é diferente de qualquer outra língua do mundo. O alfabeto é bonito, mas impenetrável; na aparência, lembra um pouco um bordado. Os encontros consonantais quase ilimitados e as construções aglutinantes são suficientes para afugentar o linguista mais dedicado. Um exemplo: *vprtskvni*, que significa «eu descasco esse/esses».

— Katchapuri — respondi finalmente. O delicioso pão georgiano em forma de pizza foi a única coisa que me ocorreu então.

— Existem muitos tipos de katchapuri — disse o funcionário da alfândega sem se impressionar. — De qual deles você mais gosta?

— Bem... — hesitei. — O de queijo é muito bom.

— Todos têm queijo — disse o funcionário com indulgência. — Mas qual katchapuri mais lhe apraz? O adjariano? Mingreliano? Gúrio? Ratchúlio? Imerétio?

— Hum... O imerétio — respondi. — Definitivamente gosto mais do imerétio.

— Ah, o clássico! — O funcionário da alfândega sorriu de orelha a orelha e me deixou passar.

Pela frente me aguardava uma longa e árdua jornada. Eu estava de volta à Geórgia, mas primeiro passaria em Nagorno-Karabakh. Após a guerra, a fronteira entre Azerbaijão e Nagorno-Karabakh foi hermeticamente fechada, portanto a opção que restou era fazer a travessia pela Armênia. Para chegar à Armênia, primeiro tive que me deslocar até a Geórgia.

Pela primeira vez na viagem, eu estava na parte cristã do mundo. O motorista que me levou para Tbilisi se persignava três vezes sempre que passávamos diante de uma igreja. Quanto mais nos aproximávamos da capital, mais igrejas havia, e no final ele se benzia quase sem parar. O Cáucaso está no meio de tudo: entre a Europa e a Ásia, entre o Oriente e o Ocidente, entre o cristianismo e o mundo islâmico, entre o mar Negro e o mar

Cáspio, entre os russos, os persas e os turcos. Os antigos árabes chamavam o Cáucaso de *djabal al-alsun*, «a montanha de línguas». Dificilmente em qualquer outro lugar do mundo existem tantos idiomas falados numa área tão pequena, sobretudo se incluídos os povos que habitam a face norte da cordilheira. Par a par com tantos povos e idiomas existem as inimizades e as teorias conspiratórias. Nos tempos soviéticos, não se podia confiar nas notícias do Estado, que sempre eram boas. Os cidadãos soviéticos desenvolveram, portanto, um saudável ceticismo em relação às informações que provêm de fontes oficiais. O ceticismo persistiu, mesmo após o colapso da União Soviética.

— É uma pena que Putin nos trate dessa maneira, especialmente considerando que ele cresceu na Geórgia! — provocou meu companheiro de viagem no táxi compartilhado, um empresário de Tbilisi.

— Acho que não estou entendendo — eu disse. — Putin cresceu em Leningrado, não?

— Não, ele cresceu na Geórgia — disse o motorista. — É público e notório, todo mundo sabe. Putin nasceu na Geórgia e cresceu na Geórgia. A mãe dele voltou para Leningrado, é verdade, mas o pequeno Vladimir ficou com uma tia na Geórgia. A professora georgiana dele no primário foi até entrevistada na TV. Agora, claro, no Kremlin eles negam tudo, mas, assim como Stálin, Putin tem uma forte conexão com a Geórgia.

— A propósito — disse o empresário —, Putin já morreu.

— Morreu!?

— Sim — confirmou o motorista —, é público e notório, todo mundo sabe. O verdadeiro Putin morreu de câncer há muitos anos. O sujeito que dizem ser Putin hoje é um dublê.

— De onde você tirou isso? — perguntei boquiaberta.

— O verdadeiro Putin sabia alemão fluentemente — explicou o motorista. — Ele viveu na Alemanha Oriental por muitos anos. O dublê sempre espera o tradutor quando conversa com Angela Merkel. Pode reparar.

— De toda forma, são os generais que governam — disse o empresário. — É público e notório. E Putin é, ou melhor, era general da KGB. Então é a mesma coisa.

— Nada mudou — concordou o motorista.

***

Meu passaporte foi carimbado rápida e profissionalmente e saí da Geórgia para a Armênia. Um funcionário da alfândega enfiou a cabeça no micro-ônibus e perguntou se alguém tinha algo a declarar. Todos fizeram que não, e ele gesticulou para que o motorista seguisse em frente. A jornada para Ierevã continuou por paisagens montanhosas rochosas e áridas, manchadas de neve, passando por igrejas de pedra solitárias e vilarejos paupérrimos nos quais todas as outras casas pareciam ocas e inacabadas. Gradualmente a paisagem tornava-se mais branca e invernal; algumas horas depois, estávamos cercados de neve. Já estávamos em dezembro e o inverno se instalara de vez nas montanhas armênias.

Enquanto eu vagava pelas ruas de Ierevã procurando um lugar para jantar, deparei com uma passeata de protesto. No começo pensei que era pura e simplesmente uma marcha de policiais, mas depois avistei alguns manifestantes, bem escondidos atrás dos uniformes escuros. Perguntei a alguns transeuntes contra o que protestavam, mas ninguém soube dizer.

Mais uma vez eu estava cercada por outra língua, um novo alfabeto, uma realidade diferente; os rostos ao meu redor eram pálidos e estranhos.

No dia seguinte, procurei me acomodar num micro-ônibus tão apertado e claustrofóbico quanto o anterior, e, ao som de uma estrondosa música pop armênia, rumamos para

Nagorno-Karabakh. Quatro ou cinco horas depois chegamos à fronteira. Como eu era a única não armênia a bordo, tive que descer para me registrar. Um soldado explicou que eu deveria ir ao Ministério das Relações Exteriores em Stepanakert para obter um visto, e me deu um pequeno bilhete com o endereço. E então ingressamos na república separatista. A estrada, financiada por armênios exilados, era sinuosa, mas estava em excelentes condições. A paisagem era exuberante e montanhosa; a estrada serpenteava em meio ao verde e depois descia para novamente subir. A república separatista faz bem jus ao nome que carrega: *Nagorno* vem do russo e significa «montanha», enquanto *kara* é turco e significa «negra». *Bakh* é o termo persa para «jardim».

Stepanakert, a capital de Nagorno-Karabakh, se revelou uma pacata cidade provinciana com ruas largas e pouco trânsito. Apenas 50 mil pessoas vivem ali, e a república inteira tem apenas três vezes esse contingente. A maioria dos edifícios foram erguidos após a guerra e eram em grande parte funcionais e nada ostentatórios, e — como a maioria das coisas ao redor — financiados por armênios exilados.

A realidade muitas vezes supera a imaginação, especialmente quando se viaja por ex-repúblicas soviéticas, mas nem sempre. Caminhei pelas ruas tranquilas e desertas, quase decepcionada com a impressão de banalidade diante de tudo aquilo. Até o registro e a emissão de visto transcorreram sem problemas. Um burocrata amigável listou os lugares que eu não teria permissão de visitar, praticamente todos próximos da fronteira com o Azerbaijão, e enfiou o documento do visto no meu passaporte.

— Espero que você aproveite a sua estada conosco! — disse ele, entregando-me o passaporte com um sorriso amigável mas comedido.

* * *

O JARDIM DA MONTANHA NEGRA

— Não é possível fingir amor: se você não ama, deve se divorciar — explicou Davit Babayan, porta-voz do presidente democraticamente eleito de Nagorno-Karabakh, Bako Sahakyan. Encontramo-nos em seu escritório no palácio presidencial, antigo centro administrativo dos comunistas, um dos poucos prédios que sobreviveram à guerra.

— A atual Armênia representa apenas um décimo da Grande Armênia — continuou Babayan. — Por muito tempo vivemos em nossos territórios históricos oprimidos como escravos. Adquirimos um complexo de inferioridade, e tudo culminou no genocídio de 1915. Depois desse evento terrível, os armênios passaram a sofrer e se vitimizar. Nagorno-Karabakh nos devolveu nossa autoconfiança! O mundo inteiro viu que somos capazes de derrotar uma potência superior. Quem não tem autoconfiança nessa região simplesmente evapora e desaparece, como água.

— Mas ninguém reconheceu vocês, nem mesmo a Armênia ou a Rússia — objetei. — Sob a lei internacional, Nagorno-Karabakh ainda pertence ao Azerbaijão.

— O que significa ser reconhecido? — Babayan perguntou retoricamente. — Claro que queremos ser um país reconhecido, mas já não estamos preocupados com isso. Já resolvemos nosso complexo de reconhecimento. Acredito que o status quo, um conflito congelado, é realmente a opção que melhor nos atende agora.

— Ontem, outro soldado foi morto na fronteira, e muitas pessoas estão especulando sobre uma possível escalada do conflito — eu disse. — Acha que a guerra pode eclodir mais uma vez?

— Não — a resposta foi rápida. — Uma guerra seria catastrófica, mesmo para o presidente Aliyev. Ele não sobreviveria a outra derrota em Nagorno-Karabakh. Além da Armênia e do Azerbaijão, uma guerra envolveria a Turquia, o Irã e a Rússia, e quem sabe até a Geórgia. Uma nova guerra em Karabakh se transformaria num conflito global.

O ex-ministro das Relações Exteriores Masis Mayilyan, que agora trabalhava como conselheiro de segurança independente, e com quem me encontrei pouco depois, tinha uma opinião diferente:

— Acho que há uma chance real de guerra — disse ele. — Podia ter acontecido no ano passado. Pode acontecer este ano. O Azerbaijão está se preparando para a guerra. Eles investiram grandes somas na modernização das forças armadas. No último mês, usaram artilharia de calibres cada vez maiores na fronteira. Três dias atrás, usaram tanques pela primeira vez desde a guerra nos anos 1990. A situação é muito grave. Está cada vez mais parecida com uma guerra.

Assim como o porta-voz do presidente, Mayilyan estava convencido de que uma nova guerra em Nagorno-Karabakh seria uma catástrofe:

— Uma nova guerra aqui desencadearia a Terceira Guerra Mundial — disse ele. — A Rússia virá em socorro da Armênia. A Turquia ajudará o Azerbaijão. Esse não é um conflito local, Karabakh é uma zona tectônica. A situação agora é diferente daquela da década de 1990. Já não há lugares seguros no Azerbaijão. Podemos chegar a Baku. Se Karabakh for desestabilizada, toda a região sucumbirá.

Mayilyan acreditava que as sementes do conflito estavam na forma como a União Soviética foi dissolvida:

— A comunidade internacional reconheceu apenas quinze países quando a União Soviética se desintegrou, e não oitenta. O critério para o reconhecimento foi o de ter sido uma república soviética. Foi uma decisão política, mas não uma decisão justa. O Azerbaijão entendeu que tinha carta branca para atacar Nagorno-Karabakh, e assim o fez. Devolver partes do território ao Azerbaijão não é uma opção. Eles jamais se contentariam com Nagorno-Karabakh; eles querem a Armênia *inteira*.

***

O Museu dos Soldados Caídos não foi tão fácil de encontrar. Estava escondido num quintal, e tive que cruzar um bloco de apartamentos para chegar. Um segurança me avistou, perguntou para onde eu estava indo e me mostrou como chegar ao museu. A porta estava trancada, embora a plaquinha com o horário de funcionamento indicasse que o museu deveria estar aberto.

— Venha amanhã, provavelmente estará aberto — disse o segurança.

— Mas deveria estar aberto agora — eu disse.

— É, realmente deveria. — Ele sacou o celular e ligou para o número indicado na placa. Minutos depois, duas senhoras idosas vieram destrancar a porta.

— Meu russo é muito ruim — desculpou-se a mais idosa, e começou a me mostrar as três modestas salas de exibição. Seu nome era Arpik e ela havia perdido os dois filhos na guerra. As paredes do museu estavam forradas com fotografias em preto e branco emolduradas de homens jovens e sérios. Objetos que pertenceram aos soldados, doados pelos parentes enlutados, também estavam em exposição. Alguns haviam doado um cobertor, outros uma coleção de anzóis de pesca ou uma garrafa de vodca, outros doaram kalashnikovs.

— Os pais querem que a memória de seus filhos seja eterna — explicou Arpik. Ela conhecia a história de cada soldado morto e contava em detalhes, com voz firme e sem sentimentalismos, como um e outro haviam encontrado seu destino, de que maneira, em que data, com que arma e quantos outros haviam padecido. A mulher mais jovem, que parecia estar na casa dos setenta, vinha silenciosamente alguns passos atrás de nós. De vez em quando, ela precisava enxugar as lágrimas, pois também perdera dois filhos na guerra.

— Tivemos que nos defender, não tínhamos escolha —
disse Arpik. — Caso contrário, eles teriam varrido a Armênia do
mapa. É assim que eles são, os azerbaijanos.

Ela apontou para um fragmento de granada e contou em
detalhes de que tipo de granada procedia. Depois de fazer um
pequeno discurso de despedida para mim na porta da frente e
me desejar boa sorte em tudo que eu fizesse na vida, eu soube
que ela era graduada em física e tinha 96 anos.

— Veja só! — me admirei. — Qual é o segredo para viver
tanto?

Arpik abanou a cabeça tristemente.

— Preferia estar morta — disse ela. — É um castigo ficar
tão velha. Eu deveria estar debaixo da terra há muito tempo, ao
lado dos meus filhos. Eles morreram com apenas dois meses de
diferença. — Seus olhos ficaram baços, mas sua voz continuava
firme e clara. — Meu único consolo é este museu. Ajuda vir aqui e
conhecer outros sobreviventes, ouvi-los contar sobre seus filhos.
Posso passar horas ouvindo suas histórias.

**

Tsavag, o motorista que me levou para Shusha, a antiga capital
de Nagorno-Karabakh, estava mais preocupado com o amor do
que com a guerra. Com quase 2 metros de altura, era alguns anos
mais velho do que eu e tinha olhos gentis e um sorriso manso.

— Fico tão constrangido de falar assim com você — disse
ele. — Você parece tão feliz. Pode fazer o que quiser, viajar, ver o
mundo. Eu mesmo só conheço aqui, Karabakh. Aqui, todo mundo
sabe tudo sobre todo mundo.

Aos 26 anos, Tsavag se apaixonou por uma mulher divorciada e um ano mais velha.

— Meus pais me proibiram de casar com ela — disse ele. —
Ela não era virgem.

Pouco tempo depois, ele se apaixonou novamente.

— Ela era quase tão alta quanto eu, esbelta, um corpo bonito — disse ele. — Parecia uma modelo. Cada vez que nos encontrávamos, trocávamos olhares. Mas eu era tímido. Não tinha coragem de falar com ela. Naquela época eu usava óculos e enxergava mal. No outono daquele ano, fui a Ierevã fazer uma cirurgia no olho. Quando voltei, soube que ela havia se casado com um armênio rico e se mudado para Moscou. Ela não queria se casar com ele e recusou quando ele a pediu em casamento. Então ele a sequestrou e a estuprou. Depois, levou-a de volta para a família, contou a todos o que havia acontecido e exigiu que se casassem. Ela não queria, mas sua mãe a obrigou. A cerimônia foi duas semanas depois. Quando soube, comecei a chorar. Os amigos dela puseram a culpa em mim, disseram que foi tudo por minha causa. Se tivéssemos noivado, isso não teria acontecido. Mas eu era tímido... Quando a vi novamente, ela já estava no fim da gravidez. Trocamos olhares, como costumávamos fazer, mas já era tarde demais. O armênio a agredia, e depois de um tempo o pai dela teve quer ir a Moscou e trazê-la de volta para casa. Ela agora está divorciada e vive em Stepanakert com os pais e a filha pequena. Mas sou casado e tenho dois filhos pequenos...

Saímos do carro e passeamos pelas ruas desertas. As calçadas sujas estavam cheias de buracos e poças d'água. Mais da metade dos prédios estavam abandonados, com buracos onde antes havia janelas.

Shusha, famosa no século XIX por suas ruas de paralelepípedos, igrejas, mesquitas e teatros, foi duramente atingida no século passado. Durante os tumultos de 1905, grande parte da cidade virou fumaça. Quinze anos depois, durante a guerra civil, soldados do Azerbaijão marcharam sobre o bairro armênio e massacraram ao menos quinhentos armênios indefesos — as estimativas variam de algumas centenas a 30 mil vítimas. Desde então, Shusha se transformou num local quase inteiramente habitado por azerbaijanos, mas no verão os turistas acorriam de toda a União Soviética para aproveitar a localização idílica, o clima ameno e o ar fresco. Durante a guerra na década de 1990, foi daqui que os azerbaijanos bombardearam Stepanakert — das muralhas da cidade se tem uma visão privilegiada da capital. Em 1992, a milícia armênia capturou Shusha e incendiou boa parte da cidade. Os azerbaijanos fugiram em pânico. A batalha por Nagorno-Karabakh chegava ao fim.

— Não era como eu imaginava que a vida seria — suspirou Tsavag enquanto rodávamos de volta para Stepanakert. — Nós aqui passamos o tempo inteiro com receio de que a guerra comece novamente. Este não é um lugar para criar filhos.

* * *

Em abril de 2016, quatro meses após minha visita à república separatista, o conflito entre Nagorno-Karabakh e o Azerbaijão escalou ainda mais. Desde que foi assinado, em 1994, o cessar-fogo foi rompido mais de 7 mil vezes, mas esse foi o pior incidente isolado até hoje. Ao longo de quatro dias, na chamada Guerra dos Quatro Dias, cerca de 350 soldados perderam a vida. As autoridades do Azerbaijão afirmam ter recuperado 20 quilômetros quadrados de território, enquanto os armênios dizem ter perdido apenas 8 quilômetros quadrados. Ambos os lados acusam a contraparte de ter provocado os ataques.[26]

---

26 Como de costume, as estatísticas são discrepantes. O Departamento de Estado dos EUA estimou o número de vidas perdidas em 350. Segundo o governo armênio, 91 armênios e entre 500 e 1.500 soldados do Azerbaijão foram mortos nos confrontos. As autoridades do Azerbaijão reconhecem a morte de 320 armênios e 100 azerbaijanos.

Depois que a fumaça da artilharia diminuiu e os corpos foram retirados do campo de batalha e trocados na fronteira, que na realidade inexiste, a situação voltou a se acalmar. A única coisa que podemos saber com alguma certeza é que vai voltar a piorar, e mais jovens terão que pagar com a vida, de ambos os lados.

Cantando na fronteira

O que falta em estilo e elegância aos monumentos soviéticos sobra em localização privilegiada. O Monumento à Amizade Russo-Georgiana localiza-se num magnífico platô de montanha, com vista livre para um vale selvagem cercado por picos recortados e cobertos de neve. Já o monumento em si não faz jus ao cenário paradisíaco: um semicírculo de tijolos e concreto, adornado com uma pintura em cores vivas de russos e georgianos exultando de felicidade. Os russos tinham olhos azuis, eram louros e de ombros largos, seus cavalos eram brancos e imponentes; os georgianos felizes dançavam em seus trajes típicos. A conservação do monumento não parecia ser uma prioridade.

A Geórgia é um dos meus países favoritos, uma terra que tem absolutamente tudo: ao norte estão algumas das montanhas mais altas da Europa, a oeste é possível se banhar no mar Negro, a leste há vinícolas de qualidade indiscutível. Além disso, uma arquitetura antiga, quase intocada — que inclui cidades medievais ladeadas por torreões de pedra e algumas das igrejas mais antigas do mundo —, uma culinária que não fica a dever à italiana, e um povo que não é apenas simpático e hospitaleiro, mas também sempre encontra tempo para festejar e brindar, são características marcantes da Geórgia. A não ser pela vizinhança, os georgianos talvez fossem o povo mais afortunado do mundo.

A Geórgia tirou a sorte grande na topografia, mas na geopolítica foi só reveses. O pequeno país fica espremido entre os persas e os turcos ao sul e os russos ao norte, e desde sempre foi obrigado a encontrar um equilíbrio, por assim dizer, impossível. O glorioso monumento à amizade foi erguido em 1983, para celebrar os duzentos anos da aliança entre a Rússia e a Geórgia, uma aliança que a maioria dos georgianos não acha que mereça ser comemorada.

Em 1783, Erekle II, rei que unificou grandes porções da Geórgia de hoje, firmou um pacto de defesa com Catarina, a Grande, o chamado Tratado de Georgievsk. Em troca da fidelidade do monarca georgiano à Igreja e ao trono russos, a Rússia jurou proteger por toda a eternidade o Reino da Geórgia contra investidas dos vizinhos turcos e persas ao sul. Os russos não mantiveram sua promessa e se retiraram da Geórgia depois de apenas alguns anos. Em 1795, quando o xá da Pérsia invadiu Tbilisi quase por vingança, os georgianos não tiveram a menor chance. Os soldados persas arrasaram a cidade. Quase nenhuma construção sobreviveu e o sangue escorria pelas ruas: «Não é fácil calcular quantos morreram», nota o historiador britânico John Malcolm. «A intolerância inflamou a ira brutal dos soldados. As igrejas foram reduzidas a pó, todos os padres foram executados. Apenas as jovens e belas foram poupadas para servir como escravas.»[27]

Embora tenham facilitado o ataque ao se retirarem da Geórgia, os russos usaram a tragédia de 1795 como evidência de que os georgianos dependiam inteiramente da mercê do tsar. Em 1801, o tsar Paulo I revogou o Tratado de Georgievsk e anexou integralmente o Reino da Geórgia, enfurecendo os persas e levando à guerra entre Rússia e Pérsia em 1804. Após a vitória acachapante do exército russo, menor mas bem mais moderno,

---

27 A citação é reproduzida em *The Caucasus. An Introduction*, de Thomas de Waal. Oxford: Oxford University Press, 2010.

o conflito cessou com a assinatura do Tratado do Gulistão. Com isso, a Rússia formalizava a posse da Geórgia atual, do Daguestão e da maior parte do território que compreende o Azerbaijão de hoje, incluindo Nagorno-Karabakh. Na prática, o tratado apenas dava tempo às partes hostis para lamber as feridas e se mobilizar para uma nova guerra. Treze anos depois, em 1826, eclodiu uma nova crise entre Rússia e Pérsia. Esse conflito também terminou com uma vitória esmagadora dos russos e culminou na assinatura do Tratado de Turkmenchay. Com ele, a Rússia adquiriu o controle também dos territórios que hoje correspondem à Armênia e ao Naquichevão, hoje um exclave azerbaijano. O sul do Cáucaso foi assim anexado à Rússia a golpes de pena, sem que os povos que o habitavam pudessem dizer algo a respeito.

Na face norte da cordilheira, o banho de sangue foi ainda mais violento. Os povos da montanha, em especial tchetchenos e circassianos, resistiram aguerridamente contra os soldados russos, e a conquista do território se converteu numa guerra de guerrilha exaustiva e duradoura: a Guerra do Cáucaso se estendeu pela regência de três tsares: Alexandre I, Nicolau I e Alexandre II, de 1817 a 1864, portanto.

Quando a União Soviética chegou ao fim, em 1991, os tchetchenos se insurgiram novamente contra os russos e exigiram independência em termos idênticos aos dos países ao sul das montanhas: Geórgia, Armênia e Azerbaijão. Temendo desencadear uma onda incontrolável de demanda por autonomia e independência, o presidente Boris Iéltsin decidiu dar um basta na situação. Em 1994, despachou o exército para a Tchetchênia a fim de subjugar os rebelados. Dois anos depois, Iéltsin retirou suas tropas, tendo conquistado nada além da morte de dezenas de milhares de pessoas. Em 1999, a Rússia invadiu novamente a Tchetchênia, dessa vez sob a liderança de Vladimir Putin. Ao todo, a ofensiva russa no norte do Cáucaso custou a vida de mais de 100 mil civis e provocou o êxodo de centenas de milhares de refugiados. A Tchetchênia é hoje governada a mão de ferro pelo brutal Ramzan Kadyrov, indicado por Putin em 2007 para liderar a república federativa. Em retribuição, Kadyrov garantiu que Putin terminasse as eleições na Tchetchênia, em 2012, com 99,76% dos votos válidos.

A razão principal de tamanha desconfiança por parte do Kremlin é que a Tchetchênia, junto com a vizinha Inguchétia, tinha o status apenas de república socialista soviética autônoma (RSSA). No fim da era soviética, havia vinte desses territórios, dos quais dezesseis pertencem à Rússia de hoje. Nenhuma das RSSA se tornou independente depois da dissolução da União Soviética. O mesmo vale para os oblasts (ou condados) autônomos, dos quais poucos restaram hoje em dia e cuja autonomia era ainda menor que a das repúblicas socialistas soviéticas autônomas. Tanto Nagorno-Karabakh como a Ossétia do Sul, outra república separatista do Cáucaso setentrional, eram oblasts autônomos na era soviética. A ideia por trás dessa complexa divisão administrativa era a de dar a cada povo alguma forma de autonomia.

Aquelas com maior grau de autonomia eram as repúblicas da união, das quais havia quinze. Além de Geórgia, Armênia e Azerbaijão, também Estônia, Letônia, Lituânia, Belarus, Ucrânia, Moldávia, Cazaquistão, Quirguistão, Uzbequistão, Tadjiquistão, Turcomenistão e Rússia tinham status de repúblicas da união, ou repúblicas socialistas soviéticas (RSS), como também eram chamadas.[28] As repúblicas e oblasts autônomos eram sempre parte integrante de alguma república da união — a Ossétia do Sul, por exemplo, estava subordinada à República Socialista

---

28 Para complicar ainda mais, as repúblicas socialistas soviéticas, isto é, as repúblicas da união, são mais conhecidas apenas como repúblicas soviéticas.

Soviética da Geórgia. Ao contrário das repúblicas socialistas soviéticas autônomas e dos oblasts autônomos, as repúblicas da união — à exceção da República Socialista Federativa Soviética Russa (RSFSR) — contavam com seu próprio partido comunista e tinham o direito, pelo menos em teoria, de se retirar da União Soviética caso assim desejassem. Na prática, isso só veio a se concretizar no último ano do mandato de Gorbatchev. Em 11 de março de 1990, a Lituânia foi a primeira das repúblicas da união a declarar independência. A Geórgia foi a seguinte, em de abril de 1991. A amizade com a Rússia estava definitivamente terminada.

Independentemente do contexto diplomático, o monumento da amizade é um ponto turístico bastante popular, sobretudo por causa da paisagem. Na alta estação, pululam vendedores de suvenires em torno do monumento, mas agora, no meio do inverno, não se via uma só alma. Pela estrada estreita e sinuosa da montanha, ao contrário, havia uma extensa fila. Caminhões abarrotados de carga se arriscavam serpenteando pelas curvas pronunciadas. As placas indicavam que alguns deles vinham de bem longe, alguns até do Líbano ou da China.

Lenta mas determinadamente, o comboio se dirigia rumo à fronteira russa, tendo pela frente mais algumas horas de um percurso sobre vias escorregadias e esburacadas; provavelmente a maioria dos caminhões seguiria para as metrópoles russas ao norte. A rota sobre as montanhas do Cáucaso existe desde o nascimento de Cristo, mas só se tornou uma via militar, isto é, com capacidade para carruagens puxadas a cavalo, em 1783, quando o rei Erekle II firmou o acordo que transformava a Geórgia num protetorado russo. Oficialmente, a estrada ficou pronta em 1817, mas os trabalhos avançaram até 1863. A estrada liga Tbilisi a Vladikavkaz, na Ossétia do Norte, e tem mais de 200 quilômetros de extensão. Várias celebridades literárias atravessaram o Cáucaso pela via militar georgiana, entre eles Púchkin, Tolstói e Maiakóvski, além do norueguês Hamsun. «Aquele que,

CANTANDO NA FRONTEIRA

assim como eu, teve a oportunidade de se aventurar pelas montanhas desertas e se deter estudando seus contornos únicos, inspirando profundamente o ar que enche de vida os penhascos, poderá naturalmente compreender meu desejo de descrever, recontar, desenhar estes cenários mágicos», escreve Mikhail Lermontov em *Um herói do nosso tempo*.[29]

Por causa do conflito nas repúblicas separatistas da Ossétia do Sul e da Abecásia, essa sinuosa e estreita estrada é atualmente a única conexão viária possível entre Geórgia, e também Armênia, e Rússia. Os congestionamentos na fronteira costumam ter quilômetros de extensão, e não raro os motoristas precisam esperar horas, até dias, por uma autorização para seguir viagem. Quando o tempo piora, como é frequente no inverno, a espera na estrada se prolonga por dias, às vezes semanas a fio.

Nesse dia, porém, o Cáucaso deu o melhor de si. O sol refletia na neve branca, a brisa de fevereiro era amena, parecia primavera. Paramos no vilarejo de Stepantsminda, a poucos quilômetros da fronteira russa. O objetivo do dia era visitar o mosteiro de Gergeti, talvez o mais conhecido da Geórgia, mas primeiro precisávamos comer. Nino, que mantém um pequeno restaurante familiar em Stepantsminda, serviu os pratos assim que sentamos à mesa. Ela e suas três assistentes de cozinha, todas donas de casa, faziam do nada um verdadeiro banquete. Uma após outra as delícias chegavam à nossa mesa: katchapuris quentinhos, salada de tomates e nozes, berinjelas recheadas e tchinkalis, uma espécie de ravióli com recheio de carne, batatas e vegetais — tudo fartamente acompanhado de vinho tinto caseiro e *chacha*, a forte aguardente de uvas georgiana.

29 A citação é da descrição da viagem de Tbilisi a Vladikavkaz. A edição norueguesa foi traduzida por Erik Egeberg. Oslo: Solum Forlag, 2004.

— Eu bebo facilmente uns 7 ou 8 litros de vinho por noite — gabou-se o motorista sem disfarçar o orgulho. — Assim como todos os homens georgianos! Felizmente, ele se manteve abstêmio nessa ocasião. Julia, a guia, ao contrário, não fez cerimônia. A cada minuto, ela se levantava e erguia demorados brindes a mim, à Geórgia, a si mesma e ao futuro.

— Tradicionalmente, devemos brindar 21 vezes num banquete festivo como esse — explicou ela. — Sempre na mesma ordem. Se não quiser comer tudo não tem problema, não é esse o propósito dessa fartura, mas é absolutamente obrigatório não deixar nada no copo! — Ela entornou um copo de *chacha*, se pôs de pé e declamou um longo poema em russo de sua própria autoria. Em minhas viagens conheci vários guias excêntricos, mas Julia foi a mais memorável. Tinha 28 anos, era loura de olhos azuis, e não vestia exatamente roupas de excursão, mas uma minissaia de couro e uma camiseta curta e justa. Na cabeça, encobrindo a franja e o cabelo curto, usava um chapeuzinho cinza. Era nascida e criada na Geórgia, mas sua mãe e seu marido eram russos.

— Na verdade sou poeta — declarou Julia declamando mais um poema, ainda mais apaixonadamente dessa vez. De novo, era sobre a natureza e o amor. Quando voltou a se sentar, tinha os olhos marejados.

— Não sou feliz com meu marido — revelou ela. — Nós nos casamos em agosto, ele é meu terceiro marido. Assim como o anterior, ele é russo, e trabalha como guia também. Mas já não gosto dele. Ele é rude demais. Anda de motocicleta e fala palavrões.

O ex-marido, pai do filho dela de dois anos, vivia na Rússia.

— Sonho com um grande e verdadeiro amor — disse Julia virando mais um copo de *chacha*. — Nem que tenha que me casar oito vezes!

— Por que você se casou com o guia russo se não gosta dele de verdade? — perguntei.

— Porque eu o amava — respondeu Julia bebendo outro copo.

Nino havia feito uma pausa na cozinha e veio se sentar conosco.

— *My lovely* — disse ela para mim em seu inglês alquebrado e autodidata, fazendo um carinho maternal na minha cabeça. — Gostou da minha comida?

— Tudo estava absolutamente delicioso — assegurei.

— Na verdade estudei economia, mas era tão tedioso lidar com números o tempo todo — contou Nino. — Alguns anos atrás, abri uma hospedaria e agora pessoas do mundo inteiro vêm aqui.

— Como é viver tão perto da Rússia? — perguntei. Fazia quatro meses que eu bordeava a Rússia, e ao longo desse período repeti a mesma pergunta a centenas de pessoas. Estava começando a me sentir monotemática.

— Ah, é difícil! — ela suspirou. — Quando Saakashvili era presidente, a fronteira ficou fechada durante anos. Tenho casa e família em Vladikavkaz, que fica a poucos quilômetros daqui, mas não podia visitá-los. Agora a fronteira foi reaberta, mas em compensação não posso mais visitar meus parentes na Ossétia do Sul!

Ela abanou a cabeça, desconsolada, e retornou apressada para a cozinha. Minutos depois, voltou trazendo mais comida e uma jarra cheia de vinho, deixando Julia irrequieta:

— Temos que ir ao mosteiro também! — avisou a guia. — Fica longe, é uma caminhada de mais de uma hora, e já vai escurecer, precisamos ir! — disse ela enchendo uma taça de vinho e esvaziando-a num só gole.

— Você não mencionou que tínhamos que *caminhar* até lá — observei. Eu estava vestindo calça jeans e sapatos desconfortáveis, embora nem tanto quanto os de Julia.

— Mas claro que precisamos ir a pé, a estrada para carros fica tomada pela neve e fecha durante o inverno.

Meu corpo se arrastava depois de tanta comida e vinho, e eu estava a ponto de cancelar a visita ao mosteiro, mas Julia foi taxativa:

— Vale a pena, eu prometo, Gergeti é o meu mosteiro favorito! — Esvaziamos a jarra de vinho e fomos. Eu de calça jeans, Julia de minissaia. Julia ia alguns metros adiante, e em silêncio avançamos pela trilha coberta de neve. Ao subirmos a colina mais alta, cruzamos com um grupo de chineses vestindo roupas esportivas coloridas, rindo animados com a neve.

— Vocês precisam se apressar, o sol já está se pondo! — advertiu um deles ao passar por nós.

Quando finalmente chegamos ao topo, compreendi por que a insistência de Julia em vir. À direita se erguia o monte Kazbek, a terceira maior montanha da Geórgia. Em georgiano, o Kazbek, com seus 5.033 metros de altura, é chamado de *Mqinvartsveri*, «pico de gelo». Metade da montanha fica na Geórgia, enquanto a outra metade se localiza no lado russo, na república da Ossétia do Norte.

Nove anos antes, quando eu tinha 24 anos, fiz minha primeira viagem ao Cáucaso, dessa vez do outro lado da montanha, justamente na Ossétia do Norte. Lá estive em pesquisa de campo para minha dissertação de mestrado em antropologia social, sobre as repercussões do atentado terrorista contra a Escola Número 1 em Beslan, em 2004. Mais de trezentas pessoas, em sua maioria crianças, perderam a vida na tragédia em que foram mantidas reféns durante três intermináveis dias. Cheguei a Beslan quando se completavam três anos do atentado, e a pequena cidade estava ainda imersa em luto, teorias conspiratórias, remorso e conflitos. Várias das mães visitavam as sepulturas todos os dias, e culpavam as autoridades, umas as outras e a si próprias pelo fato de seus filhos terem perdido a

CANTANDO NA FRONTEIRA

vida. Aprendi que três anos não é muito tempo, que o tempo nem sempre cura todas as feridas, e que o governo russo está mais preocupado em pagar indenizações às vítimas do que em descobrir o que de fato aconteceu. Ao mesmo tempo, aprendi que a Rússia não é feita apenas de russos, mas de diversas etnias e culturas, e pela primeira vez pude vivenciar de fato a famosa hospitalidade caucasiana.

Logo no primeiro dia incorri no erro crucial de tratar por «russos» as pessoas que eu encontrava. Afinal, eram pessoas que falavam russo, se vestiam como russos e moravam na Rússia. Fui logo corrigida, às vezes de maneira ríspida: «Não somos russos, somos *ossetas*!».

Djabal al-alsun, «montanha de línguas», «um monte de idiomas». O Cáucaso não é apenas a região no mundo em que mais idiomas são falados proporcionalmente à área territorial. É também, e não chega a surpreender, uma das regiões que concentram a maior diversidade étnica do planeta. Ao longo dos séculos, vários povos migraram para cá, atraídos pelas estepes férteis ou pelas montanhas altas, onde era possível encontrar abrigo e proteção contra os exércitos que vinham do norte e do sul.

São tantas as etnias que é fácil perder a conta, mas os ossetas se destacam em mais de um aspecto. Eles remontam ao século III, mas são um dos povos mais recentes a chegar à cordilheira do Cáucaso. Descendem dos alanos, uma tribo do oeste da Cítia, que emigrou rumo ao Ocidente, desde a Ásia Central até o Cáucaso, no século VI. Graças ao contato próximo com as culturas bizantinas e georgianas — os georgianos foram cristianizados ainda no século IV —, os ossetas logo se converteram ao cristianismo O idioma, osseto ou ossético, pertence ao ramo linguístico iraniano e é aparentado ao persa. Os ossetas também foram o primeiro povo da região a colaborar com os russos, e da capital da Ossétia do Norte, Vladikavkaz, fundada como uma fortaleza em 1784, os russos partiram na conquista do restante do Cáucaso. Da mesma forma como Vladivostok significa «Regente do Leste», Vladikavkaz se traduz como «Regente do Cáucaso».

No entanto, os povos do Cáucaso eram bem menos receptivos que aqueles do Oriente. Como mencionado, vários dos habitantes das montanhas resistiram bravamente, e alguns continuaram a se insurgir contra a supremacia russa mesmo depois da dissolução da União Soviética. Quando estive em Beslan, a guerra da Tchetchênia estava formalmente terminada, mas a região inteira era considerada «zona de operação antiterrorista». Havia restrições severas para conseguir um visto, e qualquer deslocamento para além das áreas urbanas, como por exemplo para as montanhas, dependia de autorização expressa da FSB, a agência sucessora da KGB. Uma vez que meu trabalho de campo era em colaboração com a Cruz Vermelha russa, precisei ser escoltada por seguranças armados 24 horas por dia.

Viajar pela face sul da cordilheira era bem mais simples e prazeroso.

— Tivemos sorte! — Julia sorriu satisfeita para mim. Seus óculos refletiam o brilho do sol. — Aqui costuma ser sempre encoberto. Nunca tinha vindo aqui com esse tempo!

O céu estava limpo e o horizonte era visível em todas as direções.

— Amirani, nosso Prometeu, foi acorrentado ao Kazbek como punição por sua soberba — disse Julia. — Está vendo ele ali, entre aqueles dois rochedos escuros? Todos os dias uma águia vem ali para bicar um pedaço do seu fígado. E todas as noites ele se regenera. Antigamente, as pessoas costumavam destruir os ninhos de águias que encontravam nas escarpas para aliviar o sofrimento de Amirani. — Ela apontou para o cume nevado. — Se prestar bem atenção, você verá a cabana que Abraão ergueu para proteger a Árvore da Vida.

CANTANDO NA FRONTEIRA   349

Num elevado a centenas de metros de distância, construída com segurança no lado georgiano, avistamos uma pequena igreja de pedra com torres cônicas. Reconheci-a imediatamente dos postais nas lojas de suvenires de Tbilisi. Caminhamos a curta distância que faltava até o mosteiro, vestimos sobre nossas roupas o hábito que estava pendurado do lado de fora, cobrimos nossa cabeça e entramos na igreja.

— Geralmente fica cheio de turistas aqui — sussurrou Julia. A igreja estava inteira à nossa disposição. A nave não tinha vitrais e era iluminada apenas por velas. Um aquecedor a gás produzia um chiado sem fim. Um homem com uma longa barba grisalha nos deu as boas-vindas em silêncio. Caminhei pela pequena igreja e me detive diante de um ícone representando uma Virgem Maria negra.

— Foi danificada num incêndio — Julia disse baixinho. — Muita gente acha que ela cura doenças. Leve o tempo que precisar, estou esperando na porta. — Ela foi se sentar num banco ao lado do aquecedor a gás. Ao me aproximar, percebi que ela estava chorando.

— Não sei por quê, mas sempre caio no choro quando venho aqui — disse ela.

Na saída, tentei fazer algumas perguntas ao homem sisudo, mas ele não entendia russo. Julia enxugou as lágrimas e veio traduzir para mim:

— Há quanto tempo você mora no convento?

— Trinta e sete anos — respondeu ele.

— Devia ser muito jovem quando chegou aqui — eu disse.

— Não, não, eu tenho 37 anos — ele corrigiu. — Só estou aqui há quatro meses.

Com a longa barba grisalha, tinha uma aparência sexagenária.

— Qual é o seu nome? — perguntei.

— Zviad — ele respondeu educadamente.

— Por que veio para cá?

— Porque Deus me pediu.

— Quanto tempo pensa em ficar?

— O tempo que for preciso — respondeu Zviad. — Quero mudar minha vida. Deixar de pecar. Aqui encontrei a paz.

— Onde trabalhava antes de vir para cá?

— Trabalhava num cassino em Tbilisi...

Quando saímos da igreja, o sol já estava se pondo. O céu estava avermelhado. Caminhamos um pouco, então Julia se virou e me olhou hesitante:

— Não foi por aqui que viemos?

— Não está encontrando a trilha?

— Não, eu sei onde é — balbuciou ela. — Apenas achei que era por aqui.

Mais adiante um homem surgiu caminhando em nossa direção. Ficamos paradas esperando por ele. Talvez soubesse por onde a trilha seguia.

— Com licença, vocês sabem falar inglês? — ele perguntou num russo com forte sotaque americano ao nos estender a mão. Seu nome era Josh e ele também estava perdido.

Em meia hora a escuridão seria total. Caminhamos pela neve por um bom tempo sem conseguir encontrar a trilha.

— Aqui está ela! — gritou Julia. — Eu disse que sabia onde era! — Ela se sentou no chão e deslizou pela encosta da montanha de minissaia e tudo. Josh e eu fomos os próximos. Para economizar tempo, Julia decidiu pegar um atalho no último trecho. Vadeamos 1 metro de neve acumulada no chão. Já estava completamente escuro quando chegamos à casa de Nino, com as roupas encharcadas e congelando.

— Entrem para se aquecer! — insistiu Nino. — Vocês não podem voltar para Tbilisi nessas condições!

Afundamos então nas cadeiras em frente à lareira. Nino colocou nossos sapatos molhados para secar e nos deu chinelos e uma jarra de vinho. Mal nos servimos e ela trouxe mais uma.

— Gostam de panquecas? — ela perguntou.

Hesitei. Era tarde da noite e precisávamos voltar para Tbilisi. Antes que conseguisse dizer algo, Nino já tinha desaparecido cozinha adentro.

— Eu sabia! — gritou ela de lá. — Vocês gostam de panquecas! Em pouco tempo sentimos o aroma delicioso vindo do fogão. A jarra de vinho vazia desapareceu e foi imperceptivelmente substituída por outra. Quando já estávamos secas e aquecidas, Nino nos trouxe uma montanha de panquecas, creme de leite e geleia caseira de mirtilo. Além disso, ela havia aquecido a comida do almoço — não tínhamos comido tudo! Fartamo-nos até não poder mais, e da cozinha não paravam de chegar mais panquecas e vinho. Com os olhos brilhantes e as bochechas coradas, Julia se pôs de pé e cantou para nós uma melancólica canção romântica georgiana. Ela tinha uma voz belíssima, um pouco rouca, e interpretou a canção com gestos dramáticos e muita paixão. Aplaudimos animadamente, e ela emendou com outra melodia.

— Antes de trabalhar como guia, fui cantora numa boate — disse ela, esvaziando a taça de vinho e cantando mais uma música.

— Fantástico! — exclamou Josh ao final. — *Magnifique!*

— Você fala francês? — retrucou Julia. — *J'adore le français!* Quando morei na Rússia, estudei francês. Há alguns anos, recebi uma oferta de emprego na Sorbonne e quase me mudei para Paris.

— O que aconteceu? — perguntei curiosa. — Por que você não foi?

— Isso foi em 2008. Logo depois que recebi a oferta de emprego, eclodiu a guerra entre Geórgia e Rússia, e não pude sair daqui. – Ela sorriu melancolicamente e esvaziou a taça de vinho. Então se levantou e cantou a famosa canção de Joe Dassin: *A-a-a-aux Champs-Élysées, a-a-a-aux Champs-Élysées!* Josh e eu cantamos em coro o refrão e os versos que conseguíamos lembrar. Nino e o motorista também cantaram junto, embora nenhum dos dois soubesse a letra. A noite já ia alta quando finalmente fomos embora. A meio caminho de Tbilisi, o motorista parou num supermercado 24 horas e entrou para comprar algo para beber. Trouxe Coca-Cola e Fanta na sacola plástica, mas então Julia lhe disse algo em georgiano e deu meia-volta. Dessa vez, demorou-se um pouco mais. Saiu trazendo na mão uma garrafa de *chacha*. Presumi que fosse algo para quando chegasse em casa – ele não havia tocado em álcool o dia inteiro –, mas Julia logo começou a preparar um coquetel numa garrafa de refrigerante serrada ao meio. Assim que esvaziou o copo improvisado, ela preparou mais uma dose. Não demorou muito para voltar a cantar a plenos pulmões; canções russas dessa vez. Naquele estado, mal conseguia segurar o celular, e a cada vez mais se demorava e se atrapalhava tentando pegá-lo do chão novamente. Só quando descemos das montanhas e a paisagem se aplanou foi que parou de cantar e começou a falar com o motorista em georgiano. O tom era sério, lamentoso. Ela enxugou uma lágrima, serviu-se de mais um drinque, deixou o telefone cair novamente, tentou pegá-lo mas acabou desistindo, entornou a bebida e preparou outra. Quando entramos em Tbilisi, a garrafa estava vazia. Julia estava debruçada no painel, roncando alto.

O homem que não existe

A Geórgia é um país pequeno, com apenas 69.700 quilômetros quadrados, um território equivalente ao da Irlanda. Desconsiderando a Abecásia e a Ossétia do Sul, as duas repúblicas separatistas que se rebelaram no início da década de 1990 e sobre as quais o governo georgiano não exerce influência hoje, esse total diminui 20%. A população é de cerca de 5 milhões de habitantes, quase a mesma da Noruega. Apesar das dimensões modestas do país, três dos homens mais importantes da história da União Soviética eram georgianos: Eduard Shevardnadze, ministro das Relações Exteriores de Gorbatchev e, mais tarde, segundo presidente da Geórgia; Lavrentiy Beria, um dos principais arquitetos dos horrores da década de 1930, líder de longa data do NKVD, o Comissariado do Povo para Assuntos Internos; e, finalmente, Josef Djugashvili, mais conhecido como Stálin.

Stálin nasceu em 1878 em Gori, uma pequena cidade industrial cerca de 90 quilômetros a noroeste de Tbilisi, único rebento de Ekaterine Geladse e do sapateiro Besarion Djugashvili que chegou à vida adulta. Quando Stálin era pequeno, seu pai mudou-se para Tbilisi depois de perder a casa e a sapataria para a bebida, e Stálin cresceu sozinho com a mãe. A vida de mãe solteira na Gori do século XIX era difícil, e Ekaterine e o filho tinham que se mudar constantemente, de casebre em casebre. A casa de alvenaria na qual Stálin passou a primeira infância ainda resistiu e agora está bem protegida sob um mastodôntico templo de mármore construído na década de 1930. Mal se vê a casinha modesta por trás da colunata grega. Atrás da casa ergue-se um edifício muito maior, também com uma imponente entrada de inspiração grega: o Museu Stálin. A construção do museu foi iniciada enquanto Stálin ainda estava vivo, mas só foi concluída em 1959, seis anos após a morte do ditador e três anos após o famoso discurso de desestalinização de Khrushtchev. Hoje, funciona como uma espécie de museu dos museus da era soviética. Com exceção de um novo departamento crítico no térreo, pouco mudou. O Museu Stálin é uma das atrações turísticas mais populares da Geórgia, e, no último ambiente, uma sala vermelha, mal iluminada, semelhante a um altar, está em exibição a máscara mortuária de Stálin. A loja do museu vende vinho de Stálin, canecas de Stálin, camisetas com retratos de Stálin e outros suvenires ditatoriais que seriam inimagináveis caso remetessem a um certo chanceler alemão. A grande estátua de Stálin em frente à prefeitura de Gori foi removida em 2010 e agora está armazenada numa fábrica, talvez augurando dias melhores.

A Gori em que Stálin cresceu era marcada pela pobreza e pela violência. O passatempo favorito eram brigas de rua. Todos os habitantes da cidade, incluindo o jovem Stálin, tomavam parte nos combates, que costumavam ocorrer nos feriados. Além de bom lutador, Stálin ia muito bem na escola, e, ajudado pelas boas notas e pela habilidade da mãe em seduzir homens ricos, ingressou no seminário de Tbilisi, mesmo sem ter condições de pagar as mensalidades. Foi na capital que o jovem Stálin travou contato com o ambiente comunista revolucionário da Geórgia. Suas notas foram caindo e ele acabou largando a escola a poucos meses de se graduar. A partir de então, Stálin dedicou-se em tempo integral à política — e a escapar da polícia. Se Lênin e Trótski eram notáveis oradores, Stálin se distinguia sobretudo por sua habilidade de «expropriar valores». Enquanto ainda vivia na Geórgia, organizou assaltos memoráveis. O maior e mais famoso ocorreu no centro de Tbilisi em 1907. Com a ajuda de bombas e armas de fogo, Stálin e seus comparsas roubaram um malote de dinheiro e fugiram com 341 mil rublos, cerca de 15 milhões de reais[30] ao câmbio de hoje. Quarenta pessoas perderam a vida durante o assalto brutal, que causou comoção em toda a Europa. A ação em si foi um sucesso, mas os bolcheviques não apreciaram muito o dinheiro roubado — a polícia sabia os números de série das cédulas.

Embora a estátua de Stálin tenha sido removida, é como se uma sombra soviética ainda pairasse sobre Gori. O centro é dominado por opressivos blocos de concreto e residências pobres, e da estrada principal há uma visão clara da república separatista da Ossétia do Sul, que em seu tempo foi um oblast autônomo criado pelos bolcheviques.

Os bolcheviques em geral, e Stálin em particular, acreditavam que a trajetória de sociedades primitivas rumo ao comunismo passava pelo nacionalismo. Assim, empregavam tempo e esforço redesenhando o mapa soviético para que as necessidades das diferentes nacionalidades fossem atendidas. As pessoas deveriam, pelo menos em teoria, ter a oportunidade de falar sua língua e expressar sua cultura (de preferência, sem professar religião alguma). Os vermelhos tomaram o poder na Geórgia em 1921 com o apoio dessas minorias, em troca de promessas de um futuro brilhante sob o novo regime. Os bolcheviques honraram o prometido, pelo menos inicialmente. Assim que chegaram ao poder, estabeleceram a República Autônoma Soviética de Adjara e o Oblast Autônomo da Ossétia do Sul, ambos com certo grau de autonomia dentro da República da Geórgia. A Abecásia primeiro

---

30 A tradução usou uma taxa de conversão de 2 coroas norueguesas para 1 real. [N. T.]

ganhou o status de república da união, mas em 1931 Stálin a converteu em república soviética autônoma, portanto subordinada à República da União da Geórgia. Quando a União Soviética colapsou, tanto a Abecásia quanto a Ossétia do Sul exigiram independência da Geórgia. Ao mesmo tempo, em maio de 1991, o dissidente nacionalista Zviad Gamsakhurdia foi eleito primeiro presidente da Geórgia por esmagadora maioria dos votos. Em vez de aceitar o pleito dos ossetas, Gamsakhurdia revogou o status de oblast autônomo conferido à Ossétia do Sul. O recém-eleito presidente da Geórgia sonhava com uma Geórgia para os georgianos. Após sua morte, em 1993, o jornal britânico *The Independent* observou com razão: «Gamsakhurdia era uma figura trágica. Um nacionalista fervoroso que não foi capaz de unir os georgianos, muito menos os não georgianos. Ele só era racional ao discutir literatura. Para ele, a política era uma luta sanguinária». E lutas sanguinárias não faltaram.

Durante séculos, os ossetas viveram em território georgiano. A maioria deles era fluente em georgiano, e muitos eram casados com georgianos — o avô de Stálin, por exemplo, era osseta. Na própria Ossétia do Sul, cerca de dois terços da população eram ossetas, enquanto o restante era de georgianos. A maioria dos ossetas coabitava regiões da Geórgia em harmonia com seus vizinhos georgianos. Com um pouco de prudência diplomática, talvez a guerra pudesse ter sido evitada, mas a diplomacia não era o lado mais forte de Gamsakhurdia. Em janeiro de 1991, começaram os combates entre as forças ossetas e georgianas.

No final de 1991, Gamsakhurdia foi derrubado por um golpe militar. Seu sucessor, Eduard Shevardnadze, ex-ministro das Relações Exteriores soviético, herdou a tarefa de arrumar o caos. No verão de 1992, ele conseguiu negociar um cessar-fogo entre as partes. Em termos de mortos, a guerra na Ossétia do

Sul foi a menos sangrenta dos conflitos ocorridos no Cáucaso na década de 1990: cerca de mil pessoas perderam a vida, e algo em torno de 10 mil ossetas fugiram da Geórgia para a face norte das montanhas do Cáucaso, para a Ossétia do Norte, na Rússia. Além deles, mais de 20 mil georgianos fugiram da Ossétia do Sul para o território controlado pela Geórgia. A população da Ossétia do Sul caiu drasticamente, mas a fronteira entre a república separatista independente *de facto* e a Geórgia permaneceu aberta, e as pessoas estavam livres para transitar de um lado para o outro.

A situação permaneceu pacífica até 2004, quando Mikheil Saakashvili, outro político extravagante e influente, assumiu após a chamada Revolução das Rosas, ocorrida no ano anterior. Em novembro de 2003, com rosas nas mãos e Saakashvili no comando, manifestantes marcharam até a assembleia nacional e expulsaram o então presidente Shevardnadze, que estava no meio de um discurso. Os georgianos estavam cansados de corrupção, fraudes eleitorais e velhos políticos soviéticos — miravam o futuro e o Ocidente, a Europa.

Saakashvili, de 36 anos, chegou ao poder carregado por uma onda de boa-fé, otimismo e crença no porvir. O item mais importante de sua pauta era o combate à corrupção. Na década de 1990, a Geórgia era um dos países mais corruptos do mundo — a corrupção permeava todas as esferas do país, sendo a polícia uma instituição notória nesse particular. Saakashvili arregaçou as mangas e demitiu quase toda a força policial. Para evitar que os policiais recém-contratados caíssem na mesma tentação de seus antecessores, os salários dos policiais passaram de 300 para 400 dólares por mês, quantia razoável para fazer frente às contas do mês na Geórgia.

O jovem e enérgico presidente também se propôs reunificar a Geórgia. Ele tinha a intenção de dar mais autonomia à Ossétia do Sul e à Abecásia, mas estava determinado a trazer as duas repúblicas separatistas de volta ao controle georgiano. Como parte dessa estratégia, ele fechou o mercado negro na fronteira com a Ossétia do Sul, que consistia em grande parte de mercadorias contrabandeadas da Rússia e era a principal fonte de renda da república separatista até então. O fechamento do mercado aumentou a arrecadação do Tesouro, mas ao mesmo tempo fez subir o nível de animosidade entre as repúblicas.

A coisa desandou mesmo em 2008. A exemplo de muitos jovens georgianos, Saakashvili queria aproximar a Geórgia da Europa e do Ocidente. Tanto a Geórgia quanto o Azerbaijão estão localizados na fronteira entre a Europa e a Ásia, e costumam ser incluídos em ambos os continentes. A maioria dos georgianos quer fazer parte da Europa, como deixam claro as bandeiras da União Europeia tremulando ao lado das georgianas por todo o país. Também desejam integrar a Otan — na cúpula da Otan de abril de 2008, uma possível adesão da Ucrânia e da Geórgia estava na pauta. Incluir a Geórgia como membro pleno não era factível, mas muitos cogitavam que o país poderia se tornar parte do programa Membership Action Plan, ou MAP, como é conhecido, uma espécie de patrocínio para países que ainda não estão aptos a ingressar na aliança. Os países-membros estavam bem divididos sobre a eventual adesão de Ucrânia e Geórgia. O então presidente dos Estados Unidos George W. Bush era um forte defensor das duas novas repúblicas no MAP, mas o francês Nicolas Sarkozy e, principalmente, a alemã Angela Merkel eram céticos. Nos bastidores, Vladimir Putin assistia a tudo com atenção. Em 2004, três ex-repúblicas soviéticas, Estônia, Letônia e Lituânia, aderiram à Otan, bem como Bulgária e Romênia, antigos países do Pacto de Varsóvia. Putin não gostou nada de ver o inimigo abocanhando uma fatia ainda maior de um território que ele sempre considerou o quintal da Rússia.

A aliança militar do Ocidente tinha diante de si um dilema. Abrir-se para essas duas jovens democracias ou ceder à pressão russa e fechar-lhes porta? A Otan acabou não fazendo nem uma coisa nem outra. Em vez de incluir a Geórgia e a Ucrânia no MAP, os países-membros concordaram com a seguinte declaração: «*At the Bucharest Summit, NATO Allies welcomed Ukraine's and Georgia's Euro-Atlantic aspirations for membership and agreed that these countries will become members of NATO*».[31] As últimas nove palavras são fundamentais nesse contexto: acordou-se que a Ucrânia e a Geórgia devem se tornar membros da Otan, a questão era apenas quando. O passo seguinte, segundo o comunicado, era a inclusão dos dois países no MAP. O texto era vinculante e não vinculante ao mesmo tempo, tinha o potencial tanto de tranquilizar como também de provocar Putin. A única coisa certa era que a Ucrânia e a Geórgia teriam que se haver sozinhas por enquanto.

No verão de 2008, depois de o Kosovo proclamar a independência no início do mesmo ano, as tensões aumentaram tanto na Abecásia quanto na Ossétia do Sul. Ao mesmo tempo, a Rússia realizou um grande exercício militar no norte do Cáucaso, paralelo ao exercício semelhante realizado por forças americanas e georgianas no lado georgiano. Quando o exercício dos russos terminou, no dia 2 de agosto, armamento e contingente permaneceram mobilizados perto da fronteira. Na mesma semana, o cessar-fogo entre a Ossétia do Sul e a Geórgia foi repetidamente quebrado, vitimando soldados das forças de paz em ambos os lados. Mulheres e crianças ossetas, em colaboração com as autoridades russas, foram evacuadas para a Ossétia do Norte, no lado russo, enquanto cerca de cinquenta jornalistas russos foram transportados para a Ossétia do Sul. Algo estava

---

31 «Na Cúpula de Bucareste, os aliados da Otan saudaram as aspirações de adesão euro-atlânticas da Ucrânia e da Geórgia e concordaram que esses países tornar-se-ão membros da Otan.» [N. T.]

fermentando. Em 8 de agosto, às 19h, Saakashvili anunciou na televisão georgiana que havia ordenado um cessar-fogo unilateral com efeito imediato para impedir a escalada da violência. Mas os ataques às aldeias georgianas não diminuíram, e, na mesma noite, o governo georgiano foi alertado de que uma ofensiva russa estava em andamento. Pouco antes da meia-noite, Saakashvili deu meia-volta e ordenou uma ofensiva georgiana. No dia seguinte, quando o então primeiro-ministro Putin e líderes ocidentais se reuniam em Pequim para participar da abertura dos Jogos Olímpicos, tanques russos invadiram a Geórgia.

Em retrospecto, Saakashvili foi duramente criticado pela decisão de iniciar uma ofensiva militar contra a Ossétia do Sul. Era uma guerra que *jamais* poderia ser vencida, dada a superioridade numérica e tecnológica dos russos. Muitos acreditavam que, ao reagir à violência, foi Saakashvili quem incitou a reação russa, e teria sido possível evitar o conflito se o presidente georgiano tivesse um pouco mais de sangue-frio. No entanto, à luz da anexação da Crimeia pela Rússia e da guerra que se seguiu no leste da Ucrânia, é difícil imaginar o que Saakashvili poderia ter feito para evitar uma escalada das hostilidades. A guerra no leste da Ucrânia também eclodiu logo após um grande exercício militar russo na área de fronteira.

A guerra na Ossétia do Sul durou cinco dias. Os russos bombardearam não apenas alvos estratégicos na república separatista, mas também nas cidades vizinhas, como Gori, bem como cidades fronteiriças à Abecásia. Muitos temiam que os russos só se detivessem ao chegar a Tbilisi, e, por questões de segurança, moradores da capital passaram a guardar dinheiro e armazenar combustível. Os Estados Unidos ajudaram indiretamente repatriando o contingente georgiano que servia então no Iraque, mas nenhum país ocidental se envolveu militarmente no conflito. Uma possível adesão da Geórgia à Otan de repente parecia a anos-luz de distância.

A França foi encarregada de mediar um acordo entre as partes, e o presidente Sarkozy voou para Moscou para negociar um cessar-fogo. Putin não escondeu seu desejo de se livrar do líder da Revolução das Rosas:

— Vou enforcar Saakashvili pelos bagos — disse ele ao presidente francês.

— Enforcá-lo? — reagiu Sarkozy, espantado.

— Por que não? — respondeu Putin. — Os americanos não enforcaram Saddam Hussein?[32]

Sarkozy logrou persuadir Putin a deixar a cargo dos georgianos uma possível mudança de regime e urdiu um armistício bastante vago entre as partes.

Em 12 de agosto, a guerra entre a Geórgia e a Rússia terminou formalmente. Em cinco dias, oitocentas pessoas perderam a vida e quase 200 mil foram forçadas a fugir. Para uma guerra, foi relativamente curta e com poucas baixas: o dado alarmante é que tenha de fato ocorrido. Pela primeira vez, a Rússia interveio militarmente numa ex-república soviética. Putin quebrou as regras do jogo e mostrou a todos os vizinhos, e ao mundo inteiro, que a Rússia estava pronta para defender sua esfera de interesses com bombas e tanques, se necessário. Agora tudo poderia acontecer.

Em 26 de agosto de 2008, a Rússia reconheceu a Ossétia do Sul e a Abecásia como Estados independentes e soberanos, espelhando-se no reconhecimento, pelos países do Ocidente, da independência do Kosovo no início daquele ano. Desde então, a fronteira com a Ossétia do Sul está fechada do lado georgiano. Recentemente, um referendo decidiu pelo acréscimo de «Alânia»

---

32 O diálogo, também citado pela imprensa francesa, é reproduzido em *A Little War that Shook the World*, de Ronald D. Asmus. Hampshire & Nova York: Palgrave Macmillan, 2010.

ao nome da república, copiando a vizinha ao norte, cujo nome oficial é Ossétia do Norte-Alânia. Em princípio, os ossetas do sul deveriam ir às urnas em 2016 para decidir se o país deveria se reunificar com a Ossétia do Norte e, assim, tornar-se oficialmente parte da Rússia, mas, após pressão de Moscou, o referendo foi adiado indefinidamente. O fato de as autoridades da Ossétia do Sul terem planejado uma consulta popular dessa natureza diz algo sobre quem realmente dá as cartas na república separatista.

Em números atuais, pouco mais de 50 mil pessoas vivem na Ossétia do Sul. A maioria dos georgianos fugiu de lá, e vários deles se fixaram em assentamentos de refugiados mais ou menos permanentes em território georgiano. São menos vítimas de conflitos étnicos locais do que peões de um grande xadrez geopolítico. Nos bastidores, silenciosamente, a luta pelo poder continua. O território da Ossétia do Sul, de menos de 4 mil quilômetros quadrados, está se expandindo lentamente, metro a metro, na calada da noite. *Borderisation*, como se conceituou esse fenômeno em inglês — «fronteirização» —, significa uma ampliação indevida dos limites geográficos de um território ou país por meios físicos, como cercas, arame farpado e placas. Todos os anos, as cercas da fronteira da Ossétia do Sul avançam centenas de metros no interior da Geórgia, e o governo georgiano assiste a tudo impotente. Mais uma vez, a vida de cidadãos comuns é sacrificada no altar da geopolítica.

Um desses cidadãos é Dato Vanishvili, que certa manhã despertou para descobrir que se encontrava num novo país.

***

— Perdão, mas vocês não podem prosseguir. — O oficial na barreira foi cordial, mas intransigente.

— Mas eu já estive aqui antes, e não houve problemas — protestou Thoma, amigo de um amigo que veio me ajudar na entrevista do dia. — Vamos falar com Dato Vanishvili, vocês sabem quem é, não sabem? — Claro que sabemos, mas, se eu deixar vocês passar, perco meu emprego — disse o comandante. — É muito perigoso. Quem se aproxima demais dali acaba sendo preso pelos russos por cruzar a fronteira ilegalmente. — Tomaremos todo o cuidado — prometeu Thoma. — Não queremos correr riscos desnecessários.

— Os russos estão patrulhando a fronteira de perto, estão de olho em tudo o que está acontecendo — explicou o comandante. — Não importa o cuidado que você tome, ainda é muito perigoso. Para seguir adiante, só com permissão expressa da polícia de Gori.

Percebemos que não chegaríamos a lugar nenhum e voltamos para Gori. Já era fim de tarde e não sabíamos se a delegacia ainda estava aberta. Mesmo que estivesse, tínhamos pouca esperança de que alguém ali se desse o trabalho de nos ajudar. Não tínhamos nada agendado, e eu nem trazia comigo minha identidade funcional de jornalista.

A delegacia de polícia em Gori era grande, bonita e iluminada, construída com paredes de vidro transparente como símbolo da nova, aberta e incorruptível polícia georgiana. A bandeira da Geórgia tremulava ao lado da bandeira da UE. Felizmente, ninguém parecia ter deixado o trabalho ainda. Thoma explicou a situação para a policial atrás do balcão. O jovem de 23 anos era insistente, convincente e encantador ao mesmo tempo. A policial foi cordial e compreensiva, mas infelizmente nem ela nem seus colegas sabiam quem era o oficial responsável por aquele bloqueio em particular. Pediram-nos para esperar enquanto tentavam descobrir.

O HOMEM QUE NÃO EXISTE

— Nós nunca obteremos essa permissão — eu disse resignada.

— Não conseguiremos se não tentarmos — disse Thoma, que aliás era um refugiado da Ossétia do Sul. Seu pai havia sido chefe de polícia em Akhalgori, uma vila predominantemente georgiana que permaneceu sob jurisdição da Geórgia após a guerra da década de 1990. Com a guerra de 2008, Akhalgori foi parar nas mãos da Ossétia do Sul. Thoma e sua família foram dos primeiros a fugir — como seu pai era chefe de polícia, eles sabiam exatamente o que os esperava. Quando o cessar-fogo foi assinado e só depois de se certificarem de que o pior já havia passado, eles retornaram. Mas em 17 de agosto, cinco dias depois que a guerra estava oficialmente terminada, Akhalgori foi capturada pelas forças russas e tchetchenas, e a família teve que fugir novamente. Hoje, os pais de Thoma vivem em Tserovani, um dos assentamentos permanentes construídos para abrigar os milhares de refugiados da chamada Guerra dos Cinco Dias.

— Meus avós ainda vivem na Ossétia do Sul — disse Thoma. — Minha avó fica impressionada por eu viajar tanto, mas costuma dizer que ela mesma já viajou bastante na vida, pois morou em três países: União Soviética, Geórgia e Ossétia do Sul!

Depois de meia hora, a policial veio até nós trazendo boas notícias: conseguimos a autorização para falar com Dato Vanishvili, mas teríamos que ser escoltados por soldados.

Vinte minutos depois, estávamos de volta ao bloqueio, e dessa vez nos permitiram passar. Quatro soldados armados seguiam atrás de nós a bordo de um jipe. Passamos por fileiras de casinhas idênticas, construídas para abrigar os refugiados da Ossétia do Sul. As construções coincidiam com o fim da estrada, mas continuamos em frente.

— A propósito, estou proibido de chegar perto da fronteira com a Ossétia do Sul — disse Thoma. — Depois que fugimos, alguns ossetas tentaram sequestrar meu irmão e eu, já que éramos filhos do chefe de polícia. Escapamos, mas a polícia me pediu para ficar longe das áreas de fronteira.

— E você só diz isso agora?! — protestei.

Ele deu de ombros e sorriu.

— Eu gosto de ver meu país natal — disse ele. — De estar perto, mesmo sem poder pôr os pés lá. Só por favor não conte à minha mãe onde estivemos hoje!

Grandes placas azuis informavam em russo, georgiano e até em inglês que estávamos na fronteira da Ossétia do Sul. Ao longe vislumbramos as casas de concreto em Tskhinvali, capital da Ossétia do Sul. Uma larga cerca de arame farpado não deixava dúvidas sobre onde passava a divisa. Do outro lado da cerca, uma vaca pastava preguiçosamente, e a poucos metros de distância havia uma casa grande. Um velho com roupas de trabalho sujas e simples nos avistou e se aproximou. Os soldados jogaram pacotes de biscoitos e chocolates por cima da cerca; o velho os agarrou e agradeceu educadamente. Ele se apresentou como Dato Vanishvili e imediatamente começou a contar sua história, sem perguntar de onde éramos ou por que estávamos ali.

— Vocês têm dez minutos — informou um dos soldados. — Os russos estão observando de perto, eles já sabem que estamos aqui. Em dez minutos eles estarão aqui.

Como Dato falava apenas georgiano, Thoma fez as vezes de intérprete.

— Faz uns cinco anos, acordei de manhã e esta cerca estava aqui! — ele disse. — Originalmente, a fronteira ficava centenas de metros mais acima, mas há alguns anos eles a deslocaram, e agora minha casa fica na Ossétia do Sul!

Sabendo do pouco tempo que tínhamos, ele estava aflito e falava apressadamente.

— O filho do meu irmão morreu de câncer em Vladikavkaz no dia 7 de fevereiro deste ano. Ele cresceu aqui e era como um filho para nós, mas não me permitiram visitá-lo quando ele estava doente, e também não me deixaram ir ao funeral. Minha esposa está sentada lá dentro. — Ele apontou para a casa. — Ela tem problemas de pressão e não consegue mais ficar de pé sem perder o equilíbrio. Ela precisa ir ao hospital, mas não temos como levá-la. Não posso nem ir a Tskhinvali, porque não tenho documentos. Isso não é vida. Quem sabe só me matando, talvez?

— Vocês têm cinco minutos! — gritou um dos soldados. — Os russos estão vindo!

— Nasci aqui em Khurvaleti — continuou Dato. — Moro aqui há mais de oitenta anos. Passei a vida inteira na Geórgia e de repente agora moro na Ossétia do Sul! Nossos vizinhos se foram, mas não tenho para onde ir. Nossa filha mora numa vila aqui perto, no lado georgiano. Ela sempre vem nos visitar. Fica aí parada, do outro lado da cerca, onde vocês estão agora, e chora. Ela sofre tanto por não poder estar perto da mãe, que tem que ficar dentro de casa. Os soldados russos vêm aqui com frequência. Não gostam que eu converse com pessoas como vocês, que vêm escutar minha história. Ameaçaram me prender se eu continuar falando com estrangeiros e jornalistas. Mas sou um ser humano. Eu preciso falar.

— Hora de ir! Vamos! — gritou um dos soldados, apontando para o relógio.

— Não consigo nem fazer câmbio por rublos — disse Dato. — Só tenho laris georgianos, e eles se recusam a aceitar meu dinheiro na mercearia daqui. «Esse dinheiro não queremos», eles dizem. Os soldados georgianos vêm e nos dão comida e remédios, às vezes as pessoas da aldeia também passam por aqui. Uma vez por mês, atravesso a cerca para receber minha aposentadoria no lado georgiano.

Os dez minutos estipulados se esgotaram, e Thoma estava visivelmente tenso. Despedimo-nos às pressas do ancião do outro lado da concertina e fomos escoltados de volta para a estrada principal.

O paraíso de Stálin

A fronteira entre Geórgia e Abecásia é estranhamente erma. Uma ponte comprida e larga ultrapassa um leito de rio estreito e quase seco. O volume de água empoçada sobre a ponte quase supera o que corre debaixo dela. Como está localizada na terra de ninguém entre a metrópole e a república separatista, ninguém assume a responsabilidade por sua manutenção. A cada ano que passa, os buracos no asfalto se alargam.

Atrás de mim vinha um punhado de mulheres vestidas de preto, todas carregando sacolas abarrotadas de mercadorias georgianas. De vez em quando, um carro adesivado com logotipos de várias organizações humanitárias internacionais cruzava a ponte. Uma carroça puxada por três cavalos magrelos passou carregando um grupo de pessoas que pagaram para não atravessar a pé a terra de ninguém.

Cheguei ao controle de passaportes, que consistia em três ou quatro barracões, e fui para o final da fila. Para estrangeiros, não é exatamente difícil obter autorização de entrada na Abecásia, basta registrar-se no site do governo com poucas semanas de antecedência. No entanto, algo deu errado com meu registro porque não recebi a confirmação a tempo, e a permissão que obtive estava quase expirada. Logo, só teria dois dias na república separatista.

— Assim que chegar a Sukhumi, a senhora precisa ir ao Ministério do Exterior obter o visto de saída — recomendou o oficial do controle de passaportes. – Sem visto, não podemos deixá-la passar.

Prometi fazer o que ele disse, enfiei meu passaporte de volta na bolsa e entrei na república separatista. A primeira vez que estive na Abecásia, cinco anos antes, tive a companhia da minha mãe. Naquela época, a área de fronteira parecia ameaçadora, assustadora até. Veículos reluzentes estacionados um diante do outro, janelas sendo abaixadas e dinheiro sendo passado de mão em mão. As pessoas pareciam pouco amistosas, quase hostis, mas finalmente encontramos um motorista que se dispôs a nos levar para Sukhumi, a capital. Percorremos estradas esburacadas, passamos por aldeias-fantasmas bombardeadas; ao longo do caminho jaziam carcaças infladas de gado morto. O aviso do Ministério das Relações Exteriores norueguês ecoava na minha cabeça: «O ministério recomenda evitar viagens às repúblicas separatistas da Abecásia e da Ossétia do Sul». Eu imaginava os piores cenários, mas não ousei dizer nada à minha mãe, uma vez que a sugestão para esse destino de férias pouco ortodoxo tinha partido de mim.

Até que ponto se pode confiar na memória? A dúvida voltou a me ocorrer quando me deixaram passar pelo controle de passaportes e caminhei pelo estacionamento. A área que antes me parecera tão lúgubre, agora era quase banal sob o sol de fevereiro. Aproximei-me da fila de micro-ônibus, encontrei um que ia para Sukhumi e ocupei meu assento. O motorista não mencionou que havia planejado uma parada de meia hora na cidade mais próxima, mas em troca me ofereceu café. Afinal, eu era a estrangeira ali.

A vista da janela lateral, porém, era exatamente como eu me lembrava. Passamos por prédios meio queimados, vilarejos abandonados e fábricas que não funcionavam desde os tempos soviéticos. A estrada em péssimas condições quase havia sido engolida pelo mato e pelos buracos.

Em termos de área, a Abecásia é duas vezes maior que a Ossétia do Sul e apenas um pouco menor que o Líbano, país com o qual tem muitas afinidades. Como no Líbano, muitos grupos étnicos diferentes viviam pacificamente lado a lado antes de os massacres começarem e a guerra se materializar. A paisagem também é semelhante: a costa é verde e exuberante, nas praias há hotéis à beira-mar, enquanto a neve e as montanhas, com suas pistas de esqui e encostas alpinas, estão a uma curta distância de carro. Antes da guerra, cerca de meio milhão de pessoas viviam na Abecásia, duas vezes mais que agora.

— Aquilo lá era um paraíso — me disse o blogueiro Giorgi Jakhaia, que conheci em Tbilisi antes de vir para a Abecásia. Ele fugiu do país aos dezoito anos, nos estertores da guerra, em 1993. — Todo mundo era feliz, todos tinham casa e emprego, e ninguém precisava se preocupar com o amanhã — acrescentou Giorgi. — Os ricos da União Soviética moravam na Abecásia. Levavam a vida que bem queriam, passeando com seus Suzukis, ainda que ninguém tivesse permissão para possuir carros tão caros nos tempos soviéticos. Se não fosse a guerra, a Abecásia hoje seria como Mônaco ou Monte Carlo!

Como grupo étnico, os abecásios são próximos dos cabardinos e circassianos do norte do Cáucaso, mas convivem com os georgianos há mais de mil anos. Durante a Guerra da Independência, na década de 1990, receberam apoio militar crucial dos russos, e hoje a Rússia é seu aliado e parceiro mais próximo. Nem sempre foi assim. No século XIX, os abecásios se insurgiram contra a supremacia russa de forma bem mais violenta que os georgianos, cerrando fileiras ao lado dos circassianos na face norte das montanhas, e muitos participaram ativamente da resistência armada contra o exército russo. Em 1864, após décadas de guerra, os russos dizimaram toda e qualquer oposição remanescente entre os povos caucasianos, e impuseram uma punição coletiva aos circassianos, exilando-os no Império

Otomano. Centenas de milhares de circassianos e abecásios foram acomodados em barcos superlotados e deportados para a margem oposta do mar Negro, enquanto outras centenas fugiram por conta própria. Muitos morreram no caminho, deixando aquela região costeira ao deus-dará.

Nos anos que se seguiram, os abecásios remanescentes se rebelaram contra os russos em várias ocasiões, levando a novas deportações e a uma lei que os proibia de viver ao longo da costa ou nas maiores cidades da Abecásia. A lei vigorou até 1907. Georgianos, gregos e armênios se mudaram para as aldeias abandonadas do território. No início da década de 1930, o temido Lavrentiy Beria assumiu o comando da região do sul do Cáucaso. Beria, nascido ali mas de origem mingreliana, uma minoria pertencente à etnia georgiana, autorizou a migração de mais georgianos para a Abecásia. Em 1939, a proporção de abecásios caiu para 18% da população total e permaneceu estável até a dissolução da União Soviética. Quase metade dos habitantes, cerca de 45%, eram georgianos.

Sob Gorbatchev, o abismo entre abecásios e georgianos se aprofundou. Enquanto os georgianos sonhavam com a independência, os abecásios queriam continuar fazendo parte da União Soviética, de preferência como república soviética própria, não subordinados à Geórgia. Na primavera de 1989, milhares de abecásios assinaram uma declaração exigindo o estabelecimento de uma República Socialista Soviética da Abecásia, enfurecendo os georgianos e resultando num protesto de milhares de manifestantes contrários à proposta em Tbilisi. A tensão aumentou, e em 9 de abril o exército soviético invadiu Tbilisi para acalmar os ânimos. Vinte e uma pessoas morreram e centenas ficaram feridas. Nove meses depois, as tropas soviéticas marcharam para Baku, arrastando o conflito também para o Azerbaijão.

Em abril de 1991, a Geórgia declarou independência da União Soviética. Os abecásios, por seu turno, defendiam a manutenção da União Soviética. Ao conceder aos abecásios uma generosa parte dos assentos no Parlamento abecásio, em detrimento de armênios e georgianos, os políticos em Tbilisi conseguiram, ao menos temporariamente, pacificar a situação. Em fevereiro de 1992, no entanto, o Parlamento georgiano decidiu ressuscitar a Constituição de 1921 — que não menciona em nenhum trecho a autonomia de Abecásia, Ossétia e Adjara. A reação abecásia veio em julho do mesmo ano, com a adoção da Constituição de 1925, quando a república ainda era reconhecida como membro da antiga União Soviética. Na prática, o Parlamento abecásio declarou independência da Geórgia. A resposta não tardou: em 14 de agosto os tanques georgianos avançaram sobre Sukhumi. O exército georgiano, formado em boa parte por prisioneiros recém-libertados, era indisciplinado, e os soldados devastavam, estupravam e saqueavam tudo que encontravam pela frente. Os abecásios, por sua vez, receberam o apoio da Confederação dos Povos Montanheses Caucasianos, que sonhavam com um Cáucaso livre e, no fim das contas, acabaram sendo abastecidos com suprimentos e armas pela Rússia.

Para a Geórgia, muita coisa estava em jogo. Duzentos e cinquenta mil georgianos étnicos viviam na Abecásia, região que compreende cerca de metade da costa do país e se estende até o mar Negro. A guerra, que mal chegou às páginas dos jornais dos países ocidentais, foi marcada por terríveis abusos de ambos os lados e avançou aos solavancos, intercalada por voláteis acordos de cessar-fogo que eram repetidamente violados. Quando as forças abecásias assumiram o controle de Sukhumi, em setembro de 1993, os georgianos restantes bateram em retirada apavorados.

— Deixamos Sukhumi a bordo de um navio de guerra ucraniano no dia 27 de setembro — disse o blogueiro Giorgi Jakhaia.

— Depois soubemos que Sukhumi havia caído. Foi no mesmo dia. Nem todos tiveram a mesma sorte nossa, muitos precisaram fugir pelas montanhas. A neve chegou mais cedo naquele ano e centenas de refugiados morreram congelados na travessia das montanhas. Em Tbilisi fomos acomodados num hotel que hoje é um Holiday Inn. Quase todos os hotéis de Tbilisi foram convertidos em acomodações temporárias para os refugiados da Abecásia. Moramos naquele quarto de hotel por dez anos.

Pelo menos 8 mil pessoas perderam a vida na guerra. Com exceção de alguns milhares que viviam no distrito de Gali, perto da divisa com a Geórgia, todos os georgianos fugiram da Abecásia. Em retrospecto, pouco menos de 50 mil georgianos do distrito de Gali retornaram para suas casas, mas cerca de 200 mil refugiados georgianos ainda vivem longe da Abecásia. Muitos deles continuam até hoje com a vida paralisada, alojados em centros temporários de refugiados.

— Sonho em voltar para Sukhumi um dia — disse Giorgi, que costuma postar em seu blogue fotos do cotidiano da Abecásia no passado. — É o lugar mais bonito do mundo.

***

Ou era. Os vestígios da guerra da década de 1990 ainda são visíveis na capital abecásia. Muitas casas permanecem vazias, com portas e janelas escancaradas, em ruínas após os bombardeios, parcialmente incendiadas ou perfuradas por balas. As ruas continuavam sinistramente desertas, como na minha visita anterior. Antes da guerra, cerca de 110 mil pessoas viviam em Sukhumi; agora a cidade abriga apenas metade disso. Em compensação, reformas foram feitas e novos prédios foram erguidos em cada esquina, até mesmo diante do meu quarto no hotel. O hotel em si era novo em folha e mantinha os padrões ocidentais, com conexão sem fio, máquinas de cartão de crédito conectadas e tudo o mais. A recepcionista disse com orgulho que os caixas eletrônicos agora também aceitavam cartões Visa. O último hit de Adele ecoava pelos alto-falantes do saguão. Ao virar a esquina, uma loja anunciava na fachada produtos da Apple, enquanto outra mais além exibia Ikea num letreiro improvisado em amarelo e azul. Ambas, porém, não tinham nada além de prateleiras vazias em seu interior.

A globalização chegou à Abecásia, pelo menos na versão pirata. Deixando de lado a decadência e os vestígios visíveis de uma guerra vencida há muito tempo, Sukhumi ainda é uma cidade, se não bela, pelo menos encantadora. As ruas sonolentas são ladeadas por casas térreas do século XIX pintadas em tons claros, e há muitas palmeiras e pequenos parques verdes. O ar é fresco e recende levemente a maresia; à noite é possível fazer como os locais, passear pelo calçadão na orla do mar Negro e apreciar o marulho discreto das ondas batendo na areia.

Fui ao Ministério das Relações Exteriores para resolver questões de visto e em seguida direcionada a um banco para depositar 11 dólares na conta do governo. Exibi o comprovante e recebi uma cédula verde inserida frouxamente no meu passaporte: minha garantia de saída.

— Onde fica a assessoria de imprensa? — perguntei ao homem do visto. Da última vez, o credenciamento de imprensa obtido em cima da hora me rendeu uma entrevista com um porta-voz do Ministério das Relações Exteriores. O secretário de imprensa desculpou-se várias vezes pela ausência do ministro das Relações Exteriores; seu filho havia acabado de nascer.

O homem do visto não tinha ideia de onde ficava a assessoria de imprensa, nem mesmo sabia que havia uma assessoria de imprensa, e eu não me lembrava de onde a encontrei cinco anos antes. Mesmo assim consegui um endereço, fui até lá e entrei num prédio administrativo enorme. Todos com quem conversei lá foram prestativos, mas ninguém sabia onde ficava a assessoria de imprensa, parecia que era a primeira vez que ouviam falar de algo assim. Pensando bem, a entrevista com o senhor Chirikba, porta-voz do Ministério das Relações Exteriores, não foi particularmente enriquecedora. Ele tinha o hábito irritante de responder cada pergunta com uma nova pergunta.

— A Abecásia é pequena — objetei —, tem pouco menos de 250 mil habitantes. Com esse tamanho é possível atender todos os requisitos de um Estado-nação?

— Os chineses também diriam que a Noruega é pequena demais para ser considerada um país — respondeu Chirikba.

— Vocês conseguem imaginar uma alternativa de independência dentro da Geórgia? — perguntei, um tanto exasperada.

— Existe alguma alternativa para a Noruega ser independente dentro da Suécia? — comparou o senhor Chirikba. — Não temos nenhuma relação com a Geórgia — ele acrescentou triunfante. — Não celebramos nenhum acordo de paz. Tecnicamente, ainda estamos em guerra.

Deixei de lado ambições de entrevistar alguém e decidi usar o único dia que tinha disponível para passear pela república separatista.

***

O rosto arredondado e pálido de Putin preenchia a tela da TV no salão do café da manhã.

Na prática, a Abecásia cortou o cordão umbilical com a Geórgia, mas estabeleceu laços mais estreitos com a Rússia. Sem o apoio militar da Rússia na guerra de independência, na década de 1990, a república separatista jamais teria visto a luz do dia e, sem o apoio econômico e funcional subsequente, não teria sobrevivido às enfermidades da infância. Como Nagorno-Karabakh e a Ossétia do Sul, a Abecásia é um pária internacional. Apenas Rússia, Nicarágua e Venezuela reconhecem a república separatista, bem como Nauru, nação insular do Pacífico devastada por uma crise, que recebeu 50 milhões de dólares da

Rússia em troca do reconhecimento. Para o resto do mundo, a Abecásia ainda é território georgiano, apesar de o governo georgiano não exercer nenhum controle sobre o território há mais de vinte anos. O status de pária significa que a Abecásia está à mercê de seu vizinho ao norte. Os passaportes abecásios, por exemplo, não têm valor, e por isso a maioria dos cidadãos também tem cidadania e passaporte russos. Quatro mil soldados russos patrulham a fronteira com a Geórgia, e economicamente a Abecásia também depende da boa vontade russa. Embora a Abecásia seja fértil e, portanto, autossuficiente em algumas commodities agrícolas, a economia depende inteiramente de importações russas, já que não tem quase nenhum outro parceiro comercial. Os investimentos russos representam em média metade do orçamento estatal da Abecásia, e o rublo russo é a moeda corrente. A Abecásia adota até mesmo o fuso horário de Moscou, uma hora depois de Tbilisi. Cerca de 1 milhão de turistas russos visitam as praias da Abecásia a cada ano, e as autoridades russas estão incentivando entusiasticamente os cidadãos a passar as férias de verão aqui. Nos tempos soviéticos, a Abecásia não era apenas um destino popular para operários em busca de descanso, mas também para os bambambãs do partido. A maioria dos secretários tinha datchas luxuosas aqui, incluindo Stálin.

— Stálin amava a Abecásia — contou a guia, uma senhora de meia-idade com óculos e um colar de pérolas. — Ele tinha doze datchas, e cinco delas estavam na Abecásia!

Com exceção do meu motorista, que me acompanhou pela datcha, e de um jovem casal russo, eu era a única visitante. A casa de veraneio era decorada com móveis sóbrios em diferentes tons de marrom. Fomos conduzidos a uma grande sala dominada por uma longa mesa. Roboticamente, a guia listou todos os fatos relevantes sobre as dimensões e instalações da sala:

O PARAÍSO DE STÁLIN

— A datcha foi construída por prisioneiros de guerra alemães depois da guerra. Trata-se, pois, de sólida construção alemã. Um só arquiteto foi o principal responsável por todas as datchas de Stálin. Quanto menos pessoas soubessem de algo, melhor.

Ela nos mostrou o escritório, os quartos, os banheiros, a varanda, o tempo inteiro cuspindo números e fatos num ritmo alucinante. Consegui reter menos da metade do que ela dizia. Até os russos davam a impressão de ter dificuldades para acompanhar.

— Alguém tem alguma dúvida? — perguntou a guia por fim.

— Podem perguntar. Estou aqui para responder.

— Quantas datchas Stálin tinha na Abecásia mesmo? — perguntei.

— Cinco, como eu disse — respondeu a mulher, suspirando profundamente. — Já tinha dito isso. Mais perguntas?

Todos olhavam pesarosamente para o chão. Quando o passeio acabou, pudemos caminhar em volta à vontade. A guia sentou-se na saída, entretida com um livro grosso.

— Stálin também gostava muito de ler — ela comentou quando eu estava prestes a sair. — Ele costumava ler trezentas páginas todos os dias. Pense, todos os dias! Ele lia de tudo, mas gostava particularmente de ficção.

Anton, o motorista do dia, também era fã de literatura, mais especificamente de Nietzsche. O trajeto foi uma espécie de longa palestra sobre a moral, temperada com citações do filósofo alemão e outras de sua própria autoria:

— Aquele que conhece bem o passado também conhece o futuro — observou ele quando paramos no sinal vermelho. Pouco depois, passamos por um grupo de mulheres pela calçada, todas vestidas de preto.

— Por que tantas mulheres aqui usam preto? — perguntei.

— A cultura são as roupas que vestimos — respondeu Anton. — Mas — constatou ele, pesaroso — agora ninguém mais se importa com a nossa cultura. Todos usam roupas ocidentais, os jovens não sabem mais nada sobre a cultura abecásia.

— Mas por que tantas mulheres aqui usam roupas pretas?

— insisti.

— Porque estão de luto, é claro.

A estrada melhorava sensivelmente à medida que nos aproximávamos da fronteira russa. Os buracos e solavancos ficaram para trás; o asfalto recém-pavimentado se estendia diante de nós como um tapete brilhante e triste, cercado por uma natureza verde e exuberante. O clima na Abecásia é quente e úmido, e tudo parece crescer aqui, de uvas e palmeiras a kiwis e melões.

— Não sou um motorista comum, embora tenha trabalhado como motorista a vida inteira — disse Anton. — Minha chefe é uma escravagista. Ela quer que eu trabalhe o tempo todo, mas dinheiro não é tudo na vida. Minha mãe não consegue entender como teve um filho tão preguiçoso.

Depois de uma hora, chegamos a Gagra, um dos balneários mais concorridos da União Soviética. Estávamos tão perto da fronteira russa que podíamos vislumbrar algumas das novas vilas olímpicas de Sóchi do outro lado.

A história de Gagra remonta a um passado longínquo. A cidade portuária foi fundada pelos gregos no século II a.C. sob o nome de Triglita, e mais tarde passou para as mãos dos romanos como Nitika. Posteriormente, a cidade acabou sob a supremacia bizantina e se transformou num importante porto para mercadores genoveses e venezianos. No século XVI, toda a metade ocidental da Geórgia foi conquistada pelos otomanos, e os mercadores estrangeiros de Gagra foram expulsos. Quando os russos assumiram o controle da Geórgia no século XIX, Gagra era uma sombra do que um dia havia sido; uma vila despovoada cercada por pântanos e florestas. Hoje existem poucos vestígios

O PARAÍSO DE STÁLIN

desse passado imenso e rico, e até mesmo as ruas do centro são agora dominadas por monstruosos edifícios de concreto, muitos ainda com danos visíveis da guerra. Uma das batalhas mais sangrentas da guerra da Abecásia ocorreu em Gagra em outubro de 1992. As forças do lado abecásio eram lideradas pelo tchetcheno Shamil Basayev.[33] A batalha se estendeu por apenas uma semana, mas ceifou a vida de mais de mil pessoas, das quais pelo menos quinhentos civis, e terminou com a expulsão de todos os georgianos de Gagra.

A paz e o sossego havia muito repousavam sobre essa cidade do mar Negro, mas os agentes da lei não descansavam. Mal chegamos ao centro da cidade e fomos abordados por dois policiais.

— Eu não estava dirigindo acima do limite! — protestou Anton, que pela primeira vez não tinha uma citação de Nietzsche na ponta da língua.

— Não, mas você vinha na contramão numa via de mão única — disse um policial.

— Mas eu sempre dirigi nesse sentido nessa rua! — argumentou Anton.

— Antes, sim — disse o policial, magnânimo. — O sentido mudou, agora só é permitido dirigir no sentido contrário por aqui.

---

33 Shamil Basayev participou ativamente de todas as guerras no sul do Cáucaso na década de 1990, e depois lutou contra os russos durante ambas as guerras da Tchetchênia. Quando a Rússia encerrou formalmente as hostilidades na Tchetchênia, Basayev, declarado terrorista, foi por muitos anos o homem mais procurado da Rússia. Ele esteve por trás, entre outros, do ataque à escola primária em Beslan, na Ossétia do Norte, em 2004. Em 2006, Basayev foi morto por forças especiais russas. Na Abecásia, após a guerra, foi nomeado vice-ministro da Defesa e declarado herói nacional. Como a Abecásia ao longo dos anos vem estreitando os laços com a Rússia, a faceta heroica de Basayev vem deixando de ser exaltada no país.

— Eu não tinha como saber — disse Anton, um pouco mais contido. Depois de uma longa discussão, seguida de uma rodada ainda mais longa de negociações, Anton teve que desembolsar mil rublos [o equivalente a mais de 50 reais] pela infração. Não lhe deram nem o recibo nem a multa que havia acabado de pagar.

— Não suporto esses caras — resignou-se ele quando finalmente obtivemos permissão para seguir em frente, dessa vez no sentido correto da via. — Eles ficam à espreita nos arbustos, apenas esperando para dar o bote quando você comete um erro. Mas qual é o sentido de parar num sinal vermelho no meio da noite quando não se vê um único carro por perto?

Antes de retornar a Sukhumi, demos um passeio pela praia. Soprava uma brisa amena, quase primaveril. Um punhado de turistas russos estavam ocupados fotografando uns aos outros num píer. Anton olhou desconfiado para eles.

— Tenho horror ao verão — disse ele.

— Por quê? — perguntei.

— Agora que a Rússia está boicotando a Turquia e ninguém mais se atreve a viajar para o Egito, provavelmente haverá um grande fluxo de turistas russos aqui. Minha chefe vai me obrigar a trabalhar todos os dias.

* * *

A colina cheirava a estresse e fezes. Longas fileiras de gaiolas formavam pequenas ruas. Um jovem com roupas sujas e esfarrapadas vendia sacos de migalhas de pão dormido, cenouras e gomos de clementina. Comprei um e avancei na direção das gaiolas. Braços longos, finos e cobertos de pelo se esticavam na minha direção; alguns dos macacos exibiam os dentes e silvavam ameaçadoramente, outros apenas me encaravam com um olhar dócil e suplicante. A chuva caía cada vez mais intensa; em poucos minutos eu estava ensopada. Distribuí as migalhas e os pedaços de cenoura e de clementina para poder ir embora dali o mais rápido possível. Dedinhos ansiosos apanhavam a comida da minha mão.

O Instituto de Patologia e Terapia Experimental de Sukhumi abriu suas portas em 1927, liderado pelo cientista Ilya Ivanov, e foi o primeiro centro do mundo a realizar experimentos em primatas. Por décadas, liderou as pesquisas do gênero. Vacinas contra a poliomielite e outras doenças graves foram pesquisadas aqui, mas Ivanov também realizou experimentos mais controversos. Diz-se que Stálin sonhava em desenvolver uma raça completamente nova, um híbrido de primatas e humanos, resistente e trabalhador o bastante para ajudar a União Soviética a vencer o Ocidente. A experiência não deu frutos, embora não faltassem voluntários de ambos os sexos. Anos depois de o instituto ter sido inaugurado, Ivanov caiu em desgraça com Stálin. Em 1930, foi preso e acusado de criar uma célula contrarrevolucionária de especialistas agrícolas. Dois anos mais tarde, ele morreu em Almaty, no Cazaquistão, onde estava exilado.

Os experimentos em Sukhumi continuaram mesmo assim, e em seu apogeu o instituto chegou a contar com mil funcionários e mais de 7 mil macacos. Durante a guerra na década de 1990, o chefe do instituto, Boris Lapin, fugiu para a Rússia e ali construiu um novo centro de pesquisas. Os animais sofreram terrivelmente durante a guerra, apesar de os funcionários arriscarem a própria vida cruzando a linha de fogo para alimentá-los. Alguns primatas morreram de fome, outros, de frio, e, quando a guerra acabou, os que sobreviveram ficaram profundamente traumatizados. O instituto sobreviveu apesar dos pesares, e atualmente tem pouco menos de duzentos funcionários e cerca de trezentos animais. Entre outras áreas, os pesquisadores testam medicamentos para prolongar a vida.

Um orangotango agarrou as últimas migalhas de pão. A chuva só aumentava; o bicho uivava sob os respingos das gotas de chuva. Apressei o passo para voltar à cidade. O fedor acre das gaiolas e dos animais estressados se entranhou nas minhas narinas pelo resto do dia.

Um ancião parou e me ofereceu uma carona no meio da tempestade. Agradeci e entrei no carro, e ele acabou me levando até a fronteira com a Geórgia. Seu nome era Set e ele era armênio. Como tantos armênios, sua família veio para a Abecásia refugiando-se dos turcos após o genocídio de 1915. Hoje, quase 500 mil armênios vivem na Abecásia.

— Lutei durante a guerra inteira — disse Set.

— De que lado você lutou? — perguntei.

— Dos abecásios, naturalmente.

Passamos por uma área industrial abandonada. Os prédios estavam parcialmente desmoronados, fileiras após fileiras de rombos em lugar de janelas.

— Você matou alguém? — perguntei.

Set me encarou como para se certificar de que eu ainda estava de posse das minhas faculdades mentais.

— Mas é claro — disse ele. — Como você acha que são as guerras?

Na fronteira, entreguei o visto abecásio e atravessei a ponte de volta para o território georgiano. Era hora de deixar o Cáucaso. Ao todo, cerca de 17 milhões de pessoas vivem em todo o sul dessa região, numa área do tamanho da Islândia. No entanto, a distância entre fronteiras nacionais é curta, menor ainda em se tratando das repúblicas separatistas.

Acertei o trajeto para a cidade portuária de Batumi, igualmente uma fascinante colcha de retalhos, com uma história longa e heterogênea, como a maioria das localidades deste lado das montanhas do Cáucaso. A fronteira turca não estava distante, e o aroma dos kebabs tomava conta das ruas. Em seu final de mandato na presidência, tentando atrair turistas para Batumi, o reformista Saakashvili mandou instalar placas indicativas nos pontos turísticos da cidade. As setas apontavam para a sinagoga, a mesquita, a igreja católica, a igreja armênia, a igreja ortodoxa grega e assim por diante. Infelizmente, não tive tempo de explorar nenhum desses templos, pois precisei pegar a balsa para Odessa, a nova cidade natal de Saakashvili.

EUROPA

Quantas vítimas, quanto sangue e dor não estão relacionados à questão das fronteiras. Para todos aqueles ao redor do mundo que sacrificaram a vida em defesa das fronteiras, os cemitérios são infinitos.

Ryszard Kapuściński

O mar inóspito

Contrastando com as balsas que cruzam o Cáspio, as balsas do mar Negro entre Batumi e Odessa tinham horários de partida fixos. Os atrasos e o tempo de espera, por outro lado, eram semelhantes. Cheguei apressada ao cais meia hora depois do horário especificado, após ter sido enviada ao porto errado.

— Não se estresse — disse um georgiano moreno que fumava um cigarro ao lado de um caminhão carregado de frutas da Geórgia. — O embarque ainda vai demorar bastante.

Ele tinha razão. Cinco horas depois, fomos liberados para embarcar no *MS Greifswald*, um dos últimos navios construídos na RDA. Consegui uma cabine exclusiva para mim. O padrão era simples, mas, comparado às embarcações do mar Cáspio, era um sonho de iluminação e limpeza. Durante o jantar, sentei à mesa ao lado de duas outras mulheres, a ucraniana Katya e a georgiana Zmia. Além de nós três, os demais passageiros a bordo eram todos motoristas de caminhão. Katya, que era alta, magra e loura, morava em Tbilisi havia muitos anos e estava voltando para casa para visitar a família. Os motoristas de caminhão se alternavam ora abrindo-lhe a porta, ora deixando-a passar na fila da refeição, ora cedendo-lhe um assento. Zmia estava na casa dos cinquenta anos e foi enviada pelo patrão para trabalhar como cozinheira num restaurante georgiano em Odessa. Ela não queria deixar a Geórgia, mas, tendo que escolher entre

Odessa e Bangkok, não foi difícil se decidir. Ela nasceu em Sukhumi, na Abecásia.

— Ah, esse era o meu lugar favorito! — suspirou ela quando lhe mostrei uma foto do calçadão da orla de Sukhumi.

Então ela resolveu se abrir. Seu irmão era oficial do exército georgiano durante a guerra entre a Geórgia e a Abecásia, na década de 1990. Ao serem apanhados numa emboscada da qual acharam que não sairiam vivos, ele detonou a granada que levava no bolso do uniforme. Tinha 33 anos e deixou três filhos.

— Depois que meu irmão morreu, minha família e eu fugimos para o lado georgiano — disse Zmia. — A esposa do meu primo, Lizi, também fugiu. Como o marido estava lutando na guerra, ela foi sozinha com os dois filhos, uma linda menina de catorze anos e um menino de dez. Na floresta, pouco antes da fronteira, eles encontraram soldados abecásios. Lizi se dispôs a ficar com eles; disse que podiam fazer o que quisessem com ela, desde que deixassem as crianças em paz. Os soldados atiraram nela mais de trinta vezes, na frente dos filhos. Nunca tive coragem de perguntar à menina o que fizeram com ela em seguida. Ela cresceu na nossa casa; hoje tem 38 anos e constituiu sua própria família.

Zmia enxugou as lágrimas que escorriam pelo rosto.

— Eu tenho muitas histórias como esta para contar — disse ela. — Você poderia escrever um livro inteiro só sobre mim.

À noite, o restaurante se transformou num bar, e o clima de gentileza foi para o espaço à medida que o consumo de álcool aumentava. Katya e Zmia retiraram-se para a cabine que compartilhavam.

— Tranque a porta — aconselhou Katya. Fiz como ela me orientou.

Às vezes, batiam na porta e alguém gritava meu nome — todos os 67 motoristas a bordo obviamente sabiam meu nome —, mas não abri. Durante a noite, as vozes no corredor iam ficando mais agressivas. *É assim que são eles, esses georgianos!*, berrou um. Seus colegas tentavam em vão acalmá-lo. Na porta estava pendurada, para todos os efeitos, uma lista detalhada do preço de absolutamente todos os itens da cabine, da fronha ao chuveiro. Só quando já se aproximava da meia-noite, quando o bar fechou, os motoristas se acalmaram. Fiquei deitada por um tempo ouvindo o murmúrio constante do motor do navio, depois adormeci ao som das ondas suaves do mar Negro.

O mar Negro é profundo. No trecho mais extenso, são 2.200 metros até o fundo. Nas camadas superiores de água, entre 100 e 200 metros abaixo da superfície, o nível de sal é baixo e o de oxigênio é alto, e arenques, esturjões, tubarões, badejos, golfinhos, linguados e centenas de outras espécies de peixes nadam em volta, mas o leito é completamente morto. Noventa por cento da água não tem oxigênio nem vida, o que faz do mar Negro a maior massa de água inanimada do mundo. Plantas e animais mortos fluem para o mar Negro vindos do Danúbio, Dnieper, Dniester e Don, afundam e jazem como um cobertor úmido e orgânico no fundo do mar, na companhia de dezenas de milhares de naufrágios mumificados. Como não há oxigênio lá embaixo, a madeira não se deteriora e o ferro não enferruja, de modo que até mesmo destroços com milhares de anos de idade estão perfeitamente preservados, presos em cápsulas do tempo de água sem vida. O grande afluxo de resíduos orgânicos, combinado com a completa ausência de oxigênio, faz com que as bactérias do fundo do mar produzam sulfeto de hidrogênio em quantidades recorde. O sulfeto de hidrogênio, H_2S, é um dos gases mais tóxicos que existem. A simples inalação desse gás fétido é suficiente para matar um ser humano. O mar Negro abriga o maior reservatório de sulfeto de hidrogênio do mundo.

Originalmente, o mar Negro era um grande lago de água doce, muito menor e mais raso do que hoje. De acordo com pesquisas recentes, massas de água do mar de Mármara e do

Mediterrâneo fluíram para o mar Negro há cerca de 11 mil anos. Com o derretimento das geleiras após a última era glacial, o nível da água no Mediterrâneo foi subindo ao longo do tempo e, cerca de 11 mil anos atrás, as massas de água abriram caminho através de uma estreita passagem localizada onde hoje é o Bósforo, para depois alcançar o mar Negro. Num intervalo de dez anos, estima-se, o nível da água subiu mais de 100 metros, e o lago pariu um mar. No auge, as águas podem ter engolido 1,5 quilômetro de terreno por dia, avançando impiedosamente sobre aldeias da Idade da Pedra. A vida subaquática também mudou rapidamente. Oitenta por cento dos peixes que habitam o mar Negro provêm do Mediterrâneo. Alguns acreditam que o rápido nascimento do mar Negro é fonte do relato do Dilúvio no Antigo Testamento.[34]

Os gregos antigos chamavam o mar Negro de *Pontos Axeinos*, «Mar Inóspito», mas logo passaram a chamá-lo pelo nome mais palatável de *Pontos Euxeinos*, «Mar Hospitaleiro». Os gregos estabeleceram colônias ao redor do mar Negro já no século VII a.C. e viviam cercados pelos povos caucasianos e turcos que já habitavam a região. Na Idade Média, o Negro era conhecido como *Mare Maggiore*, «Mar Maior». Quando por ali navegou a caminho da China, no século XIII, Marco Polo percorreu uma rota importante utilizada no comércio entre o Oriente e o Ocidente, e

---

34 A teoria sobre a rápida formação do mar Negro foi noticiada pelo *The New York Times* em 1996. Desde então, vem enfrentando muita oposição, em particular sobre a datação — então estimada em 5500 a.C. — e sobre até que ponto a subida do nível da água teria sido gradual ou instantânea. A pesquisa que usei como base aqui foi publicada em 2017 em *Marine Geology*, vol. 383: «Compilation of geophysical, geochronological, and geochemical evidence indicates a rapid Mediterranean-derived submergence of the Black Sea's shelf and subsequent substantial salinification in the early Holocene», por Anastasi G.Yanchilina, Willian B.F. Ryan, Jerry F. McManus et al. Disponível em: http://www.sciencedirect.com/science/article/pii/S0025322716302961.

a travessia do mar Negro já era tão banal que ele nem se dignou de contar sua experiência:

> Não discorremos sobre o mar Negro e as províncias que o cercam, embora as tenhamos explorado a fundo. Abstenho-me de falar sobre elas, pois me parece cansativo recontar algo que não é necessário nem útil, e é recontado diariamente por outros. São tantos os que exploram estas águas e por ela navegam todos os dias – venezianos, genoveses, pisanos e tantos outros que empreendem constantemente esta viagem – que é do conhecimento geral o que se encontra ali. Portanto, nada mais direi sobre esse assunto.[35]

Hoje, o lugar é chamado de mar Negro na maioria das línguas, embora a água em si não seja mais escura do que outras. Talvez o nome provenha do nevoeiro, que costumar pairar denso e escuro sobre a superfície da água, ou das tempestades de inverno, que podem ser violentas, donde tantos naufrágios no fundo sem vida. Eu tive sorte. Bem que me advertiram que o final de fevereiro era uma época arriscada para fazer essa travessia, mas o mar Negro se comportou de forma exemplar. Singrando por marolas suaves e agradáveis, adentramos as águas ucranianas e o fuso horário ucraniano. Quarenta horas depois de termos zarpado de Batumi, o capitão desligou os motores. Havíamos chegado ao destino.

Três oficiais de fronteira ucranianos embarcaram e se sentaram em suas respectivas mesas no restaurante. Ao chegar minha vez, o oficial foi expedito, carimbou o passaporte e me deixou ingressar na Ucrânia sem me dirigir uma única pergunta.

---

35 A citação é da p. 331 de *Marco Polos reiser*, traduzido por Agnete Øye. Oslo, Kagge Forlag, 2003.

Com Katya, por outro lado, que estava atrás de mim na fila, ele conversou demoradamente.

— Ele disse que reconheceu você da última vez que esteve em Odessa — me disse ela ao fim do interrogatório.

— Mas isso foi há nove anos! — me admirei.

— Ele disse que tinha uma memória muito boa.

* * *

Odessa foi meu primeiro encontro com a Ucrânia e minha segunda estada mais demorada num antigo país soviético. A primeira vez não me deixou com vontade de voltar. No verão de 2006, quando eu tinha 22 anos, estudei russo num curso de verão em Púshkin, subúrbio de São Petersburgo, e fiquei hospedada na casa de uma senhora idosa num decadente prédio de concreto. Já na escada era possível sentir o fedor de urina e lixo, e, como todos os prédios eram absolutamente idênticos, muitas vezes eu acabava me perdendo. Uma onda de calor se abateu sobre São Petersburgo naquele verão, e a senhora, que caminhava inteiramente nua pela casa, me aconselhava a fazer o mesmo. Ela me cedeu a cama e dormia roncando alto no sofá da sala; uma cortina laranja era tudo o que nos separava. No café da manhã, costumava servir dentes de alho inteiros, e, se eu desse sorte, havia macarrão com ketchup à noite. Eu contava os dias para o fim do curso praguejando por ter escolhido a Rússia como tema de especialização, e comecei a me dar conta de que havia boas razões, afinal, para a falta de interesse sobre a União Soviética no campo da antropologia social.

A passagem por Odessa foi de longe bem mais agradável. Escolhi essa cidade porque o custo de vida ali era mais baixo do que em São Petersburgo e Moscou, e, como bônus, os habitantes de Odessa são conhecidos pelo bom humor e simpatia. Enquanto eu me digladiava com aspectos e verbos de movimento russos, a neve derreteu e a primavera chegou a Odessa. Tudo começou com o idioma, mas as pessoas e a cidade eram um bônus adicional. O objetivo era ler *Crime e castigo* no original. Minha professora em Odessa, Natalia, achou minha iniciativa excelente, embora longe de ser alcançada:

— Além disso, você não pode simplesmente ler Dostoiévski — ela advertiu. — É preciso estar no clima certo. É preciso estar sozinha, num ambiente tranquilo. É preciso estar aberta e receptiva. E, acima de tudo, é preciso dispor de bastante tempo.

O profundo respeito das pessoas pela literatura era uma das coisas que eu mais apreciava em russos e ucranianos, dois povos que ao longo dos anos compartilharam tanta história que nem sempre faz sentido separá-los. Já o pendor por teorias conspiratórias não era algo que me atraísse tanto. Como tantos ucranianos de língua russa, Natalia acreditava que os Estados Unidos estiveram por trás da Revolução Laranja, em 2004.

— Foi tudo armado pela CIA — afirmou ela. — Eles pagaram aos manifestantes para vir protestar. O objetivo deles é destruir nosso país e provocar uma intriga entre nós e a Rússia.

As opiniões de Natalia, que de modo algum eram originais ou exclusivas, davam uma boa medida de como a Ucrânia estava dividida entre a maioria de língua russa, a leste, e a maioria de língua ucraniana, a oeste. Mesmo assim, tudo parecia muito promissor naquela época, em 2007. Os manifestantes da praça Maidan, em Kiev, forçaram a realização de um terceiro turno das eleições e, em janeiro de 2005, o candidato dos manifestantes, Viktor Yushchenko, foi eleito presidente da Ucrânia. Viktor Yanukovytch, que fraudou as eleições para vencer no segundo turno, foi obrigado a ceder e deixar o cargo.

Nove anos depois, retornei a um país em estado de emergência.

A guerra na bacia do Don até então havia ceifado mais de 10 mil vidas, mas Odessa felizmente ainda estava longe da linha de frente.[36] Alguns episódios graves abalaram a cidade em 2014, mas não tiveram maiores consequências. O único incidente mais grave ocorreu em 2 de maio, quando grupos pró-russos e pró-ucranianos entraram em confronto em grandes manifestações no centro da cidade. Os manifestantes pró-Rússia acabaram se reunindo na sede da união sindical e, de lá, alguns deles começaram a atirar nos manifestantes pró-Ucrânia. Em dado momento, um incêndio irrompeu entre o primeiro e o segundo andar do prédio. Apesar de o edifício estar localizado na região central, a brigada de incêndio só chegou para debelar o fogo uma hora depois. Quarenta e dois manifestantes pró-Rússia perderam a vida no incêndio, e seis pró-ucranianos foram mortos por tiros.

Odessa é uma das cidades mais belas da Ucrânia, ainda mais bonita do que eu tinha na memória, apesar de as folhas ainda não terem brotado nas árvores depois do inverno. No verão, Odessa é uma cidade excepcionalmente verde; vielas exuberantes de castanheiras e plátanos oferecem aos banhistas uma sombra acolhedora. As casas do centro são pintadas em tons pastéis claros, inspiradas na arquitetura dos países mediterrâneos, adornadas com detalhes neoclássicos e barrocos. A cidade parecia mais moderna e cosmopolita do que eu me recordava: no centro havia lojas de marcas como Benetton, Adidas e Max Mara, mas também deparei com muito mais clubes de striptease do que eu tinha conseguido reter na memória.

Odessa foi conquistada pelos russos durante a segunda guerra que Catarina, a Grande, empreendeu contra o Império

---

36 Este livro foi escrito antes da escalada do conflito entre Rússia e Ucrânia. O número de baixas até outubro de 2022, quando a tradução deste livro estava sendo concluída, já ultrapassava 20 mil. [N. T.]

Otomano, de 1787 a 1792. Do lado dos turcos, a guerra foi uma tentativa de reaver a península da Crimeia, anexada pela Rússia seis anos antes. Em vez disso, os turcos acabaram perdendo ainda mais território, e a fronteira com o Império Russo se deslocou para o sul até o rio Dniestre, onde hoje está encravada a pequena república separatista da Transnístria, na Moldávia.

Com a Crimeia, os russos garantiram um porto no mar Negro, mas, uma vez que o deslocamento de mercadorias sobre as montanhas até Sebastopol era muito custoso, os russos logo passaram a procurar outra cidade portuária. A escolha recaiu sobre a pequena e empoeirada cidade tártara de Khadjibey, a norte do Dniestre, que em 1789 foi conquistada em menos de meia hora por José de Ribas, um almirante hispano-napolitano que fizera carreira na armada do tsar. Ribas recebeu a missão de construir a nova cidade, assim chamada por causa da antiga colônia de Odessos, localizada mais ao sul. O almirante morreu onze anos depois, em dezembro de 1800, em São Petersburgo, ao planejar o regicídio do historicamente impopular, e provavelmente louco, tsar Paulo I. Em 23 de março de 1801, com algum atraso devido à morte de Ribas, o tsar Paulo I foi assassinado em seu próprio leito.

Sob Alexandre I, filho caçula de Paulo I, Odessa prosperou. Na esteira da Revolução Francesa, refugiados proeminentes acorreram para a cidade portuária russa, entre eles Armand Emmanuel du Plessis, mais conhecido como duque de Richelieu, amigo próximo do tsar Alexandre I. Richelieu foi nomeado governador-geral de Odessa e dos territórios recém-conquistados, e sob seu domínio Odessa se converteu numa cidade cosmopolita de 35 mil habitantes. Os arquitetos que a projetaram eram sobretudo italianos, o que explica por que Odessa não se parece com outras cidades ucranianas, e em vez disso lembra uma versão meridional de São Petersburgo, esta também desenhada por italianos. Os mercadores de cereais, também italianos, faziam do italiano o idioma mais importante nas transações comerciais. O grego era falado no porto, pois eram principalmente gregos os estivadores. A farinha, mercadoria mais importante de Odessa, era fornecida pelos poloneses, que após a Terceira Partilha da Polônia, em 1795, já não tinham pátria. Richelieu também acolheu judeus dos territórios poloneses ocupados recentemente, e assim Odessa também ganhou uma população judaica significativa. Além disso, Richelieu providenciou a construção de teatro, ópera, escolas e bibliotecas. Em 1814, mesmo ano em que seu amigo Alexandre I desfilou triunfalmente pelos Champs-Élysées na companhia de seus aliados, Richelieu retornou à França. Após a derrota decisiva de Napoleão em Waterloo no ano seguinte, ele foi proclamado primeiro-ministro da França.

Em 1828, Richelieu foi homenageado com uma estátua em Odessa, o primeiro monumento público da cidade. Paramentado com uma toga romana e ostentando uma coroa de louros na cabeça, ele admira o porto e a monumental Escadaria Potemkin, construída cerca de uma década depois. Em 1889, Richelieu foi acompanhado por outro famoso residente de Odessa, o poeta Alexander Púshkin, que passou treze meses na cidade no início da década de 1820. Em 1820, Púshkin foi banido de São Petersburgo, e depois de três erráticos anos em Chişinău, recentemente incorporada ao território russo, assim como o Cáucaso, ele foi transferido para Odessa a pedido. O governador-geral de Odessa, Mikhail Vorontsov, apiedou-se do poeta e interveio pessoalmente para que viesse à cidade. Vorontsov se arrependeria amargamente disso. O poeta, então com 24 anos, imediatamente caiu de amores por Liza, sete anos mais velha, ninguém menos que a esposa de Vorontsov, e os dois tiveram um caso ardente e não exatamente discreto. Vorontsov ficou desesperado para se ver livre de Púshkin: «Livre-me de Púshkin», implorou ele numa carta ao ministro das Relações Exteriores da Rússia na primavera de 1824.

Naquele verão, a região de Odessa foi assolada por um enxame de gafanhotos de proporções bíblicas. Vorontsov despachou Púshkin para percorrer o país e escrever um relatório sobre a devastação causada pelos insetos. Púshkin ficou chocado. Em sua carreira de quatro anos como servidor público, jamais teve que escrever uma só linha de texto. Relutante, ele obedeceu e foi a campo investigar a extensão dos danos. Semanas depois, retornou com um relatório sintético em forma de um poema de quatro versos, que em russo compõem uma rima elegante:

O gafanhoto voou
E ali fez seu pouso.
Então tudo devorou,
E alçou voo de novo.

Pouco tempo depois, Púshkin entregou seu pedido de demissão, e Vorontsov finalmente disse adeus ao poeta problemático. Púshkin foi levado para a propriedade de sua mãe, Mikhailovskoye, perto de Pskov, onde passou os dois anos seguintes imerso em tédio profundo e escreveu alguns de seus melhores poemas.

* * *

Considerando a história cosmopolita da cidade, parecia apropriado que Mikheil Saakashvili, ex-presidente da Geórgia, fosse nomeado governador de Odessa. Em 2015, com a cidadania ucraniana recém-adquirida, ele assumiu o cargo com entusiasmo e prometeu fazer da luta contra a corrupção sua maior prioridade. Já havia mostrado serviço na Geórgia e agora queria tentar aplicar as mesmas medidas drásticas em Odessa. A corrupção é um grande problema em toda a Ucrânia — o país está em 131º lugar (ao lado da Rússia) no índice de corrupção da Transparência

Internacional, que abrange 176 países. A Geórgia, que no início dos anos 2000 figurava entre os piores da turma, mal classificada acima do Haiti, agora ocupa um honroso 44º lugar.

— Espero que ele consiga fazer uma bela faxina — disse Aleksandra, uma empresária de trinta e poucos anos que me deu uma carona na saída da cidade. — Ele prometeu consertar nossas estradas. É necessário, como você pode perceber.

Mas nem mesmo Saakashvili foi capaz de dar um jeito na cultura de corrupção de Odessa. Em novembro de 2016, após dois anos e meio no cargo, ele renunciou.

— Não aguento mais, já cansei — declarou ele à imprensa ao se despedir. — Na realidade, o presidente apoia pessoalmente dois clãs — acrescentou. — Escolhi apresentar minha demissão e começar um desafio novo. Não estou desistindo.[37]

Logo depois, Saakashvili criou o partido Movimento das Novas Forças. O plano era concorrer nas eleições parlamentares ucranianas em 2019, mas no verão de 2017 o presidente Poroshenko resolveu cortar as asas do georgiano falastrão e lhe cassou a cidadania ucraniana. Como Saakashvili perdeu automaticamente a cidadania georgiana ao adotar a ucraniana, o ex-presidente e governador atualmente é um apátrida. Não que ele desejasse voltar para a Geórgia a qualquer custo — em 2014, a promotoria pública georgiana o processou por abuso de poder em seu mandato na presidência, acusação que ele nega. Vários outros membros do governo de Saakashvili foram acusados de condutas semelhantes.

---

37 As citações foram reproduzidas pela Reuters em 7 de novembro de 2016, na reportagem «Quitting as Regional Governor, Saakashvili hits out at Ukraine's Poroshenko», de Natalia Zinets e Alexei Kalmykov. Disponível em: http://www.reuters.com/article/us-ukraine-crisis-saakashvili-idUSKBN13219.

Nem mesmo Saakashvili conseguiu varrer a sujeira que tanto caracteriza a política ucraniana e georgiana. No momento, ele está bastante ocupado tentando limpar a própria casa.[38]

---

38 A cidadania ucraniana de Saakashvili foi restituída pelo presidente Volodymyr Zelensky, e ele voltou para a Ucrânia em 19 de maio de 2019. [N. T.]

Excelente chá sueco

Uma mulher grisalha e corcunda surgiu no vão da porta.

— Entre, entre! — ela disse, sorrindo calorosamente. — Está com fome? Quer comer algo? — perguntou em sueco.

Mesmo sabendo que havia descendentes de suecos que ainda falavam o idioma em Gammalsvenskby [Cidade velha sueca], era impressionante encontrar alguém vivo. Entrei na casa simples e pobre e imediatamente me ofereceram um lugar à mesa. Maria veio atrás de mim com passos contidos. Com movimentos lentos e meticulosos, me serviu borscht caseiro e compota de maçã. O filho, Aleksander, que também falava sueco, a ajudou. Sobre a mesinha havia uma bandeirola sueca e numa parede estava pendurado um calendário com uma foto da família real sueca. Aleksander serviu chá para mim.

— É um chá sueco de qualidade, não esse horrível chá ucraniano — ele fez questão de dizer, enquanto arrastava uma cadeira. — Mãe, sente-se, eu ajudo.

Maria despencou na cadeira, deixando escapar um leve suspiro.

— Meu avô materno nasceu em 1872, quase cem anos depois que os primeiros suecos chegaram aqui — continuou ela em sueco. — Minha avó materna teve oito filhos. Minha mãe teve cinco. Três irmãs morreram. Só Johannes e eu sobrevivemos.

A história dos suecos de Gammalsvenskby na Ucrânia remonta a Catarina, a Grande. Eles viviam originalmente na ilha de Dagö, que agora pertence à Estônia. Entre 1561 e 1710, a Estônia esteve sob o domínio da Suécia, e, de 1710 até o fim da Primeira Guerra Mundial, o país fez parte do Império Russo. Em 1781, Catarina, a Grande, determinou a transferência dos cerca de 1.200 suecos de Dagö para o novo território conquistado na Crimeia, a chamada Nova Rússia. Segundo algumas fontes, essa transferência ocorreu à força, enquanto outras afirmam que os agricultores pobres foram atraídos por promessas de casas e terras gratuitas. De qualquer forma, o resultado foi catastrófico: mais da metade morreu durante a longa jornada para o sul. Apenas 535 indivíduos chegaram à Ucrânia, e lá tiveram que construir uma nova vida com as próprias mãos e sem nenhum recurso. De acordo com os registros da igreja, apenas 135 suecos de Dagö ainda estavam vivos em março de 1783, dois anos após a transferência.

Depois da Revolução Russa, os suecos de Gammalsvenskby pediram permissão para deixar a União Soviética e retornar à Suécia. Em 1º de agosto de 1929, mesmo ano em que o Ocidente foi varrido por uma série de crises econômicas, 881 aldeões desembarcaram na ilha sueca de Gotlândia, no Báltico, onde a maioria se estabeleceu. Apenas um punhado preferiu permanecer na Ucrânia. Mas a vida na Suécia era difícil, e, no início da década de 1930, um total de 243 pessoas optou por retornar a Gammalsvenskby — anos antes de o terror de Stálin se instalar.

— Todos nós, suecos, fomos considerados inimigos do povo na era de Stálin — disse Maria. — Meus avós paterno e materno foram levados. Herman Kristian Andersson e Petter Simonsson Malmas. Eles foram fuzilados em Odessa. Eu tinha apenas dois meses de idade.

Maria falava uma variante peculiar de sueco; o mesmo idioma que era falado no final do século XVIII pelos suecos na ilha estoniana de Dagö, pronunciado com sotaque ucraniano e intercalado aqui e ali com alguma palavra russa ou ucraniana. Às vezes, ela se pegava falando russo sem se dar conta, depois retomava seu sueco melódico e antiquado. Embora eu a compreendesse em ambas as línguas, a impressão que causava em mim ao falar sueco, mais próximo do meu norueguês materno, era maior.

— Nasci em 1937 — disse Maria. — Nos anos 1940 veio a guerra. Os alemães vieram para cá e nós, crianças, tivemos que aprender alemão na escola. Johannes tinha apenas seis semanas quando os alemães nos expulsaram para o oeste, em 1943. Éramos ao todo cinco irmãos naquela época. Não tínhamos água nem comida. Primeiramente, fomos de carroça puxada a cavalo para o oeste da Ucrânia. Minha irmã morreu no caminho. Eles nos deixaram na estação, e por três semanas ficamos esperando o trem. Uma família pôs o filho, um bebezinho, dentro de uma mala. No trem alguém roubou a mala... Fomos deportados para a Polônia. Lá tivemos que esperar novamente. Vi tanques atropelando as pessoas bem diante de nossos olhos. Ficou tudo esmagado... Sangue, cérebro, tudo... Imagens assim a gente nunca esquece. E foram tantas... E agora começou tudo de novo, com a guerra lá em Donetsk. Quando a guerra eclodiu, eu comecei a chorar. Tudo voltou. Não consegui assistir ao noticiário, Aleksander teve que desligar a TV. Fiquei tão deprimida... As casas em ruínas... Já vi casas em ruínas antes, já vi guerras antes. Quando vi as casas em ruínas e as mulheres chorando... Foi como reviver tudo aquilo. Tudo o que vivi na infância voltou.

— Mãe — Aleksander disse gentilmente. — Não fale da guerra. Você fica muito abalada.

Maria colocou a mão no ombro dele e sorriu suavemente. Respirou fundo algumas vezes, tomou alguns goles de chá.

— Obrigada, Aleksander, mas preciso terminar de contar — disse ela num fio de voz.

EXCELENTE CHÁ SUECO   403

— Da Polônia fomos enviados para a Alemanha. Johannes aprendeu a andar na Alemanha. Minha mãe costurava saias para ele; parecia uma bailarina. Na Alemanha, minha mãe trabalhava como agricultora. Ela plantava cenouras. Não era ruim na Alemanha, mas, quando a guerra acabou, nos disseram que tínhamos que voltar para casa. E nos mandaram de volta num trem. Fazia um frio terrível que só aumentava, e, quando chegamos, não estávamos em casa, mas na Sibéria. Não tínhamos roupas nem sapatos e morávamos em barracas sem isolamento térmico algum. Pareciam presídios. Cada família recebeu um beliche. Minhas irmãs Elsa e Anna morreram na Sibéria. Anna tinha apenas seis anos. Se tivessem sobrevivido, eu teria minhas irmãs. John também está morto agora. Ele tinha 56 anos.

Maria estava com os olhos úmidos. A voz estava embargada.

— Ficamos dois anos na Sibéria. Às vezes fazia 50 graus abaixo de zero. Despejávamos água de um balde e, se ela congelasse no ar, não precisávamos ir à escola naquele dia. As outras crianças atiravam pedras em nós e nos chamavam de fascistas. Quando finalmente voltamos da Sibéria, não havia mais nada da nossa casa. Éramos cinco famílias morando na casa da minha avó. No 47º ano,[39] veio a epidemia de fome. As pessoas morriam como moscas em plena luz do dia. Nossa tia Maria caiu e morreu no meio da rua. Nós a enterramos. Comíamos ratos, mas então já não havia ratos na aldeia. Comemos cachorros. Cozinhávamos grama. Tudo que podíamos comer, comíamos.

— Mãe — Aleksander disse novamente. — Cuidado para não ficar tão afetada.

— Você já esteve na Suécia? — perguntei, para mudar de assunto.

---

39 1947, na forma arcaica de sueco para designar anos, em cardinais. [N. T.]

— Em princípio eu tinha permissão para ir, sim, mas não minha mãe — respondeu Maria. — No 57º ano, minha tia Alvina enviou uma carta para minha mãe convidando-a para visitar a Suécia. A polícia soviética jogou minha mãe num porão, e lá ela ficou por três dias, quase sem água e comendo apenas migalhas de pão, até que ela cedeu e disse que não queria ir para a Suécia. No 75º ano, Alvina fez um novo convite.

Eu era casada e tinha dois filhos, Aleksander e Anna, e trabalhava no jardim de infância. Durante 38 anos e oito meses trabalhei no jardim de infância. Na verdade, foi até mais, porque tive que trabalhar quando criança também. Quando éramos pequenos, éramos obrigados a colher algodão.

Em 2 de setembro de 1975, depois de preencher pacientemente todos os documentos e formulários necessários, Maria e Johannes viajaram para a Suécia. Eram os primeiros que vinham de Gammalsvenskby desde 1929. As crianças tiveram que ficar como garantia de que retornariam.

— Eu tinha medo de aviões e não queria voar — disse Maria. — Durante a guerra, sempre nos protegíamos quando os aviões passavam. Era instintivo. Então fomos de barco. Mas a viagem foi tão ruim que voltamos de avião. — Ela riu. — Quando voltamos, depois de três semanas, muitos jornalistas vieram aqui perguntar como tinha sido a viagem para a Suécia. «Eles têm boas estradas», disse Johannes. «Vão lá aprender a construir estradas. Você dirige e parece que flutua, é tudo muito silencioso.»

Ela riu tanto que seu frágil corpo chacoalhou.

— Em 2004, finalmente pude viajar com minha mãe para a Suécia. Então conhecemos todos os nossos parentes. Todos eram ricos. Todos viviam muito bem. Eles tinham máquina de lavar louça. De lavar roupas. Poltronas de couro. A propósito, agora também temos uma máquina de lavar. Fiquei tão brava com Aleksander quando ele a comprou! Por que gastar tanto dinheiro nessas coisas?, pensei. Agora agradeço a Aleksander todos os dias por ter me presenteado com uma. Eu não sei o que seria de mim sem ela. Você tem máquina de lavar na sua casa na Noruega?

Aleksander trouxe um álbum com fotos das visitas à Suécia. Uma das fotografias mostrava a mãe de Maria, Emma, com a irmã, Alvina. Ambas foram à Suécia em 1929, mas Emma voltou para a União Soviética dois anos depois. Alvina, por outro lado, radicou-se na Suécia e lá se casou. Na foto, Alvina parece dez anos mais nova que Emma. Na realidade, Emma era dez anos mais nova que Alvina.

— Alvina foi a que teve mais sorte — comentou Maria. — Sem guerra, sem fome, sem perseguição. Ela viveu uma vida feliz.

Estávamos havia tanto tempo conversando na salinha que já era hora do jantar. Pé ante pé, Maria foi para a cozinha fazer a comida. Fazia alguns anos, depois de ter sofrido um derrame, que ela não podia mais viver sozinha em casa e Aleksander se mudou para ajudá-la. Aleksander tinha uma ex-mulher em Donetsk e uma filha e uma esposa na cidade vizinha. Não ficou claro se eles ainda estavam juntos ou se haviam se divorciado. Durante anos, ele se entregou à bebida, me contaram mais tarde, mas a mãe o ajudou a recuperar a sobriedade.

A cozinha era tão pequena que só havia espaço para uma pessoa. Atrás do banco de Maria, no canto, estava a máquina de lavar que Aleksander havia comprado. Aleksander desapareceu no jardim para pegar ovos frescos para o desjejum do dia seguinte. A casa era pequena e modesta, sem nenhum assomo de luxo. Encanamento havia, mas só excepcionalmente corria água pelas torneiras. O banheiro ficava na parte de fora, ao lado do galinheiro. Com muito esforço e paciência, e fazendo movimentos contidos, quase imperceptíveis, Maria serviu uma grande porção de purê de batatas, legumes refogados e molho de natas. De acompanhamento, pepinos em conserva e compota caseiros. Aleksander serviu mais chá sueco de qualidade. Comi até me fartar, e Aleksander e Maria me ofereciam mais a cada momento. De sobremesa, bolo e mais chá foram servidos. Enquanto eu comia, Maria continuava a contar histórias da guerra, de seus filhos e da Suécia. Percebi que ela não havia mencionado nada sobre o pai e cautelosamente eu quis saber mais sobre ele.

— Oooh... — Maria ficou com os olhos úmidos. — Papai foi preso pelos alemães durante a guerra, antes de Johannes nascer. Ele nunca conheceu Johannes. Minha mãe trocou muitas cartas com ele, talvez cinquenta, enquanto ele estava preso. Quando fomos evacuados para a Sibéria, minha mãe perdeu contato com papai. Em 1950, numa carta que recebemos da tia Alvina, soubemos que papai também estava na Suécia. Os americanos o mandaram para lá depois da guerra. Alvina escreveu isso em letras bem miúdas, em sueco antigo, para passar pela censura. Mamãe tinha apenas 27 anos quando papai foi capturado. Ela nunca mais o viu.

— Você conseguiu revê-lo? — perguntei.

— Sim, uma única vez, quando Johannes e eu estávamos em Gotlândia, no 75º ano. Eu tinha 37 anos, Johannes tinha 31. Ele nunca tinha conhecido o pai. Papai chorou quando nos viu. Ele disse que se lembrava de mim de quando eu era pequena. Todas as manhãs ele vinha ao nosso quarto e nos beijava antes de sair para o trabalho. Ele casou novamente com uma alemã, mas não tinha filhos. No dia em que voltamos para a União Soviética, sua camisa ficou empapada de lágrimas. Após nossa volta ele emagreceu bastante, e morreu dois anos depois. A nova esposa o levou para a Alemanha e o enterrou lá; não sabemos exatamente onde. Minha mãe teve permissão para visitar a Suécia pela primeira vez no 87º ano. Papai tinha morrido dez anos antes — contou Maria.

Hoje, restam pouco menos de duzentos descendentes dos suecos de Dagö em Gammalsvenskby, que agora se chama

Zmiyivka, «Cidade das Cobras». Apenas um punhado deles, como Maria e Aleksander, preservou o idioma sueco.

— Em casa, sempre falamos apenas sueco antigo — disse Maria. — Na minha família, mantivemos as tradições. Eu celebro o Natal em 24 de dezembro, Natal sueco. Meu marido era ucraniano e celebrava o Natal e a Páscoa duas semanas depois. Quando me casei, minha mãe disse que tínhamos que comemorar o Natal e a Páscoa do modo dele também, então aqui em casa sempre tivemos dois Natais e duas Páscoas.

— Isso sim era um costume bom — sorriu Aleksander e encheu nossas xícaras com chá sueco de qualidade.

A verruga no nariz da Rússia

Grandes blocos de concreto no meio da pista forçavam os carros a parar. Cada veículo era meticulosamente vasculhado por guardas armados antes de poder seguir em frente. Eu estava a pé e não podia prosseguir.

— Quem é você e o que está fazendo aqui? — perguntou um guarda vestindo uma balaclava. A kalashnikov pendia displicentemente de suas costas. Apresentei-me e fui escoltada para dentro da tenda para conhecer Shamil, que era o decano por ali na ocasião. Do lado de fora da grande tenda verde, as bandeiras ucraniana e tártara da Crimeia tremulavam lado a lado.

Shamil foi cordial, mas não relaxou a guarda. Seus olhos azuis eram duros e cansados ao mesmo tempo, seu cabelo era cortado curto, e seu rosto brilhante estava cheio de velhas cicatrizes. Antes da ocupação, ele tinha um comércio de hortifrútis em Ialta. Seus pais e irmãs ainda moravam lá.

— Se todos forem embora, quem restará de nós? — Shamil perguntou retoricamente. Ele próprio se mudou para o território ucraniano em 2014, logo após a anexação russa, trazendo esposa e quatro filhos.

— Eu não queria viver num lugar ocupado pela Rússia. Os russos estão causando uma enorme injustiça na Síria, em Donetsk e Lugansk; não apoio países que bombardeiam pessoas inocentes. Em breve voltarei a Donetsk para continuar lutando. Meu irmão também. — Ele acenou para um jovem vestindo um colete camuflado verde, também de balaclava e portando uma kalashnikov.

— Qual é o seu nome? — perguntei. O soldado olhou hesitante para o irmão.

— Pode chamá-lo de Krim — disse Shamil.

Krim tinha 25 anos, doze a menos que Shamil.

— O que vocês pretendem? — perguntei a Krim. Novamente ele olhou confuso para o irmão, que assentiu com a cabeça.

— Libertar a Crimeia — disse Krim. — É nosso único objetivo. Tirar os russos daqui. Vamos vencer essa luta nem que o mundo inteiro esteja contra nós.

— Tivemos a ideia do bloqueio desde o início, desde o primeiro dia, mas só o implementamos no outono passado — disse Shamil. — Já bloqueamos as três entradas da Crimeia e estamos impedindo todas as importações de frutas, legumes, medicamentos e assim por diante. Não recebemos dinheiro de ninguém e não apreendemos nada; simplesmente mandamos os caminhões darem meia-volta. Também fizemos ações para interromper o fornecimento de água e eletricidade, mas isso por si só não é suficiente. Somos dependentes de sanções internacionais maiores. Por que os russos não são impedidos de ir à Europa e à América? A Ucrânia é um amortecedor entre a Rússia e a Europa. Se não os impedirmos, eles estarão em Berlim em breve!

Nove anos antes, eu havia visitado a Crimeia com minha irmã. Pegamos o trem noturno de Odessa e acordamos em Simferopol, na Crimeia. No caminho para a costa paramos em Bakhtchisarai, a antiga capital dos tártaros da Crimeia, onde visitamos o antigo palácio do cã, fumamos narguilé e comemos baklava, uma massa folhada recheada com nozes e coberta de mel. Depois seguimos para Ialta, onde Lênin ainda repousava na praça com seu rosto de pedra voltado para o calçadão em sua homenagem. Como ainda era início da primavera, as hordas de turistas ucranianos ainda não haviam ocupado as praias, mas não era difícil perceber por que vinham. A Crimeia tinha de tudo: exóticos palácios tártaros, antigas igrejas de pedra, penhascos dramáticos, chope letão, ruínas gregas, coníferas perenes, extensas praias de água tépida.

A Crimeia era originalmente parte da República Soviética Russa, mas em 1954 Nikita Khrushtchev transferiu a península para a República Soviética Ucraniana. Até hoje, ninguém sabe ao certo por quê. Khrushtchev nasceu em 1894 na aldeia de Kalinovka, não muito longe da fronteira ucraniana. Quando tinha catorze anos, a família mudou-se para Donetsk, no lado ucraniano. Ainda jovem, teve uma ascensão meteórica no Partido Comunista e, de 1938 a 1949, liderou a seção ucraniana do partido; segundo consta, gostava genuinamente do país. Talvez a transferência tenha sido, portanto, um gesto de amizade para marcar os trezentos anos das juras de lealdade que o líder cossaco Bohdan Khmelnitsky fez ao tsar russo assinando o Tratado de Pereyaslav, que, aos olhos russos, formalmente reunia a atual Ucrânia e a Rússia.[40]

A revolta de Khmelnitsky contra os poloneses foi bem-sucedida e, por um curto período, os cossacos desfrutaram de uma frágil independência. Quando ficou claro para Khmelnitsky que os tártaros e otomanos da Crimeia não tinham condições de oferecer proteção suficiente contra as tropas polonesas, ele pediu socorro a Moscou. Foi assim que os cossacos acabaram

---

40 Em 1648, os cossacos se rebelaram contra o domínio polonês. A palavra *cossaco* deriva do turco *kazak*, que significa «homem livre». Originalmente, consistiam em grupos de pescadores e caçadores — muitos deles camponeses eslavos fugindo de seus senhores — que se estabeleceram nas estepes ao norte do mar Negro no século XIV. Estes foram posteriormente empregados como guardas de fronteira pelos regentes poloneses que dominaram a Ucrânia na Idade Média. Ao longo dos séculos, os cossacos cresceram em número e, no final do século XVI, formaram um grupo social distinto.

sob influência russa. Gradualmente, os russos assumiram o controle de uma parte crescente da atual Ucrânia e, da mesma forma, os cossacos foram perdendo cada vez mais o direito à autodeterminação.

É possível que a transferência tenha sido uma forma de mitigar as mazelas do passado — a Ucrânia foi um dos países que mais sofreram sob o regime de Stálin, e Khrushtchev foi pessoalmente encarregado dos expurgos ali. Ou talvez houvesse simplesmente razões práticas por trás disso: a Crimeia não estava, como agora, fisicamente conectada à Rússia e dependia das importações de água e energia da Ucrânia. Também se especula que Khrushtchev estivesse bêbado quando tomou a decisão.

A transferência teve poucas consequências práticas enquanto ainda havia URSS. A República da União Ucraniana ganhou cerca de 1 milhão de cidadãos russos, mas exceto por isso a vida seguiu como antes. A Crimeia continuou sendo o paraíso de veraneio dos trabalhadores e o destino de férias favorito dos líderes comunistas.

Gorbatchev descansava em sua datcha nos arredores de Ialta quando os falcões do partido tentaram apeá-lo do poder no dia 19 de agosto de 1991. Durante o golpe, Gorbatchev foi mantido em cativeiro na datcha. O golpe fracassou, e, em vez disso, abriu o caminho para o populista Boris Iéltsin. Gorbatchev voltou a Moscou, mas como um homem derrotado. Em 24 de agosto, decidiu dissolver o Partido Comunista e renunciar à liderança. Ainda permaneceu na presidência da União Soviética por mais quatro meses, mas na prática perdeu seu poder e teve que assistir impotente às repúblicas da União declarando independência em sequência. Em 25 de dezembro de 1991, a União Soviética era oficialmente história.

E a Crimeia era oficialmente parte da Ucrânia. Enquanto durou.

Nove anos após a Revolução Laranja, no final de novembro de 2013, manifestantes se reuniram na praça Maidan em Kiev. Eles protestavam contra a demora do presidente Viktor Yanukovytch em assinar o acordo de associação com a UE havia muito planejado. Em vez disso, ele estreitou os laços econômicos com a Rússia por meio de empréstimos de bilhões de dólares e adesão à União Eurasiática, também conhecida como União Aduaneira. O número de manifestantes aumentou, e os protestos não se voltaram apenas contra a política pró-Rússia de Yanukovytch, mas também contra a corrupção, o abuso de poder e as violações aos direitos humanos. Em 18 de fevereiro de 2014, a situação saiu do controle e a violência eclodiu entre a polícia e os manifestantes. Os policiais primeiro dispararam com balas de borracha, logo substituídas por munição de verdade. Nos dias seguintes, mais de cem pessoas foram mortas, em sua maioria civis, e mais de mil manifestantes ficaram feridos. Em 22 de fevereiro de 2014, Viktor Yanukovytch e vários de seus ministros fugiram às pressas de Kiev. Na noite de 23 de fevereiro, Putin se reuniu com seus chefes de segurança para discutir como tirar Yanukovytch da Ucrânia. Às 7h da manhã, pouco antes do final da reunião, Putin disse de repente: «Precisamos começar a trabalhar para trazer a Crimeia de volta para a Rússia».[41]

No dia seguinte, enquanto os líderes mundiais admiravam a suntuosa cerimônia de encerramento dos Jogos Olímpicos de Sótchi, manifestações pró-Rússia ganharam as ruas de Sebastopol, na Crimeia. Em 27 de fevereiro, homens vestindo uniforme verde sem insígnias identificáveis ocuparam o Parlamento de Simferopol e outros locais estrategicamente importantes da península e, na entrada da Crimeia, foram montadas

---

41 É o que o próprio Putin afirma em entrevista no documentário *Crimeia — O caminho de casa*, de Andrei Kondrashov, exibido no canal de TV Rossiya1 em 2015.

A VERRUGA NO NARIZ DA RÚSSIA

barreiras militares. Somente após a anexação, Putin admitiu que os homens de verde eram soldados russos. Em 16 de março, foi realizado um referendo para decidir se a Crimeia deveria aderir à Federação Russa. De acordo com os resultados oficiais, 96% votaram a favor. Em 18 de março de 2014, os líderes da Crimeia e Putin assinaram um acordo que trouxe oficialmente a Crimeia de volta à Rússia.

«Na mente e no coração das pessoas, a Crimeia sempre foi parte integrante da Rússia», disse o presidente Putin num discurso no mesmo dia. «[...] Infelizmente, o que parecia impossível tornou-se real. A União Soviética colapsou. As coisas evoluíram tão rápido que poucas pessoas tiveram a dimensão da dramaticidade desses eventos e de suas consequências. Muitas pessoas da Rússia e da Ucrânia, assim como de outras repúblicas, esperavam que a Comunidade de Estados Independentes, estabelecida naquela época, se tornasse a nova realidade dessas nações. Disseram-nos que haveria uma só moeda, uma só zona econômica, forças militares unidas, mas tudo não passou de promessas vazias, pois o grande país já não existia. Foi só quando a Crimeia acabou integrando outro país que a Rússia se deu conta de que não só havia sido roubada, mas também saqueada.»

Com a anexação, Putin reparava, a seus próprios olhos, uma injustiça histórica. Hoje já não há trens ligando Odessa a Simferopol. Sem um visto russo, não pude ir além do bloqueio dos tártaros da Crimeia.

— Quantos vocês são? — perguntei a Shamil. Ele hesitou.

— É segredo militar — disse ele. — Mas somos bem mais de trezentos os que participam ativamente. Pelo menos 95% dos tártaros da Crimeia nos apoiam. Todos nós, tártaros da Crimeia, boicotamos o referendo. Agora os tártaros já não têm voz na Crimeia. Nós somos o remédio deles. Estamos aqui para ajudá-los.

O guarda entrou na tenda e disse algo a Shamil em tártaro.

— Desculpe, tenho que ir agora — disse Shamil para mim.

— É sexta-feira e vamos à mesquita rezar. Se quiser, pode ficar aqui e conversar com nossas mulheres. Eu fiquei. Uma mulher, chamada Sara, tinha cabelos longos e escuros e grandes olhos castanhos e parecia uma estrela de cinema. Sua amiga se chamava Mariam e era loura e de olhos azuis, e também tártara.

Existem várias teorias sobre a origem dos tártaros da Crimeia. Eles surgiram como um grupo étnico distinto na Crimeia no século XIII, na sequência das conquistas mongóis. Acredita-se que eles descendem principalmente das tribos túrquicas que imigraram para as áreas costeiras a norte do mar Negro alguns séculos antes, como os Kumans e os Kiptchaks, bem como de remanescentes da Horda Dourada, que reunia vários povos mongóis e turcos. Alguns historiadores acreditam que os tártaros da Crimeia de hoje também são descendentes de outros povos que habitaram a região ao longo dos séculos, como gregos pônticos, armênios, citas, italianos e godos. Quando a Crimeia se tornou um Estado vassalo turco no final do século XV, a turquização dos povos que ali viviam deve ter ganhado força, e as várias etnias devem ter sido inteiramente assimiladas pelos tártaros. Essa teoria pode então explicar por que existe uma diversidade tão grande no fenótipo dos tártaros da Crimeia.

Sara era originalmente de Sebastopol.

— Vim embora seis meses depois da anexação — disse ela.

— Eu não suportava ver a bandeira russa toda vez que saía de casa. Na prática, os russos nos expulsaram de lá! Muitas pessoas perderam seus empregos, inclusive eu. Meu irmão trabalhava num banco ucraniano que foi encampado por um banco russo, e então ele foi demitido. Eu estou aqui, mas meu irmão não queria abandonar a terra natal. Agora ele trabalha como vendedor numa loja, um cargo para o qual naturalmente é superqualificado.

Mariam serviu baklava, feita por sua avó na Crimeia, e café turco bem forte.

— Todo mundo acha que o referendo foi um jogo para a torcida — disse ela. — Nós não reconhecemos o referendo e não lhe daríamos legitimidade participando dele. Ninguém mais pode falar o que pensa na Crimeia. Os russos nos deportaram em 1944; agora eles estão de volta. Não consigo viver ao lado de um povo que apoia a Rússia. A Rússia também tem grandes problemas econômicos — acrescentou. — Trabalhei como enfermeira anestesista antes de me mudar. Os russos prometeram o céu e a terra para nós, até remédios de graça, mas só nos dão porcaria. Os médicos do hospital em que trabalhei se recusam a usar esses medicamentos russos gratuitos durante as cirurgias. Só nos dão esses remédios porque são velhos e eles mesmos não os querem mais.

Não há números exatos, mas alguns acreditam que até 30 mil tártaros da Crimeia, um sétimo da população original, abandonaram a península após a anexação da Rússia, em 2014. No entanto, muitos deles já viviam fora da Crimeia.

***

— Eu tinha seis anos quando voltamos — disse Gulnara Bekirova, chefe de gabinete do conselho municipal de Genitzhek, uma cidade portuária no mar de Azov, perto da Crimeia. — Minha família retornou já em 1967, mas a maioria só foi autorizada a voltar no final dos anos 1980, sob o governo de Gorbatchev. Ninguém nos recebeu quando chegamos, ninguém nos ajudou. Pelo contrário. Havia russos morando na casa onde papai passou a infância, e eles se recusavam a sair, diziam que agora pertencia a eles. Não queríamos voltar para o Uzbequistão, então nos instalamos num vilarejo nos arredores da Crimeia. Quando chegamos, apenas cinco famílias moravam lá. Hoje, Novoaleksiyivka é uma cidadezinha com milhares de habitantes, principalmente tártaros da Crimeia, como nós.

Milhares de tártaros da Crimeia que retornaram enfrentaram as mesmas dificuldades. Suas casas já estavam ocupadas por russos, e eles não tinham direito a nenhum tipo de indenização da parte do Estado nem podiam se mudar para outro lugar. Muitos tártaros da Crimeia, portanto, acabaram se fixando nas aldeias nos arredores do território, enquanto outros optaram por se estabelecer ali clandestinamente, ocupando terras e residências que legalmente não lhes pertenciam. As autoridades ucranianas fizeram vista grossa para essa prática e os deixaram ficar. O novo governo russo não foi tão leniente, e, nos últimos anos, vários tártaros da Crimeia foram despejados de suas casas. Há também relatos assustadores de tártaros da Crimeia que desapareceram, foram assassinados, presos ou confinados em instituições psiquiátricas. Em 2016, o Meylis, mais importante órgão político dos tártaros da Crimeia, foi considerado uma organização extremista e banido pelas autoridades russas.

A relação histórica entre os tártaros da Crimeia e os povos eslavos tem uma longa trajetória e tem sido mais turbulenta do que tranquila. No século XV, quando a Horda Dourada se desfez, alguns clãs se estabeleceram na península da Crimeia, abandonando a vida nômade e se tornando camponeses. Estes passaram a ser os precursores do canato da Crimeia, o mais longevo de todos que surgiram na sequência das invasões mongóis. A partir de 1478, o canato ficou vagamente subordinado aos otomanos em Istambul, que expulsaram os gregos e genoveses da costa do mar Negro e, na prática, impediram o tráfego de navios europeus ali durante dois séculos.

Para a Rússia, o canato da Crimeia e as áreas de estepe sem lei no sul se transformaram numa verdadeira dor de cabeça. Uma das principais fontes de renda do canato era o comércio de escravos, e, na estepe ao norte da Crimeia, dezenas de milhares de cristãos foram capturados e vendidos como escravos em países muçulmanos ou libertados mediante pagamento de resgate. Enormes somas eram gastas para pagar resgates, impostos e medidas de segurança. Uma das principais razões pelas quais os tsares russos queriam tanto subjugar as áreas do mar Negro era se livrar de uma vez por todas do tráfico de escravos e dos bandos de saqueadores.

Outra razão, tão importante quanto, foi a eterna tentativa dos tsares russos de transformar a Rússia numa potência marítima. Em 1689, quando Pedro, o Grande, ascendeu ao trono, a Rússia, por maior que fosse, dispunha apenas de um único porto, em Arcangel, que passava meses congelado e ficava muito ao norte, distante de todo o resto. Pedro, o Grande, conseguiu garantir o acesso da Rússia ao mar Báltico e construiu ali sua nova capital, São Petersburgo. Mas as tentativas de controlar a costa do mar Negro não tiveram êxito. Somente no final do século XVIII, sob Catarina, a Grande, navios com bandeiras russas puderam navegar pelo mar Negro. Como seus predecessores, Catarina também era ambiciosa. Seu maior sonho era conquistar Istambul, berço do cristianismo ortodoxo. Essa proeza ela não alcançou, mas, ao longo de duas longas guerras contra o Império Otomano, anexou vastas áreas do atual sul da Ucrânia, desde Odessa, no sul, a Dnepropetrovsk, no norte, incluindo a península da Crimeia.

No fim da primeira guerra de Catarina, a Grande, contra os turcos, que terminou em 1774, a Crimeia ganhou o status de canato independente. A liberdade, entretanto, durou pouco. Em 1783, Catarina fez saber sem maiores firulas que o cã da Crimeia e seu povo seriam doravante considerados súditos do Império Russo. Os novos territórios foram chamados de Novorossiya, Nova Rússia. O amante secreto de Catarina, o marechal de campo Grigory Potemkin, que teve um papel importante na conquista dessas áreas, tornou-se o primeiro governador da Nova Rússia, e foi o responsável pela fundação de muitas das cidades mais importantes da região, incluindo Kherson e Dnepropetrovsk. Na Crimeia, que Potemkin chamou de «verruga no nariz da Rússia», ele fundou Simferopol e Sebastopol, onde sediou a frota russa do mar Negro.

Sebastopol tem um lugar muito especial na história russa e ucraniana porque foi aqui, na cidade então chamada Khersonesos, que Vladimir[42] I, grão-duque de Kyiv-Rus, foi batizado no ano 988. Segundo a *Crônica de Nestor*, entre o islã e o cristianismo o grão-duque decidiu-se pelo último porque não podia suportar a ideia de uma vida sem álcool. Na realidade, tudo provavelmente não passou de *Realpolitik*: Vladimir I queria desposar a irmã do imperador bizantino, Anna, para estreitar os laços com Bizâncio, vizinho mais poderoso de Kyiv-Rus no Oriente. Basileu II via com ceticismo o casamento da irmã com um bárbaro – os bizantinos consideravam bárbaros todos os povos ao norte de Constantinopla, atual Istambul. Vladimir I decerto não era nenhum santo. Chegou ao trono depois de matar seus dois irmãos e, de acordo com a *Crônica*, teve pelo menos cinco esposas e até oitocentas concubinas antes de se decidir pelo cristianismo.

Para persuadir o imperador a concordar com o matrimônio e a aliança, Vladimir I conquistou Khersonesos dos bizantinos e se dispôs a devolver a cidade com a condição de se casar com Anna. Basileu II cedeu em troca de Vladimir ajudá-lo a derrotar os búlgaros e aceitar ser batizado. Vladimir consentiu. Após o casamento, Vladimir passou a converter energicamente todos os seus súditos. A Bizâncio cristã era rica e poderosa; talvez Vladimir esperasse que uma religião unificadora tivesse o mesmo efeito milagroso em seu próprio povo.

---

42 Vladimir é chamado Volodymyr em ucraniano e Valdemar nas línguas escandinavas.

A partir de então, Kyiv-Rus, precursor da Rússia moderna, se cristianizou. Após o Grande Cisma entre Ocidente e Oriente, em 1054, os grão-duques de Kiev permaneceram leais a Bizâncio e ao cristianismo ortodoxo oriental, uma escolha que mantiveram mesmo após a queda de Constantinopla, em 1453. A essa altura, Moscou havia se tornado um centro de poder mais importante do que Kiev, também do ponto de vista religioso. Moscou, acreditavam os russos, era a terceira Roma — e jamais haveria uma quarta. A concepção de que Moscou é a herdeira de Roma e Constantinopla é também a razão pela qual a águia de duas cabeças, originalmente um símbolo bizantino, é retratada no brasão russo. A Rússia cristã nasceu assim na Crimeia, em Khersonesos.

Sebastopol foi erguida sobre as ruínas de Khersonesos, e desde sua fundação, em 1783, foi reduzida a pó e reconstruída duas vezes.

A primeira vez que Sebastopol foi arrasada deu-se durante a Guerra da Crimeia, que durou de 1853 a 1856. O Império Otomano, tantas vezes chamado de «o enfermo da Europa», era fraco, e a Rússia e as potências ocidentais simplesmente marcaram passo esperando que desmoronasse para recolher os restos e reparti-los entre si. Ao mesmo tempo, o nível de tensão na Europa era alto. Na França, Napoleão III, sobrinho de Napoleão Bonaparte, acabara de tomar o poder. Ansioso para deixar sua marca na história, ele exigiu que os otomanos reconhecessem a Igreja Católica Romana como autoridade religiosa suprema na Palestina. Sob pressão, o sultão aquiesceu, o que por sua vez feriu os brios do tsar Nicolau I, que tomou aquilo como uma humilhação da Igreja Ortodoxa. Como vingança, os russos invadiram os principados da Moldávia e da Valáquia, ao sul de Odessa, que estavam então sob domínio turco. Mais tarde naquele ano, os russos destruíram a frota turca do mar Negro. Era a décima vez que os russos iam à guerra contra os turcos, portanto não havia nenhuma novidade nisso, exceto pelo fato de que, dessa vez, as potências ocidentais França e Grã-Bretanha — e depois também a Sardenha — tomaram as dores dos turcos. Com seus interesses ameaçados pelo expansionismo agressivo da Rússia, temiam que os russos tentassem fazer do mar Negro uma via marítima exclusivamente russa para, assim, obter acesso livre ao Mediterrâneo. Em setembro de 1854, tropas francesas e britânicas desembarcaram na Crimeia e, após algumas semanas, começaram o cerco a Sebastopol, a principal base da frota russa no mar Negro. Para evitar que os Aliados invadissem o porto, os almirantes russos ordenaram que boa parte da frota fosse a pique. Os soldados russos se entrincheiraram e resistiram ao bombardeio por onze meses.

«Creio que nunca vi ferimentos tão terríveis como os que fui forçado a tratar durante os últimos estágios do cerco», escreveu o professor de cirurgia germano-estoniano Anton Christian August von Hübbenet em suas memórias. «No final de julho de 1855, 65 mil soldados russos haviam sido mortos ou feridos em Sebastopol. Na Casa dos Nobres, os feridos eram deitados no piso de parquet não apenas lado a lado, mas também empilhados uns sobre os outros», recorda Hübbenet. «Os gemidos e gritos de mil moribundos enchiam o salão sombrio e mal iluminado pelas velas das enfermeiras.»[43]

A Guerra da Crimeia foi a primeira a adotar os combates em trincheiras em larga escala e terminou com um número terrível de baixas. No entanto, a grande maioria dos soldados não morreu diretamente por causa dos balaços e explosões, mas em decorrência de epidemias de doenças e infecções. A pioneira da enfermagem britânica Florence Nightingale serviu num hospital em Istambul durante a guerra e sistematizou uma série de

---

43 As citações são reproduzidas em *Crimea: The Last Crusade*, de Orlando Figes. Londres: Allen Lane (Penguin), 2010.

ações para melhorar as condições de higiene. Entre outras, ela procurava fazer com que as latrinas fossem adequadas, as cozinhas e roupas de cama fossem limpas, e os quartos estivessem ventilados regularmente – medidas simples, mas eficazes, que reduziram consideravelmente a taxa de mortalidade e revolucionaram a enfermagem moderna. Infelizmente, os soldados russos em Sebastopol não se beneficiaram disso e morriam como moscas. No total, os historiadores estimam que o exército russo perdeu 450 mil homens durante a Guerra da Crimeia.

Sebastopol caiu em setembro de 1855. Em 30 de março do ano seguinte, o tsar Alexandre II, que um ano antes sucedera ao pai, Nicolau II, assinou um armistício com os Aliados. A Rússia perdeu a Moldávia e a Valáquia, territórios que havia conquistado dos turcos três anos antes. Também foi decidido que o mar Negro deveria ser neutro, pior golpe para os russos, que agora perdiam a frota estacionada em Sebastopol.

De muitas maneiras, a Crimeia foi palco do primeiro conflito bélico moderno. Inovações técnicas como a ferrovia, o telégrafo e a câmera fotográfica contribuíram para que os correspondentes de guerra despontassem como um importante grupo ocupacional, e as pessoas pudessem acompanhar de casa a brutalidade da guerra como nunca antes. Para a Rússia, a guerra foi uma catástrofe, tanto humanitária quanto econômica. O prestígio do tsar na Europa estava bastante enfraquecido e o atraso da Rússia, tanto militar quanto industrial, era gritante. Em consequência direta da Guerra da Crimeia, Alexandre II decidiu, em 1861, abolir a servidão, apesar dos violentos protestos da aristocracia. Mais de um terço da população russa na época era de servos, sistema que não só ocasionava grande sofrimento humano, mas também contribuía para deter o desenvolvimento militar e industrial. Além disso, o Alasca foi colocado à venda. O Tesouro escasseava, e Alexandre II percebeu que a Rússia dificilmente seria capaz de defender o território de um possível ataque. Em 1867, portanto, o Alasca foi vendido aos Estados Unidos.

Alexandre II, um dos tsares mais progressistas e reformistas da Rússia, foi assassinado em 1881, num atentado realizado por membros do movimento revolucionário Vontade do Povo. Noventa anos após a Guerra da Crimeia, Sebastopol esteve no centro de algumas das batalhas mais difíceis e sangrentas da Segunda Guerra Mundial. Os alemães conquistaram uma grande porção da Crimeia já em 1941, mas em Sebastopol o Exército Vermelho logrou resistir à investida nazista. Pela segunda vez em menos de cem anos, Sebastopol estava sitiada. No inverno de 1942, os alemães conquistaram o controle de todas as áreas ao redor da cidade e bombardearam Sebastopol com o canhão ferroviário *Schwerer Gustav*. O cerco durou 250 dias, até julho de 1942, deixando a cidade em ruínas.

O cerco demorado teve um preço alto, mesmo para os alemães, a despeito de terem capturado a cidade. Além das perdas materiais e humanas, os combates retardaram o avanço alemão na Frente Oriental, cujo principal objetivo era se apoderar dos campos petrolíferos de Baku. Em 9 de maio de 1944, depois de dois anos sob controle alemão, Sebastopol foi libertada pelo Exército Vermelho.

Apenas nove dias depois, Stálin iniciou a deportação dos tártaros da Crimeia, a quem acusou de colaborar com os alemães. Alguns deles colaboraram, sim, com as forças de ocupação alemãs — alguns porque foram forçados a fazê-lo, outros por vontade própria —, mas um contingente ainda maior lutou contra os alemães no Exército Vermelho.

Num intervalo tão curto quanto tumultuoso, uma nação inteira foi coletivamente responsabilizada e, sem lei ou julgamento, expulsa de suas casas e atirada no interior de vagões de trem sujos e apertados:

A VERRUGA NO NARIZ DA RÚSSIA 423

— Todos os tártaros da Crimeia foram deportados em dois dias — disse Gulnara Bekirova. — Mais de 230 mil pessoas no total. Transportadas em vagões normalmente usados para transportar animais; quem resistiu foi fuzilado. Meu pai, que tinha doze anos, foi enviado para os Urais, enquanto minha mãe, que tinha apenas cinco anos, foi enviada para o Uzbequistão. Mais de um terço dos deportados morreu durante o percurso ou nos primeiros anos de degredo.

— Meus pais se conheceram no Uzbequistão, já adultos — disse Gulnara. — Foi lá que eu nasci, mas não tenho muitas lembranças do lugar, só de que era sujo. Morávamos numa fazenda coletiva, em alojamentos, com merda na altura dos joelhos. Era uma vida difícil. Quando voltamos para cá, em 1967, eu só falava tártaro e russo, não ucraniano. As pessoas aqui não sabiam mais quem eram os tártaros, achavam que éramos ciganos.

Ela olhou em silêncio através da janela para o estacionamento, onde a chuva caía. O pedestal, onde antes havia uma estátua de Lênin, estava vazio.

— Em 18 de maio de 1994, cinquenta anos depois, meu pai me contou pela primeira vez sobre as deportações — disse ela, sem mover os olhos. — «O trem estava abarrotado de gente e fazia muito calor», ele disse. Dois gêmeos de nove meses morreram ao longo do caminho. O trem raramente parava, então eles tiveram que arremessá-los pela janela do trem. Em 19 de maio, um dia depois que ele resolveu me contar, meu pai morreu de ataque cardíaco.

***

Setenta anos depois que o Exército Vermelho recapturou a península e todos os tártaros da Crimeia foram deportados, soldados russos desembarcaram novamente ali. A anexação em 2014 chocou o mundo inteiro. Seis anos após a guerra na Geórgia, a Rússia mais uma vez quebrava todas as regras escritas e tácitas e violava o território de um Estado soberano. Acima de tudo, um Estado soberano europeu. O urso despertou de seu sono enquanto a UE dormia em berço esplêndido. O Kremlin deixou claro para todos os líderes políticos do mundo quem ditava as regras no quintal da Rússia. O quintal da Rússia não podia flertar com a Otan ou preterir a adesão à União Eurasiática em favor de acordos com a UE sem sofrer as consequências. Essa política externa agressiva tinha seu preço. Em retaliação, os países ocidentais impuseram sanções econômicas à Rússia. Vários russos foram impedidos de entrar na UE, nos EUA, no Canadá, na Noruega e na Suíça. Em resposta, e para desespero da classe média russa, o país parou de importar determinados alimentos dos países que apoiaram as sanções. Para deixar claro que a proibição era para valer, toneladas de queijo francês importado ilegalmente, além de maçãs polonesas, foram destruídas pelo governo russo.

Do ponto de vista estratégico e militar, não se pode subestimar a importância de a Rússia deter o controle total da Crimeia, mas para a população local a anexação até agora trouxe poucos benefícios. O número de turistas diminuiu em mais de 2 milhões por ano — um desastre para a indústria do turismo, a principal fonte de renda da Crimeia. No momento em que escrevo, os russos estão construindo uma ponte sobre o estreito de Kerch para conectar a península ao continente russo. A ponte terá 19 quilômetros de extensão e está prevista para ser aberta ao tráfego de automóveis em 2018 e de trens no ano seguinte.[44]

---

44 O acesso rodoviário foi inaugurado por Vladimir Putin em 15 de maio de 2018 e aberto para veículos no dia seguinte. Caminhões precisaram esperar até 1º de outubro. A ponte ferroviária foi inaugurada em 23 de dezembro de 2019, e o primeiro comboio de passageiros a atravessou em 25 de dezembro. Trens de carga começaram a circular em julho de 2020. Em 8 de outubro de 2022, a ponte foi parcialmente destruída num atentado a bomba de autoria desconhecida. [N. T.]

Três mil trabalhadores se revezam noite e dia para concluir a obra, cujo valor é estimado em mais de 17 bilhões de reais. Tanto Hitler quanto Stálin também tentaram construir uma ponte sobre o estreito de Kerch, sem sucesso. O estreito está sujeito a terremotos e tempestades de neve e muitas vezes chega a congelar. Vista assim, a ponte tem vários calcanhares de aquiles, mas para Putin representa tanto um projeto de prestígio quanto, em muitos aspectos, uma questão existencial para a Crimeia. Se o projeto da ponte for bem-sucedido, a Crimeia terá um cordão umbilical muito necessário com a Mãe Rússia e já não estará à mercê de suprimentos de navios, da boa vontade de Kiev e das tentativas de sabotagem dos tártaros da Crimeia.

A Crimeia foi apenas o começo, como se viu. Após a anexação da península da Crimeia, manifestações pró-Rússia eclodiram na região da bacia do Don, no leste da Ucrânia. A situação se agravou rapidamente e, em maio de 2014, a República Popular de Lugansk e a República Popular de Donetsk declararam independência da Ucrânia. Nasciam assim duas novas repúblicas separatistas. Com a Rússia lhes dando apoio, os rebeldes exigiram que toda a região da bacia do Don, e de preferência toda a região da Nova Rússia, se separasse da Ucrânia. Cidades importantes como Slavyansk e Mariupol foram recapturadas pelas forças ucranianas durante o verão e o outono de 2014, mas os insurgentes ainda controlam as cidades principais dos oblasts de Donetsk e Lugansk. Ao contrário do que ocorreu com a anexação da Crimeia, as autoridades russas ainda negam o envio de equipamentos militares ou forças regulares para o leste da Ucrânia, mas há muitas imagens de satélite e testemunhos em contrário.

Mais de 2 milhões de pessoas fugiram da guerra, que até agora já custou mais de 10 mil vidas. Vários armistícios foram acordados, todos os quais, em teoria, deveriam ser permanentes, mas nenhum deles foi respeitado e perdurou mais que alguns dias.

Do bloqueio dos tártaros da Crimeia e das praias brancas do mar Negro, rumei para o nordeste. Quanto mais me aproximava da linha de frente, mais curta era a distância entre os bloqueios. Não demorou para haver mais veículos militares do que civis nas estradas. A guerra estava se aproximando.

A mais jovem república separatista do mundo

Um guarda de fronteira com uma balaclava no rosto e uma kalashnikov a tiracolo debruçou-se na janela aberta do carro e pegou nossos passaportes. Ao longe ouvia-se o estampido dos tiros. Soavam como fogos de artifício.

— Fiquem dentro do carro — advertiu Dima, o motorista.

— Há minas espalhadas por todos os lugares. Faz umas poucas semanas que testemunhei quatro pessoas indo pelos ares enquanto estavam na fila do banheiro aqui do lado.

Éramos ao todo três passageiros no carro. Eu estava acompanhada de Chris, um fotógrafo britânico, e Anya, que era de Donetsk. Assim que pegamos nossos passaportes de volta, Dima nos levou ao controle oficial de fronteira, um posto de gasolina abandonado. Havia buracos de bala por toda parte: nas paredes, no teto, nas bombas de gasolina, nas placas com o preço do litro. Dima pegou nossos documentos e caminhou na direção da loja de conveniência que deveria funcionar ali antes da guerra. Antes de prosseguirmos, um soldado fortemente armado inspecionou o porta-malas e lançou um olhar cobiçoso na direção de uma garrafa de conhaque que o fotógrafo trazia consigo.

— Pertence aos estrangeiros — esclareceu Dima.

Desolado, o soldado acenou para que seguíssemos adiante, e ingressamos na República Popular de Donetsk, a mais jovem república separatista do mundo.

Foi um pesadelo burocrático conseguir as autorizações necessárias para viajar pela chamada Zona de Operação Antiterror do lado ucraniano e entrar na autodeclarada república independente. Ao todo precisei de três permissões de três escritórios diferentes localizados em três cidades distintas, todos com horários de funcionamento bastante incertos. Essas três permissões não poderiam em nenhuma circunstância ser exibidas ao mesmo tempo.

— Escondam o cartão de imprensa ucraniano agora — ordenou Dima assim que nos aproximamos da primeira barreira de controle. — Se descobrirem, vocês vão acabar sendo presos. Aqui o que vale é a credencial de Donetsk, ok?

Os vidros das janelas das casas paupérrimas ao longo da estrada ou estavam estilhaçados ou haviam sido trocados recentemente. Todas as placas de sinalização estavam perfuradas por projéteis. A estrada em si era surpreendentemente boa para o padrão ucraniano, larga e de certa forma ainda inteira. O conforto durou uns poucos quilômetros, até sermos orientados num bloqueio a tomar outra estrada para Donetsk. A situação mais adiante estava «quente», explicou o soldado. Mais tarde no mesmo dia soubemos que a fronteira foi fechada assim que passamos. Pelo visto a coisa ficou «quente» também por lá.

O desvio nos levou a passar pela cidade de Gorlovka, na qual antes da guerra viviam cerca de 250 mil pessoas. Onde antes havia uma igreja só restou a estrutura de madeira carbonizada. A lateral de um prédio de apartamentos estava despedaçada. Três mulheres vestindo casacos coloridos estavam entretidas numa conversa num gramado ao lado.

Como tantos outros, Anya havia abandonado trabalho e residência em Donetsk e se mudado para uma cidade provinciana no lado ucraniano depois que a guerra eclodiu. Desde então, nunca havia retornado. Em silêncio, ela observava a devastação pela janela do carro.

— Deve ser triste ver toda essa destruição — eu disse. Ela deu de ombros.

— Tudo já era tão velho e decadente aqui, então a guerra não fez diferença alguma — respondeu ela.

Pelo reflexo no vidro reparei que seus olhos estavam marejados.

* * *

A Donetsk de antes da guerra era uma das cidades mais prósperas e bem cuidadas da Ucrânia, e em 2012 sediou a Eurocopa da Uefa. Para isso, passou por uma remodelação e ganhou um dos mais modernos aeroportos do país e um estádio novinho em folha. No mesmo ano, a cidade natal do presidente Viktor Yanukovytch foi escolhida pela *Forbes* a melhor cidade ucraniana para fazer negócios.

Quatro anos depois de a febre do futebol tomar conta das ruas de Donetsk, já não era possível visitar o pouco que restou do aeroporto sem capacete e colete à prova de balas. O estádio foi convertido em parte numa cozinha industrial para servir sopa e em parte num armazém. E havia muito os investidores estrangeiros haviam dado no pé dali. Os bulevares largos estavam quase desertos de carros e pessoas. Todos os bares e restaurantes fechavam às 22h, e das 23h às 5h entrava em vigor o toque de recolher. Quem fosse flagrado perambulando pelas ruas à noite era detido — a não ser que conseguisse entrar num acordo favorável a ambas as partes com os policiais, que não são exatamente incorruptíveis.

No dia seguinte houve uma discreta movimentação nas ruas até então desertas: o 8 de março não é um dia que costuma passar despercebido nas antigas repúblicas soviéticas. Bem cedo de manhã as filas de homens defronte às floriculturas já eram extensas. Deixar de presentear com flores as esposas no Dia da Mulher é pior que esquecer a data do casamento.

Fui convidada para visitar a casa de um soldado russo.

— Desculpe a bagunça — disse um sorridente Linar, de trinta anos. Ele era louro e tinha olhos azuis, o corpo musculoso e um rosto cinzelado e cheio de cicatrizes. — Estamos reformando o quarto do bebê, mas ainda não terminamos.

Vika, sua esposa de dezenove anos, nos serviu chá. Sobre a bancada da cozinha estava o vaso com um buquê de flores frescas.

— Quando descobri o que estava acontecendo na Crimeia, vim para cá ajudar — contou Linar.

— Quer dizer que você estava aqui quando a Crimeia foi anexada? — perguntei.

— Não houve anexação, foi um plebiscito — corrigiu Linar.

— A Crimeia sempre foi russa, desde Catarina, a Grande. Antes de vir para cá, servi três anos na Tchetchênia como soldado do exército russo. Também estive em Beslan, participei do cerco à escola. Em 2008, durante a Guerra da Geórgia, me voluntariei para ir à Ossétia do Sul. Estava pronto para ir à Síria também, mas minha mulher me convenceu a ficar em casa. Vou para qualquer lugar onde o povo russo seja ameaçado. Mas estou aqui como voluntário, ninguém está me pagando. Isso é fundamental. Não deixe de mencionar isso.

— Foi por isso que você veio para o leste da Ucrânia, para ajudar russos ameaçados?

— Me diga, o que quer dizer «Ucrânia»? — perguntou Linar retoricamente. — Viu só, não existe essa coisa de Ucrânia! As pessoas aqui dizem que são ucranianas, mas são na verdade russas. Existem dialetos russos difíceis de entender. O ucraniano é um desses dialetos.

— O presidente Poroshenko quis retirar nossos direitos — intrometeu-se Vika. — Na TV só falavam ucraniano, na escola tudo passou a ser em ucraniano, mas aqui sempre falamos russo. No outono de 2014, os ucranianos começaram a atirar nas pessoas que viviam aqui pacificamente. Nossa casa foi destruída. Senti que precisava fazer algo, então fui a Donetsk ajudar os soldados, preparar comida para eles, essas coisas. Foi assim que Linar e eu nos conhecemos. Ela pôs a mão sobre a dele. Ele olhou com ternura para a barriguinha de grávida bem saliente sob o casaco esportivo.

— Foi amor à primeira vista — derramou-se ele.

— Vai ser um menino — disse Vika sorrindo timidamente.

— Já estou com seis meses. Quer ver o vídeo do casamento? Linar, vamos mostrar a ela um pouquinho!

Vika me levou até o computador, que ficava num canto do quarto. Cenas da festa de casamento passaram pela tela. Todos os convidados estavam de uniforme. Apesar da música alta, era possível ouvir o barulho de granadas e tiros próximo ao salão de festas. Vika jurou que seus parentes também estavam lá, mas não vi ninguém à paisana, exceto a própria noiva, duas ou três crianças e duas moças de saias muito curtas, que mais tarde estavam abraçando apaixonadamente alguns soldados. No final do vídeo, alguns soldados usavam peruca feminina, outros faziam malabarismos e riam, e só. Linar e Vika riam e apontavam sem parar.

— Assim é o casamento de um soldado! — disse Vika às gargalhadas.

Depois, Linar exibiu sua kalashnikov.

— Somos um povo pacífico — disse ele. — Não estamos aqui para lutar, estamos apenas nos defendendo. Pode dizer isso. Cheguei aqui de mãos vazias, sem armas, não podia atravessar a fronteira com armas. Todas as minhas armas são troféus.

— Quantas pessoas você já matou? — perguntei.

Pela primeira vez durante a conversa ele se calou. Uma sombra desceu sobre seus olhos claros e azuis.

— Eu... eu não sei... eu nunca vi ninguém... Está sempre escuro, eu... — Ele ficou em silêncio e olhou diretamente para mim. — Você nunca deve perguntar a um soldado sobre isso, entende? *Nunca!*

Depois saímos ao sol. Estava quente, quase primaveril. No pátio, quatro ou cinco soldados grelhavam carne em espetos. Eles nos ofereceram cerveja e pedaços de carne e insistiram que eu provasse o alho marinado que haviam preparado.

— É assim que fazemos no Dia da Mulher! — disse um soldado, estalando os lábios satisfeito.

— Onde estão as mulheres? — perguntei.

— Bem... — Ele olhou ao redor. — Devem estar lá dentro cortando alface ou algo assim!

Os homens caíram na gargalhada e despejaram mais cerveja nos copos de plástico.

***

No dia seguinte visitei o instituto onde nascem os futuros oficiais da república popular. Numa sala de aula quente e úmida, cerca de vinte jovens de dezoito anos tinham dificuldades para resolver a lição de inglês.

— *I study at military school* — gaguejou um aluno, com o rosto vermelho. — *I get up at 6.30 in the morning. First we have morning exercise. We study English, Russian, military skills and higher Mathematics.*

— *Very good!* Muito bom! — elogiou a jovem professora entusiasticamente. — *Please continue!*

— Ufa, não é tão fácil — reclamou a professora quando estávamos sozinhas. — Na verdade, eu leciono na universidade, mas eles não tinham professor de inglês aqui. Não temos livros nem equipamentos. Tudo o que tenho é o quadro-negro e o giz.

Ela sorriu resignada.

– Quem sabe as coisas não possam melhorar no próximo ano?

A Escola de Guerra abriu suas portas no verão de 2015. Cartazes de estrelas do esporte ucraniano ainda estavam pendurados nas paredes, mas, em vez da bandeira ucraniana, os alunos agora exibiam as letras DNR, *Donetskaya Narodnaya Respublika*, «República Popular de Donetsk», costuradas em seus uniformes. A escola contava então com 180 alunos. Apenas dez eram meninas, incluindo as gêmeas de dezenove anos Zhenya e Sasha.

– Gosto da disciplina aqui – disse Zhenya.

– O dia é planejado – disse Sasha. – Tudo é organizado, racional. Não desperdiçamos tempo.

– De qualquer forma, os ucranianos nunca gostaram de nós – disse Zhenya. – Durante as manifestações na praça Maidan em Kiev, eles ficavam lá à toa enquanto nós trabalhávamos nas minas. Nós que mantínhamos a Ucrânia viva.

– Já nos acostumamos à guerra – disse Sasha. – No começo foi horrível, mas depois ficamos indiferentes. As bombas e os tiros começaram a nos entediar. Mas os ucranianos estão matando crianças pequenas – acrescentou ela com seriedade.

– O pior mesmo é para as crianças. Provavelmente seria melhor se nos tornássemos parte da Rússia, mas tudo bem se ficarmos independentes também. Desde que não voltemos a fazer parte da Ucrânia. Isso é o que mais importa.

– Vocês são jovens – eu disse. – Não têm um sonho na vida?

Elas refletiram por um bom tempo.

– Sim, eu tenho um sonho – disse Zhenya por fim. – Quero fazer um pequeno carro de brinquedo do zero. Desses elétricos, que se locomovem sozinhos. Quero construir o carro inteiro sozinha, os equipamentos, o motor, tudo.

***

No início da manhã seguinte, era hora de um dos dois treinos mensais de tiro. Empolgados, os estudantes correram para o quartel para buscar kalashnikovs e munição, depois se amontoaram na caçamba de dois caminhões. Um homem alto na casa dos quarenta anos marchou na minha direção:

— Você vem comigo, entendeu? Não se mova um só centímetro para a direita ou para a esquerda, compreendido? A propósito, meu nome é Vladimir. Me acompanhe! — Obedientemente me sentei no banco do carona de um jipe branco reluzente. Com a música pop trovejando a todo o volume, seguimos atrás dos caminhões. A leste, um sol rubro se ergueu sobre Donetsk. O céu se tingiu primeiro de laranja e depois de um branco leitoso.

— Antes da guerra, eu era professor de história — disse Vladimir. — Agora sou piloto de tanque. Se você pesquisar no YouTube, encontrará vídeos meus da linha de frente. Sou bem famoso!

Ao chegarmos a uma pequena vila, os alunos tiveram que percorrer o último trecho a pé. Nós seguimos no jipe até o campo de tiro. Um dos instrutores, com pouco mais de 1,5 metro de altura, louro e rechonchudo, dirigiu-se a mim:

— Então você é da Noruega? — Fiz que sim com a cabeça.

— Tem muitos gays por lá, me disseram. Aqui não tem nenhum! Fuzilamos todos! — Ele riu. — Me diga, é normal um homem foder outro homem?

— Um amigo meu acabou de escrever um artigo sobre a difícil situação dos gays em Donetsk — eu disse.

— O quê!? — o homenzinho bufou empertigado. — Me diga quem é, e vamos descobrir onde está e dar cabo dele!

Os alunos finalmente apareceram, marchando com firmeza pelo alto da colina. Ao chegarem ao local, foram divididos em cinco grupos e orientados a se alternar entre os diversos postos, que variavam da simples prática de tiro ao alvo à montagem e à desmontagem da kalashnikov num piscar de olhos. Caminhei de posto em posto, registrando um ou outro comentário aleatoriamente: «Isso não é jardim de infância!», «Foco, meninos e meninas!», «O inimigo pode estar em qualquer lugar!». Ao fundo, os estampidos característicos dos disparos. Depois, Vladimir me levou de volta ao centro da cidade.

— A bacia do Don inteira voltará a fazer parte da Rússia — declarou ele. — As pessoas em Mariupol e Kramatorsk não veem a hora de ser libertadas! O Ocidente está sendo destruído por muçulmanos e gays, só a Rússia permanece forte. Aceita um cafezinho? Tem um pouco de conhaque, conhaque armênio. Foi minha esposa quem fez hoje de manhã. Minha *segunda* esposa; ela é bem mais nova do que eu.

Ao dobrar na rua do hotel, ele se virou para mim:

— Quando você vai voltar para casa para dar à luz?

— Perdão?

— Quantos anos você tem mesmo? Tique-taque, o tempo voa!

* * *

Se em Donetsk o toque de recolher e a discreta fita transparente colada na janela do hotel me lembravam que eu estava numa zona de guerra, não precisei me deslocar muito para constatar o conflito com os próprios olhos. Na vila de Nikishine, cerca de 100 quilômetros a norte de Donetsk, na fronteira com a República Popular de Lugansk, combates violentos vinham ocorrendo até a assinatura do cessar-fogo, em fevereiro de 2015. As duas ruas paralelas que constituem a vila lembram cenas dos Bálcãs da década de 1990. Fileiras de casas queimadas e inabitáveis. Noventa por cento da aldeia destruída.

— Antes da guerra, havia 836 pessoas vivendo em Nikishine — disse Natasha, que trabalhava na administração municipal. — Agora restam apenas 235. De setembro de 2014 a fevereiro do ano passado, no auge da guerra, havia apenas um punhado de pessoas aqui. Quem tinha algum lugar para ir debandou. Quem não tinha, também.

Uma das que resolveram ficar na aldeia foi Larissa, uma mulher enorme de sessenta e poucos anos, cabelo laranja e um roupão rosa.

— Venha, venha — disse ela com uma risada rouca. — Vou mostrar a você a destruição e o que eles fizeram conosco.

Larissa me mostrou o pátio revirado ao avesso e apontou para uma cratera no chão:

— Aqui caiu um morteiro! — Então apontou para a vala do outro lado da rua: — Ali tem um soldado morto! — Ela riu novamente e insistiu para que eu entrasse. A casa era ampla, mas espartanamente decorada. Na pequena mesa da cozinha havia uma grande tigela de açúcar.

— Sou diabética, então é só para convidados — explicou Larissa. — Café ou chá?

Dois gatos se esfregaram entre minhas pernas. Um velho mancava pela cozinha, Ivan Ivanovitch, de 73 anos. Quando sua casa foi destruída, ele veio morar com Larissa e desde então vive ali.

— Estava cheio de gente aqui durante a guerra — disse Larissa. — Havia soldados em todos os lugares, em todos os quartos. Não faço ideia de quantos eram. Eles estavam em todos os lugares!

Ela baixou o tom de voz:

— Se você não escrever meu sobrenome ou tirar uma foto minha, vou te contar tudo. Roubaram meus carros, dois sujeitos, assim como o trator, e os venderam. Foram os soldados russos que fizeram isso, os nossos! Fui a Donetsk prestar queixa e levei todos os documentos, mas eles não fazem nada. Nada! Ela riu de novo, um riso áspero e melancólico.

— Não tínhamos eletricidade nem água, às vezes nem tínhamos comida. Aiaiai, às vezes eram tantas bombas que a gente não conseguia ir ao banheiro! Eu chorava todos os dias quando eles estavam aqui e chorei quando foram embora. A maioria eram bons meninos, sabe. Eu mesma venho da Rússia, sou russa. Minha irmã mora em Moscou, mas, depois que a guerra começou, não nos falamos mais. Para onde eu poderia ir? Se eu tivesse ido embora, minha casa não estaria aqui hoje, tenho certeza.

Na rua paralela, que estava em condições ainda piores, conheci Lyubov Vladimirovna, de sessenta anos, e seu marido. Os dois voltaram para Nikishine em fevereiro de 2015, assim que os soldados se foram. Durante o verão, ergueram uma cabana sob as ruínas das duas casas nas quais haviam morado anteriormente. Na pequena sala, o espaço era suficiente apenas para um banquinho, duas camas estreitas e uma pequena TV.

— Nós estávamos aqui quando eles vieram, os fascistas, ou, melhor dizendo, os nazistas — protestou Lyubov indignada.

— Pode anotar, sim, escreva meu nome também, eu sustento o que estou dizendo. Eu estava aqui quando eles chegaram, esses batalhões ucranianos, eles tinham suásticas, exatamente como os alemães! Queriam nos exterminar. Não queremos mais fazer parte da Ucrânia, sou absolutamente contra isso! Eles queriam construir campos de concentração para nós. Eles acham que somos cidadãos de segunda classe. É assim — disse ela, acenando com os braços —, é assim que vivemos agora. Perdemos tudo o que tínhamos. Tudo o que queremos é que os ucranianos nos deixem em paz.

Lyubov significa «amor» em russo.

***

A República Popular de Donetsk declarou independência do restante da Ucrânia no dia 12 de maio de 2014. No início, muitos pensaram que o território se tornaria parte integrante da Rússia, como a Crimeia, mas agora parece mais provável que Donetsk tenha o mesmo destino da Abecásia, de Nagorno-Karabakh e da Ossétia do Sul: tornar-se uma república separatista, um pária internacional, ignorado pelo resto do mundo. Até agora, nenhuma nação reconheceu a República Popular de Donetsk.[45]

Construir um país do zero, mesmo que ninguém reconheça sua existência, é uma tarefa imensa e árdua. A máquina de propaganda, por exemplo, estava a todo o vapor. Todo o centro de Donetsk estava coberto de pôsteres coloridos. Alguns encorajando os jovens a se alistar no exército, outros agradecendo imensamente à Rússia pelo apoio e, entre um e outro, o primeiro-ministro, Alexander Zakharchenko, parabenizando as cidadãs da república pelo Dia da Mulher.

O Ministério das Finanças rejeitou sumariamente meu pedido de entrevista. Eu queria perguntar quando o anunciado rublo da Nova Rússia, a moeda própria de Donetsk, seria introduzido, mas a questão era muito delicada, me disseram. Até lá, os rublos russos são a moeda corrente na república separatista. Cartões de crédito estrangeiros não são aceitos.

Nem mesmo o Ministério do Turismo parecia particularmente interessado em me receber, mas, depois de insistentes pedidos, finalmente consegui uma breve entrevista. A pasta, oficialmente chamada de Ministério do Esporte, Juventude e Turismo, funcionava num prédio de apartamentos ao lado de uma

---

45 A Rússia reconheceu ambas as repúblicas separatistas de Donetsk e Lugansk logo após invadir a Ucrânia, em 21 de fevereiro de 2022. [N. T.]

lavanderia. Irina Kravtsova, «especialista-chefe», me recebeu sem disfarçar o nervosismo:

— Nosso ministério abriu as portas em novembro de 2014 — disse ela. — Cerca de quarenta pessoas trabalham aqui, o que faz deste o menor de todos os ministérios, mas arrisco dizer que estamos entre os mais ativos. O esporte é provavelmente o campo em que mais avançamos. Recentemente, uma de nossas atletas femininas ganhou uma competição de natação em Moscou.

— Ela participou pela República Popular de Donetsk ou pela Ucrânia? — perguntei.

Irina hesitou.

— Na verdade não tenho certeza — ela respondeu.

— O que recomenda aos turistas ver na República Popular de Donetsk?

— A igreja em Slavyansk e a mina de sal em Artemivsk são provavelmente nossas atrações mais populares.

— Mas Slavyansk e Artemivsk não estão em território ucraniano? — argumentei.

— Sim, é verdade. — Irina refletiu sobre o assunto. — Também temos o mar de Azov, onde existem plantas e animais muito interessantes. Temos muitos lugares interessantes aqui em Donetsk. Em Gorlovka temos um museu de livros em miniatura, por exemplo. Temos também um grande zoológico. No momento, infelizmente, não podemos garantir a segurança dos turistas, mas, graças à ajuda humanitária que recebemos da Rússia, conseguimos investir em equipamentos esportivos. Nossa estratégia agora é em primeiro lugar fortalecer o turismo doméstico. Queremos popularizar nossos pontos turísticos para que eles fiquem conhecidos aqui e depois também no exterior.

* * *

Mal entrei pela porta da Escola n. 57 e uma mulher de cabelo curto ruivo surgiu gritando na minha direção:

— O que você está fazendo aqui? — perguntou ela, irritada.

— Eu sou a diretora desta escola. Por que não fui informada de que você viria aqui? Você arruinou meu dia!

— Tenho autorização do Ministério da Educação — expliquei.

— Não me avisaram! O que você quer saber? Estamos muito bem, obrigada. As crianças estão sofrendo, é claro. É uma guerra. Elas sentem falta dos amigos. Pronto, já respondi suas perguntas. Por que você ainda está aqui?

Expliquei que gostaria de conversar com alguns alunos e professores também. A mulher furiosa girou nos calcanhares e foi telefonar para o ministério. Quando voltou, ela estava visivelmente mais gentil e me convidou para um chá com biscoitos.

A Escola n. 57 é uma das próximas da linha de frente. Antes da guerra havia 450 alunos matriculados, hoje restam apenas 140. Em 1º de outubro de 2014, um morteiro caiu perto do prédio. O professor de biologia, que estava de pé na escada no momento do impacto, morreu.

Com a bênção da agora benevolente diretora, pude visitar uma sala de aula. Metade das carteiras estavam vazias. Uma menina foi chamada à frente e leu em voz alta a redação que havia escrito como lição de casa:

— A República Popular de Donetsk foi fundada no dia 7 de abril de 2014, e a bandeira da República Popular é preta, azul e vermelha — recitou ela. — O preto representa o carvão, o azul o mar, e o vermelho o sangue dos soldados.

— Muito bem, Sasha — elogiou a professora. — Algum de vocês sabe o nome de algumas pessoas famosas de Donetsk?

Uma garota esbelta levantou a mão.

— Lênin?

No final da aula, a professora reuniu as crianças em frente ao quadro-negro e pediu que cantassem o hino nacional. As crianças cantavam obedientemente uma música com a mesma melodia do antigo hino soviético. Na versão donetskiana, a palavra «mineiro» ocorria com frequência.

Os mineiros são parte fundamental da identidade da bacia do Don. Na era soviética, as minas de carvão eram a fonte de renda mais importante da região. As pessoas precisavam trabalhar duro, mas tinham um emprego relativamente bem pago e, acima de tudo, previsível. Na década de 1990, inúmeras minas foram fechadas, o que pode explicar a rejeição de tantas pessoas da região a Kiev — elas responsabilizam o governo ucraniano por essa derrocada. Depois que a guerra eclodiu, um número ainda maior de minas encerrou as atividades, e a mineração ilegal agora é um grande problema. O tempo em que a bacia do Don era o principal motor da economia ucraniana definitivamente acabou. Na verdade, já se passaram muitos anos desde que a era do carvão chegou ao fim.

— A disciplina Educação Patriótica é tão nova que ainda não temos livros didáticos — desculpou-se após a aula a professora Violetta Boiko. — Foi introduzida em janeiro deste ano e é obrigatória para todos os alunos.

***

Quantos habitantes da República Popular de Donetsk realmente apoiam o novo regime?

Talvez as ruas desertas falem por si.

Em janeiro, meses antes, tentaram implodir a estátua de Lênin na praça de mesmo nome. Após o incidente, determinou-se que todas as estátuas de Lênin na república separatista fossem vigiadas por policiais armados 24 horas por dia.

Na minha última noite, conheci Sasha e Sveta, duas amigas de Anya e Chris, com quem vim de carona até Donetsk. Tanto Sasha quanto Sveta nasceram e cresceram em Donetsk, mas apoiaram a luta do governo ucraniano contra os separatistas. Naquela noite as duas estavam de bom humor, quase eufóricas. Sasha, que tinha 53 anos e já era aposentada, não saía do apartamento havia semanas.

— Nem todos podemos ir embora — disse Sveta. — Sasha e eu estamos muito velhas para recomeçar a vida longe daqui.

— Muitos apoiam a República Popular simplesmente porque não suportam Poroshenko e o governo ucraniano — explicou Sasha. — A propaganda, as armas, tudo vem da Rússia. Mas a Rússia não precisa de Donetsk. O que eles querem com a gente? Pois sim, vou lhe dizer: o que a Rússia precisa é de um braço sangrando. Eles precisam que a Ucrânia sangre.

— Esperamos que Donetsk volte a fazer parte da Ucrânia — disse Sveta. — Mas a esperança míngua a cada dia que passa.

***

A fila para deixar a República Popular tinha pelo menos 1 quilômetro. Dima, o motorista, acenou com meu cartão de imprensa, e assim conseguimos passar na frente de todos os carros que esperavam. Um soldado lançou um olhar desinteressado para nossa bagagem. Quem irá contrabandear mercadorias para fora de Donetsk?

— Lembre-se de esconder o cartão de imprensa de Donetsk quando entrar no lado ucraniano! — recomendou o soldado antes de acenar para que cruzássemos a fronteira.

Do lado ucraniano, a fila era ainda maior.

— Eles estão esperando desde ontem — disse Dima. — Às vezes as filas são tão longas que as pessoas precisam esperar de três a quatro dias até conseguir passar.

Muitas pessoas de Donetsk precisam vir com frequência para o lado ucraniano para receber pensões, visitar parentes ou reabastecer as despensas. O contrabando é generalizado. Na República Popular, faltam produtos nas prateleiras.

— Como foi estar de volta depois de tanto tempo? — perguntei a Anya quando estávamos de novo em segurança no território ucraniano.

Seus olhos se encheram de lágrimas.

— Está tudo muito diferente lá — disse ela. — Sem gente pelas ruas. Donetsk costumava ser uma cidade animada, agora ninguém mais sorri por lá. Muitos dos amigos que eu tinha não são mais meus amigos. Engoliram o que dizia a propaganda e se tornaram pró-russos. A guerra divide as pessoas e põe umas contra as outras.

Expresso para Kiev

Enquanto os outros trens ficam rapidamente lotados, sempre há assentos disponíveis nos Intercity Express ucranianos. A rota expressa intermunicipal entre Donetsk e Kiev foi inaugurada a tempo da Eurocopa de 2012, e transportou os torcedores da capital para o novo estádio de futebol em Donetsk em apenas seis horas. No ano seguinte, trens expressos também começaram a circular entre Dnepropetrovsk, quarta maior cidade da Ucrânia, e Simferopol, na Crimeia. Hoje, todo o tráfego de trem para a península da Crimeia e as repúblicas separatistas do leste foi interrompido. O expresso entre Kiev e Donetsk ainda está operando, mas para na penúltima estação, Konstantinovka, uma sorumbática cidadezinha industrial em território ainda controlado pela Ucrânia. Uma passagem dali na primeira classe para Kiev custa o equivalente a cerca de 100 reais, uma quantia significativa na Ucrânia, onde o salário médio mensal é de cerca de mil reais. Boa parte da população ganha bem menos que isso.

Reclinei o assento macio e me acomodei. O trem Hyundai deslizou suavemente sobre os trilhos; aldeias ucranianas pobres passaram rapidamente pela janela. Poucas horas depois, a meio caminho de Kiev, desembarquei. Queria ver com meus próprios olhos o lugar exato onde, em 1709, as tropas exaustas de Carlos XII encontraram pela frente o exército de Pedro, o Grande. É estranho imaginar que a Suécia, hoje tão neutra e democrática, já foi uma potência militar que assassinou e saqueou a Europa inteira e nutriu planos de ocupar Moscou.

Nos séculos XVI e XVII, os suecos impuseram sua supremacia militar no norte europeu e conquistaram grandes porções do Báltico e do golfo da Finlândia. Em meados do século XVII, a Suécia foi, depois da Rússia, o maior império da Europa. O Império Sueco se estendia de Trøndelag, no centro da Noruega, até a atual região de São Petersburgo e abrangia, além da Finlândia e das províncias do Báltico, também áreas do norte da Alemanha. Esse vasto território era habitado por apenas meio milhão de pessoas. A Rússia, para efeito de comparação, tinha 14 milhões de habitantes, e a França, 20 milhões. Em compensação, a Suécia tinha o exército mais moderno e eficiente da Europa.

Em 1682, com apenas dez anos, Pedro I, mais conhecido como Pedro, o Grande, foi coroado tsar. Ainda criança, preferia passar o tempo construindo barcos e velejando. À medida que crescia, cresciam também as suas ambições, sem perder de vista os barcos e a vela: o grande sonho de Pedro era fazer da Rússia uma potência marítima. No início, ele tentou conquistar áreas portuárias pelo mar Negro, mas fracassou. Em vez disso, voltou sua atenção para o Ocidente. Em 1700, suas tropas cercaram a cidade de Narva, controlada pela Suécia, que hoje fica na fronteira entre a Rússia e a Estônia. Liderado por Carlos XII, então com apenas dezoito anos, o exército sueco, nitidamente inferior, contou com o inesperado auxílio de uma forte nevasca. Sem conseguir enxergar um palmo à frente do nariz, os russos bateram em retirada e sofreram perdas consideráveis. Triunfante, o jovem rei sueco avançou para o sul a fim de forçar um acordo com a Saxônia-Polônia e seu príncipe eleitor, Augusto, o Forte. Nesse meio-tempo, os russos conquistaram vários territórios suecos no golfo da Finlândia, incluindo a fortaleza de Nyenschantz, na foz do Neva. Ali, em 1703, Pedro, o Grande, fundou São Petersburgo e assim conquistou seu objetivo de ter um porto no Báltico. Carlos XII, ainda ocupado com o cerco a Augusto, o Forte, ordenou que suas tropas estacionadas nas províncias do Báltico não atacassem. Nyenschantz poderia esperar, pensou ele.

Em 1706, depois de uma inútil guerra de cinco anos, Carlos XII finalmente fez as pazes com Saxônia e Polônia. Nesse ínterim, os russos conquistaram ainda mais fortalezas suecas, incluindo Narva. O tsar Pedro propôs devolver as conquistas aos suecos em troca de manter São Petersburgo, mas Carlos XII não concordou. Em agosto de 1707, o exército sueco, composto de cerca de 34 mil soldados acompanhados de serviçais, cozinheiros, esposas, cavalariços, prostitutas e tudo o mais que é necessário para manter bem azeitada uma máquina de guerra digna do nome, partiu rumo ao leste.

Os soldados suecos eram muito mais profissionais e eficientes do que a maioria dos soldados da Europa de então; em confrontos diretos, eram quase imbatíveis. Sua grande fraqueza residia na falta de perseverança. É preciso muita comida para alimentar uma expedição de mais de 50 mil pessoas, e Pedro, o Grande, soube tirar partido disso. Os russos evitaram o confronto o quanto puderam, e trataram de atear fogo às aldeias ao longo do percurso antes da chegada dos suecos. Os combates foram escassos, e a cada vez os russos procuravam impor ao inimigo perdas mais significativas. Assim, à custa de muita pólvora e exaustão, os russos forçaram os suecos a penetrar cada vez mais no território onde hoje fica a Ucrânia.

O inverno de 1708-1709 foi o mais rigoroso em cem anos. Os soldados padeciam sob o frio extremo, mas o rei ordenou que continuassem para o sul: «Os cirurgiões de campo trabalhavam dia e noite, enchendo barril após barril de membros amputados de soldados devido ao congelamento», escreveu o historiador sueco Peter Englund no seu best-seller sobre a Batalha de Poltava. «Os soldados tinham que vadear rio após rio. Muitas vezes,

EXPRESSO PARA KIEV

faltava até lenha para aquecê-los quando montavam acampamento a céu aberto. Quando a noite caía e as temperaturas despencavam, seus uniformes se transformavam em armaduras de gelo.»[46]

Em maio de 1709, o faminto, exausto e desfalcado exército sueco chegou a Poltava. O rei ordenou que cercassem a cidade a fim de atrair os russos para campo aberto. Enquanto esperavam o ataque do exército de Pedro, o Grande, os suecos construíam barricadas e se preparavam para o combate. Os russos se aquartelaram no outro extremo da cidade, também reunindo forças para o enfrentamento.

Naquele inverno, Carlos XII havia feito uma aliança com Ivan Mazepa, líder dos cossacos. Mazepa enxergou ali uma boa oportunidade de os cossacos voltarem a ser livres, como foram durante um breve interregno no século XVII. Mediante promessas débeis de autonomia e liberdade, ele decidiu apoiar os militares suecos. Mazepa e Carlos XII fizeram planos detalhados para um futuro comércio com os otomanos uma vez que a vitória estivesse assegurada. No fim das contas, porém, apenas 3 mil homens de Mazepa vieram apoiar os suecos, enquanto a maioria dos cossacos se manteve fiel ao tsar.

A única chance dos suecos contra o exército russo bem mais numeroso seria um ataque surpresa, que deveria então ocorrer ao raiar do dia 27 de junho.[47] Os suecos assaltariam de várias posições simultaneamente, surpreendendo os russos

---

46 As citações são, respectivamente, das pp. 48 e 45 de *Poltava: fortellingen om en hærs undergang*, de Peter Englund. Traduzido por Trond Berg Eriksen. Oslo: Universitetsforlaget, 1993.

47 A batalha ocorreu em 27 de junho do calendário juliano, adotado pelos russos até a revolução, ou 8 de julho segundo o calendário gregoriano atualmente em uso, inclusive na Rússia, e 28 de junho pelo calendário sueco, adotado de 1700 a 1712 como transição do calendário juliano para o gregoriano.

enquanto dormiam. Carlos XII não pôde participar do confronto; ele foi ferido no pé dias antes quando estava em missão de reconhecimento.

Na véspera fatídica, vários comandantes suecos se perderam no caminho, atrasando o ataque em algumas horas. Enquanto isso, os russos perceberam o que se avizinhava e se prepararam para reagir. Dos mais de 18 mil suecos que participaram do combate, cerca de 7 mil foram mortos e 3 mil foram aprisionados. Carlos XII e Ivan Mazepa conseguiram fugir para Bender, ao sul, que então pertencia ao Império Otomano e hoje faz parte da República Separatista da Transnístria, na Moldávia. Mazepa morreu pouco tempo depois de chegarem, enquanto Carlos XII passou cinco anos exilado na cidade.

Depois da derrota em Poltava, os dias da Suécia como superpotência do Báltico chegaram ao fim. No ano seguinte, a Rússia foi conquistando as províncias do Báltico além de Vyborg e da Carélia, e assim conseguiu manter o posto isolado de superpotência do norte europeu durante uma década. A Ucrânia continuou dividida entre Polônia, Rússia e Império Otomano, tendo a Áustria como espectadora prestes a fazer parte desse intrincado arranjo de forças.

Mazepa morreu levando consigo a vã ambição dos cossacos ucranianos de conquistar a liberdade. Em 1714, após alguma pressão dos anfitriões turcos, cansados de cevar o rei sueco e seu enorme séquito, Carlos XII retornou à Suécia. Em 1716 e 1718, ele ainda fez duas tentativas frustradas de conquistar a Noruega, presumivelmente para compensar os territórios que havia perdido no mar Báltico. Em 11 de dezembro de 1718, foi morto a tiros próximo ao forte de Fredriksten, em Halden, Noruega, perto da fronteira com a Suécia.

A Grande Guerra do Norte terminou com a Paz de Nystad, em 1721, e os suecos perdendo praticamente todos os territórios que haviam conquistado nos séculos anteriores. As antigas províncias suecas no Báltico e o promontório da Carélia, incluindo a cidade de Vyborg, foram cedidos à Rússia.

Caminhei pela campina onde as forças de Carlos XII e Pedro, o Grande, se enfrentaram mais de trezentos anos antes, a pouca distância do centro de Poltava. No lugar das barricadas russas e suecas passa hoje uma rodovia, embora a batalha decisiva tenha ocorrido na verdade num trecho um pouco distante dali, numa planície que hoje está coberta de árvores.

«Eles partiram para o ataque com a morte em seus olhos, e em sua maioria pereceram vitimados pelos estrondosos canhões russos antes que pudessem revidar com seus mosquetes», relata com sobriedade o tenente de infantaria Friderich Christoph von Weihe, testemunha ocular citada no livro de Peter Englund.[48] Noutras palavras, os suecos foram abatidos sem que pudessem sacar suas próprias armas.

No memorial defronte ao museu municipal, lê-se numa lacônica placa grafada em sueco: «*Tiden läker sår*» [O tempo cura feridas].

***

O trem expresso me levou pelo norte da Ucrânia até Kiev, outra cidade intimamente ligada aos suecos.

A menos que se tenha uma queda por arquitetura stalinista, a capital ucraniana não é o tipo de cidade pela qual o visitante cai de amores à primeira vista. A via principal, avenida Khreshchatyk, foi completamente destruída durante a Segunda Guerra Mundial. Antes de ser forçado a recuar, o Exército Vermelho colocou minas acionadas remotamente em vários prédios ao longo da via. Em setembro de 1941, depois de os alemães terem capturado a capital

---

48 Englund, *Poltava...*, op. cit., p. 175.

ucraniana e se instalado nas melhores residências da cidade, as minas foram acionadas a centenas de quilômetros de distância. Foi a primeira vez que explosivos remotos controlados por rádio foram usados na guerra. Em questão de minutos, num inferno de fumaça, poeira e chamas, nada menos que trezentas construções vieram abaixo. Após a guerra, a avenida foi alargada para quase 100 metros, e novas casas foram construídas no pavoroso e desumano estilo classicista socialista.

A única fonte que descreve as origens de Kiev é a chamada *Crônica de Nestor*, também conhecida como *Relato dos Tempos Passados*. A se lhe dar crédito, Kiev foi fundada por três irmãos, Kyi, Shchek e Khoriv — em ucraniano a cidade é chamada de Kyiv, em homenagem ao primeiro deles. A *Crônica de Nestor* foi escrita em 1113 e é atribuída a um monge chamado Nestor, mas dela somente paráfrases posteriores de outros autores sobreviveram até nossos dias. Apesar da vaga e extremamente limitada fonte de informações sobre as origens da cidade, o 1.500º aniversário de Kiev foi comemorado com pompa e circunstância em 1982.

Os anos dourados de Kiev têm a ver com a ingerência de um bando de suecos. De acordo com a *Crônica*, os varegues — termo com que os romanos se referiam aos habitantes da Europa setentrional — foram forçados a tomar o caminho do mar pelas tribos locais, rebeladas contra os tributos que eram obrigadas a pagar. Os varegues decidiram então governar a si mesmos, porém sem muito êxito: «[...] tribo levantou-se contra tribo. Entre eles imperou o desentendimento, e passaram a guerrear entre si, dizendo uns aos outros: 'Encontremos então um príncipe que possa nos governar e nos julgar segundo a lei!'».[49] No ano de 862, enviados das tribos eslavas navegaram pelo mar em busca dos varegues,

---

49 Reproduzido na p. 22 de *Ukraine. A History*, de Orest Subtelny. 4. ed. Toronto: University of Toronto Press, 2009.

também conhecidos como *rus*. A palavra *rus* é provavelmente derivada de *ruotsi*, termo finlandês para suecos, que por sua vez provém do norreno *rodr*, «remar», e está etimologicamente ligado à localidade de Roslagen, na Suécia, mas também ao próprio nome da Rússia.

O rus Rurik aceitou o convite, atravessou o Báltico e se estabeleceu em Novgorod para governar as tribos eslavas. No ano de 882, depois da morte de Rurik, seu herdeiro Oleg[50] desceu o Dnieper e se fixou em Kiev. Oleg expulsou os cazares, um povo túrquico seminômade da Ásia Central, aos quais as tribos eslavas eram obrigadas a pagar tributo, e subjugou um número cada vez maior destas. Sob Oleg e seus descendentes, o império de Kiev cresceu e se tornou uma grande potência da Europa Oriental. No século XI, sob os príncipes Vladimir, o Grande, e Jaroslau, o Sábio, o império de Kiev, ou Kyiv-Rus, como também é chamado, se estendia desde o golfo da Finlândia e Moscou, no norte, até os Cárpatos e o mar Negro, no sul. Após a morte de Jaroslau, em 1054, o reino foi dividido entre seus filhos, e a posição de Kiev como centro de poder das tribos eslavas se enfraqueceu. Em 1240, como mencionamos antes, Kiev foi invadida pelos mongóis, que deixaram a cidade em ruínas. Da população de 50 mil, apenas 2 mil teriam sobrevivido. Com isso a grandeza do reino de Kiev estava sepultada para sempre, mas os descendentes de Rurik ainda continuaram a governar os principados eslavos orientais por centenas de anos. Basílio IV, tsar da Rússia de 1606 a 1610, foi o último soberano da dinastia Rurik. Basílio morreu no cativeiro nos arredores de Varsóvia, em 1612, um ano antes de o primeiro Romanov, Miguel Fyodorovich, ser escolhido tsar.

Poucos edifícios e igrejas do apogeu de Kiev sobreviveram. Numa pequena colina nos arredores do centro está o

---

50 Helge, nas línguas escandinavas.

Petcherskaya Lavra, o Mosteiro das Grutas. Foi fundado por santo Antônio e é considerado um dos locais mais sagrados do cristianismo ortodoxo.

Vesti uma saia verde, cobri a cabeça, comprei uma vela e segui o rebanho de peregrinos pelas escadarias estreitas. As grutas têm de 1 a 1,5 metro de largura e cerca de 2 metros de altura, são caiadas de branco e iluminadas apenas pelas chamas bruxuleantes das velas dos peregrinos. Nas cavidades nas paredes, protegidas por vidros, encontram-se os corpos mumificados dos monges que aqui viveram no século XI, preservados para a posteridade graças ao ar seco. Os peregrinos paravam diante de cada caixão, benziam-se e beijavam as paredes de vidro. Lentamente, a multidão avançava, sem ignorar um único cadáver. O ar estava quente e carregado com tantas pessoas e velas. Durante a alta temporada, um dos monges se encarrega de que os turistas não façam o mesmo percurso dos crentes, mas tomem um caminho mais curto. Nesse dia, nenhum monge estava de serviço, e pude acompanhar a lenta procissão de velas dos peregrinos pelos corredores estreitos e labirínticos. Quando voltei a ver a luz do dia, estava suando em bicas.

Ainda mais antiga que o Mosteiro das Grutas é a Catedral de Santa Sofia, erguida sob os auspícios de Jaroslau, o Sábio. Os arqueólogos acreditam que a pedra fundamental teria sido lançada já em 1011, pelo pai de Jaroslau, Vladimir I, o príncipe que introduziu o cristianismo no Reino de Kiev. A catedral foi construída no mesmo estilo bizantino da Hagia Sofia de Constantinopla, de que tomou emprestado o nome. No interior, as paredes são decoradas com mosaicos dourados e afrescos do chão ao teto, a maioria deles muito mais bem preservada do que na igreja homônima da Istambul de hoje. Os comunistas tinham planos de demolir a catedral e construir um parque no lugar, mas, graças aos esforços diligentes de cientistas e historiadores, a catedral foi salva. Em 1934, foi transformada em museu. Há

EXPRESSO PARA KIEV

planos para que seja novamente utilizada como igreja, mas até agora as igrejas ortodoxas grega e ucraniana não chegaram a um acordo sobre qual delas teria o direito de dispor do santuário.

Ao lado da Catedral de Santa Sofia está o Mosteiro de São Miguel, cujas cúpulas douradas são um marco de Kiev. O mosteiro, com sua belíssima igreja azul, foi construído algumas décadas depois da catedral, mas não teve a mesma sina depois que os comunistas chegaram ao poder. Na década de 1930, houve um intenso debate acerca de quanto ainda restava da igreja bizantina original. Muito pouco, concluíram os comunistas. Primeiro, as cúpulas douradas e os mosaicos foram arrancados, depois a catedral em si e a torre do campanário foram dinamitadas no verão de 1936. Apenas o refeitório foi preservado para a posteridade. Elaboraram-se vários projetos grandiosos para o antigo terreno do mosteiro, mas nenhum chegou a se materializar. Por fim, o lugar passou a abrigar quadras de tênis e vôlei.

Após o colapso da União Soviética, o governo ucraniano decidiu reconstruir o prédio, e, em 1991, o Mosteiro de São Miguel reabriu as portas. O trabalho de restauro foi meticuloso; as paredes da igreja estão cobertas de pinturas do chão ao teto, e as cúpulas douradas voltaram a despontar no horizonte de Kiev, mas a aura histórica se perdeu para sempre.

Não foram apenas as igrejas que sofreram durante o regime de Stálin. Um memorial às vítimas da fome na década de 1930 foi erguido próximo ao mosteiro reconstruído. Tal como no Cazaquistão, onde um quarto da população morreu de fome no mesmo período, a coletivização forçada ocasionou uma epidemia de famintos também na República Soviética da Ucrânia. Para garantir o abastecimento das cidades, as fazendas receberam cotas fixas de produção, estabelecidas segundo os planos quinquenais. Em 1932, o primeiro dos cinco anos chegou ao fim. Uma vez que o objetivo era melhorar o cultivo e aumentar a produção, as cotas foram sendo elevadas tanto no primeiro ano como nos seguintes. Por várias razões, a safra de 1920 foi consideravelmente pior que a dos anos anteriores. Mesmo sendo obrigados a entregar todo o alimento que produziam, os fazendeiros não conseguiam cumprir as cotas. O roubo, ainda que de um punhado de sementes, era punido com a morte. Policiais armados iam de fazenda em fazenda confiscando cada grão, cada migalha de pão, cada gota de leite, enquanto crianças e adultos morriam de inanição diante de seus olhos. Embora estivesse ciente da epidemia de fome por meio de relatórios secretos, o governo central em Moscou preferiu considerar o descumprimento das cotas um ato de sabotagem da parte dos agricultores, e reagiu elevando ainda mais as cotas para o ano seguinte, 1933. Os policias continuaram a fazer batidas nas fazendas coletivas, numa caça frenética pelos grãos que eles acusavam os fazendeiros famintos de esconder.

Como a epidemia de fome era mantida em segredo, não existem estatísticas exatas sobre o número de vítimas. Pesquisadores calculam em retrospecto que entre 3 milhões e 5 milhões de pessoas morreram em consequência da política alimentar desumana implementada na República Soviética da Ucrânia. Na Ucrânia, a epidemia de fome é chamada de «Holodomor», uma corruptela de *moryty holodom*, que significa «fastiar até morrer». O governo da Ucrânia considera o Holodomor um genocídio do povo ucraniano.

O campanário da igreja reerguida abriga hoje um museu histórico do Mosteiro de São Miguel. À medida que subia os degraus, pude acompanhar a história do mosteiro desde sua fundação, em 1108, sob o reinado do impopular Esvetopolco II, passando pelo jugo dos mongóis e comunistas, até chegar às obras de reconstrução. Capacetes e equipamentos de primeiros socorros davam o testemunho de um drama que se desenrolou aqui não faz muito tempo. Durante os três meses de protestos, o Mosteiro de São Miguel serviu de abrigo para os manifestantes da praça Maidan. Na primeira quinzena de fevereiro de 2014, conforme a situação se agravava, vários dos feridos eram carregados até o mosteiro para receber socorro.

***

Não é preciso procurar muito longe de Kiev para encontrar vítimas da revolução. A rua que conduz à praça Maidan foi rebatizada de avenida dos Martírios. Ao longo da via foram erguidos pequenos santuários em memória das vítimas das balas do batalhão de choque. Bandeiras ucranianas, velas e flores artificiais emolduram as fotos dos mortos, rostos jovens e inocentes.

Ainda que o front de batalha estivesse bem distante, as faces da guerra também estavam por toda parte. Na saída das estações de metrô e nas grandes praças, voluntários angariavam dinheiro para os soldados. Pôsteres enormes com retratos dos soldados mortos em combate funcionavam como chamativo.

Até aqui, mais de 10 mil pessoas perderam a vida na guerra na região da bacia do Don. Na guerra, quase sempre há mais feridos do que mortos; a estimativa da quantidade de feridos se aproxima de 30 mil, talvez mais. Desses, há ainda os que foram feridos na alma, dos quais nem sempre existem estatísticas disponíveis.

Em Butcha, pequeno subúrbio de Kiev, conheci Anatoly Kushnirhuk, capelão dos soldados na frente de batalha.

— Todos pagam o preço por essa guerra — disse Anatoly. — Moram apenas 35 mil pessoas aqui em Butcha; mais de trezentas foram arrastadas para a guerra. Onze voltaram para casa dentro de caixões. As mulheres dos soldados são as mais penalizadas. Elas lutam para manter a família unida, lutam pelos filhos e lutam para sobreviver, pois nem todos os soldados ganham dinheiro. Oitenta e cinco por cento dos cônjuges de militares se separam. O homem que volta para casa depois de uma batalha não é o mesmo que partiu – é só o mesmo corpo o que volta. Alguns bebem para esquecer. Outros ficam deprimidos e violentos. Alguns precisam ligar o rádio no volume mais alto para conseguir dormir. Alguns não veem a hora de poder voltar para lá. São justamente esses os que mais precisam de auxílio, porque ficaram dependentes da guerra. Ainda não tivemos um número significativo de suicídios até agora, mas vai acontecer.

* * *

O Hospital Militar de Kiev era como um labirinto. Nenhum leito estava vazio. Homens jovens eram empurrados pelos corredores em cadeiras de rodas, outros mancavam equilibrando-se em muletas; onde deveria haver uma perna só restava um coto. Um dos que claudicavam com dificuldade pelo corredor, metro após metro, era Pima, de 25 anos. O rosto estava coberto de cicatrizes, e a boca e os olhos estavam desfigurados. A trincheira onde estava escondido foi atingida em cheio por uma bomba. Os dois últimos anos, ele passou internado no hospital.

– Fui dos primeiros a serem convocados, mas estava feliz de ir para a guerra! – contou Pima. – É uma guerra da Rússia contra nós. Putin é como Hitler. Como pode um país simplesmente vir e se apossar de outro, em pleno século XXI?

Num quarto com quatro leitos estava internado um homem musculoso, de uns quarenta anos. Ele não quis dizer o nome, mas queria falar:

– Fiquei doente da cabeça por causa da guerra – disse ele. – Ficamos todos. Eu, que fui como voluntário, comprei uma arma automática com meu próprio dinheiro. Eu tinha permissão para comprar armas, quer dizer, foi tudo dentro da lei. Estive em Pisky e Marinka. E no aeroporto... Melhor não me lembrar do que aconteceu lá.

Ele olhou em volta, seus olhos tinham perdido o brilho.

EXPRESSO PARA KIEV

— O governo não nos vê como pessoas — prosseguiu. — Acham que somos bucha de canhão. Não nos deram sequer comida decente lá. A Ucrânia não estava preparada para a guerra. A Ucrânia estava 200% despreparada! Nosso equipamento era velho. Olhe aqui os cartuchos que usamos. São do tempo da União Soviética. Nada mudou, todo o nosso equipamento era do tempo da União Soviética. Os separatistas, não, eles tinham equipamentos supermodernos, fornecidos pela Rússia. A maioria dos soldados ali veio da Rússia. A propaganda era tão maciça que até me vi acreditando nela.

No quarto vizinho estava deitado Sergey, de 31 anos, com ambas as pernas engessadas. Presumi que ele havia sido ferido em combate, mas ele me contou que fora atropelado enquanto montava guarda num bloqueio rodoviário. Assim são as idiossincrasias da guerra. Atropelado por um motorista bêbado.

— A paz — disse Sergey — depende dos políticos, não dos soldados. Nós só sobrevivemos. Não decidimos nada.

Quando recebesse alta do hospital, ele queria voltar imediatamente para casa, em Odessa. Já estava farto.

Em outro quarto conheci Vasily, de 42 anos, o braço direito coberto de cicatrizes e o antebraço engessado. Ele foi ferido em 12 de agosto de 2014, e desde então foi sendo transferido para vários hospitais em toda a Ucrânia. O braço havia ficado encurtado depois de tantas operações, mas ele ainda conseguia sentir os dedos.

— Pelo menos ainda posso rezar — disse ele mostrando como ainda conseguia unir as palmas da mão. — Fui um dos primeiros convocados. Se me convocassem novamente, acho que eu voltaria lá. Os caminhos do Senhor são insondáveis, e a guerra escolhe suas vítimas. Estou lutando pelos meus, pela minha esposa, meus filhos, pelo solo ucraniano, não por governo ou deputado nenhum!

— O que fazia antes da guerra? — perguntei.

— Trabalhava numa fábrica de papel — respondeu Vasily.

— Agora estou inválido e não posso mais trabalhar, vou ter que me haver com uma aposentadoria de pouco mais de 100 dólares por mês.

Ele dedilhava uma cruz que trazia pendurada numa corrente no pescoço, junto com as chapinhas de metal da identificação militar.

— Quase todos os homens da minha família serviram no exército — disse ele. — Meu avô paterno esteve em Berlim. Meu pai, em Cuba. Meu tio serviu na Síria durante a guerra entre Israel e Egito. Meu irmão esteve no Afeganistão. Eu fui parar em Donetsk. Agora já chega. Espero que meu filho seja poupado disso.

***

Tiden läker sår. O tempo cura feridas. As feridas da Ucrânia independente ainda estão abertas, e a cada dia surgem novas. Em 1654, depois que o líder cossaco Khmelnitsky jurou fidelidade ao tsar, os territórios sob sua proteção passaram a ser chamados de «Pequena Rússia». O nome foi usado até o século XIX e diz algumas coisas sobre como os russos viam, e talvez ainda vejam, os ucranianos. Na Rússia, a existência de um idioma ucraniano próprio foi durante muito tempo negligenciada e, até a revolução, havia fortes restrições ao uso do ucraniano como língua escrita. Hoje, cerca de 17% da população da Ucrânia é de russos étnicos, enquanto cerca de um terço tem o russo como língua materna — tanto os russos quanto outros falantes de russo vivem principalmente na metade oriental do país.

A Revolução Laranja de 2004 foi um choque para Putin, que teme mais do que tudo algo semelhante em solo russo. Infelizmente, Viktor Yushchenko, o pai e vencedor da Revolução Laranja, não conseguiu corresponder às expectativas elevadíssimas que ele mesmo ajudou a criar na praça Maidan. Nas eleições presidenciais de 2010, seu antigo rival, Viktor Yanukovytch, foi reeleito presidente, enquanto o próprio Yushchenko recebeu apenas 5,45% dos votos. Em seu discurso de posse, Yanukovytch enfatizou que a Ucrânia era «uma ponte entre o Oriente e o Ocidente, e parte integrante tanto da Europa quanto da antiga União Soviética».

Yanukovytch falhou catastroficamente em construir pontes entre o Oriente e o Ocidente. Nove anos após a Revolução Laranja, os ucranianos reuniram-se novamente na praça Maidan para expressar sua revolta. Hoje, Yanukovytch é procurado pelas autoridades ucranianas por assassinato em massa e peculato, e há rumores de que esteja vivendo numa luxuosa mansão nos arredores de Moscou.

O luxo não é algo estranho para Yanukovytch. Sua antiga residência nos arredores de Kiev passou a se chamar «Museu da Corrupção» e está aberta à visitação de curiosos. Uma empresa privada, supostamente a mesma que administrava a propriedade quando Yanukovytch morava nela, é responsável pela venda de ingressos.

Otimistamente, comecei a explorá-la a pé, caminhando pela quadra de tênis, pela piscina e pelo lago aquecido onde Yanukovytch criava peixes exóticos. No entanto, logo percebi que só conseguiria visitar uma ínfima fração da vasta propriedade com meus próprios pés. A administração já tinha levado isso em consideração e oferecia aos visitantes o aluguel de bicicletas e diciclos elétricos. Também era possível comprar ingressos para uma visita guiada a bordo de carrinhos de golfe.

Preferi o carrinho de golfe. Embora tenhamos saltado o zoológico e praticamente não tenhamos feito paradas ao longo do caminho, o passeio levou meia hora. Uma avenida de 150 espécies diferentes de abetos conduzia do portão de entrada ao campo de golfe. O complexo abrigava vinte fontes, cem carros e dois helicópteros. Havia também na propriedade um instituto de pesquisa química, tido como o melhor do país, que testava com antecedência tudo que Yanukovytch ingeria. Comenta-se que o ex-presidente estava se tornando cada vez mais paranoico, e ultimamente só circulava pela propriedade usando colete à prova de balas e capacete. Mais de mil pessoas trabalhavam ali, das quais quase quatrocentas eram guardas.

Uma mistura de ativista e guia, vestindo uma capa vermelha e preta, me acompanhou pela visita à casa principal. Num dos porões, todos os vasos eram forrados com pele de cobra, com exceção de um, revestido com papel imitando pele de cobra — a corrupção e a trapaça obviamente também tinham afetado o próprio Yanukovytch. Sobre a mesa estava exposto o rascunho de um discurso. As palavras eram marcadas com diacríticos normalmente usados apenas em livros didáticos para estudantes estrangeiros de russo. Os clássicos russos na estante pareciam intocados. Em todas as salas havia enormes telas de TV penduradas nas paredes, às vezes várias numa mesma sala, todas com grossas molduras douradas. No primeiro andar, havia duas suítes quase idênticas. Uma era de Yanukovytch, a outra pertencia à amante.

— A amante trabalhou originalmente como copeira na casa de Yanukovytch — disse o guia ativista. — A esposa ficou em Donetsk; ela nunca se mudou para Kiev. Fazia anos que os dois não coabitavam; era público e notório. Só se falavam duas vezes por ano, no dia do aniversário, para dar os parabéns.

As portas do elevador eram incrustadas com cristais Swarowski. Na sala de jogos havia mesas de bilhar e de pôquer, além de várias outras mesas de jogo. Uma rede de corredores secretos foi construída atrás das paredes para que Yanukovytch e sua amante não precisassem esbarrar com os serviçais. As obras de arte que restaram foram avaliadas como inúteis por especialistas, mas algumas das pinturas e objetos de valor embarcaram com ele no voo para Moscou.

EXPRESSO PARA KIEV

No final de maio de 2014, uma nova eleição presidencial foi realizada na Ucrânia. O oligarca e produtor de chocolate Petro Poroshenko foi eleito presidente, o quinto desde o fim da URSS.[51] Poroshenko, que ocupou os cargos de ministro das Relações Exteriores e das Finanças, apoiou financeiramente tanto a Revolução Laranja, em 2004, quanto os protestos de 2013 e 2014. Poucas semanas após tomar posse, assinou o protocolo financeiro do acordo de associação à UE. No momento em que escrevo, ele planeja realizar um referendo para determinar se a Ucrânia deve aderir à Otan. Diante do contexto atual e da oposição de Putin desde sempre, é improvável que a adesão à Otan se concretize, tanto para a Ucrânia como para a Geórgia. A Grande Rússia deu mostras ao mundo inteiro de que não medirá esforços para colocar a Pequena Rússia em seu devido lugar.

---

51 Depois de uma campanha em que se apresentou como anticandidato, Volodimir Zelensky foi eleito presidente em 20 de maio de 2019. As tensões aumentaram e, em 24 de fevereiro de 2022, após concluir uma série de exercícios militares na fronteira, a Rússia invadiu a Ucrânia. [N. T.]

Excursão em grupo a Tchernóbyl

Cerca de vinte turistas ainda sonolentos se encontraram bem cedo no local combinado na praça Maidan. Embarcamos em dois micro-ônibus, e durante a viagem de 100 quilômetros pelas esburacadas estradas ucranianas assistimos a um filme informativo que durou o exato tempo do trajeto desde Kiev até a *Zona*.

— Numa viagem de um dia a Tchernóbyl, você se expõe a menos radiação do que num voo de longa distância — explicou uma mulher numa voz amanteigada enquanto acionava um contador Geiger. Uma equação complexa foi exibida na tela. A maioria dormiu durante o filme que explicou como calcular doses de becquerel, mas Roger Molinder, de Estocolmo, acompanhou tudo atentamente:

— Há muito tempo elaborei uma lista de coisas que quero fazer e lugares que quero visitar antes de morrer — disse ele.

— Na virada do ano decidi riscar alguns itens da lista. A vida é curta. Desde 2008 queria vir a Tchernóbyl, não, espere, desde 2004, na verdade, quando me dei conta de que era possível vir para cá. Até pensei em viajar com alguém, mas depois me dei conta de que seria melhor vir sozinho. Não é uma viagem longa. Cheguei a Kiev ontem e volto amanhã. Já que estou aqui, seria mais simples tentar visitar outros lugares, mas se pensar assim a viagem não acaba nunca.

Na entrada de Tchernóbyl tivemos cinco minutos para fotografar a placa da cidade. Lá nos juntamos a outro grupo, de outra agência de turismo. Diante da pequena aglomeração na frente das letras de concreto cirílico, Sergey, nosso jovem guia, supôs que quiséssemos voltar logo para o micro-ônibus. A parada seguinte era um jardim de infância em ruínas.

— Vocês têm quinze minutos para as fotos — avisou Sergey. — Não pisem na grama — acrescentou. — Ela ainda é muito radiativa.

Saímos do pequeno micro-ônibus e passamos a documentar febrilmente a destruição. Parecia que uma bomba enorme havia sido detonada ali. Colchões e ursinhos de pelúcia espalhados por toda parte, vidraças aos cacos, telhado prestes a desabar. O lugar foi tomado por cliques de câmeras e bipes de contadores Geiger, que podiam ser alugados na agência de turismo por um adicional de 10 dólares. Sergey acompanhou dois britânicos até uma rocha perto da entrada. As telas dos contadores Geiger começaram a piscar em vermelho e a apitar freneticamente.

— *Cool!* — comentaram os britânicos. — *Really cool.*

Quinze minutos depois, Sergey fez a contagem de pessoas de volta ao ônibus:

— O governo só permite uma taxa de perda de 10% por grupo, hahaha. Brincadeira, hahaha.

Tchernóbyl foi aberta ao turismo em 2001, e entre 10 mil e 20 mil turistas fazem essa viagem todos os anos.[52] Mesmo sem drinques chamativos, *sombreros* e mariachis à vista, a sensação era a de que estávamos numa viagem de veraneio quando chegamos a Pripyat, construída especialmente para abrigar os trabalhadores da usina atômica. A cidade foi fundada em 1970, mesmo ano da construção da usina, e oficialmente inaugurada nove

---

52 Cerca de 70 mil turistas visitaram Tchernóbyl em 2018, e um número ainda maior em 2019, atraídos pelo sucesso da minissérie de TV homônima.

anos depois. Em 1986, pouco menos de 50 mil pessoas, incluindo 17 mil crianças, viviam em Pripyat. Na tarde de 27 de abril, um ano e meio depois do acidente, a cidade inteira foi evacuada em menos de quatro horas. Os moradores foram informados de que ficariam ausentes por três dias. Hoje, Pripyat é um monumento à era soviética *anno* 1986, uma cápsula do tempo radiativa. As ruas largas estão desertas; as casas resistem como silenciosas cascas de concreto. Lentamente, a natureza começou a tomar conta da cidade. Árvores e arbustos avançam pelo asfalto.

— Vocês têm vinte minutos para tirar fotos dentro da escola destruída — disse Sergey. — De acordo com as regras, não é permitido entrar em nenhum desses prédios por questões de segurança, mas é claro que ninguém leva a sério esse tipo de recomendação, hahaha.

Aqui também, no prédio da escola em escombros, o cenário era de guerra. Todas as janelas estavam quebradas. As telhas pendiam do telhado. Os móveis estavam espalhados por toda parte. Em algumas paredes ainda havia cartazes empoeirados com slogans vermelhos e retratos de Lênin.

A decadência sobrevém rápido. Em três décadas, tudo se desfaz.

Sergey não se afastava de nós enquanto percorríamos a cidade-fantasma. Depois de nos mostrar uma piscina abandonada, um campo de futebol cheio de mato e três quadras de basquete, era hora da atração principal: a icônica roda-gigante, símbolo maior do acidente de Tchernóbyl.

— Às vezes temos duzentos turistas aqui ao mesmo tempo — disse Sergey com uma ponta de satisfação. — Duzentos turistas vindo ver um parque de diversões abandonado — acrescentou com um sorriso irônico.

De acordo com o plano, o parque de diversões de Pripyat seria inaugurado em 1º de maio de 1986, para celebrar o Dia do Trabalho. O parque chegou a funcionar para testes durante algumas horas da manhã do dia 27 de abril, um dia depois da tragédia, para distrair os habitantes antes da evacuação. A maioria das pessoas em Pripyat soube na época de um acidente na usina nuclear, mas poucos tinham noção da gravidade, e as autoridades locais faziam o que podiam para minimizar a situação. A usina nuclear de Tchernóbyl foi a primeira a ser construída em solo ucraniano e era do tipo RBMK [Reator Canalizado de Alta Potência], de segunda geração, refrigerado a água e moderado a grafite, um modelo de reator desenvolvido na União Soviética na década de 1950 que não era aprovado para uso no Ocidente por ser considerado instável demais. Entre outras falhas, havia o perigo iminente de que o grafite pegasse fogo, e foi exatamente o que aconteceu em Tchernóbyl.

Na sexta-feira, 25 de abril de 1986, os físicos nucleares da usina nuclear de Tchernóbyl desligaram vários recursos de segurança do reator número quatro, incluindo o sistema de refrigeração. O objetivo era realizar um arriscado teste no dia seguinte para descobrir por quanto tempo as turbinas continuariam a produzir eletricidade para as bombas de resfriamento depois que o sistema fosse desligado. O teste deu terrivelmente errado. À 1h23 do dia 26 de abril, o nível de energia do reator aumentou 120 vezes acima do normal e as bombas pararam de funcionar. Segundos depois, o reator explodiu, despedaçando a tampa protetora que pesava mais de mil toneladas e dispersando uma enorme quantidade de poeira radiativa na atmosfera. Estima-se que as emissões e a precipitação de radiação foram duzentas vezes maiores do que nas bombas atômicas em Hiroshima e Nagasaki.

Dois dias depois, o alarme disparou na usina nuclear sueca de Forsmark, no norte de Estocolmo. Os sapatos de um funcionário acionaram o sistema de segurança durante uma verificação de rotina. Rapidamente se descobriu que a radiatividade não se originava da usina, como se temia de início, e se chegou à conclusão de que um acidente grave teria ocorrido na União Soviética. Em 29 de abril, Tchernóbyl ganhava as manchetes de primeira página do *The New York Times*, mas em Moscou o governo ainda tentava tapar o sol com a peneira. Em Kiev e outras cidades vizinhas, as festividades do 1º de Maio ocorreram conforme o planejado, com desfiles, discursos e comemoração ao ar livre. Somente em 6 de maio, dez dias após o acidente, as escolas de Kiev fecharam as portas e os moradores das áreas próximas receberam a recomendação de permanecer dentro de casa o máximo possível.

Em 14 de maio, Mikhail Gorbatchev referiu-se oficialmente ao acidente pela primeira vez: «O pior já passou», assegurou ele, para em seguida criticar duramente os meios de comunicação e os governos estrangeiros, que acusou de espalhar mentiras e fazer propaganda perniciosa.

* * *

No Hospital de Tchernóbyl, em Kiev, os médicos ainda têm muito o que fazer, trinta anos após o acidente.

— Temos 310 pacientes sendo tratados agora — disse a médica-chefe Galina Tinkiv quando a visitei no consultório após a excursão em grupo. — Esperamos receber pacientes de Tchernóbyl por pelo menos mais trinta anos. Leva tempo para os isótopos se decomporem, e alguns dos sintomas começam a surgir muito discretamente. Os sintomas e doenças variam, mas normalmente vemos um colapso geral do sistema imunológico. Níveis muito altos de câncer de tireoide também foram relatados nas áreas próximas a Tchernóbyl.

Um dos 310 pacientes era Anatoly Protsenko, que trabalhou como bombeiro em Tchernóbyl. Às 6h da manhã do dia 26 ele saiu para render os companheiros do turno da noite. Permaneceu quatro dias no plantão:

EXCURSÃO EM GRUPO A TCHERNÓBYL

— Naquele 27 de abril completei 25 anos — contou ele. — Comemorei com lágrimas nos olhos, pois naquele dia minha família foi evacuada de Pripyat. No quarto dia fiquei doente. Senti náuseas e dor de cabeça e acabei perdendo a consciência. Fiquei 45 dias internado, mas prefiro não entrar em detalhes, se não se importa. Eu desmaiava o tempo todo. Quando recebi alta do hospital, não sabia onde minha esposa e meu filho estavam. Desde então, ele já esteve hospitalizado inúmeras vezes.

— Só estou vivo hoje graças aos médicos aqui — constatou. — Eles salvaram minha vida, uma vez depois da outra.

Sete dos bombeiros que ajudaram a debelar o incêndio inicial morreram de doença radiativa aguda pouco tempo depois. De acordo com estatísticas oficiais, 32 pessoas morreram devido a lesões causadas pela radiação nos primeiros meses após o acidente, entre eles pilotos de helicóptero e técnicos da usina nuclear. A maioria dos que sobreviveram padece de problemas de saúde. Não há registro exato do número de doentes ou mortos em consequência do acidente de Tchernóbyl, mas pelo menos 3 milhões de pessoas são consideradas pelas autoridades ucranianas como «vítimas de Tchernóbyl». Mais de 4 milhões de pessoas ainda vivem em áreas afetadas por precipitação radiativa na Ucrânia e em Belarus.

As histórias são muitas. A de Aleksander Syrat é uma delas.

***

Em 26 de abril de 1986, Aleksander Syrat tinha oito anos. Levantou-se, tomou o café da manhã e foi para a escola como de costume, mas não era um sábado normal: todos os professores estavam reunidos e os alunos foram deixados sozinhos nas salas de aula. Do posto de saúde, a 200 metros da escola, o ruído de sirenes não cessava. Como os professores não retornaram para a segunda aula, Aleksander e um amigo decidiram ir ao posto de saúde para saber o que estava acontecendo. Os adultos os mandaram embora dali imediatamente, mas alguém comentou que a usina nuclear estava em chamas. Os dois meninos correram até a ponte para espiar. De lá, tinha-se uma visão privilegiada da usina, que estava a menos de 2 quilômetros de distância, mas não havia o que ver — o prédio inteiro estava oculto pela fumaça. Um helicóptero pousava e decolava ao longo do rio repetidamente. Aleksander e seu amigo ficaram ali observando. Quando não podiam mais ver nada, foram até o local onde o helicóptero pousava, sentaram-se e ficaram brincando na areia até o fim do dia. A mãe não conseguia entender por que o filho estava coberto de areia quando voltou da escola. Aleksander mentiu e disse que tinha participado de atividades ao ar livre, por isso estava sujo.

À noite, um emissário da prefeitura tocou a campainha e disse que todos os habitantes de Pripyat seriam evacuados temporariamente. A mãe e Aleksander arrumaram suas coisas às pressas e foram esperar lá fora, mas nada aconteceu. Os adultos ficaram ali de pé, fumando e conversando na calçada; as crianças corriam e brincavam. Convencidos de que não haveria evacuação naquele dia, todos voltaram para suas residências. A mãe de Aleksander ficou sentada olhando o reflexo das chamas no céu.

Às 14h do dia seguinte, chegaram os ônibus que os levariam embora. A polícia lacrou a porta do apartamento, e eles embarcaram. Estava quente e as janelas do ônibus estavam abertas.

— Pripyat era uma cidade como qualquer outra — disse Aleksander. — Não há razão para achar que era diferente apenas por causa do que aconteceu. Passei os melhores anos da minha infância lá. Depois do acidente, minha infância acabou. No outono de 1986, fui hospitalizado pela primeira vez. Nos sete anos seguintes, passei 25 meses no hospital. Ainda estou doente.

Ele preferiu não falar sobre a doença nem sobre os sintomas. Achava que eram muito íntimos. De política, por outro lado, ele gostava de falar:

— Eu odeio o sistema soviético, mas não culpo ninguém — disse ele. — Não estávamos *preparados* para ter energia nuclear. Eles implementaram planos de cinco anos em apenas três anos. Tchernóbyl foi uma das principais razões para a dissolução da União Soviética: embora as autoridades tenham recebido ajuda da comunidade internacional, a evacuação, os danos e a descontaminação após o acidente consumiram uma quantia astronômica de dinheiro. Além disso, o sistema foi flagrado mentindo sobre algo gravíssimo. As pessoas entenderam que o governo não se importava com as pessoas comuns.

Antes de partir, Aleksander me levou à cerca ao redor de sua casa, onde três cavalinhos Przewalski pastavam tranquilamente. Esses raros cavalos selvagens foram introduzidos na área de Tchernóbyl no final da década de 1990 como parte de um experimento. Desde então, vêm procriando tão rapidamente que se transformaram numa praga.

— As pessoas aqui atiram neles porque eles devoram o pasto inteiro — explicou Aleksander. — Eu salvei esses três.

Na ausência de humanos, a vida selvagem prosperou em Tchernóbyl e, para surpresa dos pesquisadores, os animais não parecem ter sido significativamente afetados pela radiação. Na zona de exclusão de 2.600 quilômetros quadrados, habitam hoje numerosos bandos de lobos, ursos, raposas e espécies raras de aves.

E algumas pessoas, que voltaram para suas casas.

Quase duzentas aldeias e cidades, mais de 350 mil pessoas no total, foram evacuadas após o acidente. Durante os primeiros anos, cerca de 2 mil voltaram para a Zona, como é chamada a área evacuada. A polícia tentou reiteradamente retirá-las dali, mas acabou desistindo.

Hoje, menos de 170 retornados vivem na Zona. E estão morrendo.

Ivan Semenyuk, de oitenta anos, e sua esposa, Maria, de 78, estão entre os poucos que ainda demonstram algum apego pelo lugar.

***

Durante a noite, o chão se cobriu com uma espessa camada de neve, o último espasmo do inverno ucraniano, mas dentro da casa de Ivan e Maria estava quente. E bagunçado. Havia remédios, sobras de comida e roupas espalhados por toda parte; nas camas, no chão, nas mesas.

— Deixei cair uma panela de água quente no pé há um mês — explicou Ivan quase aos gritos, apontando para a montanha de pomadas espalhadas pela mesa de cabeceira. — Não melhora, e os médicos não me ajudam. Na época dos soviéticos, eles vinham em casa e tratavam a gente. Agora, nem atendem o telefone quando você liga!

Ele serviu a mim e ao meu guia oficial em Tchernóbyl, Maksim, café caseiro e morno em canecas que não eram lavadas havia meses. Maria sentou-se numa cadeira e escutou a conversa calada, assentindo com a cabeça de vez em quando.

— Antigamente, quatrocentas pessoas moravam aqui! — gritou Ivan. — Ninguém trancava as portas. Ninguém roubava.

— A radiação não lhe mete medo? — perguntei.

— Não, não tem perigo — disse Ivan. — Sinto a radiação como um ardor no rosto; tenho a pele muito sensível. Quando fomos evacuados após o acidente, eu fiquei doente. Achei que fosse morrer. A água lá, no novo local, não era limpa. Muitas pessoas pegaram tuberculose e outras doenças transmitidas pela água. Eu mal conseguia respirar lá. Eles nos deram uma casa, uma construção feita às pressas e de má qualidade. Aqui o ar é limpo. Comemos de tudo aqui, cogumelos, verduras, ervas, peixes. Aqui é completamente seguro. A maioria dos meus amigos que foram evacuados estão mortos agora.

Ivan não tinha planos de sair dali.

— Não é exatamente agradável viver aqui — disse ele. — Muita decadência, muita destruição. Mas há o tempo de mudar e o tempo de morrer. Agora está chegando o tempo de morrer.

As outras casas da aldeia pareciam esqueletos de madeira. Janelas aos pedaços, telhados desabando, ervas daninhas, gravetos e folhas secas acumuladas ao redor.

Numa das casas ali perto, porém, todas as janelas estavam intactas, e a coluna de fumaça cinzenta subia pela chaminé. Maksim e eu entramos, e, deitada numa cama no quarto mais ao fundo, encontramos Maria Upurova, de oitenta anos. Depois de sofrer um derrame três anos antes, ela não conseguia mais andar sem a ajuda de muletas. Ao lado da cama havia uma Bíblia aberta. O quarto recendia a leite azedo. Um gato gordo se esgueirou pelas nossas pernas.

Quando lhe contamos que tínhamos acabado de visitar Ivan Semenyuk, Maria se encrespou:

— Ivan Ivanovich roubou todas as minhas coisas! — disse ela. — Os guardas-florestais disseram que o flagraram tirando coisas daqui. Não nos frequentamos mais. É muito ruim saber que parentes são capazes de fazer coisas assim. A mulher dele, Maria, é minha prima. Eles achavam que eu estava morta, mas eu só estava internada. Levaram tudo. Almofadas, cortinas. Quando voltei, a casa estava vazia.

Maria Upurova e seu marido voltaram para a aldeia deserta no outono de 1986. A cada inspeção policial eles se escondiam. Por fim Maria disse aos policiais:

— Se me tirarem daqui, vou ao cemitério dormir junto com os mortos.

Desde então, deixaram-na em paz.

Em 2012, o marido de Maria morreu, e, no ano seguinte, ela sofreu o derrame. O filho veio buscá-la e queria que ela ficasse com ele, mas um ano depois Maria voltou para a Zona.

— Eu não me dava bem com minha nora, ela não gosta de mim — explicou. — Além do mais, esta é a minha casa. Nasci aqui. Não é razoável morar noutro lugar. Mas essa de Ivan Ivanovich e sua esposa terem levado todas as minhas coisas, ah, eu não consigo superar isso...

Na tentativa de descobrir o que realmente aconteceu, voltamos à casa de Ivan Semenyuk. Maksim estava aflito.

— Da última vez que mencionamos o assunto, ele ficou muito chateado — explicou. — Fico preocupado que ele tenha um troço.

Prometi ser cautelosa.

— Só não seja tão cautelosa! — disse Maksim. — Gente da época da União Soviética detesta rodeios. Eles só captam a mensagem se você for direta, preto no branco.

Ivan nos recebeu curioso para saber o que nos trazia ali de volta. Explicamos a situação da forma mais discreta e direta possível.

— Maria Ivanovna, ah! — gritou Ivan. — Vou dizer a vocês o que aconteceu. A fechadura estava quebrada! Foram os amigos dela que roubaram tudo. A fechadura estava emperrada porque nunca foi usada. Os amigos dela sabiam onde estavam as coisas. Nunca pus os pés ali, eu entreguei a chave para os amigos dela. Foram eles que levaram as coisas depois de tomarem um porre com os guardas-florestais. Eu estava no quintal e vi tudo, mas não quis me intrometer.

Do quarto, a esposa deu um longo suspiro.

— Ela fica muito sentida — disse Ivan. — Maria Ivanovna é prima dela. Olhe aqui, eu já tenho coisas de sobra, não preciso de mais! Sou o único homem no meio de quatro mulheres, não é fácil, vou dizer a vocês. Quatro avós e eu! Aliás, tenho para mim

EXCURSÃO EM GRUPO A TCHERNÓBYL   475

que foi a nora dela que jogou fora as coisas que pertenciam a Maria, só porque achou que eram inúteis.

Ele nos acompanhou porta afora, passou diante do galinheiro e abriu o portão que dava para a rua deserta.

— Antigamente, todos aqui eram amigos. Ninguém trancava as portas. Agora as pessoas nem se falam mais.

Na terra da fronteira

Chegar a Lviv era como entrar noutro país. Turistas e estudantes poloneses em excursão escolar passeando pelas belas e pitorescas ruas, ladeadas por uma mistura de casas medievais e construções barrocas, inspiradas nos estilos italiano, alemão e do Leste Europeu. Lviv foi uma das poucas cidades da região a escaparem intactas dos bombardeios na Segunda Guerra Mundial, e todo o centro histórico foi tombado como patrimônio mundial pela Unesco. Deixei-me levar pelo fluxo de turistas e perambulei à toa pelos becos estreitos de paralelepípedos. Se me cansava, era só fazer uma pausa num dos vários cafés para beber algo revigorante e talvez comer um pedaço de torta de maçã quente, para depois seguir caminhando pelas ruas cobertas de neve. Era quase abril, mas ainda nevava bastante, e o vento boreal soprava forte e se insinuava sob as várias camadas de roupa. A despeito do clima frio, Lviv se revelou um lugar de pracinhas aconchegantes, lojas de suvenires, igrejas católicas e de uma normalidade abençoada. A guerra no leste parecia remota demais para causar preocupação. Tudo o que eu associava à Ucrânia era agora uma lembrança distante: os tristes prédios soviéticos, os cães vadios pelas ruas, os menus insossos dos restaurantes, a pobreza e a decadência. Mas, ao contrário de Kiev ou Odessa, o ucraniano predominava em Lviv. Em todos os lugares eu me via cercada pela melodia melancólica do idioma que, aqui no oeste, tão perto da fronteira com a Polônia, soava quase como polonês. Muitas vezes me respondiam em ucraniano, embora eu falasse russo.

Há pouco mais de um século, porém, era mais comum ouvir polonês, alemão ou iídiche pelas ruas de Lviv. Os poloneses eram a maioria, enquanto os judeus eram a minoria mais importante. Os ucranianos eram franca minoria e compunham menos de um quinto da população.

Lviv foi fundada em 1256 por Daniel da Galícia, descendente de Rurik.[53] Daniel se tornou o primeiro rei da Galícia, a área de fronteira entre a atual Polônia e a Ucrânia, mas em troca perdeu Kiev para os mongóis. A cidade tem o nome do filho mais velho e sucessor de Daniel, Leo. Ao longo dos séculos, Lviv teve muitos governantes e pertenceu a vários reinos diferentes, o que se reflete na variedade de nomes que tem a cidade. Em alemão, é conhecida como Lemberg, enquanto os poloneses a chamam de Lwów e os russos de Lvov. Em francês é conhecida como Léopol, e em latim, Leopolis, «Cidade do Leão».

Por mais de quatrocentos anos, de 1339 a 1772, esteve sob o domínio do reino polonês, e de 1772 a 1918, Lviv, ou Lemberg, foi a capital do Reino da Galícia e Lodoméria, que estava sob domínio austro-húngaro. Após a Primeira Guerra Mundial, Galícia e Lodoméria fizeram parte da República Independente da Ucrânia Ocidental durante alguns meses, antes que toda a região, após violentos combates, fosse anexada à Polônia. Durante a Segunda Guerra Mundial, Lviv foi ocupada três vezes: primeiro pela União Soviética em 1939, depois pela Alemanha nazista em 1941, e novamente pela União Soviética em 1944. Após a guerra, Lviv e a Galícia Oriental foram anexadas à República Soviética da Ucrânia e os poloneses foram expulsos de lá. Desde 1991, há pouco mais de um quarto de século,

---

53 Também conhecido como Daniel de Halytch.

Lviv faz parte da Ucrânia. Cerca de 90% da população de agora são ucranianos. A história do leste europeu é cheia de reviravoltas. As fronteiras se movem de lugar ao longo dos séculos; países desaparecem para ressurgir mais adiante, outros passam a existir. Etimologicamente, a palavra «Ucrânia» é derivada da preposição *u*, que significa «por» ou «em»; e *kraïna*, que significa «terra» e provém de *kraj*, «borda», «fim» ou «fronteira». Ou seja, «Terra da Fronteira».[54] Uma vez que o território é uma grande planície, há poucas barreiras naturais; os limites são, portanto, fluidos e estão em constante movimento. As fronteiras de hoje foram criadas há quase um século e só se tornaram mais palpáveis após o colapso da União Soviética. Agora, sob Putin e a política externa agressiva e expansionista da Rússia, elas voltam a se mexer.

Durante meses, a viagem ao longo da fronteira da Rússia me trouxe cada vez mais para o oeste, desde o Pacífico até os Cárpatos.

Era hora de rumar para o norte.

***

De Lviv a Brest são pouco menos de 300 quilômetros, mas a viagem de ônibus levou dez horas. Sem pressa, atravessando uma densa floresta de bétulas, o motorista manteve um curso constante para o norte, por estradas estreitas e esburacadas. A paisagem era plana e a estrada mal tinha curvas, mas em

---

54 O nome «Ucrânia» surge pela primeira vez na *Crônica de Nestor*, no século XII, mas, até o final do século XIX, os russos chamavam o lugar, como mencionado anteriormente, de Pequena Rússia. «Ucrânia» voltou a ser adotado durante o despertar do nacional-romantismo no final do século XIX.

defesa do motorista deve-se dizer que houve várias pausas ao longo do caminho, inclusive nas travessias de fronteira.

De início o controle fronteiriço no lado ucraniano pareceu alvissareiro, mas rapidamente degringolou. Um guarda recolheu nossos passaportes e passou a identificar a bagagem.

— Aquela mala, sim, é minha.

— A senhora está trazendo salsichas?

— Não.

Depois que todos juramos que não havíamos trazido salsichas na bagagem, pudemos subir a bordo do ônibus novamente. Todos recuperaram seus passaportes, exceto eu. Um guarda de fronteira que até então passara despercebido entrou no ônibus e acenou com meu passaporte.

— Quem é a estrangeira? — perguntou.

Levantei a mão.

— Venha comigo!

O posto de fronteira consistia numa barreira e duas ou três barracas. Fui levada à menor delas.

— Qual é mesmo a nacionalidade da senhora? — perguntou o guarda, franzindo o cenho para o meu passaporte. Ele achava que eu estava tentando ler o que estava escrito no documento, pois o escondeu de mim ostensivamente.

— Como assim, a senhora não sabe qual é a sua nacionalidade?

— Sim, claro, eu sou...

— Qual é a data do seu nascimento? — cortou ele bruscamente. — E onde a senhora nasceu? Onde seu passaporte foi emitido?

Após a rodada de perguntas inquisitoriais, tive que arrastar toda a minha bagagem até uma mesa para uma inspeção mais detalhada. Disseram-me para esvaziar a mala e despejar o conteúdo sobre a mesa.

— O que é isto? — perguntou o chefe da alfândega, segurando meus tampões de ouvido no ar. — Por que a senhora carrega tantos mapas? — perguntou o colega. Ele desdobrou alguns deles e os estudou com desconfiança. Um terceiro colega passou a folhear meus livros, página por página. Comecei a ficar preocupada achando que o ônibus seguiria adiante sem mim. — O que são essas coisas? — perguntou o chefe da alfândega, segurando meu estojo de lentes de contato. Tentei explicar, mas ficou óbvio que ele não sabia do que se tratava. O outro colega sumiu de vista com meus recibos para examiná-los mais detalhadamente. Um quarto agente investigou a nécessaire com meus produtos de higiene. — O que é *isto*?! — admirou-se o chefe da alfândega. Ele tinha nas mãos o folheto que recebi no Ministério do Turismo de Donetsk detalhando os pontos turísticos da república separatista.

Expliquei da melhor maneira que pude, mas o tempo inteiro ele me interrompia fazendo perguntas sem sentido. Se eram tão rigorosos assim no lado ucraniano, como seria no lado bielorrusso da fronteira? Em pânico, joguei o folheto de Donetsk numa lata de lixo próxima e comecei a apagar as fotos da minha câmera.

— O que está fazendo? — perguntou o chefe da alfândega de supetão. — Largue já sua câmera! — Ele a arrancou da minha mão e começou a bisbilhotar as fotos. Os três colegas se perfilaram logo atrás e passaram a acompanhar tudo com muita atenção. Quatrocentas fotos depois, me deixaram subir a bordo do ônibus novamente.

Atravessando a terra de ninguém, a caminho da fronteira bielorrussa, continuei em pânico apagando fotos do celular e da câmera, enquanto maldizia a mim mesma por ter sido tão imprudente. Estava prestes a entrar numa ditadura e não me dei conta disso.

Um guarda de fronteira bielorrusso entrou no ônibus e recolheu nossos passaportes. Em seguida, precisamos desembarcar, retirar nossas bagagens e fazer uma fila para que fossem inspecionadas. O agente da alfândega olhou para o conteúdo da minha bagagem com desprezo e fez um gesto para que eu seguisse em frente. Ninguém estava interessado na minha câmera nem nos meus mapas, nem me fizeram perguntas. Depois de quinze minutos, devolveram nossos passaportes com os carimbos necessários. Não fosse pela necessidade de desmontar o ônibus inteiro à procura de contrabando — salsichas, quem sabe —, a travessia de fronteira teria ocorrido em tempo recorde. O desmonte em si foi relativamente rápido, mas repor as peças em ordem levou uma eternidade, apesar de o motorista ter demonstrado certa prática. Enquanto esperávamos, conversei com um casal russo que esteve em Lviv para dar à avó do marido a notícia de que iriam se casar.

— Viemos dirigindo desde Moscou, mas deixamos o carro em Brest — contou a jovem noiva.

— Por quê?

— Ele tem placas russas, então não nos atrevemos a trazê-lo para o oeste da Ucrânia — explicou ela. — São tantas histórias... Ouvimos falar que eles odeiam os russos aqui, e nos disseram para não falar russo. Mas tudo correu bem, muito bem. Amei Lviv! As pessoas eram muito simpáticas, não eram, Sasha?

Finalmente o ônibus estava pronto para adentrar o território bielorrusso. Duas horas depois chegamos a Brest. Encontrei um caixa automático e retirei alguns milhões.[55] Com a carteira cheia de notas, tomei um táxi.

---

55. Recomenda-se a futuros turistas de Belarus que não façam o mesmo. No verão de 2016, uma reforma monetária extinguiu os antigos rublos bielorrussos (BYR) e os substituiu pelos novos (BYN). Um BYN corresponde aproximadamente a 2 reais.

— Tudo está caro demais — reclamou o motorista. — Ninguém consegue mais arrumar emprego, ninguém mais tem dinheiro por causa da crise. Que tempos ruins, esses.

Desde Ulaanbaatar os motoristas de táxi reclamavam da mesma coisa.

— Seja como for, aqui você está em segurança —comentou o motorista quando estacionamos diante do hotel. — Ali, do outro lado da cerca, fica a KGB. — Ele apontou para um muro cinza e alto bem em frente. Ao contrário do serviço de segurança russo, que hoje atende pela sigla FSB, a inteligência bielorrussa manteve o antigo nome soviético.

* * *

Na manhã seguinte, acordei com uma tosse persistente e saí para encontrar uma farmácia. As ruas de Brest eram largas e, como é comum em ditaduras, imaculadamente limpas; não se viam um só papel nem bitucas de cigarro. Os transeuntes eram bem-vestidos, mas de um jeito sóbrio, em roupas escuras e discretas. Ninguém sorria, mas em compensação os motoristas, pela primeira vez desde a Coreia do Norte, respeitavam a faixa de pedestres. As ruas tinham nomes bem conhecidos, como Outubro, Revolução, Fevereiro e Karl Marx. Na praça de mesmo nome, um Lênin empertigado apontava confiante para o futuro socialista.

Quem são na verdade os bielorrussos? Os estudiosos têm dificuldade de precisar. Não há um consenso sobre como o nome Belarus, Bielorrússia ou Rússia Branca surgiu. Alguns dizem que designava as áreas que não haviam sido conquistadas pelos mongóis no século XIII. Historicamente, nunca existiu um reino da Rússia Branca. O ducado independente de Polotsk, no norte da Belarus de hoje, foi instituído no século IX, mas logo se tornou parte do Reino de Kiev. No século XIV, grandes áreas do que hoje corresponde a Belarus e Ucrânia foram incorporadas ao Grão-Ducado da Lituânia, e alguns séculos depois esses territórios se tornaram parte da Comunidade das Duas Nações, ou Comunidade Polaco-Lituana. Quando a Polônia foi repartida entre Rússia, Prússia e Áustria, no final do século XVIII, o território correspondente à área da Belarus de hoje caiu nas mãos do Império Russo.

Como ocorreu em tantas ex-repúblicas soviéticas, os bielorrussos desfrutaram de um período de autonomia em 1918, mas não foram muitos meses: em 1º de janeiro de 1919, a República Soviética de Belarus foi estabelecida. Setenta e dois anos depois, o Estado de Belarus viu a luz do dia pela primeira vez na história. O bielorrusso falado tem raízes no ramo ocidental do eslávico, do qual evoluíram também o russo e o ucraniano, e é, junto com o russo, o idioma nacional. Após duzentos anos de russificação deliberada, a maioria dos habitantes hoje fala russo. Apenas cerca de 15% de todos os livros publicados em Belarus são escritos em bielorrusso.

A história de Brest é, se possível, ainda mais heterogênea: a cidade é mencionada pela primeira vez em 1019, na *Crônica de Nestor*, quando Kyiv-Rus a conquistou aos poloneses. Em 1241 a cidade foi incinerada pelos mongóis e, em 1500, pelos tártaros da Crimeia. Os suecos tomaram Brest dos poloneses em 1657 e novamente em 1706. Em 1795, após a Terceira Partilha da Polônia, a cidade foi integrada ao Império Russo. Durante a Primeira Guerra Mundial, passou para as mãos dos alemães.

Em 3 de março de 1918, a cidade entrou para a história: o recém-instaurado governo bolchevique retirou-se oficialmente da Primeira Guerra Mundial com a conclusão do Acordo de Brest-Litovsk, assinado ali. Para alcançar a paz, um Lênin fortemente pressionado teve que concordar com as duras demandas alemãs e renunciar aos países bálticos, Belarus e Ucrânia, bem como a territórios do Cáucaso. Estritamente falando, o líder russo não tinha escolha. A economia estava em queda livre e o exército estava se dissolvendo internamente. Dezenas de milhares de soldados haviam desertado. O acordo de paz também deu ao novo e controverso regime bolchevique uma pausa muito necessária.

Quando a Alemanha e as potências centrais capitularam no final daquele ano, o acordo de Brest-Litovsk foi revogado. Pouco depois, os bolcheviques retomaram a maior parte da Ucrânia e de Belarus, enquanto os países bálticos e a Finlândia permaneceram independentes. O terço mais ocidental de Belarus, incluindo Brest, passou para mãos polonesas após uma curta mas intensa guerra entre a União Soviética e a Polônia. Vinte anos mais tarde, em 1939, a União Soviética invadiu a Polônia, os países bálticos e a Finlândia, alinhada com um adendo secreto do Pacto Molotov-Ribbentrop, pelo qual Stálin e Hitler fatiaram a Europa Oriental. Assim, Brest tornou-se parte da União Soviética — por um átimo. Em 1941, as tropas alemãs marcharam pela cidade, tornando Brest parte do *Reichskommissariat* ucraniano. Após a guerra, Brest foi devolvida à República Soviética de Belarus.

Longe do alcance dos olhos de águia de Lênin, encontrei uma farmácia. Depois de uma rápida introdução sobre minha condição de saúde, o farmacêutico me trouxe um arsenal de xaropes para tosse e pastilhas para a garganta, todos embalados em sóbrias caixas marrons.

— Será que essas pastilhas têm gosto bom? — perguntei esperançosa.

— Remédios não devem ter gosto bom — respondeu o farmacêutico.

— Claro que não — balbuciei, deixando uma nota de 100 sobre o balcão e saindo pela porta para tomar um táxi rumo ao Forte dos Heróis, única atração turística significativa de Brest.

Uma música dramática acompanhou minha entrada pelo corredor principal, que tinha a forma de uma enorme estrela soviética. Com exceção da capela e do depósito de munições, ambos reconstruídos, os prédios de alvenaria que restaram ficaram seriamente danificados, com buracos de bala e danos de artilharia aparentes.

A fortaleza foi construída no início de 1800 para integrar a rede de defesa do Império Russo no oeste. Na Primeira Guerra Mundial não teve serventia, mas durante a Segunda Guerra Mundial transformou-se num símbolo da resistência e heroísmo soviéticos. Na primavera e no verão de 1941, o serviço secreto soviético alertou que a Alemanha estava planejando um ataque à União Soviética, mas Stálin teimosamente se recusou a acreditar que Hitler planejava quebrar o pacto que haviam firmado. A União Soviética, portanto, estava desprevenida quando, na noite de 22 de junho de 1941, os tanques da Wehrmacht avançaram pelo país. A Operação Barbarossa, que mobilizou um contingente de 4 milhões de soldados, a maior força de invasão da história mundial, estava em andamento. Brest capitulou em poucas horas, Minsk caiu cinco dias depois. Os soldados na fortaleza, no entanto, resistiram, sob um bombardeio cada vez mais pesado, enquanto os suprimentos de comida, água e munição diminuíam. Somente em 29 de junho, uma semana após o início do assalto, os últimos soldados da fortaleza de Brest se renderam.

Famílias e casais de namorados passeavam entre as ruínas da guerra e as gigantescas estátuas dos heróis. Em 2014, o Monumento à Bravura, a joia da coroa, um busto de concreto de 32 metros de altura, foi eleito um dos monumentos mais feios do mundo pela CNN. No dia seguinte ao anúncio, a emissora de TV precisou retificar sua escolha após uma enxurrada de reclamações de autoridades russas, para quem o canal de notícias não mostrava o devido respeito pela história sangrenta da União Soviética.

Durante os anos de guerra, a linha de combate se moveu para frente e para trás pelas terras planas e frondosas de Belarus. Mais de 9 mil aldeias foram incendiadas, e entre 2 milhões e 3 milhões de pessoas, quase um terço da população, perderam a vida.

O povo que desapareceu

Sem o menor sinal de pressa, o trem rumava para o leste por uma paisagem plana e uniforme. Aqui e ali ainda havia uma mancha de neve, às vezes a floresta se abria em torno de um pântano ou de uma planície. Largos raios dourados irradiavam das nuvens e devassavam sem esforço as copas agulhadas dos pinheiros e as folhas das bétulas. O pôr do sol era cor de pêssego e parecia não ter fim. De vez em quando, passávamos por aldeias pobres, fileiras de singelas casas de toras de madeira, e pensei que era exatamente assim que as casas das aldeias deviam ser também antes da guerra, antes que os soldados alemães tivessem ateado fogo nelas, muitas vezes enquanto os moradores ainda estavam lá dentro, presos num inferno de fumaça e fogo até não conseguirem mais respirar, até que as chamas consumissem suas roupas, seus cabelos, sua carne. Aqueles que tentavam escapar eram perfurados por balas.

Pinheiros, bétulas, pântanos, planícies, casas de toras, horizonte infinito; a paisagem monótona me deu sono. Só fui acordar quando entramos na estação de Gomel, a cidade mais oriental de Belarus, na hora de trocar de trem. A viagem para o norte até Vitebsk levou mais sete horas, mas um ministro dos Transportes mais ambicioso poderia, sem muito esforço, reduzir o tempo do percurso em algumas horas. O trem parava a todo instante. Em Mogilev, onde o presidente Aleksandr Lukashenko em seus anos de juventude graduou-se professor de história e agrônomo, ficamos mais de uma hora estacionados na plataforma. Pouco antes de o trem entrar em movimento novamente, um homem louro e obeso, de quarenta e poucos anos, jogou-se no assento à minha frente, embora o vagão estivesse quase vazio. Ato contínuo, começou a falar do tempo:

— A primavera está chegando — disse ele. — É muito bonito aqui na primavera. A senhora não é daqui, é? De onde a senhora é? Da Noruega? É mesmo? Achei que a senhora fosse letã. Eu nunca estive na Noruega. Já estive em vários lugares, mas lá nunca. O que a senhora está escrevendo? — Ele se inclinou para espiar a tela do meu Mac.

— Só um diário de viagem — disse eu, abaixando a tampa do notebook.

— A senhora está escrevendo matérias sobre nosso país para os seus conterrâneos?

— Não — respondi desconfiada. — Sou tradutora — menti. Será que ele era da KGB? Havia algo suspeito nas roupas formais que vestia, nos sapatos bem engraxados e na maneira como ele havia de repente se intrometido no vagão.

— Eu trabalho com laticínios — disse o homem obeso. — Vendo leite na Rússia e no Báltico, então viajo muito. Quanto custa 1 litro de leite na Noruega?

Fiz as contas rapidamente de cabeça.

— Cerca de 40 mil — disse eu.

O homem obeso riu alto e deu um tapinha na coxa:

— Eu deveria expandir meus negócios para a Noruega! Quem sabe a senhora possa me ajudar?

Como vim saber depois, ele era xará do presidente, por quem aliás não nutria nenhuma simpatia:

— Não votei em Lukashenko na última eleição. Numa democracia saudável, o presidente deve ser substituído após um mandato ou dois, essa é minha opinião agora.

Lukashenko governa Belarus desde 1994. Nas eleições de 2015, foi reeleito com 83,5% dos votos.

— Na verdade, não conheço ninguém que tenha votado nele — acrescentou Aleksandr. — Nós, bielorrussos, temos uma piada que é assim: depois da eleição, o assessor mais próximo do presidente se aproximou de Lukashenko e disse: «Senhor presidente, tenho boas e más notícias». «Vamos ouvi-las!», disse Lukashenko. «Pois bem, a má notícia é que ninguém votou no senhor. A boa notícia é que o senhor foi reeleito.»

Ele riu até se engasgar.

— Tem certeza de que não gostaria de escrever um artigo sobre Belarus? — perguntou novamente, com o semblante sério agora.

Assegurei-lhe que era apenas uma humilde tradutora, que nunca escrevi nada na vida. Alexander assentiu e ficou um bom tempo olhando pela janela, embora estivesse tão escuro que não era possível enxergar nada.

— Puxa, não queria estar aqui hoje — disse ele. — Estou indo a Vitebsk visitar um velho amigo que está morrendo. Ele é de Gomel. Adoeceu provavelmente por causa de Tchernóbyl. Tanta gente ficou mal, especialmente aqueles na região de Gomel. Devido à direção do vento logo após o acidente, fomos muito mais afetados do que os ucranianos.

— Estou surpreso como o senhor não tem papas na língua — eu disse. — Achei que as pessoas aqui tivessem medo de falar mal do presidente e do governo.

— Eu não sou servidor público, então posso falar o que quiser — garantiu Aleksandr. — Há muita coisa errada neste país. As pessoas ainda são muito apegadas à era soviética. Precisamos de mais tempo, de outra geração. Belarus nunca foi como a Rússia, somos um povo separado, somos europeus, nem sequer nos parecemos com os russos. A era soviética foi um desastre para nós.

— Vários ucranianos que conheci me disseram que adoravam Belarus porque os fazia lembrar a União Soviética — objetei.

— E muitos turistas ocidentais vêm aqui apenas para conhecer de perto «o último Estado soviético».

— Ah, esses deveriam ter vindo aqui no tempo da União Soviética! — retrucou Aleksandr. — As lojas eram vazias, não tínhamos nada, nenhuma mercadoria, só filas! Hoje podemos comprar a comida que quisermos. As ruas ainda têm nomes soviéticos, e temos estátuas de Lênin em todos os lugares, é verdade, mas é tudo da porta para fora. Com o tempo, até isso vai desaparecer. Os ucranianos já se livraram deles, mas nós provavelmente precisamos de um pouco mais de tempo. Muitos idosos sentem falta da era soviética, são nostálgicos. Nos dê mais tempo.

Ele abaixou a voz.

— Infelizmente, temos um problema sério. Bebe-se demais. Há muitos alcoólatras aqui, especialmente nas aldeias, e é por isso que as pessoas aqui não vivem tanto. Até as mulheres enchem a cara. Amanhã é sexta-feira; dê uma volta pela cidade e veja com seus próprios olhos. Eu mesmo não bebo, mas carrego uma cruz da qual não consigo me livrar: eu fumo.

Ele se levantou e foi fumar no corredor. Quando chegamos a Vitebsk, ele carregou minha mala pela ponte e me acompanhou ao ponto de táxi.

— Se perguntarem, diga que a senhora é de Riga — disse ele ao se despedir. — Vão simpatizar com a senhora logo de cara. Somos povos irmãos!

***

Um pintor me trouxe a Vitebsk. Marc Chagall, ou Moishe Zakharovich Shagalov, como era chamado originalmente, cresceu aqui.

Chagall nasceu em 1887, o primogênito de nove irmãos. Mais da metade dos mais de 60 mil habitantes da Vitebsk de então eram judeus. A cidade tinha trinta sinagogas e uma rica vida judaica. Chagall cresceu num lar profundamente religioso, tendo o iídiche como língua materna. O pai, que trabalhava para um comerciante de arenque local, ia à sinagoga todas as manhãs antes do trabalho, e seu avô era cantor na mesma sinagoga. Não era por acaso que Vitebsk abrigava tantos judeus. Antes de a cidade se tornar parte do Império Russo em 1772, esteve sob o domínio da Comunidade das Duas Nações. Desde a Idade Média, setores orientais da Comunidade das Duas Nações eram um santuário para os judeus, e atraíram muitos deles ao longo de séculos. Durante a partição da Polônia, no final do século XVIII, esses setores foram incorporados à Rússia. Quase meio milhão de judeus passaram então a viver dentro das fronteiras do império, transformando a Rússia no país de maior população judaica do mundo. No ano de 1800, um quarto de todos os judeus do mundo vivia na Rússia. Era uma situação inédita para as autoridades russas, porque até então havia pouquíssimos judeus vivendo no país. Restrições severas não demoraram a ser impostas à população judaica. Catarina, a Grande, determinou que os judeus que não se convertessem voluntariamente ao cristianismo só poderiam viver na franja oriental que coube à Rússia após a divisão da Polônia, bem como em partes da Nova Rússia, como Odessa e Crimeia. O território em que os judeus foram autorizados a viver era do tamanho da França e corresponde atualmente a Belarus, Ucrânia, Moldávia, partes da Polônia, Letônia, Lituânia e Rússia Ocidental. Mesmo dentro desses limites, que aliás mudavam a todo instante, havia restrições sobre exatamente onde os judeus poderiam fixar residência. Era proibido, por exemplo, viver em Kiev, Sebastopol ou Ialta, ou em áreas de lavoura. Apenas judeus particularmente ricos ou bem postos podiam viver em Moscou ou São Petersburgo.

O POVO QUE DESAPARECEU

Os judeus também não podiam frequentar as escolas russas comuns, mas a mãe de Chagall, que nutria ambições pelo filho, conseguiu, mediante suborno, matriculá-lo numa escola russa da cidade. Por ela o filho teria sido escriturário ou contador, mas o menino tinha outros planos. Desde a infância sempre quis ser artista. Aos dezenove anos, carregando 27 rublos no bolso, foi para São Petersburgo: «Vitebsk, eu te abandono. Fica com todo este arenque só para ti».[56]

Chagall não tinha permissão para viver e trabalhar na capital russa e dependia das graças de benfeitores abastados. Felizmente, muitas pessoas repararam no jovem talentoso de Vitebsk, e lhe permitiram estudar em diversas academias de arte. Em 1910, Chagall voltou sua atenção para o sul e partiu para Paris. Dinheiro ele tinha pouco, mas era mais livre em Paris do que jamais fora como judeu na Rússia tsarista. Com suas pinturas poéticas, oníricas e coloridas, Chagall rapidamente entrou para a vanguarda artística parisiense e ganhou um grande admirador no poeta Guillaume Apollinaire. Em 1914, Chagall retornou a Vitebsk para se casar com sua noiva, Bella Rosenfeld. A visita deveria durar no máximo alguns meses, mas, devido à Primeira Guerra Mundial, à revolução subsequente e à guerra civil entre vermelhos e brancos, ele permaneceu na cidade por oito anos. Sob os bolcheviques, os judeus estariam livres, e a arte também, pelo menos em princípio. Chagall logo ganhou popularidade no meio revolucionário e foi nomeado comissário artístico em Vitebsk. No aniversário de um ano da revolução, organizou uma festa de rua na cidade com bandeiras e faixas coloridas. Depois, o recém-nomeado comissário de arte teve que explicar por que as faixas estavam decoradas com vacas verdes e cavalos voadores. O que tinham a ver com Lênin e Marx? Pouco depois, Chagall

---

56 A citação é da p. 6 de *Chagall*, de Gill Polonsky. Nova York: Phaidon Press, 1998.

se desentendeu com os principais artistas de vanguarda russos, que tentavam direcionar sua arte para uma perspectiva mais revolucionária. Desiludido, ele abandonou sua cidade natal.

Depois de passar alguns anos difíceis em Moscou, Chagall voltou a Paris acompanhado de Bella. Ao chegar lá, descobriu, para sua surpresa, que era famoso, uma fama que só cresceu nos anos seguintes. Chagall ficou inteiramente absorvido pelo trabalho. Durante a Segunda Guerra Mundial, o casal foi forçado a fugir dos nazistas e autorizado a permanecer nos Estados Unidos, onde Bella viria a morrer em 1944. Quatro anos depois, Chagall retornou à França, onde permaneceu pelo resto da vida. Apenas uma vez, em 1973, ele retornou à União Soviética, para uma breve visita a Leningrado e Moscou. Nunca voltou a Vitebsk, ciente de que a cidade onde viveu a infância não era mais a mesma, mas pelo resto da vida continuou a pintar os sonhos que sonhou ali.

Antes de morrer, em 1985, Chagall quis doar parte de seu acervo para a cidade natal, mas as autoridades locais, inacreditavelmente, rejeitaram a oferta. O Centro de Artes Chagall em Vitebsk foi, portanto, uma decepção. O museu não abriga pinturas originais, apenas uma coleção de pôsteres doados por americanos e europeus. O primeiro andar estava reservado às fotografias de um fotógrafo local. O segundo andar estava fechado. A lojinha do museu vendia postais e reproduções de obras de arte que só existem bem longe dali.

Na praça ao lado do Centro de Artes Chagall havia um obelisco, claramente um memorial de guerra. Presumi que era um monumento em homenagem aos mortos na Segunda Guerra Mundial, mas acabou se revelando um memorial em honra dos jovens que sucumbiram ao verão da morte, 1812. No final de julho daquele ano, o exército de Napoleão enfrentou os soldados do tsar nas cercanias de Vitebsk. O confronto foi breve, os russos bateram em retirada e seguiram para o leste, na direção de Smolensk. Napoleão e os soldados ficaram em Vitebsk uma semana descansando antes de persegui-los. Os russos continuaram fugindo. Em 14 de setembro, os franceses investiram contra Moscou, mas o triunfo logo se transformou em pesadelo. A cidade estava esvaziada de pessoas e suprimentos, e no mesmo dia o centro foi incendiado. As linhas de abastecimento foram rompidas, e os soldados exaustos não tinham nem comida nem abrigo. Napoleão não teve escolha a não ser ordenar que se retirassem. O inverno chegou mais cedo naquele ano, como costuma acontecer quando potências estrangeiras tentam invadir a Rússia, e também foi excepcionalmente severo, como costuma acontecer quando a Rússia está acuada. Dos mais de 600 mil soldados que participaram da campanha em Moscou, menos de 30 mil retornaram à França.

Vitebsk escapou com relativo sucesso dos estragos de Napoleão, mas foi virtualmente varrida do mapa pelo exército de Hitler. Mais de 90% dos prédios vieram abaixo e os 30 mil judeus da cidade foram todos exterminados. As trinta sinagogas e as muitas construções de madeira que deixaram sua marca na cidade de infância do artista já não existem, mas a casinha térrea de alvenaria onde Moishe Shagalov e seus oito irmãos cresceram ainda está milagrosamente de pé. Quatro aposentos minúsculos era tudo o que tinham. Num deles, a mãe administrava uma mercearia para dar conta das parcas finanças da família. Os curadores fizeram o possível para recriar a casa paupérrima do século XIX, mas apenas um pequeno armário de parede, doado por um parente de Chagall, é original.

Antes da Primeira Guerra Mundial, mais da metade dos habitantes de Vitebsk eram judeus. Hoje, as igrejas foram reconstruídas há muito tempo, mas as sinagogas não estão mais lá, assim como os judeus. Uma pequena casa de tijolos, um armário de parede e um memorial à Guerra Napoleônica e o rio onde milhares de judeus foram afogados durante os pogroms nazistas são tudo o que resta da cidade de infância do artista mundialmente famoso.

* * *

Imaginar tantas vidas perdidas chega a dar vertigens. Antes da guerra, só na República Soviética de Belarus vivia quase 1 milhão de judeus. Os judeus compunham cerca de 15% da população e eram a terceira minoria étnica. Em muitas das grandes cidades, como Vitebsk e Minsk, um terço dos habitantes era judeu. Após a Segunda Guerra Mundial, quase já não havia judeus por lá. Um povo inteiro, uma cultura inteira, foi varrido do mapa e desapareceu para sempre.

Com suas centenas de milhares de judeus, o gueto de Minsk estava entre os maiores da Europa durante a guerra. Maya Levina-Krapina, de oitenta anos, foi uma das poucas que sobreviveram.

Maya e seu marido, Igor, me receberam em seu pequeno apartamento na periferia de Minsk. Maya tinha um cabelo vermelho-púrpura e usava um vestido com grandes flores roxas e chinelos cor-de-rosa. As paredes da sala estavam cobertas de fotos da longa carreira de Maya e Igor como acrobatas no circo de Minsk: os dois flutuando no ar, ela apoiada sobre os braços estendidos dele, ele em plena cambalhota, ela posando no picadeiro.

Antes de começarmos a falar, Maya me instalou na cozinha e me ofereceu fatias de pão, biscoitos, queijo e café. De nada adiantou dizer que eu havia acabado de almoçar. Primeiro comida, depois conversa. Igor, que era cinco anos mais velho do que Maya e mal tinha rugas no rosto, bailava ao redor com seus passos acrobáticos e se intrometia na conversa sempre que tinha alguma chance.

— Saia daqui! — Maya repreendia. — Você só atrapalha!

— Você fala muito rápido, Maya, ela não consegue acompanhar!

— Ela está gravando tudo, não se intrometa, vá embora e feche a porta ao passar!

Igor riu e obedientemente fez como ela lhe disse, mas logo estava de volta:

— Tudo bem? Ela está entendendo o que você diz? Não se acanhe de perguntar se tiver alguma dúvida!

— Saia daqui — repetiu Maya. — E não se esqueça de fechar a porta!

Então ela começou a falar. Contou sua história num só fôlego, sem parar, as palavras escapavam de sua boca num fluxo contínuo e só eram interrompidas quando Igor voltava a dar o ar da graça, para ser imediatamente expulso porta afora.

— Éramos um total de cinco filhos, quatro meninas e um menino. Eu era a do meio, nasci em 1935. Meu pai era cocheiro e minha mãe ficava em casa cuidando de nós. Tínhamos dois cavalos; naquela época era como ter dois carros. Além disso, tínhamos cabras, galinhas e coelhos. Quer dizer, tínhamos tudo de que precisávamos. Morávamos com vovó e vovô, que eram muito religiosos. No shabat, sempre ganhávamos doces, eu me lembro, então era meu dia favorito.

«Os adultos sempre falavam sobre a guerra. Eles tinham certeza de que em breve haveria uma guerra, mas vovó sempre dizia que não tínhamos por que temer. Mesmo que os alemães viessem, eles não fariam mal a ninguém, pensava ela, pelo menos não aos judeus. Na guerra anterior, ninguém tocou nos judeus.

«A guerra começou tão de repente que o governo nem sequer ordenou uma evacuação. Começaram a bombardear Minsk imediatamente. Aqueles que puderam se foram de Minsk, mas, como tínhamos acabado de nos mudar para uma casa nova e bonita, vovó não queria que fôssemos embora. Afinal ninguém iria nos fazer mal, ela acreditava. Mas os bombardeios se tornaram mais frequentes e foi impossível ficar. Foi horrível. Entramos em pânico. Papai nos colocou na carroça puxada pelos dois cavalos e partimos pela estrada rumo a Moscou, mas não chegamos a ir tão longe com eles bombardeando daquele jeito; não era possível ir a lugar nenhum. Papai decidiu voltar para Minsk e ficar em casa. 'O que tiver de ser, será', ele disse. Voltamos para Minsk e ficamos em casa.

«Nossa casa resistiu ao bombardeio, mas no dia 19 de julho chegou uma ordem da gendarmaria alemã informando que todos os judeus deveriam ir para um determinado lugar, no centro de Minsk, onde seria o gueto. O gueto tinha cerca de 1 quilômetro quadrado, e os judeus tiveram pouco tempo para se mudar. Todas as casas ali eram feitas de madeira, e todas eram pequenas. Como a casa em que morávamos antes da guerra ficava fora do gueto, trocamos de casa com uma bielorrussa. Por dois anos e quatro meses, morei na rua Sukhaya, perto do cemitério judaico. Os alemães queriam de fato construir um muro alto ao redor, mas, como não havia mão de obra nem material, decidiram cercar o gueto com arame farpado. Os portões eram vigiados por policiais alemães, lituanos e ucranianos.

«Eu tinha cinco anos de idade. Lembro-me de quase tudo o que aconteceu no gueto. Nem sempre me lembro da data ou do ano em que as coisas aconteceram, mas me recordo dos detalhes; se era inverno ou primavera quando aconteceu, disso eu me lembro. No início da guerra, os alemães ordenaram que todos os homens, quer dizer, aqueles que não foram conscritos, se reunissem num dado local próximo da ópera. Papai foi convocado e morreu logo nos primeiros dias da guerra. Onde morreu, e como, nunca soubemos. Nem meu irmão, nem eu, nem minha irmã, nenhum de nós jamais soube.

«As casas, como eu disse, eram pequenas. Havia talvez três ou quatro quartos em cada casa, e em cada quarto podiam morar cinco ou seis famílias. Como havíamos trocado de casa com essa tal mulher, pensamos que teríamos um lugar só nosso. Não foi assim. Era só um quarto. Levamos uma cama para o gueto, uma cama de ferro, mas não havia espaço para ela, então a jogamos fora e dormimos no chão. Com o passar do tempo, todos no gueto foram obrigados a usar estrelas de davi amarelas no peito e nas costas, não importando que fossem crianças ou adultos. Pouco depois, veio a ordem de que todos deveriam usar no braço uma faixa branca na qual estavam escritas a rua e a casa onde moravam. Se alguém fosse pego em flagrante tentando escapar, a polícia ia até aquela casa e matava todos os moradores.

«Em seguida foram criadas as brigadas de operários. Os meninos podiam trabalhar a partir dos catorze anos; as meninas, a partir dos dezesseis. Todos os jovens tentavam mentir a idade, pois quem trabalhava conseguia um pouco de comida. Meu irmão arrumou um emprego de foguista na casa de um alemão. Pela primeira vez, minha mãe também precisou trabalhar fora de casa. Ela levava nossa irmãzinha caçula, que ainda era bebê, para o trabalho. Mas, depois que viu os fascistas arrancando os bebês do colo das mães e quebrando suas espinhas a joelhadas, ou os arremessando na parede até rachar suas cabecinhas, ela abandonou o emprego. Meu avô e meu irmão também trabalhavam. O restante da família, minhas duas irmãzinhas, mamãe, vovó e eu ficávamos em casa.

«Não havia mercados no gueto, não havia nada para comer. Também não havia escolas, então nós, crianças, não íamos à escola. Havia hospitais lá, um ambulatório e dois orfanatos. Por que dois orfanatos? Sim, porque a guerra começou no verão, e muitos jovens foram mandados para campos de pioneiros. Quando voltaram para casa, seus pais haviam sido convocados para o serviço militar, alguns estavam no front, outros em hospitais, e não havia ninguém para cuidar deles. Se as crianças dos orfanatos adoecessem, iam para o isolamento, onde morriam de fome e de frio. Não havia nenhum aquecedor lá, nada. A propósito, todos nós passávamos frio. No inverno, queimávamos tudo que era de madeira, todos os armários e prateleiras, para tentar nos aquecer. «Em 7 de novembro de 1941 ocorreu o primeiro pogrom. Os alemães sempre procuravam fazer que coincidissem com seus feriados. Na primeira vez coincidiu com a celebração da colheita, no outono. Durante os pogroms, eles escolhiam as ruas e exterminavam todos que moravam lá. Nossa rua escapou do primeiro pogrom, que durou dois dias. Todos os que foram capturados foram levados para Tutchinka, uma mina de argila nos arredores de Minsk, e fuzilados. No gueto, morria-se a cada hora, a cada minuto, a cada segundo, mesmo quando não havia pogrom. Os alemães podiam vir a qualquer momento, em busca de ouro, objetos valiosos; eles achavam que os judeus tinham muito disso. Matavam, estupravam... Faziam o que queriam.

«Depois do primeiro pogrom, as pessoas começaram a pensar em como se salvar e se puseram a construir esconderijos. Cavaram buracos no chão e faziam porões, porões de verdade. Passavam a noite cavando e carregando o entulho para longe de casa, para que os alemães nem desconfiassem do que estava acontecendo. Vovô construiu um esconderijo para nós. Quando o segundo pogrom começou, tanta gente se escondeu lá que ficamos esmagados, uns contra os outros. Não podíamos nem nos mexer. Era assim que estávamos, amontoados no fundo de um poço no porão, sem comida nem água, e quase sem ar, quando os alemães chegaram. Escutávamos as vozes, os passos. Absolutamente quietos, imóveis, aterrorizados. Nossa mãe estava lá com nossa irmã caçula, que tinha nove meses. Ela ainda mamava, mesmo lá dentro do poço, mas, como minha mãe não tinha mais leite, minha irmãzinha começou a chorar. Alguém colocou algo na boca dela, não sabemos o quê. Mamãe a apertou com força contra o peito e a segurou assim até o pogrom terminar. Quando saímos do poço, escutamos o grito da minha mãe. A irmãzinha tinha morrido.

«Certa vez, meu irmão, Josef, que estava trabalhando, foi espancado violentamente pelo patrão alemão. Ele parou de trabalhar depois disso e começou a procurar partisans junto com um grupo de rapazes. Às vezes eles ultrapassavam os limites do gueto. Na aldeia de Poretsha, encontraram um grupo de partisans, e foram eles que começaram a ajudar as pessoas a escapar do gueto. Isso foi em 1943. Nem meu avô estava mais trabalhando, ele trabalhou numa serraria e teve os dedos decepados num acidente. Pouco tempo depois, durante um pogrom, ele escondeu todos e seria o último a descer no poço quando os alemães o pegaram. Minha avó já tinha morrido também. Só restamos eu, mamãe, a irmãzinha e meu irmão.

«Certo dia a polícia veio à nossa casa e mandou minha mãe se vestir e ir com eles.

«— Vou levar Maya — disse ela ao meu irmão. — Talvez eles deixem voltar.

«— Não — disse meu irmão. — Não quero ficar só com Lyuba, ela é muito pequena.

«Lyuba tinha então quatro anos. Eu tinha oito.

«— Está bem — disse mamãe. — Então eu vou com Lyuba. Quem sabe assim eles nos deixam voltar.

«Mamãe e Lyuba foram levadas. Depois de alguns dias, começou a circular no gueto um boato de que havia pessoas enforcadas na Praça do Jubileu. Meu irmão me levou até lá e lá estava, na primeira da fila, minha mãe enforcada, com uma placa no pescoço: 'Por cooperar com os partisans'. Nossa irmãzinha não estava com ela. Procuramos muito, mas não a encontramos. Até hoje não sabemos o que aconteceu com ela. Deve ter sido fuzilada, com certeza...

«Meu irmão e eu ficamos sozinhos. Morávamos perto do cemitério judaico, como eu disse. Quatro valas foram escavadas lá. Quando os primeiros caminhões de gás chegaram, ninguém esperava isso... A polícia decidiu testá-los para saber quanto tempo levava para as pessoas morrerem. Eles atraíam as crianças com barras de chocolate. As crianças, que estavam famintas, caíam na armadilha. Os policiais as empurravam para dentro dos carros, pisavam no acelerador e dirigiam ao redor do gueto. Quando chegavam ao cemitério, elas já estavam mortas. Como não havia muitos desses caminhões, tentavam carregar o maior número de pessoas de cada vez. Depois, jogavam os cadáveres nas valas do cemitério e espargiam cal sobre eles, porque temiam o perigo de infecção. Às vezes a terra se movia, as pessoas estavam vivas ainda. À noite, ouvíamos os gritos vindos de lá. Alguns até conseguiram escapar vivos dali, mas já não eram mais as mesmas pessoas depois de terem passado por aquilo.

«Meu irmão continuou a levar pessoas do gueto para os partisans. Numa ocasião ele avisou que ficaria afastado por mais tempo e pediu a uma mulher que morava na nossa casa que cuidasse de mim. 'Voltarei para tirar vocês do gueto', ele prometeu. No começo, a mulher cuidou de mim e me ajudou. Josef ficou ausente uma semana, duas. Então a mulher não apareceu mais no final do dia. Ela tinha ido a algum lugar com a brigada de operários e não retornou. Isso foi em 1941, e os alemães já haviam começado a exterminar as brigadas de operários, que já não eram necessárias. Fiquei completamente sozinha.

«Eu tinha oito anos. Meu corpo doía inteiro, eu sentia dores de cabeça horríveis, e os piolhos quase sugaram todo o meu sangue. Não havia nada para comer. Meu corpo inteiro estava inchado pela desnutrição. Minhas pernas estavam tão inchadas que eu mal conseguia caminhar. 'Senhor, quero morrer', pensei.

«Então, no começo de outubro de 1943, meu irmão retornou. Ele conheceu um grupo de jovens perto do cemitério judaico, onde terminava o gueto. Esses rapazes estavam vivendo na clandestinidade, escondidos num subterrâneo. Eles levaram meu irmão ao hospital, onde ele teria que esperar até segunda ordem. O combinado era que ele acompanharia um grupo de jovens até os partisans se eu pudesse ir junto. Eles providenciaram que eu tomasse um banho e me deram uma muda de roupa. Eu morava ao lado do hospital e vivia indo até lá, até a janela do quarto onde estava meu irmão, para conversar com ele. Ele disse que nós partiríamos em breve e que eu deixaria de passar necessidade.

«Quando saí de casa, no dia 21 de outubro de 1943, o portão principal estava fortemente guarnecido por gendarmes e policiais. Os caminhões de gás também estavam lá. Liguei os pontos e compreendi que estavam preparando mais um pogrom. Corri até a janela onde Josef estava: 'Joska, os alemães estão planejando um pogrom!', eu disse. Ele estava trancado no hospital, mas abriu a janela e conseguiu escapar pelo vão. Quando caiu no chão, me segurou pela mão, pois eu tinha dificuldades para caminhar, e juntos fomos primeiro para uma casa, depois para a outra, mas todos os esconderijos estavam lotados.

«— Seja o que Deus quiser! — disse o meu irmão. — Venha, vamos!

«Comigo nos braços, ele disparou até o final do cemitério, ao lado da estação ferroviária. Para nosso alívio, descobrimos que não havia arame farpado ali. Várias crianças vieram conosco, quinze, talvez um pouco mais ou um pouco menos, não tenho certeza. Arrancamos as estrelas amarelas das roupas.

«— Agora está claro — meu irmão disse. — Precisamos nos separar e nos esconder na estação. Quando escurecer, nos reuniremos novamente.

«Todos fizemos como ele disse, cada um foi para seu lado. Quando caiu a noite, nos reunimos no local que meu irmão havia determinado. Eu era a única menina, todos os outros eram meninos. Atrás da estação havia umas manilhas enormes, e foi nelas que nos escondemos. Não comemos, não bebemos, e não sei como fazíamos as necessidades, não podíamos sair dali. Meu irmão mandou que uns garotos fossem ver como andavam as coisas no gueto. Os garotos voltaram dizendo que não havia mais gueto. Em 23 de outubro de 1943, o gueto de Minsk foi liquidado, dizimado. Os alemães sabiam muito bem que as pessoas se escondiam no subsolo, por isso jogaram explosivos dentro das casas dessa vez... Granadas e tudo o mais... Tudo que havia no gueto praticamente virou pó.

«Quando soubemos que não havia mais gueto, meu irmão disse: 'Não temos mais para onde ir. Se me derem ouvidos vou levar vocês para os partisans. Mas apenas se vocês se revezarem carregando minha irmã nos braços'.

«Rastejamos para fora das manilhas com o dia já raiando. Fazia um frio congelante; estava frio demais para outubro. Famintos, imundos e com as roupas esfarrapadas, atravessamos a rua principal. Eu ainda não tinha condições de caminhar, os meninos se alternavam me carregando. Um comboio de veículos e motocicletas alemães passou por nós, mas ninguém deu a mínima. Quando escureceu, nos escondemos na floresta. Não havia nada para comer lá, comemos cascas de árvores e grama congelada. Caminhamos sem parar, não sei por quanto tempo, mas pelo menos durante quatro dias. Mais de 100 quilômetros. Por fim chegamos ao acampamento dos partisans. Um batalhão de crianças judias entre sete e catorze anos. O que fariam conosco? O líder dos partisans nos levou a uma grande cabana, a encheu de feno e nos colocou lá. Estávamos infestados de carrapatos, piolhos, era um horror. Quando me lembro do que aconteceu, custo a crer que tenha sido real. Nos deram comida, puseram uma mesa de madeira comprida, encheram um caldeirão de água, acrescentaram farinha e improvisaram uma espécie de mingau para nós. Alguns tinham colher, outros xícara, comemos com o que tínhamos à mão.

«Ao lado da aldeia havia um charco. Era lá que as pessoas se escondiam quando os alemães se aproximavam. Os alemães já tinham pilhado tudo que existia na aldeia, roubado as vacas, tudo, por isso os habitantes não tinham mais o que comer, estavam passando fome, e ainda por cima precisavam dar comida a nós e a dois grupos de partisans.

«O líder dos partisans intuiu que não conseguiríamos sobreviver por nossa conta. Eles nos dividiram, ficamos uma criança em cada casa. Fui parar na casa de uma mulher, Anastasia, uma pessoa muito boa, que tratou todas as minhas mazelas. Meu irmão ficou na casa de outra mulher, e essa mulher tirou todas as lêndeas do meu cabelo. Anastasia me encaminhou para um médico partisan que de alguma forma conseguiu fazer um unguento de banha de porco e outros remédios. Eu passei esse unguento e depois de alguns dias os piolhos e todo o resto sumiram. Não sei de onde ele tirou os ingredientes para fazer aquele unguento.

«Quando os alemães chegaram, Anastasia conseguiu me esconder no charco. Ficamos escondidos lá por três dias. Todas as crianças que ficaram na aldeia foram levadas pelos alemães e deportadas para a Polônia. Meu irmão não teve como se esconder e terminou num campo de concentração na Polônia. Ele conseguiu fugir de lá e chegou a uma fazenda, mas alguém o denunciou e ele foi de novo levado para um campo de concentração, dessa vez na Alemanha. Ele não sabia que eu tinha sobrevivido; achou que estávamos todos mortos, mamãe e papai, vovô e vovó, eu e nossa irmã mais velha, Valya. Ele achava que todos tínhamos morrido e não havia restado ninguém. Quando o Exército Vermelho libertou o campo, ele foi adotado pelo regimento e seguiu com eles. Ficou muito tempo na Alemanha. Um coronel do regimento o adotou e deu a ele um novo nome, Novikov. Por acaso esse coronel foi enviado a Minsk para servir na cidade. Mais ou menos na mesma época, a aldeia foi libertada, e eu também acreditava que todos haviam morrido e eu estava sozinha. Por isso queria ficar morando com Anastasia, mas o pai de Anastasia me mandou para um orfanato na esperança de que meus parentes pudessem me encontrar. Fugi do orfanato várias vezes, não queria ficar lá, mas o pai de Anastasia sempre me mandava de volta.

«Soube-se depois que um tio meu, marido da irmã da minha mãe, que era coronel e tinha lutado contra os alemães, também havia sobrevivido. Ele estava procurando pelos parentes e me encontrou. Fiquei morando com meu tio por um tempo. Ele e a minha tia tiveram quatro filhos. O mais velho era aleijado. Durante um pogrom, ouvimos gritos. Meu primo, que não podia andar, foi arrastado pelos pés e pelas mãos para o local da execução. Os quatro filhos e a irmã da minha mãe foram todos assassinados naquele dia. Contei essa história ao meu tio, e então ele se casou de novo.

«Também minha avó, mãe da minha mãe, e outra tia minha reapareceram. As duas tinham sido evacuadas quando a guerra eclodiu. A avó contou que Valya, minha irmã mais velha, passou a guerra inteira num orfanato ao lado do gueto, e ainda estava viva. Ela tentou que eu fosse enviada a esse mesmo orfanato, para que ficássemos juntas.

«O dia mais feliz da minha vida foi quando me reuni com Josef. Fazia muito tempo que eu tinha perdido as esperanças de vê-lo novamente, mas um dia ele apareceu no orfanato onde eu e Valya morávamos. De repente lá estava aquele jovem de uniforme militar que ao mesmo tempo parecia e não parecia Josef. Ele tinha crescido, havia se tornado um homem. Ele não conseguia parar de repetir meu nome: 'Maya, Maytsyka!'. E só me abraçava e dizia: 'Minha pequena...'.

«Valya terminou os estudos no sétimo ano e foi para uma escola técnica. Josef serviu no Extremo Oriente, casou-se e se mudou para Riga e depois para os Estados Unidos. E eu comecei na escola de dança em 1948 e estudei coreografia. Depois continuei meus estudos numa escola de esportes, onde conheci meu marido, Igor. Fomos parar num palco bielorrusso fazendo acrobacias durante vinte anos.

«É isso. Eis a minha história. Olhando para trás, não compreendo como posso ter vivido tudo isso. Sabe, só pudemos falar dessas coisas na década de 1980. Antes disso não se podia dizer nada, era perigoso. Achavam que éramos espiões se descobrissem que éramos sobreviventes do gueto. Ter sobrevivido era motivo de suspeita, por isso ninguém podia dizer nada. Somente nos últimos vinte anos foi que pude contar minha história.»

A viagem à datcha que mudou o mundo

Minsk foi tão devastada pela guerra que se cogitou seriamente mudar a capital bielorrussa em vez de reconstruí-la. Das ruínas surgiu uma cidade moderna com ruas largas e arranha-céus impessoais. A exemplo do resto do país, Minsk é achatada, como se a cidade se espraiasse infinitamente para todos os lados. Nos arredores do centro, num prédio de apartamentos pouco charmoso, o primeiro chefe de Estado da Belarus independente, Stanislav Shushkevitch, vive com sua esposa, Irina.

Irina me levou ao escritório onde o marido me aguardava para uma conversa. O ex-chefe de Estado era um homem alto e de ombros largos, barriga redonda, testa brilhante e rosto quadrado. As estantes estavam cheias de livros sobre Belarus e sobre física, e na tela do computador reluzia uma página da Wikipedia sobre a Noruega. Mais de vinte anos depois de se aposentar involuntariamente, o senhor de oitenta anos ainda mantinha um ritmo acelerado.

— Amanhã vou para a Coreia do Sul participar de uma conferência — disse ele. — Até aparecerem os problemas cardíacos, há alguns anos, eu viajava o tempo inteiro, complementando minha aposentadoria lecionando em universidades estrangeiras. Como você provavelmente sabe, Lukashenko fez tudo para que meus vencimentos não fossem corrigidos pela inflação. Passei anos recebendo menos de 2 dólares por mês de pensão.

Ele deu um sorriso malicioso.

— Nunca contei a ninguém, mas há alguns anos minha esposa conseguiu que essa aposentadoria fosse ajustada de acordo com a minha idade. Agora recebo uma pensão correspondente à idade e ao tempo de trabalho. Cerca de 4 milhões por mês. É razoável. Consigo viver com isso.

Shushkevitch nunca teve ambições de fazer carreira na política. Matemático e físico graduado, a maior parte de sua vida profissional foi dedicada à ciência:

— Nunca fui um dissidente, estava muito ocupado com meu trabalho. Como professor, gostava mesmo era de fazer pesquisa e dar aulas. O trabalho consumia todo o meu tempo! Como todo mundo, eu era comunista; até meu pai, que passou vinte anos num campo de trabalho forçado na Sibéria, era comunista, mas aos poucos comecei a me dar conta de que o comunismo não era a melhor solução para o progresso econômico. Em 1990, fui eleito para o Parlamento de Belarus.

Quase por acaso, no outono de 1991, Shushkevitch se elegeu presidente do Parlamento. Seu antecessor, Nikolay Dementey, foi escorraçado depois de apoiar o fracassado golpe de agosto contra Gorbatchev. Os comunistas do Parlamento não queriam um presidente filiado à Frente Nacional de Belarus, um partido recém-formado que lutava pela independência do país, e assim Shushkevitch, que não era membro de nenhum partido, chegou ao poder. Mal sabiam eles que o professor de física independente se tornaria uma das figuras-chave na dissolução da União Soviética.

— Na minha opinião, a União Soviética se desintegrou em agosto de 1991, quando os comunistas tentaram se vingar — disse Shushkevitch. — Felizmente, Iéltsin conseguiu resistir a esse motim. Até hoje sou um defensor de Iéltsin. Vocês, europeus ocidentais, têm uma má impressão de Iéltsin porque às vezes ele bebia de maneira pouco cristã e nem sempre tinha apego pela liturgia do cargo. Como um autêntico russo, ele gostava bastante de beber, mas na minha opinião era um homem honesto e sincero, e foi um excelente primeiro presidente da Rússia, eleito pelo povo. Tenho orgulho da minha amizade com ele.

Alguns meses depois de se tornar mais ou menos por acaso presidente do Parlamento, Shushkevitch foi o anfitrião de um encontro que mudaria a história do mundo. Os convidados, que incluíam Boris Iéltsin, presidente da Rússia, ou República Socialista Federal Soviética da Rússia, como ainda era chamada, e Leonid Kravtchuk, presidente ucraniano, além de vários outros políticos e conselheiros proeminentes de ambos os países, chegaram à luxuosa datcha bielorrussa no dia 7 de dezembro. No dia seguinte, eles decidiram dissolver a União Soviética. Até hoje, Shushkevitch insiste que nada disso foi premeditado:

— Nós não nos reunimos naquela datcha para decidir o destino da União Soviética, absolutamente não — afirmou. — Estávamos ali para discutir o fornecimento de petróleo e gás para Belarus. O inverno estava batendo à porta e a União Soviética estava se desintegrando. Eu estava preocupado com que as pessoas fossem congelar durante o inverno e queria um acordo justo com Boris Iéltsin e Leonid Kravtchuk. Por isso, convidei-os para uma datcha no extremo oeste de Belarus, onde a paisagem é muito bonita. O plano era, como eu disse, discutir o fornecimento de gás, além de caçar um pouco. Eu sabia que Iéltsin era um caçador aficionado. O que aconteceu já contei inúmeras vezes; até escrevi livros sobre isso.

O que aconteceu foi o seguinte: em vez de falar sobre o fornecimento de petróleo e gás, os três líderes começaram a discutir a debilidade de Gorbatchev e o futuro da União Soviética. Gorbatchev ainda não havia perdido a esperança de salvar a União Soviética adotando reformas brandas. Ele imaginava uma federação de todas as repúblicas soviéticas, exceto as do Báltico, pois até Gorbatchev reconhecia que estavam irremediavelmente perdidas. A federação teria um governo central único, forças armadas unificadas e um presidente — ele mesmo. Nem Shush-kevitch nem Nazarbayev, presidente do Cazaquistão, eram contrários à ideia, mas Kravtchuk, presidente da Ucrânia, se opôs categoricamente. Em 24 de agosto, logo após o fracassado golpe de agosto, o Parlamento ucraniano votou esmagadoramente pela independência. Uma semana antes da viagem à datcha, em 1º de dezembro, foi realizado um referendo para sacramentar a decisão. Ao contrário das expectativas de Gorbatchev, a grande maioria da população ucraniana votou pela independência da União Soviética — inclusive nas áreas dominadas pela Rússia na bacia do Don e na Crimeia. A economia soviética estava em queda livre e as pessoas queriam mudanças.

O referendo ucraniano mudou tudo. Kravtchuk rejeitou a proposta de Gorbatchev, transmitida por intermédio de Iéltsin, de uma eventual reforma da União Soviética — o povo ucraniano não queria substituir um jugo por outro. Por fim, Iéltsin afirmou que não assinaria acordo algum sem a participação da Ucrânia. Os três chefes de Estado começaram então a discutir formas *alternativas* de convivência. Iéltsin estava muito determinado e insistiu para que só saíssem dali quando tivessem chegado a um acordo concreto. Os assessores ficaram acordados a noite toda preparando um rascunho. Nenhum deles tinha máquina de escrever; o rascunho foi feito à mão. Ao amanhecer, os seguranças partiram em busca de uma máquina de escrever, para que o acordo histórico pudesse ser datilografado antes que os chefes de Estado acordassem.

Depois do café da manhã, Iéltsin, Shushkevitch e Kravtchuk se reuniram na sala de bilhar para acertar os detalhes. No início da tarde, depois que os três cavalheiros brindaram parágrafo após parágrafo com espumante russo, o acordo, que consistia num total de catorze pontos, era bem claro: as quinze repúblicas soviéticas deveriam ser reconhecidas como Estados soberanos e independentes — as armas nucleares seriam transferidas para a Rússia, que também herdaria o assento da União Soviética na ONU, e os antigos estados soviéticos seriam reunidos na CEI, a Comunidade dos Estados Independentes, uma aliança política, econômica e militar frouxa e sem uma liderança central, sediada em Minsk. Não era por acaso que a sede seria localizada em Minsk — a posição da Rússia como centro de poder fazia parte do passado. O termo «comunidade» também não foi escolhido aleatoriamente — Kravtchuk insistiu que a palavra «união» não deveria ser mencionada no acordo de modo algum.

Às 14h do dia 8 de dezembro de 1991, Shushkevitch, Kravtchuk e Iéltsin assinaram o documento que entrou para a história como o Pacto de Belaveja.[57] Shushkevitch foi o primeiro a assinar. À noite, depois de dar a notícia a George Bush e Mikhail Gorbatchev, nessa ordem, os três cavalheiros emitiram um comunicado à imprensa anunciando que «a União Soviética como entidade do direito internacional e realidade político-geográfica deixou de existir».

Com o Pacto de Belaveja, a União Soviética passou para a história com três golpes de caneta. Em 21 de dezembro, Armênia, Azerbaijão, Cazaquistão, Quirguistão, Moldávia, Tadjiquistão e Uzbequistão também ingressaram na Comunidade de Estados Independentes. Em 25 de dezembro, Gorbatchev renunciou ao cargo de líder da União Soviética, e, no dia seguinte, 26 de dezembro de 1991, a URSS formalmente deixou de existir. A Rússia, locomotiva da união, perdeu cerca de 20% de seu território e cerca de metade de sua população quando quinze Estados independentes viram a luz do dia. Muitos deles, como

---

57 Em alguns idiomas, o pacto é conhecido como Acordo de Minsk, uma terminologia menos precisa. «Belaveja» refere-se à floresta de Białowieża, onde se localizava a datcha, a última área preservada de floresta nativa das planícies europeias.

A VIAGEM À DATCHA QUE MUDOU O MUNDO

Belarus, Azerbaijão e Cazaquistão, nunca antes haviam sido registrados num mapa.

— Quando os senhores compreenderam que a União Soviética era história? — perguntei a Shushkevitch.

— A União Soviética ainda não é história, ela sobrevive na mente das pessoas — respondeu ele. — Em todo o território pós-soviético, a União Soviética ainda existe; apenas em algumas repúblicas ela já é algo distante, como na Moldávia, na Ucrânia e nos países bálticos. A máquina de propaganda trabalha ativamente para preservar a Rússia como um império.

O outono de 1991 não foi a primeira vez que a história mundial acidentalmente tocou a vida de Shushkevitch. Em 1959, o fuzileiro naval Lee Harvey Oswald desertou para a União Soviética. As autoridades soviéticas não tinham ideia do que fazer com o americano problemático e o enviaram para Minsk, onde foi acomodado num apartamento no centro da cidade e empregado na linha de montagem da fábrica de rádio Gorisont. Shushkevitch começara a trabalhar na mesma fábrica havia pouco tempo e, como era o único operário que sabia um pouco de inglês, recebeu a missão de ensinar russo a Oswald. Três noites por semana, os dois se encontravam, monitorados pela KGB, para conversar em russo. Oswald não era um estudante particularmente talentoso, e logo as autoridades concluíram que ele não precisava dominar o idioma para dar conta do trabalho na fábrica. As aulas então foram canceladas. Dois anos depois, Oswald se casou com a estudante de farmácia Marina Prusakova e, logo após a cerimônia, os nubentes viajaram para os Estados Unidos. Em 22 de novembro de 1963, Oswald matou a tiros o presidente John F. Kennedy em Dallas, no Texas.

— Estou convencido de que Oswald não estava por trás disso, pelo menos não sozinho — disse Shushkevitch. — Para mim, ele dava a impressão de ser um tipo bastante primitivo de militar. Assassinar o presidente Kennedy simplesmente era algo acima de sua capacidade. Se foi ele o autor, só pode ter recebido ajuda de alguém. Essa é a minha opinião particular. Shushkevitch não passou muito tempo governando Belarus. No mesmo ano em que entrou para o Parlamento, em 1990, também foi eleito o diretor da cooperativa agrícola estatal de Gorodet, Alexander Lukashenko, então com 36 anos. Em 1993, Lukashenko foi incumbido de presidir um comitê para combater a corrupção no país. Pouco depois, ele acusou de corrupção setenta funcionários de alto escalão, incluindo Shushkevitch. As alegações de peculato nunca foram comprovadas, mas, no início de 1994, uma moção de desconfiança foi apresentada contra Shushkevitch, e ele teve que renunciar ao cargo de presidente do Parlamento.

— Em 15 de janeiro, Bill Clinton chegou a Belarus para uma visita; no dia 22 de janeiro eu estava fora do jogo — comentou Shushkevitch.

Mais tarde naquele ano, Lukashenko concorreu na primeira eleição presidencial de Belarus. Para surpresa de todos, ele venceu, com 45,1% dos votos. Shushkevitch teve 9,9%. Naquele instante, a inocente e jovem nação bielorrussa estava de joelhos. A inflação era extrema, grande parte da agricultura foi arrasada pelo acidente de Tchernóbyl, e a indústria, que dependia do petróleo e do gás da Rússia e do carvão da Ucrânia, estava afundada numa crise. Lukashenko surgiu como uma alternativa renovadora e corrupta diante dos políticos estabelecidos. Uma de suas promessas de campanha era a reunificação de Rússia, Belarus e Ucrânia, uma ideia que caiu no gosto de vários bielorrussos nostálgicos do tempo soviético. Um mês depois de chegar ao poder, Lukashenko assumiu o controle da televisão estatal. Um ano depois, obteve poder total para dissolver o Parlamento. Nos anos seguintes, sistematicamente foi apertando o cerco: jornais críticos foram sendo fechados, a nascente sociedade civil foi desmantelada e políticos da oposição foram presos ou mortos, ou simplesmente desapareceram. Hoje, a KGB bielorrussa é maior do que jamais foi sob a União Soviética, e os direitos humanos são permanentemente violados. Cerca de 80% das fazendas do país ainda são administradas por cooperativas estatais, e o Estado detém o controle da maior parte do comércio e da indústria.

Ao longo de seu primeiro mandato, Lukashenko trabalhou ativamente para reunificar Ucrânia, Belarus e Rússia. Em 1999, ele e Iéltsin assinaram um acordo para unir Belarus e Rússia numa federação. Esta teria um presidente, e é lícito supor que Lukashenko ambicionasse o cargo, em detrimento do alcoólatra Iéltsin. Quando Vladimir Putin assumiu o poder no ano seguinte, no entanto, o acordo foi arquivado, mas Belarus ainda é indiretamente subsidiada pela Rússia por meio de petróleo e gás baratos. Além disso, os militares bielorrussos trabalham em estreita colaboração com a Rússia, que possui grandes bases militares ali, e os dois países vizinhos realizam frequentemente exercícios militares conjuntos.

— Por mais quanto tempo o senhor acredita que Lukashenko permanecerá no poder? — perguntei finalmente a Shushkevitch.

— Depende da Rússia — respondeu o ex-chefe de Estado. — Temos mais de 1.200 quilômetros de livre fronteira com a Rússia. É um território plano, inteiramente aberto. Lukashenko pode não ser tão inteligente assim, mas é astuto e pérfido. Enquanto ele rezar pela cartilha de Putin, vai continuar onde está.

***

Algumas semanas depois, em Varsóvia, conheci Andrey Sannikov, segundo colocado nas eleições presidenciais de 2010 em Belarus. Lukashenko recebeu 79,65% dos votos, enquanto Sannikov teve 2,43%.

— Mesmo chegando em segundo lugar, você estava longe de vencer — comentei.

— Oficialmente, sim — disse Sannikov com um sorriso irônico. Ele tinha uma barba grisalha espessa, papadas escuras sob os olhos, uma voz grave e profunda, e falava inglês fluente. — Devo ter tido perto de 30% dos votos. Em Minsk, tive 42%, enquanto Lukashenko recebeu apenas 33%. É excelente, porque Lukashenko mora em Minsk.

Na noite de 19 de dezembro, data da eleição presidencial, milhares de pessoas se reuniram no centro de Minsk para protestar contra o resultado oficial. Junto com sua esposa, a conceituada jornalista Irina Khalip, Sannikov veio se juntar aos manifestantes. Antes de chegar ao local, os dois foram presos. Seis outros candidatos presidenciais, bem como centenas de manifestantes pacíficos, também acabaram atrás das grades.

— No passado, eles costumavam esperar alguns dias, pelo menos, até que os observadores eleitorais e os jornalistas estrangeiros deixassem o país — comentou Sannikov secamente. — Isso dá uma medida do medo que Lukashenko estava sentindo. A oposição poderia ter vencido a eleição, e ele sabia.

A prisão foi o início de um pesadelo que ainda não acabou. Como ambos os pais estavam presos, o governo ameaçou colocar o filho de três anos do casal, Danik, num lar adotivo. Graças aos esforços diligentes da mãe de Khalip, bem como à gentileza de alguns médicos, que se «esqueceram» de mencionar as doenças cardíacas da avó no prontuário, o garoto foi autorizado a ficar com ela.

Em maio de 2011, Sannikov foi condenado a cinco anos de detenção. A esposa foi colocada em prisão domiciliar e teve que cumprir restrições severas.

— A prisão era terrível — disse Andrey. — Eles têm métodos engenhosos para quebrar a resistência da gente. Até à TV eles recorrem. Nunca podíamos ver TV ao vivo, só gravações, principalmente documentários violentos sobre a guerra na Tchetchênia. Além disso, eles faziam o que podiam para bagunçar nossa rotina. Quem nunca foi preso terá dificuldade de compreender, mas na prisão as rotinas são fundamentais. São pequenos detalhes. Até minha caneca confiscaram, por exemplo. Eu era transferido de cela em cela e realocado para novas prisões e campos de trabalho. Eles subtraíam de mim o pouco controle que me restava.

Além disso, ele foi abusado fisicamente, não teve atendimento médico e, provavelmente, foi envenenado. A temperatura nas celas ficava abaixo de 8 graus, a luz estava sempre acesa. Um companheiro de cela afegão confidenciou a Andrey que foi mais bem tratado numa prisão do Afeganistão, sob o regime do Talibã.

Depois de dezesseis meses, Sannikov foi solto de repente, sem aviso ou explicação.

— Isso, sem dúvida, foi uma reação — disse ele. — Em março de 2012, a comunidade internacional intensificou as sanções. Um mês depois, em abril, fui libertado.

A liberdade tinha um preço. Quando deixou a prisão, Sannikov foi monitorado, assediado e ameaçado. Meses depois, ele decidiu se mudar de Belarus. A mulher e o filho ficaram em Minsk.

— Deixar Belarus e minha família foi a decisão mais difícil que tomei em toda a minha vida — disse Sannikov. — Prefiro nem falar sobre esse assunto; é muito doloroso falar sobre isso. Felizmente, o verão está chegando. As férias de verão são a época mais feliz para nós, porque conseguimos ficar juntos, nós três.

Dos nove candidatos que desafiaram Lukashenko nas eleições de 2010, Sannikov era o mais qualificado. Ele é um diplomata experiente e liderou as negociações que levaram à remoção de todas as armas nucleares do solo bielorrusso no início da década de 1990, em consonância com o Pacto de Belaveja. Em 1995, Lukashenko o nomeou vice-ministro das Relações

Exteriores. No ano seguinte, ele renunciou ao cargo e passou para a oposição.

— Fui tolerante *demais* — disse Sannikov. — Eu tinha esperanças. Lukashenko venceu a eleição de 1994, mas essa foi a única eleição que ele ganhou de verdade. Ele enveredou por um caminho autoritário desde o primeiro dia. Entre outras coisas, fez questão de alterar a Constituição e o sistema eleitoral para deter o poder absoluto.

Em 2015, pouco antes de Lukashenko ser reeleito com 83% dos votos, vários prisioneiros políticos de renome foram libertados, incluindo Nikolay Statkevitch, também candidato nas eleições presidenciais de 2010. Como num passe de mágica, as sanções internacionais foram suspensas e o clima político em Belarus voltou a esquentar.

— Lukashenko está se aproximando do Ocidente agora, porque a Rússia não pode mais salvar seu pescoço como costumava fazer — disse Sannikov. — O apoio financeiro da UE a Belarus aumentou. Agora é a UE quem banca Lukashenko, antes era Putin. Exceto pelo fato de que não há mais presos políticos de alto nível encarcerados nas prisões bielorrussas no momento, tudo continua igual. A situação é pior do que era nas últimas décadas da era soviética. Lukashenko tem o poder total, sem freios nem contrapesos. A União Soviética reencarnou em Belarus como uma república de bananas latino-americana, com gasodutos em vez de bananas.

— Como é a relação entre Belarus e a Rússia, e entre Putin e Lukashenko? — eu quis saber.

— Putin não enxerga Belarus como um país independente — respondeu Sannikov. — Os russos querem controlar tanto os militares como o abastecimento de petróleo e gás de Belarus. Putin acompanha de perto tudo que Lukashenko faz e é um aluno exemplar. Afinal, Lukashenko já está no poder seis anos a mais do que ele. Com Lukashenko, por exemplo, Putin aprendeu a

A VIAGEM À DATCHA QUE MUDOU O MUNDO   519

lidar com candidatos presidenciais incômodos e com a memória sempre muito curta do Ocidente. A Rússia de hoje é mais brutal que Belarus, mas o controle de Lukashenko sobre a sociedade civil é maior. Putin até começou a jogar hóquei no gelo, assim como Lukashenko.

Apesar de tudo por que passou, Sannikov não guarda rancores:

— Quem se rende à amargura deixa de pensar com clareza — disse ele. — Não quero me vingar de Lukashenko. Não é nada pessoal. Meu sonho é viver de uma vez por todas numa Belarus independente e livre, e estou convencido de que um dia esse sonho se tornará realidade.

No momento em que escrevo, esse sonho parece bem distante. Na véspera do Ano-Novo de 2017, milhares de pessoas mais uma vez saíram às ruas de Minsk, agora para protestar contra a «lei dos parasitas», o apelido que recebeu a reforma tributária que Lukashenko acabara de implementar. O objetivo era aumentar os impostos cobrados de desempregados e trabalhadores de meio período. Depois de demonstrar uma extraordinária contenção ao longo de semanas, Lukashenko arreganhou os dentes em 25 de março, data em que se comemora o Dia da Liberdade. Centenas de manifestantes foram presos, a maior prisão em massa desde a eleição presidencial de 2010.

Ao mesmo tempo que a economia está em franco declínio há muitos anos e a insatisfação interna só cresce, as relações com a Rússia esfriaram bastante no inverno de 2017. Em fevereiro, durante seu pronunciamento anual à imprensa, Lukashenko falou por sete horas e vinte minutos, uma performance digna de ditadores cubanos. A maior parte do tempo do monólogo foi dedicada a diatribes contra o vizinho a leste. As razões da ira de Lukashenko eram as mesmas que levaram Shushkevitch a convidar Iéltsin e Kravtchuk para a datcha em 1991: petróleo e gás. Lukashenko acusou os russos de não reduzirem os preços do gás em consonância com a queda nos preços do barril de petróleo. Putin argumentou que os valores já estavam bem abaixo da cotação de mercado, e era verdade — no período 2002-2015, a Rússia financiou Belarus com mais de 80 bilhões de dólares em subsídios indiretos, seja por meio de empréstimos, seja vendendo petróleo e gás a preços bem camaradas. Além disso, nos últimos anos, as empresas bielorrussas se beneficiaram bastante do embargo russo à importação de alimentos da UE. As regras aduaneiras da União Eurasiática permitem que Belarus reexporte mercadorias adquiridas da UE para a Rússia se estas tiverem sido remanufaturadas ou reembaladas em solo bielorrusso. Desde que o embargo entrou em vigor, as importações de alimentos da UE por Belarus se multiplicaram. No inverno de 2017, a despeito de tantos subsídios diretos e indiretos, os bielorrussos se recusaram a pagar o preço acordado e a reação russa veio na forma de redução do fornecimento do óleo bruto subsidiado. Além disso, a Rússia aumentou o controle aduaneiro na fronteira bielorrussa, provavelmente uma retaliação à «Parceria pela Mobilidade» recentemente celebrada entre o país vizinho e a UE. Pelo acordo, Belarus passava a isentar de visto por cinco dias cidadãos de oitenta países.

No final da maratona discursiva, Lukashenko saiu-se com uma bravata na qual nem ele mesmo seria capaz de acreditar: «Sobreviveremos sem o petróleo russo! Sim, será difícil, mas nossa liberdade não pode ser medida em dinheiro!».

Uma semana após as prisões em série de março, Lukashenko fez uma viagem de cortesia a Moscou, e voltou para casa com promessas de empréstimos de 1 bilhão de dólares para pagar o gás adquirido em 2016, além de descontos adicionais no preço do gás para o biênio 2018-2019. No mesmo outono, os dois países realizaram outro exercício militar conjunto batizado de *Zapad* 2017, «Ocidente 2017».

Linhas na areia

A guarda de fronteira bielorrussa examinou todos os passaportes cuidadosamente com uma lupa. Ela deve ter descoberto algo estranho, pois um jovem foi arrastado para fora do ônibus. Em Medininkai, no lado lituano, ao contrário, tudo correu com tranquilidade. Pela primeira vez na viagem, recebi meu passaporte de volta sem um novo carimbo nele.

Assim que cruzamos a fronteira, o padrão rodoviário melhorou acentuadamente. As folhas estavam prestes a brotar; em todos os lugares imperava o verde. As casas de toras de madeira foram rareando e os shopping centers ficando mais comuns na paisagem. Meia hora depois, chegamos à rodoviária de Vilnius. Nas ruas de paralelepípedos e sem tráfego da cidade velha barroca, falavam-se sueco, dinamarquês, norueguês, alemão e finlandês; nas ruas comerciais havia lojas internacionais como H&M, Zara e Starbucks em sequência, e em cada esquina havia um quiosque Narvesen. Nos restaurantes, era possível admirar o cardápio lituano, com seus muitos ditongos e inflexões arcaicas, fazer o pedido em inglês e pagar em euros. O lituano, aliás, é um idioma fascinante. Grande parte da gramática original e das declinações que existiam no protoindo-europeu — formas encontradas apenas em sânscrito e grego antigo — sobreviveram na língua lituana.

A Vilnius de hoje é uma cidade predominantemente lituana. Mais de 60% da população é de lituanos; a cidade não era tão homogênea assim certamente desde o início da Idade Média. Em contraste com as outras capitais do Báltico, o russo mal é ouvido nas ruas, já que os russos representam apenas cerca de 5% da população da Lituânia. Antes da Primeira Guerra Mundial, contudo, a situação era completamente diferente: naquela época, a maioria da população em Vilnius era de judeus, enquanto os poloneses vinham em segundo lugar. Cerca de 20% eram russos, e apenas 1% era lituano, e assim foi por quase um século A história heterogênea e multiétnica da cidade se reflete em seus muitos nomes. Em polonês é chamada de Wilno, os bielorrussos a chamam de Vil'nia, em iídiche é conhecida como Vilne, enquanto os russos se referem a ela como Vil'na.

A história de Vilnius remonta à Idade Média, quando era a capital do Grão-Ducado da Lituânia. Por incrível que possa parecer, no século XIV a Lituânia era o maior Estado da Europa, estendendo-se desde o mar Báltico até o mar Negro. No final do século XIV, o grão-duque lituano Jagelão, originalmente pagão, converteu-se ao catolicismo para se casar com a herdeira do trono polonês, a princesa Edviges. Até hoje, a maioria dos lituanos professa o catolicismo. Os laços matrimoniais com a Polônia foram se estreitando cada vez mais e, em 1569, se transformaram numa união de fato: a Comunidade das Duas Nações. A aristocracia lituana finalmente aprendeu a falar polonês, mas os camponeses continuaram falando lituano. No final do século XVIII, a Comunidade das Duas Nações foi engolida pela expansão das nações vizinhas: Prússia, Áustria e Rússia. O território que hoje forma a Lituânia acabou sob o domínio russo, com exceção de uma estreita faixa costeira, que passou a fazer parte da Prússia.

A Lituânia e a Polônia só ressurgiram como Estados independentes após a Primeira Guerra Mundial. Durante os anos caóticos e violentos do pós-guerra, Vilnius mudou de mãos seis vezes e acabou sendo incorporada à Polônia. A capital lituana foi transferida para Kaunas, mais a oeste. Em setembro de 1939,

Hitler atacou a Polônia, enquanto o Exército Vermelho, obedecendo ao Pacto Molotov-Ribbentrop, avançava do leste. Vilnius foi transferida para a Lituânia, conforme rezava o pacto, em troca de a Alemanha abocanhar um naco maior da Polônia. No ano seguinte, no verão de 1940, Lituânia, Letônia e Estônia foram forçadas a ingressar na União Soviética. Um ano depois, os soldados da Wehrmacht marcharam triunfantes pelas repúblicas soviéticas do Báltico, onde foram recebidos por muitos habitantes como libertadores. Para os judeus, no entanto, os três anos sob ocupação alemã foram uma catástrofe. Quase 200 mil judeus, mais de 90% da população judaica na Lituânia, perderam a vida na guerra. A Lituânia voltou ao controle soviético em 1944. Os bielorrussos queriam que Vilnius se tornasse parte da República Soviética de Belarus, mas, por ordem direta de Stálin, decidiu-se que Vilnius seria a capital da República Soviética da Lituânia. O problema era que a população local era quase inteira de poloneses, mas Stálin estava convencido de que tinha a solução para o problema e recorreu a seu método preferido: deportação em massa. Entre 1945 e 1947, cerca de 170 mil poloneses, principalmente de Vilnius, foram «repatriados». Pela primeira vez desde que o principado lituano dominou a Europa Oriental, Vilnius voltou a ser uma cidade lituana. Wilno e Vilne foram riscados do mapa.

Ao contrário dos outros países bálticos, a Lituânia não foi submetida a uma russificação agressiva sob o regime soviético, e isso provavelmente se deve a duas razões principais: primeira, a República Soviética da Lituânia era pouco industrializada; e segunda, em nenhum outro território da união a oposição ao regime soviético era tão renitente. Os russos simplesmente se ressentiam de viver no país. A resistência armada continuou até a morte de Stálin, em 1953. Cinquenta mil mulheres e homens, os chamados «Irmãos da Floresta», participaram da guerrilha.

Mais de 20 mil Irmãos da Floresta foram mortos, e seus cadáveres eram exibidos em locais públicos como forma de intimidação. Do lado soviético, o número de baixas foi cerca de 13 mil. No pós-guerra, em torno de 130 mil lituanos — 5% da população — foram deportados para a Ásia Central e a Sibéria. Mais de um quinto deles morreu ao longo do caminho ou pouco tempo após desembarcar. Nesse contexto, não é de admirar que tenham sido precisamente os lituanos os primeiros a reivindicar a independência. Já no dia 11 de março de 1990, a Assembleia Nacional da Lituânia declarou independência da União Soviética. Como era de esperar, Gorbatchev colocou as barbas de molho e alegou que a declaração de independência era inconstitucional. Após exercer forte pressão política e econômica, o governo central soviético acabou despachando tropas para a Lituânia. Em 13 de janeiro de 1991, catorze pessoas foram mortas a tiros ou esmagadas por tanques do exército soviético numa tentativa desesperada de Moscou de assumir o controle da torre de TV de Vilnius. Isso, naturalmente, apenas fortaleceu o desejo de independência dos lituanos e, no referendo de fevereiro, mais de 90% votaram pela saída da União Soviética.

A luta pacífica pela liberdade no Báltico ganhou a simpatia do mundo, e por isso mesmo o Kremlin tentou como pôde provocar os lituanos para que pegassem em armas. Um dos incidentes mais graves ocorreu no dia 31 de julho de 1991, quando sete guardas de fronteira lituanos foram mortos pela Omon, a polícia especial soviética, no posto fronteiriço de Meidininkai na divisa entre Lituânia e Belarus. Tomas Šernas, de 29 anos, foi o único sobrevivente.

— Na verdade aquele era meu dia de folga, porque eu ia me casar no dia seguinte — disse Tomas, que nesse meio-tempo completou 53 anos, num russo macarrônico, o único idioma que tínhamos em comum. Ele era louro, usava óculos e tinha um rosto redondo e pálido de aspecto lunar. Nós nos encontramos num jardim de infância nos arredores de Vilnius, onde ele havia participado de um evento paroquial. A paróquia costumava realizar suas reuniões ali, pois havia uma rampa para cadeirantes na entrada. Cercado por desenhos coloridos e cadeiras e mesas pequeninas, Tomas rememorou sua noite de verão mais sombria:

— Um amigo precisou sair do posto de guarda, e eu concordei em substituí-lo. Imaginei que dessa forma eu conseguiria mais dias de folga para minha lua de mel. Tínhamos planejado ir para a praia.

Tomas se ofereceu para trabalhar como voluntário no inverno de 1991, após o massacre da torre de TV:

— Meus pais trabalhavam então na Finlândia. Eu os visitei e reparei como em cada cidade, em cada vilarejo, havia um cemitério para as vítimas da Guerra de Inverno. Achei que tinha que fazer alguma coisa. Era *constrangedor* não agir. Aqui na Lituânia, todos eram contra o poder soviético, qualquer opinião diferente disso era apenas fachada. Tínhamos uma mentalidade diferente das outras repúblicas soviéticas. Sempre fomos orientados para o Ocidente, para os países nórdicos. O comunismo era bonito na teoria, mas nunca funcionou na prática. Na verdade eu era veterinário e trabalhava no zoológico de Vilnius. Em 23 de fevereiro de 1991, comecei a trabalhar como funcionário da alfândega na fronteira.

Eram entre 4h30 e 5h da madrugada quando os agressores atacaram. Tomas estava sentado em sua mesa no pequeno alojamento. Um policial e um vigia patrulhavam a rua, outros dois policiais estavam dentro de uma viatura. Um quarto policial e os outros três funcionários da alfândega estavam deitados no chão dormindo. Tudo de que dispunham de mobília eram duas mesas, pois as camas e os demais móveis foram incendiados num ataque anterior. Naquela época, as estações fronteiriças da Lituânia eram atacadas quase semanalmente.

— Lembro-me de ter ouvido um barulho — disse Tomas. — Achei que parecia um tiro de arma de fogo, embora fosse muito abafado. Olhei pela janela, mas de onde estava sentado só conseguia ver a floresta e um pouco da estrada. De repente, vi dois vultos com armas automáticas com silenciadores.

Tomas despertou o policial que dormia. Pouco depois, os assassinos entraram no alojamento e ordenaram a todos que se deitassem no chão. Tomas fez o que lhe foi dito.

— No começo eu não me dei conta de que eles tinham disparado — disse ele. — Estava escuro e eu enxergava pouco do que estava acontecendo ao meu redor, mas consegui ver que atiraram num dos policiais. Depois atiraram em mim, e então perdi a consciência. Em dado momento despertei; lembro-me de escutar alguém falando russo. Então amanheceu. Ouvi o trinado dos pássaros na floresta. Uma mulher gritando. Achei que ela estivesse exagerando, que tinha se deixado impressionar demais. Então apaguei novamente e só retomei a consciência quando me carregaram para a ambulância.

Tomas foi baleado duas vezes na cabeça e teve que passar por três complicadas operações. Durante semanas esteve entre a vida e a morte. Ficou internado até a primavera do ano seguinte, e depois disso foi enviado para a Alemanha para reabilitação. Em decorrência dos ferimentos, ficou confinado a uma cadeira de rodas pelo resto da vida e depende de motoristas e cuidadores.

— Acabei me casando com Rasa, mas não lembro quando.

— Ele riu e ficou pensando sobre o que tinha acabado de dizer.

— Sim, agora eu me lembro. Alguém calculou que foram exatamente 699 dias de atraso, então eu me casei no verão de 1993, não é verdade?

Alguns anos após o incidente, Tomas começou a estudar teologia. Em 2002, foi ordenado pastor na Igreja Evangélica Reformada, onde ainda trabalha.

— Há muita coisa que você não pode fazer quando não pode mais andar — explicou. — Eu tinha que encontrar algo interessante para ocupar meu tempo. Eu estava interessado em teologia, e depois da era soviética havia uma escassez de pastores. Além disso, a universidade ficava em Klaipeda, à beira-mar. Eu sempre quis estar perto da praia. Os assassinos vieram de Riga, da polícia especial soviética Omon. Até o momento, apenas um deles foi levado à Justiça. Os outros três são cidadãos russos e tiveram sua extradição negada pelo governo russo.

— Provavelmente a ordem partiu de Moscou, mas quem vai saber? — disse Tomas, dando de ombros. — A Rússia sempre foi antidemocrática. Eles que dão as cartas. Mesmo sob Iéltsin. Ele prometeu investigar o incidente, mas nada aconteceu.

Em 6 de setembro de 1991, enquanto Tomas ainda estava em coma, a União Soviética reconheceu a independência dos Estados bálticos.

— Para mim, o período inicial após o atentado foi bem difícil — disse ele. — Tive que lutar com a culpa por ter sobrevivido. Pessoas com deficiência podem ficar mal-humoradas e amargas. Eu não queria ser uma dessas pessoas. Eu sobrevivi. É preciso pensar nisso como uma dádiva, uma dádiva de Deus. O que me ajudou foi que a Lituânia conquistou sua independência. Somos moralmente vencedores. Lutamos e vencemos.

***

No sudoeste da Lituânia, o istmo da Curlândia tem 100 quilômetros de extensão e se estende ao longo da costa do Báltico. Em seu trecho mais estreito, tem apenas 400 metros de largura. Caminhei horas a fio pela densa floresta de pinheiros, margeando as praias largas e sobre as dunas marrom-acinzentadas e desérticas, afundando os pés na areia morna e macia. As dunas se estendiam por quilômetros, envoltas pelo céu azul-claro da primavera do Báltico e pelo mar cinzento.

«Uma janela para o mundo» foi como o pastor Tomas Šernas se referiu à faixa costeira do mar Báltico. Quando ele era criança, sua família costumava ir de férias para lá, e ele passava os dias na praia com amigos procurando garrafas e outros objetos que as embarcações estrangeiras deixavam cair no mar. Para eles, o lixo era um lembrete de que havia um mundo do outro lado da Cortina de Ferro.

O istmo da Curlândia tem 5 mil anos. Século após século, a areia do fundo do mar foi sendo varrida para nordeste por ondas e ventos e se acumulou aqui, na costa da Lituânia. O pinhal, por outro lado, é, por assim dizer, recém-plantado. No século XVIII, o fértil promontório quase foi destruído pelo crescimento populacional e pelo pastoreio excessivo.

Em 1757, durante a Guerra dos Sete Anos, o exército russo invadiu a área e dizimou o que restava da floresta para construir barcos para o cerco de Königsberg, então uma das cidades mais importantes da Prússia. Quando não havia mais vegetação suficiente para reter a areia fina, as dunas começaram a se mover. Nas décadas seguintes, as dunas foram engolindo aldeia após aldeia. Casas e igrejas foram enterradas sob toneladas de areia.

Em 1825, o governo prussiano decidiu fazer nova tentativa de salvar o promontório. Centenas de pessoas participaram de uma empreitada penosa e lenta, que se arrastou por quase um século. Primeiro foi preciso estabilizar o solo com espécies de grama que se adaptam bem à areia, depois se plantaram pinheiros e bétulas resistentes, metro a metro, árvore por árvore. Hoje, cerca de 70% do promontório está coberto de floresta e, embora as dunas ainda estejam em movimento, já não ameaçam encobrir as pitorescas aldeias de casas de madeira, que ao longo dos anos foram sendo reconstruídas.

O escritor alemão Thomas Mann visitou Nida, uma das mais belas aldeias do promontório, pela primeira vez em 1929. O Nobel de Literatura ficou tão fascinado com o lugar que imediatamente mandou construir uma casa de verão. A casa de madeira marrom, janelinhas azuis e telhado de palha ainda está lá, no alto de uma pequena colina, com vista para a lagoa. Nela, Mann passou três verões com a família, até que em 1933, depois que Hitler assumiu o poder, emigrou de Munique para a Suíça.

Todo o istmo da Curlândia pertencia então à Prússia Oriental, uma área que estava nas mãos dos alemães desde as cruzadas da Ordem Teutônica, no século XIII. Em 1945, a Prússia Oriental foi repartida entre a Polônia e a União Soviética, como compensação pelas perdas e sofrimentos que os alemães lhes infligiram durante a guerra. Stálin se apossou de Königsberg, terra natal de Immanuel Kant, e da área circundante. A cidade foi renomeada Kaliningrado, em homenagem ao agora um tanto esquecido político soviético Mikhail Kalinin, chefe de Estado oficial da União Soviética até 1946 e um importante lacaio do verdadeiro mandachuva da união, o próprio Stálin. A velha Königsberg, deixada em ruínas após a guerra, logo se encheu de bases militares, prédios de concreto e soldados russos; todos os alemães e lituanos foram deportados.

Naquela época, Kaliningrado fazia fronteira com a República Soviética da Lituânia e, às margens do Báltico, era um posto avançado natural do sul do território soviético. Kaliningrado é hoje um exclave russo, cercado pelos membros da Otan Polônia e Lituânia, e é estrategicamente mais importante do que nunca. Kaliningrado é hoje a área mais militarizada da Europa e é uma importante base naval da Rússia, que com a dissolução da União Soviética perdeu a maior parte da área costeira do mar Báltico. Para os países vizinhos, o exclave é um lembrete constante do poderio militar russo. Os mísseis Iskander baseados ali podem alcançar Varsóvia em 2 minutos e 22 segundos.

Do alto das dunas maiores era possível avistar Kaliningrado ao longe. Embrenhei-me pelo pinhal, avançando mais e mais para o sul, até deparar com uma placa que advertia que era estritamente proibido seguir em frente.

***

Nesta esquina do mundo, as fronteiras se moveram como dunas sem barreiras. Do outro lado da baía de Nida fica Gdańsk, um verdadeiro ímã turístico. Para chegar lá, tive que contornar o exclave russo, passar por Kaunas, antiga capital da Lituânia, atravessar a fronteira da Polônia e prosseguir no rumo oeste até a costa.

Durante séculos, Gdańsk foi governada por soberanos poloneses, da Ordem Teutônica, polaco-lituanos, prussianos e chanceleres alemães. Por um breve intervalo de tempo, a cidade esteve sob Napoleão, que a elevou à categoria de cidade autônoma. No entreguerras, Gdańsk, ou Danzig, como era chamada em alemão, converteu-se novamente em cidade livre, porém subordinada ao Ministério das Relações Exteriores polonês. Mais de 90% da população da cidade eram alemães, e, ao longo da década de 1930, a insatisfação por estarem sujeitos aos poloneses foi aumentando. *Heim ins Reich*, «De volta ao Reich», foi o slogan que adotaram.

Na noite de 1º de setembro de 1939, Hitler lançou uma ofensiva contra a Polônia com um assalto à pequena guarnição polonesa de Westerplatte, nos arredores de Gdańsk. A Segunda Guerra Mundial estava começando. No mesmo dia, as forças alemãs atacaram os correios poloneses no centro de Gdańsk. Cinquenta e seis funcionários estavam de plantão e lutaram heroicamente contra a supremacia alemã por várias horas. Em vão, é claro. No final da guerra, Danzig foi submetida a intensos bombardeios aéreos dos Aliados. Em 30 de março de 1945, após violentos combates, o Exército Vermelho capturou a cidade. Noventa por cento do centro histórico foi destruído pelo bombardeio aliado nas semanas anteriores à queda da cidade. Após a guerra, Danzig recuperou seu nome polonês e passou ao domínio da Polônia. Os alemães restantes foram deportados, e poloneses étnicos se mudaram para lá a fim de reconstruir a cidade. Em teoria, a Polônia era agora independente, mas na prática o país era governado pela União Soviética como uma ditadura comunista.

Nas décadas de 1970 e 1980, Gdańsk transformou-se no epicentro de eventos que mudariam o curso da história mundial. Depois de dez anos organizando uma série de greves e protestos — pelos quais passou um ano encarcerado — no estaleiro Lênin, na periferia da cidade, o eletricista Lech Wałęsa foi escolhido presidente do Solidarność, «Solidariedade», o primeiro sindicato livre da Polônia. Ao longo da década de 1980, o Solidariedade se transformou numa força política importante na sociedade polonesa. Após meses de crise econômica e greves em todo o país, em 1989 a Polônia se tornou o primeiro país da Cortina de Ferro a realizar eleições livres. Os partidários do Solidariedade tiveram uma vitória esmagadora e formaram o novo governo. No ano seguinte, Lech Wałęsa foi eleito presidente da Polônia.

A Cortina de Ferro começava a rachar.

Hoje, o estaleiro abriga um grande e requintado memorial, e, nos arredores do centro da cidade, num bairro completamente destruído durante a guerra, foi erguido um ambicioso museu sobre a Segunda Guerra Mundial. A um custo equivalente a quase meio bilhão de reais, o museu se propõe a contar a história da guerra do ponto de vista de todos os países afetados. A direção do museu também queria abordar temas controversos ou desconhecidos, como a invasão japonesa da Manchúria em 1931, a importância da Guerra Civil Espanhola no desenrolar dos eventos e a corresponsabilidade dos poloneses no extermínio dos judeus, bem como a deportação de 1 milhão de poloneses para campos Gulag em 1940 e os 3 milhões de prisioneiros de guerra soviéticos que os nazistas deliberadamente deixaram morrer de fome. Meses antes da abertura, o governo conservador polonês ameaçou cancelar o projeto inteiro porque o museu não dava o devido destaque à «perspectiva polonesa» sobre esses temas. O prédio ainda assim abriu as portas em março de 2017, com um anúncio que dizia «Veja antes que fechem». Pouco tempo depois, o diretor do museu, Paweł Machcewicz, foi demitido sem justa causa e substituído por um diretor fiel ao governo, de quem se espera que altere as exposições para que o foco esteja no drama dos poloneses.

Na Polônia, a história virou um campo de batalha política, e o que não falta na história polonesa são campos de batalha muito concretos. O território é em boa parte tão plano quanto Belarus, sem muitas fronteiras naturais, ou seja, está à mercê de exércitos invasores. No século XIII, foi devastado primeiro pela Ordem Teutônica e depois pelos mongóis, e, nos séculos XVII e XVIII, foi o exército sueco que causou estragos no país. Como mencionado, a Polônia foi uma grande potência por muito tempo. Nos séculos XV e XVI, a Polônia-Lituânia era a potência mais forte da Europa Central Oriental e, de 1610 a 1612, os poloneses chegaram a ocupar Moscou.

Obras importantes já foram escritas sobre a conturbada relação que une e afasta Rússia e Polônia. No século XVIII, o equilíbrio de poder mudou, e Polônia-Lituânia se enfraqueceu a olhos vistos, muito também devido a questões internas. Ao contrário da Rússia, a Polônia era governada pela aristocracia, que, entre outras coisas, escolhia o rei. A nobreza polonesa era a maior da Europa e perfazia cerca de 10% da população. Em meados do século XVII, a nobreza se fortaleceu ainda mais, e cada membro do Parlamento passou a ter o direito de vetar qualquer decisão do colegiado, o que praticamente impossibilitava aprovar leis ou resolver pendências administrativas e financeiras do Estado, donde a expressão «parlamento polonês» para designar uma assembleia ingovernável ou uma reunião em que não se chega a um consenso. Ao mesmo tempo, os reinos vizinhos ficaram cada vez mais poderosos. Em 1772, Rússia, Prússia e Áustria pegaram cada uma seu quinhão da Polônia-Lituânia. A Rússia se apropriou de territórios da atual Belarus, no que entrou para a história como Primeira Partilha da Polônia. A aristocracia polonesa percebeu que precisava agir para fortalecer o país, e introduziu uma série de reformas que culminaram com uma nova Constituição, mais liberal. Nem todos os nobres apoiaram as novas reformas, e alguns dos mais influentes recorreram à Rússia em busca de ajuda para reverter esse processo. Como resultado, em 1793 Rússia e Prússia se apossaram de mais terras do país, na Segunda Partilha da Polônia. Os poloneses se rebelaram, mas foram derrotados pelas forças russas e prussianas. Em 1795, na Terceira Partilha da Polônia, o território restante foi dividido entre Áustria, Prússia e Rússia. A Polônia-Lituânia deixou de existir, e cerca de metade do império outrora poderoso estava agora sob o controle do tsar russo.

Durante as guerras napoleônicas, os poloneses esperavam recuperar suas terras e muitos se alistaram no exército francês. Em 1807, Napoleão estabeleceu o Grão-Ducado de Varsóvia, de existência efêmera, que foi devolvido ao Império Russo já em 1815, mas com o status de reino. O tsar Alexandre I foi coroado rei polonês e jurou respeitar a Constituição polonesa. Nos primeiros anos os poloneses até gozaram de relativo grau de autonomia, com governo e exército próprios. Com o passar do tempo, os russos foram apertando o garrote, o que levou a uma sucessão de revoltas no ano de 1830. O tsar Nicolau I esmagou a revolta e aboliu o Parlamento, o exército e a moeda poloneses. As universidades de Vilnius e Varsóvia foram fechadas, grande parte da intelectualidade local emigrou para Paris, e muitos poloneses que trabalhavam na administração pública local foram substituídos por russos.

Em 1863, os poloneses novamente se rebelaram. O reformista Alexandre II ascendera ao trono alguns anos antes, e os poloneses talvez esperassem que os ventos da reforma logo soprassem em seu país. Em vez disso, passaram a ter que prestar serviço militar obrigatório e se revoltaram. Também dessa vez os russos esmagaram impiedosamente a revolta, e milhares de poloneses foram executados, presos ou deportados; além disso, 1.600 propriedades foram confiscadas e entregues aos russos ortodoxos. O território passou por uma política agressiva de russificação: topônimos foram russificados, cidadãos foram banidos da administração local e mosteiros católicos foram fechados. Todas essas medidas contribuíram, naturalmente, para o crescimento do nacionalismo polonês e a oposição ao domínio russo.

Tal como os países bálticos, a Polônia só recuperou sua independência após a *Primeira* Guerra Mundial. Mas, ao contrário deles, pelo menos no papel, manteve sua independência após a *Segunda* Guerra Mundial. Como mencionado, o governo polonês foi manietado por Moscou até o final da década de 1980, quando os poloneses, por meio do Solidariedade de Lech Wałęsa, se insurgiram mais uma vez.

***

Antes de seguir para o norte, rumo à Letônia, fiz um rápido giro pela capital polonesa.

Varsóvia é o extremo oposto da pitoresca Gdańsk. As ruas são largas; as construções, imponentes e altas. É uma cidade na qual o visitante desaparece, uma cidade que o devora. Como em Gdańsk, a cidade velha foi reconstruída após a guerra – um trabalho quase rotineiro na Polônia da segunda metade do século XX.

Do lado de fora do Parlamento ainda havia grandes pilhas de rosas frescas e buquês de flores em memória das vítimas do desastre aéreo em Smolensk, em 2010. Todos os 96 a bordo, incluindo o presidente polonês, Lech Kaczyński, e dezoito membros do Parlamento, morreram no acidente. A delegação estava a caminho do septuagésimo aniversário das vítimas do massacre de Katyn. Em março de 1940, mais de 20 mil oficiais e soldados poloneses foram fuzilados por ordem de Stálin. Mais de 4 mil das vítimas foram executadas e enterradas na floresta de Katyn, nos arredores de Smolensk.

A propósito, foi Mikhail Kalinin, chefe de Estado *formal* da União Soviética até 1946 a quem o nome de Kaliningrado presta homenagem, quem deu a ordem *formal* para que o massacre ocorresse.

Apesar de as comissões de investigação polonesas e russas terem concluído que a tragédia foi causada por um erro do piloto, são muitos os poloneses que não deixam de crer no envolvimento direto da Rússia. No sétimo aniversário do acidente, Jarosław Kaczyński, irmão gêmeo do falecido presidente Lech Kaczyński e líder do partido populista de direita Lei e Justiça, que hoje detém ampla maioria no Parlamento, não usou meias palavras para insinuar que os russos estavam por trás da tragédia:

— Sabemos com um grau muito alto de certeza que houve uma explosão, e este não é o fim de nossa busca pela verdade — disse ele à multidão reunida diante do palácio presidencial.

— Devemos estar preparados para mais resistência à verdade e mais ódio — acrescentou melodramaticamente.[58]

---

58 A citação é do artigo «Poland Says Explosion Behind 2010 Plane Crash in Western Russia», de Marek Strzelecki e Wojciech Moskwa. Publicado em 10 de abril de 2017 em www.bloomberg.com.

Essa longa e complicada história comum, cheia de opressão, guerra e traições, facilmente tensiona as relações com a Rússia e abre espaço para populistas que lançam suas redes em águas turvas. Embora a Polônia já não faça fronteira direta com a Rússia, exceto no curto e militarizado trecho do exclave de Kaliningrado, a conturbada história de proximidade com o Império Russo ainda é bem viva no imaginário dos poloneses.

A raça superior

Rodeada por pinheiros altos e vergados pelo vento, a divisa entre Lituânia e Letônia era erma e deserta. Assim que cruzamos a fronteira, que de resto era demarcada apenas por uma placa, notamos uma piora significativa na pavimentação. Depois de meia hora por estradas esburacadas, chegamos a Daugavpils.

Daugavpils — conhecida pelos russos como Dvinsk e pelos alemães como Dünaburg — é a segunda maior cidade da Letônia. É também a maior cidade da União Europeia cujos habitantes são majoritariamente russos étnicos, mas nem por isso pode ser considerada cosmopolita. A população mal passa de mil habitantes, e no centro desponta um único prédio moderno e alto: o Park Hotel Latgola.

Por onde andei ouvi pessoas falando russo. Nos parques, pais bebiam cerveja em lata enquanto seus pequenos se divertiam nos brinquedos com selo de aprovação da UE. As mães usavam roupas ordinárias; os maridos, calças de ginástica e jaquetas de couro. Daugavpils foi um polo industrial importante na era soviética, mas a indústria pesada da URSS não sobreviveu à transição para o mercado europeu. Fiquei com a impressão de que quem teve a oportunidade deu no pé dali, uma impressão que não está distante da realidade. O número de habitantes de Daugavpils é o menor desde 1914. Esse não é um fenômeno exclusivo de Daugavpils — a população das maiores cidades letãs despencou nos anos recentes, resultando num crescimento demográfico negativo. Em 1991, mais de 2,6 milhões de pessoas moravam na Letônia. Em 2016, esse número caiu para menos de 2 milhões. Embora Daugavpils fosse uma cidade notoriamente pobre, inclusive para o padrão letão, era bem mais organizada e limpa do que todas as cidades russas por que já passei. As ruas e calçadas mantinham o padrão da UE, os supermercados eram bem abastecidos e impecavelmente limpos. E, embora todos falassem russo, as placas eram em letão. Daugavpils era uma sociedade russa em miniatura encravada na UE.

Não é por acaso que tantos russos vivem ali. Na era soviética, centenas de milhares de russos migraram para Letônia e Estônia, parte para trabalhar nas indústrias recém-instaladas, parte para implementar a política de russificação do Kremlin. Ao longo de meio século, a população russa da Letônia triplicou. Mais de um quarto dos habitantes da Letônia hoje, mais de 500 mil pessoas, é de russos étnicos. Depois de se ver livre da União Soviética, em 1991, o governo letão recusou-se a dar cidadania automática aos russos radicados no país. Para se tornar letão é preciso primeiramente prestar um exame de proficiência no idioma. Em decorrência dessa política, há na Letônia hoje quase 300 mil russos sem cidadania letã.

Dmitri, o motorista que me levou para o forte de Daugavpils, era um russo que tinha cidadania dupla. Mesmo assim, não falava uma só palavra do idioma local.

— É um troço que entra por um ouvido e sai pelo outro, nunca consegui entender nada. Olhe, este aqui é o nosso prefeito — disse Dmitri apontando para um cartão-postal de Vladimir Putin pendurado no retrovisor. — Daugavpils inicialmente integrava a região de Vitebsk, em Belarus — acrescentou.

Dmitri estava eufórico por ter como passageira uma escandinava de verdade, descendente dos vikings, e apontava para todos os locais de eventual interesse pelos quais passávamos.

— Aqui estão construindo um novo instituto de pesquisas — explicou. — No alto vai haver um observatório, e aqui temos uma escola. Ali, à esquerda, fica a companhia de abastecimento de água. É lá que fica o aquecedor central.

E então, quando já não havia atrações para apontar, chegamos à entrada da fortaleza.

A obra em si começou sob Alexandre I, no início do século XIX. Chegou a ter 10 mil operários, mas mesmo assim levou mais de cem anos para ser completada. Por muito tempo, o forte de Dünaburg foi um dos mais importantes na defesa do flanco ocidental do império, e era lá que tsares e tsarinas costumavam pernoitar no trajeto entre São Petersburgo e a Europa.

Perambulei pelas dependências da fortaleza cerca de meia hora. A área inteira compreendia algumas casas decadentes e blocos de prédios soviéticos. Ainda vivem atrás das muralhas cerca de duzentas pessoas. Eu estava ali na verdade para visitar o Centro de Artes Mark Rothko, que estava fechado para reformas. O icônico artista plástico judeu nasceu em Daugavpils em 1903, ano em que teve início a onda de pogroms mais violentos no Império Russo. No século XIX também houve pogroms de maior ou menor extensão, mas os mais brutais ocorreram na virada do século. Os piores tiveram lugar em Odessa, onde cerca de 2.500 pessoas foram assassinadas, mas nenhuma cidade com parcela significativa de população judaica foi poupada. Por isso, muitos judeus emigraram para o Ocidente, para cidades em que a vida podia ser mais tranquila e as oportunidades, maiores. Mark Rothko tinha dez anos quando sua família deixou o Império Russo para trás e partiu rumo aos EUA, onde ele residiu o resto da vida.

Quando Mark Rothko veio ao mundo, metade da população de Daugavpils era de judeus, e a cidade contava com nada menos que 48 sinagogas. Somente uma delas sobreviveu à Segunda Guerra Mundial.

A segunda e última parada do passeio pela cidade era a Colina das Igrejas. As igrejas católica e protestante estavam de portas fechadas, mas a grande e azulada catedral de São Boris e Gleb, maior igreja ortodoxa da Letônia, estava aberta à visitação. No interior das portas largas, um extenso trabalho de restauração estava em curso. A catedral foi consagrada em 1905, como parte da política de russificação imposta por Nicolau I no Báltico. Um pouco mais além vislumbrei outro coruchéu. Caminhei até lá e fiquei realmente feliz quando deparei com a placa: era uma igreja ortodoxa do Rito Antigo, inaugurada em 1926. Não tive a sorte de encontrar nenhum fiel do Rito Antigo em Altai, mas quem sabe aqui, em Daugavpils! O portão estava destrancado. A porta da igreja também não estava trancada. Ela se abriu com um rangido e adentrei a nave escura e sóbria, iluminada apenas pelas velas de um castiçal. À esquerda da porta, num canto, vendiam-se velas de cera e outros objetos votivos. Uma senhorinha idosa, toda de preto, e um homem corcunda estavam conversando. Assim que me viram, ficaram em silêncio.

A senhorinha de preto se aproximou.

— Aonde a senhora pensa que vai? — perguntou indignada. Ela usava um xale preto preso por um broche sob o queixo, e um par de tufos de cabelo branco despontava de cada lado do xale.

— A senhora por acaso pensa que está em casa e pode simplesmente ir invadindo os lugares sem ser convidada?

— Q-Q-Queria apenas visitar a igreja — gaguejei.

— A senhora não pode estar aqui nessas condições — esbravejou ela apontando para mim. — De calça! E ainda por cima com esse xale! — Ela lançou um olhar reprobatório para o arremedo de xale que improvisei amarrando uma echarpe sob o queixo.

— *Oh, não compreender* — disse eu num russo caprichando no melhor sotaque norueguês que conseguia.

— Não compreender, não compreender... Não compreender uma ova! A senhora compreende muito bem! Suma já daqui! — Antes que me desse conta, eu já me encontrava do lado de fora da igreja. Enquanto isso, de pé atrás do vitral da porta, a senhorinha me fuzilava com o olhar.

Enfiei o rabo entre as pernas e rumei para o restaurante panorâmico do Park Hotel Latgola. Pela janela podiam-se admirar o crepúsculo alaranjado do Báltico e a vista panorâmica de Daugavpils. Casas de tijolo aparente e blocos soviéticos de concreto de poucos pavimentos até onde a vista alcançava. Em seguida resolvi caminhar pela rua onde ficava o Porão da Artilharia. Num artigo no *The Telegraph*, descobri que não era possível fazer o pedido em russo nesse lugar, e nisso imaginei um conflito latente, uma possível rebelião contra o predomínio estrangeiro na cidade. O bar era pequeno e escuro, e os frequentadores, todos habituais e todos homens, usavam casacos de couro. Olhares incrédulos se voltaram para mim, mas fingi distração, procurei agir naturalmente e ocupei um lugar vazio no balcão. O bartender louro me estudou com curiosidade. Pela primeira vez em Daugavpils alguém se dirigiu a mim em letão.

Fechei-me em copas.

— É verdade que não se pode pedir bebida em russo aqui? — perguntei em inglês.

— Oh — disse o bartender, com um abano de mão. — Esse pessoal gosta de fazer tempestade em copo d'água, para que tanto exagero, cacarejam, cacarejam e não põem ovo. — Pelo visto ele era chegado a metáforas e provérbios. — Aqui os clientes podem pedir no idioma que quiserem — assegurou ele.

Pedi uma taça de vinho, ainda em inglês, que bebi num só gole, e voltei para o quarto do espartano hotel que havia reservado, ao lado da estação de ônibus.

***

— Ora, ora, temos aqui uma legítima representante da terra de Quisling![59] — disparou Visvaldis Lācis ao me abrir a porta.

O homem de 82 anos falava um inglês excelente. Sua audição estava um bocado prejudicada, mas fora isso parecia em ótima forma, era alto e atlético e seu rosto quase não tinha rugas. O cabelo liso e grisalho era cortado curto e ereto; dois caninos tinham sido substituídos por dentes de prata. Sem perder tempo, ele me convidou para ir ao escritório do primeiro andar. Elegante, subiu a escada estreita e íngreme; eu segui atrás atabalhoadamente. Dos janelões tinha-se uma vista para o jardim exuberante e para o lago próximo. Foi um desafio entrevistar Visvaldis, ora porque ele tinha dificuldade em ouvir o que eu dizia, ora porque fazia longas digressões, ora porque não queria responder ao que lhe era indagado, nem mesmo quando havia compreendido a pergunta.

— Escrevi 16 livros e 405 artigos, mas não trabalhei um só dia para os jornais letões — declarou com orgulho. — Sou um homem livre! — Ele reparou que eu estava admirando a vista, e acrescentou: — Construí a casa com minhas próprias mãos em 1964, durante a era soviética. Poucos de nós nasceram na Letônia independente e pré-soviética. Tive sorte e cresci num país livre, frequentei a escola primária na Letônia! Quando a União Soviética nos invadiu, eu tinha dezesseis anos. O primeiro ano da ocupação soviética foi um período terrível na história da Letônia. Milhares de letões foram deportados e mortos, até bebês. Foi um genocídio. Meu pai perdeu a vida num acidente

---

59 Vidkun Quisling, primeiro-ministro da Noruega ocupada pelos nazistas, fuzilado em Oslo por crimes de lesa-pátria em 24 de outubro de 1945, cujo sobrenome se imortalizou como sinônimo de traição e colaboracionismo. [N. T.]

de carro em 1940; eu, minha mãe e minha irmã mais velha ficamos sozinhos. Nós não passamos necessidades, mas muitos que conhecíamos passaram.

Ele se levantou e foi até a estante.

— Tenho quinhentos ou seiscentos livros sobre a Segunda Guerra Mundial em línguas estrangeiras, basta olhar aqui. Observadores estrangeiros escreveram que os letões receberam os alemães como libertadores, mas entendemos que dois sistemas totalitários ameaçavam a Letônia. Os alemães eram o menos pior dos dois. Vivemos sob suecos, poloneses, alemães e russos, e, desses, os russos foram os piores! Tínhamos muito bem como comparar! Sabíamos que os alemães eram perigosos para o mundo, mas para nós eles representavam a civilização ocidental.

Para os nazistas, letões e estonianos tinham status especial. Desde que a Ordem Teutônica invadiu esses territórios, no século XII, alemães e bálticos conviveram lado a lado. Riga, por exemplo, foi durante muitos séculos uma cidade acima de tudo alemã. A capital letã foi fundada em meados do século XII por mercadores alemães e, em 1282, recebeu o status de cidade hanseática. Embora tenha sido anexada pela Rússia em 1710, após a derrota da Suécia na Batalha de Poltava, Riga adotou o alemão como único idioma oficial até 1891. Quando eclodiu a Primeira Guerra Mundial, cerca de 16% da população de Riga ainda era de alemães do Báltico. A maioria dos alemães restantes foram evacuados em 1939, de acordo com o Pacto Molotov-Ribbentrop — *Heim ins Reich*. Os higienistas raciais, no entanto, acreditavam que os genes dos estonianos e letões, devido à longa convivência com os alemães, eram diluídos o bastante para lhes dar uma posição especial entre os povos da Europa Oriental. Após a Batalha de Stalingrado, os alemães precisaram de mais soldados e ordenaram uma mobilização total na Letônia. Em 1943, cerca

A RAÇA SUPERIOR

de 80 mil letões foram alistados na Legião Letã da Waffen-SS. Visvaldis Lācis é o único ainda vivo.[60]

— Fiquei feliz por ser convocado — disse ele. — Tinha dezenove anos e sempre pratiquei esportes. Jogava basquete e no verão também jogava futebol. Estava em ótima forma e também tinha uma boa educação apesar da pouca idade: completei o ensino médio e aprendi latim, grego e alemão. No exército eu era *Unterführer* [suboficial não graduado] e gostei: depois de quatro meses de treinamento, progredi como cabo e depois sargento.

Antes da guerra, cerca de 70 mil judeus viviam na Letônia. Com exceção daqueles deportados pelo governo soviético antes da guerra, quase nenhum judeu letão sobreviveu à ocupação alemã.

— Nós não estávamos por trás do Holocausto — disse Visvaldis. — Era um projeto dos alemães. Não havia nada que pudéssemos fazer para salvar os judeus; nosso objetivo era conquistar a independência. Lembro que caminhávamos pelas ruas cantando: «Primeiro vamos derrotar os vermelhos, depois os cinzas!». Nosso objetivo era nos livrar dos alemães também.

Em 1944, depois que o Exército Vermelho expulsou os alemães, Visvaldis liderou uma pequena infantaria de 35 soldados na Curlândia, junto ao mar Báltico. Os soldados da Curlândia estiveram entre os últimos a capitular: só se entregaram em 12 de maio de 1945, quatro dias após a rendição incondicional da Alemanha.

— Sabíamos que Hitler havia se suicidado, não era segredo — disse Visvaldis. — Continuei a luta na floresta porque queria me tornar um partisan, mas fui ferido no quadril por uma mina e perdi parcialmente a vista. Felizmente, consegui recuperar os movimentos da perna, mas a deficiência visual permaneceu para

---

60 Visvaldis Lācis morreu em 18 de abril de 2020. [N. T.]

sempre. Minha mãe veio me resgatar. Ela havia conseguido forjar meus documentos, porque naquela época só podíamos tirar o passaporte depois de completar 21 anos. Comecei a trabalhar numa fazenda estatal, mas depois de pouco tempo fui mandado para a prisão em Riga. Os oficiais da KGB me espancaram e interrogaram, mas eu não diria que fui torturado. Na verdade, eu deveria ter passado mais tempo na prisão, mas isso foi logo depois da guerra, e havia uma escassez de homens jovens. Stálin decidiu então libertar 3 mil de nós. Com isso, a vida entrou numa nova fase, mas, mesmo sendo então um homem livre, nós, ex-legionários, éramos muito maltratados. Éramos os negros brancos da Letônia! Várias vezes fui expulso de instituições de ensino superior. Apesar de ter recebido a melhor nota em Marxismo-Leninismo, não consegui fazer um doutorado.

Do nada, Visvaldis sacou um caderno manuscrito e começou a ler em voz alta:

— Ontem caminhei 21 quilômetros e 600 metros!

Ele me entregou o caderno, que registrava detalhadamente cada caminhada que fizera nos últimos anos. Em geral, ele caminhava de 5 a 6 quilômetros todos os dias. Também calculava o tempo médio e acrescentava comentários em inglês como «now feel tired» ou «feel good».

— Sou um esportista! — disse ele. — Folheando este livro, vejo que sou tão veloz agora como era há sete anos. Sei que não estou exagerando.

Ele se levantou de novo e retirou de uma gaveta uma lista de maratonas. Havia sublinhado aquelas de que queria participar, incluindo a maratona de Copenhague no dia 22 de maio, a de Amsterdã em 16 de outubro e a Maratona Clássica de Atenas, em 13 de novembro. Oslo não estava na lista, mas ele queria participar dela também.

— É em setembro, não é?

Fiz que sim com a cabeça.

— Talvez você possa me ajudar a encontrar um hotel barato? Já não tenho tanto dinheiro. Em 15 de julho do ano passado, participei de uma maratona aqui na Letônia. Quarenta e dois quilômetros e 195 metros! Foi uma maratona de caminhada. Terminei em pouco mais de sete horas.

— Ouvi dizer que você também é politicamente ativo — disse eu, tentando mudar o rumo da prosa.

— Isso mesmo, fui duas vezes membro do Parlamento letão! — disse ele. — A última foi de 2006 a 2011, primeiro representando a Federação Agrícola Letã e o Partido Verde, e depois pelo Visu Latvijai. Fui o deputado mais velho da história da Letônia!

Visu Latvijai, «Tudo pela Letônia», era um partido neofascista que defendia a proibição de russos nas escolas e a deportação de russos étnicos. Anualmente, os filiados comemoravam o 16 de março, Dia dos Legionários, e se mobilizavam para protestar, por exemplo, contra a proibição do uso das suásticas na Letônia. Em 2011, o Tudo pela Letônia se juntou ao Partido Patriótico e ao Partido da Liberdade, tornando-se a Aliança Nacional, que teve quase 17% dos votos nas eleições de 2016 e é hoje o quarto maior partido da Letônia, com dezessete das cem cadeiras no Saeima, o Parlamento letão, e três cargos ministeriais no governo de coalizão.

— Os russos são uma ameaça para a Letônia! — afirmou Visvaldis. — Mais de 260 mil russos na Letônia não têm cidadania letã. Quase metade deles quer a União Soviética de volta, e quase todos querem que o russo se torne a língua oficial da Letônia. Como você reagiria se 40% dos habitantes da Noruega fossem alemães e exigissem adotar o alemão como língua oficial?

— Muitas famílias russas vieram para a Letônia bem antes da guerra — argumentei.

— Sim, a ocupação russa começou na época dos tsares — disse Visvaldis. — Os tsares enviavam russos para cá, e certas leis permitiam que apenas os russos pudessem comprar terras, por meio de bancos russos. Hoje, a Rússia representa uma ameaça maior do que nunca. A Crimeia nunca foi um território russo! Ele fez um gesto estabanado e quase derrubou o copo d'água.

— Também nunca foi terra ucraniana, era, sim, a terra dos tártaros, sua história remonta ao século XIII! — disse ele empolgado. — Putin não para de falar sobre o mundo russo. O mundo russo está onde estão os russos, de acordo com Putin. Em 1991, havia 52% de letões na Letônia. Agora esse número é de 60%, mas, em 1790, cerca de 80% dos habitantes da Letônia eram letões! Os russos deveriam ter voltado para seu país quando a União Soviética se desfez, em 1991. Eles são ocupantes do solo letão, mas em 1993 o chanceler alemão declarou que teríamos que fazer um acordo com os povos que viviam em nosso território se quiséssemos entrar para a UE.

Para Visvaldis, melhor seria se a Letônia não tivesse aderido à União Europeia:

— Desde o início adverti que a adesão à UE levaria a um aumento da emigração da Letônia para outros países europeus —disse ele. — Sobretudo de mão de obra especializada e de jovens, eu avisei. E isso aconteceu. Passo as noites em claro, preocupado se ainda haverá um Estado letão daqui a cem anos.

Rebelião

— Na manhã de 25 de março de 1949, um oficial russo apareceu aqui — contou Andreis Ierags, de 79 anos. Ele morava na zona rural, no final de uma estrada de terra transitável apenas no verão. Estava bastante quente na salinha, mas mesmo assim Andrei não parava de alimentar o forno com achas de lenha.

— Deram-nos duas horas para arrumarmos nossas coisas — continuou Andreis. — «Vocês vão para bem longe, e a viagem não será fácil», nos disse o oficial.

Ao longo de um único dia, em 25 de março de 1949, mais de 42 mil letões foram deportados para a Sibéria. Cerca de 30 mil lituanos e 20 mil estonianos tiveram a mesma sina. As deportações eram parte da coletivização forçada da agricultura do Báltico, e os deportados eram acusados de ou serem cúlaques, isto é, fazendeiros prósperos, ou nacionalistas. O objetivo era erradicar todos os «elementos antissoviéticos» das repúblicas bálticas, e ao mesmo tempo eliminar o que restava do grupo de partisans Irmãos da Floresta, que durante a década de 1950 realizou ações armadas contra o regime soviético em todo o Báltico.

— Mas vamos brindar antes! — disse Andreis. — Acho que antes vou precisar de um trago se for para contar a história da minha vida!

Anna, sua filha, que me trouxe ali desde Riga, logo surgiu com duas garrafas de vodca.

— Comprei para você quando estava na Ucrânia — animou-se ela.

— Na Ucrânia? — O pai caiu na risada. — Eles vendem iguais a essas no supermercado daqui!

Uma rechonchuda septuagenária nos serviu saladas, almôndegas e chá. Ela era viúva, Andreis era viúvo e os dois se faziam companhia.

— O pai foi preso em 1943 — contou Andreis. — Ele era membro do Aizsargi, «Vigilantes», um grupo paramilitar criado no entreguerras para defender o território letão. Nunca atirou em ninguém, mas foi condenado a dez anos de prisão.

— Lembra-se de alguma coisa da época da guerra? — perguntei.

— Se lembro? Lembro-me de tudo. Em 1943, o front era logo ali, e a Cruz Vermelha Russa funcionava na nossa casa. Aqui, nesta sala, ficavam os feridos. Amputaram-se membros aqui.

Por causa da participação do pai nos Aizsargi, todos os membros da família levaram a pecha de nacionalistas depois da guerra.

— Fomos levados num vagão de carga — contou Andreis. — Eu tinha doze anos e meio, minhas irmãs tinham dezesseis e dezoito. Lá dentro era um breu. A viagem levou dez dias. No primeiro ano moramos na aldeia de Makushino, depois fomos para Staritsa e depois para a Sibéria. Eu sabia um pouco de russo, mas meu professor dizia que minha gramática era péssima, então precisei repetir o terceiro ano. Uma vez por semana o comandante batia à nossa porta para conferir se ainda estávamos lá.

Graças à presença de espírito da mãe, a família sobreviveu aos primeiros e mais difíceis anos. A mãe de Andreis levou consigo bens e batatas para a Sibéria. Quase todos os dias, ela ajudava uma mulher de uma aldeia vizinha a cuidar da horta e dos animais, e no terceiro ano ganhou uma bezerra como agradecimento.

– Era pretinha, eu me lembro bem – disse Andreis. – Construí um abrigo, feito de feno, para ela poder se alimentar no inverno. Quando ela cresceu, mamãe a ordenhava para termos leite no inverno. Ninguém entendia como. Morávamos amontoados, num só aposento, com telhado de feno, congelávamos o tempo inteiro. A terra na Sibéria é muito rica, lá é uma selva, mas não era nosso lar. A vida na Sibéria era trabalho, trabalho e mais trabalho.

Em 1956, o pai de Andreis saiu da prisão, mas teve que continuar vivendo na Sibéria por mais dez anos. A família se mudou para a cidade industrial de Krasnoyarsk, onde Andreis conseguiu trabalho numa tecelagem. Graças ao salário que ganhou, a família conseguiu comprar uma casa própria.

– Em 1960, enquanto eu ainda estava prestando serviço militar, minha mãe morreu – contou Andreis. – É uma longa história, mas, por causa de questões burocráticas e de um erro que minha irmã cometeu, só consegui chegar a tempo de vê-la em coma. Ela foi sepultada em Krasnoyarsk, e nunca mais conseguiu rever sua amada Letônia.

Dois anos mais tarde, logo após o Natal, Andreis voltou a Riga pela primeira vez. Tinha 26 anos. Havia prestado o serviço militar, e, ao contrário do pai, era livre para ir aonde bem entendesse.

– Cheguei em casa com o coração transbordando de esperança e felicidade – contou ele bebericando um gole da vodca ucraniana. – Na Sibéria, meu único objetivo era voltar para a Letônia. De manhã, quando acordei e já estávamos quase chegando à estação, escutei as pessoas falando letão. Até o nosso hino cantaram! Se não fosse homem, eu teria até chorado.

Se uma coisa era *sonhar* com a terra natal, outra era a *realidade* de ter passado a maior parte da vida a milhares de quilômetros dali:

REBELIÃO

– Um dos momentos mais difíceis foi quando me dei conta de que a Letônia era um lugar estranho para mim. Eu não sabia me comportar num sepultamento letão, por exemplo; não sabia nada. Foi difícil arrumar emprego. Não poderia voltar para nossa fazenda, que havia sido coletivizada. No exército, fiquei tão acostumado a falar russo o tempo inteiro que automaticamente traduzia para o russo as conversas em letão. Antes de dizer algo, precisava traduzir do russo para o letão.

– Ele foi campeão de esqui da Letônia! – gabou-se a filha, apoiando a mão em seu ombro.

– Foi só de Riga, Anna – corrigiu o pai, disfarçando o sorriso. – Graduei-me como engenheiro elétrico e trabalhei como eletricista ferroviário por alguns anos. Nesses anos viajei pela União Soviética de cabo a rabo.

Quando a Letônia se tornou independente, o Estado devolveu as terras e propriedades aos antigos donos. Em 1993, Andreis finalmente pôde voltar para a fazenda onde passou a infância.

– A única coisa que eu queria era deixar nossa propriedade em boas condições novamente – contou ele. – Por que precisamos de uma casa? Por que nos casamos? Por isso, para ter um lugar para onde voltar. Um lar, aquecido e confortável, para que ninguém passe frio. Na Sibéria era frio e ventava tanto, eu congelava o tempo inteiro. Não queria mais passar por aquilo, queria ter uma casa *quentinha*. E a gente se casa para ter alguém esperando por nós, mesmo que estejamos bem longe, sim, até mesmo se estivermos na prisão.

Antes de voltarmos para Riga, Andreis nos mostrou o jardim. Era impecavelmente cuidado, com canteiros de rosas coloridas e uma frondosa horta. Tudo muito arrumado e organizado, todas as ferramentas nos locais certos, nada de improviso.

Andreis passou o braço em volta da filha e a abraçou.

– Viver ou não viver – disse ele. – Sempre existem as duas possibilidades. Na Sibéria, aprendi a sobreviver. Aprendi a encontrar soluções, a me tornar um ser humano. Se não dá para passar pela porta, o jeito é passar pela janela!

***

Mais de 5 milhões de cidadãos soviéticos foram deslocados à força por Stálin. Mulheres, crianças, idosos. Cinco milhões de vidas foram desenraizadas e enviadas para o Oriente — quase sempre para o Oriente — em vagões de carga claustrofóbicos e imundos.

Em todas as ruínas do império soviético é possível encontrar quem ainda traz viva a lembrança desses vagões malcheirosos e apertados. Basta mencionar o assunto e essas memórias vêm à tona.

Também os vestígios físicos do império estão por toda parte, visíveis a olho nu; estátuas de heróis empertigados e blocos de apartamentos decadentes, erguidos às pressas para o futuro glorioso do socialismo; estações de metrô decoradas com elementos humanos futuristas; palácios culturais e prédios escolares de concreto oco projetados para durar a eternidade. Outras vezes é preciso apurar a vista para encontrar esses vestígios, aqueles menos evidentes, mas eles também estão em todos os lugares, como as prisões da KGB com seus porões de tortura; equipamentos de espionagem ocultos nas paredes, quilômetros e quilômetros de fios e microfones; campos Gulag há muito fechados, inscrições nas tumbas dos mortos apagadas pelo vento e mal legíveis encobertas pela areia; quilômetros e quilômetros de arame farpado separando fronteiras que não mais existem. Dentro das casas também se encontram esses vestígios. Em armários e gavetas fechados, ao longo de um eixo que se estende do Báltico ao Pacífico, há toneladas de estrelas vermelhas desbotadas, medalhas e lenços de pioneiros, cobertos por uma fina camada de poeira pós-comunista.

REBELIÃO

Sob o chão também há vestígios. A 75 quilômetros de Riga fica Līgatne. Sob uma floresta de coníferas, 9 metros debaixo da terra, o governo da Letônia e a elite comunista governariam o país em caso de um ataque atômico por parte dos Estados Unidos. Em 1982, construiu-se um sanatório ali para disfarçar a existência desse bunker. Os empregados do sanatório não faziam ideia do labirinto de concreto que se escondia sob seus pés.

Em 2003, o bunker foi aberto à visitação pública. O lobby estava fervilhando de estrangeiros, entre eles um grupo de aposentados italianos. Uma jovem de uniforme militar retrô nos acompanhou na visita, e precisava quase gritar para se fazer ouvir, pois os italianos não davam trégua um só instante.

O bunker revelou-se um universo subterrâneo em tom pistache: cerca de 2 mil metros quadrados divididos em noventa aposentos ao longo de três corredores estreitos. As paredes eram pintadas de verde-claro, uma cor que os psicólogos soviéticos da época achavam que evocava felicidade e bem-estar. Um barulhento sistema de ventilação fornecia ar fresco. Os recém-chegados deveriam primeiro tomar uma ducha de descontaminação e, em seguida, vestir roupas novas e não radiativas. Para ajudar a passar o tempo, uma biblioteca com as obras de Lênin e um compêndio de leis da União Soviética. A despensa guardava comida enlatada suficiente para alimentar 250 pessoas por três meses. Os arquitetos pensaram em tudo. Mapas de guerra secretos forneciam uma visão geral da infraestrutura estratégica e dos alvos de eventuais ataques à Letônia. Um dos telefones tinha apenas um botão — linha direta com Moscou.

No total, o complexo custou 3 bilhões de dólares — em 1970! E este era apenas um dos vários que existiam, em ambos os lados da Cortina de Ferro.

Depois de todos os turistas, um de cada vez, posarem com máscaras de gás em frente à estátua de Lênin, desfrutamos de um almoço tipicamente soviético no refeitório. Compota de fruta e pelmêni, uma espécie de ravióli recheado de carne picada, eram servidos em desgastados pratos de metal. A paranoia do passado converteu-se em entretenimento.

Como não havia ônibus de volta para Riga, peguei uma carona até a cidade mais próxima com Matt e Cassandra, um jovem casal americano. Ele tinha acabado de estar na Noruega participando do Norseman Xtreme Triathlon, uma das competições mais difíceis do mundo. Não parecia um sujeito particularmente atlético, talvez por causa da barba comprida. Fazia dias que eu não falava com ninguém e comecei a tagarelar sobre minhas viagens e livros. Quando terminei de falar, perguntei educadamente o que eles faziam da vida.

— Sou nutricionista — respondeu Matt.

— E eu sou dominatrix — respondeu Cassandra.

— Como é seu cliente típico? — fui obrigada a perguntar para demonstrar que eu era uma pessoa aberta e dificilmente me escandalizaria com alguma coisa, mas estava mesmo era curiosa.

— Ah, todos os tipos — respondeu Cassandra. — Advogados, médicos, políticos, sabe, o clichê... Também tenho pastores de diferentes congregações como clientes.

— Interessante — eu disse.

— Sim. Na verdade, tenho pensado em escrever um livro, porque não gosto da forma como as dominatrix são geralmente retratadas. Como crianças abusadas e abusadoras de crianças, viciadas em drogas, gente que não deu certo na vida, sabe?

Nesse ponto chegamos à cidade vizinha e não consegui continuar a conversa. Enquanto Matt e Cassandra dirigiam para um promissor hotel spa que haviam reservado, fui deixada num ponto de ônibus sob a chuva gelada do Báltico à espera do próximo expresso para Riga.

Uma lição de libertação

A linha imaginária que divide Letônia e Estônia passa pelo meio de uma cidade. Um galpão coberto é tudo o que resta da antiga estação de fronteira, fechada em 2007, depois que os países bálticos aderiram ao acordo de Schengen. Os alemães do Báltico chamaram a cidade de Walk, e o nome aparece pela primeira vez em fontes escritas em 1286. Durante a luta da Estônia e da Letônia pela independência, após a Primeira Guerra Mundial, nenhuma das partes chegou a um acordo sobre em qual lado da fronteira a cidade deveria estar. Por fim, os britânicos, que apoiaram a luta dos bálticos pela libertação dos alemães e russos, foram mais expedientes: em 1920, o coronel Stephen Tallents decidiu que a cidade deveria ser dividida em dois, e assim foi. Hoje, pouco menos de 6 mil pessoas vivem na Valka letã, enquanto em Valga, no lado estoniano, há o dobro de habitantes. Nos últimos anos, muitos dos moradores de Valka foram atraídos pelos salários e benefícios sociais do lado estoniano e decidiram se mudar para Valga. O lado ruim é que eles, como nacionais estonianos, precisam aprender o idioma. Ao contrário do letão e do russo, o estoniano não é uma língua indo-europeia — pertence à família das línguas urálicas e é aparentada do finlandês e das línguas sámi, anteriormente conhecidas como lapônicas. Enquanto o alemão tem quatro declinações, e o russo e o latim têm seis, o estoniano ostenta um total de catorze declinações diferentes. (No entanto, os finlandeses são os vencedores da competição gramatical, com nada menos que quinze casos distintos.)

A proximidade com a Finlândia fez com que os estonianos mantivessem algum contato com o mundo ocidental durante toda a era soviética. Construir antenas de TV ilegais era uma espécie de arte. A edição de sábado do jornal comunista finlandês *Kansan Uutiset*, «Notícias do Povo», esgotava-se instantaneamente — porque trazia a programação da TV finlandesa para a semana seguinte. Os finlandeses construíram transmissores poderosos para alcançar seus parentes do fraterno povo vizinho, mas o sinal só alcançava Tallinn e a costa norte da Estônia. Quem morava mais ao sul tinha que se contentar em receber cartas de parentes resumindo as intrigas rocambolescas da série *Dallas*.

Em 24 de junho de 1987, no entanto, a expectativa geral era por notícias que jamais caberiam numa carta. Já de manhã as filas eram extraordinariamente longas nas estradas para a capital. Conforme escreveu o *Kansan Uutiset*, o canal estatal finlandês exibiria naquela noite o filme erótico francês *Emmanuelle*, de 1974. O enredo narra as peripécias da esposa de um diplomata francês na Tailândia. Entediada com o trabalho do marido, ela se diverte (com as bênçãos do próprio) mantendo uma série de relações sexuais com mulheres e homens. Por fim, o marido faz com que Emmanuelle conheça o idoso e experiente Mario, que a coloca sob suas asas e a inicia nos mistérios mais avançados do erotismo.

Podia não haver vagas de estacionamento em Tallinn naquela noite de quarta-feira, mas as ruas estavam desertas e silenciosas. Das janelas dos prédios emanava uma luz azulada e bruxuleante. Aboletados diante das telinhas, milhares de avós, tias, tios, vizinhos e estudantes tiveram o raro vislumbre da intimidade das esposas de diplomatas franceses. Nove meses depois, um número incomum de crianças veio à luz na República Soviética da Estônia.

***

Depois de uma curta pausa na rodoviária de Valga, o ônibus seguiu para o norte, para a cidade universitária de Tartu,[61] centro intelectual e cultural da Estônia, onde também há muitos vestígios dos alemães. Tanto a prefeitura, de 1789, quanto a universidade, fundada no reinado de Gustavo II Adolfo, em 1632, e reaberta em 1802 sob o tsar Alexandre I, foram projetadas por arquitetos alemães, por exemplo.

No grande auditório vazio da universidade, conheci Marju Lauristin, uma das principais figuras por trás do movimento de libertação da Estônia. Ela foi ministra de Assuntos Sociais no início de 1990 e mais tarde assumiu a cátedra de Mídia e Comunicação da Universidade de Tartu.

— Antes estava cheio de gente aqui, mas agora só está o pessoal administrativo, como em todo lugar — comentou Lauristin. Ela se vestia de maneira elegante, tinha cabelos curtos e brancos e uma aparência quase maternal. Seu inglês era impecável e transmitia autoridade.

Atravessamos a rua para o Café Werner, o mais antigo de Tartu.

— Nem em Bruxelas eles têm doces tão bons quanto os nossos, hein? — comentou um homem ao passar pela nossa mesa.

— Doces bons assim só aqui — disse Lauristin, sorrindo.

Desde 2014, ela está no Parlamento Europeu representando os Sociais-democratas e é uma personalidade bem conhecida tanto em sua cidade natal de Tartu quanto no restante do país.

---

61 Em alemão e sueco, a cidade era conhecida como Dorpat.

UMA LIÇÃO DE LIBERTAÇÃO

Sem perder tempo, ela começou com uma palestra introdutória sobre a história da Estônia:

— Em primeiro lugar — disse ela —, ninguém decide começar uma revolução, nem necessariamente se dá conta de que uma revolução está em curso quando se está no meio dela. Até hoje se debate se a Revolução Cantada foi mesmo uma revolução. Talvez tenha sido apenas uma *evolução*. Mas o fato é que todo o movimento de libertação do Báltico começou com a Revolução Cantada aqui na Estônia. Para entender a Revolução Cantada, é preciso compreender o lugar que a música ocupa na história da Estônia; os festivais de canto são uma verdadeira instituição estoniana. O primeiro foi realizado em 1869 aqui em Tartu.

Tomei nota o mais rápido que pude, tentando acompanhar o que dizia a professora. Discretamente, ela observava meus rabiscos para ter certeza de que eu estava seguindo seu raciocínio.

— Para entender a origem dos festivais de canto, talvez tenhamos que ir ainda mais longe — continuou ela. — Vergonhosamente, a Suécia nos perdeu para a Rússia em 1710. Como você deve saber, as circunstâncias na Letônia e na Estônia eram singulares, já que havia muitos alemães aqui. Os alemães do Báltico eram proprietários de terras e foram autorizados a manter suas propriedades. Nós, estonianos, adotamos o protestantismo desde cedo, e a partir de então os sacerdotes alemães tiveram que aprender estoniano; as crianças luteranas devem ser capazes de ler o catecismo. Nossos camponeses e servos foram libertados cinquenta anos antes da abolição da servidão na Rússia e, ao contrário das crianças russas, os filhos dos camponeses estonianos sabiam ler e escrever. O século XIX foi o século da construção da identidade nacional em toda a Europa. Tallinn era uma capital sobretudo alemã, então Tartu se tornou o pilar central da construção da nação estoniana. Está me acompanhando?

Fiz que sim.

— Ótimo. Em 1860, os agricultores estonianos possuíam a maior parte das terras. Em 1869, conforme eu disse, o primeiro festival de canto foi realizado em Tartu. O festival foi uma mostra da identidade estoniana. Para nós, o principal problema na época eram os alemães, não os russos. O idioma adotado nas universidades era o alemão, enquanto o russo era usado apenas na burocracia. Em Tartu, surgiram as chamadas associações de canto, em que as pessoas podiam não apenas cantar, mas também discutir as músicas. Os festivais de canto eram realizados a cada cinco anos. Durante a ocupação soviética, continuamos a realizar festivais de canto. As canções podiam ser nacionalistas na forma, desde que fossem socialistas no conteúdo. Todas as organizações socialistas realizavam seus próprios festivais de canto. A cada cinco anos, nós nos reuníamos e cantávamos que queríamos a liberdade. — Ela sorriu. — *Liberdade*, é claro, num sentido mais amplo, não apenas no sentido puramente *socialista*. No maior festival, cerca de 30 mil ou 40 mil pessoas cantavam para uma audiência que chegava aos milhares. Imagine o poder disso na década de 1980, quando o caldo realmente entornou.

Lauristin consultou rapidamente o relógio antes de continuar a palestra:

— Gorbatchev era um idealista. Para ele, a glasnost transformaria as pessoas em comunistas melhores. Em vez disso, as pessoas usaram a liberdade de expressão para debater o modo de se livrar do comunismo! Eu já era professora universitária aqui em Tartu quando tudo começou. Convidaram-me para escrever um artigo sobre a possível abertura de uma mina de fósforo no norte da Estônia, e eu aceitei.

A hipótese de uma mina de fósforo no norte da Estônia desencadeou uma forte reação contrária dos estonianos e ajudou a impulsionar a demanda por independência da União Soviética. Se a mina existisse de fato, levaria à imigração de mais de 100 mil russos para suprir a necessidade de mão de obra. Ao mesmo tempo, a poluição resultante afetaria os aquíferos subterrâneos e tornaria metade do país inabitável.

— No ano seguinte, em 1988, participei de um projeto para calcular o custo financeiro da independência — continuou Lauristin. — Foi assim que ingressei no movimento Rahvarinne [Frente Popular]. O movimento começou por iniciativa de Edgar Savisaar, nosso primeiro primeiro-ministro, num discurso ao vivo na TV no dia 13 de abril de 1988. No mesmo dia, marchamos em direção à base militar soviética nos arredores de Tartu carregando três bandeiras diferentes que juntas formavam a estoniana. Foi uma ação ousada, porque nos tempos soviéticos as pessoas poderiam ser presas se fossem flagradas com a bandeira da Estônia.

Após a Segunda Guerra Mundial, Tartu sediou uma base da Força Aérea Soviética, uma das maiores do gênero na Europa Oriental. Tartu foi, portanto, uma cidade relativamente fechada durante toda a era soviética; os estrangeiros, por exemplo, não tinham permissão para pernoitar aqui.

— Houve todo um movimento de base — disse Lauristin.

— As pessoas ligavam para a universidade de Tartu para participar. Nós éramos o centro. O clima era sempre de alegria e entusiasmo, as pessoas estavam aliviadas porque não precisavam mais ficar caladas.

Uma das demandas mais importantes que surgiram obrigava Moscou a reconhecer que o Pacto Molotov-Ribbentrop serviu de fundamento para a ocupação soviética do Báltico. Gorbatchev se opôs terminantemente. Em 23 de agosto de 1989, cinquenta anos após a assinatura do pacto, 2 milhões de bálticos formaram uma corrente humana que se estendeu de Vilnius a Tallinn num protesto silencioso contra Moscou.

— Essa corrente humana foi cuidadosamente pensada —disse Lauristin. — Queríamos a mídia global aqui, a CNN.

Queríamos mostrar ao mundo que as nações bálticas estavam unidas, que éramos bem organizados e pacíficos, que contávamos com o apoio da maioria. A força da Revolução Cantada estava em ser um movimento sempre pacífico, certo? Se tivéssemos recorrido à violência, Moscou teria um pretexto para revidar, e também teríamos perdido o apoio do Ocidente. Antes da manifestação, percorremos vários trechos da rodovia, medindo e calculando quantas pessoas seriam necessárias. Tudo foi organizado via rádio. Eu subi no alto da torre Pikk Hermann, em Tallinn, eu era a primeira pessoa da corrente. Segurei a bandeira estoniana em minhas mãos e disse no microfone, em estoniano, letão e lituano: «Queremos liberdade!». Dois milhões de pessoas repetiram essas duas palavras em estoniano, letão e lituano. Este talvez tenha sido o momento mais importante da minha vida.

Dois anos depois, no dia 20 de agosto de 1991, enquanto Gorbatchev estava detido na Crimeia pelos golpistas de Moscou, Estônia e Letônia aproveitaram a oportunidade para deixar a União Soviética. Como se sabe, a Lituânia já havia declarado a independência, em março de 1990.

— Meus pais, Johannes e Olga, foram comunistas clandestinos no entreguerras e amargaram quinze anos na prisão — contou Lauristin. — Meu pai morreu em 1941, então nunca pôde experimentar o comunismo na prática. Mas minha mãe experimentou e logo descobriu que aquele não era o tipo de sociedade pelo qual tanto sonhou e lutou. Em Bruxelas, há pessoas que têm essa fantasia de uma sociedade radical de esquerda. Por melhor que seja a intenção, esses sonhos sempre descambam para o totalitarismo. Eu sei o que significa viver numa sociedade totalitária. Como professora universitária, eu tinha o costume de pensar bem no que ia dizer aos meus alunos. Vivíamos como no romance *1984*, de Orwell. A social-democracia é a única solução realista, na minha opinião.

Seja como for, a transição para a social-democracia e a economia de mercado não foi exatamente indolor e, por um curto intervalo, até o racionamento de comida foi adotado na Estônia.

— A década de 1990 foi difícil para todos — disse Lauristin. — Perdemos o mercado russo, nossa mais importante fonte de renda, o país estava em crise. Superamos os obstáculos, e, até o momento da crise financeira, a economia estoniana crescia de 8% a 10% ao ano. Dos novos Estados-membros da UE, estamos em terceiro lugar em termos de crescimento econômico, atrás da Eslovênia e da Tchéquia. Por causa da crise, o crescimento estagnou. Tivemos que tomar medidas drásticas e não conseguimos dar conta de todos os problemas sociais.

Como a Letônia, a Estônia tem uma grande proporção de russos étnicos, e muitos deles não têm cidadania.

— Cerca de 320 mil, um quarto da população, são russos étnicos — disse Lauristin. — Noventa mil deles não têm cidadania. Metade deles simplesmente não quer a cidadania estoniana; exceto por não poderem ser policiais ou votar nas eleições parlamentares, eles preservariam todos os direitos que têm agora. A outra metade, que quer a cidadania, não passa no teste de estoniano. Temos que ajudá-los, mas a Estônia é um país pequeno e o estoniano é uma língua pequena. Os russos da Finlândia aprendem finlandês rapidamente se estiverem motivados. Essa questão linguística é um sestro pós-colonial. Os russos eram os donos do mundo nos tempos do império tsarista e da União Soviética. Eles eram os senhores coloniais, agora são minoria aqui. Para eles, não é tão simples assim.

A guerra dos monumentos

O rio Narva deslizava silenciosamente, metade do leito pela Rússia, metade pela Estônia. Um casal de jovens em caiaques vinha remando em segurança pela margem estoniana. A orla do rio estava lotada; famílias com crianças, adolescentes, casais e aposentados aproveitando a noite amena de maio. Russos, todos eles. Os esses sibilantes e as consoantes suaves ecoavam pelo ar. A orla, ostensivamente luxuosa após a reforma recém-concluída, recebeu o nome de «Passeio Europeu» para deixar muito claro aos russos que aqui se está na *Europa*. Foi aqui que a UE começou. Aqui se adotou o artigo quinto da Otan, que determina que qualquer ataque armado a um dos países-membros será considerado um ataque a todos. O passeio era iluminado por 28 lâmpadas, uma para cada país da UE. Aqui e ali, binóculos estavam disponíveis para que os russos de Narva pudessem espiar os russos do outro lado. Estanquei diante de um dos binóculos e aproximei o foco de um pescador solitário e um grupo de jovens que bebiam cerveja.

No entreguerras, quando a Estônia foi independente pela primeira vez, Ivangorod, a cidade gêmea do outro lado, também fazia parte do país. Nos tempos soviéticos, no entanto, a fronteira foi redesenhada. Narva ficou com a República Soviética da Estônia, enquanto Ivangorod, do outro lado do rio, acabou na República Soviética Russa. A atual fronteira entre a Rússia e a Estônia acompanha a da era soviética, mas ainda não foi ratificada por nenhum dos dois países. Ambos culpam um ao outro: os estonianos vão esperar pacientemente até que os russos ratifiquem o acordo, enquanto os russos, por sua vez, acreditam que o clima de negociação, ou seja, a retórica dos estonianos, precisa ser menos agressivo para que o processo seja retomado. Na prática, a disputa tem pouca razão de ser: em 2004, a Estônia, como Letônia e Lituânia, tornou-se membro da UE e da Otan, e, embora a divisa com a Rússia seja, em tese, apenas uma fronteira *de facto*, os estonianos planejam construir cercas de verdade ao longo de trechos da linha de fronteira — os estudos técnicos começariam em 2018. Letônia e Lituânia também têm planos semelhantes. Os poloneses não tinham planos de construir uma cerca em volta de Kaliningrado, mas recentemente investiram em torres de observação de alta tecnologia para manter os russos sob vigilância. Enquanto as cercas foram derrubadas dentro da UE, novas barreiras estão sendo construídas contra o vizinho a leste. Nos últimos anos, após a anexação da Crimeia e a eclosão da guerra no leste da Ucrânia, a questão da Otan também veio à tona. Em cada um dos países bálticos, cerca de mil soldados multinacionais já estão servindo nas chamadas «forças de mobilização contínua», e a aliança intensificou os exercícios em todo o Báltico. A mensagem para Putin não pode ser mais cristalina: até aqui sim, mas não além. Os países bálticos voltaram a se abrigar sob as asas do Ocidente.[62]

---

62 Em fins de 2020, a Estônia cercou 8 quilômetros de fronteira com a Rússia, que depois foram expandidos para a maior parte dos 294 quilômetros da divisa com o país vizinho. Letônia, Lituânia e até Polônia fizeram o mesmo em 2021, inclusive ao longo da fronteira bielorrussa, com financiamento da União Europeia. Um dos motivos alegados foi o perigo de contaminação de rebanhos da UE pela febre suína africana transmitida por javalis selvagens. [N. T.]

Quando terminei de espiar nos binóculos, percebi um homem de sessenta anos olhando na minha direção.

— O senhor também quer olhar? — perguntei.

— Não, por que diabos eu ia querer? — Ele parecia genuinamente surpreso com a pergunta. — Não há nada para ver lá!

— O senhor costuma ir à Rússia? — perguntei. Ele deu de ombros.

— Uma vez por ano, talvez. Posso ficar na Rússia por até noventa dias, se quiser, mas por que eu iria querer? Aqui temos mais liberdade. Lá eles são muito corruptos. Sempre há alguém querendo tomar seu dinheiro.

— O senhor nasceu aqui? — perguntei.

— Nasci aqui, mas não tenho cidadania — afirmou. — No começo calhou de ser assim, porque minha esposa é ucraniana e eu não precisava tirar visto quando visitava a família dela. Mas agora já não é preciso visto para viajar para lá. Acho que eles deveriam nos dar cidadania. Vivi aqui toda a minha vida.

Peguei meu caderno e comecei a escrever o que ele havia dito. Ele esperou em silêncio eu terminar, e acrescentou:

— Mas por outro lado a Estônia é um país pequeno. Eles querem se defender e querem que todos falem estoniano.

— Estoniano parece muito difícil — eu disse.

— Parece e é dificílimo — murmurou ele. — Quem quiser aprender, aprende. Mas aqui em Narva são todos russos. Ninguém precisa falar estoniano. Não há razão para aprender. E de que adianta aprender uma língua que não se pode praticar?

— Em que o senhor trabalha? — perguntei.

— É segredo — respondeu. — Não posso dizer à senhora. Bem, ok, a senhora não sabe meu nome. Sou agente de segurança.

— Quantos anos o senhor tem?

— Sessenta e três, já vou me aposentar. E você?

— Trinta e dois.

— Quase a idade de Jesus quando foi crucificado, mas você é mulher. — Ele cruzou os braços sobre o peito. — Tenho mais algumas perguntas para lhe fazer, tudo bem?

Fiz que sim.

— Guarde seu caderno. — Fiz obedientemente como ele disse.

— Ok, então você é da Suécia, certo?

— Noruega — corrigi.

— Sim, sim, é a mesma coisa. — Ele me encarou fixamente. — O que acha da imigração na Noruega? Esse monte de muçulmanos se mudando para lá? Seja sincera. Não pode ser boa coisa, certo? Em alguns anos, não haverá mais lourinhas como você.

A Estônia está entre os países da UE que menos recebem refugiados e requerentes de asilo de países não ocidentais, e não apenas devido à relutância do governo — simplesmente não há tantas pessoas que escolhem se refugiar na Estônia. Até agora, o país se comprometeu a receber uma cota de cerca de quinhentos refugiados vindos da Grécia e da Turquia. Dos que já chegaram, cerca de um quarto já deixou a Estônia.

— A Noruega está indo bem — tranquilizei o agente de segurança.

Ele me olhou desconfiado, mas não disse nada.

***

Com exceção do novíssimo Passeio Europeu, Narva era uma cidade sem uma personalidade marcante. Antes da guerra, era considerada a cidade mais bonita da Estônia, mas, em questão de dias no final do inverno de 1944, a cidade velha foi destroçada por bombardeios do Exército Vermelho. Antes de bater em retirada em julho do mesmo ano, os soldados alemães fizeram questão de queimar o pouco que restava de pé. Noventa e oito por cento da cidade velha foi reduzida a pó. Apenas três construções sobreviveram à destruição da guerra. A cidade velha pode ter desaparecido, mas da guerra ainda há traços visíveis. No dia seguinte, visitei o cemitério de guerra alemão na periferia da cidade. Quatro mil soldados alemães estão sepultados aqui. As cruzes eram pintadas de branco, simples e ao rés do chão, com vários nomes gravados em cada uma por economia de espaço. A vida da maioria dos soldados foi mais breve do que o tempo que Jesus passou entre os homens.

Erguido pelos dinamarqueses em meados do século XIII e, cem anos depois, vendido para a Ordem Teutônica da Irmandade da Espada junto com o resto do norte da Estônia, o Castelo de Hermann estava novamente de pé. No entanto, a estátua sueca de um leão, réplica de uma que adorna o Palácio de Estocolmo, não voltou ao pedestal, assim como os demais monumentos que os estonianos conseguiram erigir no curto período de liberdade que desfrutaram no entreguerras, cerca de duzentos ao todo. Os poucos que sobreviveram à guerra foram removidos e substituídos por estátuas de Lênin, Marx e outros bastiões do modelo socialista. A cidade velha de Narva também não foi reconstruída, provavelmente pelo temor de que os estonianos sentissem saudade de sua antiga grandeza.

No ano 2000, trezentos anos após a maiúscula vitória de Carlos XII sobre os russos, o leão sueco reapareceu em Narva, sobre um pedestal alto, com a cauda virada para a Rússia, olhando para a Estônia. No pedestal há uma placa com os dizeres *Svecia memor*, «Em memória da Suécia». Quatro anos após a vitória dos suecos, Pedro, o Grande, recapturou Narva, mas dele não há nenhum memorial na cidade. O tsar não é tão popular na Estônia. A primeira coisa que os estonianos fizeram quando conquistaram a independência após a Primeira Guerra Mundial foi derrubar a estátua de Pedro, o Grande, no centro de Tallinn. Quando se tornaram independentes pela segunda

A GUERRA DOS MONUMENTOS

vez, em 1991, rapidamente substituíram as estátuas de Lênin e Marx por novas versões dos monumentos nacionais do período entre guerras. A última estátua de Lênin existente na Estônia foi removida do centro de Narva em 1993. Dominada pelos russos, a administração municipal não teve coragem de apagar ou destruir a memória do fundador da União Soviética, e sua estátua foi apenas realocada. Hoje, Lênin repousa vizinho ao Castelo de Hermann, ao lado de uma placa comemorativa dos soldados finlandeses que ajudaram a libertar Narva dos bolcheviques, em 1919.

A relação esquizofrênica dos estonianos com sua própria história ficou marcada na chamada Guerra dos Monumentos, que dividiu o país no início dos anos 2000. Em 2002, a pequena cidade de Pärnu, no oeste da Estônia, deveria inaugurar um monumento em homenagem aos «homens estonianos que lutaram contra o bolchevismo e pela restauração da independência da Estônia em 1940-1945». O monumento, que consiste num bloco de granito com uma efígie de bronze de um soldado estoniano vestindo um uniforme alemão da SS, foi removido pelo conselho da cidade de Pärnu antes mesmo da inauguração por causa da óbvia associação nazista. Dois anos depois, o polêmico monumento reapareceu, dessa vez num cemitério no vilarejo de Lihula. A Estônia havia aderido à UE alguns meses antes, e as reações internacionais não tardaram a chegar. O governo estoniano ordenou que o monumento fosse removido imediatamente, mas os habitantes de Lihula não estavam dispostos a se render sem lutar. Manifestantes furiosos bloquearam a entrada do cemitério para o guindaste que veio remover o bloco de pedra, e a polícia teve que usar gás lacrimogêneo para tirá-los dali. No outono de 2005, o soldado problemático tornou a dar o ar da graça, dessa vez num museu particular dedicado à luta pela liberdade da Estônia, em Lagedi, nos arredores de Tallinn. A essa altura, no entanto, outro soldado de bronze começou a causar problemas para as autoridades estonianas. Agora a batalha girava em torno do soldado de bronze de 2 metros de altura erguido em 1947 em memória dos soldados do Exército Vermelho caídos em batalha. Por quase sessenta anos ele esteve imóvel ali em paz e sossego, mas agora os estonianos começavam a reclamar. Se não podiam colocar os *próprios* soldados onde lhes apetecia, por que os russos tinham o direito de ocupar o centro de Tallinn? O soldado de bronze foi vandalizado sucessivas vezes. No Dia da Vitória de 2005, por exemplo, foi pintado com tinta vermelha. No final de 2007, as autoridades estonianas decidiram transferir a problemática estátua de Tõnismägi do centro para o cemitério de guerra na periferia da capital. Em 26 de abril de 2008, antes da remoção, um grande grupo de manifestantes russos se reuniu ao redor da estátua. Os policiais que foram dispersá-los foram recebidos com pedras e garrafas. Ao longo da tarde e da noite, os manifestantes continuaram destruindo vitrines, saqueando lojas e vandalizando carros. Uma pessoa perdeu a vida, dezenas ficaram feridas e cerca de trezentas acabaram presas no evento que passou a ser chamado de Noite de Bronze.

Metal e pedras podem evocar emoções intensas. No cerne do conflito estão duas visões muito diferentes da história: para muitos estonianos, o soldado de bronze é um símbolo de uma ocupação soviética de quase sessenta anos, enquanto para a minoria russa do país representa um monumento à custosa vitória do Exército Vermelho sobre os nazistas na Grande Guerra Patriótica, um conflito que ceifou muitas vidas soviéticas. Cavoucando ainda mais as várias camadas de suscetibilidades feridas, no entanto, chega-se à conclusão de que a Guerra dos Monumentos é sobretudo um conflito acerca do novo e instável equilíbrio entre vencedores e antigos senhores coloniais, entre maioria e minoria. Após o colapso da União Soviética, a história da Estônia foi reescrita mais uma vez. Novos monumentos encontraram seu lugar ao sol, enquanto antigos foram empurrados para as sombras.

***

— O que disseram a você em Narva? — perguntou Andrei Hvostov, um franco e, segundo ele mesmo, controverso escritor e jornalista russo-estoniano que conheci alguns dias depois num café em Tallinn. Dei a ele um breve resumo: reclamaram bastante do desemprego alto e dos baixos salários dos professores estonianos, mas a maioria ainda achava que vivia melhor na Estônia do que na Rússia.

— Eles são pró-Putin, assim como em Daugavpils, mas já aprenderam a responder a perguntas *delicadas* — afirmou Andrei. — Temos poucos russos com educação superior aqui na Estônia. Na década de 1990, os mais qualificados voltaram para a Rússia, e é para a Europa Ocidental que eles querem ir. Se você olhar sociologicamente, Narva é uma cidade habitada por uma gente desesperada. Narva é um gueto. Quem é fluente em estoniano vai estudar em Tartu ou Tallinn, e não volta a pôr os pés em Narva nunca mais. Os menos educados ficam. Narva é Narva. É um *Welt an sich* [mundo em si]. Narva é uma terra esquecida.

Andrei nasceu em 1963 na vizinha de Narva, Sillamäe, que era então uma cidade industrial soviética fechada.

— Minha mãe é estoniana, meu pai é russo — disse ele. — Estou bem no meio, nem de um lado nem do outro. Os russos me chamam de fascista estoniano.

Em 2011, ele publicou *Sillamäe passioon*, um romance sobre a infância que passou em Sillamäe.

— Depois da Noite de Bronze, descobri que nenhum autor russo havia escrito sobre como é ser russo na Estônia — disse Andrei. — O romance era na verdade um trabalho encomendado, mas também havia outra razão que me motivou a escrevê-lo.

Meu filho queria estudar psicologia, mas não sabia nada sobre as experiências da minha geração. Escrevi *Sillamäe passioon* para preencher essa lacuna.

— Como foi crescer em Sillamäe? — perguntei.

— Sillamäe era ainda mais fechada do que Narva, embora não estivesse muito longe — respondeu ele. — Era um enclave russo. Lá havia uma fábrica de peças para bombas atômicas, eu acho. Nenhum estrangeiro era autorizado a visitar a cidade, nem mesmo gente de São Petersburgo e de outras partes da União Soviética. A cidade não era secreta, porque a estrada principal entre Narva e Tallinn passa por ela, mas não era permitido parar lá. Mentalmente, ainda permanece fechada. Sillamäe não tem uma fronteira física com a Rússia, como Narva. Afinal, em Narva, você é constantemente lembrado de que está na Estônia. Os russos e os estonianos geralmente vivem separados e têm pouco a ver uns com os outros, mesmo aqui em Tallinn. Duzentos mil russos vivem em Lasnamäe, o distrito russo de Tallinn.

Andrei ficou em silêncio por um bom tempo, esfregando as mãos nas têmporas, como se procurasse as palavras.

— Aqui na Estônia, as pessoas têm uma tendência de se concentrar em coisas materiais — disse ele enfim. — Nossos salários são mais altos do que na Rússia. É fácil perder de vista que a espiritualidade também tem grande importância para os russos. A cultura, a literatura e a história estonianas não são tão atraentes para eles. Quantos autores estonianos você consegue citar? A Rússia tem Lermontov, Púshkin, Dostoiévski, um balé de classe mundial, filmes de classe mundial, uma história de mil anos. Estonianos têm aflições e depressão. Passaram setecentos anos ocupados por alemães e cinquenta pela União Soviética. A história da Estônia consiste em traumas e paradoxos; os estonianos são um povo esquizofrênico. Eles têm orgulho do passado das ss aqui: a Estônia foi o primeiro país a se tornar *judenfrei* [livre de judeus]! Nas ilhas do oeste, onde viviam os suecos, todas as placas são em sueco e estoniano, mas já não há suecos por lá. Os suecos já se foram. É por isso que os veneramos aqui.

A relação com os russos, que não dão sinais de querer ir embora, é um pouco mais complicada:

— Na década de 1990, falava-se em descolonização — explicou Andrei. — As pessoas achavam que a sociedade estoniana seria purificada, aqui viveriam somente estonianos, que teriam quatro ou cinco filhos e tudo seria maravilhoso. O fato é que ainda existem centenas de milhares de estonianos vivendo na Finlândia, e eles não voltarão para cá. Aqui na Estônia não há gente suficiente; estamos entre os países da UE com a menor densidade demográfica. Os estonianos vivem num sonho. E não apenas os estonianos, a propósito. Meu pai é um russo chauvinista. Ele ainda sonha com o Império Russo. Ele vê a Estônia como algo transitório. A esquizofrenia é total!

***

Entrementes, os estonianos estão fazendo o que podem para se libertar do passado soviético. Copiando o exemplo da Letônia, as marcas mais bizarras da paranoia soviética foram transformadas em atrações turísticas. As ofertas são muitas. Pode-se fazer visita guiada pela Tallinn soviética, visitar bunkers e instalações militares secretas nas florestas da Estônia — ou percorrer os 23 andares do hotel Viru.

O hotel Viru foi construído por engenheiros finlandeses no início dos anos 1970 para acomodar as hordas de turistas ocidentais que começaram a desembarcar em Tallinn. Num único verão, até 15 mil estrangeiros vinham visitar a cidade. O Viru era conhecido como um dos melhores hotéis da União Soviética e chegou a ter mais de mil funcionários, cada um com sua especialidade. Todos os anos um deles era escolhido «empregado do ano» — numa ocasião, quem levou o prêmio foi o encarregado de fatiar pães. Sessenta quartos do hotel estavam grampeados, e havia microfones e transmissores até na sauna, no bar e no restaurante. Os empregados estavam sob vigilância constante. Quem tivesse parentes no exterior ou falasse alguma língua estrangeira não conseguia emprego no hotel, porque a direção preferia que os funcionários não bisbilhotassem as conversas. Todos eram permanentemente orientados a entregar de imediato à administração itens esquecidos ou perdidos, sem procurar saber do que se tratava. Ocasionalmente, agentes da KGB deixavam carteiras de dinheiro perdidas pelo chão para testar a disciplina dos funcionários. Se fossem abertas, uma ampola de tinta explodia e manchava não só tudo em volta, mas também a ficha do empregado.

Embora o hotel tivesse 23 andares, o elevador parou no 21º. De lá uma escada levava à cobertura, onde funcionava a KGB. Nem turistas nem empregados comuns do hotel tinham acesso àquela área. Provavelmente, era dali que os agentes da KGB operavam nos países nórdicos, mas ninguém sabe ao certo como nem o que faziam. Quando a Estônia se tornou independente, eles desapareceram da noite para o dia e levaram consigo os equipamentos e informações mais importantes.

Hoje, existem apenas cerca de duzentos funcionários no hotel Viru. Os turistas ainda migram para Tallinn — na alta temporada, até 15 mil turistas visitam a cidade num só dia. No verão, os navios de cruzeiro ficam enfileirados no porto. De manhã, as multidões ocupam as estreitas ruas medievais da cidade velha, onde lotam os restaurantes, lojas de suvenires e torres de igrejas. À medida que anoitece, eles se retiram para os conveses e cabinas dos navios e desaparecem tão repentinamente quanto surgiram.

Eu também me fiz ao mar, mas não a bordo dos navios de cruzeiro. Em vez deles, embarquei na balsa da Silja Line para Mariehamn.

A GUERRA DOS MONUMENTOS 577

O posto avançado

Em Eckerö, em pleno mar Báltico, na extremidade ocidental das ilhas Åland, há um prédio de correio tão imponente que parece ter sido construído para uma grande e poderosa capital. Rodeado de mar, pedra e floresta, ele reina soberano em seu estilo imperial clássico. Tem 80 metros de comprimento e 70 metros de largura e foi projetado pelo italiano Carlo Bassi e pelo alemão Carl Ludvig Engel, o arquiteto por trás da Praça do Senado e da catedral de Helsinque.

Corre a lenda de que o tsar Alexandre I teria visitado Eckerö em 1819, após uma visita ao rei sueco. Em Grisslehamn, do lado sueco, um imponente e belo edifício alfandegário de pedra havia sido construído recentemente. Em Eckerö, por outro lado, havia apenas uma pequena e humilde casa de fazenda em condições tão precárias que o chefe dos correios e os funcionários da alfândega preferiam pagar do próprio bolso para viver em outro lugar em vez de morar lá de graça. Ao tomar conhecimento dessa situação, o tsar ficou transtornado. Assim que chegou a Helsinque, pediu ao arquiteto Engel que projetasse um novo prédio para abrigar a alfândega e os correios que pudesse representar dignamente a fronteira mais ocidental da Rússia. O resultado foi um dos mais belos edifícios do império que, porém, fica na Finlândia dos dias de hoje.

A história parece verossímil, pois não há dúvida de que o correio de Eckerö foi construído para impressionar, mas o mais próximo que Alexandre I chegou do arquipélago em vida foi em Turku,[63] localizada no continente. Seu irmão e sucessor, Nicolau I, por outro lado, visitou Åland posteriormente para inspecionar o andamento da construção do forte de Bomarsund. A essa altura, porém, os correios já estavam funcionando, depois de um parto complicado. Naquela época, como agora, os governos faziam vultosas licitações e, tanto antes como agora, o critério de preço era determinante. A tarefa de construir a nova alfândega e os correios coube, então, ao estudante de 22 anos Carl Anton Lignell. No verão de 1824, dois anos depois de Lignell vencer o certame, as obras ainda não haviam começado. Os tijolos foram encomendados e entregues, mas passaram um inverno inteiro ao léu e estavam imprestáveis. Em 1826, quando o edifício deveria estar pronto conforme o contrato, o arquiteto Engel veio fazer uma visita de inspeção. Partes do prédio ainda não tinham telhado, foram assentados os tijolos errados e as janelas estavam tapadas com tábuas largas. Pouco depois, o estudante Lignell foi destituído da empreitada, e tanto ele quanto seu pai declararam falência pessoal. Somente no verão de 1828 a alfândega e os correios de Eckerö ficaram prontos, e a família do chefe dos correios finalmente pôde se mudar para a nova casa no pontal oeste do Império Russo.

Nessa época, a Finlândia estava subordinada à Rússia havia quase vinte anos, depois de ter sido parte da Suécia por quase sete séculos. No século XVII, como mencionado, a Suécia era uma superpotência europeia. No início do século XVIII, no entanto, o jovem e arrogante rei Carlos XII conheceu um

---

63 Åbo, para os falantes de sueco da Finlândia, país bilíngue cujos topônimos variam conforme a língua materna do falante. Até mesmo a capital, Helsinque, é conhecida como Helsingfors no restante dos países nórdicos, que têm idiomas mais próximos do sueco. A tradução manteve o nome finlandês, mais conhecido, acrescentando entre colchetes o nome sueco, como consta no original. [N. T.]

oponente à altura no tsar Pedro, o Grande, durante a Grande Guerra Nórdica. A guerra já estava de fato perdida em 1709, após a catastrófica derrota dos suecos em Poltava, mas nenhuma das partes depôs armas. Em 1713, as tropas russas invadiram a Finlândia e, em pouco tempo, dominaram não só o território continental, mas também Åland, matando, saqueando e fazendo prisioneiros.

Apesar da derrota avassaladora, os suecos se recusavam a negociar a paz com os russos. Em 1719, Pedro, o Grande, perdeu a paciência e mandou 26 mil soldados para a costa sueca, que lá chegando atearam fogo em sete cidades e centenas de fazendas. A devastação russa deixou um rastro de 20 mil desabrigados, mas o Riksdag [Parlamento sueco] não se dispôs a iniciar as negociações de paz. Dois anos depois, portanto, os russos atacaram novamente a costa e incendiaram ainda mais cidades. Só então os suecos caíram em si e foram para a mesa de negociações. Em setembro de 1721, as partes assinaram a Paz de Nystad, pela qual a Suécia concordava em abrir mão das províncias do Báltico, além de Vyborg e de grande parte da Carélia. A fronteira entre a Finlândia e a Rússia foi traçada quase na mesma linha onde se encontra hoje.

A partir de então, a Rússia era a nova grande potência no mar Báltico, mas a Suécia ainda levaria quase um século para perceber que o equilíbrio de poder havia mudado para sempre. A aristocracia sueca, nostálgica dos territórios perdidos, sonhava com uma revanche contra a Rússia. O sonho tornou-se realidade em 1714, quando Isabel, filha de Pedro, o Grande, atraiu os suecos com uma oferta tentadora: se declarasse guerra à Rússia e a ajudasse a apear do poder o herdeiro do trono, Ivã VI — que ainda era um bebê tutelado por um regente guardião —, seriam restituídos à Suécia os territórios perdidos. Os suecos morderam a isca, e, no dia 28 de julho de 1741, a Suécia declarou guerra à Rússia. Isabel pôs em prática o golpe planejado em dezembro, mas não honrou a promessa de devolver os antigos territórios. A guerra se estendeu por mais um ano, e mais uma vez os russos ocuparam toda a Finlândia.

As negociações de paz foram duras, mas Isabel acabou cedendo e deixou a Suécia recuperar Åland e a maior parte da Finlândia caso os suecos escolhessem Adolfo Frederico de Holstein-Gottorp, de quem era aparentada, como herdeiro do trono. O escritor sueco Herman Lindqvist o descreveu assim: «Talvez não seja o mais alerta dos príncipes, mas pelo menos é um homem cordial e bem-humorado, apreciador da boa música, toca violoncelo e compõe pequenas peças de próprio punho».[64] Como Adolfo Frederico também era parente de Carlos XII e Gustavo Vasa, os suecos aquiesceram e fizeram do príncipe alemão o herdeiro do trono. Dessa forma os russos ficaram satisfeitos, mas os dinamarqueses, por outro lado, se enfureceram porque seu próprio príncipe herdeiro, Frederico, não seria mais o legítimo ocupante do trono sueco, e se prepararam para a guerra. Os suecos tiveram a espinha dorsal quebrada após o fiasco na Finlândia, e não tiveram escolha a não ser pedir aos russos que viessem acudi-los. A tsarina enviou milhares de soldados através do Báltico, e os dinamarqueses foram retirados dali. Seu sonho de vingança terminou em total humilhação.

Em 1788, o filho de Adolfo Frederico, Gustavo III, ensaiou recapturar os territórios perdidos da Rússia, presumivelmente na esperança de aumentar sua popularidade em casa. A fim de conseguir um pretexto para atacar, encenou um ataque contra os guardas suecos que patrulhavam a fronteira russa. Os suecos responderam ao «ataque» e a guerra começou. Contudo, transcorridos alguns meses, o rei teve que voltar às pressas para

---

64 A citação é da p. 331 de *När Finland var Sverige*, de Herman Lindqvist. Estocolmo: Albert Bonniers, 2013. Traduzido por Jan Chr. Næss.

casa a fim de evitar outra guerra contra a Dinamarca. Depois que o perigo passou, ele se voltou novamente para o leste, a fim de retomar a guerra contra a Rússia. Apesar de algumas vitórias a favor dos suecos, a fronteira entre a Rússia e a Suécia permaneceu inalterada após as negociações de paz em 1790. É certo que dessa vez o conflito pelo menos não terminou com a Rússia ocupando a Finlândia de novo, mas o preço que a Suécia teve que pagar foi alto. Contabilizando as baixas para o tifo e outras doenças, o exército sueco perdeu 40 mil homens. A dívida interna sueca triplicou durante os três anos de guerra.

No verão de 1802, uma nova guerra eclodiu entre os dois arqui-inimigos. O epicentro da batalha dessa vez foi uma ponte sobre o rio Kymi, na atual Finlândia, que então demarcava a fronteira sueco-russa. O então rei sueco, Gustavo IV Adolfo, descobriu em visita à região que metade da ponte fora pintada nas cores nacionais russas — vermelho, branco e azul —, embora a extensão inteira da ponte se encontrasse do lado sueco da fronteira. Uma vez que a manutenção da ponte era feita por russos e suecos em conjunto, as partes haviam acordado que era justo pintá-la daquela maneira. O rei, no entanto, tinha opinião diferente e ordenou que a ponte fosse imediatamente pintada nas cores suecas — amarelo e azul. Os russos responderam pintando toda a ponte de vermelho, branco e azul. Gustavo IV Adolfo não se deu por vencido e determinou que a ponte fosse repintada de amarelo e azul. Seguiu-se uma áspera troca de acusações, e o entrevero culminou com o tsar Alexandre I enviando soldados para a área. Gustavo IV Adolfo não se abalou. A Suécia estava pronta para o confronto! Depois de negociações intensas, os russos pintaram a ponte inteira com alcatrão. O perigo havia passado, mas não tardaria a rondar novamente. Três anos mais tarde, ninguém menos que Napoleão Bonaparte tomou o poder na França.

Liderado por Napoleão, o exército francês foi conquistando país após país na Europa. Em 1807, os franceses também sitiaram os russos. Em 7 de julho de 1807, Napoleão e Alexandre I encontraram-se para negociar a bordo de uma balsa no rio Neman, ao largo de Tilsit, bem no meio da zona de influência de ambos os países. Os dois imperadores repartiram a Europa segundo seus interesses, da mesma forma que Hitler e Stálin o fariam 132 anos depois.

A Dinamarca foi incluída na esfera dos franceses, enquanto a Suécia ficou à mercê dos russos. Os dois países seriam obrigados a participar do bloqueio continental a navios e produtos britânicos. A Grã-Bretanha reagiu atacando Copenhague. Milhares de dinamarqueses foram mortos no ataque, que fez com que a Dinamarca se aliasse à França. Enquanto isso, Alexandre I ordenou que a Suécia fechasse o Báltico ao tráfego de naus de guerra estrangeiras, ordem a que Gustavo IV Adolfo negou-se a obedecer. Em 21 de fevereiro de 1808, os primeiros soldados russos marcharam sobre a Finlândia. Menos de três meses depois, a maior parte da Finlândia, além de Åland, já estava sob domínio russo.

No meio da guerra, o cada vez mais impopular Gustavo IV Adolfo foi forçado a abdicar por pressão de seus próprios oficiais. Em 27 de março de 1809, mesmo dia em que o rei sueco assinou sua abdicação, os territórios finlandeses juraram fidelidade ao tsar russo. Dessa vez os russos conseguiram manter o que haviam conquistado, mas Alexandre I, que se tinha em conta como um soberano humilde e esclarecido, deu à Finlândia um status especial no Império Russo, e o país foi transformado num grão-ducado. O Grão-Ducado da Finlândia pôde manter tanto o finlandês como o sueco como idiomas oficiais, a fé luterana e as leis suecas.

Durante as negociações de fronteira entre a Finlândia e a Rússia, em setembro do mesmo ano, o embaixador sueco, Kurt von Stedingk, adoeceu gravemente. Alexandre I, que conhecia o embaixador havia anos, despachou seus melhores médicos para tratá-lo e, em troca, pediu que lhe enviasse um mapa da Suécia e Finlândia. Com uma pena vermelha e sem mais ponderações, ele mesmo desenhou a linha que divide a Suécia e a Finlândia – a mesma vigente até hoje. Dessa forma, com uma só penada, os suecos perderam um terço de território e um quarto da população, mas pelo menos mantiveram Umeå e Kiruna, com suas jazidas de ferro, embora nessa época as forças russas já estivessem bastante avançadas no norte da Suécia. Mas as ilhas de Åland estavam perdidas. Os negociadores suecos tentaram ao máximo persuadir os russos a permitir que mantivessem o arquipélago no Báltico, mas a essa altura os russos foram irredutíveis. Desde a época de Pedro, o Grande, os russos ambicionavam um porto livre de congelamento e a supremacia marítima. Com a Finlândia, os russos ganhavam um sólido tampão contra a Suécia, e com Åland firmavam seus pés no Báltico e encurralavam os suecos – de Mariehamn a Estocolmo são apenas 135 quilômetros em linha reta. Os suecos estavam de uma vez por todas derrotados e nunca mais voltariam a tentar se vingar do poderoso vizinho a leste.

O Império Russo agora se espraiava desde a península de Kamtchatka, no Pacífico, até Åland, no Báltico. Cada nova conquista dos séculos anteriores representava mais um território a proteger e defender. Como regra, a solução era conquistar ainda mais terras para garantir as conquistas já feitas. São Petersburgo, até então muito vulnerável ao alcance da artilharia sueca, agora estava bem protegida atrás do recém-adquirido território finlandês.

Mas até as novas áreas precisavam ser defendidas. Em 1832, os russos começaram a construir uma ambiciosa fortaleza em Bomarsund, em Åland, com hospitais, depósitos, torreões de defesa e quartéis. Enquanto a fortaleza estava sendo construída,

O POSTO AVANÇADO   585

assentou-se em Bomarsund uma comunidade inteira composta de soldados, operários e prisioneiros. Eles tinham suas próprias escolas, igrejas e lojas, possivelmente até uma sinagoga. A única coisa que restou desses anos de frenética atividade são os túmulos na ilhota vizinha de Prestö, onde ortodoxos gregos, católicos, protestantes, judeus e muçulmanos — provavelmente prisioneiros de guerra do Cáucaso — estão sepultados de acordo com seus costumes e tradições. Os túmulos são mais uma prova tangível da vastidão e diversidade que caracterizavam o Império Russo. Vinte e dois anos após o início, as obras foram abruptamente interrompidas. Em 1854, a fortaleza, que mal estava pela metade, foi atacada por uma frota franco-inglesa numericamente superior e em poucas semanas foi forçada a capitular. A Guerra da Crimeia havia chegado ao mar Báltico. Antes de se retirar, franceses e britânicos explodiram a fortaleza. Hoje, restam apenas fragmentos de paredes e fundações de alvenaria, parcialmente escondidos entre árvores e flores silvestres, como uma discreta lembrança do século em que Åland era o posto avançado mais ocidental do Império Russo.

Durante as negociações de paz em Paris em 1856, decidiu-se que Åland deveria ser desmilitarizada, para alívio dos suecos. Quando a Finlândia se tornou independente, em 1917, Åland foi incluída no acordo, embora os ilhéus, que falam sueco, desejassem voltar a integrar a Suécia. Em vez disso, o governo finlandês acenou aos alandeses com um alto grau de autonomia, e hoje o arquipélago possui bandeira, selos e placas de rua próprios. Åland ainda é uma zona desmilitarizada, portanto não há soldados ou instalações militares nas ilhas. Os alandeses também são dispensados do serviço militar.

Ao contrário dos países bálticos, a Finlândia e, por sua vez, Åland nunca fizeram parte da União Soviética.

Essa liberdade, contudo, não veio de graça.

O marechal de campo

A sensação de chegar a Helsinque era *verdadeiramente* a mesma de chegar em casa. A imponente catedral branca desenhada por Engel na Praça do Senado, a salada de queijo de cabra com pedaços de melancia no Café Engel ali próximo, a multidão de turistas no porto, a farta seleção de livros da livraria Akademiska, o cinema Kinopalatsi com suas sessões matinais, os bondes verdes, a estranha mistura do novo com o antigo: fazia catorze anos que eu havia morado em Helsinque, mas quase tudo estava como antes. No ano em que completei dezoito, fui para Helsinque concluir o ensino médio. Já tinha estudado dois anos no liceu em Lyon e achei que era hora de seguir em frente, em direção a novas aventuras e outros mundos. Comparada ao autoritário sistema escolar francês, a escola finlandesa era um sonho, e se baseava na resolução de problemas, no pensamento independente e no respeito mútuo. Mas Helsinque era uma cidade fria; em janeiro, o ar gélido e úmido penetrava em todas as camadas de lã, não importava quantas fossem. As pessoas também pareciam frias e inacessíveis; sempre que vagava um assento no bonde ou ônibus, o passageiro ao lado se mudava para lá. Demorei para perceber que não passava de uma manifestação de respeito e cortesia. Apenas nos fins de semana, por algumas horas nas noites de sábado e domingo, as pessoas relaxavam, era possível ouvir as garrafas tilintando e a realidade parecia desfocada; ouviam-se gritos cortando o silêncio da noite, e, quando o dia raiava, todos se recompunham e reassumiam a fleuma nórdica. Quando o ano letivo acabou, peguei o barco para Estocolmo; foi como viajar para os EUA. Já no primeiro dia, fui parada várias vezes na rua por pessoas me perguntando como chegar a tal lugar ou que horas eram. Isso não aconteceu uma única vez em todo o ano em que vivi na Finlândia.

Desta vez, não percebi os finlandeses como frios e inacessíveis; pelo contrário, me pareceram alegres, amistosos e educados. Conheci algumas das pessoas mais falantes de toda a viagem justamente na Finlândia. Naturalmente, é plausível que a psique coletiva finlandesa tenha sofrido uma metamorfose nesse intervalo, mas é mais provável que essa impressão se devesse ao fato de que eu já não tinha dezoito anos. O clima de maio também pode ter contribuído, com o sol brilhando no céu azul e a temperatura mais alta, que permitia aos transeuntes sair pelas ruas de sandálias, bermudas e vestidos leves de verão.

Quando morei em Helsinque, todas as manhãs eu pegava o trem local para a elegante estação central projetada por Eliel Saarinen, caminhava pela Mannerheimvägen e embarcava no bonde de mesmo nome. Da janela do bonde, à direita, tinha-se a vista do Kiasma, o museu de arte moderna, e da grande estátua equestre de Mannerheim. Nas aulas de história, Mannerheim era sempre mencionado, e todos pareciam menear a cabeça, inclusive eu; Mannerheim, sim. Mas, ao contrário dos meus colegas finlandeses, eu sabia muito pouco sobre ele. Só me dei conta do quanto depois que visitei o Museu Mannerheim, a mansão de madeira ao lado do Brunnsparken, no sul de Helsinque, onde Gustaf Mannerheim viveu a partir de 1924. Museus-residência são geralmente bastante homogêneos e, não raro, um tanto insossos. Além disso, como no caso da casa de infância de Chagall em Vitebsk, costumam ser decorados com móveis contemporâneos, mas não originais, de modo que o museu, na melhor das hipóteses, não passa de uma réplica da casa que um dia foi.

A mansão do Brunnsparken não estava apenas preservada como o próprio Mannerheim a decorou, mas os móveis e objetos pelas paredes davam o testemunho de um senso estético apuradíssimo, bem como de uma vida excepcionalmente aventureira. Das paredes pendiam thangkas budistas e chifres longos e tipicamente curvados de argalis, a resistente raça de carneiros encontrada apenas na Ásia Central. No chão da sala, sobre um tapete persa, estava a pele de um tigre-de-bengala, abatido pelo próprio Mannerheim em seu périplo pela Índia. A sala era confortavelmente mobiliada, e o banheiro era de última geração, com água corrente, mas o cômodo de dormir era surpreendentemente modesto. De acordo com o experiente guia do museu, Mannerheim foi atormentado por dores nas costas e reumatismo ao longo de toda sua vida adulta e, portanto, preferia dormir numa singela cama de campanha, hábito adquirido na carreira militar.

Gustaf Mannerheim, ou barão Carl Gustaf Emil Mannerheim, seu nome completo, nasceu numa família nobre de língua sueca em 4 de junho de 1867, mesmo ano em que foi publicado o primeiro volume de *O capital*. Seu bisavô, Carl Erik Mannerheim, teve um papel importante nas negociações que tornaram a Finlândia um grão-ducado autônomo sob a Rússia, em 1809, e foi senador na primeira legislatura do Senado finlandês. Em 1824, foi condecorado conde, título transmitido por herança ao primogênito da geração seguinte. O pai de Gustaf, Carl Robert, herdou a honraria, que pouco lhe serviu em vida. Quando jovem, Carl Robert associou-se a um grupo crítico do regime e caiu em desgraça na alta roda de São Petersburgo. As portas para uma carreira como funcionário do governo se fecharam bem diante de seu nariz. Carl Robert, em vez disso, tentou

O MARECHAL DE CAMPO

a sorte como empresário e fundou uma indústria papeleira. Em 1879, a empresa faliu. Nesse meio-tempo, o conde acumulou uma vultosa dívida de jogo. Antes que as coisas degringolassem de vez, ele conseguiu se casar com Hélène von Julin, com quem teve sete filhos. Quando a falência era iminente, Carl Robert fugiu para Paris com sua amante. A fortuna familiar se fora, e o pouco que restou foi leiloado para cobrir a dívida do jogo. Hélène e as crianças foram amparadas por parentes do lado materno da família. Um ano e meio depois, quando Gustaf tinha treze anos, o coração de Hélène falhou.

De forma bastante reveladora, a autobiografia de Gustaf Mannerheim só começa em 1882, quando tem início seu treinamento militar. Gustaf escolheu um caminho de vida diferente do de seus irmãos, que, como seu pai, eram críticos ferrenhos do regime tsarista russo. O irmão mais velho, conde Carl, foi exilado em 1903 por causa de seu relevante papel num grupo de resistência que lutava contra a opressão da Finlândia pela Rússia. Como mencionado, o Grão-Ducado da Finlândia detinha uma posição muito especial no Império Russo e era, na prática, um Estado dentro do Estado, com leis, idioma, selos, Senado, moeda e religião próprios. Essa realidade mudou no final do século XIX, sob o tsar Alexandre III, e se agravou sob seu filho e sucessor, Nicolau II. O império inteiro passou por um intenso processo de russificação: primeiro a Polônia e os países bálticos, e depois a Finlândia. O exército da Finlândia deveria ser integrado ao russo, o russo deveria ser a língua principal no Senado, em repartições públicas e escolas, e as leis russas deveriam ser adotadas. O objetivo era unir os diversos povos que habitavam o vasto império, mas a oposição ao tsarismo crescia em todos os lugares.

Pouco depois de o irmão mais velho ter sido exilado, Gustaf se alistou para servir do lado russo na Guerra Russo-Japonesa. Os dois irmãos não tiveram mais contato depois disso. Carl se radicou na Suécia e jamais retornou à Finlândia, embora o banimento tenha sido anulado dois anos depois. Ele morreu em 1915 sem saber que o irmão mais novo pró-russo se tornaria o símbolo da libertação da Finlândia.

A carreira militar de Gustaf Mannerheim terminou de modo mais brilhante do que começou. Em 1879, mesmo ano em que seu pai fugiu para Paris, ele foi expulso do Liceu de Helsinque depois de se juntar a um grupo de amigos para vandalizar a cidade quebrando vidraças. Três anos depois, com quinze anos e na prática órfão, foi matriculado na escola de cadetes finlandesa, de onde foi expulso mais tarde, também por repetidas violações dos regulamentos, inclusive por cabular aulas e se embriagar. Em 1887, sua sorte mudou: ele ingressou na Escola de Cavalaria do Tsar Nicolau em São Petersburgo. Mannerheim, que nutriu um profundo amor por cavalos e esportes equestres durante toda a vida, se divertiu como nunca. Graças aos bons contatos da família, três anos depois foi aceito na prestigiosa Guarda de Cavalaria Imperial, os guarda-costas da tsarina em pessoa.

Num dos muitos bailes da capital, o alto e bonito finlandês foi apresentado a Anastasia Arapova, de vinte anos, herdeira de um rico general russo. Os dois se casaram na primavera de 1892, e logo tiveram duas filhas. O jovem casal tinha pouco em comum, e Mannerheim manteve pelo menos um relacionamento extraconjugal de longa duração. Depois de oito anos, farta de tudo aquilo, Anastasia escapou sem aviso para o Extremo Oriente, para trabalhar como enfermeira num hospital da Cruz Vermelha, tratando soldados russos feridos na Rebelião dos Boxeadores. Um ano depois, ela regressou com uma perna quebrada. Tão logo curou a fratura, mudou-se para a França acompanhada das duas filhas. Os dois ex-cônjuges só foram se rever em 1936, mesmo ano em que Anastasia morreu. Nenhum dos dois voltou a se casar.

O drama pessoal, que após o fim do casamento também se refletiu no bolso, deve ter pesado para que Mannerheim tenha servido na linha de frente da Guerra Russo-Japonesa, em

1904. Para seu irmão Carl, com quem ainda mantinha contato, ele escreveu: «Sinto-me tão triste e desencorajado que preciso infligir mal a mim mesmo para continuar vivendo».[65] No final do inverno, Mannerheim participou da batalha de Mukden, provavelmente o maior conflito bélico da história da humanidade até então. Mannerheim demonstrou grande aptidão em combate. Tinha o sangue-frio e o comando necessários. Por seus esforços, foi promovido a coronel.

Quando retornou a São Petersburgo, foi surpreendido com a possibilidade de participar, como oficial de inteligência, numa expedição de dois anos através do Turquestão até Pequim, com o objetivo de descobrir como a porção ocidental da China estava se preparando para um possível conflito com a Rússia. Mesmo com a derrota na Guerra Russo-Japonesa fresca na memória, e tendo que enfrentar greves, tumultos e protestos em casa, Nicolau II obviamente ainda não havia perdido a esperança de expandir a porção asiática de seu império. Nessa época, a Rússia havia recém-conquistado grandes extensões do Turquestão, territórios que hoje compõem o Cazaquistão, o Quirguistão, o Tadjiquistão, o Turcomenistão e o Uzbequistão, mas no insondável coração do tsar sempre havia espaço para mais povos.

Mannerheim, fascinado por aventuras desde menino, havia devorado os diários de viagem de seu célebre tio, o explorador polar Adolf Erik Nordenskiöld, e recebeu a missão com certa naturalidade. Para não despertar suspeitas, Mannerheim viajaria à paisana, a pretexto de se juntar a uma expedição arqueológica francesa. A relação entre ele e o arqueólogo francês rapidamente azedou, e Mannerheim e sua pequena comitiva

---

65 A citação está reproduzida na p. 55 da biografia de Henrik Meinander, *Gustaf Mannerheim: aristokrat i vadmal*. Estocolmo: Lind & Co, 2017. Traduzido por Jan Chr. Næss.

tiveram que seguir viagem sozinhos. Nos dois anos seguintes, o espião finlandês cruzou a Ásia Central inteira, de Tashkent via Xinjiang e Manchúria até Pequim, muitas vezes sob condições extremas: «Só agora, depois de percorrer as montanhas por dois meses, sob frio, granizo e chuva e ingerindo nada além de biscoitos secos e carne de carneiro, aprendi a apreciar a civilização e o que ela tem a oferecer. Os ovos que a mulher Dungan cozinhou e seu pão farelento tiveram para mim um proveito melhor do que a mais delicada refeição. Cavalgar por entre lavouras e áreas habitadas foi um prazer»,[66] anotou Mannerheim em seu diário em 5 de julho de 1907, após fazer a travessia da cordilheira Tian Shan.

Ao longo do percurso, ele desenhou mapas detalhados, tirou centenas de fotografias, empreendeu escavações arqueológicas sem muito entusiasmo, para justificar o álibi civil, e fez registros técnicos, meteorológicos e etnográficos para uso militar. Estes últimos podiam ser inclementes, mas eram sóbrios: «Hoje tomamos medições antropológicas», anotou ele em 30 de maio do mesmo ano.

Cheguei à respeitável soma de 34 calmucos da tribo Surgan. Todos, à exceção dos ricos, aquiesceram sem objeção a meu pedido para que se lavassem a fim de serem medidos. Não era nada agradável aos olhos deparar com uma dúzia desses pequenos indivíduos seminus perambulando pelas margens do riacho que passa por nosso acampamento. Era perceptível o contentamento que demonstravam em remover as camadas exteriores de sujidade acumulada, remoção que, para ter algum efeito, precisava ser feita com sabão, água quente e uma escova.

---

66 As citações da expedição são de *Til Häst genom Asien, Carl Gustaf Mannerheims egne opptegnelser fra reisen*. Estocolmo: Natur & Kultur, 1961. (A edição do e-book foi publicada em 2010.) Traduzido por Jan Chr. Næss.

O MARECHAL DE CAMPO

A expedição foi coroada com um encontro com o 13º Dalai Lama, que se encontrava então, devido à invasão britânica do Tibete, recluso num mosteiro budista a sudoeste de Pequim, sob rigorosa vigilância da autoridades chinesas. De acordo com as tradições tibetanas, o Dalai Lama entregou a Mannerheim, como presente para o tsar, um *khata*, tradicional lenço de seda branca, que meses depois o finlandês teve a oportunidade de entregar em mãos a Nicolau II durante uma demorada e convivial audiência.

A decoração mais exótica das paredes da mansão de Brunnsparken é originária dessa expedição de dois anos pela Ásia Central. A maioria dos diplomas, medalhas e distintivos de honra lhe foram outorgados em anos posteriores.

Após a bem-sucedida viagem de reconhecimento no Extremo Oriente, Mannerheim foi enviado para a Polônia, onde passou a comandar seu próprio regimento. Os anos passados na Polônia foram dos mais felizes. Sua carreira ia bem — Mannerheim foi promovido a major-general — e ao mesmo tempo ele desfrutava de uma vida confortável nos círculos aristocráticos poloneses.

No final do verão de 1914, o idílio chegou ao fim. Quase 18 milhões de pessoas perderiam a vida nos quatro anos da guerra que oporia Rússia, França e Grã-Bretanha — as potências da Entente — a Alemanha, Áustria-Hungria e Itália, a chamada Tríplice Aliança. As alianças, celebradas no final do século XIX, contribuíram para acirrar as tensões na Europa. A grande crise política aproximava-se cada vez mais, e, em 28 de junho de 1914, depois que o herdeiro austro-húngaro do trono, Francisco Ferdinando, foi alvejado e morto junto com a esposa, em Sarajevo, a guerra era um fato. O assassino era um servo-bósnio ligado à organização terrorista sérvia Mão Negra. A Áustria-Hungria acusou o governo sérvio de estar por trás do atentado e declarou guerra à Sérvia em 28 de julho. A Rússia apoiou a Sérvia, que não fazia parte da aliança, e o tsar Nicolau II pôs todas as suas tropas de prontidão. Em 1º de agosto, a Alemanha, aliada da Áustria-Hungria, declarou guerra à Rússia, mobilizando o sistema de alianças e escalando o conflito. Como muitas das unidades da frente de batalha, a brigada de cavalaria de Mannerheim sofreu pesadas baixas nas primeiras semanas de hostilidades. Mannerheim levou a sério as perdas e mudou de tática — bravura desmedida e martírio não davam resultados nessa nova modalidade de conflito. Em dezembro, apenas quatro meses após a eclosão da guerra, Mannerheim foi condecorado com o título de Cavaleiro da Quarta Classe da Ordem de São Jorge, um dos maiores galardões da Rússia tsarista, por seus esforços no front. Durante os anos de guerra, o general finlandês foi acumulando cada vez mais responsabilidades e, no outono de 1916, foi transferido para a exigente frente romena. Depois de alguns meses difíceis, a divisão de Mannerheim pôde desfrutar de um mês de licença da guerra na véspera do Ano-Novo de 1917. Mannerheim aproveitou a oportunidade para visitar a família em seu país natal. A viagem para o norte foi via São Petersburgo, que após a eclosão da guerra, em 1914, mudou de nome para Petrogrado. Aqui, ele teve uma breve audiência com o tsar e a tsarina. Apesar do clima tenso que se abatia sobre a cidade, Mannerheim reparou que Nicolau II parecia ausente e apático. Em Helsinque, por outro lado, tudo estava como antes, se não melhor. Os homens finlandeses estavam dispensados do recrutamento, e a frente norte cortava o sul do Báltico, longe do território finlandês. A indústria finlandesa experimentou uma recuperação devido à guerra; aqueles eram bons tempos.

Quando Mannerheim retornou a Petrogrado, no início de março de 1917, a situação estava escapando ao controle. A guerra levou à escassez de alimentos, o que por sua vez induziu a grandes greves e protestos. Na noite de 11 de março, Mannerheim foi ao teatro assistir a uma apresentação de balé. Ao retornar ao Hôtel de l'Europe em seguida, as ruas lhe pareceram surpreendentemente tranquilas. No início do dia, centenas de manifestantes famintos foram baleados e mortos pelos soldados do tsar. Na manhã posterior, muitos dos soldados se recusavam a disparar nos populares e, ao longo do dia, regimento após regimento foi cerrando fileiras com a multidão. A revolução estava em andamento, e Mannerheim, que por trinta anos havia servido fielmente no exército do tsar, viu-se no olho do furacão. O concierge do hotel o preveniu de que os oficiais corriam o risco de ser presos, e Mannerheim buscou refúgio no escritório de um amigo. Passados alguns dias, a situação se amainou, e Mannerheim conseguiu um assento no trem noturno para Moscou. Ao desembarcar, no alvorecer do dia 15 de março, ele recebeu a notícia de que o tsar havia abdicado.

Mannerheim voltou para o front e permaneceu em seu posto, embora a hierarquia estivesse em franca desintegração, tanto na frente de batalha quanto nos demais postos. A pena de morte foi abolida e os soldados, fartos da guerra, desertaram em massa. Em setembro, Mannerheim machucou a perna ao cair do cavalo e foi autorizado a ir se recuperar em Odessa. Assim que chegou, pediu dispensa da ativa. Em 25 de setembro, recebeu um telegrama do novo comandante em chefe do exército comunicando sua transferência para a reserva por não ter se adaptado às circunstâncias correntes. Num período anterior do mesmo ano, Mannerheim, como tantos outros generais, havia apoiado a tentativa de golpe do então comandante em chefe Kornilov contra o governo provisório, na esperança de poder restaurar a ordem e a disciplina no exército. A tentativa de golpe falhou, Kornilov foi preso e os generais que de alguma forma lhe deram apoio foram exonerados.

Enquanto pensava no que fazer da vida, Mannerheim hospedou-se no respeitável Hôtel de Londres, à beira-mar de

Odessa. Tinha então cinquenta anos e servira toda a sua vida adulta no exército russo. Em poucas linhas de um telegrama, sua carreira chegava ao fim.

Após semanas de reflexão, Mannerheim decidiu retornar a Helsinque. Ciente de que seria muito perigoso viajar num uniforme de general, tratou de providenciar roupas civis. O que parecia simples provou-se bastante complicado, pois todos os sapateiros e alfaiates de Odessa estavam em greve. Enquanto Mannerheim esperava que as máquinas de costura voltassem a cerzir, os bolcheviques tomaram o poder em Petrogrado: no dia 7 de novembro,[67] os soldados vermelhos ocuparam locais-chave, como pontes, cruzamentos estratégicos, instalações militares e centros de comando, delegacias de polícia e centros telegráficos — tudo calma e silenciosamente, quase sem derramamento de sangue. Quando a noite caiu, os bolcheviques tomaram o Palácio de Inverno e prenderam os ministros do Governo Provisório, que comandava o país desde a abdicação do tsar.

O tempo estava se esgotando para Mannerheim. Em 1º de dezembro, ele embarcou no trem paramentado de uniforme completo e, duas semanas depois, surpreendentemente, desembarcou ileso na estação ferroviária de Helsinque. Nesse ínterim, em 6 de dezembro, o Senado finlandês declarou a Finlândia independente da Rússia. Em 31 de dezembro, pouco antes da meia-noite, Lênin e o governo bolchevique em Petrogrado reconheceram a independência da Finlândia. A Finlândia foi autorizada a preservar as fronteiras de 1812, baseadas nas ditas fronteiras «antigas» da Finlândia, da época em que a Suécia estava no auge de seu poder. Os finlandeses conseguiram assim assegurar a península da Carélia e o entreposto comercial de Vyborg.

---

67 Ou 25 de outubro, pelo antigo calendário russo.

«Você mal pode imaginar como é bom ter Gustaf aqui», escreveu a irmã de Mannerheim, Sophie, numa carta para a tia em 9 de janeiro de 1918.

> Conservar a vida e a saúde intactas depois de tudo o que passou já é algo a agradecer, e deve haver alguma serventia para um homem como ele, com suas habilidades e experiência, num país em que tudo agora terá que ser construído do nada. No entanto, deve ser estranho se dar conta de que todo o conhecimento que acumulou, toda a carreira que fez e todas as conquistas que obteve nada significam agora. Tudo que construiu foi reduzido a pó.[68]

Alguém com as habilidades e a experiência de Mannerheim não tardaria a ser útil. Durante o inverno, a agitação na Rússia se espalhou pela fronteira com a Finlândia. Com a declaração de independência, os bolcheviques esperavam estimular os sociais-democratas finlandeses a tomar o poder e fazer uma revolução também na Finlândia. O Senado, de maioria burguesa, estava preocupado, e não sem razão. A Finlândia não tinha exército próprio, e mais de 40 mil soldados russos ainda estavam estacionados dentro de suas fronteiras. Em meados de janeiro de 1918, o tenente-general Gustaf Mannerheim, de cinquenta anos, sem dúvida o comandante militar mais experiente do país, recebeu a tarefa de criar um exército a fim de garantir a paz e trazer a ordem para a nação recém-criada.

Em 27 de janeiro, uma lanterna vermelha foi acesa na torre da Casa do Povo, em Helsinque. A revolução havia chegado à Finlândia. Ao contrário da Rússia, no entanto, os brancos, as forças de Mannerheim, derrotariam os vermelhos na curta

---

68 A citação está reproduzida na p. 121 de J. E. O. Screen, *Mannerheim. The Years of Preparation*. Londres: Hurst & Company, 1970.

mas angustiante guerra civil que se seguiu — um feito que teve a importante ajuda alemã. Contra a vontade de Mannerheim, o Senado pediu ajuda à Alemanha, e, no início de abril, 13 mil soldados alemães desembarcaram em solo finlandês. Em 14 de abril, os alemães capturaram Helsinque, onde desfilaram triunfantes a despeito dos combates que ainda transcorriam noutras regiões do país.

Em 5 de maio de 1918, depois de 108 dias, os últimos soldados vermelhos depuseram armas. Em 16 de maio, Mannerheim organizou um monumental desfile da vitória em Helsinque, e dessa vez nenhum alemão foi autorizado a participar. Mannerheim cavalgava na dianteira e era recebido com aplausos e júbilo. A curta porém sangrenta guerra civil criou feridas profundas na sociedade finlandesa. No total, cerca de 8.500 pessoas perderam a vida nos combates, um número relativamente baixo considerando a chacina em massa que ocorreu nas trincheiras vizinhas. O maior problema foi a brutalidade ocorrida *aquém* do front. Cerca de 8.300 vermelhos e 1.700 brancos foram sumariamente executados enquanto a guerra se desenrolava e nas semanas seguintes, e 80 mil vermelhos foram aprisionados. No final de 1918, mais de 12 mil haviam sucumbido à fome e à peste. Muitos da classe operária responsabilizaram Mannerheim pessoalmente pelo tratamento impiedoso dado aos vermelhos.

— Por muito tempo debatemos como chamar esse conflito — disse o professor Henrik Meinander, um dos maiores especialistas da Finlândia em Mannerheim, que conheci pouco antes de partir de Helsinque. Meinander estava então trabalhando numa biografia de Mannerheim, e também é o autor de uma obra de quatro volumes sobre a história da Finlândia. — Guerra civil? — perguntou ele retoricamente. — Ou guerra de independência? Aliás, este último era o termo preferido de Mannerheim, mas pessoalmente acredito que o nome mais adequado é Primeira Guerra Mundial. A guerra na Finlândia foi uma reação em cadeia da Primeira Guerra Mundial, assim como a Revolução Russa deve ser considerada uma consequência direta dela. Em muitos lugares da Europa Oriental e na própria Rússia, essa guerra se prolongou por vários anos após a capitulação da Alemanha, em novembro de 1918.

Nos primeiros meses após a guerra civil, a Finlândia foi governada quase como um Estado vassalo da Alemanha. Mannerheim acreditava que o Senado deveria cortar os laços com os alemães e, em vez disso, estabelecer acordos com as potências ocidentais. Como o Senado não dava sinais de seguir seu conselho, Mannerheim pediu exoneração do cargo de comandante em chefe do exército finlandês. O pedido foi imediatamente deferido.

Em outubro, era óbvio para todos, até mesmo para o Senado finlandês, que a Alemanha perderia a guerra. Mannerheim foi enviado a Londres e Paris para tentar persuadir as potências ocidentais a reconhecer a independência da Finlândia. A bordo do navio para Estocolmo, foi surpreendido ao encontrar uma delegação enviada pelo Senado para comunicar ao príncipe alemão Frederico Carlos de Hesse que havia sido escolhido rei da Finlândia. No entanto, antes que Frederico Carlos pudesse aceitar o trono, a Alemanha capitulou e o Senado retirou o convite.

Em 10 de dezembro, o Senado fez uma mudança de curso e elegeu Gustaf Mannerheim chefe de Estado da Finlândia. O general dedicou-se com afinco a resolver as várias tarefas difíceis e urgentes: um povo dividido tinha que ser pacificado, e além disso era preciso alimentar uma população faminta e exaurida pela guerra. Não bastasse isso, as potências ocidentais precisavam ser persuadidas a reconhecer a soberania da Finlândia. Embora já estivesse assoberbado o bastante, Mannerheim, que decerto considerava então a independência da Finlândia, na melhor das hipóteses, temporária, tentou compelir o Parlamento a apoiar uma intervenção antibolchevique na Rússia. Não havia clima para isso, e em julho de 1919, na primeira eleição presidencial da Finlândia, excepcionalmente realizada intramuros, no Parlamento, Mannerheim foi derrotado.

Nos doze anos seguintes, Mannerheim não ocupou nenhum cargo oficial no Estado finlandês, e desfrutou de uma vida tranquila em Helsinque. Em 1922, foi eleito presidente da Cruz Vermelha finlandesa, cargo a que se dedicou com muito afinco; além disso, ia com frequência a restaurantes, oferecia jantares requintados na mansão do Brunnsparken, esbanjava dinheiro em roupas caras, cercava-se de celebridades e viajava pela Europa caçando, sua grande paixão ao lado da equitação.

Em 1931, a Finlândia ganhou um novo governo conservador, e Mannerheim foi novamente convocado para presidir o Conselho de Defesa. Desde a revolução, Mannerheim estava convencido de que cedo ou tarde a Finlândia acabaria num enfrentamento armado com a União Soviética[69] e, portanto, advogava um reaparelhamento absolutamente necessário das forças finlandesas. Em 1933, foi nomeado primeiro e único marechal de campo da Finlândia. Como não havia normas de vestuário para esse cargo na Finlândia, Mannerheim mandou costurar divisas de marechal nas ombreiras de seu fraque Burberry.

Em 1º de setembro de 1939, uma semana após a assinatura do pacto Molotov-Ribbentrop, a Alemanha atacou a Polônia. A Segunda Guerra Mundial estava começando. Em 17 de setembro, o Exército Vermelho invadiu o leste da Polônia. Pouco depois, os Estados bálticos foram forçados a permitir que a União Soviética estabelecesse bases militares em seu território. Em Helsinque, a percepção era de que a Finlândia seria a próxima, e com razão: no dia 5 de outubro o governo finlandês foi convidado a ir a Moscou. A União Soviética propôs à Finlândia

---

69 Seis anos transcorreriam até que a sombria previsão de Mannerheim se tornasse realidade.

um pacto de proteção mútua, mas os russos também desejavam que a península de Hangö, a oeste de Helsinque, fosse transformada numa base militar soviética e que os finlandeses cedessem algumas ilhas no golfo da Finlândia em troca de uma extensão de terra mais ao norte. Contrastando com os países bálticos, os finlandeses rejeitaram categoricamente todas as propostas soviéticas, apesar dos reiterados e cada vez mais insistentes apelos de Moscou. Pessoalmente, Mannerheim achava que o governo finlandês estava equivocado e deveria examinar com outros olhos a necessidade que os russos tinham de proteger Leningrado, como São Petersburgo agora era chamada. Além disso, ele estava convencido de que o exército finlandês não era páreo para o Exército Vermelho.

Em 30 de novembro, a União Soviética atacou a Finlândia. Quatrocentos e sessenta mil soldados foram mobilizados na ofensiva, cuja duração estimada por Stálin era de duas ou três semanas. No entanto, logo ficou claro que tanto Stálin quanto Mannerheim haviam subestimado o exército finlandês.

— Durante a Guerra de Inverno, o exército finlandês teve vários fatores a seu lado — explicou o professor Meinander. — Uma forte disposição de lutar, o terreno inóspito e a infraestrutura precária, além de um inverno excepcionalmente frio. O Exército Vermelho também se mostrou mais debilitado do que o esperado, devido aos recentes expurgos de Stálin nas fileiras de oficiais. As tropas enviadas para cá consistiam em parte de ucranianos que haviam acabado de participar do assalto à Polônia. Soldados que nunca haviam calçado um par de esquis antes.

Durante os meses da guerra, o poder ofensivo do Exército Vermelho aumentou, mas começou a regredir na primavera. Ao mesmo tempo, as potências ocidentais planejavam intervir para assegurar o controle das minas de ferro no norte da Suécia, o que não favoreceria nem a Finlândia nem a União Soviética. Após 105 dias de guerra, o governo finlandês concordou com as cláusulas leoninas do cessar-fogo proposto por Stálin, e, em 13 de março de 1940, passou a vigorar a Paz de Moscou. Os termos do armistício eram tão rigorosos que a bandeira finlandesa tremulou a meio mastro em todo o país naquele dia: a Finlândia foi obrigada a ceder a Carélia e a região de Salla, no nordeste, e concordou em alugar Hangö para servir de base militar para os russos por trinta anos. A União Soviética, que saiu vitoriosa da guerra, ainda assim conseguiu anexar menos de 10% do território da Finlândia. Os finlandeses perderam cerca de 25 mil soldados, enquanto as baixas soviéticas foram cinco vezes maiores. No restante da Europa, a guerra continuou. Dinamarca e Noruega foram invadidas pela Alemanha em abril de 1940, e logo depois Hitler lançou uma grande ofensiva contra a Europa Ocidental. Durante os meses de verão, a União Soviética ocupou os países bálticos e reivindicou as minas de níquel finlandesas em Petsamo, no norte. Mannerheim, que permaneceu no posto de comandante em chefe das forças armadas finlandesas, acreditava que era apenas uma questão de tempo para a Finlândia acabar novamente em guerra com a União Soviética. Ao mesmo tempo, chegavam de Berlim indícios de que os alemães estavam interessados em colaborar com a Finlândia. Em agosto, as partes concordaram que os finlandeses poderiam comprar armas da Alemanha se os alemães fossem autorizados a deslocar tropas pela Finlândia.

A Finlândia foi sendo cada vez mais envolvida na cooperação com a Alemanha, mas para o governo finlandês era crucial que sua participação no ataque à União Soviética fosse percebida como uma guerra à parte. A aliança teuto-finlandesa, portanto, nunca foi oficialmente reconhecida. Em 22 de junho de 1941, quando a Alemanha lançou a Operação Barbarossa e atacou a União Soviética, o governo finlandês ficou em cima do muro, conforme o combinado, e só veio a público três dias depois. Em 25 de junho, o presidente Risto Ryti informou ao povo finlandês

O MARECHAL DE CAMPO 603

que a Finlândia estava novamente em guerra com a União Soviética. Ele então se referiu ao conflito como uma «guerra defensiva» e mais tarde como uma «guerra à parte». Hoje esse conflito é conhecido como Guerra da Continuação.

Os finlandeses aproveitaram a oportunidade para tentar recapturar os territórios perdidos e finalmente reanexar a Carélia Oriental, que não era território finlandês (ou melhor, sueco) desde a Grande Guerra Nórdica, no início do século XVIII. Mannerheim conseguiu manter os soldados finlandeses longe do cerco alemão de Leningrado, mas a mobilização de tropas finlandesas no interior da Carélia naturalmente ajudou os alemães. O cerco alemão de 872 dias a Leningrado custou a vida de mais de 1 milhão de pessoas.

No verão de 1942, Hitler fez uma visita surpresa à Finlândia para comemorar o 75º aniversário de Mannerheim. Foi sua única viagem ao exterior durante a guerra, além da passagem triunfal por Paris, em junho de 1940. Para evitar que a visita tivesse um caráter oficial — afinal, os dois países não eram *oficialmente* aliados —, um aflito Mannerheim providenciou que a inesperada cúpula de chefes de Estado ocorresse longe da capital, num vagão de trem.

Após a derrota dos alemães na batalha de Stalingrado, no inverno de 1943, o governo finlandês percebeu que a Alemanha sairia derrotada também dessa guerra mundial, e secretamente começaram as tratativas com as autoridades soviéticas. Stálin exigiu as fronteiras de 1940 de volta, bem como 600 milhões de dólares em reparações de guerra. Os finlandeses acharam os termos muito desfavoráveis e mantiveram seu exército mobilizado na Carélia.

Em fevereiro de 1944, os russos bombardearam Helsinque por três noites e, em junho do mesmo ano, lançaram uma grande ofensiva na Carélia. O governo finlandês aceitou então o envio de mais armas proposto pelo ministro das Relações

Exteriores alemão Ribbentrop, e em troca prometeu que não faria um acordo de paz bilateral com a União Soviética. Para que o governo pudesse se retirar do acordo sem provocar o chanceler alemão desnecessariamente, em 4 de agosto Ryti entregou a presidência a Mannerheim, que não estava pessoalmente vinculado à promessa feita a Ribbentrop. Numa correspondência cheia de mesuras, Mannerheim agradeceu a Hitler o apoio, mas chamou atenção para o fato de que a Finlândia infelizmente teria que descumprir o compromisso para sobreviver como nação. Hitler nunca respondeu à carta, mas declarou a um diplomata japonês alguns dias depois que não considerava o destrato dos finlandeses uma traição, pois eles só recuaram quando já não tinham como barganhar.

As negociações de paz com a União Soviética foram duras, e por fim a Finlândia teve que ceder não apenas a Carélia, mas também Petsamo, no norte. Além disso, foi obrigada a arrendar a península de Porkkala [em sueco: Porkala], a oeste de Helsinque, para a marinha soviética por cinquenta anos. Adicionalmente, o Estado finlandês teve que pagar 300 milhões de dólares em reparações de guerra à União Soviética e expulsar imediatamente os soldados alemães do país.

Então, no outono de 1944, começou a terceira e última fase da Guerra Mundial na Finlândia: a Guerra da Lapônia. De início, a retirada das tropas alemãs ocorreu sem maiores incidentes. Os finlandeses conseguiram preservar as boas relações com os alemães, que de bom grado concordaram em se retirar da Lapônia. Insatisfeito com a demora com que isso ocorria, Stálin exigiu que os finlandeses interviessem. A eles não restou escolha a não ser fazer como lhes ordenou Stálin. Os alemães reagiram ateando fogo a pontes e outros locais estratégicos a fim de dificultar a ação dos soldados finlandeses. Rovaniemi foi totalmente incinerada. Os danos materiais foram extensos, mas o número de mortos, não.

Em 27 de abril de 1945, a Guerra de Inverno, a Guerra da Continuação e a Guerra da Lapônia chegavam ao fim. No total, a Finlândia teve que ceder 12% de seu território à União Soviética. Mais de 400 mil pessoas, principalmente da Carélia, foram evacuadas para outras partes da Finlândia. Ao todo, mais de 95 mil soldados perderam a vida, mas as perdas civis foram surpreendentemente baixas, apenas 2 mil, e, ao contrário de muitos países da Europa Central e Oriental, a Finlândia não estava em ruínas. Os combates ocorreram principalmente na frente leste, longe dos centros urbanos e parcialmente em território soviético. E talvez o mais importante de tudo: a disposição dos finlandeses para lutar convenceu Stálin de que uma nova invasão da Finlândia seria mais custosa do que parecia. A Finlândia escapou assim do destino dos países bálticos e também nunca se transformou numa Tchecoslováquia. O exército soviético não mais tentou cruzar a fronteira finlandesa.

Em 8 de março de 1946, aos 78 anos, Mannerheim se afastou da presidência por motivos de saúde, mas também por considerar que sua missão estava cumprida. Embora sofresse de reumatismo e outros males decorrentes da idade, o marechal ainda fez uma última aventura romântica antes de morrer. Durante uma viagem a Paris, em 1945, conheceu a condessa Gertrud Arco auf Valley, de 51 anos, e, nos anos seguintes, os dois fizeram várias longas viagens pelo continente juntos. À custa dela, hospedavam-se em hotéis de luxo e aproveitavam tudo que a vida tinha de bom. A condessa encorajou Mannerheim a escrever suas memórias, às quais ele se dedicou com bastante entusiasmo, mas, devido às várias reescritas e reedições feitas pelo autor e protagonista, os dois volumes só foram publicados após a morte de Mannerheim, em 1951. Os livros foram best-sellers instantâneos.

Em 1960, a estátua equestre de Mannerheim foi inaugurada em Helsinque. Não é de admirar que os finlandeses quisessem homenagear seu grande marechal com um monumento à altura na capital. O que surpreende é que em 2016, em São Petersburgo, foi desvelada uma placa em honra de Mannerheim em sua antiga escola, a Escola de Cavalaria do Tsar Nicolau, com direito a discurso do chefe do gabinete presidencial russo, Sergei Ivanov, e a presença do ministro da Cultura russo. Como oficial da KGB, Ivanov serviu em Helsinque, e por isso talvez achasse apropriado homenagear o célebre general finlandês em São Petersburgo. Afinal, antes de se tornar um herói da libertação finlandesa, Mannerheim serviu trinta anos no exército do tsar. Os protestos não tardaram a vir: como é *possível* inaugurar uma placa em homenagem a um *nazista*? Poucos dias após a inauguração, a placa foi pichada com tinta vermelha, assim como o Soldado de Bronze em Tallinn. Depois de alguns meses, a placa foi removida definitivamente. Ao mesmo tempo, Sergei Ivanov foi exonerado do cargo de chefe do gabinete de Putin, sem que isso tenha necessariamente uma conexão direta com a infeliz homenagem.

Os finlandeses, por outro lado, aparentemente não se cansam de Mannerheim, e só nos últimos dois anos foram publicadas quatro biografias do marechal de campo: *Gustaf Mannerheim*, de Dag Sebastian Ahlander; *Mannerheim: marsken, masken, myten* [Mannerheim: o marechal, a máscara, o mito], de Herman Lindqvist; *Mannerheim*, de Martti Turtola; e *Gustaf Mannerheim: aristocrat i vadmal* [Gustaf Mannerheim: o aristocrata rústico], de Henrik Meinander.

— Como se pode perceber, Mannerheim despertou reações extremas entre seus compatriotas enquanto viveu — continuou Meinander. — Nos círculos burgueses, ele costumava ser exaltado aos céus, enquanto os socialistas durante muito tempo referiam-se a ele como «Carniceiro Branco», por causa da guerra civil de 1918. No entanto, seus esforços decisivos para a defesa da independência da Finlândia durante a Segunda

Guerra Mundial levaram muitos sociais-democratas a valorizá-lo, enquanto para os comunistas finlandeses ele permaneceu um anátema durante a Guerra Fria. Seu legado já não é tão polarizado, embora ainda haja quem ame ou odeie Mannerheim. Hoje, porém, a maioria dos finlandeses percebe que a irmandade de armas com a Alemanha nos anos de 1941-1944 foi o preço que fomos obrigados a pagar para que a Finlândia não fosse ocupada pela União Soviética.

Certos nomes se agigantam com o passar dos anos e parecem brilhar mais intensamente à medida que nos distanciamos, mesmo que já fossem luminosos desde o princípio.

Outros surpreendentemente se apagam num átimo e se transformam num parêntese histórico.

É o caso de Porkkala.

Uma valiosa lição de manutenção

— Eu tinha três anos quando Porkkala foi evacuada — disse Lena Selén, de 75 anos, que administrava um pequeno museu dedicado aos doze anos em que Porkkala foi uma base militar soviética, o chamado Parêntese de Porkkala. — Meus avós moravam aqui em Degerby e eu os visitava com frequência. A casa ficou pronta em 1939, mas eles só conseguiram viver lá por cinco anos. A ordem de evacuação foi emitida em 19 de setembro de 1944, mesmo dia em que o tratado de paz entre a Finlândia e a União Soviética foi assinado.

Os 7.200 moradores de Porkkala tiveram dez dias para abandonar suas residências.

— Depois da guerra, tivemos quase meio milhão de refugiados internos na Finlândia — disse Lena. — A minúscula Porkkala não era o nosso maior problema naquele momento.

Para o governo do país, por outro lado, a minúscula Porkkala era definitivamente um problema. Entre 15 mil e 30 mil cidadãos soviéticos se mudaram para a península de Porkkala, que agora fazia parte oficialmente do oblast de Leningrado. A apenas 30 quilômetros de Helsinque, os russos construíram um complexo militar, e, na prática, a URSS asfixiava os finlandeses.

A base militar também causou problemas práticos. A ferrovia entre Helsinque e Turku, segunda maior cidade da Finlândia, cruzava a península de Porkkala. Para que os trens continuassem funcionando, as autoridades finlandesas negociaram um acordo especial com os russos.

— Devo ter feito essa viagem de trem pela Porkkala ocupada pelos soviéticos mais de cem vezes — disse Lena. — Em Espoo [em sueco: Esbo], o trem finlandês parava e tínhamos que nos baldear para um trem russo. Quando chegávamos ao lado finlandês, embarcávamos de novo num trem finlandês. No trem russo havia um soldado armado em cada vagão. As janelas eram cobertas para que não pudéssemos ver as instalações militares secretas. Era o túnel Porkkala, como chamávamos, «o túnel mais longo do mundo». Levava uma hora inteira para atravessar Porkkala naquela época, porque o trem ia muito, muito devagar. Em 1952, quando Helsinque sediou os Jogos Olímpicos de Verão, o túnel de Porkkala foi a grande atração. Todo mundo queria passear de trem pela União Soviética!

Em 1955, pouco depois de ordenar a retirada dos soldados soviéticos de Port Arthur e da Áustria, Khrushtchev intempestivamente devolveu Porkkala à Finlândia.

— Não sei por que nos devolveram Porkkala — disse Lena.

— Quem sabe Khrushtchev quisesse mostrar ao mundo como ele era gentil? A base de Porkkala também era cara demais para a União Soviética manter, e as armas da Segunda Guerra Mundial estavam obsoletas. Além disso, eles tinham Kaliningrado e o Báltico inteiro. Toda a atividade em Porkkala foi interrompida em julho de 1955. Pouco antes da véspera de Natal daquele ano, já era possível pegar um trem por Porkkala sem as tapadeiras nas janelas. Então todo mundo queria passear de trem por Porkkala novamente!

Em 26 de janeiro de 1956, a fronteira foi oficialmente reaberta.

— Foi muito bom ter acontecido no momento em que aconteceu — opina Lena. — Em novembro de 1956, o exército soviético invadiu a Hungria e os ventos mudaram. Este ano marca os sessenta anos da recuperação de Porkkala, e, para celebrar a ocasião, montamos uma exposição sobre como foi voltar para cá. Muitos fazendeiros tiveram que fazer um enorme trabalho de limpeza. Só agora, durante a montagem da exposição, me dei conta do tamanho desse esforço! Havia arame farpado em todo lugar, os campos estavam *cobertos* de arame farpado, para os fazendeiros aquilo era um pesadelo, e muitos deles acabaram desistindo. A maioria das casas também foram destruídas. A casa de toras de madeira que pertencia à minha avó foi desmontada em 1955. Na União Soviética havia grande escassez de material de construção, então suponho que eles precisassem da madeira. Acredite que eu procurei muito, mas nunca consegui encontrar a casa da minha avó. Decerto está apodrecendo numa colina nos arredores de São Petersburgo.

Hoje, quase nada sobrou do parêntese soviético. O pouco que foi deixado para trás já não existe.

— Os russos vêm aqui e perguntam que fim levaram seus prédios — disse Lena. — Tanta coisa boa tinha sido construída, dizem eles, escolas, hospitais... A verdade é que nós demolimos tudo. Os prédios soviéticos estavam em péssimo estado, quase desabaram sozinhos.

Após a visita ao pequeno museu, Lena me acompanhou até o ônibus. Caminhamos juntas por ruas de terra tranquilas e por pequenas chácaras cercadas por trigais verdejantes.

— Imagine como seria se os russos tivessem ficado até 1994 — disse Lena quando chegamos ao ponto de ônibus na estrada principal. — Provavelmente passaríamos pelo mesmo apuro do Báltico. Trinta mil russos que não querem ir embora. Todos os russos com quem conversei que viveram no Parêntese de Porkkala disseram que levavam uma vida melhor aqui.

Ao longo da Guerra Fria, a Finlândia teve que pisar em ovos para não provocar seu vizinho do leste. Instigada pelos soviéticos, a Finlândia recusou a ajuda do Plano Marshall; em vez disso, em 1948, firmou um acordo de amizade, cooperação e assistência mútua com a União Soviética, o chamado acordo VSB. Por meio dele, a Finlândia se comprometeu a combater os inimigos que tentassem atacar a União Soviética a partir do território finlandês. Ao contrário da Hungria e da Romênia, porém, a Finlândia estava dispensada de consultar o Kremlin sobre questões de política externa ou sobre a participação em operações militares fora de seu próprio território. O acordo foi assinado por Juho Kusti Paasikivi, presidente de 1946 a 1956, e mantido por seu sucessor, Urho Kekkonen, que teve papel decisivo na negociação dos termos.

Embora a Finlândia gozasse de uma posição muito mais livre do que os países a leste da Cortina de Ferro, o governo soviético acompanhava de perto o que dizia a mídia finlandesa, e, mesmo não havendo censura direta, os jornalistas locais eram extremamente cautelosos ao criticar a URSS. Em algumas ocasiões, Moscou também interferiu diretamente na política finlandesa. O exemplo mais conhecido é a «Crise da Nota».

Em 30 de outubro de 1961, o ministro das Relações Exteriores da URSS entregou uma nota ao embaixador da Finlândia em Moscou. Referindo-se à tensão no norte da Europa, a nota formalizava uma consulta militar às autoridades finlandesas, em conformidade com o acordo VSB. No mesmo dia em que a nota foi entregue, a União Soviética detonou a *Tsar Bomba*, a bomba de hidrogênio de 27 toneladas, maior e mais poderoso artefato nuclear já construído, sobre Novaya Zemlya, no oceano Ártico. O flash de luz da explosão foi visível em Vardø, norte da Noruega. A Guerra Fria estava em seu momento mais quente: no início daquele ano, a CIA havia feito uma tentativa frustrada de invadir a Baía dos Porcos em Cuba, e em agosto foi erguido o Muro de Berlim.

A notícia de que a União Soviética gostaria de fazer uma «consulta militar» à Finlândia causou um alvoroço internacional.

Significava o fim da neutralidade e da independência da Finlândia? A União Soviética mobilizaria tropas em solo finlandês? De férias no Havaí na época, o presidente Kekkonen recebeu a notícia com aparente e estoica naturalidade. Antecipou o fim das férias e voltou para casa a fim de resolver a situação, mas só depois de se deixar fotografar de sunga vermelha banhando-se no oceano Pacífico. Ao chegar em casa, dissolveu a assembleia e antecipou as eleições presidenciais para janeiro, decisão que ele justificou afirmando que o povo finlandês tinha o direito de se manifestar na política externa do país. No final de novembro, Khrushtchev convidou Kekkonen a Novosibirsk para discutir a questão olho no olho. No dia posterior à reunião, Kekkonen fez saber a seus que a União Soviética se abstivera da consulta — Khrushtchev estava confiante de que Kekkonen, como líder do país, seria capaz de manter um curso estável na política externa finlandesa. Tudo terminou com o adversário de Kekkonen, Olavi Honka, favorável a uma aproximação maior com o Ocidente, retirando sua candidatura presidencial, e Kekkonen sendo reeleito por ampla maioria, como sempre desejaram as autoridades soviéticas.

Especulou-se que o próprio Kekkonen estaria envolvido na Crise da Nota, ou pelo menos que teria sido informado dela com antecedência, mas isso nunca foi comprovado. No entanto, não há dúvida de que a nota pretendia ser uma interferência direta nas eleições presidenciais finlandesas — o Kremlin queria que Kekkonen fosse reeleito, não Honka. Na esteira da crise, cunhou-se o termo pejorativo *finlandização*, para se referir à pressão exercida por uma grande potência para impor sua vontade sobre um país menor.

Kekkonen foi presidente da Finlândia até se aposentar, por motivos de saúde, em 1981, aos 81 anos, mantendo a política de neutralidade até o fim. O acordo VSB foi a pedra angular da política externa finlandesa até a dissolução da União Soviética.

A Finlândia só aderiu à UE em 1995. Hoje, a Finlândia tem uma ampla cooperação com a Otan, mas, a exemplo dos suecos, os finlandeses nunca se candidataram a ingressar na aliança.[70] A Finlândia, país europeu que tem de longe a fronteira mais extensa com a Rússia, não será, portanto, automaticamente arrastada para uma possível guerra entre a Otan e a Rússia.

Politicamente, a Guerra Fria foi um período difícil para os finlandeses, mas economicamente a Finlândia se beneficiou da proximidade com o país vizinho. Durante a era soviética, cerca de 15% das exportações finlandesas eram destinadas à União Soviética e, além disso, vários edifícios soviéticos de prestígio, como o hotel Viru, em Tallinn, foram construídos por engenheiros finlandeses. Enquanto a URSS estava à mercê do socialismo e da economia planificada, a economia de mercado finlandesa crescia de forma constante. Quando a Finlândia se tornou independente, em 1917, o país estava entre os mais pobres da Europa; hoje está entre os Estados de bem-estar mais desenvolvidos do mundo. Um aposentado finlandês recebe uma pensão média de 1.600 euros por mês e sua expectativa de vida é de oitenta anos. Em comparação, a maioria dos aposentados russos tem que se haver com menos de 200 euros mensais e, estatisticamente, vive dez anos a menos.

Essa diferença de bem-estar salta aos olhos quando se viaja pela Carélia até Vyborg, que antes da guerra era uma das cidades mais belas da Finlândia. Como é possível fazer a viagem sem visto, desde que por via fluvial, e como cheguei a tempo para embarcar no primeiro cruzeiro do ano, fiz uma excursão

---

70 A situação mudou com a escalada do conflito na Ucrânia. Suécia e Finlândia abandonaram a tradição de neutralidade e foram formalmente convidadas a aderir à Otan em junho de 2022. Os protocolos de adesão foram assinados no início de julho, e sua ratificação estava pendente quando este livro estava sendo traduzido. [N. T.]

em grupo à cidade onde tive meu primeiro contato com a Rússia, catorze anos antes.

* * *

Embora fossem apenas 8h da manhã quando desembarcamos, uma longa fila se formou imediatamente diante do balcão do bar. As mulheres iam de espumante russo, enquanto os maridos se entregavam a algo mais forte. O barco, uma antiga balsa fluvial, era pequeno e estava quase lotado; ocupamos mesas juntos, os aposentados finlandeses e eu. Os aposentados não sabiam nem sueco nem inglês, mas de vez em quando me acenavam gentilmente erguendo o copo num brinde. O sol brilhava num céu azul e a floresta da Carélia nos cercava por todos os lados. Em intervalos regulares, o barco parava numa eclusa. O canal Saimaa, que vai de Lappeenranta [em sueco: Villmanstrand] no lado finlandês até Vyborg na Rússia, tem 42,9 quilômetros de extensão e foi inaugurado em 7 de setembro de 1856, dia da coroação do tsar Alexandre II. Ao longo dos anos, o canal foi modernizado, alargado e encurtado; a princípio consistia em 28 eclusas, agora são apenas oito. Um pouco mais da metade do canal localiza-se hoje na Rússia. A Finlândia o arrendou até 2063, e anualmente 2 milhões de toneladas de mercadorias trafegam por ali, bem como milhares de passageiros isentos do visto russo. Visitantes que entram e saem da Rússia pelo canal em excursões de grupo podem, assim, pernoitar até duas noites em Vyborg sem essa obrigação.

Ainda pela manhã, um homem de cabelos ralos na casa dos cinquenta anos sentou-se diante do teclado e começou a pescar tesouros da música finlandesa. Não demorou muito para que todos, até eu, cantassem juntos, e assim, verso após verso, canção após canção, atravessamos a Carélia e a fronteira russa, que ficava bem no meio de um lago.

O lado russo se confundia com a Finlândia; havia floresta por toda parte. No início da tarde atracamos em Vyborg, passamos pelo controle de passaportes e fomos para nossos respectivos hotéis. Antes de nos entregarem os cartões-chave, a cada um de nós foi oferecido um copo de vodca até a borda. Os aposentados finlandeses não se fizeram de rogados.

Localizei um caixa eletrônico e saquei o equivalente a 500 coroas [cerca de 250 reais] em rublos. Quando estive na Rússia cinco anos antes, a conversão era cerca de 2.500 rublos. As sanções, a inflação e a queda dos preços do petróleo afetaram profundamente a economia russa nos últimos anos; saí do caixa com o dobro de dinheiro. Com a carteira cheia de rublos, rumei para o Castelo de Vyborg, principal atração e símbolo da cidade. A fortaleza foi construída em 1293 pelo comandante do exército sueco Torgils Knutsson. Por séculos, Vyborg esteve no limite mais oriental da Suécia com a Rússia e, portanto, foi uma importante fortaleza defensiva. Ou, como dizia, em inglês, o folheto informativo que recebi: «Foi destruído mais de uma vez e ressuscitou».

Em 1710, quando os suecos foram derrotados pelo exército de Pedro, o Grande, Vyborg tornou-se russa. Passados apenas cem anos, em 1809, a cidade integrou o Grão-Ducado da Finlândia e permaneceu em mãos finlandesas até a Segunda Guerra Mundial.

O castelo agora abriga um museu. Uma exposição era dedicada à época em que Vyborg, ou Viipuri, como a cidade é chamada em finlandês, fazia parte da Finlândia. Com quase 80 mil habitantes, Vyborg foi a segunda maior cidade da Finlândia e a mais internacional de todas as cidades finlandesas, com uma rica vida cultural e uma indústria em expansão. No entreguerras, os finlandeses construíram em Vyborg, entre outras instalações, um museu de arte, um teatro de verão, uma nova escola profissional e uma biblioteca projetada pelo mundialmente famoso arquiteto finlandês Alvar Aalto. Como que para enfatizar o espírito cosmopolita da cidade, todas as placas e cartazes da exposição estavam em russo, inglês, sueco e finlandês. A transição para a exposição seguinte, dedicada à Segunda Guerra Mundial e *sem* o patrocínio do Estado finlandês, foi abrupta. As peças estavam empoeiradas e todas as informações eram exclusivamente em russo. Nas paredes estavam pendurados mapas detalhados das ofensivas do Exército Vermelho, bem como fotografias mostrando como os cidadãos soviéticos haviam reconstruído Vyborg das ruínas após a Segunda Guerra Mundial.

— Vamos fechar em breve — informou a mulher que guardava a entrada da torre.

— Mas são apenas 18h10 — argumentei.

— Sim, fechamos às 18h30.

— Mas está dito aqui que vocês fecham às 19h — argumentei, apontando para a placa com o horário de funcionamento.

— Sim, mas para estarmos fechados às 19h precisamos começar a fechar às 18h30 — explicou a mulher. — É melhor você se apressar — acrescentou. — São muitos degraus.

Cheguei ao topo esbaforida. O jovem casal que veio atrás de mim deu meia-volta antes da metade do caminho — a escada instável e insegura dificilmente foi construída por engenheiros finlandeses. A vista, porém, valia a pena, por mais uniforme que fosse a paisagem. Em todas as direções, a floresta se estendia até onde o olho alcançava. Fiquei de pé faceando o leste. Tudo o que eu conseguia enxergar era o dossel das árvores, milhões e milhões delas, um cinturão verde que se projetava daqui até a Coreia do Norte. Entre os troncos talvez houvesse um urso trepado, aqui e ali provavelmente haveria um castelo em ruínas, de quando em quando despontava uma aldeia pobre e decadente. Mas as árvores eram, sem dúvida, a esmagadora maioria.

Era estranho estar na Rússia novamente. Desde que pus os pés em Pyongyang em setembro, nove meses antes, percorri a fronteira russa de cabo a rabo, às vezes chegando tão próximo a ponto de enxergar a terra prometida do outro lado, outras vezes à distância, mas sempre tendo em perspectiva as marcas indeléveis que a Rússia, de alguma maneira, deixava ao redor. Todos os dias, em todas as horas que passei acordada, eu só pensava na Rússia. Conversei sobre a Rússia com todos que encontrei pelo caminho e lhes perguntei sobre a relação que tinham com a Rússia, o que pensavam da Rússia, como era ser vizinho da Rússia. Ao longo do percurso, o país foi adquirindo um aspecto quase mítico.

E agora eu estava aqui, e quase tudo era decepcionantemente mundano e nada traumático. Casais apaixonados caminhando de mãos dadas pelas calçadas estreitas e disformes, mulheres corcundas arrastando pesadas sacolas de compras, dois homens de meia-idade sentados à beira do rio pescando. Ninguém dava pela minha presença.

Encontrei um restaurante simples que servia sushi e pizza, e fui de pizza. Com exceção de uma pequena família com crianças, o salão estava vazio. Da minha mesa eu tinha uma visão das costas empertigadas de Lênin na praça ao lado. Um par de pôsteres desbotados, decorados com listras pretas e laranja, exortava as pessoas a comemorar o Dia da Vitória em 9 de maio, duas semanas antes.

Também da última vez que estive em Vyborg, aos dezoito anos, viajei com um grupo de aposentados finlandeses, mas de ônibus. No caminho de Helsinque para São Petersburgo, paramos em Vyborg para almoçar. Vyborg impressionou, não pela beleza, mas pela decadência: havia enormes poças nas ruas, as calçadas eram malcuidadas e sujas, os homens pareciam mafiosos com jaquetas de couro pretas, as garçonetes eram rudes e hostis, metade das vidraças das casas estavam quebradas, as paredes estavam cheias de buracos. Decadência em todos os lugares. Aposentados aos prantos ao constatar que a outrora bela cidade finlandesa se encontrava agora naquelas condições.

Como todas as outras cidades, Vyborg parecia melhor na primavera; tudo era mais brilhante e verde, havia menos jaquetas de couro, mas pessoas sorrindo ainda eram uma raridade. Apesar das expressões sombrias nos semblantes, a população de Vyborg já não me parecia intimidante e mafiosa, apenas pobre. Embora a cidade tenha sido submetida a uma verdadeira cirurgia plástica desde minha visita anterior, tudo estava tão decadente como antes. O casario no centro estava prestes a sucumbir à gravidade, mas ninguém se encarregava de derrubá-lo. Na maioria das construções, uma ou mais janelas estavam quebradas, inclusive nas residências habitadas. Apesar da decadência, não era difícil imaginar toda a graça que Vyborg um dia teve, com seus parques e casas em tons pastéis do século XIX. Se Stálin tivesse alcançado seu objetivo em 1939, a Finlândia inteira seria uma grande Vyborg.

* * *

Chegamos à Rússia sob um sol glorioso e nos despedimos sob uma chuva torrencial. No caminho para casa, os aposentados estavam ainda mais animados; aparentemente tinham aproveitado bem a manhã no país vizinho. Mesmo antes de zarparmos, uma longa fila se formou no bar. O rádio ficou ligado durante toda a viagem, mas ninguém parecia lhe dar ouvidos até que o barco inteiro de repente explodiu num rugido animalesco e uníssono. Intuí que teria algo a ver com o hóquei sobre o gelo, pois apenas esportes brutais de patinação são capazes de desencadear esses arroubos de emoção na Finlândia. Na mosca: a Finlândia acabara de marcar na semifinal de hóquei sobre o gelo e estava na frente na partida contra a Rússia. O ritual se repetiu mais duas vezes e depois uma terceira, quando a vitória já estava assegurada. A alegria parecia não ter fim. Houve uma comoção patriótica no bar, e alguns começaram espontaneamente a cantar canções líricas finlandesas enquanto esperavam a bebida. Elmos vikings de feltro emergiram das profundezas das sacolas de compras e foram colocados sobre as cabeças grisalhas em puro êxtase.

Lapônia

Da janela do trem eu via a floresta, os pequenos lagos e novamente a floresta, tudo filtrado pela luz branca e leitosa das tardes de maio. Por volta da meia-noite, adormeci com o som suave das rodas correndo pelos trilhos. Quando despertei, a paisagem ainda era de florestas e pequenos lagos, agora banhados pelo tom amarelado da aurora. Um vento frio e cortante me golpeou assim que desembarquei do trem. Rovaniemi foi reconstruída às pressas depois que os alemães a incendiaram na guerra, e não era uma cidade especialmente encantadora. O novo projeto urbanístico ficou a cargo de Alvar Aalto e, visto de cima, se parece com uma rena. Mas do nível da rua não havia nada de especial nas construções quadradas de concreto que mal pareciam planejadas.

Mesmo assim, centenas de milhares de turistas visitam Rovaniemi a cada ano, A minoria para admirar a criatividade urbanística de Alvar Aalto ou suas casas modernistas no centro; o número elevado de visitantes se explica por uma iniciativa excepcionalmente bem-sucedida da indústria turística finlandesa. No pós-guerra, o turismo foi ganhando importância na receita do Tesouro finlandês, mas como atrair pessoas para visitar o inóspito norte do país? Num momento de rara inspiração, um membro do conselho turístico da Finlândia sugeriu anunciar a Lapônia como terra oficial do Papai Noel.

A ideia em si nem original era. Ainda no início dos anos 1950, Alfhild Hovdan, engenhosa e longeva diretora do birô turístico de Oslo, encarregou-se pessoalmente de que todas as cartas endereçadas a *Santa Claus, Oslo, Norway* fossem entregues em seu escritório. Pessoalmente, ela respondia os milhares de mensagens e as enviava de volta, às vezes acompanhadas de um livro ou guloseima de brinde. A ideia, naturalmente, era inserir Oslo no mapa. Alfhild Hovdan morreu em 1982, e nenhum de seus sucessores deu conta de seguir com a tradição. Lentamente, as cartas para o Papai Noel foram deixando de ser entregues em Oslo.

Ainda bem que outros Papais Noéis surgiram nesse ínterim. Além do Papai Noel em Rovaniemi, seus colegas duendes em Drøbak, ao sul de Oslo, e em Tomteland, em Dalarnai, na Suécia, recebem as listas de desejos das crianças. Ou seja, os países nórdicos estão bem representados nesse quesito, mas não existe um correspondente russo, apesar de a Rússia até mesmo ter tentado se apossar do Polo Norte. A ausência de Papais Noéis na Rússia tem uma explicação muito simples: apesar da popularidade de são Nicolau entre os cristãos russos, as crianças russas não acreditam em Papai Noel, mas em *Ded Moroz*, Vovô Gelo. E ele não traz presentes na véspera de Natal, a propósito, mas na véspera de Ano-Novo. De início os comunistas proibiram Vovô Gelo de existir, mas com o passar do tempo perceberam que seria uma boa alternativa ao decadente Papai Noel ocidental. Em 1998, Veliky Ustyug, uma cidadezinha 800 quilômetros a norte de Moscou, foi declarada terra natal do Vovô Gelo, e desde então vem recebendo milhões de cartas. Há alguns anos, os correios ucranianos decidiram comprar a briga com Veliky Ustyug e, com a ajuda de patrocinadores e de um marketing agressivo, já receberam mais de 20 mil cartas. O Vovô Gelo ucraniano não tem um lar específico, mas responde cartas de sete diferentes códigos postais em toda a Ucrânia.

Nenhum dos Papais Noéis nórdicos teve mais sucesso que o finlandês. Em 1985, The Santa Claus Village abriu as portas em Rovaniemi, uma cidade completa, com direito a agência de correio operada por duendes e algo ainda mais especial: o próprio escritório do Papai Noel, onde se pode, por uma quantia estratosférica, tirar uma foto com o proprietário. O projeto superou todas as expectativas. Cerca de 300 mil pessoas, das quais um grande contingente é oriundo da China, visitam o Papai Noel em Rovaniemi todos os anos. Mas nem mesmo Papai Noel está imune aos altos e baixos da economia global. Em 2015, o Papai Noel de Rovaniemi foi obrigado a decretar falência por causa de uma dívida tributária de milhões — um efeito dominó da crise financeira no sul da Europa e da queda no número de visitantes. Felizmente, Papai Noel conseguiu rolar a dívida e há muito as portas foram reabertas.

* * *

A ferrovia para o norte quase não tinha curvas. Da janela eu tinha a vista de sempre, floresta, pequenos lagos e mais floresta, mas de novo a luz era diferente; a paisagem estava envolta numa luz azul-dourada, quase ártica. Nas clareiras, bandos de renas pastavam. Horas depois cheguei a Inari. Fiz o check-in no hotel e ganhei um quarto com sauna própria. Assim que estava quente o bastante, me sentei no banco superior e apreciei a paisagem: um posto de gasolina. Eu estava quase chegando ao fim da minha jornada. Só restavam uns poucos quilômetros da fronteira russo-finlandesa. Depois disso, os 196 quilômetros da divisa entre a Noruega e a Rússia, a última.

Por um curto período, de 1920 a 1944, a Noruega só fazia fronteira com Finlândia e Suécia, não com a Rússia. Após as negociações de fronteiras com os bolcheviques, em 1920, a delegação finlandesa não conseguiu persuadir os russos a devolver a

Carélia Oriental, mas em compensação barganhou uma área do oceano Ártico fronteiriça à Noruega que nunca tinha pertencido à Finlândia: Petsamo. Depois das negociações de paz em 1944, a Finlândia teve que abrir mão também de Petsamo. Os finlandeses dali foram evacuados, mas os sámi escoltianos, que em sua maioria eram ortodoxos russos, puderam escolher onde iriam morar. Mas nem todos tiveram direito a essa escolha.

— Era tão bonito aqui em Petsamo — contou Katuri Jefremoff, de 83 anos, uma dos cerca de setecentos sámi escoltianos que hoje vivem na Finlândia. Visitei Katuri em sua pequena casa de toras de madeira, na minúscula aldeia de Nellim, onde ela praticamente passou toda a vida adulta. Seu rosto era marcado pelas rugas, e o corpo, frágil e encurvado, mas sua voz era potente. Ela ainda falava um sueco perfeito, embora não o praticasse havia mais de sessenta anos.

— Morávamos a 4 quilômetros do mosteiro de Petsamo, perto do rio Petsamo — continuou Katuri. — Tínhamos renas, todos tinham renas. Minha família inteira era de Petsamo, meus avós, meus bisavós, todos. Na minha família éramos seis meninas e dois meninos. Meu irmão era o mais velho, depois vinham minha irmã Marta, minha irmã Olga e eu. Nenhum de nós sabia falar finlandês, mas todos falávamos um pouco de russo, era a nossa segunda língua. Nossa língua materna era o sámi escoltiano. Quando comecei no internato, portanto, não sabia falar uma só palavra em finlandês. Não compreendia muita coisa, mas também não estudei lá por muito tempo. Três meses depois começou a guerra. O governo finlandês não conseguiu nos evacuar a tempo, então nos mandaram para a prisão, todos nós. Nos puseram num barco e nos levaram, primeiro para Murmansk e depois para Luujärvi. A vida na prisão não era nada divertida. Uma coisa éramos nós, crianças, mas pior ainda foi para os nossos pais. Várias outras famílias de escoltianos foram presas. Nos davam comida, não muita, mas pelo menos não morremos de frio. Tínhamos que trabalhar, pois é claro que não havia escolas por lá. Quando a guerra terminou, fomos soltos. Na primavera de 1940, voltamos para nossa casinha em Puska, nossa aldeia. Foi bom, claro, mas os russos haviam confiscado todos os nossos animais e os levado embora.

Katuri suspirou e esfregou as mãos no rosto.

— Estou muito triste agora — disse ela. — A irmã Olga morreu há pouco. O enterro dela foi na sexta-feira passada. Ela era tudo para mim.

Ela voltou a suspirar e deixou escorrer uma lágrima.

— Agora, onde estávamos mesmo? Sim. Em 1940. No ano seguinte, em 1941, os soldados alemães vieram para a nossa aldeia. Foi nesse ano que a Guerra da Continuação começou. Minha mãe morreu em 1843, então ficamos nós, ainda crianças, órfãos de mãe. Nos puseram num orfanato em Petsamo, e de lá fomos enviados para a Suécia, como órfãos da guerra. Primeiro só eu, depois os outros. Fui para Gävle, os outros para Skellefteå. Consegui uma boa família e vivia bem na Suécia. Eu não sabia falar uma palavra em sueco, claro, mas era obrigada a ir para a escola mesmo sem entender nada. E agora sei falar sueco!

Ela sorriu, e seu rosto se transformou numa emaranhado de rugas.

— Frequentei três anos de escola na Suécia — contou ela. — Quando a guerra acabou, me mandaram de volta para a Finlândia. Tudo estava destruído aqui. Ivalo foi toda incendiada. No começo moramos no bunker alemão. Eu tinha esquecido a língua sámi, e nunca aprendi finlandês, então é claro que foi muito difícil. Só sabia falar sueco, mas aqui ninguém falava sueco. Eu preferia ter ficado na Suécia, mas não me deixaram. Minha mãe estava morta, meu pai estava preso. Por que foi preso? Veja bem, aconteceu tanta coisa naquele tempo, o acusaram não sei de quê, não sei ao certo. Então fui morar na casa da minha avó materna. Com ajuda do governo, conseguimos construir uma cabana bem pequena,

LAPÔNIA 625

não muito longe daqui. Meu filho é quem vive nela hoje. Depois de um tempo, fui enviada para a casa de uma família.

— Conseguiu continuar os estudos? — perguntei.

— Imagine, eu já tinha catorze para quinze anos! — retrucou ela. — Era hora de ajudar a pôr comida na mesa. Não conseguia fazer muito, mas pelo menos cuidar das crianças eu sabia. Meu pai saiu da prisão em 1945, mas não viveu muito depois disso... Ele foi morto em Kokkola, no sul da Finlândia, no mesmo ano. Nunca descobriram quem foi o assassino.

Ela foi à sala de estar e retornou com um grosso livro sobre os órfãos da guerra.

— Só vi as fotos — disse ela ao me mostrar uma em que aparecia ao lado dos irmãos. — Não quis ler nada disso, é tudo tão difícil para mim, tudo. Melhor não ler sobre esse assunto, acho. Agora, onde eu estava mesmo? Sim, em 1951 eu me casei. Meu marido também era sámi escoltiano. No começo pescávamos e pastoreávamos renas, mas tínhamos apenas duas reses. Não era suficiente. Felizmente, meu marido conseguiu um emprego, ele trabalhou na construção de estradas aqui. Tivemos sete filhos e nem água encanada tínhamos em casa!

Ela voltou a se levantar e dessa vez trouxe um álbum de retratos. Uma das primeiras fotos mostrava todos os filhos reunidos.

— Uma coisa posso dizer: foi cansativo! — Ela gargalhou. — Sete filhos sem máquina de lavar! — Com os dedos encurvados, ela folheou o álbum. Uma vida inteira passando em preto e branco. Por fim, apontou para uma foto em que estava vestindo o traje tradicional sámi.

— Fui eu que costurei — acrescentou, orgulhosa.

Quando nos despedimos e eu estava para ir embora, ela segurou minha mão e, com a voz firme e forte, começou a cantar. Tudo que lembro são as primeiras palavras: *Jag saknar mitt hemland...*[71]

* * *

Jouni Männistö trabalhou como guarda de fronteira durante quase toda sua vida adulta. Há dois anos, completou cinquenta anos e se aposentou.

— Tive sorte — disse ele sorrindo. — Agora é preciso trabalhar até 57.

Sorte mesmo tive *eu* que conheci Jouni. Não há estradas nos quilômetros finais a caminho de Treriksrøysa, onde as fronteiras norueguesa, russa e finlandesa se encontram. A única maneira de chegar é a pé. A trilha está em péssimas condições e é mal sinalizada, e o percurso é tão extenso que é difícil ir e voltar no mesmo dia. Há um caminho mais rápido por uma trilha bem melhor, mas ela atravessa a zona fronteiriça que se estende ao longo de toda a linha imaginária que separa a Rússia da Finlândia e tem entre 500 metros e 3 quilômetros de largura; no lado russo também existe uma área correspondente. A zona fronteiriça foi uma exigência do governo soviético, e por questões práticas os finlandeses preferiram mantê-la assim. É estritamente proibido transitar na zona fronteiriça sem uma permissão especial, mas graças a seus contatos Jouni conseguiu obtê-la em tempo recorde.

O percurso ao longo da fronteira atravessava florestas de pinheiros e bétulas. Uma cerca alta demarcava a fronteira propriamente dita — não para impedir a passagem de migrantes ou dissidentes, mas para manter os rebanhos de renas ao largo. Do

---

71 «Tenho saudades da minha terra natal...», em sueco. [N. T.]

lado russo o solo era coberto por uma espessa camada de líquen verde-claro.

— A sobrepastagem é um problema sério na Finlândia, temos renas demais aqui — explicou Jouni. — Do lado russo isso não existe.

A cerca era demarcada com mourões coloridos: os finlandeses eram azuis e brancos; os russos, vermelhos e verdes. E o corredor em volta, cerca de 8 a 10 metros em ambos os lados do corredor, estava desmatado. Atravessá-lo era rigorosamente proibido.

— Não podemos vê-los, mas eles acompanham tudo, é melhor respeitar as regras — recomendou Jouni.

O terreno era pedregoso e acidentado. Mais ou menos na metade do caminho chegamos a um posto de fronteira desativado.

— Eu costumava trabalhar aqui — disse Jouni, sentando-se nos degraus da casa principal, ainda pintada de amarelo. — Fazia pelo menos vinte anos que eu não vinha aqui.

O posto de fronteira estava abandonado havia quase o mesmo tempo que Pripyat, na Zona de Tchernóbyl, mas as janelas estavam intactas. O telhado não tinha buracos, e tanto o piso quanto as paredes estavam íntegros. As construções tinham sinais evidentes de que estavam fora de uso; o interior estava coberto de poeira e bagunçado, a grama já tomava conta da parte externa, mas, ao contrário de Pripyat, o lugar não parecia ter sido bombardeado.

Não muito depois, chegamos a uma torre de observação onde Jouni havia pernoitado muitas vezes.

— Podemos subir? — perguntei.

— Não — disse Jouni. Ele começou a subir os degraus enferrujados e só então fez sinal para que eu o acompanhasse.

A cada pisada, a torre estremecia. Fiquei aflita achando que a torre estava prestes a tombar ou desmoronar, e me arrependi de ter feito a pergunta. Afinal, fazia muito tempo que não era usada. Jouni já estava lá no alto. Confiei em seu poder de julgamento, fiz fé na competência dos engenheiros finlandeses, agarrei firme no corrimão e subi.

Do alto, tínhamos a vista das florestas da Finlândia a oeste, da Rússia a leste e das montanhas achatadas e azuladas ao norte.

— Foi empolgante no começo, mas logo me entediei de tanto varar noites aqui em cima, completamente sozinho — comentou Jouni.

— Alguma vez você viu algo suspeito? — Ele meneou a cabeça.

— Nunca, jamais nesses vinte anos que trabalhei como guarda de fronteira, vi algo grave, assim como nunca testemunhei nada suspeito. — Ele franziu o cenho ao encarar o sol ofuscante. — Era um pouco tenso estar tão próximo da União Soviética, mas do lado de lá era exatamente como aqui. Era uma fronteira muito calma, nada acontecia por essas plagas. Às vezes um soldado russo bêbado até podia se aventurar em território finlandês acidentalmente. Mas aí nós apenas o advertíamos e tudo era resolvido.

Descemos da torre e seguimos rumo ao norte, na direção da Noruega.

— Ao contrário da Noruega, onde a fronteira é vigiada por soldados conscritos, a nossa fronteira é protegida por guardas de fronteira profissionais que fazem parte das forças policiais — explicou Jouni. — Hoje em dia boa parte do trabalho é feito com câmeras, veículos e motoneves, mas no meu tempo passávamos horas e horas ao relento, caminhávamos bastante. Quando vinha trabalhar no posto, eu precisava percorrer 30 quilômetros a pé para chegar até aqui. Sempre gostei da vida ao ar livre, então o trabalho era perfeito para mim. Mas é claro que naquela época, quando eu tinha acabado de conhecer minha esposa e estava apaixonado, era muito ruim passar duas semanas inteiras isolado assim.

Levamos três horas para chegar a Treriksrøysa, que fica no alto de uma colina íngreme. Pela primeira vez em meses pus o pé em solo norueguês. A fronteira era assinalada por um moledro. No alto dele havia um triângulo branco, o marco da tríplice fronteira em si. Agachados diante de uma fogueira ao lado, dois soldados grelhavam salsichas. Eles nos cumprimentaram educadamente e sorriram, um deles tinha o rosto coberto de sardas.

— Estão com fome? — perguntou ele em norueguês.

A fronteira

— Você pode ir até a linha da divisa, mas, caso se incline para a frente e olhe para os pés, terá violado a fronteira. Não é permitido arremessar nada além da fronteira; é uma infração, e qualquer infração será punida. A linha da fronteira não passa necessariamente pelo meio do rio, então prestem atenção às marcas e tomem cuidado para não passarem para o outro lado inadvertidamente. Não é permitido falar com os guardas de fronteira russos do outro lado; isso também é uma violação da lei. Entendido?

Vestindo um impecável uniforme de coronel, o comissário de fronteira Roger Jakobsen nos encarava com um olhar severo. Meu pai e eu assentimos.

Pela primeira vez na viagem eu tinha companhia. Quando meu pai soube que eu planejava percorrer a remo e a pé a fronteira russo-norueguesa, ele automaticamente se convidou para ser meu assistente de expedição. Ficou tão empolgado que até respondeu às mensagens de e-mail que eu lhe enviei — e eu achando que nunca eram lidas. Meu pai nunca teve muita familiaridade com o mundo digital. Agradeci muito a ajuda, pois em se tratando de sobrevivência na natureza selvagem sou uma negação; mal sei acender lenha sozinha. Meu pai, ao contrário, é o tipo de pessoa para quem a vida ao ar livre é uma religião. Agora eu tinha a oportunidade de aprender com o mestre.

Fiorde de Varanger
NORUEGA
Fiorde de Bugøy
Grense Jakobselv
Rio Jakob
Kirkenes
Neiden
Skafferhullet
Storskog
Boris Gleb
Korpfjell
Svanhovd
Svanevatn
FINLÂNDIA
Vale do Pasvik
Vaggatem
RÚSSIA
Lago Inari
Pasvik
Treriksrøysa

— Ótimo, então agora podem assinar aqui — disse Jakobsen nos estendendo duas folhas de papel. Em seguida, nos deu as placas de identificação dos caiaques. — Vocês têm que remover as placas assim que saírem da área de fronteira, entendido? A fronteira russo-norueguesa tem 195 quilômetros de extensão e perfaz 8% do total das divisas internacionais da Noruega. Mas, se com a Finlândia e a Suécia elas são abertas e informais, delimitadas com placas discretas ou um e outro posto alfandegário, a fronteira com a Rússia é guarnecida por soldados armados. Kirkenes é a única cidade da Noruega dotada de um comissariado de fronteira.

— Também estamos fazendo um processo de revisão completa da divisa — explicou Jakobsen. — Faz muito tempo desde que fizemos isso pela última vez, foi em 1947. Começamos o trabalho em 2009.

— E ainda não terminaram? — meu pai olhou para ele com espanto.

— Não, mas esperamos terminar muito em breve — respondeu Jakobsen. — É um trabalho árduo e demorado. A fronteira foi estabelecida em 1826 e em princípio foi pouco alterada, mas as condições naturais mudaram bastante. No rio Jakob, por exemplo, a divisa deve passar no trecho mais profundo do leito. Em vários lugares a profundidade mudou, e então a fronteira deve ser alterada de acordo. No rio Pasvik, a profundidade varia muito, então a linha de fronteira deve refletir isso para que ambos os países tenham direitos iguais e usufruam dos recursos. Erros técnicos também ocorrem. Antes não havia GPS, e as pessoas vadeavam o rio com trenas e papel. Se chovesse, dois dígitos rapidamente poderiam se transformar em sete. Quando terminarmos de atualizar a fronteira, precisaremos calcular o que a Noruega perdeu e o que a Rússia perdeu. O acordo é que a área dos países não pode mudar, então, se esse valor não for

A FRONTEIRA 633

igual a zero, devemos encontrar setores nas massas de água para que possamos fazer a devida compensação.

Assim que saímos do comissariado de fronteira, obedientemente colamos as placas nos caiaques. Fomos então em busca de repelentes — não é à toa que os mosquitos do norte da Noruega são chamados de «terror cinza».

Assim como Rovaniemi, Kirkenes não é uma cidade particularmente charmosa, e, assim como na Lapônia, a razão remonta à Segunda Guerra Mundial e à tática de terra arrasada. O condado de Finnmark foi praticamente todo destruído durante os anos de guerra, para ser reconstruído atabalhoadamente no padrão retilíneo e funcional dos anos 1950.

A reconstrução prossegue até os dias de hoje. Os habitantes de Kirkenes tinham acabado de ganhar uma nova escola primária de última geração, jardim de infância e ginásio poliesportivo, e um novo e grande hospital municipal estava em construção. Embora haja menos de 4 mil pessoas vivendo no centro urbano de Kirkenes e cerca de 10 mil na respectiva comuna, a cidade possui dois complexos náuticos, vários shopping centers e cinco lojas de esportes. As placas de rua, que estão por toda parte em norueguês e russo, dão uma pista sobre quem movimenta o comércio local.

Cidadãos que vivem num raio de 30 quilômetros da divisa binacional podem solicitar um certificado de residente fronteiriço. Mais de 50 mil pessoas foram beneficiadas por esse regime especial, que entrou em vigor há não muito tempo, e podem agora circular livremente na zona fronteiriça sem visto. Moradores de Kirkenes se deslocam em massa até Nikel, a cidade mais próxima do lado russo, para comprar vodca e cigarros e encher de gasolina o tanque dos carros. Os russos costumavam vir em hordas para adquirir equipamentos esportivos e café instantâneo, que acreditam ser de melhor qualidade na Noruega, além de fraldas, que na verdade são mais baratas aqui do que na Rússia devido às promoções das redes de supermercados. Grandes lotes de fraldas são levados embora por ávidos turistas russos antes mesmo que os funcionários das lojas tenham tempo de desembalá-las dos paletes. Aos sábados era difícil até encontrar vagas nos estacionamentos de Kirkenes. No entanto, depois que as sanções foram adotadas e o rublo se desvalorizou de verdade, parar o carro deixou de ser um problema.

Os habitantes de Oslo, 1.400 quilômetros mais ao sul, costumam se referir aos russos como rudes e outros adjetivos menos lisonjeiros, influenciados que são por fatores como medo, preconceito e *Realpolitik*, e contaminados pelo clima que impera internacionalmente, mas no norte a relação entre noruegueses e russos é marcada pelo respeito e compreensão mútuos. Aqui, os vizinhos são apenas vizinhos; a Rússia está ali na esquina.

A relação mercantil dos nórdicos com os russos não é nova. No século XVIII, naus cargueiras russas começaram a navegar pelos entrepostos comerciais e pelos braços dos fiordes mais setentrionais da Noruega. Os comerciantes eram oriundos do mar Branco e da península de Kola. Essa área era conhecida como Pomorye, que significa «terra costeira», e seus habitantes eram chamados de pomores. O escambo com os pomores – *pomorhandel*, em norueguês – se tornou uma importante fonte de renda e sustento para ambas as partes. Os pomores traziam principalmente grãos e farinha, mas também sal, carne, ervilha, ferro, alcatrão, madeira, sabão e outros produtos úteis, e os trocavam por pescado, cuja demanda era enorme na Rússia devido aos muitos dias de jejum da Igreja Ortodoxa. Com o passar do tempo, começou-se também a usar dinheiro, e em vários locais do norte da Noruega o rublo era moeda corrente. Russos e noruegueses criaram até um idioma à parte, chamado aqui de *russenorsk*, ou *moya-po-tvoya*, «meu no seu», para os russos. Cerca de quatrocentas glosas foram preservadas, consistindo principalmente em vocábulos russos e noruegueses,

A FRONTEIRA 635

mas também em expressões com elementos de sámi, inglês, alemão e holandês.

O comércio com os pomores durou até a Primeira Guerra Mundial, quando a travessia marítima ficou perigosa demais devido aos ataques de submarinos alemães. Em 1917, com a Revolução Russa, o comércio com os pomores foi extinto. As transações comerciais entre o condado de Finnmark e a Rússia voltaram a florescer depois da derrocada da URSS, mas desde então se concentram em fraldas, vodca e combustíveis.

Com exceção de pequenos entreveros na Idade Média, nunca houve uma guerra entre noruegueses e russos. A Noruega nunca foi ocupada pelos vizinhos, o que a faz o país de relação mais pacífica com a Rússia de todos os catorze com os quais faz fronteira. A Noruega foi protegida principalmente por sua geografia; a zona fronteiriça está muito a norte e, por isso mesmo, era de difícil acesso. Até a Primeira Guerra Mundial, a via mais rápida e simples entre São Petersburgo e a costa de Murmansk era cruzar o mar Báltico e contornar toda a península escandinava! A palavra russa *murman*, a propósito, é uma corruptela de *nordmann*, «norueguês». No início da Idade Média, a península de Kola era zona tributada pela Noruega e, até a Primeira Guerra Mundial, pescadores e caçadores noruegueses eram muito mais ativos na costa do Ártico do que os poucos russos que havia na área.

No final do século XIX, muitos noruegueses se estabeleceram ao longo da costa da península de Kola, atraídos pelas oportunidades de pesca e privilégios comerciais concedidos pelo tsar russo, e comunidades exclusivamente norueguesas surgiram na península de Fisker, ou Rybachy, para os russos, entre outros lugares. Após a revolução, a maioria dos noruegueses optou por permanecer na União Soviética. Em 1930, os pescadores noruegueses foram forçados a trabalhar no coletivo Estrela Polar e foram duramente afetados pelo terror do Grande

Expurgo alguns anos depois. Em 1940, todos os noruegueses da península de Kola foram transferidos à força para a Carélia e depois para Arcangel, onde muitos morreram de fome. Após a guerra, os sobreviventes não foram autorizados a voltar para suas casas na península de Kola e, gradualmente, esqueceram sua língua materna e sua origem norueguesa, sobre a qual tiveram que calar até o colapso da União Soviética.

Com a construção da ferrovia de Kirov, ou Murman, durante a Primeira Guerra Mundial, a situação na península de Kola mudou. A ferrovia liga Petrozavodsk, na Carélia, à cidade portuária de Murmansk, fundada em 1916. Com Murmansk, a Rússia finalmente obteve um porto de grande volume livre de gelo no norte, e, a partir de então, o desenvolvimento industrial, demográfico, ideológico e geográfico na área se acelerou.

Em 1920, os bolcheviques cederam Petsamo à Finlândia. A Noruega ganhou pela primeira vez uma fronteira direta com a União Soviética em 4 de setembro de 1944, quando a Finlândia foi forçada a concordar com os duros termos do armistício proposto por Stálin, e Petsamo novamente se tornou parte da República Socialista Federativa Soviética da Rússia.

Um mês e meio depois, no dia 18 de outubro, o Exército Vermelho invadiu a fronteira da Noruega para perseguir os ocupantes alemães em fuga. Kirkenes — primeira cidade da Noruega a se livrar dos nazistas — foi libertada pelos russos em 25 de outubro de 1944.

***

— Eu tinha apenas sete anos, mas me lembro bem do dia em que eles chegaram — disse Jostein Eliassen, um robusto senhor de 79 anos. — Certa manhã, quatro soldados uniformizados estavam do lado de fora da caverna. Eles falavam outra língua, não alemão. A paz havia chegado. As pessoas hastearam bandeiras e cantaram o hino nacional. Os russos montaram uma cozinha de campanha alemã e fizeram sopa para as pessoas.

Os alemães usaram Kirkenes como base para a frente de Murmansk. Cerca de 10 mil soldados alemães estavam estacionados em Kirkenes e nos arredores, e havia alemães vivendo em praticamente todas as casas. No entanto, os alemães nunca ultrapassaram o rio Litsa, a meio caminho entre a fronteira norueguesa e Murmansk. Aqui, o front durou quatro anos, até o outono de 1944. Durante todo o período, Kirkenes foi alvo de frequentes bombardeios soviéticos.

— Para mim, os anos de guerra foram eletrizantes, especialmente quando havia ataques aéreos — disse Jostein. — Era emocionante assistir às baterias antiaéreas atingindo os aviões. Durante a guerra, houve mais de trezentos bombardeios sobre Kirkenes, e as sirenes dispararam mais de mil vezes. Nós, crianças, nunca podíamos nos afastar das casas, por exemplo. Quando as sirenes soavam, sempre havia a mãe de alguém nos abrigando em sua casa. Nossas mães foram mães, e também pais, de muitas crianças.

Quando os finlandeses expulsaram os nazistas da Finlândia, no outono de 1944, os soldados alemães da frente de Murmansk foram empurrados para o oeste, em direção à Noruega. Hitler ordenou que usassem a tática da terra arrasada: nem mesmo uma cabana deveria ficar de pé para os soldados soviéticos. Antes de se retirar de Kirkenes, os soldados alemães começaram então a incendiar as casas que haviam sobrevivido aos ataques aéreos. No entanto, o Exército Vermelho estava tão perto que os últimos soldados bateram em retirada antes que a destruição fosse total. No restante de Finnmark, porém, eles fizeram o serviço completo: queimaram e destruíram cerca de 12 mil casas, 150 escolas, 20 igrejas, 200 fazendas de pesca, 350 barcos a motor e milhares de barcos a remo. A população local recebeu ordens de evacuar, mas cerca de 20 mil *finnmarkings*, mais de um terço da população, driblaram a ordem se escondendo em buracos na turfa, em cavernas e ruínas de construções. Mais de 3 mil pessoas buscaram refúgio no túnel Bjørnevatn da mina de ferro de Kirkenes, incluindo Jostein e sua família. O túnel agora está fechado, mas Jostein nos levou à cratera a céu aberto onde funcionava a mina e nos mostrou o vão na encosta da montanha.

– As pessoas começaram a se esconder aqui no início de outubro – disse ele. – Elas traziam comida e construíam treliches com os materiais que encontravam do lado de fora. Lembro-me de deitar na cama do alto e ver a multidão de pessoas dentro do túnel. Lá dentro elas cantavam, discutiam e bebiam. A luz acendia e apagava. Mais de 3 mil pessoas se acotovelando aqui dentro, num misto de incerteza e tensão. Muitos desentendimentos, muito bate-boca. Qualquer pessoa que podia se locomover veio se esconder no túnel. As pessoas faziam comida em caldeirões enormes, algumas até trouxeram seus animais de estimação, mulheres pariram aqui dentro. Os bebês só foram ver a luz do dia em 25 de outubro. Nós mesmos não ficamos muito tempo no túnel, porque meu pai nos levou até um rochedo um pouco mais distante, onde havia uma caverna de 40 a 50 metros de profundidade. A caverna não era mais larga do que um corredor de ônibus. Uma pedra guarnecia a abertura, e cobertores de lã protegiam contra a fumaça; havia incêndios por toda parte naqueles dias. Nós, crianças, não podíamos falar, porque os alemães andavam caçando os fugitivos.

Depois que os nazistas foram expulsos, a maioria dos finlandeses teve que reconstruir sua vida do nada, literalmente. Todas as suas posses terrenas se foram.

– A maioria não tinha mais uma casa para onde voltar, então muitos permaneceram no túnel até dezembro – disse Jostein. – As pessoas arregaçaram as mangas, varreram as cinzas e ergueram um teto sobre os alicerces novamente. Tivemos sorte, nossa casa ainda estava de pé. Meus pais haviam enterrado

A FRONTEIRA

duas banheiras de zinco cheias de utensílios de cozinha, que foram resgatados intactos. Duas famílias ficaram morando na nossa casa até conseguir um teto para morar. Os russos ficaram até setembro de 1945, quase um ano inteiro. Houve um ou outro roubo de relógios de algibeira, mas nem todos os russos eram ladrões. Um soldado, que era alfaiate, pegou emprestada a máquina de costura da mamãe. Antes de ir embora, ele a devolveu.

Como tantos habitantes de Kirkenes, quando adulto Jostein conseguiu um emprego na mina de ferro, a principal indústria local, razão pela qual a cidade foi fundada, em 1901:

— Cheguei à mina em 1960. Depois do meu primeiro dia de trabalho, jurei que não voltaria a pôr meus pés aqui. Fiquei 37 anos, até 1997, e faria tudo de novo. Eu era o responsável pelas explosões, e detonamos cada explosão que você nem imagina! Quando íamos detonar cargas mais potentes, precisávamos avisar os operários que trabalhavam na hidrelétrica de Boris e Gleb para que desligassem as turbinas. Trabalhávamos a céu aberto, então evidentemente era um trabalho duro. No inverno e no verão. Meu irmão morreu num deslizamento de terra aqui em 1949, quando ainda estavam removendo os destroços da guerra. Ele tinha apenas 25 anos.

Subimos para o nível do solo. Vista de cima, a cratera não parecia tão grande; somente ao chegar mais perto é que se tinha a exata noção do seu tamanho.

— Na década de 1970, um alemão esteve aqui para comprar equipamentos — disse Jostein. — Ele se aproximou de um norueguês aqui na mina e perguntou se ele tinha um isqueiro: «Tá doido!?», perguntou o norueguês. «Da última vez que vocês mexeram com fogo aqui, só dezessete casas ficaram de pé!».

Duas renas trotavam ao longo da borda da cratera a caminho do fundo da mina. Jostein as observou com um olhar de perito:

— As renas são o melhor barômetro do mundo. Elas vêm aqui um ou dois dias antes de a temperatura subir, porque aqui é sempre mais fresco. Esses animais atormentavam a gente quando tínhamos que fazer as detonações!

***

A estrada de Kirkenes para Treriksrøysa me fez recordar o pavimento das estradas soviéticas do Cazaquistão. Era estreita e cheia de buracos e solavancos; os utensílios de cozinha no trailer do meu pai chacoalhavam assustadoramente. Pelo menos fomos avisados. No início do trecho, alguém instalou uma plaquinha branca que apregoava em três idiomas que aquela era a pior estrada da Noruega: *Norway's worst road. Norwegens schlechteste Strasse. 100 km.*

O rádio estava ligado, e as notícias de Finnmark nos pareciam um bocado exóticas: na noite anterior, um acidente de trânsito resultou no atropelamento de dezenove renas. Os guardas zoológicos suspeitavam de excesso de velocidade. A vigilância sanitária alertava contra o consumo de peixes e frutas das áreas próximas de Nikel devido aos níveis perigosamente altos de níquel. Eu tinha acabado de almoçar uma perca.

Assim como na Finlândia, não era possível dirigir até Treriksrøysa; os quilômetros finais precisavam ser percorridos a pé. Mal chegamos ao estacionamento e começou a chover; o que havia de chão se transformou em lama. Apenas dois outros carros estavam estacionados ali; estrangeiros, aventureiros profissionais que pareciam levar a vida dentro deles. Dois guardas de fronteira uniformizados, uma garota falante e um garoto tímido, vieram nos cumprimentar sob a chuva torrencial. A menina nos deu conselhos e dicas sobre o terreno e nos alertou para não cruzar a fronteira ilegalmente. Ela era do sul da Noruega, como nós, e estava tão empolgada com a natureza em volta do Círculo Polar Ártico que se candidatou para ficar por mais seis meses.

Sob o teto retrátil do trailer, inaugurei minha nova barraca verde-clara. O celular só captava a rede russa; desliguei-o e fiquei ali ouvindo a chuva. A noite de julho era de um cinza-claro cor de fumaça de incenso.

No raiar do dia seguinte, partimos para Treriksrøysa. Embora estivesse coberto por pranchas de madeira, o caminho estava molhado da chuva da noite, e nós afundamos até os joelhos na água. Ao lado do moledro, dois simpáticos soldados estavam agachados diante de uma fogueira, como da última vez, mas não grelhavam salsichas; talvez fosse muito cedo. O fogo era para afastar os mosquitos, disse um deles.

— E porque o fogo deixa tudo mais aconchegante — acrescentou o outro. — A propósito, estávamos aqui esperando por vocês ontem, mas vocês não apareceram.

— Vocês sabiam que estávamos a caminho? — perguntei.

— Claro! Estamos acompanhando vocês de perto.

Quando voltamos para o estacionamento, papai começou a preparar os caiaques. O terreno no vale do Pasvik é rochoso e acidentado, as estradas são ruins e os mosquitos podem ser infernais. Assim, nos primeiros dias nos limitamos a remar; além disso, a fronteira passava bem no meio do rio. Mantivemo-nos ao largo. Só quando meu pai me perguntou qual caiaque eu queria foi que me dei conta de que não sabia andar de caiaque. Nunca tinha visto um caiaque de perto antes. Com extremo esforço e muita ajuda, me acomodei no assento do caiaque, que balançava perigosamente de um lado para o outro.

Para falar a verdade, eu não tinha planejado em detalhes como seria o trecho de remo, tinha apenas uma vaga ideia de que correria tudo bem, que eu deslizaria sem atrito sobre a superfície da água, harmoniosamente, em equilíbrio com os elementos, num ritmo aceitável. Seria um passeio encantador e charmoso.

Mas o vento soprava contra nós e a corrente nos arrastava para o lado errado. Era como se remássemos numa gosma. Os braços doíam e meus polegares logo se encheram de bolhas doloridas. Quando chegamos à primeira represa, onde acamparíamos durante a noite, eu estava encharcada. Papai, por outro lado, estava em ótima forma e achou que eu deveria entrar para o Clube de Caiaque de Oslo.

— Eu nem tenho caiaque — disse eu, irritada.

— Esse é o menor dos seus problemas! — disse meu pai. — Pode pegar emprestado de mim.

Ele armou a barraca, acendeu a fogueira e esquentou a comida. Não fiz nada, só me sentei ali e observei. Enquanto comíamos, papai insistiu em falar sobre como a vida seria muito melhor se as pessoas simplesmente tivessem um caiaque.

No dia seguinte, o sol brilhou num céu azul. Remamos a favor da corrente em águas calmas, com uma brisa agradável soprando em nossas costas. De vez em quando um carro passava aos trancos e barrancos pela péssima estrada; exceto por isso, o barulho dos remos e o canto dos pássaros era só o que se ouvia.

Do lado russo não havia sinal de vida; tudo o que vimos foi floresta, torres de observação abandonadas e um ou outro pássaro.

De vez em quanto, especialmente onde o rio se estreitava, a fronteira passava rente à terra. Em trechos mais adiante, o rio era tão largo quanto um lago, e a fronteira cortava o meio da água. Apenas excepcionalmente a linha de fronteira estava demarcada com boias, mas felizmente tínhamos GPS. Em cada ilhota, em cada banco de areia, havia um marco fronteiriço russo ou norueguês informando a que país pertencia.

Quando a noite caiu, montamos acampamento numa ilhota norueguesa, a 200 metros do continente russo. Como Robinson e Sexta-feira, tínhamos uma ilha deserta apenas para nós, mas obviamente não fomos os primeiros a desembarcar ali; até um banheiro externo havia. Nas ilhas russas, no entanto, não havia construções, apenas marcos fronteiriços vermelhos e verdes. O acordo de fronteira foi firmado para que Noruega e Rússia tenham direitos iguais de uso do rio, mas na prática apenas os noruegueses podem usar sua metade devida, já que os civis não podem se aproximar dali pelo lado russo. O que os russos querem com tantas ilhotas e bancos de areia nos quais ninguém pode fincar pé?

Papai armou as barracas perto do marco de madeira fronteiriço de número 55. Ao longo da fronteira russo-norueguesa, há um total de 358 postos e 396 marcos fronteiriços noruegueses, incluindo os moledros ou pilares de concreto.

Os marcos são posicionados de tal forma que o correspondente mais próximo esteja visível desde a costa. Os marcos devem se confrontar, cada um em seu respectivo país, e os 396 existentes têm sua própria localização em relação à divisa com uma margem de erro de 10 centímetros. Suas especificações são descritas nos mínimos detalhes: um marco norueguês deve ser pintado de amarelo e ter 2 metros de altura, com uma seção transversal de 22 x 18 cm, de acordo com a norma RAL 1018. O brasão nacional, que deve ter 18 centímetros de largura e 23 centímetros de altura, deve ser afixado a 5 centímetros da parte inferior do topo preto (RAL 9017) e facear a fronteira nacional e o marco fronteiriço russo. A extremidade, preta, deve ter 18 centímetros de altura, inclusive a ponta em forma de pirâmide, com 10 centímetros. Todos os marcos fronteiriços devem ser numerados, e o número deve ser colocado a uma distância de 15 centímetros da parte inferior do brasão nacional, centralizado em relação às bordas laterais. O número deve ser escrito na fonte Gill Sans Bold com 7 centímetros de altura.

Os marcos russos obedecem a uma regulamentação igualmente meticulosa. Na fronteira russo-norueguesa, os marcos de ambos os lados são de fibra de vidro, que é leve e não requer manutenção, enquanto ao longo da fronteira russa também podem ser de madeira ou concreto. Até 2020, o governo russo deve substituir todos os marcos fronteiriços de madeira e concreto por fibra de vidro. Durante a viagem, tentei de todas as maneiras descobrir quantos postos e marcos verdes e vermelhos existem ao longo da extensa fronteira da Rússia, da Coreia do Norte, no leste, à Noruega, no oeste, para não mencionar as áreas costeiras, que são ainda mais extensas, mas ninguém sabia. Devem ser dezenas de milhares.

Papai corria em volta tirando fotos.

— Isso aqui é uma aventura! — gritava ele. — Uma aventura! Ele já estava cogitando organizar excursões em grupo para cá.

— Acho que seria um sucesso — disse ele, entusiasmado.

— As pessoas viriam de longe só para ter essa experiência, tenho certeza!

No jornal on-line local, lemos que havia nevado em algum lugar de Finnmark na noite anterior. Bem longe, felizmente. Finnmark é o maior condado da Noruega, maior que a Estônia; as distâncias são grandes. Aqui às margens do Pasvik, o sol ainda brilhava, mas as folhas das bétulas já começavam a amarelar, embora ainda estivéssemos em agosto.

Adormeci ao som das marolas. Tarde da noite acordei com a ventania e o tecido da barraca pressionando meu rosto. A sensação era a de estar deitada dentro de uma biruta de aeroporto.

No ano anterior, eu disse a todos que me deram ouvidos que a fronteira entre a Noruega e a Rússia não era tão longa assim, *apenas* 196 quilômetros. No dia seguinte, enfrentando um forte vento de proa ao remar por Langvann, lago que faz jus ao nome de «Água Comprida», decidi que jamais voltaria a me referir à fronteira russo-norueguesa como curta.

No dia seguinte remamos em direção a Melkefoss. Da «Cachoeira do Leite» só resta o nome; nas décadas de 1960 e 1970, o rio Pasvik foi represado para a construção de uma hidrelétrica — uma rara colaboração bem-sucedida entre Noruega e União Soviética. Próximo à usina a corrente era tão forte que quase terminei sendo tragada por uma turbina. Meu pai agarrou meu caiaque pela ponta e o arrastou na direção da terra.

A fumaça branca das fábricas de níquel em Nikel foi o primeiro sinal de atividade humana do lado russo. A usina de níquel foi construída no entreguerras, quando Petsamo era finlandesa. Após a guerra, a União Soviética assumiu a produção. Devido à sua localização perto da fronteira norueguesa, Nikel tornou-se uma das muitas cidades secretas da União Soviética — até a década de 1980 não era encontrada em nenhum mapa. Hoje, a usina de níquel é de propriedade, entre outros, do multibilionário Vladimir Potanin, e a produção aumentou exponencialmente sem que fossem adotadas medidas para reduzir as emissões tóxicas. Anualmente, a usina emite mais de cinco vezes mais dióxido de enxofre do que toda a Noruega somada; em média são cinco caminhões cheios de pó de dióxido de enxofre por dia, 100 mil toneladas por ano.

A zona fronteiriça da Rússia com a Noruega é a mais poluída do mundo, e não só por causa do níquel. A baía de Andreiev, localizada na península de Kola, a apenas 50 quilômetros do território norueguês, serviu como base da marinha soviética durante a Guerra Fria. Aqui, o combustível nuclear de cem submarinos nucleares era substituído e armazenado. Hoje, há barras de combustível radiativas equivalentes a 5 mil bombas de Hiroshima na baía de Andreiev. Os resíduos estão armazenados displicentemente e expostos às intempéries — em 1982, um acidente levou ao vazamento de cerca de 700 mil toneladas de água radiativa no mar de Barents. Desde o colapso da União Soviética, a instalação que hoje é considerada um dos maiores e mais perigosos locais de acúmulo de resíduos radiativos do mundo quase não passou por serviços de manutenção.

Nos últimos vinte anos, o Ocidente, liderado por EUA, Grã-
-Bretanha, Itália e Noruega, investiu o equivalente a 10 bilhões
de reais na descontaminação do lixo nuclear russo na península de Kola. Durante o último mandato de Putin na presidência, o orçamento militar russo aumentou consideravelmente.
Em 2015, a Rússia investiu uma soma correspondente a cerca de
225 bilhões de reais nas forças armadas — mas o governo russo
aceita de bom grado que países da Otan paguem a conta da limpeza de seus resíduos radiativos. Em 2017, após vinte anos de
planejamento e negociações com as autoridades russas, o trabalho finalmente teve início na prática, e o primeiro carregamento de barras de combustível foi embarcado a bordo do navio
italiano *Rossita*. A descontaminação da baía de Andreiev deverá
ser concluída em 2025.

* * *

No Svanevatn, «Lago dos Cisnes», nosso último trecho de remo,
o nível da água havia subido muito. O vento de proa era tão forte
que mal conseguíamos ir para frente. Se eu fazia uma pausa para
descansar os braços, o caiaque era arrastado para trás. Acabei
tendo que aceitar ajuda do meu pai, que me rebocou com uma
corda e avançou pelo lago, o vento e as marolas se chocando
contra o casco.

Arrastamos os caiaques para a terra. Dali, prosseguimos
a pé. Antes, porém, pernoitamos sob teto firme e camas confortáveis no Centro de Conferências Svanhovd, que também abriga
a sede administrativa do Parque Nacional do Alto de Pasvik e
do Instituto Norueguês de Bioeconomia. Depois que os funcionários terminaram o expediente, tínhamos o lugar inteiro à
nossa disposição.

Antes de se tornar um centro estatal de pesquisa e eventos, Svanhovd foi uma fazenda-modelo, criada em 1934 para

estimular a colonização norueguesa no vale do Pasvik. Após a demarcação das fronteiras, em 1826, o vale do Pasvik passou à Noruega, mas quase nenhum norueguês vivia aqui, apenas ortodoxos sámi escoltianos e os kvens finlandeses. Somente no início da década de 1850 o primeiro norueguês se estabeleceu na baía de Svanvik, o veterinário Hans Kirkgaard, que era originalmente de Hedmark, um condado vizinho a Oslo. Sua trajetória é descrita no diário de viagem *Fra vor grändse mod Rusland* [Da nossa fronteira com a Rússia], escrito pelo médico distrital A. B. Wessel em 1902, sob a epígrafe «Um martírio de colonização»: «Desconhecemos as circunstâncias do destino que levaram um homem nessa posição a um passo tão extraordinário como fixar residência aqui no deserto mais selvagem; ele mesmo sempre manteve o mais profundo silêncio sobre isso», observou Wessel. O veterinário não se adaptou ali porque «homem prático ele não era. [...] Era, sim, um tipo idealista que aprende tardiamente com a dura e sóbria realidade, e, como muitos outros assim, acaba sucumbindo como um mártir de sua causa». O dinheiro minguou e Kirkgaard teve que fazer um empréstimo e demitir seus empregados: «No final, foi abandonado em Svanvik como um homem solitário e empobrecido, obrigado a fazer todo o trabalho com as próprias mãos, faltando-lhe o essencial». Uma década mais tarde, a fazenda foi vendida e o veterinário mudou-se para uma vila de pescadores junto ao rio Jakob, onde também passava os invernos: «Corriam meses sem que avistasse um único ser humano. Diz-se que tinha a companhia de um cão fiel, com quem conversava em longos monólogos para não esquecer o uso da fala. Por vários anos viveu assim, solitário e em extrema pobreza e necessidade, até que finalmente um derrame pôs fim à sua vida no início da década de 1880, quando contava cerca de setenta anos».

Hoje, pouco mais de setecentas pessoas vivem no vale do Pasvik.

***

Era chegada a hora de esticar as pernas. Carregamos as pesadas mochilas de montanha e partimos pela estrada. Depois de pouco menos de 1 quilômetro, passamos pelos escombros de um cinema, construído durante a guerra. O cinema em si já não funcionava havia tempos, mas partes da sala de máquinas, construídas em pedra, sobreviveram. Cerca de 2 mil soldados alemães estavam estacionados em Svanvik durante os anos de guerra, e obviamente perceberam que ficariam ali um bom tempo. O dia estava cinzento, mas a chuva tinha dado uma trégua. À tarde saímos da estrada e seguimos uma rota militar pela floresta. Acampamos na barragem de Boris e Gleb, nossa última noite no rio Pasvik. Das barracas podíamos ver a boia de fronteira no meio da água. De quando em quando os patos se esganiçavam e os pássaros silvestres se remexiam no alto das árvores. Um deles cantava como uma harmônica, e cheguei a pensar que fosse algum russo tocando o instrumento sozinho no meio da noite. Mas, do outro lado, como sempre, não havia vivalma. No início da manhã do dia seguinte, chegamos a um barraco simples, pintado de cinza, encimado por uma pequena torre de vigia, a chamada «instalação», como as forças armadas gostam de se referir a seus alojamentos. Um jovem soldado saiu e nos informou que não podíamos nos aproximar da instalação.

— Quanto tempo vocês ficam aqui a cada turno? — perguntei.

— Três semanas — respondeu o garoto, com um suspiro.

— Falta muito ainda?

— Tento nem pensar nisso — disse ele cabisbaixo.

Um pouco adiante, do lado russo, havia uma instalação semelhante, provavelmente também habitada. Ali os soldados ficavam, três semanas a cada vez, observando uns aos outros.

Mais embaixo, entre as copas das árvores, podíamos distinguir cúpulas douradas.

A primeira igreja em Boris e Gleb foi construída pelo monge russo Trifão em 1565. Trifão nasceu em Novgorod em 1485 numa família religiosa e muito pobre. Como era temente a Deus, passava muito tempo na igreja e, embora não tivesse educação formal, aprendeu a ler e escrever. Diz a lenda que certa vez ele estava na floresta orando e teve uma revelação: Cristo lhe ordenou que viajasse para a «terra faminta e sedenta» no norte para propagar o evangelho entre as pessoas «selvagens» que ali viviam. Por volta de 1520, Trifão partiu para a península de Kola, e lá travou contato com os sámi pela primeira vez. Passou muitos anos aprendendo a língua e os costumes sámi, mas suas tentativas de convertê-los à fé cristã não foram bem recebidas. Em mais de uma ocasião ele precisou fugir para escapar de ser morto. Mas Trifão nunca desistia e sempre retornava para o convívio dos sámi, e por fim eles se converteram, um a um, razão pela qual a maioria dos sámi escoltianos são ortodoxos hoje.

Em 1532, Trifão fundou o Mosteiro da Santíssima Trindade na foz do rio Petsamo e, com o tempo, um assentamento cresceu ao redor. Trifão morreu em 1583, aos 88 anos, mais de sessenta vividos no extremo norte. Pouco depois de morrer, surgiu o culto à sua pessoa, e Trifão está hoje entre os poucos santos ortodoxos também cultuados pela Igreja Católica. Trifão viveu também para acudir os marinheiros em necessidade, e é a ele que os marinheiros russos recorrem até hoje quando se veem em perigo. Os sámi escoltianos o consideram seu apóstolo.

Trifão construiu inúmeras igrejas, entre elas a de Boris e Gleb, assim batizada em honra aos filhos do grão-duque de Kiev, Vladimir I, que cristianizou o Império de Kiev. Boris e Gleb, ambos cristãos, foram assassinados pelo irmão Sviatopolk, que herdou o trono do pai. A igreja de Boris e Gleb era o edifício mais sagrado dos sámi escoltianos e foi objeto de complexas negociações de fronteira entre a Noruega e a Rússia no século XIX. Como evitar que a igreja mais sagrada dos sámi escoltianos acabasse no lado norueguês? Antes de 1826, não havia fronteira demarcada entre a Noruega e a Rússia. Em vez disso, existia um distrito conjunto e cada país era responsável por tributar seus cidadãos. Esse arranjo pragmático deveu-se em parte ao fato de a região ser tão periférica, localizada no extremo norte e longe das capitais, e em parte em consideração aos sámi, que várias vezes ao longo do ano migravam da Finlândia Oriental para a área de Petsamo com seus rebanhos de renas.

Em 1812, a Suécia firmou um acordo com a Rússia para que a Noruega fosse cedida à Dinamarca como compensação pela Finlândia. Em troca, Alexandre I exigiu que os suecos cerrassem fileiras ao lado dos aliados na luta contra Napoleão, e eles concordaram. Em 1814, na Paz de Kiel, a Noruega foi formalmente entregue à Suécia. Como os finlandeses, os noruegueses gozavam de certa liberdade na união, com direito a Constituição e instituições soberanas, mas a política externa era determinada a partir de Estocolmo. E Estocolmo, por sua vez, estava interessada em negociar uma verdadeira fronteira nacional. Os suecos temiam que os russos colonizassem a região de Finnmark inteira e, assim, desejavam estabelecer uma divisa formal o mais rápido possível.

Os trabalhos para tanto foram iniciados em 1825. Originalmente, a ideia era que a fronteira corresse ao longo do rio Pasvik, com base no princípio das «fronteiras naturais», uma solução que criava problemas para ambas as partes. O comissário de fronteira norueguês, Johan Henrik Spørck, estava preocupado em garantir uma compensação para os sámi que viviam nas montanhas e agora perderiam o direito de pastorear renas na margem leste do rio, enquanto o comissário russo, Valerian Galyamin, temia que os sámi escoltianos ortodoxos viessem a perder a capela de Boris e Gleb, localizada na margem oeste. Spørck sugeriu que eles transferissem a capela para a margem russa do Pasvik, mas isso estava fora de questão — não apenas a capela, mas também o próprio solo em que fora edificada, eram sagrados. Por fim, as partes concordaram que os russos poderiam manter Boris e Gleb na margem oeste do Pasvik, desde que a fronteira incluísse a capela sagrada e não mais acompanhasse o curso daquele rio, mas de outro, o rio Jakob, cerca de 30 quilômetros mais a leste. Os habitantes do distrito comum teriam um período de três anos para decidir se queriam ser noruegueses ou russos.

Tanto o tsar Alexandre I quanto o rei Carlos João, o soberano que em 1810 foi recrutado no exército de Napoleão para herdar o trono sueco-norueguês, ficaram bem satisfeitos com o resultado. Em 19 de novembro de 1825, semanas depois de ter aprovado a proposta e dias antes da entrada em vigor da convenção de fronteira, Alexandre I morreu subitamente, com apenas 48 anos. Sua viúva e a corte juraram fidelidade ao irmão dois anos mais novo de Alexandre, Constantino, que na época se encontrava em Varsóvia. Os mensageiros levaram seis dias para alcançar o novo tsar, que, para surpresa de todos, anunciou que renunciava ao trono e que Nicolau, o irmão mais novo, de dezessete anos, seria o tsar. Nicolau já havia jurado fidelidade a seu irmão mais velho, e durante semanas, enquanto as cartas entre Varsóvia e São Petersburgo se desencontravam, ninguém sabia ao certo quem deveria ocupar o trono. Nicolau desejava que Constantino viesse a São Petersburgo renunciar pessoalmente ao trono, mas Constantino jamais se dispôs a tanto. Finalmente, na noite de 14 de dezembro, Nicolau resignou-se e permitiu que os conselheiros reais lhe prestassem o juramento de fidelidade. Ocorre que os principais oficiais se recusavam a jurar lealdade a Nicolau, e, imediatamente, uma rebelião eclodiu no seio do exército.

A rebelião, que entrou para a história com o nome de Revolta Dezembrista, levou ao adiamento indefinido da ratificação da fronteira russo-norueguesa. A questão ficou ainda mais complexa pelo fato de dois oficiais terem acusado Galyamin, o comissário de fronteira russo, de apoiar os revoltosos. Na realidade, o que pretendiam mesmo era ir à forra num drama de amor privado no qual Galyamin era um dos pivôs. Galyamin foi colocado em prisão domiciliar enquanto a investigação estava em andamento. Depois de alguns meses, foi libertado por falta de provas, e, por via das dúvidas, exilado na Finlândia.

Nicolau I sufocou a rebelião a tiros e canhonaços, e os oficiais culpados foram exemplarmente punidos. Profundamente desapontado com o corpo de oficiais, o novo tsar passou o resto da vida nutrindo desconfianças por seu Estado-Maior. Ele também via com profundo ceticismo o acordo de fronteira negociado por Galyamin. Quem sabe houvesse algum fundamento nas acusações contra Galyamin, apesar de não haver provas? Nicolau decidiu então que manteria o rio Pasvik como divisa fronteiriça, mesmo que isso implicasse abrir mão da capela sagrada de Boris e Gleb. Em Estocolmo, o objetivo era chegar a um acordo o mais rápido possível, custasse o que custasse. No dia 22 de abril de 1826, o conselho de Estado conjunto sueco-norueguês decidiu aceitar a proposta de Nicolau I. No momento em que o mensageiro real conseguiu dar as boas novas ao tsar, Nicolau I mudou de ideia e decidiu retomar a política amigável de seu irmão em relação à Suécia-Noruega. Assim, a fronteira ficou do jeito originalmente pretendido: Boris e Gleb, do lado «norueguês», foi incorporada à Rússia e, como compensação pelos 3,6 quilômetros quadrados perdidos, os noruegueses receberam um território de centenas de quilômetros quadrados entre os rios Pasvik e Jakob.

Do lado russo, houve grande insatisfação com o acordo, e várias teorias conspiratórias começaram a circular nos jornais.

Galyamin teria se deixado subornar por uma caixa de ouro cravejada de diamantes – não, ele teria recebido um saco cheio de tálares de prata do governo sueco-norueguês! Mas, ao abrir o saco, descobriu que não passavam de vinténs de cobre! Segundo os rumores, ao cair em si e se dar conta de que havia traído sua pátria em vão, Galyamin se enforcou. Na realidade, Galyamin assumiu a direção da Fábrica de Porcelana Imperial de São Petersburgo, e mais tarde foi nomeado conselheiro do gabinete, um dos mais importantes cargos civis do Império Russo.

Além de centenas de hectares de terra e outros tantos de mar, a capelinha de madeira de Boris e Gleb custou às autoridades russas, tão ciosas a respeito do assunto, o acesso ao porto de águas profundas de Kirkenes. A capela original de madeira da época de Trifão foi incendiada em 1944, mas já no final do século XIX foi erguida uma nova e mais majestosa igreja de Boris e Gleb, com direito às cúpulas douradas. Esta ainda está em uso, mas, como se encontra na zona de fronteira, os visitantes precisam de uma permissão especial para entrar, que não é obtida assim tão facilmente.

Passamos ao largo da igreja, do lado direito da cerca de contenção das renas e a uma distância segura das câmeras da fronteira russa. Em algum lugar um alce ficou preso na cerca, apenas o crânio restava. Numa clareira foi erguido um memorial para os soldados soviéticos mortos em campos de prisioneiros alemães aqui durante a guerra e sepultados em valas comuns sem identificação.

Estima-se que 5,7 milhões de soldados soviéticos estiveram em prisões alemãs durante a Segunda Guerra Mundial. Os nazistas nutriam pelos eslavos um desprezo profundo: pelo menos 3 milhões de prisioneiros de guerra soviéticos, ou seja, mais da metade, morreram em campos alemães. Cerca de 93 mil prisioneiros de guerra soviéticos e 7 mil prisioneiros civis, os chamados *Ostarbeiter*, foram transportados para a Noruega durante a guerra. Aqui, foram usados como mão de obra para grandes projetos industriais e de infraestrutura, realizados em conjunto com empresas norueguesas. Treze mil prisioneiros de guerra soviéticos ajudaram a construir a ferrovia Nordlandsbanen, no norte do país, trabalhando para a empresa estatal ferroviária da Noruega, NSB, que era dirigida por noruegueses durante a guerra. A direção da empresa deu sinal verde ao uso dos prisioneiros de guerra e, em entrevista publicada no jornal *Morgenbladet* em agosto de 1945, o diretor de ferrovias da NSB, Otto Aubert, não escondeu o fato de a empresa ter se valido de prisioneiros de guerra, mas sublinhou que «certamente o trabalho realizado pelos prisioneiros de guerra sob o tacão dos alemães não era muito eficaz. Eles não davam o melhor de si».[72]

Aproximadamente 13.700 prisioneiros de guerra soviéticos morreram durante sua estada na Noruega. Em comparação, um total de 11.893 noruegueses foram mortos durante a guerra. A despeito dos processos e julgamentos por traição relativamente rigorosos, as empresas norueguesas nunca foram responsabilizadas pela exploração cínica que fizeram dos prisioneiros de guerra soviéticos.

No fim da guerra, os prisioneiros de guerra soviéticos foram repatriados, mas muitos foram recebidos com suspeita, represálias e punições: soldados soviéticos que se renderam ou permitiram ser capturados vivos eram considerados traidores – a ordem nesses casos era cometer suicídio. Os prisioneiros de guerra só foram reabilitados após a morte de Stálin. O governo norueguês, por seu turno, fez o possível para se esquivar da responsabilidade de compensar os prisioneiros de guerra e, por instruções expressas do Ministério das Relações Exteriores, a NSB se recusou

---

72 A citação é reproduzida no livro de Bjørn Westlie, *Fangene som forsvant. NSB og slavearbeiderne på Nordlandsbanen*. Oslo: Spartacus, 2015.

A FRONTEIRA

a fornecer ao governo soviético detalhes do trabalho que executaram. Em vez disso, a NSB, tendo o diretor de ferrovias Aubert à frente, fez o que pôde para retratar os prisioneiros de guerra como lerdos, fracos e preguiçosos.

Eles não encontraram a paz nem mesmo em seus túmulos. Em 1951, representantes soviéticos se queixaram de que os túmulos dos prisioneiros de guerra estavam se desfazendo. O governo da URSS, portanto, queria assumir a manutenção das sepulturas. Temendo que tudo não passasse de um pretexto para espionagem, o governo norueguês decidiu trasladar todos os restos mortais existentes no norte da Noruega para uma vala comum em Tjøtta, no condado de Nordland. Um total de 8.084 ossadas enterradas nos três condados mais setentrionais do país foi realocado. A tarefa coube ao departamento estatal de estradas de rodagem da Noruega, que transportou os restos mortais em sacos antes utilizados para transportar asfalto. Os operários que exumaram os corpos receberam 50 coroas [cerca de 25 reais] por crânio, o que em muitos casos fez com que o restante do esqueleto fosse deixado na antiga sepultura.

***

Com sua pista larga e recém-asfaltada, túnel novinho em folha e ponte construída por alemães, a eurovia E105 foi uma grata surpresa. Alguns anos atrás, decidiu-se reformar a via em cada lado da fronteira para acomodar o crescente tráfego de veículos. As obras estavam quase concluídas, mas o esperado tráfego intenso de veículos notabilizava-se por sua ausência. Depois de as sanções entrarem em vigor dois anos antes, a Rússia interrompeu por completo as importações de salmão norueguês e, assim, o tráfego cessou abruptamente. Devido à queda do rublo, quase não se viam carros de passeio russos, muito menos pedestres ou ciclistas, que tinham à disposição a ciclovia mais larga da Noruega para se exercitar. Um ano antes, os ciclistas de Storskog eram manchete dos noticiários todos os dias. Os primeiros refugiados chegaram de bicicleta em setembro — não é permitido atravessar a fronteira a pé, mas os ciclistas são considerados condutores de veículos. Nos meses seguintes, mais de 5.500 refugiados cruzaram a fronteira norueguesa, um número pequeno no contexto geral — mais de 1 milhão de pessoas buscaram asilo na Europa em 2015 — mas uma multidão para a pequena comuna de Sør-Varanger. O trajeto por Storskog, via Murmansk, ficou conhecido como «rota de asilo pelo Ártico», e a notícia se espalhou rapidamente nas redes sociais. O comércio de bicicletas do lado russo viveu dias muito bons. Do lado norueguês, as bicicletas eram empilhadas em enormes montanhas de metal e borracha. Até 3 toneladas de bicicletas eram removidas e destruídas diariamente. Os refugiados vinham de todos os países possíveis, a maioria de Síria, Afeganistão, Iraque, Paquistão e Egito; alguns tinham residência na Rússia, outros só tinham vistos de curta duração para uma só entrada no país. No final de novembro, o Storting [Parlamento norueguês] decidiu recusar sumariamente o processamento de pedidos de asilo de pessoas que vinham para a Noruega após passagem pela Rússia caso não tivessem um visto Schengen válido. O fluxo de refugiados secou de um dia para o outro.

Pouco depois, os requerentes de asilo começaram a atravessar a fronteira russo-finlandesa em Salla, na Lapônia, em carros velhos e sucateados. Na Finlândia, é proibido atravessar a fronteira de bicicleta. Quase oitocentas pessoas conseguiram completar a travessia até a virada do ano de 2016, quando se decidiu que só cidadãos finlandeses e russos podiam cruzar as fronteiras mais setentrionais entre a Finlândia e a Rússia. No mesmo ano, o governo norueguês decidiu construir uma cerca de 250 metros de extensão em Storskog para controlar a travessia de fronteira, a um custo equivalente a mais de 2 milhões de reais. A poucas semanas da entrega da obra, o comissário de fronteira constatou que 50 metros da cerca estavam próximos demais do território russo e seria preciso realocá-la.

Quando a União Soviética se desfez, em 1991, as fronteiras geográficas e políticas precisaram ser redesenhadas. A Cortina de Ferro que dividia a Europa em leste e oeste ruiu e desapareceu da noite para o dia. Durante décadas, o mundo conviveu com duas superpotências rivais, cada uma com o dedo no botão nuclear, travando guerras por procuração bem além dos limites físicos de seus territórios. Ocidente contra Oriente, capitalismo contra socialismo, EUA contra União Soviética, Otan contra Pacto de Varsóvia. Hoje, muitos dos antigos países do Pacto de Varsóvia são membros da Otan. As alianças mudam rapidamente, e as guerras já não são disputadas apenas com tanques e maletas nucleares; a guerra moderna da Rússia ocorre tanto no ciberespaço quanto com a ajuda de zés-ninguém vestindo uniformes verdes sem insígnias. Ex-oficial da KGB, Putin não poupa meios de exercer poder e influência, e só joga pelas regras desde que favoreçam a Rússia. Talvez a crise de refugiados em Storskog tenha sido uma pequena amostra desse novo tipo de conflito, um lembrete da turbulência que os russos são capazes de gerar, se assim o quiserem. O elemento surpresa e o oportunismo provavelmente também tiveram seu papel, como costuma ser quando se trata da política externa russa.

O pequeno posto de fronteira amarelo lembrava antes de tudo uma cabana turística. Sob uma garoa intensa, Storskog, que dominara os noticiários durante um outono inteiro, parecia um simples lugarejo bucólico. Exceto por dois carros russos estacionados defronte, tudo estava deserto. Nenhum vestígio de refugiados pedindo asilo.

Saímos da estrada e mantivemos o passo cortando a floresta, sempre em direção ao rio Jakob. Perto da meia-noite, paramos às margens de um laguinho e acampamos. O céu em permanente mudança refletia-se no espelho d'água imóvel. No dia seguinte, chegamos à estepe propriamente dita; nuvens esgarçadas rubras se estendiam à nossa frente. As horas passavam silenciosamente enquanto colocávamos um pé na frente do outro, de novo e de novo e de novo. À noite voltamos a armar as barracas. Quando estávamos para nos recolher, a neblina surgiu rolando pela estepe e encobriu a paisagem como um cobertor grosso. Fui buscar água no riacho mais próximo e perdi o senso de direção. Por um longo tempo, vagueei sozinha no meio da névoa branca e fria. Na manhã seguinte, o sol brilhou novamente num céu azul sem nuvens e prosseguimos rumo ao leste. Na encosta da montanha, avistamos três domos brancos futuristas; uma das muitas instalações dos serviços de inteligência noruegueses em Finnmark. Nenhum dos caminhos levava até lá.

Após a guerra, a Noruega foi forçada a escolher um lado. Assim como o governo finlandês, o gabinete do primeiro-ministro Einar Gerhardsen entendeu que os noruegueses precisavam de um aliado poderoso se quisessem sobreviver. A tradição de neutralidade não impediu a Noruega de ser invadida pelos alemães em 1940. Isolar-se num mundo cada vez mais polarizado já não era uma opção, na ótica do governo. Em fevereiro de 1948, Stálin indagou ao presidente finlandês Paasikivi se a Finlândia, como fizeram a Hungria e a Romênia, desejava firmar um pacto de amizade com a União Soviética. No mês seguinte, o Ministério das Relações Exteriores da Noruega recebeu alertas das embaixadas em Moscou, Helsinque, Varsóvia e Washington: a Noruega deveria estar preparada para receber uma proposta semelhante. Em abril do mesmo ano, como mencionado anteriormente, Finlândia e União Soviética firmaram o acordo VSB, o acordo de amizade, cooperação e assistência mútua, que restringiu severamente a soberania finlandesa. A imprensa internacional escreveu que a Noruega seria a próxima.

A Europa inteira estava sob grande pressão. Na primavera de 1948, Bélgica, França, Luxemburgo, Holanda e Grã-Bretanha assinaram o Tratado de Bruxelas, uma aliança multilateral de defesa da Europa Ocidental forjada principalmente com o objetivo de se contrapor à Alemanha. A situação na Europa do pós-guerra, contudo, se transformava rapidamente: em fevereiro do mesmo ano, os comunistas tomaram o poder na Tchecoslováquia. Meses depois, eclodiu a primeira grande crise na relação entre Oriente e Ocidente. Em 24 de junho, a União Soviética bloqueou todas as vias de entrada de Berlim Ocidental em protesto contra a reforma monetária introduzida recentemente na Alemanha Ocidental para conter a inflação desenfreada. Em vez de ceder à pressão soviética, as potências ocidentais criaram uma ponte aérea para abastecer a população de Berlim Ocidental. Em dado momento, um avião por minuto aterrissava no aeroporto de Tempelhof. Por fim, o governo soviético concluiu que o bloqueio não estava surtindo o efeito desejado, e, no dia 12 de maio de 1949, ele foi revogado. Onze dias depois, em 23 de maio, a República Federal da Alemanha foi criada. Em 7 de outubro, a República Democrática Alemã viu a luz do dia. A Alemanha e a Europa estavam divididas ao meio.

No início daquele ano, em fevereiro de 1949, veio a proposta que o governo norueguês já aguardava: o governo soviético propôs que Noruega e URSS firmassem um pacto de não agressão. O governo norueguês rejeitou a proposta reportando-se à proibição, pela ONU, do emprego de forças de agressão. Obviamente, a intenção dos soviéticos era impedir que a Noruega ingressasse em outras alianças militares, mas era tarde demais. Nesse meio-tempo, os EUA entraram em campo. Os americanos temiam que outros países europeus sucumbissem ao comunismo, e acreditavam que a melhor estratégia para evitar isso era estabelecer uma ampla aliança de defesa para confrontar a União Soviética. Em 4 de abril de 1949, os membros do Tratado de Bruxelas, além de EUA, Canadá, Islândia, Itália, Portugal, Dinamarca e Noruega, assinaram o Pacto do Atlântico, mais conhecido como Otan. Os países-membros se comprometeram a defender uns aos outros caso algum deles fosse atacado por uma potência estrangeira. Com uma fronteira relativamente curta com a União Soviética e sem nunca ter feito parte do Império Russo, a Noruega estava bem mais à vontade do que a Finlândia para escolher as alianças que desejava no pós-guerra, e escolheu os EUA e a Europa Ocidental. A fronteira com a União Soviética, e depois com a Rússia, bem como a adesão à Otan, são, sem dúvida, as duas singularidades que nortearam a política externa norueguesa após a guerra, da qual as muitas instalações da inteligência norueguesa em Finnmark são exemplos tangíveis.

Conforme citei, não havia trilhas levando aos domos futurísticos, mas uma estrada larga e bem sinalizada conduzia a Korpfjell, o posto de fronteira das forças armadas no extremo nordeste da Noruega. Um tenente que estava de passagem para uma inspeção nos acenou e convidou para um café com bolo. Até pouco antes do verão, trinta soldados estavam alojados no posto, mas haviam sido recentemente transferidos para uma base de maior porte, em Storskog. Apenas uma pequena patrulha vigiava e guarnecia a torre. O tenente nos acompanhou numa visita improvisada pelo posto parcialmente abandonado, que abrigava uma sala de treinamento, área de serviço, cozinha ampla, sala de TV e até uma sala de música.

Papai ficou indignado com o desperdício de dinheiro numa instalação daquele porte.

— Vocês deviam fazer uma parceria com o departamento de turismo — sugeriu ele. — É uma loucura isso aqui estar quase vazio. Tenho 100% de certeza de que os turistas viriam para cá em massa, até estrangeiros, o potencial é enorme!

O tenente não se entusiasmou muito com a ideia.

— A torre de observação ainda está em uso — lembrou ele.

— Que tipo de observação vocês fazem? — perguntei.

— Monitoramos a fronteira — respondeu ele evasivamente. — No período soviético era diferente. Naquela época os soldados recebiam ordens de relatar tudo que identificavam no dia a dia dos postos de fronteira soviéticos. Quantas pessoas havia por lá, se tinham animais domésticos. Sabíamos tão pouco sobre eles que qualquer coisa era de interesse. — Ele riu. — Quando a União Soviética começou a desmoronar, os postos de fronteira do outro lado começaram mais a parecer pequenas chácaras, não instalações militares. A propósito, sabiam que a Noruega e a União Soviética quase entraram em guerra no verão de 1968? Venha, vou mostrar a vocês, é aqui pertinho.

Entramos no carro dele e, atravessando uma estrada esburacada cortando a floresta, percorremos os últimos quilômetros até o rio Jakob. Estacionamos diante de uma ponte enferrujada.

— Na manhã do dia 7 de junho havia dezenas de tanques e centenas de veículos militares soviéticos estacionados ali — contou ele. — Outras torres de vigilância relataram situação semelhante; os russos mobilizaram uma divisão inteira de infantaria, quase trezentos tanques e mais de 4 mil veículos, na fronteira norueguesa. Caso a invasão ocorresse, os soldados noruegueses tinham ordens de incendiar as estações de fronteira e retardar ou impedir o avanço do inimigo da melhor maneira possível. Assim que o inimigo cruzasse a fronteira, a ordem era abrir fogo. Na prática, os soldados de fronteira aqui eram bucha de canhão. A situação era muito tensa. Os canhões soviéticos acompanhavam cada movimento dos soldados noruegueses.

— E então o que aconteceu? — perguntei.

— Em 10 de junho, tão repentinamente como chegaram, os soldados soviéticos recuaram sem disparar um único tiro.

O dramático evento foi mantido em segredo por mais de trinta anos.

— Especulou-se muito sobre o que estava por trás dessa súbita e violenta demonstração de força — disse o tenente. — Pode ter sido uma resposta ao exercício *Polar Express* que a Otan realizava em Troms naquele momento. Dez mil soldados aliados participaram; pela primeira vez também alemães ocidentais. Também pode ter sido uma manobra diversionista ou um ensaio para a invasão da Tchecoslováquia, que de fato ocorreu dois meses depois. Mas que foi um baita susto, isso foi. Se todos não tivessem mantido a cabeça muito fria, a coisa poderia ter terminado de forma ainda mais dramática.

O tenente voltou para o posto de fronteira, e nós seguimos rumo ao norte. O leito do rio Jakob estava extraordinariamente elevado devido ao volume de chuvas.

— Poderíamos ter remado aqui também — disse meu pai, admirando o curso d'água.

Naquela noite, a última, acampamos sobre um promontório rochoso, a apenas 10 metros do continente russo, no exato local em que o leito do rio fazia uma curva e era mais estreito e raso. Poderíamos facilmente atravessar para a outra margem. Ocasionalmente, ouvíamos o motor de um carro do lado russo, o primeiro som produzido por seres humanos ali em toda a viagem. No topo da montanha havia uma torre de observação estreita e cinza, presumivelmente da era soviética. Talvez houvesse alguém lá em cima nos observando.

Papai apagou o fogo e rastejamos para dentro de nossas barracas. O rio borbulhava, de quando em quando um salmão grande e gordo chapinhava na superfície, chegando ao fim de sua longa viagem.

Eu também já estava próxima do meu destino final.

Durante o ano anterior, percorri mais de 20 mil quilômetros ao longo da fronteira russa. A bordo de um avião doméstico norte-coreano, trem chinês de alta velocidade, trem suburbano cazaque, ônibus, micro-ônibus, cavalo, táxi, barco de carga, caiaque ou usando meus próprios pés, viajei por catorze países e três repúblicas separatistas: Coreia do Norte, China, Mongólia, Cazaquistão, Azerbaijão, Nagorno-Karabakh, Geórgia, Abecásia, Ucrânia, República Popular de Donetsk, Belarus, Lituânia, Polônia, Letônia, Estônia, Finlândia e, finalmente, Noruega. País após país, território após território, lentamente me desloquei desde o extremo sudeste até o extremo noroeste da Rússia.

Nenhum dos lugares que visitei estava a salvo de traumas ou cicatrizes em função de sua vizinhança com a Rússia. Sobretudo povos e etnias minoritários, esmagados entre as mós do poder ao longo dos séculos, dilacerados pelas diferenças entre grandes potências, deslocados à força de um lugar para outro.

Nações não têm memória, nações não têm feridas que saram, nações não têm cicatrizes. Tudo isso pertence unicamente a indivíduos, um mais um mais um mais um, milhões deles.

Ao longo dos séculos, as fronteiras mudaram de lugar várias vezes, mais recentemente em 2014, quando a Rússia anexou a Crimeia. As fronteiras não são inscritas em pedra; os novos marcos fronteiriços feitos de fibra de vidro são fáceis de mover. O maior país do mundo sofre de baixa autoestima; sua economia está em declínio e sua população está minguando. Sua necessidade de se autoafirmar nunca foi tão grande.

Depois de passar mais de dois anos margeando a fronteira da Rússia — tanto no sentido mais concreto da palavra, ao longo de estradas poeirentas e em mar aberto, quanto figurativamente, percorrendo a vasta e tortuosa história da fronteira —, fiquei com mais perguntas do que respostas, o que não chega exatamente a surpreender. Acima de tudo, tenho a sensação de haver testemunhado tanto a mais completa ausência de direção quanto o puro oportunismo. O Império Russo agigantou-se dessa monta precisamente porque os governantes de plantão aproveitavam todas as oportunidades que se lhes apresentavam para expandir a fronteira, a qualquer custo, e raramente se esquivavam da brutalidade, do jogo sujo ou de declarar mais uma guerra. Assim, povo após povo sucumbiu ao Império Russo, voluntariamente, involuntariamente, desde as tribos nômades da Sibéria até os canatos muçulmanos da Ásia Central e os povos irmãos eslavos a oeste. Nos países fronteiriços, nas zonas marginais, a liberdade veio e se foi. A história mostrou que os povos que já estiveram sob o Império Russo correm grande risco de acabar sob esse mesmo jugo de novo. Assim, a Noruega teve mais sorte do que a maioria dos demais países vizinhos da Rússia.

Como se sabe, separando a Noruega da Coreia do Norte existe apenas um país, um país tão grande e poderoso que é capaz de refutar qualquer afirmação que o contrarie e transformá-la em verdade. Da mesma forma que possui vizinhos tão diferentes entre si, a própria Rússia é eclética e é o lar de muitas histórias, muitos territórios e, não menos importante, muitos povos.

Ao longo da história, o tamanho tem sido a melhor defesa da Rússia. As distâncias são tão grandes que nenhum exército estrangeiro foi capaz de dar conta dessa enorme massa de terra. Mas o tamanho também é o calcanhar de aquiles da Rússia. O Império Romano, o Império Persa, o Califado Omíada e o Império Mongol deixaram de existir simplesmente porque ficaram grandes demais. O centro perdeu a capacidade de controlar a periferia ou defender as fronteiras externas contra os exércitos invasores.

Quando finalmente entrou em colapso, a União Soviética o fez sobretudo porque os habitantes de suas áreas mais periféricas se rebelaram, e assim, máscara por máscara, república por república, da Lituânia à Geórgia, o império se desfez. A Rússia perdeu aproximadamente 20% de seu território, bem como mais da metade de seus habitantes.

Mesmo assim, ainda é gigantesca. Tem quatro vezes o tamanho da União Europeia e quase o dobro dos EUA e da China. A fronteira da Rússia, conforme descrito neste livro, em breve também será história. Talvez se expanda antes de se contrair novamente, convulsionando-se como uma serpente em agonia, tão difícil que é imaginar que uma Rússia com seus quase duzentos grupos étnicos e nacionalidades, seus 17 milhões de quilômetros quadrados e 60 mil quilômetros de fronteira continue existindo como uma só entidade no longo prazo — seja ao longo de uma geração, seja ao longo de cem ou duzentos anos.

Em 1991, a Rússia ganhou oito novos países vizinhos. Em breve podem ser mais. Uma das razões pelas quais Iéltsin, e depois Putin, reprimiram tanto os rebeldes na Tchetchênia foi o temor de que o império se fragmentasse ainda mais. Até aqui a Tchetchênia vem sendo governada com punho de ferro pelo ditador Ramzan Kadyrov, mas tanto cortinas quanto punhos de ferro podem enferrujar e se desfazer, às vezes da noite para o dia.

* * *

Passamos por uma escola abandonada e casas em que havia pessoas morando, e por outras em que ninguém morava mais.

Depois de andar tanto que o caminho parecia não ter fim, vislumbramos ao longe a capela de Oscar II. Foi erguida em 1869 para indicar aos pescadores russos onde ficava a fronteira, uma alternativa pacífica a mobilizar um navio de guerra nas águas fronteiriças, medida que também chegou a ser cogitada. Originalmente, ela foi caiada de branco para que os pescadores pudessem avistá-la do mar, mas agora a capela de pedra, com suas estreitas janelas arqueadas e seus pontiagudos coruchéus de cobre verde-claros, se confundia com a paisagem montanhosa. Infelizmente, estava fechada para reformas, então tivemos que nos contentar em espreitar pelas janelas.

— Esta deve ser a igreja mais bonita que já vi — disse papai, emocionado.

A paisagem se abria e se aplanava à nossa frente, e tínhamos uma visão privilegiada do mar do Norte. Rajadas de vento salgado açoitavam nosso rosto.

Sentei na areia úmida e deixei os grãos de areia deslizarem entre meus dedos. Um punhado contendo dezenas de milhares de grãos de areia, cada um deles um mundo em si.

Agradecimentos

Este livro não teria sido possível sem a colaboração e a erudição de tantas pessoas, de dentro e fora da Noruega.

Devo um enorme agradecimento coletivo a todos que conheci ao longo do caminho e se dispuseram a compartilhar suas histórias comigo. Por onde andei fui recebida com gentileza, generosidade e abertura. Este livro é o resultado de todos esses encontros.

Alguns que partilharam suas histórias o fizeram cientes de que, se as pessoas erradas descobrissem que haviam conversado com uma escritora, corriam o risco de perder seu emprego ou enfrentar problemas com as autoridades. Nesses casos, alterei os nomes e outras informações que facilitariam a identificação das personagens em questão. Alguns dos citados aqui não tinham ideia de que sou escritora simplesmente porque não podiam ter ciência disso, tanto para minha segurança quanto para a deles próprios — isso se aplica, entre outros, a todos com quem falei na Coreia do Norte. Estes também aparecem aqui como anônimos.

Ao longo do caminho, recebi a ajuda inestimável e os conselhos úteis de conhecidos e estranhos, tanto em casa como no exterior. Marc Lanteigne contribuiu com informações sobre a China e a rota marítima do norte, enquanto MiRee Abrahamsen ajudou com contatos úteis na China e na Geórgia. Jing Wu e seu marido, Bjørn Theisen, fizeram uma tentativa heroica de me ensinar um pouco de chinês de sobrevivência antes da minha partida. O fracasso do projeto se deu unicamente pela incapacidade tonal da aluna.

Minha anfitriã em Ulaanbaatar, Zoljargal Naranbaatar, me mostrou a hospitalidade mongol na prática e se esforçou muito para organizar entrevistas e passeios. Obrigada também a Yuri Khrutshkin pelos valiosos insights sobre a história e a cultura da Mongólia. Em Almaty, tanto Aidos Sarym quanto Galym Ageleuov me ajudaram a compreender os desenvolvimentos políticos e econômicos no Cazaquistão atual e me indicaram contatos preciosíssimos. Håkon Vik me ajudou a encontrar as balsas que cruzam os mares Negro e Cáspio — trechos que podem assustar até o viajante mais experiente. Em Baku, desfrutei da enorme hospitalidade de Rena Houseynli, que me recebeu como uma amiga de longa data. Natia Chkhetiani e Thoma Sukashvili foram de grande ajuda na Geórgia, e Helge Blakkisrud generosamente compartilhou comigo seus contatos em Nagorno-Karabakh e também forneceu informações relevantes e úteis para os capítulos sobre o Cáucaso.

Na Ucrânia, devo a Morten Jentoft, Per Christian Selmer--Anderssen, Vladimir Subotovsky, Daria Mykhailova e Christopher Nunn minha gratidão pelos conselhos práticos e pela assistência ao longo da viagem. A entusiasmada Nataly Voronkova fez a gentileza de me levar ao Hospital Militar de Kiev e me ajudou a conversar com alguns dos pacientes e médicos. Alexandra Gribenko foi inestimável em Donetsk, encarregando-se de resolver quase tudo.

Muito obrigada a Berit Nising Lindeman, Ane Tusvik Bonde e Andrey Dynko pelos bons conselhos e contatos em Belarus. Em Varsóvia, Bartosz Kamiński foi muito além de seus deveres como funcionário da editora e me ajudou a organizar uma série de entrevistas relevantes com acadêmicos e especialistas poloneses. Na Estônia, Tauno Vahter fez o mesmo — até veio a Tartu acompanhado de sua família e me levou para conhecer fiéis do Rito Antigo no lago Peipus. Meu editor finlandês, Aleksi Siltala, me ajudou a realizar boas entrevistas em Helsinque. Morten Strøksnes contribuiu com valiosos conselhos sobre Finnmark. Frode Berg foi de grande auxílio durante minha estada em Kirkenes — com entusiasmo, me ajudou a organizar tanto entrevistas sobre a Segunda Guerra Mundial como a obter informações sobre a regulamentação dos marcos fronteiriços noruegueses. Muito obrigada também a Jostein Eliassen, que me acompanhou num tour pela mina de Sydvaranger e compartilhou sua dramática história. Claro está que devo também um grande agradecimento ao meu pai, que me ensinou a remar num caiaque e tratou de manter acesa a fogueira e armar as barracas exatamente no lugar certo.

A travessia pela Passagem do Nordeste foi a etapa mais difícil de concretizar. Muito obrigada a Felix Tschudi e Ulf Hagen, que ajudaram pacientemente com bons conselhos e insights. Agradeço também a Patrik Mossberg, da Marinvest, e Mads Boye Petersen, da Nordic Bulk Carriers, ambos dispostos a me oferecer uma carona se algum de seus navios calhasse de estar em trânsito pela rota marítima do norte. Infelizmente, não foi possível conciliar meu cronograma com o de um cargueiro disponível, mas em compensação cheguei a uma pequena empresa neozelandesa de aventuras que tinha uma viagem agendada para agosto de 2017. Obrigado a Rodney Russ, da Heritage Expeditions, por me permitir participar da primeira travessia da empresa pela Passagem do Nordeste e por me deixar pagar uma «tarifa de escritora». Muito obrigada a todos da tripulação e aos passageiros a bordo, que ajudaram a tornar a viagem algo muito especial.

Agradeço também às fundações e associações norueguesas cujo apoio financeiro tornou possível escrever este livro. No total, passei quase três anos trabalhando, sendo 259 dias apenas

nas viagens de pesquisa. Não teria sido possível dedicar tanto tempo a este projeto, não fosse a bolsa de três anos da Associação Norueguesa de Escritores e Tradutores de Não Ficção, que me deu a segurança necessária diante de todas as imprevisibilidades de uma vida de freelancer. A extensa viagem de pesquisa não teria sido possível sem o generoso apoio da Fundação Fritt Ord. A expedição pela Passagem do Nordeste foi viabilizada com o apoio também da Fundação Bergesen.

O processo de escrita deste livro foi consideravelmente facilitado graças à equipe entusiasmada da Passa Porta, a casa literária internacional de Bruxelas, que me ofereceu uma estada de dois meses em seu apartamento para escritores, na primavera de 2017. Muito obrigada também a Bergmangårdarna pela estada de cinco semanas em Fårö no verão de 2017, no desfecho do processo de escrita.

Per Egil Hegge e Ivar Dale leram o manuscrito e forneceram bons conselhos e sugestões: muito obrigada a ambos! Também sou grata a Geir Helgesen, Øyvind Rangøy, Snorre Karkkonen Svensson e Henrik Meinander, que leram trechos do manuscrito e fizeram objeções e correções oportunas. O *globe-trotter* Jens A. Riisnæs compartilhou seu conhecimento e sua vasta experiência em viagens desde o início do livro, e também leu o manuscrito e forneceu informações valiosas. Um agradecimento especial vai para a minha tradutora polonesa, Maria Gołębiewska-Bijak, que dedicou um enorme trabalho conferindo e reconferindo todos os dados no original. Quaisquer erros que ainda possam ser encontrados são de inteira responsabilidade minha.

Por último, mas não menos importante, agradeço ao meu marido, Erik, que me apoia tanto quando estou longe como quando estou em casa, com igual entusiasmo e solidariedade. Ninguém, nem mesmo minha talentosa editora, Tuva Ørbeck Sørheim, leu o manuscrito mais vezes do que ele. Muito, muito obrigada pelos seus conselhos sólidos sobre linguagem e conteúdo, por sua fé inquebrantável no projeto, por todos os jantares encantadores e por sempre estar disponível para mim.

Florença, Oslo, La Gomera, Bruxelas,
Berlim, Fårö e oceano Ártico, 2016–2017

Breve panorama da história russa

862	O varegue Rurik se estabelece em Novgorod e dá início à dinastia de mesmo nome.
882	Oleg, sucessor de Rurik, transfere a capital para Kiev e funda o Reino de Kiev, também conhecido como Kyiv--Rus, precursor da Rússia moderna.
988	Vladimir I, grão-duque de Kiev, é batizado em Khersonesos, na Crimeia, e cristianiza o Reino de Kiev.
1223	Guerreiros eslavos se defrontam pela primeira vez com a cavalaria mongol de Gengis Khan na batalha do rio Kalka, na atual Donetsk. Os mongóis obtêm uma vitória arrasadora. Nessa altura, o Reino de Kiev já está enfraquecido e dividido em ducados menores.
1237–40	Batu Khan, neto de Gengis Khan, subjuga Kiev e outros principados russos como Moscou, Vladimir, Tver e Yaroslavl, bem como a República de Novgorod. Pelos 240 anos seguintes, os súditos russos tiveram que pagar tributos à Horda Dourada, um canato mongol.
1476	O Ducado de Moscou deixa de pagar tributos à Horda Dourada.
1478	Novgorod se rende ao Grão-Ducado de Moscou.
1480	A supremacia dos mongóis sobre Moscou chega ao fim após a grande batalha do rio Ugra. A batalha em si nunca se concretizou, pois os mongóis recuaram após semanas de uma guerra de posições.

1485	Moscou conquista o Grão-Ducado de Tver.
1510	A República de Pskov, a última das repúblicas e grão--ducados independentes da Rússia, cai e se torna parte de Moscou.
1533	Ivã IV, também conhecido como Ivã, o Terrível, torna-se grão-duque de Moscou.
1547	Ivã, o Terrível, é coroado tsar da Rússia.
1552	Moscou conquista o canato de Kazan, no leste, impondo pela primeira vez seu jugo a um povo estrangeiro.
1556	Moscou anexa o canato de Astracã, no mar Cáspio.
1580–1647	Conquista da Sibéria e do Extremo Oriente. Tobolsk é fundada em 1587 e serve como capital da Sibéria. Okhotsk, no Pacífico, é fundada em 1647.
1584	Arcangel, no noroeste da Rússia, no mar Branco, é fundada e passa a ser a cidade portuária mais importante da Rússia.
1598	Morre Teodoro I, filho de Ivã, o Terrível. Como não deixa herdeiros, a dinastia Rurik se extingue com ele.
1613	Miguel Fyodorovich Romanov é eleito tsar pela assembleia de nobres. Seus descendentes permanecem no trono da Rússia até 1917.
1648	Os cossacos da Ucrânia se rebelam contra o domínio polonês.
1648	Sêmion Dejniov cruza o estreito de Bering.
1654	O líder cossaco Khmelnitsky jura fidelidade ao tsar russo com a assinatura do Tratado de Pereyaslav.
1689	O Tratado de Nertchinsk, primeiro acordo de fronteira entre Rússia e China, é concluído.
1689–1725	Pedro I, mais conhecido como Pedro, o Grande, é o tsar.
1700–21	Grande Guerra Nórdica, tendo Suécia e Holstein--Gottorp de um lado e Rússia, Dinamarca-Noruega e Saxônia-Polônia do outro.

1703	São Petersburgo é fundada por Pedro, o Grande.
1709	O exército de Pedro, o Grande, derrota o exército sueco de Carlos XII na Batalha de Poltava.
1710	A Rússia conquista Estônia e Livônia.
1721	A Paz de Nystad põe fim à Grande Guerra Nórdica. A Rússia é formalmente compensada com as províncias suecas no mar Báltico e na península da Carélia.
1728	Vitus Bering navega pelo estreito de Bering.
1730–1845	Os nômades do atual Cazaquistão são gradativamente colonizados pela Rússia.
1741	A segunda expedição de Bering, parte da Grande Expedição Nórdica, chega à costa do Alasca.
1762–96	Catarina II, mais conhecida como Catarina, a Grande, é a tsarina.
1768–74	Guerra com a Turquia. A Rússia conquista novas áreas a norte do mar Negro, a chamada Nova Rússia.
1772	Primeira Partilha da Polônia.
1783	A Rússia anexa a Crimeia.
1783	O rei Erekle II, que unificou grande parte da atual Geórgia num reino, formaliza uma aliança de defesa com a Rússia por meio do Tratado de Georgievsk.
1784	A cidade-fortaleza de Vladikavkaz, no norte do Cáucaso, é fundada.
1793	Segunda Partilha da Polônia.
1795	Terceira Partilha da Polônia. A Comunidade das Duas Nações, Polônia-Lituânia, deixa de existir.
1799	Fundada a Companhia Russo-Americana para operar o comércio de peles no Alasca.
1801–25	Alexandre I é o tsar.
1801	A Rússia anexa o Reino da Geórgia.
1804–13	Guerra entre a Rússia e a Pérsia. A guerra termina com a conclusão do Tratado do Gulistão. A Rússia

	ganha assim a supremacia formal sobre Daguestão, Geórgia e a maior parte do território que compõe o atual Azerbaijão.
1808–09	A Finlândia é incorporada à Rússia e obtém o status de grão-ducado.
1812	Ofensiva de Napoleão contra Moscou.
1815	Derrota definitiva de Napoleão na Batalha de Waterloo.
1817–64	Guerra do Cáucaso.
1825–55	Nicolau I é o tsar.
1825	Revolta Dezembrista.
1826	A fronteira entre a Noruega e a Rússia é estabelecida.
1826–28	Guerra com a Pérsia. A Rússia também é a vitoriosa dessa vez e assegura os territórios que perfazem a atual Armênia e o enclave azerbaijano do Naquichevão.
1830	A revolta da Polônia é reprimida. Nicolau I abole o Parlamento e o exército polonês.
1853–56	Guerra da Crimeia.
1855–81	Alexandre II é o tsar.
1858	O Tratado de Aigun é concluído entre Rússia e China. A China perde as áreas ao norte do rio Amur para a Rússia.
1860	A Convenção de Pequim é concluída entre Rússia e China. A China perde as áreas a leste do rio Ussuri para a Rússia.
1861	A servidão é abolida.
1863	Os poloneses se revoltam novamente e voltam a ser reprimidos com vigor.
1864	Os últimos povos do norte do Cáucaso se rendem à Rússia. Centenas de milhares de circassianos são deportados para a Turquia.
1865–95	A Rússia conquista as tribos nômades remanescentes da Ásia Central, bem como os vários canatos

muçulmanos nos países que hoje compõem Cazaquistão, Quirguistão, Uzbequistão, Tadjiquistão e Turcomenistão.

1867	O Alasca é vendido para os Estados Unidos.
1878-79	Adolf Erik Nordenskiöld navega pela Passagem do Nordeste a bordo do *Vega*.
1881	Alexandre II é morto num atentado. Seu filho Alexandre III sobe ao trono.
1891-1903	A ferrovia Transiberiana é construída.
1894-1917	Nicolau II é tsar.
1898	A Rússia funda Harbin como cidade administrativa da ferrovia Transmanchuriana.
1904-05	A Guerra Russo-Japonesa termina com uma avassaladora derrota russa.
1905	Em 22 de janeiro, mais de 130 manifestantes pacíficos são mortos em São Petersburgo no episódio que entrou para a história como «Domingo Sangrento», marcando o início de uma série de manifestações e greves que se alastram por todo o império. A fim de pacificar os ânimos, Nicolau II concorda em instaurar a Duma.
1914	Eclode a Primeira Guerra Mundial. A Rússia entra na guerra ao lado das potências da Entente.
1915	A Rússia perde Lituânia, Curlândia, Polônia e porções ocidentais de Belarus para a Alemanha.
1917	Revolução de Fevereiro. Nicolau II abdica em 15 de março.
1917	Os bolcheviques tomam o poder em São Petersburgo nos dias 7 e 8 de novembro, no que entrou para a história como Revolução de Outubro.
1917	A Finlândia se declara independente em 6 de dezembro. Em 31 de dezembro, o governo bolchevique reconhece a independência da Finlândia.

1917–22	Guerra civil entre Vermelhos e Brancos.
1918	Ucrânia, Lituânia, Estônia, Geórgia, Armênia, Azerbaijão, Polônia e Letônia se declaram independentes. Lituânia, Estônia, Polônia e Letônia permaneceram independentes durante o período entre guerras. Na Ucrânia (com exceção da Galícia e da Lodoméria no oeste, que são incorporadas à Polônia) e no Cáucaso, os Vermelhos tomam o poder numa guerra civil e estas se tornam repúblicas da união na União Soviética.
1918	A Rússia se retira da Primeira Guerra Mundial com a assinatura do Tratado de Brest-Litovsk em 3 de março. A Alemanha capitula em 11 de novembro.
1922	Liderados por Vladimir Lênin, os Vermelhos triunfam sobre os Brancos. A União Soviética é oficialmente estabelecida.
1924	Lênin morre e Josef Stálin se torna o líder da União Soviética.
1929–33	Primeiro Plano Quinquenal. Coletivização em larga escala.
1932	Otto Schmidt navega pela Passagem do Nordeste em dez semanas, sem invernar.
1933	Epidemia de fome. A Ucrânia e o Cazaquistão são particularmente atingidos.
1936–38	Grande Terror e Julgamentos de Moscou, uma extensa campanha de repressão e perseguição iniciada por Stálin. Inclui, entre outras coisas, expurgos no Partido Comunista, opressão de agricultores, deportações de minorias étnicas, prisões arbitrárias e execuções de cidadãos.
1939	O Pacto de Não Agressão Germano-Soviético, também conhecido como Pacto Molotov-Ribbentrop, é assinado em 23 de agosto. Num protocolo adicional secreto,

Hitler e Stálin repartem a Europa Oriental entre si.
Em 1º de setembro, a Alemanha ataca a Polônia, e a
Segunda Guerra Mundial eclode. A União Soviética
anexa a Polônia Oriental e a Galícia Oriental.

1939–40 Guerra do Inverno. A Finlândia é forçada a ceder, entre
outras coisas, a península da Carélia.

1940 A União Soviética anexa Lituânia, Letônia, Estônia
e Bessarábia.

1941–45 A Alemanha ataca a União Soviética no dia 22 de junho.
A guerra dura até 8 de maio de 1945 (9 de maio pelo
horário de Moscou) e termina com a vitória da União
Soviética e dos demais aliados. Mais de 20 milhões de
cidadãos soviéticos perdem a vida durante a guerra.

1941–44 Vários povos, incluindo os calmucos, os tártaros da
Crimeia, os tchetchenos e os inguches, são deportados
a mando de Stálin. Em sua maioria são enviados para
a Sibéria ou a Ásia Central e só podem voltar para casa
após a morte de Stálin.

1944 O Exército Vermelho liberta Finnmark, na Noruega.

1945 O Exército Vermelho expulsa os japoneses da
Manchúria e da Coreia. Stálin instaura Kim Il-sung
como líder da Coreia do Norte.

1950–53 Guerra da Coreia. A União Soviética participa com
ataques aéreos ao lado dos norte-coreanos.

1953 Stálin morre. Nikita Khrushtchev torna-se secretário-
-geral do Partido Comunista.

1954 A Crimeia é transferida da República Soviética Russa
para a República Soviética Ucraniana.

1955 Entra em vigor o Pacto de Varsóvia, uma aliança
militar entre União Soviética e Albânia, Bulgária,
Polônia, Romênia, Tchecoslováquia, Polônia,
Hungria e RDA.

BREVE PANORAMA DA HISTÓRIA RUSSA

1956	A União Soviética reprime a revolta na Hungria com força militar.
1961	O Muro de Berlim é construído.
1968	A União Soviética e os demais países do Pacto de Varsóvia invadem a Tchecoslováquia para impedir reformas políticas.
1979-89	A União Soviética entra em guerra com o Afeganistão. O conflito custou a vida de mais de 1 milhão de civis afegãos.
1985	Mikhail Gorbatchev torna-se secretário-geral do Partido Comunista e introduz a perestroika e a glasnost.
1986	Acidente na usina nuclear de Tchernóbyl.
1988-94	Guerra entre Nagorno-Karabakh e Azerbaijão. Nagorno-Karabakh torna-se independente *de facto*.
1989	Em 23 de agosto, quinquagésimo aniversário do Pacto Molotov-Ribbentrop, a «Corrente Báltica» une as três repúblicas soviéticas do Báltico.
1990	A Lituânia declara independência em 11 de março.
1991	Fracassa o golpe de agosto contra Gorbatchev. As demais repúblicas da união vão se declarando independentes. Em 8 de dezembro, Boris Iéltsin, Leonid Kravchuk e Stanislav Shushkevitch encontram-se em Belarus e proclamam a criação da Comunidade de Estados Independentes (CEI). Em 26 de dezembro, a União Soviética cessa formalmente de existir.
1991-92	Guerra entre Ossétia do Sul e Geórgia. A Ossétia do Sul, apoiada pela Rússia, torna-se independente *de facto*.
1991-99	Boris Iéltsin é presidente.
1992-94	Guerra entre Abecásia e Geórgia. Apoiada pela Rússia, a Abecásia torna-se independente *de facto*.

1992	Guerra entre a Transnístria e a Moldávia. A Transnístria, apoiada pela Rússia, torna-se independente *de facto*.
1994–96	Primeira Guerra da Tchetchênia.
1999-2009	Segunda Guerra da Tchetchênia. As hostilidades terminaram oficialmente em 2000, mas a operação antiterrorista dura até 2009.
2000	Vladimir Putin é eleito presidente pela primeira vez.
2008	Guerra dos Cinco Dias entre Geórgia e Rússia. Imediatamente após o cessar-fogo, a Rússia reconhece as repúblicas separatistas da Ossétia do Sul e da Abecásia.
2014	A Rússia anexa formalmente a Crimeia em 21 de março, semanas depois de o presidente Viktor Yanukovytch, aliado da Rússia, ser deposto após manifestações sangrentas em Kiev. Em abril, a guerra eclode no leste da Ucrânia. Em 6 de abril, a República Popular de Donetsk é oficialmente estabelecida. Em 26 de abril, a República Popular de Lugansk é oficialmente estabelecida.
2015	A União Eurasiática, também conhecida como União Aduaneira, entra formalmente em vigor, tendo como membros Armênia, Belarus, Cazaquistão, Quirguistão e Rússia.

Citações

O MAR

A citação de Nansen é de «Foredrag om Fram-ferden», 1887, reproduzida em *Nansens røst — Artikler og taler 1897-1915*. Oslo: Jacob Dybwads Forlag, 1945.

ÁSIA

A citação de Svetlana Aleksievitch é da introdução de *Slutten for det røde mennesket. Tiden second hand*. Traduzido por Dagfinn Foldøy. Oslo: Kagge Forlag, 2015.

CÁUCASO

A citação de Knut Hamsun é de *I Æventyrland*. Copenhague: Gyldendalske Boghandel, 1903.

EUROPA

A citação de Ryszard Kapuściński é do capítulo «Den transsibirske, 58» em *Imperiet*. Traduzido por Ole Michael Selberg. Oslo: Aschehoug, 1994.

Bibliografia

Para manter a fluência do texto, não indiquei outras fontes além daquelas diretamente citadas. Aqui segue uma visão geral dos livros que me foram úteis durante o trabalho neste livro:

AMUNDSEN, Roald. *Nordøstpassasjen*. Cristiânia: Gyldendalske Boghandel, 1921.

APPLEBAUM, Anne. *Iron Curtain. The Crushing of Eastern Europe*. Londres: Penguin, 2012.

ASMUS, Ronald D. *A Little War that Shook the World*. Hampshire e Nova York: Palgrave Macmillan, 2010.

BJØRVIG, Paul. *Hardhausen. Dagbøkene 32 år etter. Frans Josefs land og Svalbard*. Skien: Vågemot, 1996.

BROPHY, David. *Uyghur Nation. Reform and Revolution on the Russia-China Frontier*. Cambridge: Harvard University Press, 2015.

DE WAAL, Thomas: *Black Garden. Armenia and Azerbaijan through Peace and War*. Nova York: New York University Press, 2013 [2003].

_____. *The Caucasus. An Introduction*. Oxford: Oxford University Press, 2010.

DEMICK, Barbara. *Nothing to Envy. Real Lives in North Korea*. Londres: Granta, 2014 [2010].

ENGLUND, Peter. *Poltava. Berättelsen om en armés undergång*. Estocolmo: Atlantis, 1988.

FIGES, Orlando. *Crimea. The Last Crusade*. Londres: Allen Lane (Penguin), 2010.

FORD, Corey. *Where the Sea Breaks Its Back. The Epic Story of Early Naturalist Georg Steller and the Russian Exploration of Alaska*. Portland: Alaska Northwest Books, 1992.

FRENCH, Paul. *North Korea. State of Paranoia*. Londres: Zed Books, 2014.

HALPERIN, Charles J. *Russia and The Golden Horde*. Bloomington e Indianápolis: Indiana University Press, 1985.

HEIER, Tormod; KJØLBERG, Anders. *Norge og Russland. Sikkerhetspolitiske utfordringer i nordområdene*. Oslo: Universitetsforlaget, 2015.

HOLTSMARK, Sven G. (org.). *Naboer i frykt og forventning. Norge og Russland 1917–2014*. Oslo: Pax, 2015.

JAKLIN, Asbjørn. *Brent jord*. Oslo: Gyldendal, 2016.

JENTOFT, Morten. *Mennesker ved en grense*. Oslo: Gyldendal, 2005.

JUKES, Geoffrey. *The Russo-Japanese War 1904-1905*. Oxford: Osprey, 2002.

KAPPELER, Andreas. *The Russian Empire*. Trad. Alfred Clayton. Nova York: Routledge, 2013.

KASEKAMP, Andres. *A History of The Baltic States*. Hampshire: Palgrave Macmillan, 2010.

KING, Charles. *Odessa. Genius and Death in a City of Dreams*. Nova York: W. W. Norton, 2011.

KING, Charles. *The Black Sea. A History*. Oxford: Oxford University Press, 2004.

_____. *The Ghost of Freedom. A History of the Caucasus*. Oxford: Oxford University Press, 2008.

LANKOV, Andrei. *The Real North Korea. Life and Politics in the Failed Stalinist Utopia*. Oxford: Oxford University Press, 2015.

LINDQVIST, Herman. *När Finland var Sverige*. Estocolmo: Albert Bonniers, 2013.

LONGWORTH, Philip. *Russia's Empires. Their Rise and Fall: From Prehistory to Putin.* Londres: John Murray, 2005.

LOPEZ, Barry. *Arctic Dreams. Imagination and Desire in a Northern Landscape.* Nova York: Charles Scribner's Sons, 1986.

MAN, John. *The Mongol Empire.* Londres: Corgi, 2014.

MANNERHEIM, Carl-Gustaf. *Til Häst Genom Asien.* Estocolmo: Natur e Kultur, 1961. E-book: 2010.

MARSHALL, Tim. *Prisoners of Geography. Ten Maps that Tell You Everything You Need to Know about Global Politics.* Londres: Elliott and Thompson, 2015.

MEINANDER, Henrik. *Finlands historia 4.* Helsinque: Schildts, 1999.

_____. *Gustaf Mannerheim. Aristokrat i vadmal.* Estocolmo: Lind e Co, 2017.

MEYER, Michael. *In Manchuria. A Village Called Wasteland and the Transformation of Rural China.* Nova York: Bloomsbury, 2015.

MJØR, Kåre Johan. *Russiske imperium.* Oslo: Cappelen Damm Akademisk, 2017.

MOHN, Albert Henrik. *Grensekonflikten Kina-Sovjet.* Oslo: Gyldendal, 1970.

MONTEFIORE, Simon Sebag. *Stalin. Den røde tsarens hoff.* Trad. Jorunn e Arne-Carsten Carlsen. Oslo: Cappelen, 2003.

_____. *Den unge Stalin.* Trad. Jorunn e Arne-Carsten Carlsen. Oslo: Cappelen, 2007.

_____. *The Romanovs: 1613–1918.* Londres: Penguin Random House, 2016.

MOSS, Walter G. *A History of Russia. Volume I: To 1917.* 2. ed. Londres: Anthem, 2002.

NIELSEN, Jens Petter (org.). *Russland kommer nærmere. Norge og Russland 1814–1917.* Oslo: Pax, 2014.

NORDENSKIÖLD, Adolf Erik. *Vegas Reise omkring Asia og Europa I og II.* Trad. B. Geelmuyden. Cristiânia: P. T. Mallings Boghandels Forlag, 1881.

PALMER, James. *The Bloody White Baron*. Londres: Faber & Faber, 2008.

PAYER, Julius. *Die Österreichisch-Ungarische Nordpol-Expedition in den Jahren 1872–1874*. ISBN 978-80-268-4802-8, e-art.now, 2015.

PLOKHY, Serhii. *The Last Empire. The Final Days of the Soviet Union*. Nova York: Basic Books, 2014.

POLONSKY, Gill. *Chagall*. Nova York: Phaidon, 1998.

ROBBINS, Christopher. *In Search of Kazakhstan. The Land that Disappeared*. Londres: Profile, 2007.

SANNIKOV, Andrei. *My Story*. Trad. Catherine A. Fitzpatrick. Mineápolis: East View, 2016.

SCREEN, J. E. O. *Mannerheim. The Years of Preparation*. Londres: Hurst & Company, 1993 [1970].

_____. *Mannerheim. The Finnish Years*. Londres: Hurst & Company, 2014 [2000].

SNYDER, Timothy. *The Reconstruction of Nations. Poland, Ukraine, Lithuania, Belarus, 1569–1999*. New Haven & Londres: Yale University Press, 2003.

SUBTELNY, Orest. *Ukraine. A History*. 4. ed. Toronto: Toronto University Press, 2009 [1988].

SUNDERLAND, Willard. *The Baron's Cloak: A History of the Russian Empire in War and Revolution*. Ithaca & Londres: Cornell University Press, 2014.

TODAL, Per Anders. *Fanden på flat mark. Historier frå Kviterussland*. Oslo: Det norske samlaget, 2009.

TUDOR, Daniel; PEARSON, James. *North Korea Confidential*. Rutland, Vermont: Tuttle, 2015.

WEATHERFORD, Jack. *Genghis Khan and the Making of the Modern World*. Nova York: Broadway Books, 2004.

WESTLIE, Bjørn. *Fangene som forsvant. NSB og slavearbeiderne på Nordlandsbanen*. Oslo: Spartacus, 2015.

WILÉN, Broge. *Eckerö Post och Tullhus*. Estocolmo, 1988. ISBN 91-7970-270-8 (edição do autor).

WILSON, Andrew. *Belarus. The Last European Dictatorship*. New Haven & Londres: Yale University Press, 2011.

WOLFF, David. *To the Harbin Station. The Liberal Alternative in Russian Manchuria, 1898–1913*. Stanford: Stanford University Press, 1999.

WORMDAL, Bård. *Spionbasen. Den ukjente historien om CIA og NSA i Norge*. Oslo: Pax, 2015.

YEKELCHYK, Serhy. *Ukraine. Birth of a Modern Nation*. Oxford: Oxford University Press, 2007.

Composto em Kazimir e Pragmatica
Belo Horizonte, 2023